国学枕边书

全民阅读　无障碍导读版

四书五经

孔子

儒家书籍的合称

插图本

其知可及也，其愚不可及也。

全民阅读无障碍导读版

国学枕边书

一

孔子等 ◎ 著

北方联合出版传媒（集团）股份有限公司

万卷出版公司

《四书五经》阅读指南

以最精致的品质呈现给读者最权威的《四书五经》读本。

所选插图出处繁多，涵盖了多种古代版画的优秀作品。力求营造与文章所述内容及观点一致的阅读氛围。

- ●将生僻字选出单独标注音标。
- ●将古今读音相异的字单独标注音标。
- ●将所有重复出现的生字生词都反复标注。

- ●权威、准确、客观，注重知识性和启发性。
- ●扫除阅读障碍，丰富读者国学知识。

- ●以白话文翻译古代经典，忠实于原文，通俗易懂。
- ●帮助读者更精准的把握先贤智慧。

四书·论语

里仁篇第四

【原文】子曰："里①仁为美。择不处②仁，焉得知③?"

【注释】①里：居住。②处：住处。③知：同"智"，智慧、明智。《论语》的"智"，皆作"知"。

【译文】孔子说："人能安居于仁道才是最好的。如果择身所居而不选择仁，怎能算得上聪明呢?"

【原文】子曰："唯仁者能好①人，能恶②人。"

【注释】①好：喜爱。②恶：厌恶、憎恨。

【译文】孔子说："只有仁德的人才能够喜爱好人，厌恶坏人。"

【原文】子曰："富与贵，是人之所欲也；不以其道①得之，不处②也。贫与贱，是人之所恶也；不以其道得之，不去③也。君子去④仁，恶⑤乎成名?君子无终食之间违⑥仁，造次⑦必于是，颠沛⑧必于是。"

【注释】①不以其道：不用正当的手段。以，用。②处：有的本子作"居"，安住的意思。③去：摆脱。④去：离开、抛弃。⑤恶：怎么、怎么样，表示疑问。⑥违：违背，离开。违仁，意即违礼。⑦造次：仓促匆忙之时。⑧颠沛：流离不安定。用以形容人之处于逆境。

【译文】孔子说："发财和做官，这是人人所向往的事，但如果不是以正当的途径得到富贵，君子是不安于这种富贵的。贫困和低贱，这是人人所厌恶的事，但如果不是以正当的缘由摆脱贫贱，君子是不会去摆脱这种贫贱的。君子如果抛弃了仁，又怎么叫做君子呢?君子没有哪怕一顿饭的工夫背离仁，匆促急遽之时仍是与仁同在，颠沛流离之时也与仁同在。"

【原文】子曰："我未见好仁者①，恶不仁者。好仁者，无以尚②之；恶不仁者，其为仁矣，不使不仁者加乎其身。有能一日用其力③于仁矣乎?我未见力不足者。盖④有之矣，我未之见也。"

【注释】①好仁者：喜欢仁德的人。②尚：超过。③力：力量、精力。④盖：大概，或许。

【译文】孔子说："我从未见过喜爱仁的人，也未见过厌恶不仁的人。喜爱仁的人，他会以世上没有什么东西能胜过它；厌恶不仁的人，只是为了不使不仁的东西加在自己身上。真有能坚持一天的时间把力量用在仁上的吗?我没有见过力量不够的。或许有这样的人，但我从未见到过。"

【原文】子曰："人之过①也，各于其党②。观过，斯知仁③矣。"

《四书五经》阅读指南

从注释、译文等方面入手，紧扣今人心灵的求知欲，用独特的视角来解读和赏析《四书五经》。

编者以弘扬中国传统经典之心，将此书献给所有爱读书却还未读过《四书五经》的中国读书人。

【注释】①过：错误、过失。②党：根据共同利益组成的集团。这里指人的不同类型。③仁：道"人"。

【译文】孔子说："民众的过错，按照人的各种各样而各分其类。只需看这人的过错，便可以知道他有没有仁德了。"

【原文】子曰："能以礼让①为国乎？何有？不能以礼让为国，如礼何②？"

【注释】①礼让：礼仪、谦让。旧注："让者礼之实，礼者让之文。"《左传·襄公十三年传》："让，礼之主也。"让是礼让的一端，所以礼让连言。②如礼何：怎么对待礼。

【译文】孔子说："能够用礼让来治理国家，那还有什么困难呢？不拿礼来治国，空谈礼仪又有什么意义呢？"

【原文】子曰："君子喻①于义，小人喻于利。"

【注释】①喻：明白、懂得。

【译文】孔子说："君子懂得的是义，小人明白的是利。"

【原文】子曰："见贤思齐①焉，见不贤而内②自省(xǐng)也。"

【注释】①思齐：考虑向他看齐。齐，平等。包成《论语章句》："思与贤者等。"意谓向贤者看齐。②内：内心。③省：郑玄《论语注》："省：察也，察己得无然也。"内自省，意谓内心自我反省。

【译文】孔子说："看见贤人，应该想着向他看齐；看见不贤的人，就应该自己反省，看有没有跟他一样的毛病。"

【原文】子曰："事父母，几谏(jiàn)，见志①不从，又敬不违③，劳④而不怨。"

【注释】①几谏：婉转地劝谏。②志：观点、意见，见志不从，意谓自己的意见、心意不被听从。③违：触件、冒犯、违反。④劳：担忧，清王引之《经义述闻》："劳，忧也，劳而不怨亦谓沈沉而不怨也。"

四书·论语

闵官郯子

问官郯子

郯子知识渊博，对少昊文化十分通晓。公元前525年郯子朝鲁时，鲁大夫昭子问及少昊氏以鸟名官之故，郯子回答甚为详尽。当时孔子年仅二十七岁，听到此事后，立即"见于郯子而学之"。可见孔子十分谦虚好学，遇到比自己知识丰富的人，立刻虚心讨教。

● 所选插图皆为古人原创，确保原汁原味。

● 选图方面，精益求精保证版画清晰质感。

● 以图释文，所选古版画与文章内容及观点一一对应。

● 古版画的名称。

● 叙述与正文相关的故事内容。

● 由正文引出的感慨与得到的启发。

国学与我们同在

毛佩琦

国学是什么？简单地说，就是中国人之所以成为中国人的学问。因此，国学不仅包括数千年来积累流传下来的经典，比如"四书五经"、《老子》、《庄子》、《孙子》、《史记》、《汉书》、唐诗、宋词，也包含研究中国人思维方式、生活方式、行为方式乃至娱乐方式的各种学问。广而言之，国学研究的对象不仅包括文献，也包括实物；不仅包括物质文化遗产，也包括非物质文化遗产，包括我国各民族的建筑、服饰、饮食、音乐、绘画、医药、戏曲等等。

国学是不断丰富、不断发展的学问。上面说的从"四书五经"到唐诗、宋词就是一个不断丰富发展的过程。近代以来，国学的研究范围还在不断地扩大，比如，敦煌学、甲骨学，是随着有关文物的出土而兴起的；比如红学，是随着文学理论和学术风气的发展变化而兴起和发展的。随着时间推移和学术进步，必将有更多的学问被纳入国学研究的范围。

数千年来，中国人作学问形成了一套独特的理论和方法，比如思想理论、史学理论、文学理论，以及训诂学、考据学、音韵学等等。但这些理论和方法并不是一成不变的。比如，在史学研究领域，由于地下文物的出土，王国维等人提出了所谓以地下文物与传世文献相补充互证的二重证据法。近代以来，西风劲吹。国人主动借鉴西方的理论和方法，研究中国学问，王国维借鉴尼采的哲学等研究中国的文学戏剧，胡适以杜威的实验主义研究中国的"国故"。国学从来没有拒绝外国学问的介入，佛教传入中国后，经过改造，形成了中国独特的佛学、因明学；自明朝末年西学传入中国后，中国的天文学、数学等就已经融入了西学的因素。马克思主义传入中国后，不少人用马克思主义理论研究中国历史文化，它们当然也是国学的一部分。因此，国学又是开放的、随时代而进步的。那么，当今我们研究、振兴国学，不允许也不应该倒退，不允许也不应该僵化。

　　然而，国学又是与西学明显区分的。国学是西学的对应物，是与西学完全不同的学术体系。在近代，西学挟船坚炮利强势进入中国之后，中国人还视自我，对于中国固有之学问出现了中学、国故学、国粹、国学这样的名称。面对帝国主义的强大，中国人自愧不如，一方面拼命学习引进西学，另一方面就是拼命地贬低、抛弃国学。虽然也有一些人，如张之洞为保护中华文化之根本，提出"中学为体，西学为用"，如胡适，提出"整理国故"，以"再造文明"、"建立民族自信心"，但其声音终被时代所淹没。国学一再被严重曲解和轻视，以致造成了中国历史文化的大断裂。也许，这一历史过程是必然的。但回顾过去，中国在走向独立富强的过程中，国学所付出的代价实在太大、太惨重了。

　　新中国成立，饱受屈辱的中国人从此站立了起来，民族自信心大大加强，但没有能够及时认识到国学在新时代的重要性，甚至仅存的一点点国学遗产也进一步成为被抛弃的对象。在全面批判全盘西化的同时，却走向全面西化。改革开放三十年之后，走向富强的国人终于猛醒，保护和振兴国学逐渐成为全民的共识。一个强大的自立于世界民族之林的国家，必然要有与之相匹配的伟大的民族文化。中国人，从学术界到普通百姓，都在重新发现国学的现代价值。同时，在走向全球化的进程中，东西方各国也把目光投向了中国。中国学问，中国的一切都在被重新评价。中国不仅为了自身的建设和发展需要从传统文化中汲取智慧，而且，中国也面临着以优秀的中华文化向全人类贡献智慧的责任和机会。

　　那么，这套国学丛书编纂就是可喜的，编纂者的初衷和努力就是可敬的。希望这套丛书能发挥点滴作用，如同涓涓细流与千百万有志者的努力一道汇成大潮，去迎接中华民族的伟大复兴！

　　是为序。

2007 年 11 月 22 日于北七家村

编者的话

　　《四书五经》是中国历史悠久、地位崇高的文化典籍，由九部儒家经典组成，这些经典蕴含了华夏先哲的智慧，记述了儒家学说的核心思想，包括历史、政治、哲学、文学等各方面的内容。自西汉"独尊儒术"始，这些经典即受到推重，及至南宋以后更成为历代政权科举选拔人才的必读书，足见其对于历史的深远影响。

　　"四书"是《论语》、《孟子》、《中庸》、《大学》四部书的合称。《论语》和《孟子》分别记录了孔子、孟子及其弟子的言论。《大学》、《中庸》则是《礼记》中的两篇，北宋时的程颢、程颐兄弟对这两篇十分重视，他们认为，《大学》是由孔子的学生整理的孔子关于"初学入德之门"的讲解；《中庸》是"孔门传授心法"之书，是孔子的孙子子思"笔之子书，以授孟子"的。这两部书与《论语》、《孟子》一样是儒家最重要的文献。到了南宋时期，著名学者朱熹把《论语》、《孟子》、《大学》、《中庸》编在一起，因为它们分别出自孔子、曾参、子思、孟子，所以将其命名为"四子书"，简称为"四书"，并称"《四子》，《六经》之阶梯"，对其评价极高。朱熹为《大学》、《中庸》所作的注释称为"章句"，对《论语》、《孟子》的注释许多引用了其他学者的观点，称为"集注"。朱熹按由浅入深的原则，将"四书"按《大学》、《论语》、《孟子》、《中庸》的次序排列。现在通行的《大学》、《中庸》、《论语》、《孟子》的顺序，是后人为了便于刻写出版，把篇幅较短的《中庸》提到《论语》之前而调整的。

　　"五经"指《诗经》、《尚书》、《礼记》、《周易》和《春秋》，原与《乐经》并称为"六经"，据传因秦时焚书，《乐经》散佚，汉初时仅存其余五经。汉武帝时设立五经博士，"五经"逐步成为儒家经典。相传"五经"

都经过孔子的编辑或修改。《易》又称《周易》，被尊为"群经之首，诸子百家之源"，包括经、传两部分，体现了先贤对自然与社会变化关系的认识，反映了当时的哲学思想及社会生活，是研究商周历史的重要史料。《尚书》意为"上古之书"，分为夏、商、周书，记录了我国上古时代王室诰命、誓辞和一些史事。现在见到的《尚书》版本是秦博士伏生藏于壁中躲过秦末战火保存下来的，以汉代通行的隶书写定，称《今文尚书》。此外，汉代还有《古文尚书》，后来失传。《诗》，又称《诗经》，保存了周初至春秋时期诗歌305篇，包括"风"、"雅"、"颂"三部分，收录了民间歌谣和上层社会的诗歌，反映了当时社会的方方面面，被称为古代社会的百科全书。《诗》具有很高的艺术价值，与"楚辞"共同形成"风骚"传统，对后世的诗歌创作影响深远。《礼》指《礼记》，是西汉编定的对于儒家之礼的阐释文章，有戴圣编定的《小戴礼记》和戴德编定的《大戴礼记》两种，是儒家博大精深的礼学思想的汇编。《小戴礼记》后由郑玄作注，遂广泛流行，成为经典。"五经"中的"春秋"指《左氏春秋》，又名《春秋左传》。《春秋》是一部编年史，记载了从鲁隐公元年（前722）到鲁哀公十四年（前481）共242年间的史事。后人为解释《春秋》，作有"春秋三传"，即《春秋左传》、《春秋公羊传》和《春秋榖梁传》。《左传》最初不是儒家经典，后被附于《春秋》之后，逐渐成为经典，其中记录了周王室衰微、诸侯争霸的历史，包括诸侯之间的征伐、会盟、篡弑、各国风俗等内容，对后世的史学和文学都有极大影响。

这九部经典走过了两千多年的岁月，曾经受到各个时期学者文人的推崇，在当今的社会，这些儒家经典仍然有极大的影响。为了使读者对于"四书五经"有一个全面的认识和总体的把握，并对其中的精华有突出的了解，我们选取了这九部典籍中具有代表性的经典篇目，汇辑成了这部《四书五经》：比如，我们对《论语》和《孟子》中所有的篇目和章句的内容进行了筛选，挑出了其中最闪光的思想和名篇名句；《周易》的六十四卦是一个有机而完整的体系，所以全部保留下来；《尚书》以今文《尚书》为本，选择了与尧、舜、禹、汤、武王、召公等著名历史人物有关的重要篇章；《诗经》"风"、"雅"、"颂"各类不同主题风格的名篇都有所选取；《礼记》选取了与礼制仪式及礼器有关的重点章节；《左传》按鲁国十二公次序编年，每位国君在位时周朝所发生的事件都有节选。

本书在注重文字质量的同时，通过注音、注释、译文等辅助性项目，为读者扫除了生僻字、难解字词、古今异义字等阅读障碍，使两千年前的经典诗文变得易于理解。

由于《四书五经》的产生年代距今都已在两千年以上，其中许多字在今天已不常用，这会成为阅读的阻碍。我们为这样的字特别标注了读音，并且打破了以往出版物中，同一个字在正文中只标注一次的惯例，将所有重复字词都反复标注。虽然这种方法，给我们增加了一定的工作量，但从读者的角度上看，反复标注，可以省去反复翻阅查找之苦，还有利于加强印象，方便记忆。

为帮助读者更为直观地理解和领会古代先贤的思想与精神，我们选取了与正文相契合的珍贵古版画作为插图。本书的插图，是我们翻阅了大量古代刊刻资料，从出处繁多的古版画中精心选出的。我们宁缺毋滥，坚持每一幅插图都针对正文的某一句话甚至某一个词而配的原则，并配以图说，将插图与正文更加有机地结合在一起。通过图文的合理搭配，使读者的阅读增加了不少趣味性。

希望我们所做的这些努力，能够使读者在积累知识、陶冶情操、提高修养的同时，对《四书五经》中所蕴含的优秀国学文化有更加深入的了解。

目录

阅读指南
国学与我们同在
编者的话

目 录

〇一六

大学

【原文】 大学之道①，在明明德②，在亲民③，在止于至善。知止④而后有定，定而后能静，静而后能安，安而后能虑，虑而后能得⑤。物有本末，事有终始。知所先后，则近道矣。古之欲明明德于天下者，先治其国；欲治其国者，先齐其家⑥；欲齐其家者，先修其身⑦；欲修其身者，先正其心；欲正其心者，先诚其意；欲诚其意者，先致其知⑧；致知在格物⑨。物格而后知至，知至而后意诚，意诚而后心正，心正而后身修，身修而后家齐，家齐而后国治，国治而后天下平。自天了以至于庶人⑩，壹是⑪皆以修身为本。其本乱而末⑫治者否矣。其所厚者薄，而其所薄者厚⑬，未之有也⑭！

【注释】 ①大学之道：大学的宗旨。所谓"大学"，古代主要有两种含义：博学；和"小学"相对的"大学"。"小学"在古代专指研究语言文字的学问。古时蒙童入学，先习认字，掌握六甲六书（六甲指儿童练字用的笔画较简单的六组以甲起头的干支。六书即指事、象形、形声、会意、转注、假借此六种造字条例），掌握基础的文化常识和必需礼节。待到十五岁左右方可入大学，学习"穷理正心、修己治人"的学问。道即规律、原则等。②明明德：即使道德彰明光大之意。前一个"明"作使动，使之明。后一个"明"作形容词，显明、清楚。③亲民："亲"在此应通"新"，使更新、革新的意思。"亲民"就是"新民"，使民众弃旧革新、除恶扬善。④知止：止、停止，在此作目的地解。知止就是知道目标所在。⑤得：收获。⑥齐其家：齐，使齐整。齐其家就是管理好自己的家庭，使家庭和睦整齐。⑦修其身：修养自己的品性。⑧致其知：使自己获得知识。⑨格物：推究事物的原理。⑩庶人：指平民百姓。⑪壹是：都是。本：根本、本原。⑫末：与"本"相对，指无关紧要的细枝末节。⑬厚者薄：该重视的不重视。薄者厚：不该重视的却重视。⑭未之有也：没有这样的道理（做法）。

【译文】 大学的宗旨就在于彰显弘扬光明正大的品德，在于使人弃旧革新、除恶扬善，在于使人达到至善的境地。知道目标所在才能坚定不移，坚定不移才能够镇静不焦躁，镇静才能心绪泰然，心绪泰然才能思虑周详，思虑周详才能有所收获。世间万物皆有本原末节，每件事情都有起始终结。只有明白这事物本末始终的道理，才接近事物发展的规律。古时那些想在世间彰明正气品德的人，首先需治理好自己的国家；想要治理好国家，先需要管理自己的家庭和家族；想要管理好自己的家庭和家族，首先要修养我自己的品行；想要修养自身的品行，首先要端正自己的思想；想要端正自己的思想，首先要使自己的意念真诚；想要使自己的意念真诚，首先要使自己获得知识；而要获得知识，首先又需认识、研究世间万事万物。只有通过对万事万物加以认真分析研究，得到正确认识后才能获得知识；获得知识后个人的意念才能真诚；意念真诚后思想才能端正；思想端正后才能开始修养个人的品行；品行修养好方才能管理好自己的家庭和家族；只有将自己的家庭和家族都管理好才能进而治理好国家；治理好国家后天下才能太平。上至天子君王，下到平民百姓，每人都应当以修养品行作为个人立身行事的根本。倘若本末倒置，想要治理天下是根本不可能的。该重视的不重视，不需要重视的却重视，这样也是没法做好事情的！

【原文】《康诰》①曰："克②明德。"《大甲》③曰："顾諟天之明命。"④《帝

典》⑤曰："克明峻德。"⑥皆⑦自明也。

【注释】①康诰：《尚书·周书》中的一篇。《尚书》是上古历史文献和追述古代事迹的一些文章的汇编，是"五经"之一，称为"书经"。全书分为《虞书》、《夏书》、《商书》、《周书》四部分。②克：能够。③大甲：即《太甲》，《尚书·商书》中的一篇。④顾：思念。误：此。明命：光明的禀性。⑤帝典：即《尧典》，《尚书·虞书》中的一篇。⑥克明峻德：《尧典》原句为"克明俊德"。俊：与"峻"相通，意为大、崇高等。⑦皆：都，指前面所引的几句话。

【译文】《康诰》说："能够弘扬光明的品德。"《太甲》说："念念不忘这上天赋予的光明禀性。"《尧典》说："能够弘扬崇高的品德。"这些都是说要自己弘扬光明正大的品德。

【原文】汤①之《盘铭》②曰："苟日新，日日新，又日新。"③《康诰》曰："作新民。"④《诗》曰："周虽旧邦，其命维新。"⑤是故君子无所不用其极。⑥

【注释】①汤：即成汤，商朝的开国君主。②盘铭：刻在器皿上用来警戒自己的箴言。这里的器皿是指商汤的洗澡盆。③苟：如果。新：这里的本义是指洗澡除去身体上的污垢，使身体焕然一新，引申义则是指行精神上的弃旧图新。④作：振作，激励。新民：即"经"里面说的"亲民"，实应为"新民"。意思是使新、民新，也就是使人弃旧图新，去恶从善。⑤"《诗曰》"句：这里的《诗》指《诗经·大雅·文王》。周，周朝。旧邦，旧国。其命，指周朝所禀受的天命。维：语助词，无意义。⑥是故君子无所不用其极：所以品德高尚的人无处不追求完善。是故，所以。君子，有时候指贵族，有时指品德高尚的人，根据上下文不同的语言环境而有不同的意思。

【译文】商汤王刻在洗澡盆上的箴言说："如果能够一天新，就应保持天天新，新了还要更新。"《康诰》说："激励人弃旧图新。"《诗经》说，"周朝虽然是旧的国家，但却禀受了新的天命。"所以，品德高尚的人无处不追求完善。

【原文】《诗》云："邦畿千里，惟民所止。"①《诗》云："缗蛮黄鸟，止于丘隅②。"子曰："于止，知其所止，可以人而不如鸟乎！"《诗》云："穆穆文王，於缉熙敬止③！"为人君，止于仁；为人臣，止于敬；为人子，止于孝；为人父，止于慈；与国人交，止于信。《诗》云："瞻彼淇澳，绿竹猗猗。有斐君子，如切如磋，如琢如磨。瑟兮僩兮，赫兮喧兮。有斐君子，终不可谖兮！"④如切如磋者，道学也⑤；如琢如磨者，自修也；瑟兮僩兮者，恂栗也⑥；赫兮喧兮者，威仪也；有斐君子，终不可谖者，道盛德

成汤
商汤像

至善，民之不能忘也。《诗》云："於戏！前王不忘⑦。"君子贤其贤而亲其亲，小人乐其乐而利其利，此以没世⑧不忘也。

【注释】①邦畿千里，惟民所止：引自《诗经·商颂·玄鸟》。邦畿，都城及其周围的地区。止，在这里指居住的意思。全句意为，都城及其周围的地区都是人民向往居住的地方。②缗蛮黄鸟，止于丘隅：引自《诗经·小雅·绵蛮》。缗蛮，即绵蛮，鸟叫声。隅，角落。止，栖息。全句意为，"绵蛮"叫着的黄鸟儿，栖息在山冈上。③"穆穆"文王，於缉熙敬止：引自《诗经·大雅·文王》。穆穆，仪表美好端庄的样子。於，叹词。缉，继续。熙，光明。止，语助词，无意义。④《诗》云句：这几句诗引自《诗经·卫风·淇澳》。淇，指淇水，在今河南北部。澳水边。斐，文采。瑟兮僩兮，庄重而胸襟开阔的样子。赫兮喧兮，显耀盛大的样子。諠，《诗经》原文作"谖"，遗忘。⑤道：说、言的意思。⑥恂栗：恐惧，戒惧。⑦於戏！前王不忘：引自《诗经·周颂·烈文》。於戏：叹词。前王：指周文王、周武王。⑧此以：因此。没世：去世。

【译文】《诗经》说："京城及其周围，都是老百姓向往的地方。"《诗经》又说："'绵蛮'叫着的黄鸟，栖息在山冈上。"孔子说："连黄鸟都知道它该栖息在什么地方，难道人还可以不如一只鸟儿吗？"《诗经》说："品德高尚的文王啊，为人光明磊落，做事始终庄重谨慎。"做国君的，要做到仁爱；做臣子的，要做到恭敬；做子女的，要做到孝顺；做父亲的，要做到慈爱；与他人交往，要做到讲信用。《诗经》说："看那淇水弯弯的岸边，嫩绿的竹子郁郁葱葱。有一位文质彬彬的君子，研究学问如加工骨器，不断切磋；修炼自己如打磨美玉，反复琢磨。他庄重而开朗，仪表堂堂。这样的一个文质彬彬的君子，真是令人难忘啊！"这里所说的"如加工骨器，不断切磋"，是指做学问的态度；这里所说的"如打磨美玉，反复琢磨"，是指自我修炼的精神；说他"庄重而开朗"，是指他内心谨慎而有所戒惧，说他"仪表堂堂"，是指他非常威严；说"这样一个文质彬彬的君子，可真是令人难忘啊！"是指由于他品德非常高尚，达到了最完善的境界，所以使人难以忘怀。《诗经》说："啊，前代的君王真使人难忘啊！"这是因为君主贵族们能够以前代的君王为榜样，尊重贤人，亲近亲族，一般平民百姓也都蒙受恩泽，享受安乐，获得利益。所以，虽然前代君王已经去世，但人们还是永远不会忘记他们。

【原文】子曰："听讼，吾犹人也，必也使无讼乎！"①无情者不得尽其辞②。大畏民志③。此谓知本。

【注释】①"子曰"句：引自《论语·颜渊》。

寝门视膳

周文王初为世子的时候，每天早、午、晚三次探视父亲。对父亲的饮食起居更加关怀备至。周文王身居高位却品德高尚，总是实行以身作则，推己及人。只有先治理好家庭才有资格治理好国家。

听讼，听诉讼，即审案子。犹人，与别人一样。②无情者不得尽其辞：使隐瞒真实情况的人不能够花言巧语。③民志：民心、人心。

【译文】孔子说："听诉讼审理案子，我也和别人一样，目的在于使诉讼不再发生。"使隐瞒真实情况的人不敢花言巧语，使人心畏服，这就叫作抓住了根本。

【原文】所谓致知在格物者，言欲致吾之知，在即①物而穷②其理也。盖人心之灵莫不有知，而天下之物莫不有理，惟于理有未穷③，故其知有不尽也。是以《大学》始教，必始学者即凡天下之物，莫不因其已知之理而益④穷之，以求至乎其极。至于用力之久，而一旦豁然贯通焉，则众物之表里精粗无不到，而吾心之全体大用无不明矣。此谓物格，此谓知之至也。⑤

【注释】①即，接近，接触。②穷：穷究，彻底研究。③未穷，未穷尽，未彻底。④益，更加。⑤这一章的原文只有"此谓知本。此谓知之至也"两句。朱熹认为，"此谓知本"一句是上一章的衍文，"此谓知之至也"一句前面又缺了一段文字。所以，朱熹根据上下文关系补充了一段文字，这里所选的，就是朱熹补充的文字。

【译文】所说获得知识的途径在于认识、研究万事万物，是指要想获得知识，就必须接触事物而彻底研究它的原理。人的心灵都具有认识能力，而天下万事万物都总有一定的原理，只不过因为这些原理还没有被彻底认识，所以使知识显得很有局限。因此，《大学》一开始就教学习者接触天下万事万物，用自己已有的知识去进一步探究，以彻底认识万事万物的原理。经过长期用功，总有一天会豁然贯通，到那时，万事万物的里外巨细都被认识得清清楚楚，而自己内心的一切认识能力都得到淋漓尽致的发挥，再也没有蔽塞。这就叫万事万物被认识、研究了，这就叫知识达到顶点了。

【原文】所谓诚其意①者，毋②自欺也。如恶恶臭③，如好好色④，此之谓自谦⑤。故君子必慎其独⑥也！

小人闲居⑦为不善，无所不至，见君子而后厌然⑧，掩⑨其不善，而著⑩其善。人之视己，如见其肺肝然，则何益矣。此谓诚于中⑪，形于外。故君子必慎其独也。

曾子曰："十目所视，十手所指，其严乎！"富润屋⑫，德润身⑬，心广体胖⑭（pán）。故君子必诚其意。

【注释】①其意：使意念真诚。②毋：不要。③恶恶臭：厌恶腐臭的气味。臭，气味，较现代单指臭味的含义宽泛。④好好色：喜爱美丽的女子。好色，美女。⑤谦：通"慊"，心安理得的样子。⑥慎其独：在独自一人时也谨慎不苟。⑦闲居：即独处。⑧厌然：躲躲闪闪的样子。⑨掩：遮掩、掩盖。⑩著：显示。⑪中：指内心。下面的"外"指外表。⑫润屋：装饰房屋。⑬润身：修养自身。⑭心广体胖：心胸宽广，身体舒泰安康。胖，大，舒坦。

【译文】使意念真诚的意思是说，不要自己欺骗自己。要像厌恶腐臭的气味一样，要像喜爱美丽的女人一样，一切都发自内心。所以，品德高尚的人哪怕是在一个人独处的时候，也一定要谨慎。

品德低下的人在私下里无恶不作，一见到品德高尚的人便躲躲闪闪，掩盖自己所做的坏事而自吹自擂。殊不知，别人看你自己，就像能看见你的心肺肝脏一样清楚，掩盖有什么用呢？这就叫做内心的真实一定会表现到外表上来。所以，品德高尚的人哪怕是在一个人独处的时候，也一定要谨慎。

曾子说："十只眼睛看着，十只手指着，这难道不令人畏惧吗？！"财富可以装饰房屋，品德却可以修养身心，使心胸宽广而身体舒泰安康。所以，品德高尚的人一定要使自己的意念真诚。

【原文】所谓修身在正其心者，身有所忿懥①，则不得其正；有所恐惧，则不得其正；有所好乐，则不得其正；有所忧患，则不得其正。

心不在焉，视而不见，听而不闻，食而不知其味。此谓修身在正其心。

【注释】①身：程颐认为应为"心"。忿懥：愤怒。

【译文】之所以说修养自身的品性要先端正自己的心思，是因为心有愤怒就不能够端正；心有恐惧就不能够端正；心有喜好就不能够端正；心有忧虑就不能够端正。

心思不端正就像心不在自己身上一样：虽然在看，但却像没有看见一样；虽然在听，但却像没有听见一样；虽然在吃东西，但却一点也不知道是什么滋味。所以说，要修养自身的品性必须要先端正自己的心思。

自结履系

晋文公率部队与楚作战，行军时鞋带松了，便自己动手系紧。并不劳烦左右，并说上等的君王身边的都应该是自己所敬重的，不该为难他们。正是晋文公时刻端正自己的心思，才使得自己位于春秋五霸之列。

【原文】所谓齐其家在修其身者，人之其所亲爱而辟焉①，之其所贱恶 而辟焉，之其所畏敬而辟焉，之其所哀矜②而辟焉，之其所敖惰③ 而辟焉。故好而知其恶，恶而知其美者，天下鲜矣！故谚有之曰："人莫知其子之恶，莫知其苗之硕④。"此谓身不修不可以齐其家。

【注释】①之：即"于"，对于。辟：偏颇，偏向。②哀矜：同情，怜悯。③敖：骄傲。惰：怠慢。④硕：大，肥壮。

【译文】之所以说管理好家庭和家族要先修养自身，是因为人们对于自己亲爱的人会有偏爱；对于自己厌恶的人会有偏恨；对于自己敬畏的人会有偏向；对于自己同情的人会有偏心；对于自己轻视的人会有偏见。因此，能

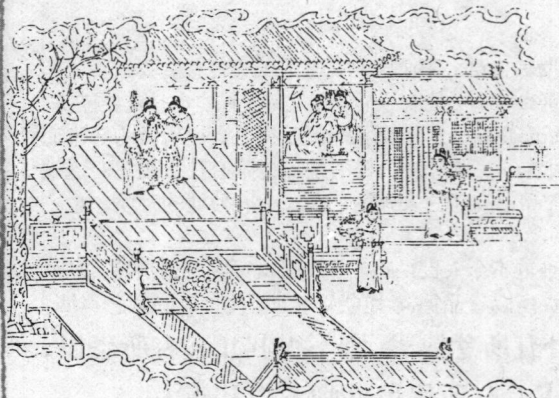

兄弟友爱

玄宗与他兄弟诸王，极相友爱，到做了天子，也不改变，初登宝位，即制长枕大被，与诸兄弟们一处宿歇，饮食行坐，都不相离。少弟薛王名业，曾染疾病，玄宗自己替他煎药，炉内火被风吹起来，烧着玄宗的须，左右惊慌上前救之，玄宗说："但愿薛王服药，病得痊可，我之须何足惜。"其友爱之切如此。玄宗身为天子，能这等友爱，亦可谓贤君矣。

喜爱某人又看到那人的缺点，厌恶某人又看到那人的优点，这种人天下少见。所以有谚语说："人都不知道自己孩子的坏，人都不满足自己庄稼的。"这就是不修养自身就不能管理好家庭和家族的道理。

【原文】所谓治国必先齐其家者，其家不可教而能教人者无之。故君子不出家而成教于国：孝者，所以事君也；悌①者，所以事长也；慈②者，所以使众也。

《康诰》曰："如保赤子。"③心诚求之，虽不中④，不远矣。未有学养子而后嫁者也！

一家仁，一国兴仁；一家让，一国兴让；一人贪戾，一国作乱。其机⑤如此。此谓一言偾⑥(fèn)事，一人定国。

尧舜帅⑦天下以仁，而民从之；桀纣⑧帅天下以暴，而民从之。其所令反其所好，而民不从。是故君子有诸⑨己而后求诸人，无诸己而后非诸人。所藏乎身不恕⑩，而能喻⑪诸人者，未之有也。故治国在齐其家。

《诗》云："桃之夭夭，其叶蓁蓁(zhēn)。之子于归，宜其家人。"⑫宜其家人，而后可以教国人。《诗》云："宜兄宜弟。"⑬宜兄宜弟，而后可以教国人。《诗》云："其仪不忒，正是四国。"⑭其为父子兄弟足法，而后民法之也。此谓治国在齐其家。

【注释】①悌：指弟弟应该绝对服从哥哥。②慈：指父母爱子女。③如保赤子：《尚书·周书·康诰》原文作"若保赤子。"这是周成王告诫康叔的话，意思是保护平民百姓如母亲养护婴孩一样。赤子，婴孩。④中：达到目标。⑤机：本指弩箭上的发动机关，引申指关键。⑥偾：败，坏。尧舜：传说中父系氏族社会后期部落联盟的两位领袖，即尧帝和舜帝，历来被认为是圣君的代表。⑦帅：同"率"，率领，统帅。⑧桀：夏代最后一位君主。纣：即殷纣王，商代最后一位君主。二人历来被认为是暴君的代表。⑨诸："之于"的合音。⑩恕：即恕道。孔子说："己所不欲，勿施于人。"意思是说，自己不想做的，也不要让别人去做，这种推己及人，将心比心的品德就是儒学所倡导的恕道。⑪喻：使别人明白。⑫"桃之夭夭……"：引自《诗经·周南·桃夭》。 夭夭，鲜嫩，美丽。蓁蓁，茂盛的样子。之子，这个（之）女子（子）于归，指女子出嫁。⑬"宜兄宜弟"：引自《诗经·小雅·蓼萧》。⑭"其仪不忒……"：引自《诗经·曹风·鸤鸠》。仪，仪表、仪容。忒，差错。

【译文】之所以说治理国家必须先管理好自己的家庭和家族，是因为不能管教好家人而能管教好别人的人，是没有的。所以，有修养 的人在家里就受到了治理国家方面的教育：对父母的孝顺可以用于侍奉君主；对兄长的恭敬可以用于侍奉官长；对子女的慈爱可以用于统治民众。

《康诰》说："如同爱护婴儿一样。"内心真诚地去追求，即使达不到目标，也不会相差太远。要知道，没有先学会了养孩子再去出嫁的人啊！一家仁爱，一国也会兴起仁爱；一家礼让，一国也会兴起礼让；一人贪婪暴戾，一国就会上作乱。其联系就是这样紧密，这就叫做：一句话就会坏事，一个人就能安定国家。尧舜用仁爱统治天下，老百姓就跟随着仁爱，桀纣用凶暴统治天下，老百姓就跟随着凶暴。统治者的命令与自己的实际做法相反，老百姓是不会服从的。所以，品德高尚的，总是自己先做到。然后才要求别人做到；自己先不这样做，然后才要求别人不这样做。不采取这种推己及人的恕道而想让别人按自己的意思去做，那是不可能的。所以，要治理国家必须先管理好自己的家庭 和家族。

《诗经》说："桃花鲜美，树叶茂密，这个姑娘出嫁了，让全家人都和睦。"让全家人都和睦，然后才能够让一国的人都和睦。《诗经》说："兄弟和睦。"兄弟和睦了，然后才能够让一国的人都 和睦。《诗经》说："容貌举止庄重严肃，成为四方国家的表率。"只有当一个人无论是作为父亲、儿子，还是兄长、弟弟时都值得人效法时，老百姓才会去效法他。这就是要治理国家必须先管理 好家庭和家族的道理。

【原文】所谓平天下在治其国者，上老老①而民兴孝；上长长②而民兴弟；上恤孤③而民不倍④。是以君子有絜矩之道也⑤。

所恶于上毋以使下；所恶于下毋以事上；所恶于前毋以先后；所恶于后毋以从前；所恶于右毋以交于左；所恶于左毋以交于右。此之谓絜矩之道。

《诗》云："乐只君子，民之父母⑥。"民之所好好之；民之所恶恶之。此之谓民之父母。《诗》云："节彼南山，维石岩岩。赫赫师尹，民具尔瞻。"⑦有国者不可以不慎。辟，则为天下僇⑧矣。《诗》云："殷之未丧师，克配上帝。仪监于殷，峻命不易。"⑨道得众则得国，失众则失国。

是故君子先慎乎德。有德此⑩有人，有人此有土，有土此有财，有财此有用，德者，本也；财者，末也。外本内末，争民施夺⑪。是故财聚则民散，财散则民聚。是故言悖⑫而出者，亦悖而入。货悖而入者，亦悖而出。

《康诰》曰："惟命不于常。"道善则得之，不善则失之矣。《楚书》曰："楚国无以为宝，惟善以为宝。"⑬舅犯曰，"亡人无以为宝，仁亲以为宝。"⑭

《秦誓》⑮曰："若有一个臣，断断⑯兮，无他技，其心休休⑰焉，其如有容⑱焉。人之有技，若己有之。人之彦圣⑲，其心好之，不啻^{chì}⑳若自其口出，实能容之。以能保我子孙黎民，尚亦有利哉！人之有技，媢疾㉑以恶之。人之彦圣，而违㉒之俾㉓不通，实不能容。以不能保我子孙黎民、亦曰殆哉！"唯仁人放流之㉔，迸㉕诸四夷，不与同中国㉖。此谓唯仁人为能爱人，能恶人。见贤而不能举，举而不能先，命也㉗。见不善而不能退，退而不能远，过也。好人之所恶，恶人之所好，是谓拂㉘人之性，灾必逮夫身㉙。是故君子有大道：必忠信以得之，骄泰㉚以失之。

生财有大道：生之者众，食之者寡，为之者疾，用之者舒，则财恒足矣。仁者以财发身㉛，不仁者以身发财。未有上好仁而下不好义者也，未有好义其事不终者也，未有府库㉝财非其财者也。孟献子㉝曰："畜马乘㉞不察㉟于鸡豚^{tún}，伐冰之家㊱不畜牛羊，百乘之家㊲不畜聚敛之臣㊳。与其有聚敛之臣，宁有盗臣。"此谓国不以利为利，以义为利也。长国家㊴而务财用者，必自小人矣。彼为善之，小人之使为国家，灾害并至。虽有善者，亦无如之何㊵矣！此谓国不以利为利，以义为利也。

【注释】①老老：尊敬老人。前一个"老"字作动词，意思是把老人当作老人看待。②长长：尊重长辈。前一个"长"字作动词，意思是把长辈当作长辈看待。③恤：体恤，周济。孤，孤儿，古时候专指幼年丧失父亲的人。④倍：通"背"，背弃。⑤絜矩之道：儒家伦理思想之一，指一言一行要有示范作用。絜，量度。矩，画直角或方形用的尺子，引申为法度，规则。⑥乐只君子，民之父母，引自《诗经·小雅·南山有台》。乐，快乐，喜悦。只，语助词。⑦"节彼南山……"：引自《诗经·小雅·节南山》。节，高大。岩岩，险峻的样子。师尹，太师尹氏，太师是周代的三公之一。尔，你。瞻，瞻仰，仰望。⑧僇：通"戮"，杀戮。⑨"殷之未丧师……"：引自《诗经·大雅·文王》。师，民众。配，符合。仪，宜。监，鉴戒。峻，大。不易，指不容易保有。⑩此：乃，才。⑪争民施夺：争民，与民争利。施夺，施行劫夺。⑫悖：逆。⑬"《楚书》"句：《楚书》，楚昭王时史书。楚昭王派王孙圉出使晋国。晋国赵简子问楚国珍宝美玉现在怎么样了。王孙圉答道：楚国从来没有把美玉当作珍宝，只是把善人如观射父（人名）这样的大臣看作珍宝。事见《国语·楚语》。汉代刘向的《新序》中也有类似的记载。⑭"舅犯"句：舅犯，晋文公重耳的舅舅狐偃，字子犯。亡人，流亡的人，指重耳。晋僖公四年十二月，晋献公因受骊姬的谗言，逼迫太子申生自缢而死。重耳避难逃亡在外在狄国时，晋献公逝世。秦穆公派人劝重耳归国掌政。重耳将此事告子犯，子犯以为不可，对重耳说了这几句话。事见《礼记·檀弓下》。⑮《秦誓》：《尚书·周书》中的一篇。⑯断断：真诚的样子。⑰休休：宽宏大量。⑱有容：能够容人。⑲彦圣：指德才兼备。彦，美。圣，明。⑳不啻：不但。㉑媚疾：妒忌。㉒违，阻抑。㉓俾：使。㉔放流：流放。㉕迸，即"屏"，驱逐。四夷，四方之夷。夷指古代东方的部族。㉖中国，全国中心地区。与现代意义的"中国"一同意义不一样。㉗命：东汉郑玄认为应该是"慢"字之误。慢即轻慢。㉘拂：逆，违背。㉙逮：及、到。夫：助词。㉚骄泰：骄横放纵。㉛发身：修身。发，发达、发起。㉜府库：国家收藏财物的地方。㉝孟献子：鲁国大夫，姓仲孙名蔑。㉞畜，养。乘：指用四匹马拉的车。畜马乘是士人初作大夫官的待遇。㉟察，关注。㊱伐冰之家：指丧祭时能用冰保存遗体的人家。是卿大夫类大官的待遇。㊲百乘之家，拥有一百辆车的人家，指有封地的诸侯王。聚，聚集。敛，征收。㊳长国家：成为国家之长，指君王。㊴无如之何：没有办法。

《诗经·国风·郑风·叔于田》诗意图

【译文】之所以说平定天下要治理好自己的国家，是因为，在上位的人尊敬老人，老百姓就会孝顺自己的父母，在上位的人尊重长辈，老百姓就会尊重自己的兄长；在上位的人体恤救济孤儿，老百姓也会同样跟着去做。所以，品德高尚的人总是实行以身作则，推己及人的"絜矩之道"。

如果厌恶上司对你的某种行为，就不要用这种行为去对待你的下属；如果厌恶下属对你的某种行为，就不要用这种行为去对待你的上司；如果厌恶在你前面的人对你的某种行为，就不要用这种行为去对待在你后面的人；如果厌恶在你后面的人对你的某种行为，就不要用这种行为去对待在你前面的人；如果厌恶在你右边的人对你的某种行为，就不要用这种行为去对待在你左边的人；如果厌恶在你左边的人对你的某种行为，就不要用这种行为去对待在你右边的人。这就叫做"絜矩之道"。

《诗经》说："使人心悦诚服的国君啊，是老百姓的父母。"老百姓喜欢的他也喜欢，老百姓厌恶的他也厌恶，这样的国君就可以说是老百姓的父母了。《诗经》说："巍峨的南山啊，岩石耸立。显赫的尹太师啊，百姓都仰望你。"统治国家的人不可不谨慎。稍有偏颇，就会被天下人推翻。《诗经》说："殷朝没有丧失民心的时候，还是能够与上天的要求相符的。请用殷朝作个鉴戒吧，守住天命并不是一件容易的事。"这就是说，得到民心就能得到国家，失去民心就会失去国家。

所以，品德高尚的人首先注重修养德行。有德行才会有人拥护，有人拥护才能保有土地，有土地才会有财富，有财富才能供给使用，德是根本，财是枝末，假如把根本当成了外在的东西，却把枝末当成了内在的根本，那就会和老百姓争夺利益。所以，君王聚财敛货，民心就会失散；君王散财于民，民心就会聚在一起。这正如你说话不讲道理，人家也会用不讲道理的话来回答你；

财货来路不明不白，总有一天也会不明不白地失去。

《康诰》说："天命是不会始终如一的。"这就是说，行善便会得到天命，不行善便会失去天命。《楚书》说："楚国没有什么是宝，只是把善当作宝。"舅犯说，"流亡在外的人没有什么是宝，只是把仁爱当作宝。"

《秦誓》说："如果有这样一位大臣，忠诚老实，虽然没有什么特别的本领，但他心胸宽厂，有容人的肚量，别人有本领，就如同他自己有一样；别人德才兼备，他心悦诚服，不只是在口头上表示，而是打心底里赞赏。用这种人，是可以保护我的子孙和百姓的，是可以为他们造福的啊！相反，如果别人有本领，他就妒忌、厌恶；别人德才兼备，他便想方设法压制，排挤，无论如何容忍不得。用这种人，不仅不能保护我的子孙和百姓，而且可以说是危险得很！"因此，有仁德的人会把这种容不得人的人流放，把他们驱逐到边远的四夷之地去，不让他们同住在国中。这说明，有德的人爱憎分明，发现贤才而不能选拔，选拔了而不能重用，这是轻慢；发现恶人而不能罢免，罢免了而不把他驱逐得远远的，这是过错。喜欢众人所厌恶的，厌恶众人所喜欢的，这是违背人的本性，灾难必定要落到自己身上。所以，做国君的人有正确的途径：忠诚信义，便会获得一切；骄奢放纵，便会失去一切。

生产财富也有正确的途径；生产的人多，消费的人少；生产的人勤奋，消费的人节省。这样，财富便会经常充足。仁爱的人仗义疏财以修养自身的德行，不仁的人不惜以生命为代价去敛钱发财。没有在上位的人喜爱仁德，而在下位的人却不喜爱忠义的；没有喜爱忠义而做事却半途而废的；没有国库里的财物不是属于国君的。孟献子说："养了四匹马拉车的士大夫之家，就不需再去养鸡养猪；祭祀用冰的卿大夫家，就不要再去养牛养羊；拥有一百辆兵车的诸侯之家，就不要去收养搜刮民财的家臣。与其有搜刮民财的家臣，不如有偷盗东西的家臣。"这意思是说，一个国家不应该以财货为利益，而应该以仁义为利益。做了国君却还一心想着聚敛财货，这必然是有小人在诱导，而那国君还以为这些小人是好人，让他们去处理国家大事，结果是天灾人祸一齐降临。这时虽有贤能的人，却也没有办法挽救了。所以，一个国家不应该以财货为利益，而应该以仁义为利益。

中庸

中
寅

【原文】天命①之谓性，率性②之谓道，修道③之谓教④。道也者，不可须臾离也，可离非道也。是故君子戒慎乎其所不睹，恐惧乎其所不闻。莫⑤见乎隐，莫显乎微，故君子慎其独也。喜怒哀乐之未发，谓之中⑥；发而皆中节⑦，谓之和。中也者，天下之大本也；和也者，天下之达道⑧也。致⑨中和，天地位焉，万物育焉。

【注释】①天命：天赋。朱熹解释说："天以阴阳五行化生万物，气以成形，而理亦赋焉，犹命令也。"（《中庸章句》）所以，这里的天命（天赋）实际上就是指人的自然禀赋。②率性：遵循本性。率，遵循，按照。③修道：按照道德的原则修养自身。④教：政教、教化。⑤莫：无，没有。在这里是"没有什么更……"的意思。⑥谓之中：中，符合。是说人们没有接触外界事物，故自身的喜怒哀乐之感情未能表露。中，无过与不及，不偏不倚。《中庸》篇认为，人的内心处于虚静淡然，不偏不倚的境界，称为"中"。⑦节：法度，学理。⑧达道：《中庸》认为，人的感情和谐，就是天下共同遵循的道理，所以称"达道"。⑨致：达到。

【译文】天所赋于人的叫做本性，遵循天性而活动叫做道，依照道的规律修养叫做都教。道是不可片刻离开的；如果可以离开，就不是道了。所以君子在别人所看不见的地方，也要谨慎敬戒的，在不被听到的时候，也要恐惧害怕的。没有比幽暗之中更为显著的了，没有比细微之处更为明显的了；因此君子在一个人独处的时候更要谨慎啊。人们的喜怒哀乐的感情还没有表露出来的时候，称为"中"；表露出来以后不偏不倚，而且有节制，叫和"和"。中是天下的根本，和是天下必须遵循的规律。达到"中"和"和"的境地，天地便各在其位而运行不息，万物便各得其所而生长发育了。

【原文】仲尼①曰："君子中庸②，小人反中庸，君子之中庸也，君子而时中③；小人之中庸也，小人而无忌惮④也。"

子曰："中庸其至矣乎！民鲜⑤能久矣！"

子曰："道⑥之不行也，我知之矣：知者⑦过之，愚者不及也。道之不明也，我知之矣：贤者过之，不肖者⑧不及也。人莫不饮食也，鲜能知味也。"

子曰："道其不行矣夫！"

子曰："舜其大知也与！舜好问而好

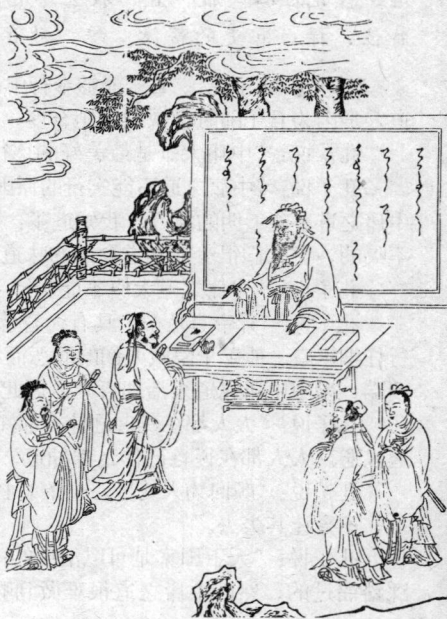

五仪用贤
孔子向弟子讲道。

察迩言⑨，隐恶而扬善，执其两端⑩，用其中⑪于民，其斯以为舜乎⑫！"

　　子曰："人皆曰予知，驱而纳诸罟⑬擭⑭陷阱之中，而莫之知辟⑮也。人皆曰予知，择乎中庸，而不能期月⑯守也。"

　　子曰："回⑰之为人也，择乎中庸，得一善，则拳拳服膺⑱弗失之矣。"

　　子曰："天下国家可均⑲也，爵禄可辞也⑳，白刃可蹈也㉑，中庸不可能也。"

【注释】①仲尼：即孔子，名丘，字仲尼。②中庸：中，不偏不倚，既不过分也无不足。庸，平常。中庸是儒家的最高道德标准。③时中：时时处处言行符合中庸之道。④忌惮：顾忌和畏惧。⑤鲜：少。⑥道：即中庸之道。⑦知者：有智慧、有教养的人。知，同"智"。⑧不肖者：与贤者相对，指不贤的人。⑨迩言：浅近之言。⑩执其两端：掌握事物的两方面的极端。指智者、贤者与愚者、不肖者对于中庸之道的过分与不足两个极端。⑪用其中：即折中，指运用两端中含有中庸之道的道理。⑫其斯以为舜乎：这就是舜之所以为舜的地方吧！其，语气词，表示推测。斯，这。"舜"字的本义是仁义盛明，所以孔子有此感叹。⑬罟：网的总称，也指捕兽的网。⑭擭：安装有机关的捕兽木笼。⑮辟：同"避"字，躲避。⑯期月：一整月。这里指时间短暂。⑰回：指孔子的学生颜回。⑱拳拳服膺：拳拳亦作"惓惓"，牢握不舍的意思。服膺，谨记在心。服，著，放置。膺，胸口。⑲均：即平，指治理。⑳爵禄可辞也：爵，爵位，禄：官吏的薪俸。辞：放弃。㉑白刃可蹈也：白刃，利刃、快刀。蹈，踩踏。

【译文】孔子说："君子能够奉行中庸之道，小人违背中庸之道。君子之所以能够奉行中庸之道，是因为君子随时都做到规矩合度；小人之所以违背中庸之道，是因为小人无所顾忌。"

　　孔子说："中庸大概是最美好的德行了吧！人民已经很少能够长时期保持着这种品行了。"

　　孔子说："中庸之道不能实行的原因，我知道了：聪明的人认识过了头，愚蠢的人理解不了。中庸之道不能彰明的原因，我知道了：贤明的人做过了头，不贤的人做不到就像人们没有不吃不喝的，但人们很少能知道食品的味道了。"

　　孔子说："中庸之道大概不能实行了。"

　　孔子说："舜帝真是一个具有大智慧的人啊！他喜欢向别人求教，而且善于对那些浅近的话进行仔细审察。他善于隐藏人们的罪恶而发扬光大人们的善行。他度量人们认识上的过分和不及的两端，采用中庸之道来治理百姓。因此才被称为舜啊！"

　　孔子说："人人都在说自己什么都知道，但他们却像禽兽那样落入网罟木笼陷阱之中，而不知道躲避。人人都在说自己什么都知道，但是选择中庸之道，却连一个月的时间都坚持不下去。"

　　孔子说："颜回为人处世，选择了中庸之道，得到一个善良的道理，他就诚恳而深切地记在心上，不会让其失去。"

　　孔子说："天下国家是可以治理的；地位和财富也是可以放弃的；雪白锋利的刀刃也是可以踩踏而过的，然而中庸之道很难做到啊。"

【原文】子路①问强。子曰："南方之强与？北方之强与？抑而强与②？宽柔以教，不报③无道，南方之强也，君子居④之。衽金革⑤，死而不厌⑥，北方之强也，而强者居之。故君子和而不流⑦，强哉矫jiǎo⑧！中立而不倚，强哉矫！国有道⑨，不变塞⑩焉，强哉矫！国无道，至死不变，强哉矫！"

子曰："素隐行怪，后世有述⑪焉，吾弗为之矣。君子遵道而行，半涂而废，吾弗能已⑫矣。君子依乎中庸，遁世不见知⑬而不悔，唯圣者能之。"

焚书坑儒

秦始皇凭借秦国的雄厚兵力，灭掉六国，统一天下，又下诏焚书坑儒，自以为强大无比，天下尽在其手中。但他死后，天下人不满秦朝的暴政，揭竿而起，秦朝很快覆亡。可见强弱之势，不能以武力来判断。

【注释】①子路：姓仲，名由，字子路，又字季路，②抑而强与：抑，抑或，表示选择，意为"还是"。而强，指不属于南北之强，处于周朝腹心的中原之强。而，同"乐"、"妆"，你，指子路。与，同"欤"，疑问语气词，相当于"吗"或"呢"。③报：报复。④居：居住，处于⑤衽金革：枕着武器、盔甲睡觉。衽，卧席，此处用为动词。金，指铁制的兵器。革，指皮革制成的甲盾。⑥死而不厌：死而后已的意思。⑦和而不流：性情平和又不随波逐流⑧矫：通"趫"，刚强、坚强。⑨有道：政治清明，天下太平⑩不变塞：不改变志向。⑪述：记述。⑫已：止，停止。⑬见知：被知。见，被。

【译文】子路问关于强大的问题。孔子说："你问的是南方国家的强大呢？还是北方国家的强大？或者还是你认为的强大的国家强大？用宽容温和的方法去教化别人，不报复那些没有走正道的人，是南方国家的强大之处。君子一定要辨别清楚。用兵器甲胄当枕席，死了也不满足，这是北方国家的强大之处。所以对强大者一定要辨别之。故此，君子和同而不随流，强大的就要纠正。中立而不偏倚，强大的就要纠正。国家有正确的道路，但不改变堵塞的状况，强大的就要纠正。国家没有正确的道路，而且宁死也不改变，强大的就要纠正。"

孔子说："真心诚意的隐逸但行为却怪僻，后世虽然有传述，但我不作这样的人。君子遵循着正确的道路而前进，如果有人半途而废，但我不能够停止的。君子依从着中等的需要和需求，隐姓埋名没有人知道也不会悔恨，那是圣人才可以做到的。"

【原文】君子之道费而隐①。夫妇②之愚，可以与③知焉，及其至④也，虽圣人亦有所不知焉。夫妇之不肖，可以能行焉；及其至也，虽圣人亦有所不能焉。天地之大也，人犹有所憾。故君子语大，天下莫能载焉；语小，天下莫能破⑤焉。《诗》云："鸢飞戾天，鱼跃于渊。⑥"言其上下察⑦也。君子之道，造端⑧乎夫妇，及其至也，察乎天地。

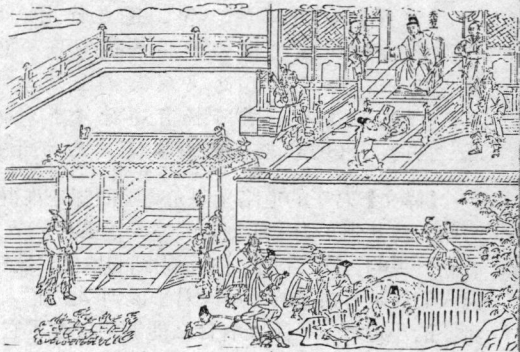

【注释】①费而隐：费，道之作用，指扩大无涯。隐，道之本体，指非常精微奥妙。②夫妇：匹夫匹妇，指普通男女。③与：动词，参与。④至：最，指最精微之处。⑤破：分开。⑥鸢飞戾天，鱼跃于渊：引自《诗经·大雅·旱麓》。鸢，老鹰。戾，到达。这是一首赞扬有道德修养的人，求福得福，能培养人才的诗。⑦察：昭著，明显。⑧造端：造立端绪。意为开始、起头。

【译文】君子的道路光明光亮然而却是难得看见的。普通男女虽然愚蠢，但随从着亦可以知道一些，及其到了周密而周到的境界，虽然是圣人亦有所不知。普通男女虽然不模仿，但还是可以做到一点的，及其到了周密而周到的境界，虽然是圣人亦有所不能够做到。天地是如此辽阔广大，但人们还是有遗憾的。所以君子说到"中庸"的大道理，天下没有什么能承载得起它；说到"中庸"的小道理，天下没有什么能够剖析得了它。

《诗经》上说："老鹰高飞上青天，鱼儿跳跃入深潭。"就是说明天地化育万物是很明察的。君子的道路，是从普通男女的道理开始的，及其到了周密而周到的境界，就可以明察整个天地的道理了。

【原文】子曰："道不远人，人之为道而远人①，不可以为道。《诗》云：'伐柯，伐柯，其则不远②。'执柯以伐柯，睨而视之③，犹以为远。故君子以人治人④，改而止。忠恕违道⑤不远，施诸己而不愿，亦勿施于人。君子之道四⑥，丘⑦未能一焉，所求⑧乎子，以事父，未能也；所求乎臣，以事君，未能也；所求乎弟，以事兄，未能也；所求乎朋友，先施之，未能也。庸德⑨之行，庸言之谨；有所不足，不敢不勉，有余不敢尽；言顾行，行顾言，君子胡不慥慥⑩尔！"

【注释】①人之为道而远人：这句话大意是说有的人在修行中庸之道时爱好高骛远，这样使本来离人们不远的道，反而搞得远离人们了。②伐柯，伐柯，其则不远：引自《诗经·豳风·伐柯》。伐柯，砍削斧柄。柯，斧柄。则，法则，这里指斧柄的式样。③睨而视之：意为斜着眼睛瞧一瞧便可以看到斧柄的样子。睨：斜视。④以人治人：用人道的原则去治理众人。改而止：直到他们改正前非为止。⑤违道：离道。违，相距。道，指中庸之道。⑥君子之道四：孝、忠、弟、信。⑦丘：孔子自称其名。⑧求：责求，要求。⑨庸德：中庸的道德。行：实行。庸言：中庸的言语。⑩慥慥：忠厚老实的样子。

【译文】孔子说："中等的需要和需求之道不会避开人们，如果有人为了实行中等的需要和需求之道而避开人们，他就不可以说是在修道了。《诗经》上说：'伐木作斧柄，伐木作斧柄，其可仿效的就在不远处。'手里拿着斧柄伐木作斧柄，只要瞄一眼就能看得见，但有的人还要到处找。所以君子以人的道理来治理人民，使其改正并停留在中等的需要和需求之道上。尽心尽力地宽恕体谅别人，即使违背中等的需要和需求之道也不遥远，别人强加给自己不想做的，也就不要强加给别人。君子有四种正确的道路，我孔丘一样都没有做到。所要求儿女必须孝敬侍奉父母，我没有做到。所要求做臣子的必须侍奉国君，我没有做到。所要求做弟弟的侍奉兄长，我没有做得。所要求做朋友的，先给予别人，我没有做到。中等的需要和需求的规律的行为，中等的需要和需求的格言的谨严，我都有所不足，不敢不努力奋勉。即使有做得好的地方，亦不敢把话说尽。言谈要顾及行为，行为要顾及言谈，君子何不忠厚老实一点呢？"

【原文】君子素其位①而行，不愿乎其外。素富贵，行乎富贵；素贫贱，行乎贫贱；素夷②狄，行乎夷狄；素患难行乎患难，君子无入③而不自得焉。在上位不陵④下，在下位不援⑤上，正己⑥而不求于人，则无怨。上不怨天，下不尤人。故君子居易⑦以俟命⑧。小人行险以徼幸。子曰："射⑨有似乎君子，失诸正鹄⑩，反求诸其身。"

【注释】①素其位：安于平素所处的地位。素，平素、平时。位，位置、地位。②夷：指东方的部族；狄：指西方的部族。泛指当时的少数民族。③无入：无论处于什么情况下。入，处于。④陵：同"凌"，欺压。⑤援：攀缘，本指抓着东西往上爬，引申为投靠有势力的人往上爬。⑥正己：端正自己的品行。⑦居易：处在平易而安全的境地，也就是安居现状的意思。易，平安。⑧俟命：等待天命。⑨射：指射箭。⑩失诸正鹄：指未射中靶子。正鹄，箭靶中心的圆圈。画在布上的叫"正"；画在皮上的叫"鹄"。郑玄注："画布曰正，栖皮曰鹄。"陆德明释文："正、鹄、皆鸟名也。一曰：正，正也；鹄，直也。大射则张皮侯而栖鹄，宾射张布侯而设正也。"

【译文】君子诚心于自己的地位而行为，不要羡慕自己地位以外的名利。如果诚心于富贵的生活方式，就行为于富贵的生活方式；如果诚心于贫贱的生活方式，就行为于贫贱的生活方式；如果诚心于少数民族的生活方式，就行为于少数民族的生活方式；如果诚心于患难的生活方式，就行为于患难的生活方式。君子无论进入什么情况下，没有不是悠然自得的。如果处在上面的位置，就不要侵犯下面的百姓；如果处在下面的位置，就不要高攀上面的官员。端正自己而且不求助于别人，这一生才没有怨恨。对上不怨恨天，对下不求全责备于人。所以，君子辨别那不断变动着的以等待变化的趋势，而小人们却冒险行为以为可以侥幸打破人生的规律。孔子说："陈述出自己的观点才像个君子，如果失去了正确而大的目标，不如反过来求助于自身。"

【原文】君子之道①，辟②如行远必自迩③，辟如登高必自卑④。《诗》曰⑤："妻子好合，如鼓瑟琴。兄弟既翕⑥，和乐且耽⑦。宜尔室家，乐尔妻帑⑧。"子曰："父母其顺矣乎！"

【注释】①君子之道：指求索君子之道的方法。②辟：同"譬"。③迩：近。④卑：低处。⑤"妻子好合……"：引自《诗经·小雅·常棣》。这是一首称述家庭和睦、兄弟友爱的诗。⑥翕：聚合。⑦耽：欢喜，《诗经》里作"湛"，深厚。⑧妻帑：妻子和女儿的统称。帑，子孙。

【译文】君子的道路，譬如行走远方必要从自己的近处出发，譬如登上高山必要从低矮处开始。《诗经》上说："你与妻子很好而且能合，就像弹琴瑟和鸣一样美妙。兄弟之间既然能收拢在一起，就能和睦安乐。凡事适宜于家庭，你与妻子和儿女们都快乐了。"孔子说："这是父母教诲有方啊。"

【原文】子曰："鬼神①之为德，其盛矣乎！视之而弗见，听之而弗闻，

体物而不可遗②，使天下之人齐明盛服③，以承祭祀④。洋洋⑤乎如在其上，如在其左右。《诗》曰⑥：'神之格思⑦，不可度思！矧可射思⑧！'夫微之显，诚之不可掩如此夫。"⑨

【注释】①鬼神：鬼，一般指已死的祖先。古代迷信者认为人死后灵魂不灭，称之为鬼。神，古代神话及宗教中所幻想的能主宰物质世界、超乎自然、具有人格和意识的精灵。②体物而不可遗：这句大意是认为万物无不以鬼神之气而生，没有遗漏。体物，生养万物。遗，遗忘、遗漏。③齐明盛服：在祭祀之前必须沐浴斋戒，以示虔敬。齐，同"斋"，斋戒。明，洁净。④以承祭祀：承，承当，侍奉。祭祀，指祭鬼祀神。祀，祭祀。《左传·文公二年》："祀，国之大事也。"⑤洋洋：流动飘浮的样子。⑥《诗》曰：这几句诗出自《诗经·大雅·抑》篇。这首诗主要是劝规周朝统治者要修德守礼，指责某些执政者的昏庸无能。⑦格思：格，至，来临。《尚书·舜典》："帝曰：'格，汝舜'"。思，语气助词，无意义。⑧度：推测。矧：况且。射：厌弃，懈怠不敬。⑨微之显：微，隐微。这里指鬼神的事情隐匿虚无。显、显明。这里指鬼神可将祸福显现于人间，所以又是明显的。掩：掩盖的意思。

【译文】孔子说："鬼神现象作为一种规律，其很兴盛吗？想看它们却看不见；想听它们讲什么也听不到；想让它们体现出形状但它们又遗留不下来。它们使天下的人们斋戒沐浴而穿上华丽的衣服，来举行祭祀仪式，众多而丰盛啊，好像就在我们头上，好像就在我们旁边。《诗经》上说：'神灵衡量着司法，但不可估计推测司法，况且我们可以陈述出司法的道理。'那很微小的显明出来，实在是不可以掩藏的，事情就是这样！"

【原文】子曰："舜其大孝也与！德为圣人，尊为天子，富有四海之内。宗庙飨之①，子孙保②之。故大德必得其位，必得其禄。必得其名，必得其寿，故天之生物，必因其材而笃③焉。故栽者培④之，倾者覆⑤之。《诗》曰⑥：'嘉乐君子，宪宪令德⑦。宜民宜人⑧，受禄于天，保佑命之，自天申之。'故大德者必受命。"

【注释】①宗庙飨之：指在宗庙里受祭献。宗庙，古代天子、诸侯祭祀其先王、先祖的地方。飨，祭献。②保：保持。③笃：厚，这里指厚待。④培：培育。⑤覆：倾覆，摧败。⑥《诗》曰：这是《诗经·大雅·假乐》里的第一章。《假乐》是一首为周成王歌功颂德的诗。⑦宪宪：原《诗经》里为"显显"，意同，即显明兴盛的样

举案齐眉

东汉时期梁鸿与其妻孟光和睦恩爱，梁鸿品行高洁，孟光对其非常敬爱。每次吃饭时，孟光都会将盛放食物的木案举至眉头，恭请梁鸿进食。

子。令：善，美。《周书·萧献传》："幼有令誉。"⑧宜民宜人：民，泛指平民。人，指士大夫以上的人。即在位的人。这句意思是说周成王既能与在下之民相处得好，又能与在位之人相处得好。

【译文】孔子说："舜真是个很大的能继承先人之志的人吧！发展变化的规律使他成为圣人，被人民尊为天的儿子，并由此而拥有了四海以内的财富。宗庙里供奉祭祀的宴席都要有他一份，子子孙孙永远保持祭祀不断。所以大的规律，必然会得到应该的地位，必然会得到应该的福禄，必然会得到应该的很长的命运。所以上天生育万物，必然会因生物的本质属性忠实笃厚而生育。所以，能栽种的就培养，相互依倚着的就把它倾覆翻转。《诗经》上说：'高雅欢乐的君子啊，效法那自上而下的规律，适宜于民众适宜于人民，接受福禄于天。保护佑助而得到命令，这是上天一再重复的啊。'所以，掌握大的规律的人，必然会接受上天的命令。"

【原文】子曰："无忧者，其惟文王①乎！以王季②为父，以武王③为子，父作之④，子述之⑤。武王缵⑥大王、王季、文王之绪⑦，一戎衣而有天下。身不失天下之显名，尊为天子，富有四海之内。宗庙飨之，子孙保之。武王末⑧受命，周公⑨成文、武之德，追王⑩大王、王季，上祀先公以天子之礼。斯礼也，达乎诸侯大夫，及⑪士庶人。父为大夫，子为士，葬以大夫，祭以士。父为士，子为大夫，葬以士，祭以大夫。期之丧⑫，达乎大夫。三年之丧，达乎天子。父母之丧，无贵贱，一也。"

【注释】①文王：指周文王，西周开国君主古公亶父的孙子，商末周族的领袖，姓姬名昌，在位五十年，统治期间，国力强盛，晚年自号文王。②王季：古公亶父的儿子，文王之父，名季烈，号称西伯，为殷纣时西方诸侯之长。周太王古公亶父卒，季烈嗣立，修太王的遗业，笃于行义，传位于文王。文王之子周武王即位后，追尊季烈为王季。③武王：西周王朝的建立者。姓姬，名发，他继承父亲文王的遗志，灭掉殷商，建立周朝，建都于镐。④父作之：指父亲王季为文王开创了基业。作，开创。⑤子述之：指儿子武王继承文王的遗志，完成统一大业。述，继承。⑥缵：继续，继承。大王：即王季之父古公亶父。这里"大"字古读"太"。⑦绪：事业。这时指前人未竟的功业。《诗经·鲁颂·闭宫》："缵禹之绪。"⑧末：老，指周武王的晚年。⑨周公：西周初年政治家。姓姬名旦，武王同母弟。⑩追王：后代加封先祖以"王"的称号叫追王。王，动词用法，

缇萦上书

君子之道在于仁义，君王之道也在于行仁义、爱人民。西汉初年，民生凋敝，文帝效法圣人，大行仁义。当时太仓令淳于意因罪入狱，将被处以肉刑，其女缇萦上书文帝，愿作官婢代父赎罪。文帝因此废除肉刑，赦免其父罪行。

即尊……为王。⑪及：推及。⑫期之丧：一周年的守丧期。期，指一整年。丧，丧礼，指处理死者殡殓奠馈和拜跪哭泣的礼节，古为凶礼之一。

【译文】孔子说："没有什么忧虑的，大概只有周文王一个人吧，季历是他的父亲，武王是他的儿子。他的父亲开辟道路，他的儿子又陈述了他的思想，武王继承了太王古公亶父、季历和文王的遗留下来的未竟的事业，一穿上军装就取得了天下。他自身没有失去显赫的名声，被人民尊为天的儿子，拥有了四海以内的财富，宗庙里供奉祭祀的宴席都要有他一份，子子孙孙永远保持祭祀不断。武王老年的时候，授权周公成就文王、武王的政治规律，追思太王古公亶父、季历，往上祭祀以前的先祖，用天子的社会行为规范。这种社会行为规范，通行到诸侯、大夫，及读书人和平常百姓。如果父亲是大夫级官员，儿子是读书人，父死埋葬按大夫的社会行为规范，祭祀按读书人的社会行为规范。如果父亲是读书人，儿子是大夫级官员，父死埋葬按读书人的社会行为规范，祭祀按大夫级官员的社会行为规范。一年的守丧时期，也要通行到大夫级官员，三年的守丧期，也要通行到天子；至于给父母守丧，不分贵贱都一样。"

【原文】子曰："武王、周公，其达①孝矣乎！夫孝者，善继人②之志，善述人之事者也。春秋③修其祖庙，陈其宗器④，设其裳衣⑤，荐其时食⑥。宗庙之礼，所以序昭穆⑦也。序爵⑧，所以辨贵贱也。序事⑨，所以辨贤也。旅酬下为上⑩，所以逮贱也⑪。燕毛⑫，所以序齿⑬也。践其位⑭，行其礼，奏其乐，敬其所尊，爱其所亲，事死如事生，事亡如事存，孝之至也。郊社之礼⑮，所以事上帝也。宗庙之礼，所以祀乎其先也。明乎郊社之礼、禘尝⑯之义，治国其如示诸掌乎！"

【注释】①达：通"大"字。②人：指祖先。下面"人"字同此意思。③春秋：一年四季的代称。这里指祭祖的季节。《诗经·鲁颂·閟宫》："春秋匪解（懈），享祀不忒。"修：整理。④陈其宗器：陈，陈列。宗器，古代宗庙祭祀时所用的器物。郑玄注："宗器，祭器也。"又一说：宗器，祖宗传下来的贵重器具，用于礼乐。⑤裳衣：指祖宗生前穿过的衣服。裳是下衣，衣是上装。⑥荐其时食：荐，进献、献上。时食，指古代祭祀祖先所献上的时令鲜食。⑦序昭穆：排列昭穆的次序。是古代一种宗法制度，宗庙的次序是有规定的，以始祖庙的牌位居中，以下二世、四世、六世，位于始祖的左方，称为昭。三世、五世、七世位于右方，称为穆。在这里指祭祀的时候，可以排列出父子、长幼、亲疏的次序。⑧序爵：祭祀者按官爵大小，以公、侯、卿、大夫分为

丹书受戒

武王登基之日，从尚父（即太公姜尚）手中接过上天授命丹书，惕若恐惧，自我反省，尽力做好为君之事。

四等排列先后。⑨序事：按在祭祀中担任的职务排列先后次序。事，职事，职务。
⑩旅酬下为上：旅，众。酬，以酒相劝为酬。下为上，祭祀将终，旁系亲属的兄弟
（宾）与直系亲属的兄弟（主）按次序敬酒。现在"下"，以主人身份向"上"敬酒，
因此叫做"下为上"。⑪所以逮贱也：逮，及。这句意为祖宗的恩惠荣誉达到在下位
的卑贱者。⑫燕毛：燕，同"宴"，宴会。毛，毛发，头发，意为长幼。指祭祀完毕，
举行宴饮时，以毛发的颜色来区别老少长幼，安排宴会的座次。⑬序齿：齿，年龄。
即依据年龄的大小来定宴会的座次或饮酒的顺序。⑭践其位：各就各位，站到应站的
位置。⑮郊社之礼：周代在冬至的时候，在南郊举行祀天的仪式，称之为"郊"；夏
至的时候，在北郊举行祭地的仪式，称之为"社"。⑯禘尝：禘，五年一次大祭，极为
隆重，只有天子有权举办。尝：为宗庙四时祭祀之一，每年秋季举行。

【译文】孔子说："武王、周公，他们通行于继承先人之志啊！什么叫继承先人之志呢？那就
是善于继承人的意志；善于阐述人们的事迹。春天和秋天，修建整理祖庙，陈列出祭祀仪式所用
的器皿，设置上装衣和下装裳，贡荐时鲜食物。所谓宗庙的礼仪，是要排列出父子、长幼、亲疏
的次序；排列出官职爵位的次序，就能分辨出贵与贱的区别了；排列出他们的事迹，就能分辨出
谁是贤人了；举行祭祀仪式报答他们要以下敬上，所以就可以连贱的也可以报答了；等到安闲休
息的时候，才能够坐下来排列我们的大小。登上各人的位置，举行应该祭祀的礼仪，奏响这次祭
祀仪式的乐器；我们尊敬先辈们值得尊敬的事迹，爱护先辈们的遗属；侍奉死去的就如同侍奉现
在生存着的一样，侍奉已经亡故的如同侍奉现在存在着的一样，这才是继承先人之志的周密与周
到啊。在郊外举行的对土地神神主的祭祀仪式，是为了侍奉上天而举行的祭祀仪式；在宗庙举行
的祭祀仪式，是为了纪念人们的先辈的祭祀仪式；弄明白了在郊外举行祭祀土地神神主的礼仪，
以及五年一次的祭祀和秋季举行的祭祀仪式的意义，治理国家就像看手掌上的东西一样吧。"

【原文】哀公①问政。子曰："文武之政，布在方策②。其人存③，则其
政举；其人亡，则其政息④。人道敏政⑤，地道敏树⑥。夫政也者，蒲卢⑦
也。故为政在人，取人以身，修身以道，修道以仁。仁者人也。亲亲为
大⑧；义者宜也。尊贤为大。亲亲之杀⑨，尊贤之等，礼所生也。在下位不
获乎上，民不可得而治矣！故君了不可以不修身；思修身，不可以不事亲；
思事亲，不可以不知人，思知人，不可以不知天。

【注释】①哀公：春秋时鲁国国君。姓姬，名蒋，"哀"是谥号②布在方策：布，
陈述，陈列。方策，指典籍。方，方版，古时书写用的木板。策，同"册"，书写
用的竹简。③其人存：那样的人存在。人，指贤人。④息：灭，消失。⑤人道敏政：
敏，迅速。人道，是我国古代哲学中与"天道"相对的概念。这里指以人施政的道
理。⑥地道敏树：树，动词用法，指栽培树木。意为用沃土种植的道理。⑦蒲卢：
即芦苇。芦苇性柔而具有可塑性，所以比喻君子从政如能得到贤臣会很快成功。⑧亲
亲为大：这句是说，人们虽然相互亲爱，但都是以爱自己的亲属为主要方面。亲亲，
前一个"亲"字为动词，意为"爱"。后一个"亲"字，意为亲人，亲属。⑨杀：减
少，降等。

【译文】鲁哀公问孔子关于政治之类的事。孔子说："文化的和武装的这些政治上的事，分布

哀公问政

鲁哀公向孔子询问儒道。

在各个地方的方针策略上。这个地方的人才存在，这个地方的政治就能兴起；这个地方的人才消亡了，这个地方的政治也就停止了。人们的道路在于灵敏的政治，大地的道路在于培植和培养万物。这种政治之类的事，就像种植菖蒲和芦苇那样容易。所以政治之类的事关键在于人才，选取人才要看他的自身修养，修养自身以走上正确的道路，而为人处事的正确道路则在于建立起人与人之间相互亲爱的关系。能够与人相互亲爱的人，才是人；以亲爱自己的亲人最为重要。寻求最佳行为方式的人，是适宜于环境的人，以尊重贤能的人最为重要。亲爱自己的亲人也要收束，尊重贤能的人也要有等级，这就是从社会行为规范中产生出来的。处在下位的人如果不能适应于上位的人，人民就不可能得到治理。所以君子不可以不修养自身；如果想要修养自身，不可以不侍奉亲人；想要侍奉亲人，就不可以不知道人；想要知道人，不可以不知道天。

【原文】"天下之达道五，所以行之者三。曰：君臣也，父子也，夫妇也，昆弟①也，朋友之交也，五者天下之达道也。知，仁，勇，三者天下之达德也，所以行之者一②也。或生而知之③，或学而知之，或困而知之，及其知之，一也。或安而行之，或利而行之，或勉强而行之，及其成功，一也。"

子曰："好学近乎知，力行近乎仁，知耻近乎勇。知斯三者，则知所以④修身；知所以修身，则知所以治人；知所以治人，则知所以治天下国家矣。"

【注释】①昆弟：兄和弟，也包括近房的和远房的弟兄。②一：专一，诚实。③生而知之：一生下来就知道。"之"，指代上文"天下之达道"。④所以：怎样。

【译文】"天下的通达的道路有五种，能够行为的有三条。这就是：君与臣、父与子、夫与妇、兄与弟、朋友之间的关系。这五种，就是天下通达的道路。知人、爱人、勇敢这三样，就是天下通达的规律。为什么这样做，其实是一样的道理。或者有生下来就能知道的，或者是通过学习而知道的，或者是经过困难的磨炼才知道的，但终能知道这就是一样的道理。或者从容安然而实行，或者追求着利益去实行，或者勉强地去实行，为什么这样做，其实是一样的道理。"

孔子说："喜好学习就能接近知识，尽力就能接近仁爱，知道羞耻就能接近勇敢。知道了这三样，就知道了为什么要修养自身，知道了为什么要修养自身，就知道了为什么要治理人民；知道了为什么要治理人民，就知道了为什么要治理天下、国家的道理了。

【原文】"凡为天下国家有九经①，曰：修身也。尊贤也，亲亲也，敬大臣也，体②群臣也。子庶民③也，来百工④也，柔远人⑤也，怀⑥诸侯也。修身则道立，尊贤则不惑，亲亲则诸父昆弟不怨，敬大臣则不眩⑦，体群臣则上之报礼重，子庶民则百姓劝⑧，来百工则财用足，柔远人则四方归之，怀诸侯则天下畏之。齐明盛服⑨，非礼不动。所以修身也；去谗远色，贱货而贵德，所以劝贤也；尊其位，重其禄，同其好恶，所以劝亲亲也；官盛任使⑩，所以劝大臣也；忠信重禄，所以劝士也；时使薄敛⑪，所以劝百姓也；日省月试⑫，既廪称事⑬，所以劝百工也；送往迎来，嘉善而矜⑭不能，所以柔远人也；继绝世⑮，举废国⑯，治乱持⑰危。朝聘⑱以时，厚往而薄来，所以怀诸侯也。凡为天下国家有九经，所以行之者一也。

【注释】①九经：九条准则。经，准则。②体：体察，体恤。③子庶民：意为如同父母爱护儿女那样对待庶民。④来百工：来，招来，招集。工，工匠，百工是西周时对工奴的总称，春秋时沿用此称，并作为各种手工业工匠的总称。⑤柔远人：意为按抚边远地来的外族人。柔，怀柔，安抚，引申为优待。远人，指远方来的外族人。⑥怀，安抚。⑦眩：眼花，引申为迷惑。⑧劝：勉力，努力。⑨齐明：此处专指内心虔诚。盛服：这里指外表仪容端庄整齐。⑩官盛任使：官盛，官属众多。任使，足供任用。⑪时使：指使用百姓劳役有一定时间，不误农时。薄敛：赋税轻。⑫日省月试：省，视察。试，考核。⑬既廪称事：既，即"饩"，指赠送别人粮食或饲料。廪：给予粮食。称：符合。送给别人的薪资粮米，要与工作效果相符合。⑭矜：怜悯、同情。⑮继绝世：继，承继、延续。绝世，已经中断俸禄的家族世系。古代卿大夫的封邑采地，由子孙世袭。如果某一代有过失便被停止领有封邑采地，就会停止俸禄。继绝世就是使得卿大夫的后代恢复食禄，延续世系家族。⑯举废国：举，任用。废国，指已被废灭的邦国。⑰持：扶持，解救。⑱朝聘：诸侯定期朝见天子。每年一见叫小聘，三年一见叫大聘，五年一见叫朝聘。

【译文】"大凡治理天下国家有九条准则，这就是：修养自身、尊敬贤人、亲爱亲人、敬重大臣、体谅群臣、爱民如子、招徕百工、优待遥远的少数民族、安抚各地诸侯。修养自身，那么自己的道路就能树立起来；尊敬贤人，那么就不会迷惑；亲爱亲人，那么所有的父亲兄弟之间就不会产生怨恨；敬重大臣，那么自己的眼睛就不会花；体谅群臣，那么读书人就会回报于很重的礼；爱民如子，那么老百姓就会勉励自己；招徕百工，那么财富的使用就

汉文帝仁厚俭恕

汉文帝即位后，废除秦朝峻法，整顿吏治，休养生息，他自己也以身作则，不喜珠玉宝器，崇尚俭朴。所以海内安定，经济发展，国力日盛。

足够了；优待遥远的少数民族，那么四方的人就会归顺和服从；安抚各地诸侯，那么天下所有的人都会敬畏你了。斋戒沐浴而穿上华丽的衣服，不符合社会行为规范的行为就不行动，为什么要修养自身呢？除去谗言并远离表面的东西，轻视财货而重视人生的规律，这就是为什么要勉励贤人的道理。尊重贤人的地位，重赐贤人的俸禄，和同于贤人的喜好和憎恶，这就是为什么要勉励亲爱亲人的道理了。为大臣设立众多的属官，足供使用，这就是为什么要勉励大臣的道理。尽心尽力信任并重赐俸禄，这就是为什么要勉励读书人的道理。按时使用劳动力并很少收取税负，这就是为什么要勉励老百姓的道理。每天审视并每月检测，付给的粮食与工匠的工效相称，这就是为什么要勉励工匠的道理。热情相送盛情相迎，嘉奖有善行的人，庄重对待才能不足的人，这就是为什么要优待遥远的少数民族的道理。承续接继已经断绝了的世族，兴起那已经废除的国家，治理混乱扶持危难，朝见聘问要有定时，赠送要厚收礼要薄，这就是为什么要安抚各地诸侯的道理。治理天下国家的九条准则，为什么这样做其实是一样的道理。

【原文】"凡事豫①则立，不豫则废。言前定则不跲②，事前定则不困，行前定则不疚③，道前定则不穷。在下位不获乎上，民不可得而治矣。获乎上有道，不信乎朋友，不获乎上矣；信乎朋友有道，不顺乎亲④，不信乎朋友矣；顺乎亲有道，反诸身不诚，不顺乎亲矣；诚身有道，不明乎善，不诚乎身矣。诚者，天之道也；诚之者，人之道也。诚者不勉而中，不思而得，从容中道，圣人也。诚之者，择善而固执⑤之者也。

【注释】①豫：同"预"，预备。②跲：窒碍，说话不通畅。③疚：内心不安。④顺乎亲：顺，使动词，使顺心、高兴。亲：父母亲。⑤固执：坚守不渝。执，握住。

【译文】"凡事有预备才能立得起来，不预备就会失败。所说的话如果预先想定，说出后就没有窒碍；事情如果预先定好，就不会有困难；行为如果预先定好，做出后就不会内疚；道路如果预先定好，就不会陷入穷困境地。处在下位的人如果不能适应于上位的人，人民就不可能得到治理。适应上位的人有道路，如果得不到朋友的信任，就不能适应上面的人；得到朋友的信任也有道，得不到亲人的教诲，就得不到朋友的信任；亲人的教诲也有道路，反省自身不诚信，就得不到亲人的教诲；自身要诚信也有道路，不能明白善良的行为，自身也就不能诚信了。所谓的诚信，是上天的道路；诚信的道路，就是人的道路；诚信的人，不必勉强而处中道，不必思索就能达到，走从容不迫的中庸之道，就是圣人。要做诚信的人，就要选择至善的道理而坚定不移地实行。

【原文】"博学之，审问之，慎思之，明辨之，笃行之。有弗学，学之弗能，弗措①也；有弗问，问之弗知，弗措也；有弗思，思之弗得，弗措也；有弗辨，辨之弗明，弗措也；有弗行，行之弗笃，弗措也。人一能之己百之，人十能之己千之。果能此道矣。虽愚必明，虽柔必强。"

【注释】①弗措：不罢休。弗，不。措，停止，罢休。

【译文】"广博地学习，反复地审视，谨慎地思考，明白的辨别，才能老老实实地行为。有不想学习的，就是学习了也不能够也不会有措施；有不想问的，就是问了也不能够也不会有措施；有不想思考的，就是思考了也不能够也不会有措施；有不想辨别的，就是辨别了也不能够也不会有措施；有不想行为的，就是行为了也不能够也不会有措施。别人有一样才能，自己就要用百倍功夫；别人有十样才能，自己就要用千倍功夫。果然能走这条道路，虽然愚蠢必然会明白起来，虽然柔弱必然会刚强起来。"

【原文】自诚明①，谓之性。自明诚，谓之教。诚则②明矣，明则诚矣。

唯天下至诚，为能尽其性③；能尽其性，则能尽人之性；能尽人之性，则能尽物之性；能尽物之性，则可以赞天地之化育④；可以赞天地之化育，则可以与天地参⑤矣。

其次致曲⑥。曲能有诚，诚则形⑦，形则著⑧，著则明⑨，明则动，动则变，变则化⑩。唯天下至诚为能化。

【注释】①自诚明：指明白道理。自，由。明，明白。②则：即，就。③尽其性：尽，竭尽。充分发挥本性。④赞：赞助。化育：化生和养育。⑤与天地参：和天地并立为三。参：并立，并列。⑥其次：次一等的人，即次于"自诚明"的圣人的人，也就是贤人。致曲：致力于某一方面。曲，偏。⑦形：显露，表现。⑧著：显著。⑨明：光明。⑩化：感化，指使人不自觉地改恶从善。

【译文】自己诚信而后才明白，称之为本性；自己明白了而后诚信，称之为有教育。诚信就能明白道理，明白道理就能诚信。

唯有天下那周密而周到的诚信，才能够尽到本性。天地能够尽到本性，人则能够尽到人的本性；人能够尽到人的本性，才能够尽到物的本性；物能够尽到物的本性，才可以佐助天地的变化和生育；可以佐助天地的变化和生育，才可以和天地相配合。

然后可以到达周遍，周遍以后才能够互助合作于诚信，诚信则会表现出来，表现出来就会日益显著，日益显著则能使人明白，明白了以后才能行动，行动以后才会有变动，变动以后才会有化育，而唯有天下那周密而周到的诚信才能化育。

【原文】至诚之道，可以前知①。国家将兴，必有祯祥②；国家将亡，必有妖孽^{niè}③。见乎蓍龟④，动乎四体⑤。祸福将至，善，必先知之；不善，必先知之。故至诚如神⑥。

诚者自成⑦也，而道自道⑧也。诚者物之终始，不诚无物。是故君子诚之为贵。诚者非自成己而已⑨也，所以成物也。成己，仁也；成物，知也。性之德也，合外内之道也，故时措⑩之宜也。

【注释】①前知：预知未来。②祯祥：吉祥的预兆。③妖孽：物类反常的现象。草木之类的怪物称妖，虫豸之类的怪物称孽。④见乎蓍龟：从蓍草和龟甲的占卜中发现。古代用蓍草和龟甲来占卜吉凶如何。⑤四体，手足，指动作仪态。⑥如神：如神一样微妙，不可言说。⑦自成：自我成全，也就是自我完善的意思。⑧自道：

自己引导自己。道，同"导"，引导。⑨非自成己而已：并非只是成全自己就完了。己，自己。已：中止，够了。⑩措：用，实施。

【译文】周密而周到的诚信之道，可以预先知道。国家即将兴盛，必然有吉祥的征兆；国家将要灭亡时，一定会有妖孽作怪。这些呈现在蓍草、龟甲上，表现在人的四肢动作上。如果祸与福将要来临，善事，必然可以预先知道；不善的事，必然也可以预先知道。所以周密而周到的诚信有如神示。

诚信的人，自己成就自己，而人生的道路，是自己的道路。诚信的人，会选择开始与终结，不诚信就无有选择。所以，君子以诚信为贵。诚信的人，并非只是成就自己就停止了，还要成就万物。成就自己，就是爱人。成就万物，就有智慧。本性的规律，是结合外面和内在的道路，所以借着时势的措施是适宜的。

【原文】故至诚无息①。不息则久，久则征②；征则悠远，悠远则博厚，博厚则高明。博厚，所以载物也；高明，所以覆物也；悠久，所以成物也。博厚配地③，高明配天，悠久无疆④。如此者，不见而章，不动而变，无为而成。天地之道，可一言⑤而尽也。其为物不贰⑥，则其生物不测。天地之道：博也，厚也，高也，明也，悠也，久也。今夫天，斯昭昭之多⑦，及其无穷也，日月星辰系焉，万物覆焉。今夫地，一撮土之多。及其广厚，载华岳⑧而不重，振⑨河海而不泄，万物载焉。今夫山，一卷石⑩之多，及其广大，草木生之，禽兽居之，宝藏兴焉，今夫水，一勺之多，及其不测⑪，鼋、鼍、蛟龙、鱼鳖生焉，货财殖焉。《诗》曰："惟天之命，于穆不已！⑫"盖曰天之所以为天也。"于乎不显，文王之德之纯！"盖曰文王之所以为文也，纯亦不已。

【注释】①息：止息，休止。②征：征验，显露于外。③配地：意思是与地有同样的功效。配，匹配。④无疆：无穷无尽。⑤一言：即一字，指"诚"字。⑥不贰：无二心。贰，同"二"。⑦斯：此。昭昭：光明。⑧华岳：即华山。⑨振：通"整"，整治，引申为约束。⑩一卷石：一拳头大的石头。卷：通"拳"。⑪不测：不可测度，

季札挂剑

诚信是人立足于世的基本准则，君子诚信才能有所作为。诚信的至高境界莫过于季札。徐国君主见到季札的宝剑，心中喜爱，但未说明，季札因有他用，当时也未相赠。后季札事成返回徐国，徐君已死，季札仍解下宝剑挂在他坟前。

指浩瀚无涯。⑫《诗》曰句：这里引的几句诗出自《诗经·周颂·维天之命》。这首诗是祭祀周文王的乐歌。

【译文】 所以，周密而周到的诚信是不会止息的，不会止息就能长久，长久就能够证明证验，证明证验就会悠远，悠远就能广博而深厚，广博而深厚就会高大光明。广博而深厚，所以就能承载天下万物；高大光明，所以能覆盖天下万物；悠远长久，所以能成就万物。广博而深厚可以与大地相匹配，高大光明可以与上天相匹配，悠远而长久可以永无止境。能够做到这样，不表现什么就可以彰显，不做什么就可以改变，无所作为就能成就。天和地的道路，可以一句话说完它，它除了化育万物再也没有第二条道路，但它生育万物就不是人类可以预测的了。天和地的道路，广博、深厚、高大、光明、悠远、长久。今天所说的这个天，是光明明亮的太多聚集，以至于无穷无尽，太阳、月亮、星辰都在上面悬系，万物都被覆盖了。今天所说的这个大地，只有一小撮土这么多，但是它广博而深厚，可以承载华山而不显沉重，汇集大河大海而不会泄漏，一切万物都被它承载着。今天所说的这个山，只不过是一小块石头，但山脉连绵万里，草木在上面生长，禽兽在里面居住，宝藏可以从山里面开发出来。今天所说的这个水，只不过一勺子而已，但却深不可测，鼋、鼍、蛟、龙、鱼、鳖等鱼类动物都在里面生长，给人们提供了钱财和货物。《诗经》上说："唯有上天的运行规律和趋势，处于美好而不会停止。"这就是说天之成为天的道理。"处于这种光明境界，难道不会显现出文王所创的规律的纯洁吗？"这就是说，文王之所以谥号为"文"，他的纯洁是没有止境的。

【原文】 大哉！圣人之道洋洋①乎！发育万物，峻极于②天。优优③大哉！礼仪④三百，威仪⑤三千。待其人⑥然后行。故曰：苟不至德⑦，至道不凝⑧焉。故君子尊德性而道问学⑨。致广大而尽精微。极高明而道中庸。温故而知新，敦厚以崇礼。是故居上不骄，为下不倍⑩；国有道⑪，其言足以兴；国无道，其默足以容⑫。《诗》曰："既明且哲，以保其身。"⑬ 其此之谓与！

【注释】 ①洋洋：盛大，浩瀚无边，含有充满美好的意思。②峻极：高峻到极点。于：至。③优优：充足有余。④礼仪：古代礼节的主要规则，又称经礼。⑤威仪：古代典礼中的动作规范及待人接物的礼节，又称曲礼。⑥其人：指圣人。⑦苟不至德：如果没有极高的德行。苟，如果。⑧凝：凝聚，引申为成功。⑨道问学：道，由，从。问学，询问及学习。⑩倍：通"背"，背弃、背叛。⑪国有道：国家实行正道，指政治清明，太平盛世。⑫容：容身，指保全自己。⑬《诗》曰句：这两句诗出自《诗经·大雅·烝民》。这是一首歌颂仲山甫（周宣王的臣子）的诗。哲：智慧，指洞察事理，意为明达。

【译文】 很大的圣人的道路啊，浩浩荡荡，发展化育万物，像天一样崇高。丰足富裕而伟大啊，礼仪的规则有三百条，威武的规则有三千条。这只有等待圣人出现后才能实行。所以有人说，如果没有周密而周到的规律，即使有周密而周到的道路也不会严整。所以君子要尊崇规律的本性而取道于询问和求学，致力于广大的宏观境界以及细小的微观世界，达到高大明亮的境界而取道中等的需要和需求，温习故旧的历史经验而知道新的知识，忠厚老实以崇尚社会行为规范。这样，居于上位就不会骄傲，处在下位就不会背叛上级。国家有了正确的道路，君子的言论就可以使国家兴盛；国家如果没有正确的道路，君子就沉默以求有容身之地。《诗经》上说："又能明白事理又聪明有智慧，就可以保全自身了。"说的不就是这个意思吗？

【原文】 子曰："愚而好自用①，贱而好自专②，生乎今之世，反③古之道：如此者，灾及其身者也。"非天子，不议礼④，不制度⑤，不考文⑥。今天下车同轨，书同文，行同伦⑦。虽有其位，苟无其德，不敢作礼乐⑧焉；虽有其德。苟无其位，亦不敢作礼乐焉。子曰："吾说夏礼⑨，杞不足征⑩也。吾学殷礼⑪，有宋⑫存焉。吾学周礼⑬，今用之，吾从周⑭。"

【注释】 ①自用：凭自己主观意图行事，自以为是，不听别人意见，即刚愎自用的意思。②自专：独断专行。③反：同"返"，引申为恢复。④议礼：议论礼仪，指修订礼仪。⑤制度：在这里作动词用，指制订法度。⑥考文，考订文字规范。⑦车同轨，书同文，行同伦：车同轨指车子的轮距一致；书同文指字体统一；行同指伦理道德相同。这种情况是秦始皇统一六国后才出现的，据此可知《中庸》有些章节是秦代儒者所加。⑧乐：音乐。古代天子制礼作乐，以治天下。⑨说夏礼：说，解说，另一说为"悦"，喜爱。夏礼，夏代的礼法。⑩杞不足征：杞，国名，传说是周武王封夏禹的后代于此，故城在河南杞县。征，验证。⑪殷礼：殷朝的礼制。⑫宋：国名，商汤的后代居此，故城在今河南商丘县南。⑬周礼：周朝的礼制。⑭吾从周：我要遵从周礼。吾，孔子。孔子说的这一小段话也散见于《论语·八佾恰》、《论语·为政》。

【译文】 孔子说："愚蠢然而又好自以为是，卑贱然而又好独断专行；生长在今天这个时代，却想要返回古代的道路；这样的人，灾祸一定会连及到他身上。"不是国家的统治者就不要议定社会行为规范，就不要制定法度，就不要考核文字。今天这个天下，车辙同一，文字笔画一致，行为都是同一个伦理。统治者虽然有其位置，但如果没有掌握统治国家的规律，是不敢制作礼乐的。普通人虽然掌握统治国家的规律，但如果没有统治者的位置，也是不敢制作礼乐的。孔子说："我所说的夏朝的社会行为规范，杞国的人是不能来验证的；我所学的殷朝的社会行为规范，有宋国的人还保存着。我所学的周朝的社会行为规范，今天还在使用，因此我随从周朝的这个社会行为规范。"

为吏枉法

君子都知晓自己的位置，不会越俎代庖。子路曾为蒲地官员，为民修水利，与民同食。孔子训导他，民饥是君主应解决的事情，子路身为地方官私人赈济是陷君主于不贤之地。子路心服。

【原文】 王天下有三重焉①，其寡过矣乎！上焉者②虽善无征，无征不信，不信民弗从；下焉者③虽善不尊④，不尊不信，不信民弗从。故君子之道：本诸身，征诸庶民，考诸三王而不

缪⑤，建诸天地而不悖⑥，质诸鬼神而无疑，百世以俟圣人而不惑。质诸鬼神而无疑⑦，知天也；百世以俟圣人而不惑，知人也。是故君子动而世为天下道⑧，行而世为天下法，言而世为天下则。远之则有望⑨，近之则不厌。《诗》曰⑩："在彼无恶，在此无射。庶几夙（sù）夜⑪，以永终誉⑫！"君子未有不如此而蚤有誉于天下者也。

【注释】①王天下有三重焉：王，作动词用，王天下即在天下做王的意思，也就是统治天下。三重，指上一章所说的三件重要的事：仪礼、制度、考文。②上焉者：指在上位的人，即君王。③下焉者：指在下位的人，即臣下。④不尊：没有尊贵的地位。⑤考诸三王而不缪：意为君子之道符合古代三君王立下的法则。三王，指夏禹、商汤、周文王三朝君王。缪，通"谬"，错误。诸，"之于"合音。⑥建诸天地而不悖：指君子之道符合天地之道。建，立。悖，违背。⑦质诸鬼神而无疑：《中庸》认为鬼神不疑，即是符合天道。质，证实、保证。另一说为质问、卜问。⑧道：通"导"，先导。⑨望：威望。⑩《诗》曰句：这四句诗出自《诗经·周颂·振鹭》。这首诗是周王设宴招待来朝的诸侯时，在宴席上唱的乐歌。一说这是一首赞美宋国微子的诗。⑪庶几夙夜：庶几，差不多。夙夜，早晚，犹言早起晚睡。这句是说，各诸侯早起晚睡，勤于政事。⑫以永终誉：永，长。终，保持。另一说：通"众"，为众的假借字。誉，荣誉，赞誉。这句是说，各诸侯能长久受到众人的称赞。

【译文】统治天下成为君王有上中下三重道路，这些道路很少有走过的。上面的一重是，虽然善良但无法证明；无法证明就不能得到信任；不能得到信任，人民就不会服从。下面的一重是，虽然善良但得不到尊重，得不到尊重就得不到信任，得不到信任人民就不会服从。所以君子的道路，是从自身出发，在平民那里得到证明，考查到三代先王而没有谬误，树立在天地之间而不背悖天地之理，验证于鬼神而没有疑问，百世以后等待圣人而不会迷惑。所谓验证于鬼神而没有疑问，就是知道天的学问；所谓百世以后等待圣人而不会迷惑，就是知道人的学问。因此，君子活动于人世就能作为于天下的道路，行为于人世就能作为于天下的法度，言谈于人世就能作为于天下的准则。离得远的人们就会有希望之心，在近处的人们就不会厌烦。《诗经》上说："在那里没有人憎恶，在这里没有人猜度。早早晚晚都一样，永保美名人长念。"君子没有不这样，而却老早就有美名传遍天下的。

【原文】仲尼祖述①尧舜，宪章文武②：上律③天时，下袭④水土。辟如天地之无不持载⑤，无不覆帱（dào）⑥，辟如四时之错行⑦，如日月之代明⑧。万物并育⑨而不相害⑩，道并行而不相悖⑪，小德川流，大德敦化⑫，此天地之所以为大也。

【注释】①祖述：效法、遵循前人的行为或学说。②宪章文武：宪章，效法。这句是说效法周文王和周武王的典章制度。③律：遵从。④袭：符合。⑤持载：承载。⑥覆帱：覆盖。⑦错行：交错运行，流动不息。⑧代明：交替光明，循环变化。代，交替的意思。⑨并育：同时生长。⑩相害：互相妨碍。⑪道并行而不相悖：道，指天地之道，即四季更迭，日月交替之道。悖：违背。⑫敦化：使万物敦厚纯朴。

【译文】孔子承袭并阐述尧、舜二帝的道路，效法并彰明文王及武王的思想，对上约束于天时，对下沿袭着水与土的特性。就好像天和地没有什么不能承载，没有什么不能覆盖一样。就好像四季不同的运行，如同日月的交替光明一样。万物一起生长发育而不互相妨害，道路并行发展而不互相背离，小的道路的规律就如江河长流，大的道路的规律敦厚化育无穷尽。这就是天和地之所以伟大的原因啊！

【原文】唯天下至圣为能聪明睿知，足以有临①也；宽裕②温柔，足以有容③也；发强④刚毅，足以有执⑤也；齐庄中正⑥，足以有敬也；文理密察⑦，足以有别也。溥博渊泉，而时出之⑧。溥博如天，渊泉如渊。见⑨而民莫不敬，言而民莫不信，行而民莫不说。是以声名洋溢⑩乎中国，施及蛮貊⑪。舟车所至，人力所通，天之所覆，地之所载，日月所照，霜露所队⑫，凡有血气者，莫不尊亲，故曰配天。

有虞二妃

舜品德高尚，时人尊崇，于是当时的君王尧决定传位于他，并将自己的两个女儿嫁与他为妃。

【注释】①有临：居上临下。临，本指高处朝向低处，后引申为上对下之称。②宽裕：宽，广大。裕，舒缓。③有容：容纳、包容。④发强：发，奋发。强，勇力。⑤有执：操持决断天下大事。⑥齐庄：恭敬庄重。中正：不偏不倚。⑦文理：条理。密察：详察细辨。⑧溥博渊泉：溥博，辽阔广大。溥，普遍，辽阔。渊泉，深潭。后引申为思虑深远。而时出之：出，溢出。⑨见：表现，指仪容。⑩洋溢：广泛传播。⑪施及蛮貊：施及，蔓延，传到。蛮貊，古代两个边远部族的名称。⑫队：通“坠”，坠落。

【译文】唯有天下那周密而周到的圣人，才能称为明察事理，明白道理，通达明智，有智慧，才足以有统治、管理的能力。唯有度量宽宏，知识充足，温文儒雅，柔情待人，才足以有容纳万物的胸怀。唯有能够阐明，强大，刚健，有毅力，才足以有保持正道的能力。唯有平等，端庄，守中，执正，才足以有使人尊敬的地方。唯有文明，理智，严密，明察，才足以有区别的能力。他就像普遍而广博的水潭及泉水，时常出现在大地上，其普遍而广博有如天空，水潭及泉水有如大气层。他的出现人民没有谁敢不尊敬，他的言信人民没有谁敢不相信，他的行为人民没有谁不喜悦。所以圣人的名声洋溢在中华大地上，并传播到远远的少数民族地区；凡是船和车辆到达的地方，凡是人们所能走通的地方，凡是天空所覆盖的地方，凡是大地所能承载的地方，凡是太阳月亮所能照耀到的地方，凡是霜和露所坠落的地方，凡是有血气的人，没有不尊敬的，所以说圣人可以与天相匹配。

【原文】唯天下至诚，为能经纶①天下之大经，立天下之大本②，知天地之化育。夫焉有所倚？肫肫③其仁！渊渊其渊④！浩浩其天⑤！苟不固⑥聪

明圣知达天德者，其孰能知之？

【注释】①经纶：原指在用蚕丝纺织以前整理丝缕。这里引申为治理国家大事，创制天下的法规。经、纺织的经线，引申为常道、法规。②本：根本。③肫肫：诚挚的样子。④渊渊其渊：意为圣人的思虑如潭水一般幽深。渊渊，水深。⑤浩浩其天：圣人的美德如苍天一般广阔。浩浩，原指水盛大的样子，这里引申为广阔。⑥固：实在、真实。

【译文】唯有天下那周密而周到的诚信，能够成为治理天下的最高规范，树立起天下最根本的法则，知道天和地的变化和生育状况，这哪里有什么可依靠的呢？恳切真诚就是相互亲爱，深不可测回旋往复就是供万物生存的空气的大气层，浩瀚广博等齐于天。如果不坚定专一于明察事理，明白道理，通达明智，有智慧，能通达天的规律的人，有谁能够知道呢？

【原文】《诗》曰："衣锦尚䌹①"，恶其文之着也。故君子之道，暗然②而日章③；小人之道，的然而日亡。君子之道：淡而而不厌，简而文，温而理，知远之近④，知风之自⑤，知微之显⑥，可与人德矣。《诗》云："潜虽伏矣，亦孔之昭⑦！"故君子内省不疚，无恶⑧于志。君子所不可及者，其唯人之所不见乎！《诗》云："相在尔室，尚不愧于屋漏⑨。"故君子不动而敬，不言而信。《诗》曰："奏假无言，时靡有争⑩。"是故君子不赏而民劝⑪，不怒而民威于铁钺⑫。《诗》曰："不显惟德！百辟其刑之⑬"是故君子笃恭而天下平。《诗》云："予怀明德，不大声以色⑭。"子曰："声色之于以化民。末也。"《诗》曰："德辎如毛⑮。"毛犹有伦⑯，"上天之载，无声无臭⑰"，至矣！

【注释】①衣锦尚䌹：出自《诗经·卫风·硕人》。衣，此处作动词用，指穿衣。锦，指色彩鲜艳的衣服。尚，加。䌹，同"褧"，用麻布制的罩衣。②暗然：隐藏不露。③日章：日渐彰明。章，同"彰"。④知远之近：意为知道远是从近开始。⑤知风之自：意为知道教化别人必从自己做起。风，指教化。⑥知微之显：意为知道隐微之处对显著之处也有一定的影响。微，指隐蔽细微之处。⑦潜虽伏矣，亦孔之昭：引自《诗经·小雅·正月》。孔，很。昭，《诗经》原作"沼"，意为明显。⑧无恶：引申为"无愧"的意思。⑨相在尔室，尚不愧于屋漏：引自《诗经·大雅·抑》。相，注视。屋漏，指古代室内西北角设小帐的地方。相传是神明所在，所以这里是以屋漏代指神明。不愧屋漏喻指心地光明，不在暗中做坏事，起坏念头。⑩奏假无言，时靡有争：引自《诗经·商颂·烈祖》。奏，进奉。假，通"格"，即感通，指诚心能与鬼神或外物互相感应。靡，没有。⑪不赏而民劝：君王不需赏赐就能使百姓受到鼓励。⑫铁钺：古代执行军法时用的斧子，这里引申为刑戮。铁，铡刀，古人用以腰斩的刑具。钺，古代一种兵器。⑬不显惟德，百辟其刑之：引自《诗经·周颂·烈文》。不显，"不"通"丕"，不显即大显。辟，诸侯。刑，通"型"，示范，效法。⑭予怀明德，不大声以色：引自《诗经·大雅·皇矣》。声，号令。色，容貌。以，与。⑮德辎如毛：引自《诗经·大雅·杰民》。辎，古代一种轻便车，引申为轻。⑯毛犹有伦：这句是说羽毛虽然轻微，但还是有东西可以类比的。伦，比。⑰上天之载，无声无臭：引自《诗经·大雅·文王》。臭，气味。

【译文】《诗经》上说："衣服有锦缎的但还崇尚麻沙的。"这是厌恶锦缎的文采太过于显明了。所以君子的道路，看着暗淡但却日益彰明；小人的道路，看似鲜明但却日益衰亡。君子的道路，淡淡的但却使人不厌烦，简单而文明，温和而理智，知道远的是从近处开始，知道风云自何处生起，知道细微的可以转化为明显的，这样就可以和天地进入同样的规律了。《诗经》上说："那潜藏的虽然隐伏着，但亦是美好的显明。"所以君子内心审视自己而不愧疚，不会羞愧于自己的志向。君子之所作不到的地方，也是人们根本无法看到的地方。《诗经》上说："看你独自在家中，不会羞愧于屋漏。"所以君子不行动也很恭敬，不言说也有信任。《诗经》上说："进献时刻到了的时候没有言说，但平常时候常切磋并有争论。"所以君子不报偿于天地，而人民也会勉励自己，不发怒而人民也会威怕于刑器。《诗经》上说："很大而且明显的唯有规律，上百种法律法度都以此为典范。"所以君子忠厚笃实恭敬而天下平定。《诗经》上说："我们怀念你那明白的人生规律，不发怒声和怒色。"孔子说："用声音和外表来教化人民，是枝末的本事。"《诗经》上说："人生的规律很轻微有如鸿毛。"鸿毛也有其伦理顺序。"上天所承载的，无声无味。"就是这样。

神授玉简

以德仪治理民众比以武力胁迫民众要奏效得多，纣王施行暴政以维护自己的统治，结果众叛亲离。周武王德服四方，率军讨伐纣王，民众纷纷响应。

论语

学而篇第一

【原文】 子^①曰:"学^②而时^③习^④之,不亦说^⑤(yuè)乎?有朋^⑥自远方来,不亦乐乎?人^⑦不知而不愠^⑧(yùn),不亦君子^⑨乎?"

【注释】 ①子:先生、老师。古代男子通称。《论语》中"子曰"的"子"均指孔子。孔子(前551—前479年),名丘,字仲尼,春秋鲁国陬邑(今山东曲阜东南)人,我国古代伟大的思想家和教育家,儒学的创始人。孔子弟子唯有子、曾子二人称子,闵子、冉子仅一见。宋理学家认为,《论语》成书于有子、曾子的门人,故除孔子外,独称这二人为子。子曰:孔子说。《论语》中的子曰,都是这个意思。②学:学习,指学修己的道理和为人的知识。今人以求知识为学,古人则以修养为学,学必兼诵行,其义乃全。③时:古意指适时,一定的时候。宋以后注家有解作"时时"、"时常"的,非古义。④习:一般作复习、温习,引申为学习;古书中还有实习、演习的意义。⑤说:通"悦",高兴、喜悦。⑥有朋:古本有作"朋友"、"友朋"的。旧注"同门曰朋","同志曰友"。此"朋"字即指弟子、志同道合者。《史记·孔子世家》云:"定公五年,鲁自大夫以下皆僭离于正道,故孔子不仕,退而修《诗》、《书》、《礼》、《乐》,弟子弥众,至自远方,莫不受业焉。"整句意谓以文会友、教学相长是一件乐事。⑦人:当指人君,非一般概念的人,即在高位的诸侯或卿大夫。不宜解作人家、别人。⑧愠:恼怒、怨恨。意指心中稍有不平,而非指大怒。⑨君子:《论语》中的君子,一般指有道德、有学问、有地位的人。常与被统治的所谓小人或野人相对称。

【译文】 孔子说:"学习以后,能在一定的时候温习它,不也感到很高兴吗?有志同道合的人从远方来,不也感到很快乐吗?别人不理解我,我却不埋怨,不也是一位有教养的君子吗?"

弃官寻母

此故事出自《二十四孝》,讲的是宋朝人朱寿昌弃官前往陕西,发誓不见母亲永不回乡。终于在同州找到母亲,欢聚而归。孝道,是孔子在《论语》中始终贯穿的思想。在孔子的思想里,懂得孝道的人必是君子。一个孝悌的谦谦君子,与一切作奸犯科的事情,在孔子眼中就好似风马牛完全不相及。

【原文】 有子^①曰:"其为人也孝弟^②(tì),而好犯^③上者,鲜^④(xiǎn)矣;不好犯上而好(hào)作乱者,未之有也。君子务本^⑤,本立而道^⑥生。孝弟(tì)也者,其为仁^⑦之本与^⑧!"

【注释】①有子：孔子学生有若。②孝弟：孝顺父母，敬爱兄长。弟，通"悌"。③犯：冒犯、触犯。④鲜：少。⑤务本：追求根本的道德规范。本，这里指孝悌。⑥道：道德、道义。⑦仁：这是孔子心目中的一种最高道德的名称，有多种解释，这里指仁爱。⑧与：同"欤"，语气助词，表示疑问。《论语》中的"欤"都写成"与"。

【译文】有子说："如果一个人能够孝顺父母、尊敬兄长，却喜欢冒犯上级，这种情况是很少有的；不喜欢犯上，却喜欢造反作乱，这种人从来没有过。君子专心致志于最根本的工作，基本的东西有了，道就由此而产生了。孝顺父母、尊敬兄长，这应该是仁爱的根本吧！"

【原文】子曰："巧言^①令色^②，鲜矣仁^③！"

【注释】①巧言：花言巧语。②令色：伪善的面貌。令，善、美好。③鲜矣仁：是"仁鲜矣"的倒装。

【译文】孔子说："花言巧语，面目伪善，这样的人，仁德是不可能多的！"

【原文】曾子^①曰："吾日三省^②吾身：为人谋^③而不忠^④乎？与朋友交而不信^⑤乎？传^⑥不习^⑦乎？"

【注释】①曾子：孔子学生曾参，字子舆，南武城（今山东费县西南）人，比孔子小四十六岁。②三省：多次省察、检讨。省：察看，检查，内省（自省），反省。三，表示多次。在古书中，"三"、"九"等字，只是一般表示次数之多。③谋：计议，计策，计谋。④忠：忠诚，尽心竭力。《说文》："尽心曰忠。"⑤信：诚信、诚实。⑥传：老师的传授。⑦习：含有温习、复习、演习、实习之意。

【译文】曾子说："我每天多次反省自己：替别人办事是否尽心尽力了呢？同朋友往来是否真诚呢？老师传授的东西是否复习过呢？"

【原文】子夏^①曰："贤贤易色^②；事父母，能竭其力；事君，能致^③其身；与朋友交，言而有信。虽曰未学，吾必谓之学矣。"

【注释】①子夏：孔子学生卜商，字子夏。孔子晚年的高足，小孔子四十四岁，以文学著称。②贤贤易色：前一贤字，意为尊重，用作动词。后一贤字，原意指贤人，此处引申为妻子。易，改变、变易。色：美色、色貌。贤贤易色，意谓尊重妻子，重其品质，而轻其色貌。③致：送、奉献。致其身，意谓纳身于职守。

【译文】子夏说："对妻子，要重品德，不要重相貌；侍奉父母，能尽心竭力；服侍君主，能豁出生命全力以赴；结交朋友，说话诚恳实在。这样的人即使自谦说没读过什么书，我也肯定要说他已经很有学问。"

【原文】曾子曰："慎终^①追远^②，民德归厚^③矣。"

【注释】①慎终：慎重地办理父母的丧事。终，指刚死的人。②追远：追思死去的祖先。此指祭祀祖先。远，指祭祀。③归厚：归于淳朴厚道。

【译文】曾子说："对死者的丧葬之礼能慎重地对待，对过世已久的人能不断地追思怀念，这样自然会导致社会风俗道德的日趋淳厚。"

【原文】 子曰："父在①，观其志；父没②，观其行③；三年无改于父之道④，可谓孝矣。"

【注释】 ①在：在世、活着。②没：死亡。③行：行为、行动。④道：准则。此指父亲生前的思想和行事。

【译文】 孔子说："父亲健在的时候，观察他的志向；父亲死了，就要考察他的行为；如果他能长期地遵守父亲生前的行为准则而不加改变的话，就可以说是做到孝了。"

【原文】 子曰："君子食无求饱，居无求安①，敏②于事而慎于言，就③有道而正④焉，可谓好学也已⑤。"

【注释】 ①安：安逸。②敏：敏捷、迅速。③就：靠近、接近。④正：匡正、纠正。⑤也已：语气词连用，表示肯定。

【译文】 孔子说："君子吃饭不要求吃饱，居住不要求舒适，做事聪明敏捷，说话谨慎小心，能经常向有道德的人匡正自己的缺点，这样就可以说得上是好学了。"

【原文】 子贡曰："贫而无谄①，富而无骄，何如②？"子曰："可也，未若③贫而乐④，富而好礼者也。"子贡曰："《诗》云'如切如磋，如琢如磨'⑤，其斯之谓与？"子曰："赐⑥也，始可与言《诗》已矣，告诸往而知来者。⑦"

【注释】 ①谄：谄媚奉承。②何如：怎么样。《论语》中的"何如"，都可看做"怎么样"。③未若：还不如。④贫而乐：皇侃《论语义疏》："乐"下有"道"字，从之。⑤如切如磋，如琢如磨：语见《诗经·卫风·淇奥》，意思是切割骨角、象牙、玉石，然后加以细细磨制、磨琢，成为器皿。后浓缩成成语"切磋琢磨"，含有研讨、探求之意。⑥赐：子贡的名。《论语》中孔子对学生一般都称名。⑦告诸往而知来者：诸：此处同"之"。往：过去的事，此处指已经教过的内容。来：未来的事，此处指尚未教的东西。

【译文】 子贡说："虽然贫穷，却不去巴结逢迎；虽然

《天工开物》中的琢玉图

"如切如磋，如琢如磨"说的是琢玉的工艺程序。切，切割，指开料；磋，是对玉料进一步成型修治；琢，是雕琢花纹和成器，磨，是抛光。人云："玉虽有美质，在于石间，不值良工琢磨，与瓦砾不别。"一块好的玉料只有经过琢玉艺人的巧妙构思和鬼斧神工般的琢磨，才能成为一件精美绝伦的艺术珍品。

有钱，却不傲慢自大，怎么样?"孔子说："这样不错了，但是还不够，如果能做到贫穷仍然乐于道德的自我完善，有钱而又爱好礼节就更好了。"

子贡说："《诗经》上说：'就像对待象牙、骨角、玉石一样，不停地切呀，磋呀，琢呀，磨呀。'说的是这个意思吗?"孔子回答说："子贡呀，现在可以同你谈《诗经》了。因为告诉你一点，你能举一反三，触类旁通了。"

【原文】 子曰："不患①人之不己知②，患不知人也。"

【注释】①患：担心、忧虑。②不己知：不了解自己。"不己知"是"不知己"的倒装，宾语前置。

【译文】孔子说："别人不理解我，我不犯愁，我担心的是自己不理解别人。"

为政篇第二

【原文】 子曰："为政以德①，譬如北辰②，居其所③而众星共④之。"

【注释】 ①为政以德：用道德来治理国家。即德治。以，介词，用、拿。②北辰：北极星。古人称为天之中心。③所：处所、位置。④共：同"拱"，围绕、环抱。

【译文】 孔子说："用道德去治理国家，自己就会像北极星那样，安然处在自己的位置上，其他众多的星辰都围绕着它转动。"

【原文】 子曰："《诗》三百①，一言以蔽②之，曰'思无邪③'。"

【注释】 ①《诗》三百：指《诗经》的篇数。实际为三百零五篇，这里举其整数。②蔽：概括。③思无邪：思想纯正而无邪念。

【译文】 孔子说："《诗经》三百篇，用一句话去概括它，就是'思想纯正，没有邪念'。"

【原文】 子曰："吾十有①五而志于学②，三十而立③，四十而不惑④，五十而知天命⑤，六十而耳顺⑥，七十而从心所欲，不逾矩⑦。"

【注释】 ①有：又。②学：学问。立志向学，追求学问。③立：站稳脚跟，引申为说话行事有独立见解，能立足于社会。④不惑：不被异端邪说和外界的事物所迷惑。⑤知天命：历代注疏家有不同解释，有的说："知天命之始终。"有的说："即天道之流行而赋于物者，乃事物所以当然之故也。"有的说："穷理尽性。"有的说："人受生于天，有哲命，有禄命。"有的说："命，使也。言天使已如此也。"等等。⑥耳顺：听人说话能判明是非。⑦不逾矩：不会超越规矩。

【译文】 孔子说："我十五岁时，开始有志于学问。到三十岁，能坚定地自立了。四十岁时，我对一切道理能通达而不再感到迷惑了。到五十岁，我明白了什么是天命。六十岁，凡我所听到的一切，都能明白贯通、泰然对待了。到七十岁，我便随心所欲，也不会有越出规矩的可能了。"

【原文】 子游①问孝。子曰："今之孝者，是谓能养②。至于犬马，皆能有养③；不敬，何以别④乎？"

【注释】 ①子游：孔子的学生，姓言名偃，字子游。②能养：能够养活。③至于犬马，皆能有养：有几种不同讲法：或曰人养活犬马，或曰犬马养活人，或曰犬马亦能养活它自己的爹娘。这里当指犬马都能够得到人的饲养。④别：区别、分辨。

【译文】 子游向孔子请教孝道。孔子说："现在的所谓孝道，只说是能够养活父母就行了。就是狗、马也能够得到人的饲养；没有对父母的敬爱之心，那养活父母与喂养牲畜又有什么区别呢？"

【原文】 子夏问孝。子曰："色难①。有事，弟子②服其劳；有酒食，先

生③馔④，曾⑤是以为孝乎?"

【注释】①色难：儿子经常和颜悦色地侍奉父母是件难事，也就是说色养最难。色，脸色、表情。②弟子：子女。③先生：父兄、长辈。刘台拱《论语骈枝》："《论语》言'弟子'者七，其二皆年幼者，其五谓门人。言先生者二，皆谓年长者。"此章言孝，必指家庭内部关系而言，弟子当指年幼者，先生自指年长者。④馔：饮食，食用，吃喝。⑤曾：副词，竟、竟然。

【译文】子夏向孔子请教孝道。孔子说："子女在父母面前总是和颜悦色，是件不容易的事。遇到事情，由年轻人去操劳；有好吃好喝的，让老年人享受，仅仅是这样，难道就可以认为是孝吗?"

【原文】子曰："吾与回①言终日②，不违③，如愚。退而省④其私⑤，亦足以发⑥，回也不愚。"

颜回

【注释】①回：孔子学生颜回，字子渊。鲁国人，小孔子三十岁。②终日：整天、从早到晚。③不违：不提出反对意见和问题。④省：观察、省察。⑤私：这里指个人的言行。⑥发：发明、发挥。

【译文】孔子说："我整天和颜回讲学，他从不提出什么反对意见，像个愚钝的人。等他退下，我暗中观察他私下同别人的讨论，他对我的话很能发挥，可见颜回他不愚钝呀!"

八佾篇第三

【原文】 孔子谓①季氏②："八佾③舞于庭，是可忍④也，孰不可忍也？"

【注释】 ①谓：说、谈论。②季氏：《论语》有数处提到季氏，均不指名，系为尊者讳。此处何所指，有三说：一指季平子，即季孙如意；一指季康子；一指季恒子。季平子当时放逐了鲁昭公，当从前说。③八佾：古代奏乐舞蹈，每行八人称为一佾。天子可用八佾，六十四人舞，诸侯六佾，大夫四佾，士二佾。季孙氏是大夫，按礼只能用四佾，用八佾是僭越。④忍：忍心、狠心。一说指容忍。

【译文】 孔子谈到季孙氏时说："他在自己家庙中使用了周天子的八佾舞蹈，这种事他都能忍心做得出来，还有什么事他做不出来呢？"

八佾舞的九十六种舞姿

【原文】 三家①者以《雍》②彻，子曰："'相维辟公③，天子穆穆④'，奚⑤取于三家之堂⑥？"

【注释】 ①三家：指鲁国执政的大夫孟孙、叔孙、季孙三家。②《雍》：《诗经·周颂》中的一篇。按礼制规定，天子祭祖时，唱这篇诗，撤除祭品。③相维辟公：助祭的是诸侯。相，傧相、助祭者。维，语助词，无实义。辟公，诸侯。④穆穆：庄重的样子。此处形容天子端庄安详的仪态。⑤奚：怎么。⑥堂：指庙堂。

【译文】 孟孙、叔孙、季孙三家，在祭祀他们祖先的时候，用天子的礼唱着《雍》诗来撤除祭品。孔子说："《雍》诗里说'四方的诸侯来助祭，主祭的天子静穆、庄重而美好'，这样的诗句在三家祭祖庙堂上怎么能用呢？"

【原文】 子曰："人而不仁①，如礼②何？人而不仁，如乐③何？"

【注释】 ①仁：仁德、仁心。②礼：礼仪。③乐：音乐。

【译文】 孔子说："做人却没有仁心，礼仪对他有什么意义呢？做人却没有仁心，音乐对他有什么意义呢？"

【原文】 子曰："夷狄①之有君，不如②诸夏③之亡④也。"

【注释】 ①夷狄：泛指我国古代中原以外的少数民族。夷，指古代住在东方的少数民族。狄，指古代住在北方的少数民族。②不如：不及。③诸夏：古代指中原地区的国家。周代王室所分封的诸国，亦作华夏，汉族先民或中国（中原）的古称。④亡：同"无"，没有。

【译文】 孔子说："偏远落后的国家虽然有君主，仍不如中原各国没有君主。"

【原文】季氏旅^①于泰山。子谓冉有^②曰："女弗能救^③与？"对曰："不能。"子曰："呜呼！曾^④谓泰山^⑤不如林放^⑥乎？"

【注释】①旅：古代祭祀名山大川的祭名。古代礼制规定，只有天子和诸侯有资格祭祀山川。②冉有：孔子学生冉求，字子有，当时担任季氏家臣。③救：劝阻、阻止。④曾：竟、难道。⑤泰山：系指泰山之神。⑥林放：喻知礼之人。

【译文】季孙氏要去祭泰山。孔子对冉有说："你不能阻止这件事吗？"冉有回答说："不能。"孔子说："哎呀！难道泰山之神竟比不上林放懂礼吗？"

【原文】子曰："君子无所争，必也射^①乎！揖让^②而升^③，下而饮。其争也君子。"

【注释】①射：射箭，射箭比赛。古代的射礼有四种：大射，宾射，燕射，乡射。此处当指天子、诸侯、卿大夫用以选择其治下善射之士而升进使用之大射。②揖让：宾主相见的礼仪。相互拱手作揖，表示谦让。③升：登，指登阶入堂。

【译文】孔子说："君子没有什么可争的事情。如果有所争，必定是比射箭吧！但必定互相作揖然后上场，射完后，再互相揖让而后下场，然后一起饮酒。这样的争，也是君子之争啊！"

【原文】子夏问曰："'巧笑倩^①兮，美目盼^②兮，素以为绚兮^③'何谓也？"子曰："绘事后素^④。"曰："礼后乎？"子曰："起^⑤予者商也！始可与言《诗》已矣。"

【注释】①倩：笑靥美好的样子。②盼：黑白分明。③素以为绚兮：白底子上面画着花卉呀。前两句见《诗经·卫风·硕人》；第三句不见于《诗经》，可能是逸诗；或曰，三句相连，不见今三百篇中，可能都是逸诗。④绘事后素：古人绘画，先用彩色，再用粉白绒条进行勾勒。素，白色。⑤起：启发、阐发。

【译文】子夏问道："'有酒窝的脸笑得美啊，黑白分明的眼睛流转得媚啊，洁白的脂粉更增添她的楚楚动人啊。'这三句诗指的是什么呢？"孔子说："你看绘画，不也是先临摹然后再加素色线条进行勾勒吗？"子夏说："那么，礼乐是产生在仁义之后吗？"孔子说道："卜商啊，你真是能启发我的人啊！现在可以同你讨论《诗经》了。"

【原文】定公^①问："君使臣，臣事君，如之何？"孔子对曰："君使臣以^②礼，臣事君以忠。"

【注释】①定公：鲁国君，名宋，定是谥号。哀公之父，昭公之弟，继昭公而立，在位十五年。孔子任鲁国司寇，约在定公九年至十二年。②以：用、拿。

【译文】定公问："君主使用臣子，臣子侍奉君主，该怎样做呢？"孔子回答道："君主若能按礼节来使用臣子，臣子便会尽忠侍奉君主。"

【原文】子曰："《关雎》^{jū}①，乐^{lè}而不淫^{yín}②，哀而不伤③。"

【注释】①《关雎》：《诗经·国风》的第一篇诗歌，歌颂后妃之德。实际上是一首欢快的爱情诗。是写一位男青年追求一个美丽的姑娘，并渴望和她结为夫妇的恋歌。古乐也有《关雎》。②淫：过分而至于不妥当的地步为淫。③伤：痛苦、伤心。

【译文】孔子说："《关雎》这首诗，欢乐而不流于放荡，悲哀但不陷于伤心。"

【原文】子谓《韶》^{sháo}①，"尽美②矣，又尽善③也。"谓《武》④，"尽美矣，未尽善也。"

【注释】①《韶》：相传为舜时的乐曲名，歌颂舜的功业。孔子在齐国学习《韶》乐，三月不知肉味。②美：指声音美妙动听。③善：指内容完善。④《武》：相传为周武王时的乐曲名，歌颂武王的功业。武王用武力夺取殷纣王王位，故孔子不以为然，认为不符合礼，所以表示"未尽善"。

【译文】孔子评论《韶》乐说："音律太美了，内容也非常好。"又评论《武》乐说："音律太美了，但内容上差一点。"

【原文】子曰："居上①不宽②，为礼不敬，临丧③不哀，吾何以观之哉？"

【注释】①居上：处在统治地位。②宽：宽大、宽宏。③临丧：参加丧礼。临，到。

【译文】孔子说："居于统治地位而不能宽以待下，行礼的时候不能庄重严肃，遭遇丧事时没有悲痛哀戚，这种人我凭什么看得下去呢？"

雎鸠

《关雎》以雎鸠之雌雄和鸣，喻夫妻之和谐相处。

里仁篇第四

【原文】子曰："里①仁为美。择不处②仁，焉得知③？"

【注释】①里：居住。②处：住处。③知：同"智"，智慧、明智。《论语》的"智"皆作"知"。

【译文】孔子说："人能安居于仁道才是最好的。如果择身所居而不选择仁，怎能算得上聪明呢？"

【原文】子曰："唯仁者能好①人，能恶②人。"

【注释】①好：喜爱。②恶：厌恶、憎恨。

【译文】孔子说："只有仁德的人才能够喜爱好人，厌恶坏人。"

【原文】子曰："富与贵，是人之所欲也；不以其道①得之，不处②也。贫与贱，是人之所恶也；不以其道得之，不去③也。君子去④仁，恶⑤乎成名？君子无终食之间违⑥仁，造次⑦必于是，颠沛⑧必于是。"

【注释】①不以其道：不用正当的手段。以，用。②处：有的本子作"居"，安住的意思。③去：摆脱。④去：离开、抛弃。⑤恶：怎么、怎么样。表示疑问。⑥违：违背、离开。违仁，意即违礼。⑦造次：仓促匆忙之时。⑧颠沛：流离不安定。用以形容人之处于逆境。

【译文】孔子说："发财和做官，这是人人所向往的事，但如果不是以正当的途径得到富贵，君子是不安于这种富贵的。贫困和低贱，这是人人所厌恶的事，但如果不是以正当的缘由摆脱贫贱，君子是不会去摆脱这种贫贱的。君子如果抛弃了仁，又怎么叫做君子呢？君子没有哪怕一顿饭的工夫背离仁，匆促急遽之时仍是与仁同在，颠沛流离之时也与仁同在。"

【原文】子曰："我未见好仁者①，恶不仁者。好仁者，无以尚②之；恶不仁者，其为仁矣，不使不仁者加乎其身。有能一日用其力③于仁矣乎？我未见力不足者。盖④有之矣，我未之见也。"

【注释】①好仁者：喜欢仁德的人。②尚：超过。③力：力量、精力。④盖：大概、或许。

【译文】孔子说："我从未见过喜爱仁的人，也未见过厌恶不仁的人。喜爱仁的人，他会认为世上没有什么东西能胜过它；厌恶不仁的人，只是为了不使不仁的东西加在自己身上。真有能花一天的时间把力量用在仁上的吗？我没有见过力量不够的。或许有这样的人，但我从未见到过。"

【原文】子曰："人之过①也，各于其党②。观过，斯知仁③矣。"

【注释】①过：错误、过失。②党：根据共同利益组成的集团。这里指人的不同类型。③仁：通"人"。

【译文】孔子说："民众的过错，按照人的各种各样而各分其类。只需看这人的过错，便可以知道他有没有仁德了。"

【原文】子曰："能以礼让①为国乎？何有？不能以礼让为国，如礼何②？"

【注释】①礼让：礼仪、谦让。旧注："让者礼之实，礼者让之文。"《左传·襄公十三年传》："让，礼之主也。" 让是礼的一端，所以礼让连言。②如礼何：怎么对待礼。

【译文】孔子说："能够用礼让来治理国家，那还有什么困难呢？不拿礼来治国，空谈礼仪又有什么意义呢？"

【原文】子曰："君子喻①于义，小人喻于利。"

【注释】①喻：明白、懂得。

【译文】孔子说："君子懂得的是义，小人明白的是利。"

【原文】子曰："见贤思齐①焉，见不贤而内②自省③也。"

【注释】①思齐：考虑向他看齐。齐，平等。包咸《论语章句》："思与贤者等。"意谓向贤者看齐。②内：内心。③省：郑玄《论语注》："省：察也，察己得无然也。"内自省，意谓内心自我反省。

【译文】孔子说："看见贤人，应该想着向他看齐；看见不贤的人，就应该自己反省，看有没有跟他一样的毛病。"

【原文】子曰："事父母，几谏①，见志②不从，又敬不违③，劳④而不怨。"

【注释】①几谏：婉转地劝谏。②志：观点、意见。见志不从，意谓自己的意见、心意不被听从。③违：触忤、冒犯、违反。④劳：担忧。清王引之《经义述闻》：劳，忧也；劳而不怨亦谓忧而不怨也。

问官郯子

郯子知识渊博，对少昊文化十分通晓。公元前525年郯子朝鲁时，鲁大夫昭子问及少昊氏以鸟名官之故，郯子回答甚为详尽。当时孔子年仅二十七岁，听到此事后，立即"见于郯子而学之"。可见孔子十分谦虚好学，见到比自己知识丰富的人，立刻虚心讨教。

【译文】孔子说："子女侍奉父母，如果父母有不对的地方，应当婉转地劝谏，把自己的意见表达出来，父母没有听取的意思，应当照常恭敬，不要触犯他们，虽然忧心，但对父母却不怨恨。"

【原文】子曰："父母在①，不远游②，游必有方③。"

【注释】①在：在世、活着。②游：指到外地去游学、游宦。亦即去远方从师或谋职。③方：去的方向。含安顿父母之意。

【译文】孔子说："父母在世时，孩子不出门远行。若不得已要远行，也该有一定的方向，安顿好父母再走。"

【原文】子曰："三年无改于父之道①，可谓孝矣。"

【注释】①道：准则、原则。

【译文】父亲死了，就要考察他的行为；如果他能长期地遵守父亲生前的行为准则而不加改变的话，就可以说是做到孝了。"

【原文】子曰："以约①失②之者鲜矣。"

xiǎn

【注释】①约：约束。此处指谨言慎行。②失：错误、过失。

【译文】孔子说："经常用礼对自己进行约束还犯过失的人是很少有的。"

公冶长篇第五

【原文】 子谓公冶长^①："可妻^②也，虽在缧绁^③之中，非其罪也！"以其子^④妻之。

【注释】 ①公冶长：孔子的学生，姓公冶，名长，鲁国人。②妻：作动词用，指把女儿嫁给某人为妻。③缧绁：古时捆绑罪犯的绳子，以大索捆绑犯人，此处借指监狱。④子：古代儿子、女儿通称子，这里专指女儿。《礼记·曲礼下》"子于父母"注："言'子'，通男女。"以其子妻之，意谓把自己的女儿嫁给了公冶长。

【译文】 孔子提到公冶长，说："可以把女儿嫁给他。虽然他曾坐过牢，但并不是他的罪过呀。"后来就把自己的女儿嫁给了他。

【原文】 子谓南容^①："邦有道^②不废^③，邦无道免于刑戮^④。"以其兄之子妻之^⑤。

【注释】 ①南容：孔子的学生，姓南宫，名适，字子容。通称南容。②邦有道：指政治清明，社会秩序稳定。③不废：被任用。意谓国家有道时是不会废弃不用的。废，废置、不任用。④刑戮：刑罚、杀戮。⑤以其兄之子妻之：宋代邢昺《论语正义》："以其兄之女与之为妻也。"

【译文】 孔子说到南容时，道："国家政治清明时，他不会被抛弃；国家政治黑暗时，他也可免于刑罚。"就把自己的侄女嫁给了他。

【原文】 或曰^①："雍^②也仁而不佞^③。"子曰："焉用佞？御^④人以口给^⑤，屡憎^⑥于人。不知其仁^⑦，焉用佞？"

南宫适

【注释】 ①或曰：有人说。②雍：孔子的学生，姓冉，名雍，字仲弓。③佞：能言善辩，有口才。④御：防御。这里是指辩驳。⑤口给：言辞滔滔不绝。给，足也。⑥憎：厌恶，面目可憎。屡憎于人，意谓常招人讨厌。⑦不知其仁：不知冉雍是否达到了仁的程度。孔子不愿肯定冉雍是仁者，故曰"不知"，实际上是说他还够不上称仁。其，指冉雍。

【译文】 有人说："冉雍是个仁人，但没有口才。"孔子说："何必要口才呢？伶牙俐齿地同别人争辩，常常被人讨厌。我不知道冉雍是否可称得上仁，但不一定非要口才啊。"

【原文】 子使漆雕开^①仕^②，对曰："吾斯之未能信^③。"子说^④。

【注释】 ①漆雕开：孔子的学生，姓漆雕，名开，字子开。②仕：指做官。③吾斯之未能信：是"吾未能信斯"的倒装形式。这句是说，对做官这件事还没有信心。斯，代词，指做官。④说：通"悦"，高兴。

【译文】孔子叫漆雕开去做官，漆雕开回答说："我对这事还没有自信。"孔子听后很欢喜。

【原文】子曰："吾未见刚^①者。"或对曰："申枨^②。"子曰："枨也慾^③，焉得刚？"

【注释】①刚：刚毅、刚健。②申枨：孔子的学生，姓申，名枨，字周。③慾："欲"的异体字。欲：贪欲。意谓私欲太强的人是难于做到刚强的。

【译文】孔子说："我没有见过刚毅不屈的人。"有人说："曰枨不是吗？"孔子说："枨嘛，他欲望太多，哪里还能够刚毅不屈？"

【原文】子贡曰："我不欲人之加诸我也，吾亦欲无加^①诸人。"子曰："赐也，非尔所及^②也。"

【注释】①加：两句的"加"字有两种解释，一谓施加，一谓欺凌。今从前义。②非尔所及：及，达到。

【译文】子贡说："我不愿意别人强加于我身上的事，也不愿强加在别人身上。"孔子说："赐，这不是你所能做到的。"

【原文】子路有闻，未之能行，唯恐有闻^①。

【注释】①唯恐有闻：只怕再有所闻。有，同"又"。

【译文】子路听到一个道理，如果没能施行，就生怕又听到另一个道理。

【原文】子贡问曰："孔文子^①何以谓之'文'也？"子曰："敏^②而好学，不耻下问，是以谓之'文'也。"

【注释】① 孔文子：卫国的大夫孔圉。"文"是他的谥号。《左传》记载其人私生活有问题，子贡怀疑为什么他死后还能谥为"文"。②敏：敏捷；奋勉。此处以释勤勉为胜。

【译文】子贡问道："孔文子凭什么得到'文'的谥号？"孔子说："他勤敏而又好学，不以请教比他差的人为可耻，这就是他获谥为'文'的理由。"

救羊辨怪

鲁国季桓子打井时挖出怪物，硬得像岩石，有兽的形状。派人去问孔子，孔子说："万物各有各的精怪，土里的叫羖羊。这就是羖羊吧。"

【原文】季文子^①三思^②而后行，子闻之曰："再^③斯可矣。"

【注释】①季文子：鲁国大夫季孙行父，鲁成公、鲁襄公时曾任正卿。"文"是他的谥号。②三思："三"含有多的意思，即多思。③再：指两次。

【译文】季文子每做一件事，都要考虑多次才付诸行动。孔子听说后，说："考虑两次就足够了。"

【原文】子曰："宁武子①，邦有道则知②，邦无道则愚③。其知可及也，其愚不可及也。④"

【注释】①宁武子：卫国大夫，姓宁，名俞。"武"是他的谥号。②知：同"智"，聪明的意思。谓国家太平的时候就显得聪明。③愚：把自己装成愚笨的样子。谓国政不清明的时节就像是很愚笨。④其愚不可及也：意谓他的聪明是别人可以做得到的，他的愚笨却是别人所做不到的。

【译文】孔子说："宁武子这个人，在国家昌明时，显得很聪明；在国家黑暗时，则装得像个傻子。他的聪明，别人赶得上；他的装傻，别人就赶不上了。"

【原文】颜渊、季路侍①，子曰："盍②各言尔志？"

子路曰："愿车马、衣轻裘③与朋友共，敝④之而无憾。"

颜渊曰："愿无伐善⑤、无施劳⑥。"

子路曰："愿闻子之志。"

子曰："老者安之，朋友信之，少者怀之⑦。"

【注释】①侍：服侍、在旁边陪着。②盍："何不"的合音字。③裘：皮袍。轻裘，轻暖的皮衣。④敝：破旧。敝之而无憾，谓使坏了也不抱怨。⑤无伐善：不夸耀自己的好处。伐，夸耀。伐善，夸耀自己的好处。⑥施劳：表白自己的功劳。施，表白。⑦少者怀之：意谓使年轻人怀念我。

【译文】颜渊、子路侍立在旁。孔子说："你们为什么不说说各人的志向呢？"
子路说："我愿自己的车马衣服皮袍与朋友共同分享，坏了也没什么遗憾。"
颜渊说："我愿不夸耀自己的好处，不表白自己的功劳。"
子路说："希望听听先生的志愿。"
孔子说："我的志向是让老年人安乐，让朋友能信任我，让年轻人能怀念我。"

【原文】子曰："已矣乎①！吾未见能见其过而内自讼②者也。"

【注释】①已矣乎：完了、算了吧！②内自讼：内，内心。讼，争辩是非曲直。这句话是说，还没有看见过能够看到自己的错误而自我责备的人。

【译文】孔子说："算了吧！我没有见过一个能够看到自己的错误，便在内心自我责备的人啊！"

【原文】子曰："十室之邑①，必有忠信如丘者焉，不如丘之好学也。"

【注释】①十室之邑：十户人家的小地方。古代四井为邑，三家一井，共十二家。

【译文】孔子说："十户人家的小地方，就会有像我这样讲究忠信的人，只是比不上我这样好学罢了。"

雍也篇第六

【原文】 子曰："雍也可使南面①。"

【注释】 ①南面：面，意同"向"。南面，即南向的意思。古代天子、诸侯听政都是南面而坐。

【译文】 孔子说："冉雍这个人可以让他做官。"

【原文】 仲弓问子桑伯子①，子曰："可也简②。"仲弓曰："居敬③而行简，以临④其民，不亦可乎？居简而行简，无乃大简乎⑤？"子曰："雍之言然。"

【注释】 ①子桑伯子：人名，身世不详，称"伯子"，很可能是卿大夫。②简：简要、不繁琐。③居敬：做事心存恭敬。④临：面临、面对。在这里有治理的意思。⑤无乃大简乎：无乃，岂不是，但只用于反问句。大，同"太"。

灵公郊迎

孔子到了卫国，灵公很高兴，亲自到郊外去迎接。听说孔子在鲁国俸禄是六万石粟，也给孔子如数待遇，卫灵公对孔子接待如此有礼貌，孔子认为在卫国有机会做官了。

【译文】 仲弓问子桑伯子这人怎样，孔子说："他的简单很不错。"仲弓说道："如果做事心存恭敬而行事简单，用这样的人去统治百姓，不也可以吗？如果内心简单，行事也简单，不是过于简单了吗？"孔子说："雍说得对。"

【原文】 哀公问："弟子孰为好学？"孔子对曰："有颜回者好学，不迁怒①，不贰过②，不幸短命③死矣，今也则亡④，未闻好学者也。"

【注释】 ①迁怒：迁，转移。迁怒，指把怒气移到不相干的人身上。②贰过：犯同样的过失。贰，重复。③短命：《公羊传》记载颜渊死于鲁哀公十四年（公元前481年），其时孔子年七十一。《史记·仲尼弟子列传》言颜渊小于孔子三十岁，则死时年四十一。④亡：通"无"。

【译文】 鲁哀公问孔子："你的学生中，谁是好学的？"孔子回答说："有个叫颜回的好学，他有怨气不发泄到别人身上，也不重犯同样的过失，不幸英年早逝。现在没有这种人了，没有听说过有好学的人了。"

【原文】 子华①使于齐，冉子②为其母请粟③，子曰："与之釜④。"请

益⑤，曰："与之庾⑥。"冉子与之粟五秉⑦。子曰："赤之适⑧齐也，乘肥马⑨，衣⑩轻裘。吾闻之也，君子周急不继富⑪。"

【注释】①子华：孔子学生公西赤的字。②冉子：即冉有。③粟：古代也称"禾"、"稷"、"谷"，粮食的通称。④釜：古代量器名，春秋、战国时代流行于齐国，当时一釜是六斗四升，约合今天一斗二升八合。⑤益：增加、增添。⑥庾：古代量器名，当时一庾是二斗四升，约合今四升八合。⑦秉：古代量名，一秉十六斛，一斛十六斗，五秉是八十斗。八十斗约合今十六石。⑧适：往，去到。⑨乘肥马：乘坐肥马驾的车。⑩衣：动词，穿。⑪周：后代改周为赈，救济。继：接济，增加。周急不继富，意谓周济穷困的人而不接济富人。

【译文】子华出使到齐国去，冉子为他母亲请养米，孔子说："给她一釜吧！"冉子请求增加，孔子说："加一庾吧！"冉子又给了米五秉。孔子说："子华去齐国，车前驾着肥马，身上穿着轻暖的皮袍。我听说过：君子只是周济急需救济的人，而不是周济富人。"

【原文】子曰："回也，其心三月①不违仁，其余则日月②至焉而已矣。"

【注释】①三月：指较长的时间。②日月：指较短的时间。

【译文】孔子说："颜回呀，他的内心长久不违背仁德，其余的人只是偶尔想一下仁德而已。"

【原文】季康子①问："仲由可使从政②也与③?"子曰："由也果④，于从政乎何有⑤?"曰："赐也可使从政也与?"曰："赐也达⑥，于从政乎何有?"曰："求也可使从政也与?"曰："求也艺⑦，于从政乎何有?"

【注释】①季康子：鲁国大夫，曾做过鲁国正卿。②从政：指在诸侯国家中担任大夫职务，管理政事。③与：语气词。④果：果断。谓有决断能力，能任事。⑤于从政乎何有：谓对于管理政事有何难也。从政，旧注指当大夫。⑥达：通情达理。⑦艺：有才能技艺。

【译文】季康子问孔子："仲由这人，可以任用他管理政事吗？"孔子说："仲由做事果断，对于管理政事有什么困难呢？"季康子又问："赐呢？可以用他管理政事吗？"孔子说："赐这个人很通达，管理政事有什么困难呢？"季康子继续问："求呢？可以让他管理政事吗？"孔子说："求这个人多才多艺，管理政事还有什么困难吗？"

【原文】伯牛①有疾，子问②之，自牖③执其手，曰："亡之④，命矣夫！斯人也而有斯疾也！斯人也而有斯疾也！"

【注释】①伯牛：孔子的学生，姓冉，名耕，字伯牛，鲁国人。②问：探问。③牖：窗户。④亡之：有两种解释：一说亡同"无"。无之，谓伯牛无染此恶疾之理。一说亡作"丧"解，丧失，死亡。亡之，谓不治之疾将丧此人。当从后解。

【译文】伯牛生了病，孔子去探望他，隔着窗户握着他的手(和他诀别)，说："失去这个人，真是命啊！这样的人会有这样的病！这样的人会有这样的病！

【原文】子曰："贤①哉回也！一箪②食、一瓢③饮，在陋巷④，人不堪其忧，回也不改其乐⑤。贤哉，回也！"

【注释】①贤：旧注："行道者谓之贤。"②箪：古代盛饭的竹器，圆形。③瓢：剖开葫芦做成的舀水、盛酒器，也泛指用木头或金属做成的舀水器。④陋巷：此处指陋室而言。巷：古时里中之道叫巷，人的住处也叫巷。⑤乐：旧注有的指乐道，有的指乐于学。今从前说。

【译文】孔子说："颜回是多么贤良啊！一竹筐饭，一瓢水，住在小巷子里，别人都不能忍受那种愁苦，颜回却不改变他的自得其乐。多么有修养啊，颜回！"

【原文】子游为武城①宰，子曰："女得人焉尔乎②？"曰："有澹台灭明③者，行不由径④，非公事，未尝至于偃⑤之室也。"

澹台灭明

【注释】①武城：鲁国城邑，在今山东费县。②女得人焉尔乎：你在此处求得人才了吗？得人：发现人才。尔：有的本子作"耳"，依通行本。焉尔，意即于此。③澹台灭明：姓澹台，名灭明，字子羽。《史记·仲尼弟子列传》将他列为孔子的学生。④行不由径：借喻为人循规蹈矩，从不走捷径。径：小路，引申为邪路。⑤偃：言偃，即子游。这里子游自称其名。

【译文】子游做武城的地方长官，孔子说："你在那儿得到什么人才没有？"子游说："有一个叫澹台灭明的人，从不走邪路，不为公事他从不到我屋里来。"

【原文】子曰："质胜文则野①，文胜质则史②。文质彬彬③，然后君子。"

【注释】①质胜文则野：质，质朴，指内在的本质。文，文采、文饰，指外在的形式。野，粗野。②史：言词华丽，虚浮不实。朱熹《论语集注》："史，掌文书，多闻习事，而诚或不足也。"意谓像掌文书的史官一样，未免浮夸。③彬彬：文与质的关系得到恰当的配合。全句意谓质朴少文则粗野鄙陋，文饰过度则华而不实，只有文与质配合适当，才是君子应有的文雅风度。

【译文】孔子说："质地胜过文采，就会粗俗野蛮；文采超过质地，则浮华虚饰。质地与文采配合恰当，然后才是一个君子。"

【原文】子曰："知之者不如好之者，好之者不如乐之者①。"

【注释】①本章的"之"字，没有具体道明，究系何指，众说纷纭。有认为指学问的，有认为指道的，有认为指学问和事业，或学问和道德，等等。包咸《论语章句》："学问：知之者，不如好之者笃；好之者，又不如乐之者深也。"从之。乐之者，以学问为悦乐的人。孔子"发愤忘食，乐以忘忧，不知老之将至"，可谓达到了"乐之"的境界。

【译文】孔子说："知道它不如喜爱它，喜爱它不如从心里以它为乐。"

【原文】子曰："中人①以上，可以语上②也；中人以下，不可以语上也。"

【注释】①中人：具有中等才智的人。②上：指高深的学问。

【译文】孔子说："中等水平以上的人，可以跟他讲高深的学问；中等水平以下的人，就不能跟他讲高深的学问。"

【原文】子曰："知者乐水，仁者乐山。知者动，仁者静。知者乐，仁者寿。"

【译文】孔子说："智者喜欢水，仁者喜欢山。智者经常活动，仁者经常沉静。智者常乐，仁者长寿。"

【原文】子曰："中庸①之为德也，其至②矣乎！民③鲜④久矣。"

【注释】①中庸：中，指无过也无不及，即恰到好处。庸，平常。朱熹《论语集注》："中者，无过无不及之名也。庸，平常也。"②至：极，顶点。孔子认为中庸是最高的道德标准。③民：不完全指老百姓，主要是指"反中庸"的"小人"。④鲜：少。民鲜久矣，谓人们缺少这种道德已经很久了。

【译文】孔子说："中庸作为一种道德，可算是最高的了，但一般民众不具备此德已经很久了。"

述而篇第七

【原文】子曰："述而不作①，信而好古②，窃③比于我老彭④。"

【注释】①述而不作：整理、阐述前人的著作而不创新。②古：指古代文化。③窃：私下，谦词。④老彭：殷朝的贤大夫。

【译文】孔子说："只传述旧章，不创始制作，相信而喜爱古代文化，我私下里把自己和老彭相比。"

【原文】子曰："默而识①之，学而不厌②，诲人不倦，何有于我哉？"

【注释】①识：记住。②厌：满足。

【译文】孔子说："（把所见所闻）默记在心里，勤奋学习而不厌倦，教导别人而不倦怠，这些事对我有什么困难呢？"

【原文】子曰："甚①矣吾衰②也！久矣吾不复梦见周公③。"

彭祖钱铿

彭祖钱铿是颛顼的玄孙，到殷商末世他已有七百多岁，却无衰老迹象。

【注释】①甚：极、严重。②衰：衰老。③周公：西周初年政治家。姬姓，名旦，亦称叔旦。周文王之子，武王之弟。因采邑在周（今陕西岐山北），称为周公。曾助武王灭商。武王死后，成王年幼，由他摄政，巩固了周家天下。相传他制礼作乐，建立典章制度，成了孔子心目中的圣人。

【译文】孔子说："我衰老得多么厉害呀！我很长时间没再梦见周公了。"

【原文】子谓颜渊曰："用之则行①，舍②之则藏，惟我与尔③有是④夫！"子路曰："子行⑤三军⑥，则谁与⑦？"子曰："暴虎冯河⑧，死而无悔者，吾不与也。必也临事⑨而惧⑩，好谋而成者⑪也。"

【注释】①行：行道、行动起来。②舍：不用的意思。③尔：指颜渊。④是：这个。⑤行：指挥、统率。⑥三军：古代大国有上、中、下三军，这里泛指军队。⑦与：共事。用作动词，偕同的意思。意谓您若率领军队，找谁共事呢？⑧暴虎冯河：空手与老虎搏斗，赤足趟水过河。⑨临事：面对任务。⑩惧：此处指谨慎之意。⑪成：决也。好谋而成者，即善用计谋而有决断的人。

【译文】孔子对颜渊说："有用我的，就把我的这些主张实行起来；不用我，我就退隐。只有我和你能这样了。"子路说："如果您去率军打仗，找谁共事呢？"孔子说："空手与老虎搏斗、徒

步去渡河而死了也不后悔的人，我是不与他共事的。必须是临事能谨慎、善于谋划而能做得定的人我才与他共事！"

【原文】子在齐①闻《韶》②，三月不知肉味，曰："不图③为乐之至于斯也。"

【注释】①齐：齐国。②《韶》：《韶》乐，歌颂舜的乐章。③不图：想不到。图，图谋。不图为乐之至于斯也，谓没有想到《韶》乐的美竟达到了这样的境界。

【译文】孔子在齐国听到《韶》乐，很长时间尝不出肉味，于是说："想不到欣赏音乐能达到如此境界。"

【原文】冉有曰："夫子为①卫君②乎？"子贡曰："诺③，吾将问之。"入，曰："伯夷、叔齐何人也？"曰："古之贤人也。"曰："怨④乎？"曰："求仁而得仁⑤，又何怨？"出，曰："夫子不为也。"

【注释】①为：帮助、赞成、赞许。②卫君：指卫出公辄，卫灵公之孙，太子蒯聩之子。蒯聩得罪于灵公，被驱逐出逃于晋国。灵公死后，辄立为国君。晋国又把蒯聩送回卫国，与其子争夺君位。蒯辄拒不让位，演成父子争国的局面，同伯夷、叔齐兄弟互相推让的行为恰成对照。时孔子适在卫，故冉求有"老师会不会帮助卫君"的疑问。③诺：答应的声音。④怨：悔恨。⑤求仁而得仁：谓追求仁的理想而得之，虽遭困穷而无悔。

【译文】冉有说："先生会帮助卫君吗？"子贡说："好吧，我去问问他。"进屋后，子贡道："伯夷、叔齐是怎样的人呢？"孔子说："古代的贤人啊。"子贡又问："他们心里有没有怨悔呢？"孔子说："他们一心求仁德而又得到了仁德，还有什么怨悔呢？"子贡出来后，对冉有说："先生不会帮助卫君。"

【原文】子曰："加①我数年，五十以学《易》②，可以无大过③矣。"

【注释】①加：此处同"假"，给与。②《易》：《易经》，我国古代一部用来占筮的书，儒家重要经典之一。相传系周人所作，故也称《周易》。③大过：大错误。

【译文】孔子说："让我多活几年，到五十岁时学习《易经》，就可以没有大错了。"

【原文】子不语怪①、力②、乱③、神④。

【注释】①怪：怪异。②力：暴力。③乱：叛乱。④神：神鬼。

【译文】孔子不谈论怪异、暴力、叛乱和鬼神。

【原文】子曰："三人①行，必有我师焉。择其善者而从之，其不善者而改之。"

【注释】①三人：几个人，"三"并非实指。

【译文】孔子说："几个人走在一起，其中必定有在某方面可以做我的老师的人。我选择他们的优点去学习，不好的地方便改正。"

【原文】子曰："天生德①于予②，桓魋③其如予何？"

【注释】①德：品德。②予：我。③桓魋：宋国司马向魋，宋恒公后代，故又称桓魋。据《史记·孔子世家》记载，一次，孔子到曹国去，路过宋国，与弟子习礼大树下。桓魋欲杀孔子，拔其树。孔子去。弟子曰：可以速矣。孔子遂说了这句话：上天把德赋予了我，桓魋能把我怎么样？

【译文】孔子说："老天在我身上赋予了这些品德，桓魋能把我怎么样呢？"

读易有感

孔子读至《易经》的"损"、"益"章而叹息。子夏问他为什么，孔子说："减少要增加，增加会减少，所以我叹息。"子夏说："难道学习不能增长学问吗？"孔子说："我不是那个意思，学问越高越谦虚，谦虚就能接受别人的意见，就能不断进步。"

【原文】子曰："二三子①以我为隐②乎？吾无隐乎尔③！吾无行而不与④二三子者，是丘⑤也。"

【注释】①二三子：学生们。②隐：隐瞒。③尔：你们。④与：犹示也。朱熹《论语集注》："诸弟子以夫子之道高深不可几及，故疑其有隐，而不知圣人作、止、语、默无非教也，故夫子以此言晓之。"⑤丘：孔子的名字。

【译文】孔子说："你们这些学生以为我有什么对你们隐瞒吗？我对你们没什么隐瞒的。我没有什么不对你们公开的，这就是我孔丘的为人。"

【原文】子以四教①：文②、行③、忠④、信⑤。

【注释】①四教：四种教育内容。子以四教：谓夫子以四项内容教育弟子。②文：古代文献。③行：躬行，引申为社会实践。④忠：忠诚。⑤信：守信，诚实不欺。

【译文】孔子用四种东西教育学生：典籍文献、道德实践、对别人的忠诚以及信实。

【原文】子曰："圣人①，吾不得②而见之矣，得见君子者斯③可矣。"子曰："善人④，吾不得而见之矣，得见有恒者⑤斯可矣。亡⑥而为有，虚而为盈⑦，约⑧而为泰⑨，难乎有恒矣。"

【注释】①圣人：具有最高智慧和道德的人。②得：能、能够。③斯：就、那么。④善人：有道德的、良善的人。⑤有恒者：有恒心、有操守的人。⑥亡：通"无"。

⑦盈：充实。⑧约：穷困、贫乏。⑨泰：富有。

【译文】孔子说："圣人我是看不到了，能够看到君子也就可以了。"孔子又说："善人，我是看不见的了，能看得到有一定操守的人就不错了。没有能装成有，空虚能装成充实，本来穷困也要装成宽裕，这样的人就难以保持一定的操守了。"

【原文】子曰："盖有不①知而作之者，我无是也。多闻，择其善者而从之；多见而识②之，知之次③也。"

【注释】①不：义同"无"。作：装作。意为没有知识却装作有知识。②识：记住。意谓多见，择其善者记在心。③次：次一等、第二等。知之次，指多闻、多见为"学而知之"，次于"生而知之"。

【译文】孔子说："大概有不懂装懂的人吧，我没有这等事。多多地听，选择其中好的加以接受；多多地看，然后记在心里，这样的知是仅次于'生而知之'的。"

【原文】子曰："君子坦荡荡①，小人长戚戚②。"

【注释】①坦荡荡：襟怀坦白的样子。坦：平坦；荡荡：宽广貌。②长戚戚：经常忧愁不安的样子。戚戚：忧惧貌。

【译文】孔子说："君子通常心气坦荡宽广，小人的心气则一般局促忧戚。"

泰伯篇第八

【原文】子曰："泰伯①,其可谓至德②也已矣。三以天下让③,民无得而称焉④。"

【注释】①泰伯:亦作"太伯"。周朝祖先古公亶父的长子,为了让位给幼弟季历,以便将来让周文王接任,便与二弟仲雍逃到句吴,成为吴国的始祖。《史记·吴太伯世家》:"吴太伯、太伯弟仲雍,皆周太王之子,而王季历之兄也。季历贤而有圣子昌,太王欲立季历以及昌。于是太伯、仲雍二人乃奔荆蛮,文身断发,示不可用,以避季历。季历果立,是为王季,而昌为文王。"昌,即周文王姬昌,到其子武王时,便灭了殷商,统一了天下。②至德:最高尚的道德。③三以天下让:三让,泰伯避而出走为一让;父王古公殁,不返回奔丧,二让;免丧后,断发文身不返,三让。有此三让,昌(文王)得以继位而统一天下。④民无得而称焉:谓民间并不了解泰伯让位的事迹,找不到什么明显的事实来称赞他。只是孔子崇尚"让",称之为"至德"以励世人。

【译文】孔子说:"泰伯可以说品德是极为高尚了!他多次将天下拱手让给季历,百姓找不到适当的语言去赞美他。"

【原文】曾子曰:"以能①问于不能;以多问于寡;有若无,实若虚②;犯而不校③。昔者吾友④尝从事于斯矣。"

【注释】①能:才能。②有若无,实若虚:谓有学问却像没有学问,满腹知识却像空无所有。③犯而不校:犯,冒犯;校,计较。谓被人侵犯也能安之若泰,不与之计较。④吾友:我的朋友,此处大概指颜渊。

【译文】曾子说:"自己才能高,却向才能低于自己的人请教;自己学识丰富,却向学识浅薄的人请教;有学问就像没有学问一样,学富五车却像空无所有一样;别人无理冒犯自己,自己也不计较。从前我的一位朋友便这样做过。"

【原文】曾子曰:"可以托六尺之孤①,可以寄百里之命②,临大节③而不可夺④也。君子人与⑤?君子人也。"

【注释】①六尺之孤:幼小的国君。六尺,古代指小孩。古代尺短,六尺约合今一百三十八厘米。②百里之命:指国政。百里,指诸侯国。③大节:指国家安危存亡的大事。④夺:动摇、改变。⑤与:同"欤",表语气。

【译文】曾子说:"可以把年幼的孤儿托付给他,可以把国家的政令交付给他,面临安危存亡的紧要关头,仍能不动摇屈服。这样的人可以称为君子吗?这种人真是君子啊!"

【原文】曾子曰:"士①不可以不弘毅②,任重而道远。仁③以为己任,不亦重乎？死而后已，不亦远乎？"

【注释】①士：读书人。②弘毅：胸怀宽广，意志坚强。弘，志量弘大；毅，有毅力。非弘不能胜其重，非毅无以致其远。③仁：指实现仁德。

【译文】曾子说："读书人不可以不宏大刚毅，因为他任重而道远。以实现整个人类的仁道为己任，不也沉重吗？到死才终止，不也遥远吗？"

【原文】子曰："兴①于《诗》，立于礼②，成于乐③。"

【注释】①兴：兴起，开始。兴于《诗》，即人的修养开始于学《诗经》。②立于礼：谓自立于学礼，礼能使人在社会上站得住脚。③成于乐：即完成于学乐，把乐作为教学工作的最后阶段。孔子所谓的乐，其内容和本质都离不开礼，故常"礼乐"连言。立于礼，成于乐，充分反映了礼乐的重要性。

【译文】孔子说："《诗经》使我心志勃发，礼仪使我卓然自立，音乐使我事业成功。"

【原文】子曰："民可使由之①，不可使知之②。"

【注释】①由之：使他按照指示的道理做。②知之：使他们知道为什么的道理。

【译文】孔子说："对于老百姓，可以使他们照着我们指出的道理去做，却不能使他们知道那是为什么。"

【原文】子曰："如有周公之才之美，使骄且吝①，其余不足观②也已。"

【注释】①吝：吝啬。朱熹《论语集注》："才美，谓智能技艺之美。骄，矜夸。吝，鄙啬也。"②不足观：不值得一看。

【译文】孔子说："即使有人能具备周公那样完美的才能，只要他兼有骄傲与吝啬，其他的那些才能也就不值一看了。"

【原文】子曰："笃①信好学，守死善道②。危邦不入，乱邦③不居。天下有道则见④，无道则隐。邦有道，贫且贱焉，耻也；邦无道，富且贵焉，耻也。"

【注释】①笃：坚定。②守死善道：誓死固守完美的大道。③危邦、乱邦：臣弑君，子弑父，乱也；危者，将乱之兆也。④见：通"现"，出现之意，指出来做官。

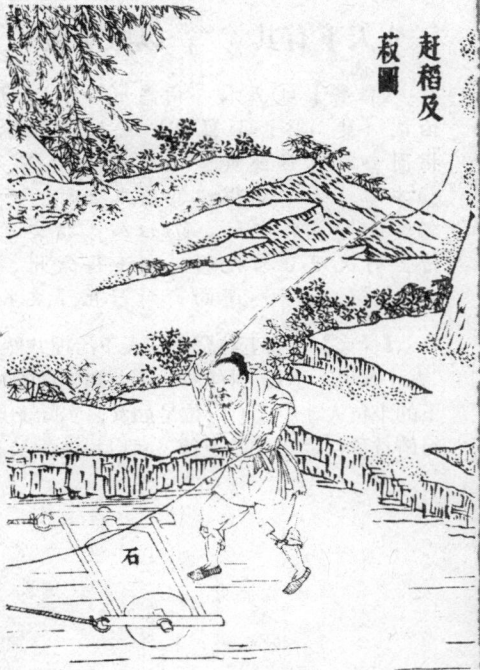

赶稻及菽图

【译文】孔子说:"坚定信念,努力学习仁道,誓死固守它。危险的国家不去,混乱的国家不住。天下太平,就出来做官;不太平,就归隐山林。国家的政治清明,自己贫穷而且卑贱,这是可耻的;国家政治黑暗,自己富有而且尊贵,也是可耻的。"

【原文】子曰:"不在其位①,不谋②其政。"

【注释】①位:职位。②谋:谋划,考虑。

【译文】孔子说:"不在这个职位上,就不考虑这个职位上的事。"

【原文】子曰:"大哉①尧之为君也!巍巍乎,唯天为大,唯尧则②之。荡荡乎③,民④无能名焉⑤。巍巍乎其有成功也,焕乎⑥其有文章⑦!"

【注释】①大哉:伟大呀。②则:效法、学习。③荡荡乎:广阔的样子。④民:老百姓。⑤无能名焉:无法用语言来赞美他。⑥焕乎:光明显赫的样子。焕:光辉。⑦文章:指典章制度。焕乎其有文章,意谓他制订的礼乐法度是多么完美呀。

【译文】孔子说:"尧成为君主是多么伟大啊!高大啊!只有天能那么高大,只有尧可以与天相比。广博啊,老百姓简直不知道怎样称赞他。他的功绩多么崇高啊,他的礼制多么美好!"

【原文】舜有臣五人①而天下治。武王②曰:"予有乱臣③十人④。"孔子曰:"才难⑤,不其然乎?唐虞之际⑥,于斯为盛;有妇人⑦焉,九人而已。三分天下有其二⑧,以服事殷⑨。周之德,其可谓至德也已矣。"

【注释】①五人:指禹(治水)、稷(教百姓种庄稼)、契(教育)、皋陶(法官)、伯益(焚山林、驱猛兽)五人。②武王:周武王姬发。③乱臣:治乱之臣。④十人:指周公旦、召公奭、太公望、毕公、荣公、太颠、闳夭、散宜生、南宫适、太姒。⑤才难:人才难得。⑥唐虞之际,于斯为盛:唐虞之际以及周初人才最兴盛。唐虞之际亦即尧舜之际。⑦妇人:指文王之妃、武王之母太姒。⑧三分天下有其二:相传当时天下分为九州,文王得六州,占三分之二。⑨以服事殷:谓周文王已得了三分之二的天下,还向商纣行臣子之礼。

【译文】舜有五位贤臣,天下治理井然。周武王说:"我有能治理天下的大臣十人。"孔子说:"人才难得,不是这样的吗?唐尧和虞舜的时代以及武王说那番话的时候,人才最为昌盛;然而武王的十位人才中还有一位是妇女,实际上只是九位罢了。周文王得了天下的三分之二,仍然向商纣俯首称臣。周朝的道德,可以说达到最高境界了。"

子罕篇第九

【原文】子罕①言利②与③命④与仁。

【注释】①罕：少。②利：功利。③与：用作动词，心许，赞许。④命：命运。

【译文】孔子很少谈论功利，却注重命运和仁德。

【原文】达巷党①人曰："大哉孔子！博学而无所成名②。"子闻之，谓门弟子曰："吾何执③？执御④乎？执射⑤乎？吾执御矣。"

【注释】①达巷党：达地的一条里巷。达，地名。古时以五百家为党。②成名：指有专门的一技之长。③执：专执也，意即专长。④御：驾车。旧注"御为六艺之卑"。⑤射：射箭。

【译文】有个居住在达巷的人说："孔子伟大啊！学问渊博却没有树立名声的一技之长。"孔子听到后，对门徒们说："我学习什么呢？学习驾车吧？学习射箭吗？我还是学习驾车吧！"

【原文】子曰："麻冕①，礼也；今也纯②，俭，吾从众。拜下③，礼也；今拜乎上④，泰⑤也；虽违众，吾从下。"

【注释】①麻冕：用麻料织的礼帽。②纯：黑色的丝，指用丝料织成的礼帽。③拜下：古时臣下对君主行礼，先在堂下磕头，升堂后再磕头，共拜两次。这里指堂下的一次磕头。④今拜乎上：现在只在堂上拜一次。⑤泰：傲慢而不恭的样子。

【译文】孔子说："麻布的冠冕是合乎礼的，现今用丝帛，比麻布俭省，我依从多数。在堂下跪拜是合乎礼的，现今在堂上跪拜，较为倨傲；即使违背多数，我依从在堂下跪拜。"

【原文】子畏①于匡②，曰："文王既没③，文④不在兹⑤乎？天之将丧⑥斯文也，后死者⑦不得与于斯文也；天之未丧斯文也，匡人其如予何？"

【注释】①畏：拘禁、囚禁。②匡：地名，在今河南长垣西南。相传匡人曾受鲁国阳虎的掠夺和残杀。孔子自卫国去陈国时经过匡地，因其容貌和阳虎相象，匡人误以为就是阳虎，于是围

匡人解围

孔子离开卫国到陈国，路过匡地，因阳虎曾施暴于匡人，孔子长得像阳虎，匡人就把他们围困了五天。弟子们很害怕，孔子说："周文王死后，道德文化不都在我这儿吗？匡人能把我怎么样？"匡人知道搞错了，就放了孔子师徒。

困囚禁了孔子一行，欲杀之。弟子惧怕，孔子乃以天命安慰开导他们。③没：通"殁"，亡、死。这句话谓自周文王死了后，文武之道即在孔子这里了。④文：指礼乐典章制度等文化遗产。⑤兹：这里，同"此"。⑥丧：消灭。⑦后死者：孔子自称。

【译文】孔子在匡邑遇险，说："周文王逝世以后，礼乐典章制度不是在我这里吗？上天将要使它们沦丧，我这后死的人就不会掌握它们了；上天若不想使它们沦丧，匡人又能把我怎么样呢？"

【原文】子曰："凤鸟①不至，河不出图②，吾已矣夫③！"

【注释】①凤鸟：凤凰。古代传说中的一种瑞鸟，它的出现预示天下太平。传说虞舜时出现过凤凰，文王时凤凰又鸣于岐山。②河图：黄河里出现的图画，表示圣人出现。传说黄河中龙马负图而出，伏羲据此画八卦，世称河图，作为圣王出现的征兆。③吾已矣夫：谓孔子哀叹：我这一生恐怕是完了吧！这声哀叹，既表示了孔子对世无圣主、吾道不行的失望，也反映了他信天由命的宿命论思想。

【译文】孔子说："凤凰不到来，河图不出现，我没有指望了！"

【原文】颜渊喟然①叹曰："仰之②弥③高，钻之弥坚④。瞻⑤之在前，忽焉⑥在后。夫子循循然⑦善诱⑧人，博⑨我以文，约我以礼⑩，欲罢不能。既竭吾才，如有所立卓尔⑪，虽欲从之，末由也已⑫。"

【注释】①喟然：感叹的样子。②之：指孔子之道，亦指孔子其人。下文"之"字同。③弥：更加。仰之弥高，仰望其道不可及的意思。④坚：坚硬，坚固。钻之弥坚，钻研其道不可入的意思。⑤瞻：怀着崇敬的心情看。⑥忽焉：一下子。⑦循循然：有次序的样子。⑧诱：诱导。⑨博：广博。⑩约我以礼：即"克己复礼"。意谓夫子既以文章开导我，又以古礼约束我。⑪如有所立卓尔：旧注，谓其有所立，又卓然不可及。卓尔，高超、突出，犹言高不可见。⑫末由也已：没有办法的意思。末：没有；由：途径。

【译文】颜回感叹地说："仰望它更觉崇高，钻研它更觉坚厚。观望时在前面，忽然又到后面去了。夫子有步骤地善于引导他人，用典制来丰富我，用礼仪来约束我，使我欲罢不能。我已经竭尽了才力，大道似乎卓然在前，我虽然想随从它，却不知从何入手。"

【原文】子欲居九夷①。或曰："陋②，如之何？"子曰："君子居之，何陋之有！"

【注释】①九夷：指淮夷，春秋时散居在淮水、泗水之间。古代对东北边疆文化较低的少数民族的通称。②陋：简陋，引申为闭塞落后。

【译文】孔子想住到夷人地区去。有人说道："那儿粗陋，怎么行呢？"孔子说："君子住在那儿，有什么粗陋的呢！"

【原文】子在川上①曰："逝者②如斯夫！不舍③昼夜。"

【注释】①川上：河边。②逝者：明指流水逝去，实指消逝的岁月。③不舍：不停。

【译文】孔子在河边说："逝去的时光就像它那样啊！日夜不停。"

【原文】子曰："吾未见好德^①如好色^②者也。"

【注释】①好德：喜爱道德。②色：美色。

【译文】孔子说："我从未见到喜好德行如同喜好美色的人。"

【原文】子曰："语之而不惰^①者，其回^②也与！"

【注释】①惰：懈怠。②回：指颜回，即颜渊。

【译文】孔子说："听我讲述始终不懈怠的，大概就是颜回吧！"

【原文】子谓颜渊，曰："惜^①乎！吾见其进也，未见其止也。"

【注释】惜：可惜。旧注：颜渊死后，孔子有此叹也。颜渊早卒，死时年仅三十一岁，孔子异常悲痛，叹曰："噫！天丧予！天丧予！"

【译文】孔子谈到颜回，说："死得可惜啊！我只见他前进，从未见到他止步。"

【原文】子曰："苗^①而不秀^②者有矣夫，秀而不实^③者有矣夫。"

【注释】①苗：禾苗。②秀：庄稼吐穗、开花。③实：结果实。秀而不实：吐穗扬花而不灌浆结实。汉唐人注《论语》，多以为孔子此话是为颜渊短命而发的。

【译文】孔子说："庄稼发芽而不扬花是有的，扬花而不结实也是有的。"

【原文】子曰："后生可畏^①，焉^②知来者^③之不如今也？四十、五十而无闻^④焉，斯亦不足畏也已。"

【注释】①后生可畏：年轻人是值得敬畏的。②焉：怎么。③来者：未来的人。④闻：名声，借指道德、学问修养。

【译文】孔子说："后生可畏，怎么知道将来不如现在呢？四十、五十还没有名声，也就不值得畏惧了。"

【原文】子曰："三军^①可夺帅^②也，匹夫^③不可夺志^④也。"

【注释】①三军：古时一万二千五百人为一军。周制，诸侯中的大国可以拥有军队三军。

望吴门马

孔子与颜回登泰山。颜回望见吴国都城阊门外有一匹洁白的丝绢，前边染有蓝色。孔子更正说："这是匹叫芦菭的白马，它身上反射的光影像长长的白色丝绢。"孔子神明到这种程度。

此处泛指大军。②夺帅：撤换、俘虏元帅。③匹夫：普通百姓。④夺志：强迫放弃志向。

【译文】孔子说："三军能被夺去主帅，普通百姓却不能迫使他改变志向。"

【原文】子曰："岁寒①，然后知松柏之后凋②也。"

【注释】①岁寒：寒冷的冬天。②凋：凋落、凋零。

【译文】孔子说："天气寒冷了，才知道松柏是最后凋零的。"

【原文】子曰："知者不惑①，仁者不忧②，勇者不惧③。"

【注释】①惑：疑惑、迷惑。②忧：忧愁、忧虑。③惧：惧怕、害怕。

【译文】孔子说："明智者不疑惑，仁德者不忧愁，勇敢者不畏惧。"

乡党篇第十

【原文】孔子于乡党^①，恂恂^②如^③也，似不能言者；其在宗庙朝廷，便便^④言，唯谨^⑤尔。

【注释】①乡党：指家乡，即父兄宗族之所在。②恂恂：温和恭顺。③如：同"然"，形容词语尾。④便便：同"辩辩"，健谈、善谈。《史记·孔子世家》作"辩辩"，形容善于辞令。⑤谨：谨慎。

【译文】孔子在乡里很恭顺，好像是个不会说话的人；在宗庙、朝堂则明白流畅地言谈，只是谨慎罢了。

【原文】朝^①，与下大夫^②言，侃侃^③如也；与上大夫言，訚訚^④如也。君在，踧踖^⑤如也，与与^⑥如也。

【注释】①朝：朝见。②下大夫：在周代的等级社会中，大夫是诸侯下面的一个等级。大夫又分上大夫与下大夫，上大夫称为卿。孔子属下大夫。③侃侃：形容说话理直气壮，从容不迫。④訚訚：正直恭敬。旧注：中正而诤。形容辩论态度很好，而又能直言诤辩。⑤踧踖：恭敬不安。旧注：恭敬不宁之貌。⑥与与：行步安舒。旧注：犹徐徐，威仪中适之貌。

【译文】上朝时，与下大夫交谈，安详从容；与上大夫交谈，温和正直。国君临朝，恭敬小心，仪态得体。

【原文】君召使摈^①，色勃如也^②，足躩^③如也。揖所与立^④，左右手^⑤，衣前后襜^⑦如也。趋进^⑧，翼如^⑨也。宾退，必复命曰："宾不顾^⑩矣。"

【注释】①摈：同"傧"，负责接待国君的官员。这里作动词用，意即接待宾客。②色勃如也：面色矜持庄重。勃：谨庄貌。③躩：快走。④揖所与立：向站在一起的官员作揖。⑤左右手：向左拱手，向右拱手。⑥衣前后：衣服前后摆动。⑦襜：整齐。⑧趋进：快步向前走。一种表示敬意的行动。⑨翼如：如鸟展翅。言其端好。⑩不顾：不回头，意即走远了。宾不顾矣：言客人已经不再回头了。

【译文】被国君召去接待贵宾，神色立即庄重起来，毫不懈怠地按礼仪走步。

敬入公门

孔子进入公官的大门，恭恭敬敬好像没法容身的样子。

和同站在一起的人作揖时，分别向左右拱手，衣服前后整齐。快步前进时，如同鸟儿展翅。贵宾告退，必定回报国君说："宾客已经不再回头看了。"

【原文】 入公门①，鞠躬②如也，如不容③。立不中门④，行不履阈⑤。过位⑥，色勃如也，足躩jué如也，其言似不足⑦者。摄齐shèzī⑧升堂⑨，鞠躬如也，屏气⑩似不息者。出，降一等⑪，逞颜色⑫，怡怡⑬如也；没阶⑭，趋进，翼如也；复其位，踧踖如也。

【注释】 ①公门：君门。此节记孔子在朝之容。②鞠躬：此处形容谨慎恭敬的样子，不作"曲身"解。③如不容：如无容身之地。④立不中门：不在门的中间站立。⑤行不履阈：进门时不踩门坎。阈，门槛。⑥过位：经过君主的座位。⑦不足：中气不足。⑧摄齐：摄，提起。齐，衣服的下摆。⑨升堂：向堂上走去。⑩屏气：屏息，好像呼吸都要停止了。⑪降一等：从台阶上走下一级。⑫逞颜色：脸色舒展。⑬怡怡：和悦愉快。⑭没阶：走完台阶。

【译文】 进入朝堂的大门时，像鞠躬似的弯下身来，如同不能容身一样。站立不挡在门中间，行走不踩着门槛。经过国君座位时，神色立即庄重起来，毫不懈怠地按礼仪走步，说话像是气力不足似的。提起衣襟走上朝堂时，像鞠躬似的弯下身来，屏住气像是呼吸停止似的。退下时，走下一级台阶，放松了神态，和颜悦色。走完了台阶，快步前进，如同鸟儿展翅一般，回到自己的位置，依然恭敬小心。

【原文】 食不厌精，脍kuài①不厌细。食饐而餲yìài②，鱼馁něi③而肉败④，不食；色恶wù⑤，不食；臭恶⑥，不食；失饪rèn⑦，不食；不时⑧，不食；割不正，不食；不得其酱⑨，不食。肉虽多，不使胜食气⑩。唯酒无量⑪，不及乱⑫。沽酒市脯pú⑬，不食。不撤姜食⑭，不多食。

【注释】 ①脍：牛羊鱼肉细切曰脍。②食饐而餲：粮食陈旧变味。饐，陈旧。餲，变味。③馁：鱼腐烂，指鱼不新鲜。④败：肉腐烂，指肉不新鲜。⑤色恶：食物的颜色变了。⑥臭恶：食物的气味变了。⑦失饪：不熟或过熟。饪，煮熟。⑧不时：指五谷不成、果实未熟之时，以上这些不到该食的时候食了，容易伤人，所以不时不食，食能以时，则身必无灾。⑨不得其酱：凡鱼肉各有其气味，吃不同的鱼肉要配置相宜的酱。用酱不合适，即不得其酱。⑩不使胜食气：指吃肉不超过主食。食气，指饭料，主食。⑪无量：不限量。⑫乱：神志昏乱，指酒醉。⑬沽酒市脯：买来酒和干肉。沽，买。市，买。脯，熟肉干。⑭不撤姜食：不撤掉姜碟。

【译文】 食物不嫌做得精，生脍不嫌切得细。食物放久变味，鱼臭肉烂，不食用；颜色难看，不食用；气味难闻，不食用；烹调不当，不食用；不合时令，不食用；切割不方正，不食用；没有该用的酱，不食用。肉即使很多，食用时不使它超过饭食。唯有酒不限量，但不喝到醉。打来的酒、买来的熟干肉，不食用。每次进食时必有姜，但不多吃。

【原文】 席①不正，不坐。

【注释】 ①席：席子。古代没有椅子和凳子，都是在地面铺上席子，席地而坐。

【译文】 坐席不端正，不坐。

【原文】 乡人饮酒①，杖者②出，斯出矣。

【注释】 ①乡人饮酒：指古时的乡里饮酒之礼，即乡人在一起饮酒聚会。②杖者：拄拐杖的人，即老年人。杖者出，斯出矣，意即等老年人出去了，自己才跟在后面出去。

【译文】 与乡里人饮酒，拄杖的老人退出后，才退出来。

【原文】 乡人傩①，朝服而立于阼阶②。

【注释】 ①傩：迎神驱逐疫鬼的一种宗教仪式。②阼阶：大堂前东面的台阶，是主人站立迎客的地方。

【译文】 本地方的人迎神驱鬼，便穿着朝服站在东面的台阶上。

【原文】 问人于他邦①，再拜而送之②。

【注释】 ①问人于他邦：谓托人给在国外的朋友问好送礼。问：问候、问讯。②再拜而送之：谓向受托者拜两次以送行。

【译文】 托人向他国人士问候，再次拜谢后送别。

【原文】 君赐食①，必正席先尝之；君赐腥②，必熟而荐③之；君赐生④，必畜⑤之。侍食于君⑥，君祭⑦，先饭⑧。

【注释】 ①食：熟食。②腥：尚未烹调的食物，如生肉。③荐：供奉。意即供奉祖先。④生：指活物。⑤畜：畜养。⑥侍食于君：陪君主用饭。⑦祭：指食时的祭，即祭食。⑧先饭：在君主举行饭前祭祀时，抢先替君主尝饭。旧注："饭，食也。所以然者，亦为君先尝食，先知调和之是非也。"

【译文】 国君赐给食物，必定端正了坐席先尝一点；国君赐给生肉，必定煮熟了才上供；国君赐给活物，必定畜养起来。陪同国君进食，国君在饭前向先祖献祭，就先替君主尝饭。

【原文】 入太庙，每事问。

【译文】 进了太庙，每件事情都询问。

贵黍贱桃

鲁哀公赐孔子桃子和小米饭，孔子先吃米饭后吃桃子，旁边的人都掩口而笑。孔子认为小米为五谷之长，可供祭祀，而桃子为众菜之末，不能作祭品，所以先吃饭后吃桃。

【原文】朋友死，无所归^①，曰："于我殡^②。"

【注释】①无所归：指无人负责殡葬。②殡：停放灵柩叫"殡"，埋葬也可以叫"殡"。这里指一切丧葬事务。

【译文】朋友去世，没有人来安葬，就说："让我来办理丧事吧。"

【原文】见齐衰^①者，虽狎^②，必变^③。见冕者^④与瞽者^⑤，虽亵^⑥，必以貌^⑦。凶服者式之^⑧，式负版者^⑨。有盛馔^⑩，必变色而作^⑪。迅雷风烈，必变^⑫。

【注释】①齐衰：孝服。②狎：亲近，亲热。③必变：必定改变态度。④冕者：戴礼帽的人，指有身份的人。⑤瞽者：盲人。⑥亵：常见、熟悉。⑦貌：礼貌相待。⑧凶服者式之：穿丧服的人扶着轼敬礼。凶服，丧服。式，通"轼"，车前供扶手用的横木。古代在车上表示敬意时，身子向前微俯，伏在横木上，叫做"轼"。⑨式负版者：式，通"轼"。版，方形木版，指国家图籍。当时无纸，用木版书写。负版者，背着国家图籍的人。⑩盛馔：盛大的筵席。馔，饮食。⑪作：站起来，表示敬意。⑫变：改变颜色，表示对上天的敬畏。

【译文】见到服丧的人，即使是亲近者，也必定改变神色。见到戴冠冕的人、盲人，即使是熟人，也必定礼貌相待。乘车遇上穿丧服的人就扶着轼致礼，为传送文书的人扶轼。有丰盛的菜肴，必定改变神色站起身来。遇上雷霆、大风，必定改变神色。

【原文】色^①斯举矣，翔^②而后集^③。曰："山梁雌雉^④，时哉时哉^⑤！"子路共^⑥之，三嗅^⑦而作。

【注释】①色斯举矣：谓野鸡看到人的颜色不善就飞起来。色：脸色。举：鸟飞起来。②翔：飞翔。③集：鸟群停在树上。④山梁雌雉：集聚在山梁上的母野鸡。⑤时哉时哉：得其时，得其时。指野鸡时运好，可以自由飞翔。⑥共：通"拱"，拱手。⑦嗅：通"臭"，指鸟张开两翅。

【译文】鸟见到人神色不善就飞了起来，盘旋飞翔后才落下来。孔子说："这山冈上的鸟儿，真是动静得时啊！"子路向它们拱拱手，它们叫了三声飞去了。

先进篇第十一

【原文】子曰："先进于礼乐^①，野人^②也；后进于礼乐，君子^③也。如用^④之，则吾从先进。"

【注释】①先进于礼乐：先学习礼乐，然后做官。②野人：儒家对居住在郊野的劳动者的称呼。野：城郊之外。野人：郊外之民。③君子：指卿大夫子弟等依靠门荫入仕者。④用：选用、任用。

【译文】孔子说："先学习礼乐然后做官，这是普通在野的人士；先做官然后再学习礼乐，这是贵族子弟。如果要我选用人才，我主张选用先学习礼乐的人。"

【原文】子曰："从我于陈^①、蔡^②者，皆不及门^③也。"

【注释】①陈：春秋时陈国，妫姓，在今河南东部及安徽一部分。②蔡：春秋时蔡国，姬姓，在今河南上蔡一带。③不及门：不在师门，即不在身边。

【译文】孔子说："曾经跟随我困在陈国、蔡国的人，现在都不在我身边了。"

【原文】德行^①：颜渊，闵子骞，冉伯牛，仲弓。言语^②：宰我，子贡。政事：冉有，季路。文学^③：子游，子夏。

【注释】①德行：品德行为。②言语：能言善辩。指善于辞令和外交应对者。③文学：古代文献。指通晓诗书礼乐等古代文献者。

【译文】德行见长的弟子是颜渊、闵子骞、冉伯牛、仲弓。言语见长的弟子是宰我、子贡。政务见长的弟子是冉有、季路。文学见长的弟子是子游、子夏。

【原文】子曰："回也非助^①我者也，于吾言无所不说^②。"

【注释】①助：帮助。②说：通"悦"，心悦诚服。

【译文】孔子说："颜回不是对我有帮助的人，他对于我的话没有不感到喜悦的。"

【原文】季康子问："弟子孰^①为好学?"孔子对曰："有颜回者好学，不幸短命死矣，今也则亡^②。"

【注释】①孰：谁、哪一个。②亡：通"无"，没有。古书多借亡字为无字。

【译文】季康子问道："门徒中哪个好学?"孔子答道："有个叫颜回的好学，不幸短命死去，现今就没有这么好学的学生了。"

【原文】颜渊死，颜路^①请子之车以为之椁^②。子曰："才不才，亦各言其子也③。鲤④也死，有棺而无椁，吾不徒行⑤以为之椁。以吾从大夫之后，不可徒行也。"

【注释】①颜路：颜回之父，名无繇，字路，也是孔子学生。②椁：外棺。有两种解释：一、卖车买椁。二、欲殡之时以孔子之车莩涂为椁，非葬时之椁。③才不才，亦各言其子：才：有才华，指颜渊；不才：无才华，指孔鲤。亦各言其子：意谓不论有才无才，总还各是你我的儿子。④鲤：孔子之子，字伯鱼。⑤行：步行。

命名荣赐

鲁昭公十年(公元前532年)，孔子的儿子出生时，鲁昭公赏给了鲤鱼。孔子为显耀国君的赏赐，因而给儿子取名鲤，字伯鱼。

【译文】颜回去世了，颜路要求孔子卖掉车子来为颜回置办棺外的椁。孔子说："无论有无才能，就说各人自己的儿子吧。即使孔鲤去世，也是有棺而没有椁，我也不能徒步行走来为他置办椁。因为我曾经当过大夫，按礼是不能徒步行走的。"

【原文】颜渊死，子曰："噫！天丧予①！天丧予！"

【注释】①天丧予：天要我的命了。

【译文】颜渊去世了，孔子说："啊！老天爷这是要我的命呀！老天爷这是要我的命呀！"

【原文】季路问事鬼神，子曰："未能事人，焉能事鬼？"曰："敢①问死。"曰："未知生，焉②知死？"

【注释】①敢：自言冒昧之词，无实际意义。②焉：怎么。

【译文】子路询问怎样侍奉鬼神，孔子说："还没能侍奉好活人，怎么能侍奉鬼神呢？"子路说："请问怎样看待死？"孔子说："还没了解生，怎么能了解死呢？"

【原文】子贡问："师①与商也孰贤？"子曰："师也过，商也不及②。"曰："然则师愈与③？"子曰："过犹不及④。"

【注释】①师：颛孙师，字子张。以字行。商：卜商，字子夏。以字行。②师也过，商也不及：过：过头、过分。不及：赶不上、达不到。朱熹《论语集注》："子张才高意广，而好为苟难，故常过中；子夏笃信谨守，而规模狭隘，故常不及。"③愈与：更好一些。与：同"欤"，表语气。④过犹不及：过分和达不到同样不好。犹，同。朱熹《论语集注》："道以中庸为至。过虽若胜于不及，其失中则一也。"孔门儒家以中庸之道为最高美德，认为任何事物均有一定的度量界限，"无过无不及"超过或达不到这个度量都是错误的，故曰"过犹不及"。

【译文】子贡问道："子张和子夏哪个更强一些？"孔子说："子张过头了些，子夏不及了些。"子贡说："那么是子张强一些了？"孔子说："过头和不及不相上下。"

【原文】子曰："论笃是与^①，君子者乎，色庄^②者乎？"

【注释】①论笃是与：谓不要轻易赞许言语笃实的人。论笃：言论笃实、诚实。与：赞扬、赞许。②色庄：伪装脸色庄重。

【译文】孔子说："言论笃实就赞许，但要区分他究竟是君子呢，还是装做庄重的人呢？"

【原文】子路问："闻斯行诸^①？"子曰："有父兄在，如之何其闻斯行之^②？"

冉有问："闻斯行诸？"子曰："闻斯行之。"公西华曰："由也问闻斯行诸，子曰'有父兄在'；求也问闻斯行诸，子曰'闻斯行之'。赤也惑^③，敢问^④。"子曰："求也退^⑤，故进之；由也兼人^⑥，故退之。"

【注释】①闻斯行诸：听到了好事就实行。诸，通"之"。②如之何其闻斯行之：意谓怎么可以听到了就马上干呢？③赤也惑：赤，公西华自称其名。惑：怀疑。④敢问：请问。敢，自言冒昧之词。⑤求也退：求，指冉求。退，退缩不前。⑥由也兼人：由：指仲由，子路。兼人：超人、一人抵得过很多人。指勇于作为。

【译文】子路问道："听说了就实行吗？"孔子说："有父亲兄长在世，怎么能听说了就实行呢？"冉有问道："听说了就实行吗？"孔子说："听说了就实行。"公西华说："仲由询问是否听说了就实行，老师说'有父亲兄长在世'；冉求询问是否听说了就实行，老师说'听说了就实行'。我搞不懂，向老师请教。"孔子说："冉求谦退，所以促进他；仲由好胜，所以抑制他。"

【原文】子路使子羔为费宰^①，子曰："贼^②夫人之子^③。"子路曰："有民人^④焉，有社稷^⑤焉，何必读书然后为学？"子曰："是故恶夫佞者^⑥！"

【注释】①费宰：费地的行政长官。费，为季孙氏的食邑。②贼：残害。③夫人之子：指子羔。时子羔尚年少，故如此称呼之。孔子以为，学未成而从政，适足以害之。④民人：平民和贵族，这里偏指老百姓。⑤社稷：社，土神；稷，谷神。二神共祀于社稷坛。古代君主都祭社稷，后来就用社稷代表国家。⑥佞者：强辩的人。恶夫佞者，谓特别讨厌那种强嘴利舌的人。

【译文】子路让子羔担任费邑的长官，孔子说："他学业未完，你这是误人子弟啊！"子路说："既有民众又有社稷，为什么一定要读书才算是学习呢？"孔子说："因此我厌恶强词夺理的人！"

【原文】子路、曾皙^①、冉有、公西华侍坐^②，子曰："以吾一日长乎尔^③，毋吾以也。居则曰'不吾知也'^④，如或^⑤知尔，则何以哉^⑥？"子路率尔^⑦而对曰："千乘之国^⑧，摄乎大国之间^⑨，加之以师旅^⑩，因之以饥馑^⑪，由也为之^⑫，比^⑬及三年，可使有勇，且知方^⑭也。"夫子哂^⑮之。"求，

四子侍坐

　　孔子让子路、曾皙、冉有、公西华谈谈自己的志向，子路、冉有、公西华分别以民富国强和做个司仪对答。唯有曾皙有沐浴春风游沂水的乐趣，孔子感叹地说："我赞同曾皙的志向啊！"

尔何如⑯？"对曰："方六七十⑰，如五六十，求也为之，比及三年，可使足民⑱。如其礼乐，以俟君子⑲。""赤，尔何如？"对曰："非曰能之，愿学焉。宗庙之事⑳，如会同㉑，端㉒章甫㉓，愿为小相㉔焉。""点，尔何如？"鼓瑟希㉕，铿尔㉖，舍瑟而作㉗，对曰："异乎三子者之撰㉘。"子曰："何伤㉙乎？亦各言其志也。"曰："莫㉚春者，春服㉛既成，冠者㉜五六人，童子㉝六七人，浴乎沂㉞，风乎舞雩㉟，咏㊱而归。"夫子喟然叹曰："吾与点也㊲！"三子者出，曾皙后。曾皙曰："夫三子者之言何如？"子曰："亦各言其志也已矣。"曰："夫子何哂由也？"曰："为国以礼，其言不让㊳，是故哂之。""唯求则非邦也与㊴？""安见㊵方六七十、如五六十而非邦也者？""唯赤则非邦也与？""宗庙会同，非诸侯而何？赤也为之㊶小，孰能为之大？"

　　【注释】①曾皙：孔子学生，名点，字子皙，曾参之父。②侍坐：陪坐。③以吾一日长乎尔，毋吾以也：我的年龄虽然比你们稍长一些，不要因此受到拘束就不敢说话。长：年长。④居则曰："不吾知也"：平时则常常说，不了解我。居：平常。⑤或：有人。⑥则何以哉：何以为用，即怎么去做呢？⑦率尔：不加思索、轻率的样子。⑧千乘之国：周制，拥有千辆兵车的诸侯之国。⑨摄乎大国之间：夹在大国之间。摄：介，夹。⑩加之以师旅：犹言发生战祸。加之：加上。师旅：军队。⑪因之以饥馑：意即遇到凶年。因之：继之。饥馑：饥荒。⑫由也为之：由，指仲由，子路。为：治理。⑬比：等到、及到。⑭方：指礼义。⑮哂：微微一笑，含轻蔑之意。⑯求尔何如：求，指冉求。尔何如，你怎么样。下文赤，指公西华；点，指曾皙。均为指名提问句，省去"子曰"二字。⑰方六七十：纵横各六七十里的小国。方：方圆。⑱足民：使人民衣食富足。⑲如其礼乐，以俟君子：犹言至于礼乐教化之事，则有待于才德更高的人。俟：等待。⑳宗庙之事：指天子或诸侯在宗庙祭祀祖先之事。㉑会同：一般指诸侯朝见天子，这里指两国国君相见。同，其他一般人的会见。㉒端：玄端，指古代的礼服名。㉓章甫：古代的礼帽名。㉔小相：古代祭祀、会同作赞礼司仪的人，有不同的等级，小相为最低级。公西华自谦之词。㉕希：稀疏，指弹瑟接近尾声。㉖铿尔：象声词，放瑟时弦振颤所发出的声音。㉗作：站起来。㉘撰：述、想法。㉙伤：妨碍。㉚莫：通"暮"，晚。㉛春服：夹衣。暮春三月的衣着。㉜冠者：成年人。古代男子二十成年举行冠礼。㉝童子：小孩子。㉞沂：沂水，在今山东曲阜南，沂水河边。有温泉可浴。㉟舞雩：鲁国祭天求雨的地方，在今山东曲阜。㊱咏：唱歌。㊲吾与点也：我赞同曾点的主张。与：赞同、赞成。㊳不让：不谦虚。㊴唯求则非邦也与：难道冉求所讲的就不是国家吗？唯：语首词，无义。与：同"欤"，表语气。㊵安见：怎见得。㊶之：用法同"其"。

【译文】子路、曾皙、冉有、公西华随从孔子坐着，孔子说："虽然我的年岁稍长些，但你们不要拘束。以前你们常说'没人了解我'，如果有人了解你们，你们打算做什么呢？"子路轻率地答道："千乘兵车的国家，处在大国的中间，外有兵戈相加，内有饥荒相困，让我来治理，只需三年，能使人民勇敢，并且懂得道理。"孔子微微一笑。孔子说："求，你怎么样啊？"冉有答道："方圆六七十里，或者五六十里的地方，让我来治理，只需三年，能使民众富有。至于礼乐教化，就有待君子了。"孔子说："赤，你怎么样啊？"公西华答道："并非有能力，但愿意学习。宗庙祭祀，或与别国会盟，我愿意穿着礼服，担任小小的司仪。"孔子说："点，你怎么样啊？"曾皙鼓瑟略微放慢了节奏，铿的一声，放下瑟站起身来，答道："我和他们三位的想法不同。"孔子说："这有什么关系呢？不过各人谈论自己的志向而已。"曾皙说："暮春三月，已经穿上了春装，邀上五六个成年人，六七个小孩子，在沂水里沐浴，到雩台上乘凉，唱着歌回来。"孔子叹息着说："我赞同点啊！"其他三人退出去了，曾皙后走。曾皙说："他们三位的话怎么样呢？"孔子说："不过是各人谈论自己的志向而已。"曾皙说："夫子为何哂笑仲由呢？"孔子说："治理国家凭借礼仪，他的话毫不谦让，所以我哂笑他。"曾皙说："冉求所说的就不是国家吗？"孔子说："怎么见得方圆六七十里或者五六十里的地方就不是国家呢？"曾皙说："公西赤所说的就不是国家吗？"孔子说："有宗庙能会盟诸侯，不是诸侯是什么？如果赤只做个小小的司仪，谁能担任大的职事呢？"

颜渊篇第十二

【原文】 颜渊问仁，子曰："克己复礼①为仁。一日克己复礼，天下归仁②焉。为仁由己③，而由人乎哉？"颜渊曰："请问其目④。"子曰："非礼勿视，非礼勿听，非礼勿言，非礼勿动。"颜渊曰："回虽不敏⑤，请事⑥斯语矣。"

【注释】 ①克己复礼：克制自己，使言行都符合于礼。②归仁：归仁于你，即称赞你有仁德。③由己：全靠自己。④目：具体的细目。⑤不敏：不聪明、不敏慧。⑥事：实行、实践。

【译文】 颜渊询问仁，孔子说："约束自身使言行合乎礼，就是仁。一旦能约束自身使言行合乎礼，天下人就称赞你有仁德。成就仁在于自身，难道要仰仗他人吗？"颜渊说："请问具体的内容。"孔子说："不合乎礼的不去看，不合乎礼的不去听，不合乎礼的不去说，不合乎礼的不去做。"颜渊说："我虽然迟钝，也要奉行这些教导。"

克复传颜

此图描绘了颜渊向孔子问仁的情景。

【原文】 司马牛①问仁，子曰："仁者，其言也讱②。"曰："其言也讱，斯谓之仁已乎？"子曰："为之难③，言之得无讱乎？"

【注释】 ①司马牛：孔子学生司马耕，字子牛。②讱：说话缓慢而谨慎，言行一致，系孔子针对"牛多言而躁"而发。③为之难：做起来困难。

【译文】 司马牛询问仁，孔子说："具备仁的人，他的言语谨慎。"司马牛说："言语谨慎就叫做仁了吗？"孔子说："做起来难，说起来能不谨慎吗？"

【原文】 司马牛问君子，子曰："君子不忧不惧。"曰："不忧不惧，斯谓之君子已乎？"子曰："内省不疚①，夫何忧何惧？"

【注释】 ①内省不疚：从内心省察而不感到惭愧。疚，病、愧。

【译文】 司马牛询问什么样的人是君子，孔子说："君子不忧愁，不恐惧。"司马牛说："不忧愁、不恐惧就叫做君子了吗？"孔子说："内心自省不感到愧疚，还有什么忧愁恐惧呢？"

【原文】司马牛①忧曰:"人皆有兄弟,我独亡②。"子夏曰:"商③闻之矣:死生有命,富贵在天④。君子敬而无失⑤,与人恭而有礼,四海之内⑥皆兄弟也。君子何患乎无兄弟也?"

【注释】①司马牛:见于《左传·哀公十四年》,名犁,宋国桓魋之弟。同孔子弟子司马牛名耕者,是两个人。桓魋和他的几个兄弟一起谋反,失败后有的死了,有的逃亡在外。司马牛也为避乱而死在鲁郭门外。②亡:通"无",没有。③商:子夏的名字。④死生有命:死和生都由命运安排。⑤失:过失。⑥四海之内:全国范围内、普天之下。

【译文】司马牛忧伤地说:"别人都有兄弟,唯独我没有。"子夏说:"我听说:生死自有命运,富贵在于上天。君子敬慎而没有失误,待人谦恭而有礼,四海之内都是兄弟。君子何必担忧没有兄弟呢?"

【原文】子贡问政①,子曰:"足食,足兵,民信②之矣。"子贡曰:"必不得已而去,于斯三者何先?"曰:"去兵。"子贡曰:"必不得已而去,于斯二者何先?"曰:"去食。自古皆有死,民无信不立③。"

【注释】①政:政事,指治理国家。②民信:人民对国家信任。③立:立国、存立。

【译文】子贡询问政务,孔子说:"使粮食富足,使武备充实,使民众信任。"子贡说:"迫不得已而放弃一项,在这三项中先放弃哪项?"孔子说:"放弃武备。"子贡说:"迫不得已再放弃一项,在余下两项中先放弃哪项?"孔子说:"放弃粮食。自古以来都有死亡,民众不信任就不能立国。"

【原文】哀公问于有若曰:"年饥①,用②不足,如之何?"有若对曰:"盍③彻④乎?"

曰:"二⑤,吾犹不足,如之何其彻也?"对曰:"百姓足,君孰与不足?百姓不足,君孰与足?"

【注释】①年饥:年成不好。②用:国用。③盍:何不。④彻:彻法,"什一而税谓之彻"。古代一种十分中抽取其一的税法。⑤二:指抽十分之二的税。

【译文】鲁哀公问有若:"年成不好,用度不足,怎么办呢?"有若答道:"何不十分取一收税呢?"哀公说:"十分取二分尚且不够,怎么能十分取一分呢?"有若答道:"百姓富有,国君怎么会不足呢?百姓不足,国君怎么会富有呢?"

【原文】齐景公①问政于孔子,孔子对曰:"君君②,臣臣,父父,子子。"公曰:"善哉!信如③君不君、臣不臣、父不父、子不子,虽有粟④,吾得⑤而食诸⑥?"

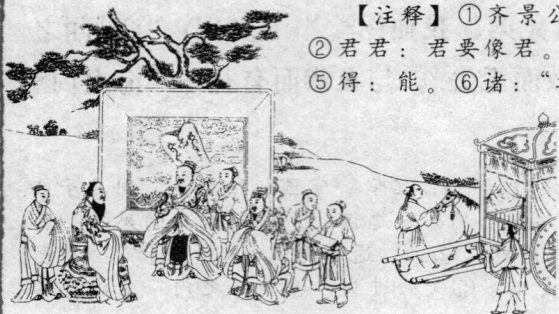

【注释】①齐景公：春秋时齐国国君，姓姜，名杵臼。②君君：君要像君。③信如：诚如。④粟：小米，指粮食。⑤得：能。⑥诸："之乎"的合音。

【译文】齐景公向孔子询问政务，孔子说："君主像君主，臣属像臣属，父亲像父亲，儿子像儿子。"景公说："是啊！如果真的君主不像君主、臣属不像臣属、父亲不像父亲、儿子不像儿子，即使拥有粮米，我能够得食吗？"

论穆公霸

齐景公和晏婴到鲁国，景公问孔子："过去秦国很小，位置偏僻，穆公为什么能称霸呢？"孔子答："秦国虽小，志向远大，地方偏僻，行为端正，又能重用五张羊皮赎回的百里奚，从此来看，称王也是可以的。"景公听后很高兴。

【原文】子曰："片言可以折狱①者，其由也与？"子路无宿诺②。

【注释】①片言折狱：意谓根据一方的话以判断讼案。片言：单方面的话，诉讼双方中一方的言辞，古时也叫"单辞"。折狱：判案、断案。折：断的意思。旧注，子路心高言信，说话决无虚假，故听讼者单听子路的一面之词即可断案。②无宿诺：答应的事，没有过一夜才去办的。宿，过夜，形容办事迅速、认真。

【译文】孔子说："能以片言只语断案的人，大概是仲由吧？"子路没有隔宿的许诺，答应的事从来没有过了一夜才去办的。

【原文】子曰："君子成①人之美②，不成人之恶③；小人反是④。"

【注释】①成：成全。②美：善，好事。③恶：坏事。④反是：与这一个相反。

【译文】孔子说："君子成就他人的好事，不促成他人的坏事；小人则与此相反。"

【原文】季康子问政于孔子，孔子对曰："政者，正①也。子帅②以正，孰敢不正？"

【注释】①正：正道、端正。②帅：带头、做表率。同"率"，带头。子帅以正，旧注："正一身以正朝廷，正朝廷以正百官，正百官以正万民。"《礼记·哀公问》篇："君为正，则百姓从政矣；君之所为，百姓之所从也。"

【译文】季康子向孔子询问政务，孔子答道："所谓政务，就是端正。你用端正来做表率，谁敢不端正呢？"

【原文】曾子曰："君子以文会友①，以友辅仁②。"

【注释】①以文会友：用文章来聚会朋友。②辅仁：辅助培养仁德。

【译文】曾子说："君子以学问来结交朋友，以朋友来辅助仁德。"

子路篇第十三

【原文】 子路问政，子曰："先之①，劳之②。"请益③，曰："无倦④。"

【注释】 ①先之：走在前面，起表率作用。②劳之：要民信服，须为民事而勤劳。③益：犹言更进一步。④无倦：无，通"毋"。倦怠、懈怠。无倦：不要懈怠。

【译文】 子路询问政务，孔子说："以身作则，吃苦耐劳。"子路要求讲得多一些，孔子说："不要怠惰。"

【原文】 子路曰："卫君①待子而为政，子将奚先②？"子曰："必也正名③乎！"子路曰："有是哉，子之迂④也！奚其正？"子曰："野哉由也⑤！君子于其所不知，盖阙如⑥也。名不正，则言不顺；言不顺，则事不成；事不成，则礼乐不兴⑦；礼乐不兴，则刑罚不中⑧；刑罚不中，则民无所措⑨手足。故君子名之必可言也，言之必可行⑩也。君子于其言，无所苟⑪而已矣。"

【注释】 ①卫君：卫出公辄，卫灵公孙，其父蒯聩被卫灵公驱逐出境。卫灵公死后，蒯辄继位。蒯聩要回国争夺君位，遭到蒯辄拒绝，于是出现了父子争位的现象。②奚先：以何为先。奚，何、什么，疑问词。③正名：古来注家异说纷纭，有谓"正百事之名"，有谓"正书字"；此处则指必先正父子之名。④迂：迂腐。拘泥固执，不切实际。⑤野哉由也：指责子路言词粗野。野：粗野、鲁莽。⑥阙如：阙通"缺"，指存疑。⑦礼乐不兴：礼乐制度不能兴起。⑧不中：不适当。⑨措：放、置。⑩行：实行。⑪苟：苟且、草率、马虎。

【译文】 子路说："卫君等待老师去治理国政，老师打算先从哪儿着手呢？"孔子说："必须辨正名称！"子路说："有这个必要吗？老师太迂腐了！辨正它们干什么呢？"孔子说："你真鲁莽啊！君子对于自己所不知道的，就不发表意见。名称不辨正，说话就不顺当；说话不顺当，事情就做不成；事情做不成，礼乐就得不到实施；礼乐得不到实施，刑罚就不会得当；刑罚不得当，民众就无所适从。因此，君子定名的东西必定有理由可说，说了就必定能施行。君子对于自己的说话，是一点都不马虎的。"

【原文】 子曰："诵《诗》①三百，授②之以政，不达③；使④于四方，不能专对⑤。虽多，亦奚以⑥为？"

【注释】 ①《诗》：《诗经》。我国古代人说话，往往引《诗经》为根据。②授：交给。③不达：办不好。④使：出使。⑤不能专对：不能随机应变、独立应对。古代使节出使，"受命不受辞"，遇到问题要随机应变，独立地进行外事活动。⑥以：用。

【译文】 孔子说："读熟了三百篇《诗》，把政务交给他却不通晓；派他出使别国却不能独立应对。即使读得多，又有什么用呢？"

【原文】子曰："其身正①，不令②而行；其身不正，虽令不从。"

【注释】①正：端正、正派。②令：命令。

【译文】孔子说："自身端正，不发号令就能施行；自身不端正，即使号令也不服从。"

【原文】子曰："苟①有用我者，期月而已可②也，三年有成③。"

【注释】①苟：如果；假如。②期月：一周年。期，有的本子亦作"朞"。一说，古以一年为期，"月"字应是衍文。可：仅可而有不足之意。③有成：很有成绩，成功。

【译文】孔子说："如果有人起用我，不过一年就可初见成效，三年便能有所成就。"

观台释戮

孔子到陈国，听说陈惠侯扩大城池，同时起造陵阳的城台，工程未完，因工事犯法被杀的已有数十人了，并且又抓了两位监官，将要处死。就去拜见陈侯，与陈侯一起登上城台参观工事。孔子看了说："好美丽壮观！自古以来，帝王起造城台，没有不杀人而能够如此完美成功的。"陈侯听了，不说一句话，就释放了所抓的两位监官。

【原文】子曰："'善人为邦①百年，亦可以胜残去杀②矣。'诚哉③是言也！"

【注释】①为邦：治理国家。②胜残去杀：胜残：克制残暴；去杀：废除杀戮。③诚哉：确实。

【译文】孔子说："'善人治理国家一百年，就能克服恶行、去除刑戮了。'这话真对啊！"

【原文】子曰："如有王者①，必世②而后仁。"

【注释】①王者：指能行仁道以治天下者，如尧、舜等。②世：三十年，古代以三十年为一世。必世而后仁，意谓王者亦必须经过三十年才能实现仁政。

【译文】孔子说："如果有行仁道而治理天下的人，也必需三十年才能达成仁德。"

【原文】子曰："苟正①其身矣，于从政乎何有②？不能正其身，如正人③何？"

【注释】①正：端正。②于从政乎何有：意谓如果自身正，治理政事还有何难呢？何有：有什么困难。"何有"为"有何"的倒装句。③正人：端正别人。

【译文】孔子说："如果端正了自身，治理国政还有什么困难呢？如果不能端正自身，又怎么能纠正他人呢？"

【原文】 叶公问政，子曰："近者说^①，远者^②来。"

【注释】 ①说：通"悦"，高兴。②远者：指国外的人。

【译文】 叶公询问政务，孔子说："让近处的人快乐，让远处的人归附。"

【原文】 子夏为莒父^①宰，问政，子曰："无欲速^②，无见小利。欲速则不达^③，见小利则大事不成。"

【注释】 ①莒父：鲁国的城邑名，在今山东高密东南。②欲速：要想速度快。③不达：不能达到预定的目的。

【译文】 子夏担任莒父的长官，询问政务，孔子说："不要求快，不要只看到小利。求快反而不能达到目的，只看到小利就不能成就大事。"

【原文】 叶公语^①孔子曰："吾党^②有直躬^③者，其父攘^④羊，而子证^⑤之。"孔子曰："吾党之直者异于是^⑥。父为子隐^⑦，子为父隐，直在其中矣。"

【注释】 ①语：告诉。②吾党：我们家乡。乡党，古代地方组织，五百户为党。③直躬：胸怀直率。躬，身子。④攘：偷、盗。⑤证：告发、检举揭发。⑥异于是：与这个不同。⑦隐：隐瞒。

【译文】 叶公告诉孔子说："我们乡里有个直率的人，他的父亲偷了羊，他作为儿子而去告发。"孔子说："我们乡里直率的人不是这样做的。父亲为儿子隐瞒，儿子为父亲隐瞒，直率就体现在其中了。"

【原文】 子曰："君子和^①而不同，小人同^②而不和。"

【注释】 ①和：和谐。②同：苟同。

【译文】 孔子说："君子和谐而不结党，小人结党而不和谐。"

【原文】 子曰："君子泰^①而不骄^②，小人骄而不泰。"

【注释】 ①泰：安详舒泰。②骄：骄气凌人。

【译文】 孔子说："君子安详而不骄横，小人骄横而不安详。"

【原文】 子曰："刚^①、毅^②、木^③、讷^④近仁^⑤。"

【注释】 ①刚：刚强。②毅：坚毅。③木：朴质。④讷：言语谨慎。⑤近仁：接近于仁德。

【译文】 孔子说："刚强、果敢、朴实、谨慎，接近于仁。"

宪问篇第十四

【原文】宪问耻，子曰："邦有道①，谷②；邦无道③，谷，耻也。""克④、伐⑤、怨⑥、欲⑦不行焉，可以为仁矣?"子曰："可以为难矣⑧，仁则吾不知也。"

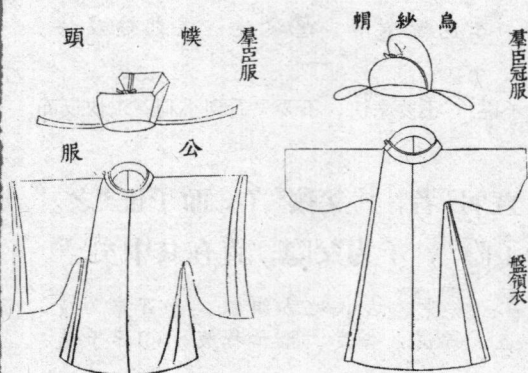

头 幞 摹臣服

帽 纱 乌

摹臣冠服

服 公

盘领衣

幞头、纱帽和服装

【注释】①有道：指政治清明。②谷：小米，即俸禄，这里指代做官。③无道：指政治黑暗。④克：好胜。⑤伐：自夸。⑥怨：怨恨。⑦欲：贪心。⑧可以为难：可以算是难能可贵了。

【译文】原宪询问耻，孔子说："国家清平时领取俸禄，当国家无道时仍然领取俸禄，就是耻。"原宪说："好胜、自夸、怨恨、贪欲的行为不去做，能算是仁了吗?"孔子说："算是难得了，是否算是仁我就不知道了。"

【原文】子曰："邦有道，危言危行①；邦无道，危行言孙②。"

【注释】①危言危行：讲话正直，行为正直。危，正。②言孙：说话委婉谨慎。孙，通"逊"，谨慎。

【译文】孔子说："国家清平，说话正直，行为正直；国家无道，行为正直，说话谦逊。"

【原文】子曰："有德者必有言①，有言者不必有德。仁者必有勇，勇者不必有仁。"

【注释】①言：言论、著作。孔子认为，德、言、仁、勇四者，德、仁是根本，戒世人少尚言、勇，而重德、仁。

【译文】孔子说："有德行的人必定会讲理，会讲理的人不一定有德行。仁者必定勇敢，勇敢的人不一定有仁德。"

【原文】子曰："贫而无怨①难，富而无骄②易。"

【注释】①怨：怨言。②骄：骄傲、骄纵。

【译文】孔子说："贫困而不抱怨很困难，富有而不傲慢则容易。"

【原文】子贡曰："管仲非仁者与?桓公杀公子纠，不能死，又相①之。"

子曰："管仲相^{xiàng}桓公霸诸侯，一匡天下②，民到于今受其赐③。微④管仲，吾其被发左衽^{rèn}⑤矣。岂若匹夫匹妇⑥之为谅⑦也，自经⑧于沟渎^{dú}⑨而莫之知也？"

【注释】①相：辅佐、帮助。②一匡天下：天下的一切都得到匡正。③赐：恩赐。④微：假若没有。⑤被发左衽：披散头发，衣襟向左开，这是少数民族的服饰打扮。借指中原沦为少数民族的附庸。⑥匹夫匹妇：一男一女，指普通老百姓。⑦谅：诚实。⑧自经：自己上吊而死。⑨沟渎：沟渠。

【译文】子贡说："管仲不是仁者吧？齐桓公杀了公子纠，他不去殉死，还辅佐桓公。"孔子说："管仲辅佐桓公称霸诸侯，把天下纳入了正规，民众到如今还受到他的好处。没有管仲，我辈大概要沦为野蛮人了。他难道会像普通人那样恪守小节，在山沟里自杀而不为人知吗？"

【原文】陈成子①弑^{shì}简公②，孔子沐浴而朝，告于哀公曰："陈恒弑^{shì}其君，请讨之。"公曰："告夫三子③。"孔子曰："以吾从大夫之后，不敢不告也，君曰'告夫三子'者！"之④三子告，不可。孔子曰："以吾从大夫之后，不敢不告也。"

【注释】①陈成子：齐国大夫陈恒，"成"是他的谥号。②简公：齐国国君，姓姜名壬。③三子：指鲁国当时的执政孟孙氏、叔孙氏、季孙氏。④之：到。

【译文】陈成子谋害了齐简公，孔子特地沐浴上朝，报告鲁哀公说："陈恒谋害了他的国君，请讨伐他。"哀公说："你去报告三位大夫吧。"孔子退出来说："因为我曾经担任过大夫，所以不敢不来报告，国君却说'报告三位大夫'！"于是向三位大夫报告，他们不同意讨伐。孔子说："因为我曾经担任过大夫，所以不敢不来报告。"

【原文】子曰："君子上①达②，小人下③达。"

【注释】①上：指崇尚仁义。②达：通达。③下：指追求财利。

【译文】孔子说："君子通达于崇高的仁义，小人通达于追求财利。"

【原文】蘧伯玉①使人于孔子，孔子与之坐而问焉，曰："夫子②何为？"对曰："夫子欲寡其过而未能也。"使者出，子曰："使乎③！使乎！"

【注释】①蘧伯玉：卫国大夫，名瑗。孔子在卫国时曾住过他家。②夫子：指蘧伯玉。③使乎：好一位使者。旧注："再言'使乎'者，善之也。"即称赞他的才能不止是当使者。

【译文】蘧伯玉派人去拜访孔子，孔子与来人同坐而询问他说："夫子在做什么啊？"那人答道："夫子想减少自己的过错但还没能做到。"那人退出后，孔子说："好使者！好使者！"

【原文】子曰："不在其位①，不谋②其政。"曾子曰："君子思不出其位。"

【注释】①位：工作岗位。②谋：考虑、参与。

【译文】孔子说："不在这个职位上，就不考虑它的政务。"曾子说："君子的思虑不越出自己的职位。"

【原文】子曰："君子耻其言而①过②其行。"

【注释】①而：用法同"之"。②过：超过。

【译文】孔子说："君子感到羞耻的是言谈不符合自己的行为。"

【原文】子曰："不患①人之不己知②，患其不能也。"

【注释】①患：担忧。②不己知："不知己"的倒装句，不了解自己。

【译文】孔子说："不要担心别人不了解自己，要担心自己没有本领。"

【原文】或曰："以德报怨①，何如？"子曰："何以报德？以直②报怨，以德报德。"

【注释】①怨：怨仇。以德报怨，《老子》亦有此语："报怨以德"。可能当时较流行，故有人向孔子提问。②直：正直。

【译文】有人说："以恩德来回报怨恨，怎么样啊？"孔子说："那用什么来回报恩德呢？要以正直来回报怨恨，以恩德来回报恩德。"

【原文】子曰："上①好礼，则民易使②也。"

【注释】①上：在上位的统治者。②使：使唤、役使。

【译文】孔子说："在上者喜好礼仪，民众就容易役使了。"

蘧使谈心

此图描绘了蘧伯玉派去的使者拜访孔子的情景。

卫灵公篇第十五

【原文】 卫灵公问陈①于孔子，孔子对曰："俎(zǔ)豆之事②，则尝闻之矣；军旅之事，未之学也。"明日遂行③。

【注释】 ①陈：同"阵"，军队作战布列的阵势。②俎豆之事：祭祀礼仪之事。俎、豆都是古代盛食物的礼器，用于祭祀。青铜制，也有木制漆饰的。③明日遂行：谓第二天便离开了卫国。

【译文】 卫灵公向孔子询问军阵，孔子答道："礼仪方面的事，我曾经听说过；军旅方面的事，我没有学过。"次日就离开了卫国。

灵公问阵
此图表现卫灵公与孔子交谈问阵的情景。

【原文】 在陈绝粮①，从者病莫能兴②。子路愠(yùn)③见曰："君子亦有穷乎？"子曰："君子固穷④，小人穷斯滥⑤矣。"

【注释】 ①在陈绝粮：见《先进篇》。②兴：起来，这里指行走。莫能兴：谓卧床不起。③愠：恼怒，怨恨。④固穷：安守穷困。固，固守、安守。君子固穷：谓君子虽处穷困之境，仍能操行坚贞，固守道德理想。⑤滥：泛滥、乱。如水之放溢，四处横流，漫无轨道。

【译文】 孔子在陈国断绝了粮食，随行的人饿得起不了身。子路很不高兴地来见孔子，说："君子也有穷困的时候吗？"孔子说："君子能安守穷困，小人穷困就胡作非为了。"

【原文】 子张问行①，子曰："言忠信，行笃(dǔ)敬，虽蛮貊(mò)②之邦行矣；言不忠信，行不笃敬，虽州里③行乎哉？立则见其参④于前也，在舆⑤则见其倚于衡⑥也，夫然后行。"子张书诸绅(shēn)⑦。

【注释】 ①问行：问人生的行为。行：行为。又一说：通达。②蛮貊：古代对居住在南方和北方少数民族的贬称。蛮：指南方少数民族；貊：指北方少数民族。③州里：此指本乡本土。古时五家为邻，五邻为里，五百家为党，五党为州。④参：列、显现。犹言仿佛看见忠信笃敬几个字矗立在面前。⑤舆：车。⑥衡：车辕前的横木。⑦绅：士大夫束在腰间一头垂下的大带子。

【译文】 子张询问人生的行为，孔子说："说话忠诚守信，行为笃实恭敬，即使边远少数民族的地方也能实行；说话不忠诚守信，行为不笃实恭敬，即使自己乡里能行得通吗？站立时就如同这些准则耸立在面前，乘车时就如同这些准则镌刻在车横木上，这样才能实行。"子张把它们写在绅带上。

【原文】 子曰："志士仁人，无求生以害仁，有杀身①以成仁②。"

【注释】 ①杀身：献出生命。②成仁：完成仁、实现仁。

【译文】 孔子说："志士仁人没有为了求生而损害仁的，只有牺牲自身来成全仁的。"

【原文】 子贡问为仁①，子曰："工欲善其事，必先利其器②。居是邦也，事其大夫之贤者，友其士之仁者。"

【注释】 ①为仁：犹行仁。②工欲善其事，必先利其器：借喻为仁须先有为仁的"利器"，即大夫之贤者和士之仁者。

【译文】 子贡询问怎样做到仁，孔子说："工匠想要做好他的事情，必须首先使工具精良。居住在这个国家，要侍奉他们大夫中的贤者，结交他们士人中的仁者。"

【原文】 子曰："人无远虑，必有近忧。"

【译文】 孔子说："人没有事先的谋虑，必定会有即时的忧患。"

【原文】 子曰："已矣乎！吾未见好德如好色者也。"

【译文】 孔子说："没希望了！我从未见到过喜好德行如同喜好美色的人。"

【原文】 子曰："群居终日，言不及义，好行小慧①，难矣哉！"

【注释】 ①小慧：小聪明。好行小慧，即专好卖弄小聪明。旧注："小慧，即小小之才知。难矣哉，言无所成。"

【译文】 孔子说："整天聚在一起，言谈不涉及正理，喜欢耍小聪明，这就难以造就了。"

【原文】 子曰："君子病①无能焉，不病人之不己知也。"

【注释】 ①病：忧虑、担心。

【译文】 孔子说："君子担心没有能力，不担心别人不了解自己。"

【原文】 子曰："君子求诸己，小人求①诸人。"

【注释】 ①求：前一句的"求"，是严格要求的意思；后一句的"求"，则是苛求的意思。

【译文】 孔子说："君子严格要求自己，小人苛求他人。"

【原文】 子曰："君子不以言举①人，不以人废言。"

【注释】①举：提拔。

【译文】孔子说："君子不因为言谈而举用人，不因为人而排斥其言谈。"

【原文】子贡问曰："有一言①而可以终身行之者乎？"子曰："其恕②乎！己所不欲，勿施于人。"

归田谢过

夹谷相会后，齐景公认为在外交上失礼，采纳臣子的建议，将过去侵占鲁国的郓、龟阴之田归还给鲁国，以表示悔过。

【注释】①一言：指一个字。②恕：忠恕。

【译文】子贡问道："是否有一个字足以终身奉行的呢？"孔子说："大概是'恕'吧！自己所不想要的，不要施加于他人。"

【原文】子曰："巧言乱德①，小不忍，则乱大谋②。"

【注释】①巧言乱德：谓花言巧语足以败坏道德，混淆是非。②小不忍，则乱大谋：犹言小事情不能容忍，便会扰乱了大计谋。

【译文】孔子说："花言巧语扰乱德行，小处不能忍耐就会败坏大事。"

【原文】子曰："人能弘①道，非道弘人。"

【注释】①弘：扩充、光大。

【译文】孔子说："人能弘扬大道，不是大道来弘扬人。"

【原文】子曰："过而①不改，是谓过矣。"

【注释】①而：义同"如"。

【译文】孔子说："错了不去改正，才叫做过错。"

【原文】子曰："君子谋道不谋食。耕也，馁①在其中矣，学也，禄②在其中矣。君子忧道不忧贫。"

【注释】①馁：饥饿。②禄：俸禄。

【译文】孔子说："君子谋求大道而不谋求食物。耕作可能得到饥饿，学习可能得到俸禄。君子忧患大道而不忧患贫困。"

【原文】子曰："当仁①不让于师②。"

【注释】①当仁：面临着实行仁德。②师：师长。现在有的本子训作"众"，即众人之意。当仁不让于师，泛指见义勇为。

【译文】孔子说："遇到行仁的事不能向老师谦让。"

【原文】子曰："有教无类①。"

【注释】①无类：不再分类区别。类：类别。有教无类，意谓对任何人均不加区别地给予教育。旧注："人有贵贱，同宜资教，不可以其种类庶鄙而不教之也。教之则善，本无类也。"

【译文】孔子说："进行教育没有对象的区别。"

【原文】子曰："道不同，不相为谋。"

【译文】孔子说："见解不同，不相互商议事情。"

【原文】子曰："辞达①而已矣。"

【注释】①辞达：言辞用以表达意思。达，表达意思。

【译文】孔子说："言语能表达意思就行了。"

季氏篇第十六

【原文】季氏将伐颛臾^①，冉有、季路见于孔子，曰："季氏将有事^②于颛臾。"孔子曰："求，无乃^③尔是过与？夫颛臾，昔者先王以为东蒙主^④，且在邦域之中^⑤矣，是社稷之臣^⑥也。何以伐为^⑦？"冉有曰："夫子^⑧欲之，吾二臣者皆不欲也。"孔子曰："求，周任^⑨有言曰：'陈力^⑩就列^⑪，不能者止^⑫。'危而不持，颠^⑬而不扶，则将焉用彼相^⑭矣？且尔言过矣。虎兕^⑮出于柙^⑯，龟玉毁于椟中，是谁之过^⑰与？"冉有曰："今夫颛臾，固^⑱而近于费^⑲，今不取，后世必为子孙忧^⑳。"孔子曰："求，君子疾^㉑夫舍曰^㉒欲之而必为之辞^㉓。丘也闻，有国有家者，不患寡而患不均，不患贫而患不安^㉔。盖均无贫，和无寡，安无倾^㉕。夫如是，故远人^㉖不服，则修文德以来^㉗之，既来之，则安之。今由与求也，相夫子，远人不服而不能来也，邦^㉘分崩离析而不能守也，而谋动干戈^㉙于邦内。吾恐季孙之忧^㉚，不在颛臾，而在萧墙之内^㉛也。"

【注释】①颛臾：鲁国的附庸国，在今山东费县东北。②有事：婉指使用武力。③无乃：莫不是，用于反诘。④东蒙主：主持祭祀东蒙山的人。⑤邦域之中：在鲁国国境之内。⑥社稷之臣：与国家共存亡的大臣。社稷：犹云公家。其时鲁国分为四，季氏取其二，孟孙、叔孙各取其一，独附庸之国尚为公臣，为社稷之臣，季氏不当伐。⑦何以伐为：为什么要攻打它。⑧夫子：指季孙氏。⑨周任：古代一位名声很好的史官。⑩陈力：尽自己的力量。⑪就列：进入朝臣行列，指担任职务。陈力就列：言当拿出力量，按自己所能以就位。⑫止：停止，指辞职。⑬颠：跌倒。⑭彼相：哪个助手。⑮兕：雌的犀牛。⑯柙：关猛兽的木笼。⑰过：过失、错误。⑱固：坚固。⑲费：费邑，季孙氏的采邑，在今山东费县。⑳忧：祸害。㉑疾：厌恨。㉒舍曰：不说。㉓辞：借口。㉔不患寡而患不均，不患贫而患不安：当作"不患贫而患不均，不患寡而患不安"。董仲舒《春秋繁露·度制》篇解释道："使富者足以示贵而不至于骄，贫者足以养生而不至于忧，以此为度而调均之，是以财不匮而上下相安，故易治也。"不安：不安定。㉕倾：倾覆。㉖远人：远方的人。㉗来：招致。㉘邦：国家。㉙干戈：武力。㉚季孙之忧：季氏是鲁公室的大夫，颛臾是天子的封国。季氏伐之，违犯了周的分封制和征伐制，破坏了等级之礼。是以孔子认为，季氏之忧，不在颛臾，而在萧墙之内。㉛萧墙之内：萧墙，鲁国国君在宫门内所设立的屏风，这里借指鲁君。季孙氏把持朝政，与鲁君矛盾很大。鲁君乘季氏攻打颛臾之机，可能会起兵收回政权。后世把"萧墙之内"作为内部发生祸乱的代称。

【译文】季氏将要讨伐颛臾，冉有、子路去见孔子，说："季氏将要对颛臾有所行动。"孔子说："求啊，这不是你的过错吗?颛臾，过去先王任命他主持东蒙山的祭祀，而且在鲁国的疆域之内，是国家的臣属。为什么要讨伐他呢?"冉有说："是季氏要这么做，我们两个都不愿意。"孔子说："求啊，周任曾经说过：'贡献力量担任职位，没有能力就止步。'危难时不支撑，颠扑时不扶持，何必要用辅佐呢?而且，你的说法是错的。老虎、犀牛从笼子里跑出来了，龟壳、美玉在匣子里毁坏了，这是谁的过错呢?"冉有说："颛臾城邑坚固而接近季氏的封邑费，现在不去夺取，到了后世必定会成为子孙的忧患。"孔子说："求啊，君子憎恶隐瞒欲望而非要进行辩解。我曾听说，拥有封国家族的人，不担忧贫困而担忧不平均，不担忧寡少而担忧不安定。因为平均了就没有贫困，和谐了就不会寡少，安定了就不能倾覆。如果这样，边远的人不归服就修养文德招来他们，既招来了就安定他们。现在你们两个辅佐季氏，边远的人不归服却不能招来他们，国家分崩离析却不能守护，反而图谋在国家之内兴师动众。我恐怕季氏的担忧不来自于颛臾，而会来自于自己的内部啊。"

【原文】孔子曰："天下有道，则礼乐征伐①自天子出；天下无道，则礼乐征伐自诸侯出。自诸侯出，盖十世②希③不失矣；自大夫出，五世希不失矣；陪臣④执国命⑤，三世希不失矣。天下有道，则政不在大夫；天下有道，则庶人⑥不议。"

【注释】①礼乐征伐：制礼作乐和出兵讨伐。②十世：十代，古代三十年为一世。③希：少。十世希不失，谓传到十代很少不丧失权位的。④陪臣：大夫的家臣。⑤执国命：把持国家政权。⑥庶人：老百姓。

【译文】孔子说："天下清平，制礼作乐、出兵征伐出自天子；天下无道，制礼作乐、出兵征伐出自诸侯。出自诸侯，大概传到十代很少有不丧失的；出自大夫，传到五代很少有不丧失的；家臣执掌了国家命运，传到三代很少有不丧失的。天下清平，国政就不落在大夫手中；天下清平，老百姓就不会议论。"

【原文】孔子曰："益者三友，损者三友。友直、友谅①、友多闻，益矣；友便辟②、友善柔③、友便佞④，损矣。"

【注释】①谅：信实。②便辟：阿谀奉承。③善柔：当面恭维，背后诽谤。④便佞：花言巧语。便：辩也。

【译文】孔子说："三种朋友有益，三种朋友有害。朋友正直、朋友诚实、朋友见识广博，是有益的；朋友奉承、朋友谗媚、朋友圆滑善辩，是有害的。"

【原文】孔子曰："益者三乐，损者三乐。乐节①礼乐、乐道人之善②、乐多贤友③，益矣；乐骄乐④、乐佚游⑤、乐宴乐⑥，损矣。"

【注释】①节：调节、节制。乐节礼乐：谓以礼乐调节自己为乐。②善：优点、好处。道人之善：谓称道别人的好处；③贤友：好朋友。④骄乐：骄纵不知节制，恣放自骄为乐。⑤佚游：游荡。佚：同"逸"。⑥宴乐：以吃喝为乐。宴，宴会。

【译文】孔子说："三种乐趣有益，三种乐趣有害。乐于以礼乐来节制行为、乐于称道别人的优点、乐于多结交贤明的朋友，是有益的；乐于骄奢淫乐、乐于游荡无度、乐于吃吃喝喝，是有害的。"

【原文】孔子曰："君子有三戒①：少之时，血气未定，戒之在色②；及其壮也，血气方刚，戒之在斗③；及其老也，血气既衰，戒之在得④。"

【注释】①三戒：三种禁戒。②色：女色。③斗：争强好斗。④得：贪，指贪求名利。

【译文】孔子说："君子有三项禁戒：年轻时，血气尚未稳定，要禁戒女色；到了壮年，血气方刚，要禁戒好斗；到了老年，血气衰微，要禁戒贪得。"

【原文】孔子曰："君子有三畏：畏天命，畏大人①，畏圣人之言。小人不知天命而不畏也，狎②大人，侮③圣人之言。"

【注释】①大人：有道德的人。②狎：轻视。③侮：侮慢。

【译文】孔子说："君子有三项敬畏：敬畏天命，敬畏有道德的人，敬畏圣人的话。小人因为不知道天命而不敬畏，轻慢有道德的人，亵渎圣人的话。"

【原文】孔子曰："生而知之者上也，学而知之者次也，困而学之①又其次也。困而不学，民②斯为下矣。"

【注释】①困而学之：旧注："困而知之，谓长而见礼义之事，已临之而有不足，乃始学而知之。"②民：指一般平民。

【译文】孔子说："天生就懂得的人最优秀，通过学习而懂得的人次一等，遇到困难才去学习的人又次一等。遇到困难还不学习，就是下等的愚民。"

【原文】孔子曰："君子有九思①：视思明②，听思聪③，色思温④，貌思恭⑤，言思忠⑥，事思敬⑦，疑思问⑧，忿⑨思难⑩，见得⑪思义⑫。"

【注释】①九思：九种思考。②明：明白。③聪：清楚。④温：温和。⑤恭：恭敬。⑥忠：忠诚。⑦敬：认真。⑧问：询问。

遣散宫人

宋太祖时，春季大雨，河堤决口，宋太祖对宰相说，恐怕是幽闭在宫众的宫女太多。因此下令凡是愿意回家的，都让他们回家，并命令用厚礼遣送他们。

⑨忿：愤恨、发怒。⑩难：急难、后患。⑪得：名、利。⑫义：道义。

【译文】孔子说："君子有九件要想到的事：看要想到明白，听要想到清楚，神态要想到温和，容貌要想到恭敬，言谈要想到诚实，处事要想到尽心，疑难要想到询问，愤怒要想到后患，见到名利要想到大义。"

【原文】孔子曰："见善如不及①，见不善如探汤②；吾见其人矣，吾闻其语矣。隐居以求其志③，行义④以达其道⑤；吾闻其语矣，未见其人也。"

【注释】①不及：赶不上。②探汤：手伸进沸水里。③志：志向、愿望。④行义：实行仁义。⑤道：主张。

【译文】孔子说："见到善生怕赶不上，见到不善如同手伸进了开水，我见到过这样的人，我听到过这样的话。避世隐居来成就自己的志向，施行道义来贯彻自己的主张，我听到过这样的话，没见到过这样的人。"

阳货篇第十七

【原文】 阳货①欲见孔子，孔子不见，归②孔子豚③。孔子时④其亡⑤也，而往拜⑥之，遇诸涂⑦。谓孔子曰："来，予与尔言。"曰："怀其宝⑧而迷⑨其邦，可谓仁乎?曰：不可。好从事⑩而亟失时⑪，可谓智⑫乎?曰：不可。日月⑬逝矣，岁不我与⑭!"孔子曰："诺⑮，吾将仕⑯矣。"

【注释】 ①阳货：又作阳虎，季氏的家臣，当时把持季氏政权。②归：通"馈"，赠送。③豚：蒸熟的小猪。④时：通"伺"，等候。⑤亡：不在家。⑥拜：回拜、拜谢。⑦涂：通"途"，路上。⑧宝：借指本领、才能。⑨迷：迷惑、混乱。⑩从事：做工作。⑪失时：失去机会。⑫智：聪明。⑬日月：指时光。⑭岁不我与：岁月不待人。"岁不与我"的倒装句。⑮诺：应答声。⑯仕：做官。

【译文】 阳货想会见孔子，孔子不去见，于是他就给孔子送蒸熟的小猪。孔子趁他不在的时候去拜谢他，却在路上遇到了他。阳货招呼孔子说："过来，我有话同你说。"阳货说："怀藏自己的本领却听任国家迷乱，能称为仁吗?不能。喜好从事政务却屡次失去机会，能称为智吗?也不能。岁月流逝，时光不等人啊!"孔子说："是啊，我将要出来任职了。"

拜胙遇途

此图表现了孔子在途中遇见阳货的情景。

【原文】 子曰："性①相近也，习②相远③也。"

【注释】 ①性：本性。②习：学习、教育。③远：拉大差距。

【译文】 孔子说："人的天性相互接近，经过后天传习、教育就相差甚远了。"

【原文】 子曰："唯上知①与下愚②不移③。"

【注释】 ①上知：上等的智慧。知，通"智"。②下愚：下等的愚笨。③不移：不能改变。

【译文】 孔子说："只有上等的智者和下等的愚人不可改变。"

【原文】 子张问仁于孔子，孔子曰："能行五者于天下为仁矣。"请问之，曰："恭①、宽②、信③、敏④、惠⑤。恭则不侮⑥，宽则得众，信则人任⑦焉，敏则有功，惠则足以使人。"

【注释】①恭：谦恭。②宽：宽容。③信：诚实。④敏：勤敏。⑤惠：慈惠。⑥侮：欺侮、侮辱。⑦人任：受到人们的信任。

【译文】子张向孔子询问仁，孔子说："能在天下施行五项德行就是仁了。"子张请教是哪五项，孔子说："恭敬、宽厚、诚实、敏捷、慈惠。恭敬就不受欺侮，宽厚就能得到众人的拥护，诚实就会受到信任，敏捷就有成绩，慈惠就足以役使他人。"

【原文】子曰："由也，女闻六言①六蔽②矣乎？"对曰："未也。""居③！吾语女。好仁不好学，其蔽也愚；好知不好学，其蔽也荡④；好信不好学，其蔽也贼⑤；好直不好学，其蔽也绞⑥；好勇不好学，其蔽也乱⑦；好刚不好学，其蔽也狂⑧。"

【注释】①六言：六种品德。言，含德之意。②六蔽：六种弊病。③居：坐下。古人同长者对话要站立着。④荡：放荡。好高骛远而无基础。⑤贼：损害。言容易被人利用，反而害了自己。⑥绞：说话尖刻。言急切而不通情理。⑦乱：捣乱、闯祸。⑧狂：胆大妄为、狂妄。

【译文】孔子说："由啊，你听说过六种德行及六种弊病吗？"子路答道："没有。"孔子说："坐下！我告诉你。喜好仁不喜好学习，其弊病是愚昧；喜好智不喜好学习，其弊病是浮荡；喜好信不喜好学习，其弊病是受损害；喜好直不喜好学习，其弊病是偏激；喜好勇不喜好学习，其弊病是作乱；喜好刚不喜好学习，其弊病是狂妄。"

【原文】子曰："小子何莫①学夫《诗》？《诗》可以兴②，可以观③，可以群④，可以怨⑤。迩⑥之事父，远之事君，多识于鸟兽草木之名。"

【注释】①小子：指门人弟子。何莫：为什么不。②兴：联想、触景生情。引譬连类，以激发人之志趣，感动人之感情。③观：观察。④群：合群。⑤怨：讽谏。⑥迩：近。

【译文】孔子说："后生们何不去学《诗》呢？《诗》能够即景生情，能够观察风俗，能够和睦相处，能够学习讽谏。近可用来侍奉父母，远可用来侍奉国君，还可以多认识鸟兽草木的名称。"

【原文】子谓伯鱼曰："女为①《周南》、《召南》②矣乎？人而不为《周南》、《召南》，其犹正墙面而立③也与！"

【注释】①为：学习、研究。②《周南》、《召南》：《诗经》篇目名，现存《诗经·国风》中，有乐有舞。古人认为它是"正道之始，王化之基"，寓意深刻。③正墙面而立：旧注："言一物无所见，一步不可行。"

【译文】孔子告诉伯鱼说："你学过《周南》、《召南》了吗？人假如不学《周南》、《召南》，就好比面对着墙壁站在那里，一步也前进不得啊！"

【原文】 子曰："色厉而内荏①，譬诸小人，其犹穿窬②之盗也与？"

【注释】 ①色厉而内荏：脸色严厉，内心怯弱。厉：威严。荏：软弱。②穿窬：穿，穿壁；窬，墙洞。指盗窃行为。穿窬之盗：即挖墙壁的窃贼。

【译文】 孔子说："神色严厉而内心虚弱，用小人来做比喻，大概就像钻墙洞的盗贼吧！"

【原文】 子曰："乡愿①，德之贼②也。"

【注释】 ①乡愿：亦作乡原。不分是非、人云亦云的好好先生。《孟子·尽心下》："阉然媚于世也者，是乡原也。"②德之贼：损害德行的人。

【译文】 孔子说："乡里的好好先生，是损害德行的人。"

【原文】 子曰："道听而途说①，德之弃②也。"

【注释】 ①途说：四处传播。②德之弃：背弃道德。

【译文】 孔子说："道听途说，是背弃道德。"

【原文】 子曰："古者民有三疾①，今也或是之亡②也。古之狂也肆③，今之狂也荡④；古之矜也廉⑤，今之矜也忿戾⑥；古之愚也直⑦，今之愚也诈⑧而已矣。"

【注释】 ①三疾：指狂、矜、愚，谓古时的三种美德，今天变成了三种缺点。②亡：无。③肆：放肆，不拘小节。④荡：放荡不羁。⑤廉：品行方正而有威仪。本谓棱角，借喻品行端方。⑥忿戾：愤怒乖戾。⑦直：直率。⑧诈：欺诈。

【译文】 孔子说："古时候民众有三项缺点，现在恐怕连这些缺点都没有了。古时候的狂不拘小节，现在的狂放荡无礼；古时候的矜持方正峭厉，现在的矜持蛮横胡闹；古时候的愚昧是正直，现在的愚昧只是欺诈而已。"

【原文】 子曰："巧言①令色②，鲜矣仁。"

【注释】 ①巧言：花言巧语。②令色：面目伪善。

【译文】 孔子说："花言巧语、仪容伪善的人，仁德就不多了。"

【原文】 孺悲①欲见孔子，孔子辞以疾。将命者②出户，取瑟而歌，使之③闻之。

【注释】 ①孺悲：鲁国人，曾向孔子学礼。②将命者：传达命令的人。③之：指孺悲。孔子不见孺悲的原因，现已难知。

【译文】 孺悲想见孔子，孔子推说得了病。传话的人出了房门，孔子取来瑟弹唱，故意让孺悲听见。

【原文】子曰："饱食终日，无所用心，难①矣哉！不有博弈②者乎？为之犹贤③乎已。"

【注释】①难：难有成就。难矣哉：言难以成德。②博弈：掷骰子，下围棋。博：六博，古代一种游戏，已失传。弈：围棋。③贤：好、胜过。

【译文】孔子说："整天吃得饱饱的，一点不动脑筋，真难以教诲啊！不是有六博、弈棋吗？去玩玩也比闲着好。"

【原文】子曰："唯女子与小人为难养①也，近之则不孙②，远之则怨③。"

【注释】①难养：难以相处、难以侍候。②不孙：无礼、不恭顺。③怨：怨恨。

【译文】孔子说："女子和小人可算是难以相处了，亲近了就放肆，疏远了就抱怨。"

微子篇第十八

【原文】 微子①去之，箕子②为之奴，比干③谏而死。孔子曰："殷有三仁④焉。"

【注释】 ①微子：殷纣王的异母兄长，名启，纣王无道，他离开朝廷。②箕子：殷纣王的叔父，他极谏纣王，纣王不听，被贬为奴隶。③比干：殷纣王的叔父，极谏纣王，被剖心而死。④三仁：三位有仁德的人。

【译文】 纣王昏庸残暴，微子便辞官而去，箕子成了他的奴隶，比干进谏身亡。孔子说："殷代有三位仁人。"

【原文】 柳下惠为士师①，三黜②。人曰："子未可以去乎？"曰："直道而事人，焉往③而不三黜？枉道④而事人，何必去父母之邦⑤？"

【注释】 ①士师：法官。②三黜：多次被撤职。黜，贬斥，废除。③焉往：到哪里去。④枉道：邪道。⑤父母之邦：生养自己的祖国，指鲁国。

【译文】 柳下惠担任士师，多次被罢免。有人说："你不能离去吗？"柳下惠说："以正直的道义来侍奉他人，到哪里不多次被罢免呢？以歪门邪道来侍奉他人，何必要离开生我养我的国家呢？"

【原文】 楚狂①接舆②歌而过孔子曰："凤兮③凤兮，何德之衰④？往者不可谏，来者犹可追⑤。已而⑥已而，今之从政者殆而！"

孔子下，欲与之言，趋而辟⑦之，不得与之言。

【注释】 ①楚狂：楚国的狂人。②接舆：楚国隐士，佯狂以避世。"接舆"并非他的名字，因为他接孔子的车，故称他为接舆。③凤兮：凤凰呀。传说凤有道则见，无道则隐。④何德之衰：讥讽孔子不能隐，为德衰。衰：衰微、式微。⑤来者犹可追：劝孔子及今尚可隐去，因今之从政者皆不足与有为也。追：改正。⑥已而：算了吧。⑦辟：通"避"，避开。

【译文】 楚国的狂人接舆唱着歌走过孔子身边说："凤凰啊凤凰，你的德行为何衰微了？过去的不能挽回，未来的还能补救。算了算了，现在的执政者无可救药！"

孔子走下车来想和他说话，他却快步避开了，孔子没能和他说上话。

【原文】 长沮、桀溺①耦而耕②，孔子过之，使子路问津③焉。长沮曰："夫执舆者④为谁？"子路曰："为孔丘。"曰："是鲁孔丘与？"曰："是也。"曰："是知津矣。"问于桀溺，桀溺曰："子为谁？"曰："为仲由。"曰："是鲁孔丘之徒⑤与？"对曰："然。"曰："滔滔⑥者天下皆是也，而谁以⑦易之？

且而⑧与其从辟人之士⑨也，岂若从辟世之士⑩哉？"耰⑪而不辍⑫。子路行以告，夫子怃然⑬曰："鸟兽不可与同群，吾非斯人之徒与而谁与？天下有道，丘不与易⑭也。"

【注释】①长沮、桀溺：春秋时两位隐士。本非他们的真实姓名，事已无考。②耦而耕：古代耕田的一种方法，即二人并力松土，合力耕种。③津：渡口。④执舆者：手执缰绳赶车的人。拉绳的本是子路，因子路下车问路，所以孔子代为

子路问津

鲁哀公四年(公元前491年)，孔子从叶返回蔡国，忘记了渡口，看到长沮、桀溺在耕田，就让子路去问。他们说，像洪水一样的坏事到处都有，谁能改变呢？你与其跟着逃避坏人的人，哪能赶得上跟着我们这些逃避乱世的人呢？仍然进行耕作。

驾御。⑤徒：学生。⑥滔滔：水势浩大的样子，这里指坏东西多。⑦以：与。犹言天下皆乱，谁将与变易之。⑧而：同"尔"。⑨辟：同"避"。辟人之士：躲避坏人的人，此指孔子。⑩辟世之士：逃避整个黑暗社会的人，此指长沮、桀溺。⑪耰：播种后覆上泥土。⑫不辍：不停止。⑬怃然：怅惘而若有所失的样子。⑭易：改变。

【译文】长沮、桀溺并排耕地，孔子经过那里，叫子路去询问过渡的地方。长沮说："那个驾车的人是谁啊？"子路说："是孔丘。"长沮说："是鲁国的孔丘吗？"子路说："是的。"长沮说："他知道过渡的地方。"子路去问桀溺，桀溺说："你是谁？"子路说："是仲由。"桀溺说："是鲁国孔丘的门徒吗？"子路答道："是的。"桀溺说："滔滔的洪水到处都是，谁能改变它呢？你与其跟随躲避世人的人，何不跟随躲避世道的人呢？"说完，不停手地把土覆种。子路回来把这些话告诉孔子，孔子茫然若失地说："鸟兽是不能合睦共处的，我辈不和世人相处，又和谁待在一起呢？天下清平，我就不会去改变它了。"

【原文】子路从①而后，遇丈人②，以杖荷蓧③。子路问曰："子见夫子乎？"丈人曰："四体④不勤，五谷不分，孰为夫子？"植其杖而芸⑤，子路拱⑥而立。止⑦子路宿，杀鸡为黍而食之，见其二子焉。明日，子路行以告，子曰："隐者也。"使子路反⑧见之，至则行矣。子路曰："不仕无义。长幼之节⑨，不可废也，君臣之义，如之何其废之？欲洁其身，而乱大伦⑩。君子之仕也，行其义⑪也，道之不行，已知之矣。"

【注释】①从：跟随。子路从而后：谓子路跟随孔子出行掉了队。②丈人：老翁，

对老年人的尊称。③以杖荷蓧：用拐杖挑着除草工具。蓧：古代耘田用的竹器。④四体：指二手二足。⑤植其杖而芸：放下拐杖而除草。植：亦作"置"，放置。芸：通"耘"，耘田。⑥拱：拱着手，表示恭敬。⑦止：留。⑧反：通"返"，返身回去。⑨节：关系，大节。⑩大伦：最大的伦常关系，指君臣关系。⑪行其义：履行推行道义的职责。

【译文】子路跟着孔子赶路，落在了后面，遇见一位老人，用拐杖担着锄草的农具。子路问道："老丈见到夫子吗？"老人说："四体不勤，五谷不分，谁是夫子？"说完插下拐杖去除草，子路拱着手站在一边。老人留子路住宿，杀鸡做饭给他吃，却让自己的两个儿子与子路相见。第二天，子路赶上去把这些话告诉了孔子，孔子说："是隐者啊！"让子路返回去见他，到了那里老人已经离开了。子路说："不出仕是不合乎义的。长幼之间的节度尚且不能废除，君臣之间的大义怎么能废除呢？要想洁净自身却扰乱了大的伦理关系。君子的出仕，是履行君臣之间的大义，主张不能实行是早就明白的。"

【原文】逸民①：伯夷、叔齐、虞仲②、夷逸③、朱张④、柳下惠、少连⑤。子曰："不降其志⑥，不辱⑦其身，伯夷、叔齐与！"谓："柳下惠、少连，降志辱身矣，言中伦⑧，行中虑⑨，其斯而已矣。"谓："虞仲、夷逸，隐居放言⑩，身中清⑪，废中权⑫。我则异于是⑬，无可无不可。"

【注释】①逸民：德行超逸、避世隐居的人。②虞仲：据说即仲雍，周朝古公次子，吴泰伯之弟。③夷逸：据说是夷诡诸后裔，有人劝他做官，他宁愿耕作终身。④朱张：《汉书·古今人表》存其名，事已不可考。魏王弼注云："朱张字子弓，荀卿以比孔子。"但未必可信。⑤少连：据说为东夷之子。⑥不降其志：不降低他的志向。⑦辱：辱没。⑧言中伦：言语符合伦理。⑨行中虑：行动经过思考。⑩放言：放肆直言。⑪身中清：保持自身清白。⑫废中权：废弃权势，合乎权变。⑬异于是：与他们这些人不同。

【译文】隐逸的人有：伯夷、叔齐、虞仲、夷逸、朱张、柳下惠、少连。孔子说："不降低自己的志向，不污辱自己的身份，是伯夷、叔齐吧！"又说："柳下惠、少连是降低了自己的志向，辱没了自己的身份，但言谈合乎法度，行为经过思虑，仅此而已。"又说："虞仲、夷逸是隐居而放肆直言，行为廉洁，废弃自我合乎权变。我和他们都不一样，没有什么可以，也没有什么不可以。"

西河返驾

孔子到晋国去，走到黄河边，听说窦鸣犊、舜华死了，在河边叹息着说："真美呀，浩浩荡荡的水，我不能过河西去，是我的命不好啊！窦、舜两人是晋国贤明的大夫，赵简子掌握了政权，就把他们杀了。鸟兽对不义的举动还知道避开，何况人呢？"于是就返回去了。

【原文】周公①谓鲁公②曰："君子不施③其亲，不使大臣怨乎不以，故旧④无大故则不弃⑤也，无求备于一人。"

【注释】①周公：周公旦，鲁国的初封始祖。②鲁公：周公之子伯禽。③施：通"弛"，怠慢。④故旧：故人、亲旧。⑤弃：抛弃。

【译文】周公对鲁公伯禽说："君子不怠慢自己的亲属，不让大臣抱怨不被重用，故臣旧属没有大的过错不要放弃，不要对一个人求全责备。"

子张篇第十九

【原文】子张曰：“士见危致命①，见得②思义，祭思敬，丧思哀③，其④可已矣。”

【注释】①见危致命：遇到国家危难时能贡献出生命。致：送、献。②得：得益，此指名、利。③哀：哀伤。④其：大概。

【译文】子张说：“士人遇到危难献出生命，遇到得益考虑大义，祭祀时想到恭敬，守丧时想到哀伤，大概就可以了。”

【原文】子夏之门人①问交②于子张，子张曰：“子夏云何③？”对曰：“子夏曰：‘可者与④之，其不可者拒之。’”子张曰：“异乎吾所闻。君子尊贤⑤而容众⑥，嘉⑦善而矜⑧不能。我之大贤与，于人何所不容？我之不贤与，人将拒我，如之何其拒人也？”

【注释】①门人：学生。②交：交朋友。③云何：说什么。④与：结交。⑤尊贤：尊敬贤人。⑥容众：容纳众人。⑦嘉：赞美。⑧矜：怜惜。

【译文】子夏的门徒向子张询问交往，子张说：“子夏是怎么说的？”门徒答道：“子夏说：‘能交往的就结交，不能交往的就拒绝。’”子张说：“我所听说的与这不一样。君子尊重贤明，但容纳众人；赞美善行，但怜惜缺乏能力的人。我如果很贤明，有什么不能容纳别人的呢？我如果不贤明，别人将拒绝我，我又怎么有机会去拒绝别人呢？”

子夏

【原文】子夏曰：“日①知其所亡②，月③无忘其所能④，可谓好学也已矣。”

【注释】①日：每天。②亡：不知道、不懂得。③月：每月。④所能：指已经学会的知识。

【译文】子夏说：“每天知道所未知的，每月不遗忘所学得的，可以称为好学了。”

【原文】子夏曰：“小人之过也必文①。”

【注释】①文：文饰、掩饰。

【译文】子夏说：“小人对于自己的过错必定加以掩饰。”

【原文】 子夏曰：“大德①不逾闲②，小德③出入④可也。”

【注释】 ①大德：重大德行操守，即大节。②逾闲：超越界限。闲：木栏之类的遮拦物。引申为界限、规矩。③小德：小节。④出入：或进或出，指可以放松一些。

【译文】 子夏说：“大的操行不超越界限，小的操行有所出入没有关系。”

【原文】 子夏曰：“仕而优①则学，学而优则仕。”

【注释】 ①优：有余力。

【注释】 子夏说：“出仕而有余力的就学习，学习而有余力的就出仕。”

【原文】 子游曰：“丧①致乎哀②而止。”

【注释】 ①丧：守孝、服丧。②致乎哀：达到悲哀的程度。

【译文】 子游说：“居丧达到哀恸的程度就行了。”

【原文】 子贡曰：“君子之过也，如日月之食焉。过也人皆见之，更也人皆仰之。”

【译文】 子贡说：“君子的过错，就如同日食、月食。有过错时人人都见到，改正时人人都敬仰。”

【原文】 叔孙武叔毁①仲尼，子贡曰：“无以为②也，仲尼不可毁也。他人之贤者，丘陵③也，犹可逾④也；仲尼，日月也，无得⑤而逾焉。人虽欲自绝，其何伤⑥于日月乎？多⑦见其不知量⑧也。”

【注释】 ①毁：毁谤。②无以为：不要这样做。无以为也：即无用为此，不用这样做。以：此也。③丘陵：小山头。④逾：超越。⑤无得：不能。⑥伤：损害。⑦多：同“祇”。只、仅仅。⑧知量：自量。

【译文】 叔孙武叔毁谤孔子，子贡说：“不要这样做，仲尼先生是诋毁不了的。其他的贤者是丘陵，还能超越；仲尼先生是日月，是不可能超越的。即使人要自绝于日月，对日月又会有什么损害呢？恰好表明他不自量力而已。”

尧曰篇第二十

【原文】尧①曰："咨②！尔③舜，天之历数④在尔躬⑤，允执其中⑥。四海⑦困穷，天禄⑧永终。"舜亦以命⑨禹。曰："予小子履⑩，敢用玄牡⑪，敢昭告于皇皇后帝⑫：有罪不敢赦，帝臣不蔽⑬，简⑭在帝心。朕躬⑮有罪，无以万方⑯；万方有罪，罪在朕躬。"周有大赉⑰，善人是富。"虽有周亲⑱，不如仁人。百姓有过，在予一人⑲。"谨权量⑳，审法度㉑，修废官㉒，四方之政行焉。兴灭国㉓，继绝世㉔，举逸民㉕，天下之民归心焉。所重：民、食、丧、祭。宽则得众，信则民任焉，敏㉖则有功，公㉗则说。

【注释】①尧：传说中的一位圣君，禅位给舜。②咨：语气词，好哇、啧啧。③尔：你。④历数：月日星辰运行之法，指命运。⑤尔躬：在你身上。躬，亲身。⑥允执其中：忠诚地执行正确原则。⑦四海：天下。⑧天禄：天赐给的禄位。⑨命：告诫。⑩予小子履："予小子"是上古帝王自称之词。履：相传商汤又名履。这一段是商汤向天祈祷求雨的话。⑪玄牡：黑色的公牛。⑫后帝：天帝。⑬不蔽：不隐瞒。⑭简：简察。简在帝心：谓惟帝所命。⑮朕躬：我，贵贱者同用。从秦始皇起，专作帝王自称。⑯万方：天下的人。无以万方：即无及万方，不要牵连大家。⑰大赉：赏赐，指大封诸侯。⑱周亲：周王族的亲属。"虽有周亲"四句是周武王封诸侯之词。⑲予一人：我，帝王自称。⑳谨权量：指统一度量衡。权，秤锤。量，量器。㉑法度：法律制度。㉒修废官：修复废弃了的官职。旧注："或有职而无其官，或有官而不举其职，皆曰废。"㉓兴灭国：复兴被灭亡了的诸侯国。㉔继绝世：延续已绝嗣的后代。㉕逸民：被遗忘的人才。㉖敏：勤敏。㉗公：公平、公正。

【译文】尧说："啊！舜啊，上天的运数落在了你的身上，恰当地把握住它的正道。如果天下都困顿穷苦，上天的禄位就会永远终止。"舜也用这番话来告诫禹。成汤说："在下后生履，冒昧地用黑色的公牛来明白地告伟大的天帝：有罪的人我不敢擅自赦免，上帝的臣属我不敢掩蔽遗漏，请

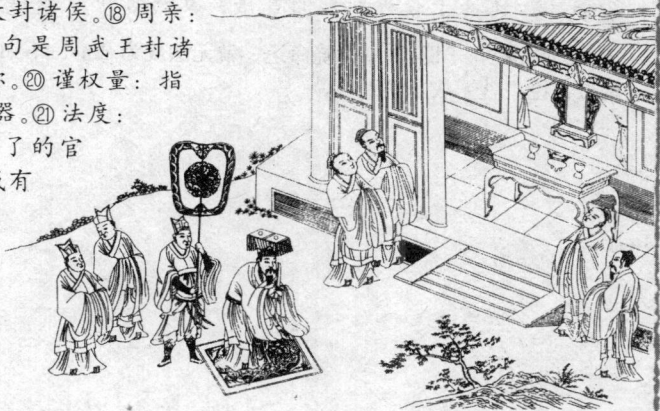

真宗祀鲁

宋真宗封禅泰山，路过曲阜，拜谒孔子庙，起初制定的礼仪是跪地而不叩头，真宗认为不够尊敬，特意酌酒以献，再拜行礼。拜谒叔梁纥庙堂，又命大臣分别祭奠七十二弟子。又到孔林行礼，还将此次祭祀用的祭器留在庙内，追封孔子为"玄圣文宣王"。

梦奠两楹

孔子患病，子贡去看望，孔子正拄杖在门口唱着说："泰山要倒了，梁木要断了，有学问的人要死了。"子贡听后赶快走进去，孔子说："殷人停灵在两楹之间，我是殷的后人，昨晚梦见棺木放置在两楹之间，现在天下没有贤明的君王，谁能尊道呢？我要死了。"过了七日孔子去世。可见，孔子是知命的人。

上帝加以鉴察。我个人有罪，不要加罪于四方诸侯；四方诸侯有罪，责任都在于我个人。"周室得到上天的赏赐，善人得以富有。周武王说："即使有亲近的亲属，也不如有仁德的人士。百姓有过错，责任在我一人。"慎重地确定度量衡，审察礼乐制度，恢复废弃的官职，政令就能在全国通行。复兴灭亡的国家，承续断绝的后代，举用隐逸的人才，天下的民众就会从内心归服。应该重视民众、粮食、丧葬、祭祀。宽厚就会获得百姓，诚实就会得到民众的信任，敏捷就会有功绩，公正就会使众人悦服。

【原文】孔子曰："不知命①，无以为君子也；不知礼，无以立也；不知言②，无以知人也。"

【注释】①命：天命、命运。②知言：谓善于分析别人的言语，从语言中学会辨别是非善恶。

【译文】孔子说："不知晓命运，就无法成为君子；不知晓礼，就无法立身处世；不懂得分析别人言论，就无法了解别人。"

孟子

梁惠王章句上

【原文】孟子见梁惠王①。王曰："叟②不远千里而来，亦③将有以利吾国乎？"孟子对曰："王何必曰利？亦有仁义而已矣。王曰：'何以利吾国。'，大夫曰：'何以利吾家。'士庶人④曰：'何以利吾身。'上下交征⑤利，而国危矣。万乘⑥之国，弑⑦其君者，必千乘之家；千乘之国，弑其君者，必百乘之家。万取千焉，千取百焉，不为不多矣。苟⑧为后义而先利，不夺不餍⑨。未有仁而遗⑩其亲者也，未有义而后其君者也。王亦曰仁义而已矣，何必曰利？"

【注释】①梁惠王：就是魏惠王（前400年－前319年），惠是他的谥号。他即位后九年由旧都安邑（今山西夏县北）迁都大梁（今河南开封西北），所以又叫梁惠王。②叟：老人。③亦：这里是"只"的意思。④士庶人：士和庶人。庶人即老百姓。⑤交征：互相争夺。征，取。⑥乘：古代用四匹马拉的一辆兵车叫一乘，诸侯国的大小以兵车的多少来衡量。战国末期的万乘之国有韩、赵、魏梁、燕、齐、楚、秦七国，千乘之国有宋、卫、中山以及东周、西周。至于下句中千乘、百乘之家的"家"，则是指拥有封邑的公卿大夫公卿封邑大，有兵车千乘；大夫封邑小，有兵车百乘。⑦弑：下杀上，卑杀尊，臣杀君叫弑。⑧苟：如果。⑨餍：满足。⑩遗：遗弃，抛弃。

【译文】孟子拜见梁惠王，惠王说："老人家，您不辞千里而来，定将有什么有利于我国吗？"

孟子回答道："大王为什么要讲'利'？有仁义就够了。大王说：'有什么有利于我国。'大夫们说：'有什么有利于我家。'士和庶人们说：'有什么有利于我自己。'（这样）上下互相追求私利，那么，国家就危险了。在拥有兵车万乘的国家，谋杀他们的君主的，必然是拥有兵车千乘的大夫；在兵车千乘的国家，谋杀他们的君主的，必然是拥有兵车百乘的大夫之家。在兵车万乘的国家里，大夫能从中获得兵车千乘，在兵车千乘国家里，大夫能从中获得兵车百乘，不能说是不多了。假如真正是轻义而重利，那就非闹到篡夺君位的地步是不能满足的。（可是）从来没有讲仁德的人会遗弃他的双亲的，从来没有讲道义的人会不尊重他的君王的。大王您只要讲仁义就够了，

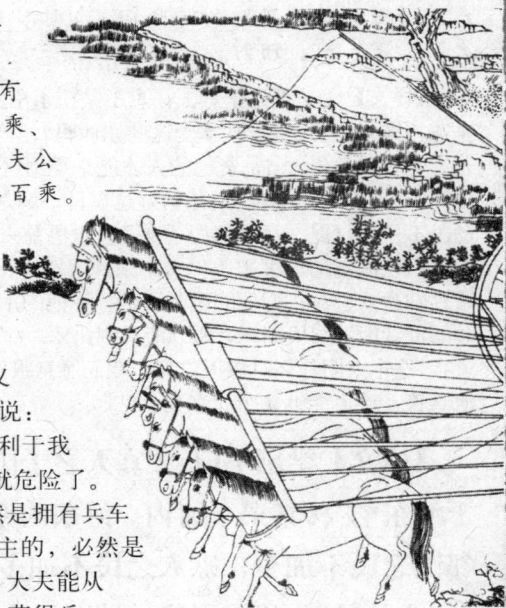

车马图

古时乘指马车，一乘是指用一辆四匹马拉的车。当时马较稀少，国家大小一般以车马的数量来衡量。

为什么要讲利呢？"

【原文】孟子见梁惠王。王立于沼上，顾鸿雁麋鹿，曰："贤者亦乐此乎？"

孟子对曰："贤者而后乐此，不贤者虽有此，不乐也。《诗》云①：'经始灵台②，经之营之，庶民攻③之，不日④成之。经始勿亟⑤，庶民子来⑥。王在灵囿⑦，麀鹿攸伏，麀鹿濯濯⑧，白鸟鹤鹤⑨。王在灵沼⑩，于牣⑪鱼跃。'文王以民力为台为沼，而民欢乐之，谓其台曰灵台，谓其沼曰灵沼，乐其有麋鹿鱼鳖。古之人与民偕乐，故能乐也。《汤誓》⑫曰：'时日害丧⑬，予及女⑭皆亡。'民欲与之偕亡，虽有台池鸟兽，岂能独乐哉？"

【注释】①《诗》云：下面所引的是《诗经·大雅·灵台》，全诗共四章，文中引的是前两章。②经始灵台：经始，开始规划营造；灵台，台名，故址在今陕西西安西北。③攻：建造。④不日：不几天。⑤亟：急。⑥庶民子来：老百姓像儿子似的来修建灵台。⑦囿：古代帝王蓄养禽兽的园林。⑧濯濯：肥胖而光滑的样子。⑨鹤鹤：羽毛洁白的样子。⑩灵沼：池名。⑪牣：满。⑫《汤誓》：《尚书》中的一篇，记载商汤王讨伐夏桀时的誓师词。⑬时日害丧：这太阳什么时候毁灭呢？时，这；日，太阳；害，何，何时；丧，毁灭。⑭予及女：我和你。女同"汝"，你。

【译文】孟子谒见梁惠王，惠王站在水沼上，望着（那许多）鸿雁麋鹿，（得意洋洋地）问孟子道："贤德的人也喜欢享受这些东西吗？"

孟子回答说："是贤德的人才能享受到这些东西，不是贤德的人，尽管拥有这些东西也享受不到。《诗经》里面说：'开始筹建灵台，又是测量又经营。百姓一齐来建造它，很快便建成了。动工不用多督促，百姓都如子女一样自愿前来。文王来到灵囿，母鹿伏地自悠悠。母鹿长得肥又美，白色的鸟洁白又肥美！文王来到灵沼旁，满池鱼跳跃！'文王用百姓的劳力建高台挖深池，百姓却欢欢喜喜，称他的台为灵台，称他的沼为灵沼，为他能享受到麋鹿鱼鳖的奉养而高兴。古时的贤者能够与民同乐，所以能得到快乐。《尚书》里的《汤誓》（载着百姓诅咒暴君夏桀王的话）道：'这个太阳什么时候灭亡呢？我们愿意跟你一同灭亡。'百姓要跟他一同灭亡，那他即使有台池鸟兽，难道能够独个儿享受么？"

【原文】梁惠王曰："寡人之于国也，尽心焉耳矣。河内①凶，则移其民于河东②，移其粟于河内。河东凶亦然。察邻国之政，无如寡人之用心者。邻国之民不加少，寡人之民不加多，何也？"

孟子对曰："王好战，请以战喻。填然鼓之，兵③刃既接，弃甲曳兵而走。或百步而后止，或五十步而后止。以五十步笑百步，则何如？"

曰："不可。直不百步耳，是亦走也。"

【注释】①河内：指黄河以北的今河南省沁阳、济源、博爱一带，当时是魏国的领土。②河东：指黄河以东的今山西省西南部，当时是魏国的领土。③兵：兵器。

【译文】梁惠王说："对于治理国家，我（真的是）尽心竭力了呀！河内发生了灾荒，就将那里的灾民移往河东，将河东的粮食运送到河内。当河东发生了灾荒时，我也是这样做。看看邻国的君主办理政事，没有一个像我这样用心的。可是，邻国的人民并不见减少，而我的人民并不见增多，这是什么原因呢？"

孟子回答道："大王您喜欢打仗，就让我拿战争来打比方吧。战鼓冬冬地敲响了，短兵相接，（打了败仗的）就抛下盔甲，拖着武器，狼狈逃窜，有的逃了上百步才停下来，有的只逃五十来步就住了脚，后者拿自己只后退五十来步去讥笑后退了百步的人（胆子小），（您觉得）这种做法怎么样呢？"

梁惠王说："不行。只不过没有后退上百步罢了，可这也是逃跑呀。"

【原文】曰："王如知此，则无望民之多于邻国也。不违农时，谷不可胜食也；数罟①不入洿池②，鱼鳖不可胜食也；斧斤以时入山林，材木不可胜用也。谷与鱼鳖不可胜食，林木不可胜用，是使民养生丧死无憾也。养生丧死无憾，王道之始也。五亩之宅，树之以桑，五十者可以衣帛矣；鸡豚狗彘之畜，无失其时，七十者可以食肉矣；百亩之田，勿夺其时，数口之家可以无饥矣；谨庠序③之教，申之以孝悌之义，颁白者不负戴于道路矣。七十者衣帛食肉，黎民不饥不寒，然而不王者，未之有也。狗彘食人食而不知检，途有饿莩④而不知发；人死，则曰：'非我也，岁也。'是何异于刺人而杀之，曰：'非我也，兵也'。王无罪岁，斯天下之民至焉。"

【注释】①数罟：密网。②洿池：大池。③庠序：古代地方所设的学校。④莩：饿死的人。

【译文】孟子说："大王您既然懂得了这个道理，就不要指望您国家的人民比邻国多啦。（治理国家的人）只要不去剥夺农民耕种的时间，那粮食就吃不了；不拿过于细密的鱼网到池塘中去捕鱼，那鱼类水产便吃不完；砍伐林木有定时，那木材便用不尽。粮食和鱼类水产吃不完，木材用不尽，这样便使老百姓供养生人、安

桑麻织作

桑麻织作——采桑养蚕是中国自古就有的劳作，但因蚕丝珍贵，一般人很难穿得起丝质衣服。

葬死者不会感到什么不满足。老百姓养生送死没有什么不满足，这便是王道的起点。在五亩大的住宅旁，种上桑树，上了五十岁的人就可以穿丝绵袄了；鸡和猪狗一类家畜不要耽误它们的繁殖饲养的时间，上了七十岁的人就可以经常吃到肉食了。一家一户所种百亩的田地能及时得到耕种，数口之家就不会闹饥荒了。认真地搞好学校教育，反复地阐明孝顺父母、尊敬老人的重要意义，须发花白的老人们就不再会肩挑背负出现在道路上了。七十岁以上的人穿丝绵吃肉食，一般老百姓不少食缺衣，这样还不能得到广大人民的拥戴而实现王道的事，是决不会有的。现在，猪狗一类家畜吃着人吃的粮食却不知道设法制止，路上出现了饿死的人却不知道开仓赈济饥民；老百姓死了，却说：'（致他们于死地的）不是我，是凶年饥岁。'这和拿刀把人刺杀，却说'是兵器杀的人，不是我杀的'，还有什么不同呢？大王您要是能够不归罪于凶年饥岁，这样，普天之下的老百姓便会投奔您这儿来了。"

梁惠王章句下

【原文】庄暴①见孟子，曰："暴见于王②，王语暴以好乐，暴未有以对也。"曰："好乐何如？"孟子曰："王之好乐甚，则齐国其庶几乎！"他日见于王，曰："王尝语庄子以好乐，有诸？"王变乎色，曰："寡人非能好先王之乐也，直好世俗之乐耳。"

【注释】①庄暴：齐国大臣。②王：指齐宣王。

【译文】庄暴见到孟子，说："齐王召见我，告诉我他喜欢音乐，我（一时）想不到用什么话来回答他。"（庄暴稍停一会儿，）接着问孟子道："（一个做国君的人）喜欢音乐，到底应不应该呢？"孟子说："齐王要喜欢音乐到了极点，那么，齐国差不多就可以治理好了啊！"后来有一天，孟子被齐宣王召见时，说："您大王曾经告诉过庄暴您喜欢音乐，有这回事吗？"齐宣王一听，（惭愧得）脸上都变了颜色，说："我喜欢的并不是先代帝王遗留下来的古乐，只不过是一些世俗流行的音乐罢了。"

【原文】曰："王之好乐甚，则齐其庶几乎！今之乐，犹古之乐也①。"曰："可得闻与②？"曰："独乐乐③，与人乐乐，孰乐？"曰："不若与人。"曰："与少④乐乐，与众乐乐，孰乐？"曰："不若与众。"

【注释】①今之乐，犹古之乐也：当代的音乐犹如古代的音乐。②可得闻与：（这道理）可以让我听听吗？与，通"欤"。③独乐乐：独自一人娱乐的快乐。前一个"乐"作动词用。以下几句也类似。④少：少数人。

【译文】孟子说："大王您要是喜欢音乐到了极点，那么，齐国就治理得差不多了呢！时下流行的音乐和古代的音乐都一样嘛。"齐宣王说："您可以把这个道理说给我听听吗？"孟子（没有正面回答齐宣王，却反问）道："一个人独个儿享受听音乐的乐趣，和跟别人一道享受听音乐的乐趣，哪一种更令人快乐些呢？"齐宣王说："一个人不如跟别人一道听音乐更快乐。"孟子（继续问）道："跟少数人一道享受听音乐的乐趣和跟多数人享受听音乐的乐趣，哪一种更令人快乐些呢？"齐宣王说："跟少数人不如跟多数人听音乐更快乐。"

【原文】"臣请为王言乐。今王鼓乐于此，百姓闻王钟鼓之声，管籥①之音，举疾首蹙额②而相告曰：'吾王之好鼓乐，夫何使我至于此极也？父子不相见，兄弟妻子离散！'今王田猎于此，百姓闻王车马之音，见羽旄③之美，举疾首蹙额而相告曰：'吾王之好田猎，夫何使我至于此极也？父子不相见，兄弟妻子离散！'——此无他，不与民同乐也。

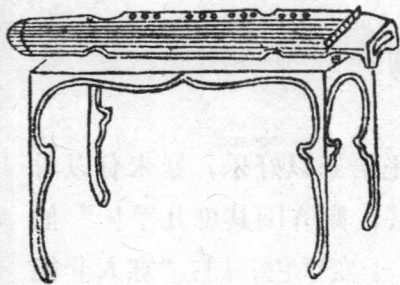

古琴

古琴是中国古老弹拨乐器之一，孔子时期就已盛行，是中国礼仪教化的重要工具。早期君王所听的平和雅正之声多由古琴弹奏出来。

"今王鼓乐于此，百姓闻王钟鼓之声，管^{yuè}箫^{yuè}之音，举欣欣然有喜色而相告曰：'吾王庶几无疾病与，何以能鼓乐也？'今王田猎于此，百姓闻王车马之音，见羽旄^{máo}之美，举欣欣然有喜色而相告曰：'吾王庶几无疾病与，何以能田猎也？'——此无他，与民同乐也。今王与百姓同乐，则王^{wàng}矣。"

【注释】①管箫：古管乐器名。箫，似笛而短小。②蹙頞：蹙，紧缩；頞，鼻梁。蹙頞，形容愁眉苦脸的样子。③羽旄：鸟羽和旄牛尾。古人用作旗帜上的装饰，故可代指旗帜。

【译文】孟子（紧接着）说："请让我为您陈述一下应该怎样来享受欣赏音乐的乐趣吧。假如现在大王您在这里演奏音乐，老百姓一听到大王您钟鼓的声音和箫管吹出的曲调，大家全皱着眉头、痛苦地说：'我们大王光顾自己听音乐，怎么把我们弄到妻离子散、父母兄弟各一方这样困苦不堪的地步呢？'现在您大王在这里打猎，老百姓听到大王您的车子和马的声音，看见装饰得怪好看的旗帜，大家全皱着眉头、痛苦地说：'我们大王光顾自己打猎开心，却把我们弄到妻离子散、父母兄弟各一方这样困苦不堪的地步呢？'这没有别的原因，只是由于不与老百姓一同娱乐的缘故。

"假如现在大王您在这里奏乐，老百姓一听到您钟鼓的声音和箫管吹出的曲调，大家都喜形于色地奔走相告道：'我们大王应该没有什么疾病吧，不然，怎么能奏乐呢？'现在大王您在这里打猎，老百姓一听到大王您车子和马的声音，看见装饰得怪好看的旗帜，大家都喜形于色地奔走相告：'我们大王应该没有什么疾病吧，不然，怎么能打猎呢？'这没有别的原因，只是由于与老百姓一同娱乐的缘故。现在只要大王您能跟老百姓一同娱乐，就能够使人民归附于您，天下就会得到统一了。"

【原文】齐宣王问曰："交邻国有道乎？"孟子对曰："有。惟仁者为能以大事小，是故汤事葛^①，文王事昆夷^②；惟智者为能以小事大，故太王事獯鬻^{yūn yù③}，勾践事吴^④。以大事小者，乐天者也；以小事大者，畏天者也。乐天者保天下，畏天者保其国。《诗》云^⑤：'畏天之威，于时保之。'"王曰："大哉言矣！寡人有疾，寡人好勇。"对曰："王请无好小勇。夫抚剑疾视曰：'彼恶敢当我哉！'此匹夫之勇，敌一人者也。王请大之！"

【注释】①汤事葛：汤，商汤，商朝的创建人。葛，葛伯，葛国的国君。葛国是商紧邻的小国，故城在今河南宁陵北十五里处。②文王事昆夷：文王，周文王。昆夷，也写作"混夷"，周朝初年的西戎国名。③太王事獯鬻：太王，周文王的祖父，即古公父。獯鬻又称猃狁，当时北方的少数民族。④勾践：春秋时越国国君（公元前497年至前465年在位）。吴：指春秋时吴国国君夫差。⑤《诗》云：以下引自《诗经·周颂·我将》。

【译文】齐宣王问（孟子）道："跟邻国打交道有一定的原则和方法吗？"孟子回答说："有。只有以仁爱为怀的君主才能做到以大国的身份去侍奉小国，所以商汤王侍奉过葛伯、周文王侍奉过混夷。只有明智的君主才能做到以小国的身份侍奉大国，所以周的大王古公亶父侍奉过强悍的獯鬻族、越王勾践侍奉过打败了自己的吴王夫差。以大国的身份侍奉小国的，是喜爱天的美德（无往而不怡然自得）的人；以小国身份侍奉大国的，是害怕天的威严（无时不谨慎戒惧）的人。喜爱天的美德的人能够保有天下，害怕天的威严的人能够保住他们的国家。《诗·周颂》中的《我将》篇说：'敬畏上天的威严，所以便保住了这国家的权柄。'"齐宣王说："您的话实在说得太好了啊！（可惜）我有个毛病，我喜爱勇敢，（怕是难做到您所说的。）"孟子回答道："我恳请大王您不要喜爱小勇。有这么一个人，手按佩剑、圆睁双目说：'他怎么敢抵挡我呢！'这只是能与个把人对敌的小勇。我恳请您大王把您喜爱的勇敢扩大一点吧！"

【原文】"《诗》云①：'王赫斯②怒，爰整其旅，以遏徂莒③，以笃周祜④，以对于天下。'此文王之勇也。文王一怒而安天下之民。《书》曰⑤：'天降下民，作之君，作之师，惟曰其助上帝宠之。四方有罪无罪惟我在，天下曷敢有越厥⑥志？'一人衡行⑦于天下，武王耻之，此武王之勇也。而武王亦一怒而安天下之民。今王亦一怒而安天下之民，民惟恐王之不好勇也。"

【注释】①《诗云》：以下诗句引自《诗经·大雅·皇矣》。②赫斯：发怒的样子。③以遏徂莒：遏，止；徂，往、到；莒，古国名，在今山东莒县，公元前431年被楚国消灭。④以笃周祜：笃，厚；祜，福。⑤《书》曰：书，《尚书》，以下引文见《尚书·周书·泰誓》。⑥厥：用法同"其"。⑦衡行：即"横行"。

【译文】"《诗·大雅》中的《皇矣》篇说：'我们文王对密须国人的侵暴行为勃然大怒，于是整顿好军队，以阻击侵犯莒国的敌寇，以增加我周家的福泽，并回答天下对我周天子仰望的厚意。'这就是文王的大勇。文王一旦勃然大怒，便能使天下的人民得到安全。《书》里面说：'上天降生下土的人民，替他们立个君主，也替他们安排好老师，派给君主和老师们的任务只是帮助上天慈爱百姓。所以，四方的人有罪或是无罪，由我（姬发）来进行裁决。（有我在这里）天下谁敢超越他（上天）的意志起来作乱呢？'只要有一个人敢在天下横行无忌，武王便认为是自己的耻辱。这就是武王的大勇。武王也是只要一生气，便能使天下的人民得到安全。现在大王您要是也能做到一旦勃然大怒，便能使天下的人民得到安全，那人民便惟恐大王您不喜爱勇敢哩。"

【原文】齐宣王见孟子于雪宫①。王曰："贤者亦有此乐乎？"

孟子对曰："有。人不得，则非②其上矣。不得而非③其上者，非也；为民上而不与民同乐者，亦非也。乐民之乐者，民亦乐其乐；忧民之忧者，民亦忧其忧。乐以天下，忧以天下，然而不王者，未之有也。

"昔者齐景公④问于晏子⑤曰：'吾欲观于转附、朝儛⑥，遵海而南，放于琅邪⑦，吾何修，而可以比于先王观也？'

【注释】①雪宫：齐宣王的离宫（古代帝王在正宫以外临时居住的宫室，相当于当今的别墅之类）。②非：认为……非，即非难，埋怨。③非：不对，错误。④齐景公：春秋时代齐国国君，公元前547年至前490年在位。⑤晏子：春秋时齐国贤相，名婴。⑥转附、朝儛：均为山名。⑦琅邪：山名，在今山东省诸城东南。

【译文】齐宣王在自己的离宫——雪宫里接见孟子。宣王说："贤德的人也有这种享乐吗？"孟子回答道："有。人们得不到这种享乐，就会埋怨他们的君主。当然，得不到这种享乐便埋怨他们的君主，这样做是不对的；作为人民的君主却不与人民一同享受这种快乐，这也是不对的。以人民的快乐为自己的快乐的人，人民也会以他的快乐为他们的快乐；以人民的忧愁为自己的忧愁的人，人民也会以他的忧愁为他们的忧愁。乐与天下人民同乐，忧与天下人民同忧，这样还不能使天下归心的事，是决不会有的。

"从前齐景公向晏婴问道：'我打算到转附和朝儛两座名山去游览一番，然后沿着海岸向南走，直达琅邪邑，我应该怎样做才能比得上古代圣王的游历呢？'

【原文】"晏子对曰：'善哉问也！天子适诸侯曰巡狩。巡狩者，巡所守也。诸侯朝于天子曰述职。述职者，述所职也。无非事者。春省耕而补不足，秋省敛而助不给。夏谚曰：'吾王不游，吾何以休？吾王不豫①，吾何以助？一游一豫，为诸侯度。今也不然：师行而粮食，饥者弗食，劳者弗息。睊睊②胥谗③，民乃作慝④。方命⑤虐民，饮食若流，流连荒亡，为诸侯忧。从流下而忘反谓之流，从流上而忘反谓之连，从兽无厌谓之荒，乐酒无厌谓之亡。先王无流连之乐、荒亡之行。惟君所行也。'景公说，大戒⑥于国，出舍于郊。于是始兴发补不足。召大师⑦曰：'为我作君臣相说之乐！'盖《徵招》、《角招》⑧是也。其诗曰：'畜⑨君何尤⑩？'畜君者，好君也。

【注释】①豫：义同"游"。②睊睊：因愤恨侧目而视的样子。③胥：皆，都。谗：毁谤，说坏话。④慝：恶。⑤方命：违反命令。方，反，违反。⑥大戒：充分的准备。⑦大师：读为"太师"，古代的乐官。⑧《徵招》、《角招》：与角是古代五音（宫、商、角、徵、羽）中的两个。招同"韶"，乐曲名。⑨畜：爱好，喜爱。⑩尤：错误，过失。

【译文】"晏婴答道：'您这个问题问得好！天子到诸侯的国家去叫巡狩——巡狩，就是巡视诸侯所守的疆土。诸侯到天子的朝廷去朝见叫述职——述职，就是汇报诸侯自己所担负的职守的情况。（无论是天子出外巡狩，还是诸侯入朝述职，）没有不是结合着工作进行的：春天视察耕种，并借此补助农具、种子不足的农户；秋天视察收割，并借此救济劳力、口粮不足的农户。夏朝时的俗谚说：'我们大王不出游，我怎能获得休息？我们大王不闲逛，我从哪里获得救助？我们大王出游或闲逛，全都可为诸侯学习的法度。现在情况就不同了，天子一出来巡游，一大伙人员要为他奔忙，一大批粮食要被他消耗，以至闹到饥饿的人们吃不上饭，劳苦的人们得不到休息。群众侧目而视，怨声载道，都要起来反抗了。这样放弃先王的教导，虐待老百姓，豪饮暴食，像流水般地没个穷尽。这种流连荒亡的行为，不能不使诸侯们为之深深担忧。（什么叫流连荒亡呢？）从上流放舟而下游乐而忘返叫做流，从下流挽舟而上游乐而忘返叫做连，打猎没有个厌倦叫做荒，酗酒没有个节制叫做亡。古代的圣王不搞这种流连忘返的游乐、荒亡无节制的行为。（到底该怎么办，）就由您大王自己选择了。'景公听了很高兴，在首都作好充分的准备，然后自己到郊外去住下，于是开始行德政，打开仓库拿出粮食来赈济缺衣少食的贫苦人民。并把乐官召来说：'替我作一首君臣同乐歌吧！'大概就是《徵招》《角招》两首歌。那歌词中说，'制止君主的物欲又有什么过错呢？'——制止君主的物欲，正是爱护君主呢。"

【原文】齐人伐燕①，胜之。宣王问曰："或谓寡人勿取，或谓寡人取之。以万乘之国伐万乘之国，五旬而举之②，人力不至于此，不取，必有天殃③。取之，何如？"

孟子对曰："取之而燕民悦，则取之。古之人有行之者，武王是也④。取之而燕民不悦，则勿取。古之人有行之者，文王是也⑤。以万乘之国伐万乘之国，箪食壶浆⑥以迎王师，岂有他哉？避水火也。如水益深，如火益热，亦运⑦而已矣。"

【注释】①齐人伐燕：公元前315年（齐宣王五年），燕王哙将燕国让给他的相国子之，国人不服气，将军市被和太子平进攻子之，子之反攻，杀死了市被和太子平，国内一片混乱。齐宣王趁机进攻燕国，很快就取得了胜利。②五旬而举之：据《战国策·燕策》记载，当齐国的军队攻打燕国时，燕国"士卒不战，城门不闭"，因此齐国军队五十天就攻进了燕国的首都，杀死了燕王哙和子之。③不取，必有天殃：因齐宣王认为他攻打燕国太顺利，"人力不至于此"，是天意，所以，如果不占领它就是违背天意，必有灾殃。这是当时人流行的观念。④武王是也：指武王灭纣。⑤文王是也：指周文王在三分天下有其二时，仍然服侍商纣王的事。⑥箪食壶浆：用箪装着食物，用壶装着酒浆。箪，古代盛饭的圆形竹器。⑦运：转。

【译文】齐国人进攻燕国，战胜了它。齐宣王问孟子道："有的人叫我不要吞并它，有的人却劝我吞并它。若一个有万辆兵车的大国去攻打另一个万辆兵车的大国，只五十天便攻下了它，（如果不是天意，）人力是做不到这样的。看来，不吞并它，一定会天灾降临。您觉得吞并它会有什么结果呢？"

孟子回答说："如果吞并它，燕国的人民高兴，就吞并它。古代的周武王便是这样做的。要是吞并它，燕国的人民不高兴，就不要吞并它。古代的周文王便是这样做的。一个有万辆兵车的大国去攻打另一个有万辆兵车的大国，老百姓携着饭筐和酒壶来迎接您大王的军队，难道有别的用意吗？只是想避免再过那种水深火热生活啊。如果燕国被吞并后，老百姓蒙受的灾难更加深重，那他们也就只好躲避到别的地方了。"

【原文】鲁平公^①将出，嬖人臧仓者请曰："他日君出，则必命有司所之。今乘舆已驾矣，有司未知所之，敢请。"公曰："将见孟子。"曰："何哉，君所为轻身以先于匹夫者？以为贤乎？礼义由贤者出，而孟子之后丧逾前丧。君无见焉！"

公曰："诺。"乐正子^②入见，曰："君奚为不见孟轲也？"曰："或告寡人曰：'孟子之后丧逾前丧'，是以不往见也。"

【注释】①鲁平公：战国时鲁国国君姬叔，前316年—前297年在位。②乐正子：即乐正克，孟子弟子，当时在鲁国做官。

【译文】鲁平公正打算出门，他那个名叫臧仓的宠臣请示道："以前大王您将要外出，就一定要把您所去的地方告知管事的臣下。现在您的车都已经套好了马，可管事的臣下还不知道您所要去的地方，我斗胆向您请示一下。"平公说："我将要去见孟子。"臧仓说："您为着什么要降低身份先去拜访一个普普通通的人呢？您认为孟子贤德吗？可贤德的人是应该执行礼义的，而孟子呢，他办母亲的丧事超过先前办父亲的丧事（这是不合乎礼义的。）您就别会见他了。"

平公说："好吧。"（孟子的学生）乐正子进宫谒见鲁平公，说："您为什么不会见孟轲呢？"平公说："有人告诉我说：'孟子办母亲的丧事超过先前办父亲的丧事'，就为了这个原因，我才没有去见他。"

孟母断机教子

孟子三岁死了父亲，靠母亲抚养成人。孟母教子十分严格，为了给孩子提供良好的教育环境，曾三次迁居。后来有一次孟子逃学回家，孟母问他学习的目的，他说是为了自己。孟母非常气愤，用剪刀剪断布匹，说，你荒废学业，就像我剪断这将要织成的布匹一样。

【原文】曰："何哉，君所谓逾者？前以士，后以大夫；前以三鼎，而后以五鼎与？"曰："否，谓棺椁^①衣衾^②之美也。"曰："非所谓逾也，贫富不同也。"乐正子见孟子，曰："克告于君，君为来见也。嬖人有臧仓者沮君，君是以不果来也。"曰："行，或使之；止，或尼^③之。行止，非人所能也。吾之不遇鲁侯，天也。臧氏之子焉能使予不遇哉？"

【注释】①椁：外棺。②衣衾：这里指死者入殓时所用的衣服被褥。③尼：阻止。

【译文】乐正子说："您所说的'后丧超过前丧'，指的是什么呢？是说前面用士的礼仪葬父，后面用大夫的礼仪葬母，还是说前面用三鼎礼祭父，后面用五鼎礼祭母么？"平公说："不是，我

说的是装殓死者的棺椁衣衾的精美（后者超过前者）。"乐正子说："这不能说是'后丧超过前丧'，而是因为前后家境贫富不一样嘛。"乐正子见了孟子，说："我把您推荐给了鲁君，鲁君本来将要来拜访您了。可是，有个名叫臧仓的宠臣阻止鲁君，鲁君就因为这个原因没能来。"孟子说："一个人干某件事时，无形中也许有一种力量在促使他这样做；他不干这件事时，又像是有一种力量在阻止他这样做。干这件事或不干这件事，不是人力所能决定的。我不能与鲁君相遇，是出于天命的支配。臧仓那个小子，又怎么能使我不与鲁君相遇呢？"

公孙丑章句上

【原文】公孙丑①问曰："夫子当路②于齐，管仲③、晏子之功，可复许④乎？"

孟子曰："子诚齐人也，知管仲晏子而已矣。或问乎曾皙⑤曰：'吾子⑥与子路⑦孰贤？'曾皙蹴然⑧，曰：'吾先子⑨之所畏也。'曰：'然则吾子与管仲孰贤？'曾皙艴然⑩不悦，曰：'尔何曾⑪比予于管仲？管仲得君，如彼其专也；行乎国政，如彼其久也；功烈，如彼其卑也。尔何曾比予于是！'"曰："管仲，曾皙之所不为也，而子为⑫我愿之乎？"

曰："管仲以其君霸，晏子以其君显。管仲、晏子，犹不足为与？"

曰："以齐王，由⑬反手也。"

【注释】①公孙丑：姓公孙，名丑，孟子弟子，齐国人。②当路：当权，当政。③管仲：名夷吾，字仲，春秋初期政治家，曾任齐桓公的相，在齐国进行许多改革，增强了齐国的国力，辅佐齐桓公，使之成为春秋时第一个霸主。④许：兴盛、复兴。⑤曾皙：名曾申，字子皙，鲁国人，曾参之子。⑥吾子：对友人的尊称，相当于"吾兄"、"老兄"之类。⑦子路：姓仲，名由，字子路，孔子弟子。⑧蹴然：不安的样子。⑨先子：指已逝世的长辈。这里指曾皙的父亲曾参。⑩艴然：恼怒的样子。⑪曾：竟然、居然。⑫为：同"谓"，认为。⑬由：同"犹"，好像。

【译文】公孙丑问孟子说："先生您要是在齐国掌了权，渴望重建管仲、晏婴那样的功业么？"

孟子答道："你到底是个齐国人，仅仅知道管仲、晏婴罢了。曾经有个人问曾皙道：'我的先生啊，您跟子路相比，哪个更强些呢？'曾皙肃然起敬地回答说：'（子路是）我先祖父所尊敬的人啊。'那个人又继续问道：'那么，您跟管仲相比，哪个又更强些呢？'曾皙生气之色溢于言表，说：'你怎么竟拿管仲来和我相比呢？管仲得到他的君主的信任是那样的专一，行使国家政权的时间又是那样的长，可是，成就的功业却是那样的微不足道，你怎么拿他来和我相比呢！'"孟子（稍微停顿了一下）又接下去说："管仲那样的人，连曾皙都不愿意和他相比，你说我愿意学他的样吗？"

公孙丑说："管仲辅佐齐桓公建立了霸主之业，晏婴辅佐齐景公，使他名扬天下。难道管仲、晏婴这样的人都不值得您效法吗？"

孟子："拿齐国这样有条件的大国去实行王政，统一天下，那就像把手掌翻个转一样容易。"

【原文】曰："若是，则弟子之惑滋甚。且以文王之德，百年而后崩①，犹未洽于天下；武王、周公②继之，然后大行。今言王若易然，则文王不足法与？"

曰："文王何可当也！由汤至于武丁③，贤圣之君六七作④，天下归殷久矣，久则难变也。武丁朝诸侯，有天下，犹运之掌也。纣之去武丁未久也，其故家遗俗、流风善政，犹有存者；又有微子⑤、微仲⑥、王子比干⑦、箕子⑧、胶鬲⑨——皆贤人也——相与⑩辅相⑪之，故久而后失之也。尺地，莫非其有也；一民，莫非其臣也。然而文王犹方百里起，是以难也。

周文王仁义泽及枯骨

文王有一次在野外行走，见到一些枯骨散落于田野间，未被掩埋，便叫左右随行人员去把枯骨埋掉。随行人员颇不以为然。文王说国君是国家之主，枯骨在周国境内，自然应该由自己来负责。随行人员赶紧将枯骨掩埋了。后来天下人听说此事，都感慨文王仁义宽广，恩德施及死人。

【注释】①百年而后崩：相传周文王活了九十七岁。百年是泛指寿命很长。②周公：姓姬，名旦，周武王之弟，因采邑在周（今陕西岐山北），称为周公。曾辅佐武王伐纣灭商，统一天下；后又辅佐成王，巩固了周初的统治，是鲁国的始祖。③武丁：商代帝王，后被称为高宗。④作：相当于现代口语"起"。⑤微子：商纣王的庶兄，名启。⑥微仲：微启的弟弟。⑦王子比干：纣王叔父，因多次劝谏，被纣王剖心而死。⑧箕子：纣王叔父。⑨胶鬲：纣王之臣。⑩相与：共同。⑪辅相：辅助。

【译文】公孙丑说："像您这样说，那学生我的疑惑就更大了。连文王这样德高望重的人，又活了近百岁才死，都还没有使天下融洽；武王周公继承遗志努力了很久，然后才使王政大行，教化广被。现在您把实行王政，统一天下说得那么容易，难道文王还不够作榜样吗？"

孟子说："我们怎么可以跟文王相比呢？（在商代）从汤王到武丁，这中间有六七个圣贤的君主兴起，天下的人归向商殷已经很久了，时间久了，要变动就难了。武丁朝见诸侯，统一天下，就像把一样东西放在手心里转动一样容易。商纣虽然不好，但是他离武丁没多久，那些有旧勋的世家、上代流传下来的良好习俗、君主的好作风、好政教，当时还是存在着；又有微子、微仲、王子比干、箕子和胶鬲这些贤良的人，一同来辅佐他（商纣），所以过了很久才失掉天下。那时没有一尺土地不是殷朝的土地，没有一个老百姓不是殷朝的臣民，可文王那时刚从见方百里的地方起事，因此这时要夺取天下就比较难了。

【原文】"齐人有言曰：'虽有智慧，不如乘势；虽有镃基①，不如待时。'今时则易然也：夏后殷周之盛，地未有过千里也，而齐有其地矣；鸡鸣狗吠相闻，而达乎四境，而齐有其民矣；地不改辟矣，民不改聚矣，行仁政而王，莫之能御也。且王者之不作，未有疏于此时者也；民之憔悴于虐政，未有甚于此时者也。饥者易为食，渴者易为饮。孔子曰：'德之流行，速于置邮②而传命。'当今之时，万乘之国行仁政，民之悦之，犹解倒悬也。故事半古之人，功必倍之，惟此时为然。"

【注释】①锰基：农具，类似今天的锄头。②置邮：驿站。

【译文】齐国人有句俗话说：'纵然有才智，不如顺应形势；纵然有大锄，不如等待农时。'现在就是容易行王政统一天下的大好时机：夏、商、周三代最盛的时期，政令所直接达到的区域从没有超过方千里的，而齐国却有了它们那么宽广的辖地了；（三代极盛时期，人烟稠密，）鸡犬鸣叫的声音，从首都一直到四方国境，互相可以听到，而齐国也有了那么多的人民了；（在齐国目前这样的条件下，）土地不必再改变扩张了，人民也不必再变动增多了，如果推行仁政以统一天下，那是没有谁能抵挡得住的。况且统一天下的贤圣之君的期盼，没有比现在更久的了；老百姓对暴政迫害的担心，没有比现在更厉害的了。一个饥饿的人对食物是不加挑剔的，一个口渴的人对饮料也是很少选择的。孔夫子说过：'仁政的推行，比驿站邮亭传递上级的政令还要迅速。'现在这个时候，如果一个万乘大国出来实行德政，那老百姓心里的高兴，就会跟一个倒挂着的人被解救下来差不多。因此只要做古人一半多的事，就可以获得比古人多一倍的成功，这也只有现在这个时候才做得到。"

振贷贫民

文王询问姜尚治理国家的要义，姜尚陈述说国君要重仁义德行而轻财富。德行是治政的根本，财富是治政的末节。由此，文王重视推广德行，实行仁政，体恤民众疾苦，并把关怀抚恤鳏寡当作仁政的要务。

【原文】孟子曰："人皆有不忍人之心①。先王有不忍人之心，斯有不忍人之政矣。以不忍人之心，行不忍人之政，治天下可运之掌上。所以谓人皆有不忍人之心者，今人乍②见孺子将入于井，皆有怵惕③恻隐④之心——非所以内交⑤于孺子之父母也，非所以要誉⑥于乡党朋友也，非恶其声而然也。由是观之，无恻隐之心，非人也；无羞恶之心，非人也；无辞让之心，非人也；无是非之心，非人也。恻隐之心，仁之端⑦也；羞恶之心，义之端也；辞让之心，礼之端也；是非之心，智之端也。人之有是四端也，犹其有四体也。有是四端而自谓不能者，自贼者也；谓其君不能者，贼其君者也。凡有四端于我⑧者，知皆扩而充之矣，若火之始然⑨，泉之始达。苟能充之，足以保⑩四海；苟不充之，不足以事父母。"

【注释】①不忍人之心：怜悯心，同情心。②乍：突然、忽然。③怵惕：惊惧。④恻隐：哀痛，同情。⑤内交：即结交。内同"纳"。⑥要誉：博取名誉。要，同"邀"，求。⑦端：开端，起源，源头。⑧我：同"己"。⑨然：同"燃"。⑩保：定，安定。

【译文】孟子说："人们都有一颗怜悯的心。古代帝王由于有这种怜悯别人的心，这样才有了怜悯下面百姓的仁政。拿这种怜悯别人的好心，去施行怜悯下面百姓的仁政，治理天下就可以像把一件小东西放在手掌上翻转那么容易了。我所以说每个人都有一颗怜悯的心的缘故，譬如人们突然看见无知的小孩将要跌到井里去，都会立即产生一种惊恐、伤痛不忍的心情——这不是为了想跟这孩子的爹娘攀交情，不是为了要在邻里朋友中获得个好名声，也不是由于不喜欢孩子的啼哭声才这样做的。从这件事看起来，任何一个人，要是没有同情别人的心，就称不上是人；没有羞耻的心，也算不了人；没有礼让的心，算不了人；没有是非之心，也算不了人。同情人的心，是仁的开端；羞耻的心，是义的开端；礼让的心，是礼的开端；是非的心，是智的开端。一个人有这四端，就好像他的身体有四肢一样，（这是他本身固有的。）有这四个开端却自认无所作为的人，是自家害自家的人；说他的君主无所作为的人，是陷害他的君主的人。凡是在自己本身具有这四个开端的人，要是知道把它们都扩大开去，那就会像火刚开始点着，泉水刚开始流出，（它的前景是无可限量的。）（一个从事政治的人，）假使能够扩大这四端，就可以保护天下的人民，使他们安居乐业；假使不去扩大的话，那就连自身的爹娘也无法奉养了。"

【原文】孟子曰："子路，人告之以有①过，则喜。禹闻善言，则拜。大舜有大焉，善与人同②，舍己从人，乐取于人以为善③。自耕稼、陶、渔以至为帝，无非取于人者。取诸人以为善，是与人为善者也。故君子莫大乎与人为善。"

【注释】①有：同"又"。②善与人同：与人共同做善事。与，帮助、赞许。③与人为善：与，偕同。

【译文】孟子说："子路这个人，一听到人家告诉他有过错，便表示高兴；夏禹王听了有益的话，便向人拜谢。大舜比他两个更伟大，他愿意跟别人一同行善，抛弃自己不对的，听从人家对的，乐意吸取人的好处来行善，（一点也不勉强。）从他在下面种田、烧制陶（瓦）器、打鱼到被推举为领袖，他身上所表现出来的许多优点，没有不是从别人那里虚心学习的。吸取别人的优点来行善，其实，这也是帮助、鼓励别人行善的好作风。所以君子的所作所为没有比跟别人一同行善更伟大的了。"

公孙丑章句下

【原文】孟子曰："天时不如地利，地利不如人和。三里之城，七里之郭①，环而攻之而不胜。夫环而攻之，必有得天时者矣，然而不胜者，是天时不如地利也。城非不高也，池②非不深也，兵③革④非不坚利也，米粟非不多也，委⑤而去之，是地利不如人和也。故曰：域民⑥不以封疆之界，固国不以山溪之险，威天下不以兵革之利。得道者多助，失道者寡助。寡助之至，亲戚畔⑦之；多助之至，天下顺之。以天下之所顺，攻亲戚之所畔，故君子有⑧不战，战必胜矣。"

【注释】①三里之城，七里之郭：内城叫"城"，外城叫"郭"。内外城比例一般是三里之城，七里之郭。②池：即护城河。③兵：武器，指戈矛刀箭等攻击性武器。④革：皮革，指甲胄。古代甲胄有用皮革做的，也有用铜铁做的。⑤委：弃。⑥域民：限制人民。域，界限。⑦畔：同"叛"。⑧有：或，要么。

【译文】孟子说："得天时不如得地利好，得地利又不及得人和好。譬如这里有座内城三里、外城七里的城邑，敌人包围攻打却无法取胜。敌人既来围攻，一定是挑选过天时的了；然而却无法取胜，这正说明得天时不如得地利好。又譬如这里有另一座城邑，它的城墙筑的并不是不高，护城壕挖的并不是不深，士卒们的兵器和盔甲并不是不锐利、坚固，粮食也并不是不多，可是，（当敌人一来进犯，）守兵们便弃城而逃，这正足以说明得地利又不及得人和好。因此说：限制人民不必靠国家的疆界，巩固国防不必凭借山河的险要，威慑天下不必凭借武力的强大。得到正义的人帮助他的人就会多，失掉正义的人帮助他的人就会少。寡助到了极点时，连自己的亲人朋友都会背叛他；多助到了极点时，普天下的人都愿意顺从他。让天下都顺从他的人去攻打连他的亲戚也背叛他的人，因此，那些正义的君主要么不去攻打，只要一去攻打立即就会获得胜利。"

【原文】孟子谓蚔蛙①曰："子之辞灵丘②而请士师③，似也，为其可以言也。今既数月矣，未可以言与？"蚔蛙谏于王而不用，致为臣而去。齐人曰："所以为蚔蛙则善矣；所以自为，则吾不知也。"公都子④以告。曰："吾闻之也：有官守者，不得其职则去；有言责者，不得其言则去。我无官守，我无言责也，则吾进退，岂不绰绰然有余裕哉？"

【注释】①蚔蛙：齐国大夫。②灵丘：齐国边境邑名。③士师：官名，掌禁令、狱讼、刑罚，为古代法官之通称。④公都子：孟子的学生。

【译文】孟子对蚔蛙说："你辞掉灵丘邑令不当，却要求去做治狱官，这件事做得似乎有点道理，因为（做了治狱官）可以向主上进言了。现在（你当治狱官）已经几个月了，难道还不可以进言么？"蚔蛙向齐王进了言却没有被采纳，便辞职离去了。齐国有人（议论这件事）道："（孟子）替蚔蛙打算的还是好的；可为自己打算的怎样，我就不知道了。"公都子把这些话告诉了孟子。孟子说："我听说过：有官职的人，不能履行他的职责就只有辞职不干；有进言责任的人，他进了言上边的人不采纳，就也得辞职不干。我既没有官职，也没有进言的责任，那我的出处进退，岂不是宽宽绰绰，有更多的自由吗？"

【原文】孟子自齐葬于鲁①，反于齐，止于嬴②。充虞③请曰："前日不知虞之不肖，使虞敦④匠。事严⑤，虞不敢请。今愿窃有请也：木若以⑥美然。"曰："古者棺椁无度⑦，中古⑧棺七寸，椁称之。自天了达于庶人，非直为观美也，然后尽于人心。不得⑨，不可以为⑩悦；无财，不可以为悦。得之为有财，古之人皆用之，吾何为独不然？且比⑪化者⑫无使土亲肤，于人心，独无恔⑬乎？吾闻之也：君子不以天下俭其亲。"

孝感动天

古时尤为推崇孝义，孝子的事迹都被人广为传诵。最早的孝子，莫过于舜了。他母亲早死，父亲再婚，伙同后母和弟弟百般陷害他。舜仍对他们关爱如常。后来舜登天子之位后，仍恭敬奉养父亲和后母，对弟弟也十分照顾。

【注释】①自齐葬于鲁：孟子在齐国时，随行的母亲去世，孟子从齐国把母亲遗体送回国安葬。②嬴：地名，故城在今山东莱芜西北。③充虞：孟子的学生。④敦：治，管。⑤严：急，忙。⑥以：太。⑦棺椁无度：古代棺材分内外两层，内层叫棺，外层的套棺叫椁。棺椁无度是说棺与椁都没有尺寸规定。⑧中古：指周公治礼以后的时代。⑨不得：指礼制规定所不允许。⑩为：这里是"与"的意思。⑪比：为了。⑫化者：死者。⑬恔：快，快慰，满足。

【译文】孟子从齐国将母亲归葬到鲁国后，重新返回齐国，在嬴邑停留下来。充虞请问道："早先您不知道我的能力差，承蒙派遣我去监督备办棺木。当时事忙，我不敢请示。现在我想（趁机）请教一下：（我觉得）棺木似乎有点过于华美了。"孟子说："上古时候人们用的内棺和外棺尺寸的厚薄，没有什么规定，中古时候规定内棺厚七寸，外棺的厚薄必须与它相称。上起天子，下至百姓，（对棺椁都得讲究，）不止是为了好看，（大家认为只有这样做了，）然后才算是尽了孝心。（受到礼法限制，）不得用好棺木，当然不能令人称心如意；限于财力，不可能购用好棺木，同样也难以做到称心如意。只要礼法允许而又财力能办到，古代人都会用好棺木，我为什么就不能这样做呢？而且为了让死者的遗体不沾着泥土，（这样做）人子的心不是可以感到慰藉而不再有什么遗憾么？我听说过：一个懂得孝道的君子，决不因为要为天下人节约物资而在埋葬父母的大事上省钱。"

【原文】 孟子去齐。尹士①语人曰："不识王之不可以为汤武，则是不明也；识其不可，然且至，则是干②泽也。千里而见王，不遇故去，三宿而后出昼，是何濡滞也？士则兹不悦。"高子③以告。曰："夫尹士恶知予哉？千里而见王，是予所欲也；不遇故去，岂予所欲哉？予不得已也。予三宿而出昼，于予心犹以为速，王庶几改之！王如改诸，则必反予。夫出昼，而王不予追也，予然后浩然有归志。予虽然，岂舍王哉！王由足用为善。王如用予，则岂徒齐民安，天下之民举安。王庶几改之！予日望之！予岂若是小丈夫然哉？谏于其君而不受，则怒，悻悻然见于其面，去则穷日之力而后宿哉？"尹士闻之，曰："士诚小人也。"

【注释】 ①尹士：齐国人。②干：求。③高子：齐国人，孟子弟子。

【译文】 孟子离开齐国而去。尹士对别人说："不知道齐王成不了商汤王、周武王那样的人，那就是（孟子）缺乏眼力的地方；知道也不行，可还是来到了齐国，那就是贪图富贵了。跑了千多里路来见齐王，因为意见不合所以离去，住了三晚才出了昼县，这到底又是为了什么这样慢腾腾的呢？我就对这一点不高兴。"高子把这些话告诉了孟子。孟子说："那个尹士又怎么了解我呢？跑了千多里路来见齐王，这是我的愿望；因为意见不相合所以离去，难道是我的愿望么？我是不得已啊。我住了三晚才走出昼县，在我的心里还认为快了点，（当时我心想，）齐王也许会改变原来的态度吧！齐王如果改变态度，就一定会把我召回去。我走出了昼县齐王却不来追我（回去），然后我才有了难以抑制的回乡打算。我尽管这样，难道（愿意）舍弃齐王吗？（我认为）齐王还是有条件办好政事的。齐王如果用了我，那何止是齐国人民得到安居乐业，天下的人民也全都能得到安居乐业，齐王也许会改变态度，我天天盼望他能如此！我难道会像那种心地狭窄的人的样子么：向他的国君进谏没有采纳就发脾气，怒容满面，离开那个国家时就竭尽全力跑够一天的路程然后住宿呢？"尹士听到这些话后说："我的确是个（目光短浅的）小人啊。"

滕文公章句上

【原文】滕文公为世子①，将之楚，过宋而见孟子。孟子道性善，言必称尧舜。世子自楚反，复见孟子。孟子曰："世子疑吾言乎？夫道一而已矣。成覸②谓齐景公曰：'彼，丈夫也；我，丈夫也；吾何畏彼哉？'颜渊曰：'舜，何人也？予，何人也？有为者亦若是。'公明仪③曰：'文王，我师也；周公岂欺我哉？'今滕，绝长补短，将五十里也，犹可以为善国。《书》曰：'若药不瞑眩④，厥疾不瘳⑤。'"

【注释】①世子：即太子。"世"和"太"古音相同，古书常通用。②成覸：齐国的勇士。③公明仪：人名，复姓公明，名仪，鲁国贤人，曾子学生。④瞑眩：眼睛昏花看不清楚。⑤瘳：病愈。

【译文】滕文公做太子时，将要出使到楚国去，路过宋国，便特地去看望孟子。孟子跟他讲了人性善的观点，开口不离尧舜。太子从楚国回来时，又会见了孟子。孟子说："太子怀疑我的话吗？道理只有一个罢了。成覸对齐景公说：'他是男子大丈夫，我也是男子大丈夫，我干嘛要怕他呢？'颜渊说过：'舜是什么样的人呢？我是什么样的人呢？有作为的人也应该像他一个样子。'公明仪曾经说：'文王是我的老师，周公难道会骗我吗？'现在滕国（虽小），如果将土地截长补短（进行丈量），也将有五十里见方大，还是可以建设成一个好国家。《书》说：'如果一种药服了后不使人产生头晕目眩的感觉，那个病是不会治好的。'"

【原文】墨者①夷之②因徐辟③而求见孟子。孟子曰："吾固愿见，今吾尚病，病愈，我且往见，夷子不来。"

他日，又求见孟子。孟子曰："吾今则可以见矣。不直，则道不见，我且直之。吾闻夷子墨者。墨之治丧也，以薄为其道也。夷子思以易天下，岂以为非

为亲负米

孔子的弟子子路十分孝顺，早年家中贫穷，自己采野菜做饭，却从百里之外负米回家侍奉双亲。父母死后，他做了大官，但想到双亲，心中悲哀不已，常慨叹即便是为父母负米，也不可得。

是而不贵也；然而夷子葬其亲厚，则是以所贱事亲也。"

徐子以告夷子。

夷子曰："儒者之道，古之人若保赤子④，此言何谓也？之则以为爱无差等，施由亲始。"

徐子以告孟子。

【注释】①墨者：墨家学派的人。墨家学派的创始人是墨翟。墨家主张"兼爱"、"尚贤"、"尚同"等，提倡"节用"、"节葬"，反对厚葬。墨家学说反映了当时小生产者的利益。②夷之：姓夷名之。③徐辟：孟子弟子。④若保赤子：见于《尚书·康诰》。

【译文】墨家的门徒夷之通过徐辟的关系要求见孟子。孟子说："我本来愿意见他，（无奈）现在我还在患病，病好了，我打算去看望他，夷子不必来（这里）。"

过了一些日子，（夷之）又要求谒见孟子。孟子说："我现在就可以和他见面了。不直接地进行论辩，正确的道理就表现不出来；我准备直接地（和他）进行论辩。我听说夷子是墨家学派的信徒，墨家的办（父母）丧事，把薄葬看做是他们的正道；夷子想拿这个来移风易俗，难道会把这个看做不对而不加崇尚吗？可是夷子却厚葬他的父母，这就无异于是拿他们所轻贱的礼仪去对待双亲了。"

徐子把这些话告诉了夷子。

夷子说："儒家的学说中确实有过这样的记载，古代的帝王对待老百姓就像爱抚初生的婴儿一样，这句话是什么意思呢？我就认为爱是没有差别的，但是实施这种爱却应该从自己的父母开始。"

徐子又把这些话转告了孟子。

【原文】孟子曰："夫夷子信以为人之亲其兄之子为若亲其邻之赤子①乎？彼有取尔也。赤子匍匐将入井，非赤子之罪也。且天之生物也，使之一本，而夷子二本故也。盖上世尝有不葬其亲者，其亲死，则举而委②之于壑。他日过之，狐狸食之，蝇蚋③姑嘬④之。其颡⑤有泚⑥，睨而不视。夫泚也，非为人泚，中心达于面目，盖归反蘽⑦梩⑧而掩之。掩之诚是也，则孝子仁人之掩其亲，亦必有道矣。"

徐子以告夷子。夷子怃然⑨为间⑩曰："命⑪之矣。"

【注释】①赤子：婴儿。②委：委弃，抛弃。③蚋：蚊类小虫。④嘬：噬，咬。⑤颡：额头。⑥泚：出汗的样子。⑦蘽：土筐。⑧梩：古代一种挖土的工具。⑨怃然：惆怅失意的样子。⑩为间：即"有间"，过了一会儿。⑪命：受命，领教。

【译文】孟子说："那位夷子难道真的认为人们爱他哥哥的孩子和爱他邻居的婴儿是一样的么？古书中（若保赤子）的话是用来打比方才这样说的，（那是说老百姓因为无知而犯法，就像）

婴儿在地上爬着快要掉进井里去了，这并不是婴儿的罪过。（其实，平日人们爱自己的侄儿和爱邻居的婴儿还是有所不同的。）而且天生万物，使它们都只有一个根本，而夷子（却主张爱没有差别，认为爱别人的父母，等于爱自己的父母，）提出两个根本，这就是我要驳斥他的原因。大约上古时候曾经有过不埋葬父母的人，他的父母死了，就把他们的遗骸抬去抛到山沟里去。后来路过那里，看见狐狸在吃它们，苍蝇、蚊子在吮叮它们。（心里难过得）额角冒汗，只是斜着眼睛瞟一下，连正视都不敢。那个人的流汗，并不是为了流给别人看的，而是出于真心难过，自然而然地在面上流露出来。可能他回去取了畚箕和铁锹掩埋了父母的遗体实在是做得对的，这样看来，孝子仁人埋葬他们的父母亲，一定也是有道理的。"

徐子再次把孟子的话告诉了夷子，夷子心中感到茫然若有所失，过了一会儿，说："我衷心受教了。"

滕文公章句下

【原文】陈代①曰:"不见诸侯,宜若小然;今一见之,大则以王,小则以霸。且《志》曰:'枉②尺而直寻③。'宜若可为也。"

孟子曰:"昔齐景公田④,招虞人以旌⑤,不至,将杀之。志士不忘⑥在沟壑,勇士不忘丧其元⑦。孔子奚取焉?取非其招不往也。如不待其招而往,何哉?且夫枉尺而直寻者,以利言也。如以利,则枉寻直尺而利,亦可为与?昔者赵简子⑧使王良⑨与嬖奚⑩乘,终日而不获一禽。嬖奚反命⑪曰:'天下之贱工也。'或以告王良。良曰:'请复之。'强而后可,一朝而获十禽。嬖奚反命曰:'天下之良工也。'简子曰:'我使掌与女乘。'谓王良。良不可,曰:'吾为之范我驰驱⑫,终日不获一;为之诡遇⑬,一朝而获十。《诗》云⑭:"不失其驰,舍矢如破。"我不贯⑮与小人乘,请辞。'御者且羞与射者比⑯,比而得禽兽,虽若丘陵,弗为也。如枉道而从彼,何也?且子过矣;枉己者,未有能直人者也。"

【注释】①陈代:孟子的学生。②枉:屈。③寻:八尺为一寻。④田:打猎。⑤招虞人以旌:虞人,守猎场的小官。古代君王召唤臣下,按规定要有相应的物件作标志,旌旗是召唤大夫的,弓是召唤士的,若是召唤虞人,只能用皮冠。所以这个虞人不理睬齐景公用旌旗的召唤。《左传·昭公二十年》曾经载过这一件事,孔子并对这个虞人有所称赞,所以下文孟子说到"孔子奚取焉"。⑥不忘:不忘本来是常常想到的意思,虽然常常想到自己"在沟壑"和"丧其元"的结局,但并不因此而贪生怕死。所以,这里的"不忘"也可以直接理解为"不怕"。⑦元:首,脑袋。⑧赵简子:晋国大夫,名赵鞅。⑨王良:春秋末年著名的善于驾车的人。⑩嬖奚:一个名叫奚的宠臣。⑪反命:复命。反同"返"。⑫范我驰驱:使我的驱驰规范。范,使……规范。⑬诡遇:不按规范驾车。⑭《诗》云:引自《诗经·小雅·车攻》。意为按规范驾车,箭放出就能射中目标。⑮贯:同"惯",习惯。⑯比:合作。

【译文】陈代说:"不愿谒见诸侯,未免见得心地太狭小了点呢;假如现在要去谒见他们,弄得好呢,也许可以实行德政。帮助他们统一天下,即使不那么理想,也可以富国强兵,帮助他们称霸于世。况且以前的《志》书中也说过:'受委屈不过一尺,而得伸直的却是八尺'。(相较之下,)应该说似乎是可以干的。"

孟子说:"从前齐景公去打猎,拿饰有羽毛的旗子召唤主管田猎的小吏,小吏不来见,(景公)将要杀掉他。一个志士仁人正直不苟,不怕惨遭杀戮,尸填沟坑;一个大勇的人临危不乱,哪怕要掉脑袋,(这不是孔子当年赞颂这个管田猎小吏的话么,)孔子赞扬他哪一点呢?就是赞扬他敢于坚守礼义，不接受不合乎礼仪的召唤。如果我不待诸侯以礼相招，便径自去谒见他们，那成什么话呢？而且那些所谓受委屈一尺，却能伸直八尺的话，只是从得到利益的观点而说的。如果单从利益的观点来考虑问题的话，那么只要能得到利益，即使委屈八尺伸直一尺的事，难道也可以干么？从前赵简子派王良替他的宠臣奚赶车（出去打猎），赶了一整天却没有打到一只鸟，奚回来向赵简子汇报道：'（王良简直）是世上最蹩脚的赶车工。'有人把这个话告诉了王良；王良（向赵简子）说：'请让我再给他赶一次车吧。'奚经过勉强劝说然后才答应，一个早上就打到了十只鸟。奚回来在赵简子面前夸奖王良道：'（王良真）是世上最出色的赶车工。'简子说：'那我就派他专门替你赶车。'（简子）把这件事跟王良说，王良不答应，说：'我按照赶车的正当规矩替他赶着车奔驰，却整天打不到一只鸟；不按赶车的正当规矩去赶车，一个早上便打到十只鸟。（可见有问题的不是我的赶车技术，而是他的射猎本领和品德。）《诗》里说过：不违背赶车的正规，箭一发出便定有杀伤。我不习惯替小人赶车子，请您同意我辞去这份差事。'一个赶车的人尚且以与一个不体面的射手合作为可耻；合作后打到的禽兽，尽管堆积如山，倒反劝我枉曲正道去屈从当今那些骄横无礼的诸侯呢？况且你（在下面涂了：凡是枉屈自己的人，没有一个能够使别人正直的。"也不屑干。你怎么（在这个问题上）弄糊

【原文】公孙丑问曰："不见诸侯何义？"

孟子曰："古者不为臣不见。段干木于逾垣而辟②之，泄柳③闭门而不内，是皆已甚；迫，斯可以见矣。阳货欲见孔子④，而恶无礼，大夫有赐于士，不得受于其家，则往拜其门。阳货瞰孔子之亡也，而馈孔子蒸豚；孔子亦瞰⑤其亡也，而往拜之。当是时，阳货先，岂得不见？曾子曰：'胁肩谄笑，病于夏畦⑥。'子路曰：'未同而言，观其色赧赧然，非由之所知也。'由是观之，则君子之所养，可知已矣。"

【注释】①段干木：姓段干，名木，晋国人，孔子弟子子夏的弟子，清高而不屑为官。魏文侯去拜访他，他却翻墙逃走不见。②辟：同"避"。③泄柳：鲁缪公时的贤者。④阳货欲见孔子：阳货想让孔子来拜见他。事见《论语·阳货》。⑤瞰：窥视。⑥胁肩谄笑，病于夏畦：胁肩，耸起肩头，故作恭敬的样子。胁肩谄笑形容逢迎谄媚的丑态。畦，本指菜地间划分的行列，这里指在菜地里劳动。

【译文】公孙丑问道："您不愿谒见诸侯是什么意思呢？"

孟子说："古代的惯例，没有当诸侯的臣子，便不去谒见他。段干木跳墙躲避魏文侯，泄柳关起门来不接受鲁缪公的访问，这都已做得太过分了；要是对方逼着要见你，那还是可以见的。阳货想使孔子来见自己，但又怕失礼，（按当时的规定，）大夫如果赏赐东西给士，士要是正好不在家时，不能在家里接受大夫的赏赐，就应该到大夫家登门拜谢。

严子陵

严子陵尊崇高义，不慕权贵，是后世人景仰的对象。他受到王莽的多次邀约，坚持不出。后好友刘秀做了皇帝，殷切相请，他看到官场的倾轧，便辞让不出，在富春江边隐居垂钓。

阳货打听到孔子不在家时，便赐给孔子一个蒸猪腿；孔子也窥伺到阳货不在家时，径到他家去拜谢。当这时，阳货先去赐东西给孔子，（孔子）怎么好不去回拜他呢？曾子说过：'耸起两个肩头，（向人家）装出一幅讨好的笑脸，那真比盛夏的日子里到菜地去浇菜还要苦呢。'子路也说过：'明明跟这个人志趣不相投，却要勉强去和人家扳谈，看看他那羞惭得满脸涨红的样子，我真不知道为什么而来。'从上面这些事例看来，一个君子应该如何来培养自己的品德和操守就可以一目了然了。"

【原文】匡章①曰："陈仲子②，岂不诚廉士哉！居于陵③，三日不食，耳无闻，目无见也。井上有李，螬④食实者过半矣，匍匐往将⑤食之；三咽，然后耳有闻，目有见。"

孟子曰："于齐国之士，吾必以仲子为巨擘⑥焉。虽然，仲子恶能廉？充仲子之操，则蚓而后可者也。夫蚓，上食槁壤，下饮黄泉。仲子所居之室，伯夷⑦之所筑与？抑亦盗跖⑧之所筑与？所食之粟，伯夷之所树与？抑亦盗跖之所树与？是未可知也。"

【注释】①匡章：齐国名将，其言行见于《战国策·齐策》和《吕氏春秋·不屈》。②陈仲子：齐国人，世称陈仲、田仲，又称於陵仲子。《淮南子·氾论训》说他"不入洿（同污）君之朝，不食乱世之食，遂饿而死"。③於陵：地名，在今山东长山县南，距临淄约二百里。④螬：即蛴螬，俗称"地蚕"、"大蚕"，是金龟子的幼虫。⑤将：拿、取。⑥巨擘：大拇指，引申为在某一方面杰出的人或事物。⑦伯夷：见《公孙丑上》第二章注。这里以伯夷代表廉洁的人。⑧盗跖：春秋时有名的大盗，姓展，名跖，柳下惠的兄弟。这里以盗跖代表恶人。

【译文】匡章说："陈仲子难道不是个廉洁的人么？（他）住在於陵，三天没有吃什么，（已经饿得）耳朵听不到声音，眼睛看不见东西了。井台上有只（从树上掉下的）李子，桃核虫咬食了它的大半果肉，（他无力地）爬上前去，捡起这个李子来就吃，（也顾不上细细咀嚼）吞咽了三口，这才恢复了耳朵的听觉和眼睛的视觉。"

孟子说："在齐国的人士中，毫无疑问我将推仲子为首屈一指的人物。尽管如此，但仲子又怎么称得上廉洁呢？如果要彻底实现仲子的操守，那就只有变成蚯蚓然后才可以，蚯蚓这种虫，在地面上吃干巴巴的尘土，在地层深处饮清洁的黄泉。仲子所住的房子，是伯夷建造的呢？还是盗跖建造的呢？所吃的粮食，是伯夷种的呢？还是盗跖种的呢？这些都是不能知道的。"

仲子赏月

【原文】曰："是何伤哉？彼身

织屦，妻辟纑①，以易之也。"

曰："仲子，齐之世家也；兄戴，盖②禄万钟。以兄之禄为不义之禄而不食也，以兄之室为不义之室而不居也，辟兄离母，处于於陵。他日归，则有馈其兄生鹅者，己频顣③曰：'恶用是鶂鶂④者为哉？'他日，其母杀是鹅也，与之食之。其兄自外至，曰：'是鶂鶂之肉也。'出而哇⑤之。以母则不食，以妻则食之；以兄之室则弗居，以于陵则居之。是尚为能充其类也乎？若仲子者，蚓而后充其操者也。"

【注释】①辟纑：绩麻练麻。绩麻为辟，练麻为纑。②盖：齐国地名，是陈戴的食邑。③频顣：即颦蹙，不愉快的样子。④鶂鶂：鹅叫声。⑤哇：吐。

【译文】匡章说："这打什么紧呢？他亲自编织草鞋，老婆绩麻搓线，拿去换吃的、住的。"

孟子说："仲子，出身齐国的世族家庭；他的哥哥陈戴，封地盖邑每年能收到禄米几万石；（仲子）认为他哥哥的俸禄是不义的财物，便不食用；认为哥哥的房子是不义的产业，便不居住，避开哥哥，脱离母亲，（一个人）住在于陵。后来有一天回家看望母亲，正好碰上有个送一只活鹅给他哥哥的人。（仲子）独自皱着眉头：'要这只呃呃叫的怪东西派什么用场呢？'过了些日子，他的母亲杀了这只鹅，拿给他吃。（当他正吃的时候）他哥哥从外面跑了进来，说：'这便是那个呃呃叫的怪东西的肉。'（仲子一听，）便跑到外面去，'哇'的一声全都吐出来了。因为是母亲的东西便不吃，因为是妻子的东西便吃了；因为是哥哥的房子不住，因为是于陵的地方便住下，这样还能算是廉洁到顶了吗？像仲子这样的人，恐怕只有把自己变成蚯蚓然后才能把廉洁之风推向顶点吧。"

离娄章句上

【原文】孟子曰:"离娄^①之明、公输子^②之巧,不以规矩,不能成方员;师旷^③之聪,不以六律^④,不能正五音^⑤;尧舜之道,不以仁政,不能平治天下。今有仁心仁闻^⑥,而民不被其泽,不可法于后世者,不行先王之道也。故曰,徒善,不足以为政;徒法,不能以自行。《诗》云^⑦:'不愆^⑧不忘,率^⑨由旧章。'遵先王之法而过者,未之有也。圣人既竭目力焉,继之以规矩准绳,以为方员平直,不可胜用也;既竭耳力焉,继之以六律正五音,不可胜用也;既竭心思焉,继之以不忍人之政,而仁覆天下矣。故曰,为高必因丘陵,为下必因川泽;为政不因先王之道,可谓智乎?

【注释】①离娄:相传为黄帝时人,目力极强,能于百步之外望见秋毫之末。②公输子:即公输班("班"也被写成"般"、"盘"),鲁国人,所以又叫鲁班,古代著名的巧匠。约生活于鲁定公或者哀公的时代,年岁比孔子小,比墨子大。事迹见于《礼记·檀弓》、《战国策》、《墨子》等书。③师旷:春秋时晋国的乐师,古代极有名的音乐家。事迹见于《左传》、《礼记》、《国语》等。④六律:中国古代将音律分为阴吕、阳律两部分,各有六种音。六律即阳律的六音,分别是太簇、姑洗、蕤宾、夷则、无射、黄钟。⑤五音:中国古代音阶名称,即宫、商、角、向徵、羽,相当于简谱中的1、2、3、5、6这五音。⑥闻:名声。⑦《诗》云:引自《诗经·大雅·假乐》。⑧愆:过失。⑨率:遵循。

【译文】孟子说:"就算有离娄那样明敏的视力,公输般那样精巧的手艺,如果不用圆规和曲尺,就不能画出准确的方形和圆形;就算有师旷那样强的辨音能力,如果不用六律,就不能校正好五音;就算有尧舜那样高明的政治素养,如果不实行仁政,就不能把天下治理好。现在(一些诸侯)尽管有仁爱的心思和仁爱的声望,可是老百姓却不能蒙受他们的恩泽,也不足为后世的人所效法的原因,就是因为他们不能奉行先代圣王之道。所以说,单有善念不够凭借来办好政治,只有良法不能自动执行,(只有二者密切配合,才能做到法行政举。)《诗》里说过:'不要犯偏差,也不要有所遗漏,一切循照旧的规章。'遵循古先圣王的法规行事而产生过失,几乎是从来没有的事。古代圣人既竭尽自己的目力进行测视,接着又用圆规、曲尺、水平仪和绳墨来造方的、圆的、平的、直的各种东西,那些东西便用之不尽了;(古代圣人)既竭尽自己的听力来辨音,接着又用六律来校正五音,这种经过校正的音调也就用之不尽了;(古代圣王)既竭尽心思来考虑政事,接着又实行了从不忍人出发的仁政,这样他的仁爱便广被天下万民了。所以说,堆高山就必须凭借原有的丘陵高地,挖深池就必须利用原有的河流沼泽。办理政治不凭借(行之有效的)古先圣王之道,能称得上是明智吗?

【原文】"是以惟仁者宜在高位,不仁而在高位,是播其恶于众也。上无道揆^①也,下无法守也,朝不信道,工不信度,君子犯义,小人犯刑;

国之所存者，幸也。故曰，城郭不完，兵甲不多，非国之灾也；田野不辟，货财不聚，非国之害也。上无礼，下无学，贼民兴，丧无日矣。《诗》曰：'天之方蹶，无然泄泄②！'泄泄，犹沓沓也。事君无义，进退无礼，言则非③先王之道者，犹沓沓也。故曰，责难于君谓之恭，陈善闭邪谓之敬，吾君不能谓之贼。"

【注释】①揆：度量。②《诗》曰：引自《诗经·大雅·板》。蹶：动。泄泄：多言，话多。③非：诋毁。

【译文】"所以只有仁爱的人才适合处在较高的统治地位上；不仁爱的人处在较高的位子上，这就等于把他的劣迹散播到群众中去。在上的国君没有掌握正确的道术用以揣测天意民心，在下的臣民没有正确的法度可供遵守，朝廷上不相信道义，下面的工匠们否认尺度，做官的人违反义理，老百姓轻犯刑法，（在这样的情况下）国家还能存在，那真是侥幸的事。所以说，城墙不坚牢，武器装备不足，不是国家的灾难；农田没有开发，财富没有收聚，不是国家的祸害；（只有）在上位的人不讲礼义，居于臣下的人又不愿意学习，造反的老百姓起来了，那亡国的日子就没有多远了。《诗》里又说：'老天正要降祸乱，不要多嘴多舌来附和。''泄泄'和'沓沓'差不多，都是嘈杂多言随声附和的意思。事君不过问做得对不对，进退不讲究礼法，开口便诋毁先代圣王之道，这种人跟多言无义的'沓沓'者是一路货色。所以，责求君主行他所认为难行的事——即行先王的仁政，就叫做'恭'，向君主陈说善道，阻塞邪念，就叫做'敬'，认为'我的君主不能行仁政'，就叫做'贼'（有贼害的意思）。"

【原文】孟子曰："三代之得天下也以仁，其失天下也以不仁。国之所以废兴存亡者亦然。天子不仁，不保四海；诸侯不仁，不保社稷；卿大夫不仁，不保宗庙①；士庶人不仁，不保四体。今恶死亡而乐不仁，是犹恶醉而强②酒。"

【注释】①宗庙：这里指采邑（封地），因为卿大夫先有采邑然后才有宗庙。②强：勉强。

【译文】孟子说："夏商周三代的开国之君禹、汤、文武的得到天下是由于仁爱，它们的末代君主桀、纣、幽厉的失去天下则是因为不施行仁政。诸侯国家兴盛、衰败和生存、这正是它们灭亡的原因。天子要是不仁，就不能保住四海之内的土地（即天下）；诸侯要是不仁，就不能保住国家；公卿大夫要是不仁，就不能保住祖先的宗庙；士子和老百姓要是不仁，就不能保全自己的身体。现在有些人讨厌死亡，但却乐意干坏事，这就跟不喜欢喝醉酒却又偏偏要勉强去喝酒的人一样。"

【原文】孟子曰："为政不难，不得罪于巨室①。巨室之所慕②，一国慕之；一国之所慕，天下慕之。故沛然③德教溢乎四海。"

【注释】①巨室：庞大的家族，指当时具有较大政治影响力的卿大夫的家族。

②慕：倾慕、仰慕。③沛然：声势浩大的样子。

【译文】孟子说："办理政治并不难，（关键在于自己修身养性，）不得罪那些很有影响的贤卿大夫的家族。因为那些贤卿大夫的家族所仰慕的，一国的人便也都会争着仰慕；一国的人所仰慕的，普天下的人便同样会争着仰慕，所以你的德教便会声势浩大、不可遏抑地充溢于天下了。"

【原文】孟子曰："自暴①者，不可与有言也；自弃者，不可与有为也。言非②礼义，谓之自暴也；吾身不能居仁由义，谓之自弃也。仁，人之安宅也；义，人之正路也。旷安宅而弗居，舍正路而不由，哀哉！"

【注释】①暴：损害，糟蹋。②非：诋毁。

【译文】孟子说："一个自暴自弃的人，不能跟他谈正经话；一个自弃的人，不可以跟他有所作为。一个人讲起话来诋毁礼义，叫做'自暴'；自认为不能心怀仁德、行合正道，叫做'自弃'。仁，是人平安居住的住宅；义，是人应走的正路。空着住宅而不居住，舍弃了正路而不走，这是多么令人悲哀的事情啊！"

【原文】孟子曰："求也为季氏宰①，无能改于其德，而赋粟倍他日。孔子曰：'求非我徒也，小子鸣鼓而攻之可也！'由此观之，君不行仁政而富之，皆弃于孔子者也，况于为之强战？争地以战，杀人盈野；争城以战，杀人盈城：此所谓率土地而食人肉，罪不容于死。故善战者服上刑，连诸侯者次之，辟草莱、任土地者次之。"

【注释】①求也为季氏宰：求，冉求，孔子弟子。季氏，指季康子，鲁国卿。

【译文】孟子说："冉求虽然做了鲁国公卿季康子的家臣，没有能力改变他的所作所为，却帮着他向老百姓征收比往日增加一倍的粮谷。孔子说：'冉求，已经不是我们中的人了，弟子们可以大张旗鼓地去责数他的过错！'从这件事看来，凡是去帮助不行仁政的君主搜刮财富的人，都是被孔子所唾弃的；何况对于那些为霸主们去努力作战的人呢！为了争夺土地而进行战争，往往杀人遍野；为了争夺城池而进行战争，往往杀人满城，这就是我们所说的为了土地而吞噬人肉，这种人罪大恶极，处以死刑还不足以偿还他们的罪恶。所以那些能征惯战的人应该受到最重的刑罚，那些搞'合纵连横'唆使诸侯们拉帮结伙互相攻战的人该受次一等的刑罚，那些迫使百姓开荒山、尽地力以增加霸主们赋税收入的人也该受到更次一等的刑罚。"

【原文】孟子曰："人不足与适①也，政不足间也，唯大人为能格君心之非。君仁，莫不仁；君义，莫不义；君正，莫不正。一正君而国定矣。"

【注释】①适：同"谪"，谴责，指责。

【译文】孟子说："对那些当权的小人不值得去指摘，对他们的政治也不值得去非议；只有大德的人才能纠正君主思想上的错误。（在一个国家内，君主是起决定作用。）君主存心仁爱，下面便没有不存心仁爱的；君主行事合宜，下面便没有不行事合宜的；君主作风正派，下面便没有不正派的。君主得到端正，整个国家便自己安定了。"

【原文】乐正子从于子敖之齐。

乐正子见孟子。孟子曰："子亦来见我乎？"

曰："先生何为出此言也？"

曰："子来几日矣？"

曰："昔者①。"

曰："昔者，则我出此言也，不亦宜乎？"

曰："舍馆②未定。"

曰："子闻之也，舍馆定，然后求见长者乎？"

曰："克有罪。"

【注释】①昔者：昨天。②舍馆：指住宿的地方。

【译文】乐正子跟随王欢来到了齐国。

乐正子谒见孟子。孟子说："你也会来见我吗？"

乐正子说："先生为什么讲出这样的话来呢？"

孟子反问："你来了几天了？"

乐正子答道："前些日子来的。"

孟子说："既然你是前些日子来的，那么我说这样的话，不也是可以的吗？"

乐正子解释道："因为客馆还没有定，（所以来迟了些）"

孟子说："你听说过，等客馆定下了，然后才来谒见长辈吗？"

乐正子说："这个是我有过错。"

【原文】孟子曰："天下大悦而将归己，视天下悦而归己，犹草芥也，惟舜为然。不得乎亲，不可以为人；不顺乎亲，不可以为子。舜尽事亲之道而瞽瞍①厎②豫③，瞽瞍厎豫而天下化④，瞽瞍厎豫而天下之为父子者定，此之谓大孝。"

【注释】①瞽瞍：舜的父亲。②厎：致。③豫：乐。④化：感化。

【译文】孟子说："天下的人都很高兴，并且将要归附于自己；把天下的人征服并将归附于自己，看得像草芥一样不那么重要，只有舜是这样。（在舜的眼中看来，）儿子与父母的关系相处得不好，不可以做人；儿子不能事事顺从父母的心意，便不成其为儿子。（所以，）舜尽了一切事亲之道而使瞽瞍由不高兴到高兴了，瞽瞍由不高兴到高兴了，于是普天下的人都受到了感化，瞽瞍由不高兴到高兴了，于是天下作为父子的伦常关系也自此确定了，这就叫做大孝。"

离娄章句下

【原文】孟子曰:"舜生于诸冯①,迁于负夏,卒于鸣条,东夷之人也;文王生于岐周②,卒于毕郢③,西夷之人也。地之相去也,千有余里;世之相后也,千有余岁。得志行乎中国,若合符节④,先圣后圣,其揆⑤一也。"

【注释】①诸冯:与下文的负夏、鸣条,皆古地名,具体所在已无法确指,传说都在今山东省。②岐周:岐,即今陕西岐山县东北的岐山;"周"是国名。③毕郢:地名,在今陕西咸阳市东部。④符节:古代朝廷用作凭证的信物,用金、玉、竹、铜、木等制作,形状不一,上写文字,剖分为二,双方各执一半,使用时将两半相合以验真假。⑤揆:尺度,准则。

【译文】孟子说:"舜出生在诸冯,迁居到负夏,死在鸣条,是东方边远地区人。文王出生在岐周,死在毕郢,是西方边远地区人。地域相距一千多里,时代相隔一千多年。当他们得志后在中国实现他们的抱负,简直没有两样,前代的圣人和后代的圣人,他们的准则都是一个样。"

【原文】子产①听郑国之政,以其乘舆②济人于溱洧③。孟子曰:"惠而不知为政。岁十一月④,徒杠⑤成;十二月,舆梁⑥成,民未病涉也。君子平其政,行辟⑦人可也,焉得人人而济之?故为政者,每人而悦之,日亦不足矣。"

【注释】①子产:姓公孙,名侨,字子产,春秋时郑国的贤宰相。②乘舆:指子产乘坐的车子。③溱洧:两条河水的名称,会合于河南密县。④十一月:周历十一月为夏历九月,下文十二月为夏历十月。⑤徒杠:可供人徒步行走的小桥。⑥舆梁:能通车马的大桥。⑦辟:开辟,即开道的意思。

【译文】子产在郑国当政,用他自己乘坐的车子在溱水和洧水那里把行人渡过去。孟子说:"这只是小恩小惠,却并不懂得如何办好政事。要是十一月过人的小桥修成了,十二月过车辆的大桥修成了,老百姓便不会再为渡河的事担忧了。在上面做官的君子如果办好了政事,哪怕是出去时鸣锣开道,叫行人回避自己也是行得通的,又怎能去一一的帮助行人渡河?所以办理政事的人要讨得每个人欢心,那时间也是不够用的呢。"

子产

子产,即公孙侨,字子产,春秋时期郑国贤相,著名的政治家和思想家。子产心地仁厚,对百姓关爱有加。

【原文】孟子告齐宣王曰:"君之视臣如手足,则臣视君如腹心;君之视臣如犬马,则臣视君如国人；君之视臣如土芥，则臣视君如寇雠^{chóu}。"

王曰："礼，为旧君有服^①。何如斯可为服矣？"

曰："谏行言听，膏泽下于民；有故而去，则君使人导之出疆，又先于其所往；去三年不反，然后收其田里。此之谓三有礼焉。如此，则为之服矣。今也为臣，谏则不行，言则不听；膏泽不下于民；有故而去，则君搏执之，又极^②之于其所往；去之日，遂收其田里。此之谓寇雠^{chóu}。寇雠^{chóu}，何服之有？"

【注释】①为旧君有服：指离职的臣子为原先的君主服孝。②极：穷困，这里作使动用法，意思是使其处境极端困难。

【译文】孟子告诉齐宣王说："君主把臣下看得如同自己的手足，臣下就会把君主看得如同自己的腹心；君主把臣下看得如同狗马，臣下就会把君主看得如同普通国人；君主把臣下看得如同土块草芥（一样不值钱），臣下就会把君主看得像仇敌一样。"

宣王（听了这些话，心里觉得有些过分，便故意）问道："礼制规定：不在职了的臣下还得为旧日的君主穿一定的孝服，在什么情况下才可以为旧日的君主服孝呢？"

孟子说："如果臣下劝善规过的话他照办了，好的建议他听取了，因而恩惠下达到了老百姓身上；臣下因故必须离国时，君主就派人引导护送他安全出境，又事先打发人到他所要去的地方布置妥善，并到处宣传他的长处优点；离国三年之后还没有回来，然后才收回他的采地和房屋。这就叫做三有礼。君主能做到这样，臣下（在他死了后）就会为他服孝。现在做臣下的人，劝善规过的话不被接受，正确的建议不去采纳，因而恩惠也不达到老百姓身上；臣下因故离国时，君主就派人逮捕他的家人亲属，又故意在他所要去的地方制造种种困难，置他于死地；刚一离开，便没收他的采地和房屋。这便叫做仇敌。既然是仇敌，还服什么孝呢？"

【原文】孟子曰："仲尼不为已甚^①者。"

【注释】①甚：过分、过头。

【译文】孟子说："孔子不做过头的事。"

【原文】孟子曰："大人者，言不必信^①，行不必果^②，惟义^③所在。"

【注释】①信：信守承诺。②果：结果。③义：义理、道义。

【译文】孟子说："作为有道德修养的君子，讲的话不一定句句守信，做的事不一定件件果断彻底，只看怎样说怎样做更为合适。"

【原文】孟子曰："以善^①服人者，未有能服人者也；以善养^②人，然后能服天下。天下不心服而王者，未之有也。"

【注释】①善：擅长。②养：教育。

【译文】孟子说："拿自己的长处去折服别人，没有人肯折服的；拿自己的长处去教育帮助别人，（使别人也能获得这些长处，）然后才能叫天下的人心服。天下的人不归心而能够统一天下的，是绝对不会有的事。"

【原文】孟子曰："可以取，可以无取，取伤廉①；可以与，可以无与，与伤惠②；可以死，可以无死，死伤勇。"

【注释】①廉：堂屋的侧边，引申为品行方正。②惠：仁慈。

【译文】孟子："可以取，也可以不取，取了有损于廉洁的称号，（当然以不取为合适；）可以给，也可以不给，给了有损于惠爱的称号，（还是以不给为合适；）可以死，也可以不死，死了有损于勇敢的称号，（也应该以不死为合适。）"

【原文】逢蒙①学射于羿②，尽羿之道，思天下惟羿为愈己，于是杀羿。孟子曰："是亦羿有罪焉。"

公明仪曰："宜若无罪焉。"

曰："薄乎云尔，恶得无罪？郑人使子濯孺子侵卫，卫使庾公之斯追之。子濯孺子③曰：'今日我疾作，不可以执弓，吾死矣夫！'问其仆曰：'追我者谁也？'其仆曰："'庾公之斯④也。'曰：'吾生矣。'其仆曰：'庾公之斯，卫之善射者也，夫子曰吾生，何谓也？'曰：'庾公之斯学射于尹公之他，尹公之他学射于我。夫尹公之他⑤，端人也，其取友必端矣。'庾公之斯至，曰：'夫子何为不执弓？'曰：'今日我疾作，不可以执弓。'曰：'小人学射于尹公之他，尹公之他学射于夫子。我不忍以夫子之道反害夫子。虽然，今日之事，君事也，我不敢废。'抽矢，扣轮，去其金，发乘矢⑥而后反。"

羿射河伯

后羿传说是夏王朝东夷族有穷氏的首领，善于射箭。神话中后羿之箭连射天上九个太阳，是天下第一神箭手。

【注释】①逢蒙：羿的学生和家众，后来叛变，帮助有穷国的相寒浞杀死了羿。②羿：

国学枕边书

全民阅读 无障碍导读版

孔子

儒家书籍的合称

插图本

其知可及也,
其愚不可及也。

全民阅读无障碍导读版

二

国学枕边书

四书五经

北方联合出版传媒（集团）股份有限公司

万卷出版公司

孔子等 ◎ 著

传说是古代有穷国的国君，以善射闻名。③子濯孺子：郑国大夫。④庾公之斯：卫国大夫。⑤尹公之他：卫国人。⑥乘矢：四支箭。

【译文】逢蒙跟后羿学习射箭，完全掌握了后羿的射箭技巧，他心想天下只有后羿一人的射艺超过自己，所以就杀害了后羿。孟子（对这件事评论）道："这件事后羿本身也有过错。"

公明仪说："（后羿）似乎没有过错吧。"

孟子说："不过轻一点罢了，怎么能说没有过错呢？郑国有次派遣子濯孺子侵犯卫国，卫国打发庾公之斯追赶他。子濯孺子说：'今天我的病发了，拿不起弓来，我怕要死了呢！'他问驾车的人道：'追赶我的是谁？'驾车的人说：'是庾公之斯。'子濯孺子说：'我可以活命了。'驾车的人说：'庾公之斯是卫国很会射箭的人；您却说我可以活命了，这是什么意思呢？'子濯孺子说：'庾公之斯是在尹公之他那里学射箭的，尹公之他曾经向我学习射箭。尹公之他是个正派人，他选取的学生一定也是正派的。'庾公之斯追到了，问道：'您为什么不拿起弓来呢？'答道：'今天我的病发了，拿不起弓来。'庾公之斯说：'我向尹公之他学射箭，尹公之他又曾向您学射箭。我不忍心拿您传授的技艺反转来伤害您。但是，今天的事情，是国家的公事，我不敢完全撤下。'于是抽出箭来在车轮子上敲打，把金属箭头敲掉，一连发射四支箭便回身走了。"

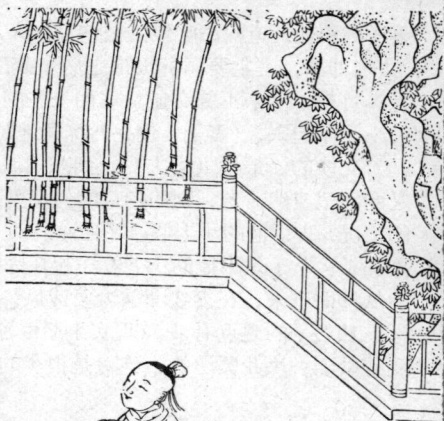

少年孟子

【原文】齐人有一妻一妾而处室者。其良人①出，则必餍②酒肉而后反。其妻问所与饮食者，则尽富贵也。其妻告其妾曰："良人出，则必餍酒肉而后反；问其与饮食者，尽富贵也，而未尝有显者来，吾将瞷③良人之所之。"蚤④起，施⑤从良人之所之，遍国中⑥无与立谈者。卒之东郭墦⑦间，之祭者，乞其余；不足，又顾而之他——此其为餍足之道也。其妻归，告其妾，曰："良人者，所仰望而终身也，今若此——"与其妾讪⑧其良人，而相泣于中庭⑨。而良人未之知也，施施⑩从外来，骄其妻妾。

由君子观之，则人之所以求富贵利达者，其妻妾不羞也，而不相泣者，几希矣。

【注释】①良人：古代妇女对丈夫的称呼。②餍：饱。③瞷：窥视。④蚤：同"早"。⑤施：斜。这里指斜行，斜从跟随。形容暗暗尾随着别人走的样子。⑥国中：都城中。⑦墦：坟墓。⑧讪：讥诮、讥骂。⑨中庭：庭中。⑩施施：得意的样子。

【译文】齐国有个有一妻一妾的人家，她们的丈夫每次外出，就一定要吃饱酒肉才回来。他的妻子问跟他一道喝酒吃饭的是些什么人，就说都是有钱有地位的人。他的妻子告诉他的小老婆说：
"丈夫外出，一定要酒醉饭饱之后才会回来；问跟他一道饮酒吃饭的人，个个都是有钱有地位的
人，可是，从来不曾有显贵体面一些的人到家里来。我打算偷看一下丈夫所去的地方。"

清早起来，（妻子）便拐弯抹角地紧跟往丈夫所去的地方，（发现）整个都城中并没有谁同他
站着交谈的。最后（丈夫）走到东门城外的坟墓中间，向那些扫墓的人乞讨些残羹剩饭；不够，
又四面望望然后走到别的扫墓的人那里去——这就是他天天醉饱的方法。他的妻子回去，（把看到
的情况）告诉他的小老婆，并且说："丈夫，是我们指望倚靠度过整整一生的人，现在丈夫却是这
副样子！"于是跟他的小老婆一起在庭中咒骂丈夫，哭成一团，丈夫却一点也不知情，得意洋洋
地从外面进来，在妻妾面前大耍威风。

从君子的观点看来，（现实生活中）一些人用来追求升官发财的手段，能够使他们的妻妾不感
到羞耻而一块儿哭泣的，绝对是很少的。

万章章句上

【原文】万章问曰:"舜往于田,号^{háo}泣于旻^{mín}天,何为其号^{háo}泣也?"

孟子曰:"怨慕①也。"

万章曰:"'父母爱之,喜而不忘;父母恶之,劳而不怨。'然则舜怨乎?"

曰:"长息②问于公明高③曰:'舜往于田,则吾既得闻命矣;号^{háo}泣于旻^{mín}天,于父母则吾不知也。'公明高曰:'是非尔所知也。'夫公明高以孝子之心,为不若是恝^{jiá}④:我竭力耕田,共为子职而已矣,父母之不我爱,于我何哉?帝使其子九男二女,百官牛羊仓廪^{lǐn}备,以事舜于畎^{quǎn}亩之中,天下之士多就之者,帝将胥天下而迁之焉。为不顺于父母,如穷人无所归。天下之士悦之,人之所欲也,而不足以解忧;好^{hǎo}色,人之所欲,妻帝之二女⑤,而不足以解忧;富,人之所欲,富有天下,而不足以解忧;贵,人之所欲,贵为天子,而不足以解忧。人悦之、好^{hǎo}色、富、贵,无足以解忧者,惟顺于父母可以解忧。人少,则慕父母;知好^{hǎo}色,则慕少艾⑥;有妻子,则慕妻子;仕则慕君,不得于君,则热中⑦。大孝终身慕父母。五十而慕者,予于大舜见之矣。"

【注释】①慕:爱慕,依恋。②长息:公明高的弟子。③公明高:曾参的弟子。④恝:无忧无愁的样子。⑤妻帝之二女:传说尧把自己两个女儿娥皇和女英嫁给了舜。⑥少艾:指年轻美貌的人。⑦热中:焦急得心中发热。

【译文】万章问道:"舜到地里去耕种,望着秋高气爽的天空哭诉着,他为什么要哭诉呢?"

孟子答道:"这是因为舜对父母既怨恨又怀念的缘故。"

万章说:"(从前曾子说过,)'父母要是喜欢自己,自己心里虽然高兴,但却不敢对做儿子的职责有所遗忘懈怠;父母要是不喜

任贤图治

尧帝任用贤能,管理天下。

欢自己，自己心里尽管不免忧愁，但却不敢埋怨父母。'那么，舜是不是在抱怨父母呢？"

孟子说："长息曾问过公明高：'舜去地里耕种，这个我已能理解；但他一面喊着天一面喊着父母，又哭又诉，我就不懂这是为什么。'公明高说：'这个不是你能理解得了的。'在公明高看来，一个孝子的心对于父母对自己的爱恶决不能这样无动于衷：我尽力耕田，恭恭敬敬地尽着做儿子的本分而已，如果父母不爱我，对我有什么关系呢？帝尧叫他的九个男孩两个女孩，还有百官带着牛羊，囤积粮食，应有尽有，到田野里去侍候舜，天下的士人也多有投奔到他门下的，尧帝将把整个天下让给舜。因为不能使父母顺心，自己就像穷困的人没有归宿一样。天下的士人喜欢自己，这本是人们的愿望，但却不足以解除舜的忧愁；爱好美色，本也是人们的愿望，但舜娶了尧的两个女儿，却不足以解除忧愁；富有，本是人们的愿望，但舜拥有的天下的财富，却不足以解除忧愁；尊贵，本也是人们的愿望，但舜获得了身为天子的尊贵，还不足以解除忧愁。（对于舜，）人们喜欢自己、爱好美色、财多地位高，没有一样足以解除忧愁，只有使父母顺心满意才可以解除忧愁。（大概）人在儿童时期，只知怀恋父母；知道爱好美色了，就爱慕年轻而又漂亮的人；有了妻子，便宠爱妻子；走上了做官的道路，便倾心于君主，要是得不到君主的信任，人心便要感到焦急烦躁。（只有）大孝的人才会一辈子怀恋父母。到了五十岁的年纪还怀恋父母的，我在大舜身上看到了。"

【原文】万章曰："尧以天下与舜，有诸？"

孟子曰："否。天子不能以天下与人。"

"然则舜有天下也，孰与之？"

曰："天与之。"

"天与之者，谆谆①然命之乎？"

曰："否。天不言，以行与事示之而已矣。"

曰："以行与事示之者，如之何？"

曰："天子能荐人于天，不能使天与之天下；诸侯能荐人于天子，不能使天子与之诸侯；大夫能荐人于诸侯，不能使诸侯与之大夫。昔者尧荐舜于天，而天受之；暴②之于民，而民受之。故曰，天不言，以行与事示之而已矣。"

曰："敢问荐之于天，而天受之；暴之于民，而民受之，如何？"

曰："使之主祭，而百神享之，是天受之；使之主事，而事治，百姓安之，是民受之也。天与之，人与之，故曰天子不能以天下与人。舜相尧二十有八载，非人之所能为也，天也。尧崩，三年之丧毕，舜避尧之子于南河③之南，天下诸侯朝觐者，不之尧之子而之舜；讼狱者，不之尧之子而之舜；讴歌者，不讴歌尧之子而讴歌舜，故曰天也。夫然后之中国④，践天子位焉。而⑤居尧之宫，逼尧之子，是篡也，非天与也。《太誓》⑥曰，'天视自我民视，天听自我民听。'此之谓也。"

【注释】①谆谆：反复叮咛。②暴：显露，公开。③南河：即漯河，舜避居处，在今山东濮县东二十五里，因在尧都濮州的南面，故称南河。④中国：这里指帝都。⑤而：如。⑥《太誓》：即《泰誓》，《尚书》篇名。下引两句是《泰誓》逸文。

【译文】万章问："尧将天下给与舜，有这样的事吗？"

孟子说："不。天子不能将天下送给别人。"

万章说："那么，舜获得天下，是谁给他的呢？"

孟子说："天给他的。"

万章紧接着问："所谓天给他，是不是上天恳切地叫他接受天下呢？"

孟子说："不。天不会说话，只不过是用行为和事实表示它的意旨罢了。"

万章说："用行为或事实来表示它的意旨，怎么样呢？"

孟子说："天子能够将人才推荐给天，却不能叫天送给他天下；诸侯能够将人才推荐给天子，却不能叫天子让他做诸侯；大夫能够将人才推荐给诸侯，却不能叫诸侯让他做大夫。从前，尧将舜推荐给天，天接受了；又将他公开向老百姓介绍，老百姓也接受了；所以说，天不会说话，不过是用行为和事实向人们传达它的意旨罢了。"

万章又问："请问所谓推荐给天，天接受；公开介绍给老百姓，老百姓接受，怎么可以见得是这样呢？"

孟子说："派他去主持祭祀，一切神灵便都来享用，这就是天接受了；派他去主持政事，政事搞得井井有条，老百姓安居乐业，这就是老百姓接受了。天给他，人给他，所以说，天子不能将天下给与人。舜辅佐尧二十八年，不是人的力量所能办到，这就是天意。尧逝世后，守孝三年完了，舜到南河之南去回避尧的儿子，（好让他继承帝位，）天下的诸侯来见天子的，不到尧的儿子那里去，却到舜那里去；进行诉讼的不到尧的儿子那里去，却到舜那里去；歌功颂德的不歌颂尧的儿子却歌颂舜，所以说，这是天意。这样舜才回到京都，坐上天子的位子。要是（舜）住在尧的宫廷里，逼迫尧的儿子让位，这简直是篡夺，不是天给与的。《太誓》说过，'天看事物是通过老百姓的眼睛来看的，天听语言是通过老百姓的耳朵来听的，'说的正是这个意思。"

【原文】万章问曰："人有言，'伊尹以割烹要汤'，有诸？"

孟子曰："否，不然。伊尹耕于有莘^{xīn}①之野，而乐尧舜之道焉。非其义也，非其道也，禄之以天下，弗顾也；系马千驷，弗视也。非其义也，非其道也，一介不以与人，一介不以取诸人。汤使人以币聘之，嚣嚣^{xiāo}然曰：'我何以汤之聘币为哉？我岂若处畎^{quǎn}亩之中，由是以乐尧舜之道哉？'汤三使往聘之，既而幡然改曰：'与我处畎^{quǎn}亩之中，由是以乐尧舜之道，吾岂若使是君为尧舜之君哉？吾岂若使是民为尧舜之民哉？吾岂若于吾身亲见之哉？天之生此民也，使先知觉后知，使先觉觉后觉也。予，天民之先觉者也，予将以斯道觉斯民也。非予觉之而谁也？'思天下之民匹夫匹妇

有不被尧舜之泽者，若己推而内之沟中——其自任以天下之重如此。故就汤而说之以伐夏救民。吾未闻枉己而正人者也，况辱己以正天下者乎？圣人之行不同也，或远，或近，或去，或不去——归洁其身而已矣。吾闻其以尧舜之道要汤，未闻以割烹也。《伊训》②曰：'天诛造攻自牧宫③，朕载自亳。'"

伊尹

【注释】①有莘：莘，古国名，"有"是词头。故址在今山东曹县西北。传说商汤娶有莘氏之女。②《伊训》：《尚书》篇名。③牧宫：桀所居之宫。

【译文】万章问道："人们有这样一种说法，'伊尹用烹调的技术去要求汤王任用他，'真有这个事吗？"

孟子说："不，不是；伊尹在有莘国的郊野种田，十分喜爱尧舜之道。要是不合乎道和义，即便拿天下的财富给他作俸禄，他也毫不理睬；即使系四千匹马在他前面，（作为馈赠他的礼物，）他连看也不会看上一眼。要是不合乎道和义，一点小东西也不会拿给别人，也不会向别人要一点小东西。汤王派人带着礼物去聘请他，他却不动声色地说：'我为什么要接受汤的聘礼呢？何如我现在这样身居田野之中，由此以研习尧舜之道为乐呢？'汤王三次派人去聘请他，然后他才完全改变态度道：'我与其身居田野之中，由此以研习尧舜之道为个人的快乐，怎比得上使这位君主成为尧舜之君？怎比得上使这些百姓成为尧舜的百姓呢？怎比得上在我生前亲自看到尧舜之道见诸实行呢？上天降生这些百姓，使先知的人帮助后知的人觉醒，使先觉的帮助后觉的人觉醒。我，是百姓中天生先觉的人；我将拿这个尧舜之道去帮助这些百姓觉醒。不是我去帮助他们觉醒，又是谁去呢？'他心里想天下的百姓中只要有一个男人一个女人没有得到尧舜的恩泽的，就好像是自己将他们推进水沟中一样。他是这样自愿把天下的重担挑在肩头，所以跑到汤王那里去拿攻打夏桀拯救百姓的事向他游说。我没有听说过委屈自己却能匡正别人的，更何况屈辱自己而去匡正天下的呢？圣人的行事各有迥异，有的远离君主，有的接近君主，有的离开朝廷，有的不愿离开，但是归结起来，（相同之点，）只是做到洁身自好，做到一尘不染罢了，我只听说他（伊尹）用尧舜之道去干求汤王，没有听说用烹调技术的事。《伊训》里说：'上天对夏桀的讨伐，是从牧宫（代表夏桀）自己制造了该被攻讨的罪恶招来的，我（伊尹自谓）和汤谋伐桀却是从亳都开始的。'"

万章章句下

【原文】孟子曰："伯夷目不视恶色，耳不听恶声；非其君不事，非其民不使；治则进，乱则退。横①政之所出，横民之所止，不忍居也。思与乡人处，如以朝衣朝冠坐于涂炭也。当纣之时，居北海之滨，以待天下之清也。故闻伯夷之风者，顽②夫廉，懦夫有立志。

"伊尹曰：'何事非君？何使非民？治亦进，乱亦进。'曰：'天之生斯民也，使先知觉后知，使先觉觉后觉。予，天民之先觉者，予将以此道觉此民也。'思天下之民匹夫匹妇有不与被尧舜之泽者，若己推而内之沟中——其自任以天下之重也。

"柳下惠不羞污君，不辞小官；进不隐贤，必以其道；遗佚③而不怨，阨穷而不闵；与乡人处，由由然不忍去也。'尔为尔，我为我，虽袒裼裸裎④于我侧，尔焉能浼⑤我哉？'故闻柳下惠之风者，鄙夫⑥宽⑦，薄夫⑧敦⑨。

【注释】①横：暴。②顽：贪婪。③遗佚：不被重用。④袒裼裸裎：四个字意思相近，同义复用，都是赤身露体的意思。⑤浼：污染。⑥鄙夫：心胸狭窄的人。⑦宽：宽容。⑧薄夫：刻薄的人。⑨敦：厚道。

【译文】孟子说："伯夷这个人，眼睛不看妖冶的颜色，耳朵不听淫靡的音乐。不是他认可的君主不去侍奉，不是他认可的百姓不去支使。天下太平就出来做事，天下混乱就退隐田野。暴政所出和暴民所住的地方，他都不能耐心在那里住下来。他认为跟乡里暴民相处在一起，就像穿着礼服戴着礼帽坐在烂泥和煤灰的上面。当商纣王的时候，他隐居在北海边上，以等待天下的太平。所以听到伯夷高风的，就是贪夫也变得廉洁，怯懦的人也能树立不屈的意志。

"伊尹说：'什么君主不能侍奉？什么百姓不能支使？'太平时愿当官，乱离时也愿当官，他说，'上天降生这些百姓，使先知的人帮助后知的人觉醒，使先觉的人帮助后觉的人觉醒。我，是天生百姓中先觉醒的人；我将要拿这些圣贤之道去帮助这些百姓觉醒。'他心里想天下的百姓中只要有一个男人一个女人没有得到尧舜恩泽的，就好像是自己将他们推进水沟中一样：（这就是）他自愿把天下的重担挑在肩头上的原因。

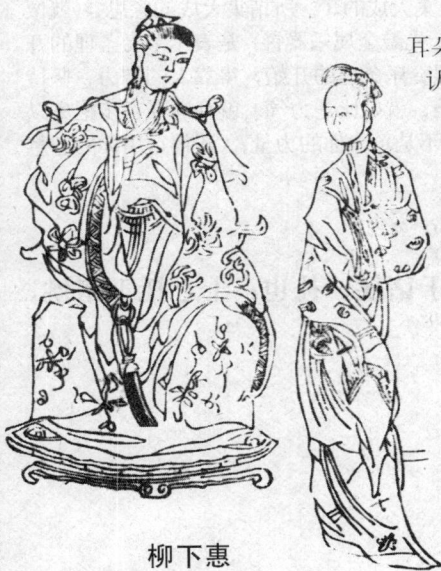
柳下惠

　　"柳下惠不以侍奉不好的君主为可耻,做小官也在所不辞。上朝做官不保留自己的才干,但一定得合乎原则。虽被遗弃也无怨言,身处困境并不犯愁。跟乡里暴民共处在一起,很自然地舍不得离开他们。'你是你,我是我,那怕是赤身露体坐在我身旁,你又怎么能玷污我呢?'因此凡听到柳下惠高风的,就是心地窄狭的人也变得襟怀宽大,为人刻薄的也变得厚道起来了。

　　【原文】"孔子之去齐,接淅^①而行。去鲁,曰:'迟迟吾行也,去父母国之道也。'可以速而^②速,可以久而久,可以处而处,可以仕而仕,孔子也。"

　　孟子曰:"伯夷,圣之清者也;伊尹,圣之任者也;柳下惠,圣之和者也;孔子,圣之时者也。孔子之谓集大成。集大成也者,金声^③而玉振^④之也。金声也者,始条理也;玉振之也者,终条理也。始条理者,智之事也;终条理者,圣之事也。智,譬则巧也;圣,譬则力也。由^⑤射于百步之外也,其至,尔力也;其中,非尔力也。"

　　【注释】①接淅:淘米。②而:则。以下几句同。③金声:指钲钟发出的声音。④玉振:指玉磬收束的余韵。古代奏乐,先以钲钟起音,结束以玉磬收尾。⑤由:通"犹"。

　　【译文】"孔子离开齐国的时候,饭都来不及弄,把已浸在水中的米捞起来就跑;离开鲁国时,却说:'我们慢慢走吧,这是离开父母国该采取的态度。'该快走就快走,该留久点就留久点,该闲居在家就闲居在家,该做官就做官。这就是孔子所持的态度。"

　　孟子说:"伯夷是圣人之中清高的人;伊尹是圣人中特别富于责任感的人;柳下惠是圣人中比较随和的人;孔子是圣人中能相机行事的人。孔子可说是集大成的了。所谓集大成的意思,(就像奏乐,)先敲金属乐器钟开头,后击玉制的特磬收尾一样。先敲金属乐器钟,是表示节奏条理的开端;后用玉制的特磬收尾,是表示节奏条理的终结。掌握奏乐条理的开始,得靠人的智力;坚持奏乐条理的终结,得靠人的圣功。智,就好比是技巧,圣,就好比是力气。就如同在百步距离以外射箭一样,射到目的地,是靠你的力量;射中靶子,就不是单靠你的力量,(还得运用你的智慧和技巧)。"

　　【原文】万章曰:"士之不托诸侯,何也?"

　　孟子曰:"不敢也。诸侯失国^①,而后托于诸侯,礼也;士之托于诸侯,非礼也。"

　　万章曰:"君馈之粟,则受之乎?"

　　曰:"受之。"

　　"受之何义也?"

　　曰:"君之于氓也,固周^②之。"

曰："周之则受，赐之则不受，何也？"

曰："不敢也。"

曰："敢问其不敢何也？"

曰："抱关击柝者皆有常职以食于上。无常职而赐于上者，以为不恭也。"

曰："君馈之，则受之，不识可常继乎？"

【注释】①诸侯失国：春秋时期战乱不断，常有诸侯出奔他国。②周：周济。

【译文】万章问道："士不能依靠诸侯他们过日子，这是为什么？"

孟子说："不敢这样做。诸侯失掉了自己的国家，然后寄居在别的诸侯国家当寓公，这是于礼相合的；士作诸侯国的寓公，就是不合乎礼的。"

万章又问："国君要是送给他粮食，那接不接受呢？"

孟子说："接受。"

"为什么要接受呢？"

孟子说："国君对于流落在他国内的外侨，本有周济的义务。"

万章说："周济他就接受，赐与就不接受，这又是为什么呢？"

孟子说："不敢接受。"

万章说："请问不敢接受的理由是什么？"

孟子说："看门和打更的小吏都是由于有正常的职务才受上面的给养，没有正当的职务却接受上面的赐与，在人们看来是不恭敬的行为。"

万章说："国君送东西给他，就接受，不知道可不可以经常这样做？"

【原文】曰："缪公之于子思也，亟问，亟馈鼎肉①。子思不悦。于卒也，摽使者出诸大门之外，北面稽首再拜②而不受，曰：'今而后知君之犬马畜伋。'盖自是台③无馈也。悦贤不能举，又不能养也，可谓悦贤乎？"

曰："敢问国君欲养君子，如何斯可谓养矣？"

曰："以君命将之，再拜稽首而受。其后廪人继粟，庖人继肉，不以君命将之。子思以为鼎肉使己仆仆尔亟拜也，非养君子之道也。尧之于舜也，使其子九男事之，二女女焉，百官牛羊仓廪备，以养舜于畎亩之中，后举而加诸上位，故曰，王公之尊贤者也。"

【注释】①鼎肉：即熟肉。②稽首再拜：稽首，古代跪拜礼，行礼时两手拱至地，头至手，不触及地。再拜：拜两次。据考，稽首再拜称为"凶拜"，而下文再拜稽首称为"吉拜"。③台：始。

【译文】孟子说："过去缪公对于子思，屡次派人去问候，并赠送肉食。子思心里很不高兴。到最后，把使者摽出大门外，朝着北面叩头，一再作揖，拒绝接受缪公赠送的东西，并且说：'从

今以后我才知道您大王是把我孔伋当作狗马一样地畜养。'从此仆人就不再（给子思）送东西了。喜爱贤士既不能提拔，又不能奉养，这能说是喜爱贤士吗？"

万章说："请问国君要奉养贤士，怎样做才真算是奉养贤士呢？"

孟子说："（第一次馈送东西，）以国君的名义送给他，他便一再作揖叩头接受下来。以后管粮仓的人经常送粮食，管膳食的人经常送肉食，就不再用国君的名义去送了。子思认为（鲁缪公）馈送肉食害得自己十分麻烦地一再作揖下跪，这不是奉养君子的正确作法。从前尧的对待舜，派他的九个男孩尊舜为老师，把两个女儿嫁给他，替舜服役的各种工作人员以及牛羊仓库，应有尽有，以奉养舜于田野之中，然后提拔他放在高位上，因此说，这才是王公尊敬贤士的典范。"

杜甫

大凡君子名士总是和与自己品性相近、志趣相投的名士结交，向他们学习，不断提升自己。自古以来，君子之间互慕高义的数不胜数，还有向前代先贤学习者更不计其数。李杜二人虽相差十多岁，但是却结为知己好友，相互酬唱。

【原文】孟子谓万章曰："一乡之善士，斯友一乡之善士，一国之善士，斯友一国之善士，天下之善士，斯友天下之善士。以友天下之善士为未足，又尚①论古之人。颂②其诗，读其书，不知其人，可乎？是以论其世也。是尚友也。"

【注释】①尚：同"上"。②颂：同"诵"。

【译文】孟子对万章说："一个乡村里的名士就跟另一个乡村里的名士交朋友，一个国家的名士就和另一个国家的名士交朋友，名闻天下的人士就和名闻天下的人士交朋友。假如感到和天下闻名的人士交朋友还不能满足自己的要求，便又向上评论古代的人，吟诵他们的诗歌，研读他们著的书，因为还不了解他们的为人可不可以，所以还要议论一下他们所处的时代，（看看他们在那个时代中起过什么作用。）这就叫做追溯到上代跟古代的著名人物做朋友。"

告子章句上

【原文】告子①曰："性犹杞柳②也，义犹桮棬③也；以人性为仁义，犹以杞柳为桮棬。"

孟子曰："子能顺杞柳之性而以为桮棬乎？将戕贼杞柳而后以为桮棬也？如将戕贼杞柳而以为桮棬，则亦将戕贼人以为仁义与？率天下之人而祸仁义者，必子之言夫！"

【注释】①告子：生平不详，大约做过墨子的学生，较孟子年长。②杞柳：树名，枝条柔韧，可以编制箱筐等器物。③桮棬：器名。先用枝条编成杯盘之形，再以漆加工制成杯盘。

【译文】告子说："人性好比是杞柳树，仁义好比是木做的杯盘；使人性具备仁义，就像是把杞柳树做成杯盘，（靠的是人为的力量。）"

孟子说："你能顺着杞柳树的本性去做成杯盘吗？还得要残害杞柳树的本性然后才能做成杯盘吧。假如说要残害杞柳树的本性才能做成杯盘，那么（你）也要残害人的本性才能使它具备仁义么？带领天下的人共同来祸害仁义的，一定是你这种论调啊！"

王阳明

孟子等先贤强调性的内在性，认为仁义都存在于人的内心。发展到后世，越来越多的理学家将内心的地位抬高到无法企及的位置。例如王阳明就认为"心外无物"，凡人所见到的，不过是人内心世界的一种反映罢了。

【原文】告子曰："食色，性也。仁，内也，非外也；义，外也，非内也。"

孟子曰："何以谓仁内义外也？"

曰："彼长而我长之，非有长于我也；犹彼白而我白之，从其白于外也，故谓之外也。"

曰："异于白马之白也，无以异于白人之白也；不识长马之长也，无以异于长人之长与？且谓长者义乎？长之者义乎？"

曰："吾弟则爱之，秦人之弟则不爱也，是以我为悦者也，故谓之内。长楚人之长，亦长吾之长，是以长为悦者也，故谓之外也。"

曰："耆①秦人之炙，无以异于耆吾炙，夫物则亦有然者也，然则耆炙亦有外与？"

【注释】 ①者：同"嗜"。②炙：烧肉。

【译文】告子说："饮食和男女两件事，是人的本性。仁，存在于人本身之内，不是显现在本身之外；义，存在于人本身之外，不是在本身之内。"

孟子说："凭什么说仁在身内义在身外呢？"

答道："由于他年长所以我将他看做长者加以尊敬，年长在他不在于我，就好像它是白色的东西因而我认为它白。这是由于外在物的白色所决定的，（并不是我脑子里先存有白色的观念，）所以说它是外在的东西。"

问道："白马的白和白人的白虽然没有什么不同，但不知对老马的尊敬跟对年长的人的尊敬是不是一样呢？而且你所说的义，是指长者呢，还是指尊敬长者的心呢？（如果义不在于他的年长，而在于我尊敬长者之心，那么，义就还是在内不是在外哩。）"

告子（继续辩解）："对于我自己的弟弟就爱，对于秦人的弟弟就不爱，这就可见爱不爱在于我自己，所以我（把仁）叫做内在的东西。尊敬楚人的长者，也尊敬我的长者，这可见爱不爱决定于他人的年长，所以我（把义）叫做外在的东西。"

孟子（继续反驳）说："爱吃秦人的烧肉和爱吃我们自己的烧肉是没有多少区别的，看来各种事物也都有相类似的情况，那么喜爱吃烧肉的心思难道也是存在于身外吗？（这样，'食色'还能称之为'性'么？）"

【原文】孟子曰："无或①乎王之不智也。虽有天下易生之物也，一日暴②之，十日寒之，未有能生者也。吾见亦罕矣，吾退而寒之者至矣，吾如有萌焉何哉？今夫弈③之为数④，小数也；不专心致志，则不得也。弈秋，通国之善弈者也。使弈秋诲二人弈，其一人专心致志，惟弈秋之为听。一人虽听之，一心以为有鸿鹄⑤将至，思援弓缴⑥（jǎo）而射之，虽与之俱学，弗若之矣。为是其智弗若与？曰：非然也。"

【注释】 ①或：同"惑"。②暴：同"曝"，晒。③弈：围棋。④数：技术，技巧。⑤鸿鹄：天鹅。⑥缴：系拴在箭上的生丝绳，这里指代箭。

【译文】孟子说："别对王的不聪明感到奇怪吧。（培养人正如培养植物）哪怕是天下容易生长的植物，你让它晒一天太阳，又搁在阴凉的地方冷它十天，那就没有能够活下去的了。我见到王的次数很少，我一退出，那些泼冷水（陷王于不义）的人接着便到了，我又能拿他那刚刚萌发出来的一点点善心怎么样呢？

"下棋这种技艺，本来是一种小技艺；如果不聚精会神地学，便学不到手。弈秋，是全国的下棋能手。如果让弈秋教两个人下棋，其中一个聚精会神，就只听弈秋的话。另一个表面上虽然好像也在听，实际上他心里一直以为天鹅快要飞了，想拿起弓箭去射它，这样，这个人尽管和前面那个

王羲之

做学问就要持之以恒，专心致志，不能间做，如果一曝十寒，水平永远不能提高。据传，东晋著名书法家王羲之练字的时候，坚持不懈，每天练字以后，都在门口的大水塘里洗笔。几年下来，竟然将水塘里的水都染成黑色的了。

人一块儿学，成绩便赶不上人家了。你说这是他的智慧不如人家吗？我说，不是这样。"

【原文】孟子曰："今有无名之指屈而不信^{shēn}①，非疾痛害事也，如有能信之者，则不远秦楚之路，为指之不若人也。指不若人，则知恶之；心不若人，则不知恶。此之谓不知类②也。"

【注释】①信：同"伸"。②不知类：不知轻重，舍本逐末。

【译文】孟子说："现在有个人无名指弯了不能伸直，尽管不是碍事的疾病，如果有能将它伸直的人，那就奔走秦国、楚国（去求医）也不觉得路远，这是因为手指比不上别人的缘故。手指不如别人，就知道不喜欢；心地不如别人，就不知道不喜欢，这就叫做分不清轻重缓急。"

【原文】公都子问曰："钧①是人也，或为大人，或为小人，何也？"

孟子曰："从其大体为大人，从其小体为小人。"

曰："钧是人也，或从其大体，或从其小体，何也？"

曰："耳目之官不思，而蔽于物，物交物，则引之而已矣。心之官则思，思则得之，不思则不得也。此天之所与我②者。先立乎其大者，则其小者不能夺也。此为大人而已矣。"

【注释】①钧：同"均"。②我：泛指人类。

【译文】公都子问道："都是一样的人，为什么有的人会成为大人君子，有的人却沦为卑微的小人？"

孟子说："顺从身体重要器官（心志）需要的便能成为大人君子，顺从它不重要器官需要的便沦为卑微小人。"

又问："同是一样的人，为什么有的人顺从身体重要器官的需要，有的却顺从它不重要器官的需要呢？"

答道："耳朵、眼睛一类器官不能思考，因而易被外物所蒙蔽。（耳朵眼睛）这种东西和外物一接触，就只有被外物（如声色狗马等利欲）所引诱罢了。心这种器官便善于思考，一加思考就能得到人的本来的善性，不思考便得不到。心是上天特意赋予我们人类的。（你）首先把心树立了，那么那些（耳、目、口、腹一类）次要器官便不会（由于外物的诱惑而）迷失（你）天生的善性了。成为圣人君子的道理不过是这样罢了。"

【原文】孟子曰："五谷者，种之美者也；苟为不熟，不如荑①稗^{yí bài}。夫仁，亦在乎熟之而已矣。"

【注释】①荑：即稊，稗类植物。

【译文】孟子说："五谷，是粮食作物中的优良品种；但是如果种了不能成熟，那就反倒不如荑稗一类野生植物了。为仁（的要求）也只在于使它成熟罢了。"

告子章句下

【原文】任①人有问屋庐子②曰："礼与食孰重？"

曰："礼重。"

"色与礼孰重？"

曰："礼重。"

曰："以礼食，则饥而死；不以礼食，则得食，必以礼乎？亲迎③，则不得妻；不亲迎，则得妻，必亲迎乎？"

屋庐子不能对，明日之邹以告孟子。

孟子曰："于答是也何有？不揣其本而齐其末，方寸之木，可使高于岑楼④。金重于羽者，岂谓一钩⑤金与一舆（yú）羽之谓哉？取食之重者与礼之轻者而比之，奚翅⑥食重？取色之重者与礼之轻者而比之，奚翅色重！往应之曰：'绐（zhěn）⑦兄之臂而夺之食，则得食；不绐，则不得食，则将绐之乎？逾东家墙而搂（zhěn）其处子，则得妻；不搂，则不得妻，则将搂之乎？'"

【注释】①任：春秋时国名，故址在今山东济宁。②屋庐子：孟子的学生。③亲迎：古代结婚六礼之一，新郎亲自至女家，迎新娘入室，行交拜合卺之礼。④岑楼：尖顶高楼。⑤钩：衣带钩。一钩金即一衣带钩那样一点点金。⑥翅：同"啻"，只、止、但。⑦绐：扭转。⑧处子：处女。

【译文】有位任国人问屋庐子道："礼和食哪样更重要？"

答道："礼重要。"

这个人紧接上去问道："色和礼哪样重要？"

答道："礼重要。"

问道："要是按照礼节去找食物，就得饿死；不按照礼节去找食物，就能得到食物，是不是一定要按照礼节行事呢？要是行亲迎礼，就得不到妻子；不行亲迎礼，就能得到妻子，是不是一定得行亲迎礼呢？"

屋庐子不能回答这个问题，第二天便跑到邹国去把这些问题告诉孟子。

朱熹

孔子和孟子都十分重视礼仪伦常，到后世，特别宋明理学盛行之时，伦常教化更被提到无以复加的高度。朱熹就是这样一位重视纲常伦理的大儒。

孟子说：“对于回答这些问题又有什么难处呢？如果不去度量它们的下面长短是一致，却一味的去比它们上面的高低，那么即使仅是块寸把厚的木板，（你把它搁在高地方，）你便可以使它比尖顶的高楼还要高。我们说金子比羽毛更重，难道是说一个小小金带钩的重量比一大车羽毛还要重么？拿关系重大的吃的问题与无足轻重的礼的细微末节去比较，难道仅是吃的问题重要吗？（二是轻重悬殊，简直无法相提并论。）拿有关男女结合的重要问题与无足轻重的礼的细枝末节（如前章所说不告而娶）去比较，难道仅是男女问题重要吗？你去回答他说：‘扭伤哥哥的胳膊夺去他的食物，就可以得到吃的；不扭，就得不到吃的，那你会去扭伤他的胳膊吗？跳过东家的墙去搂抱他家的姑娘，就可以得到老婆；不搂抱，就得不到老婆，那你会去搂抱她吗？’”

【原文】 曹交①问曰：“人皆可以为尧舜，有诸？”

孟子曰：“然。”

“交闻文王十尺，汤九尺，今交九尺四寸以长，食粟而已，如何则可？”

曰：“奚有于是？亦为之而已矣。有人于此，力不能胜一匹雏②，则为无力人矣；今日举百钧，则为有力人矣。然则‘举乌获③之任’，是亦为乌获而已矣。夫人岂以不胜为患哉？弗为耳。徐行后长者谓之弟，疾行先长者谓之不弟。夫徐行者，岂人所不能哉？所不为也。尧舜之道，孝弟而已矣。子服尧之服，诵尧之言，行尧之行，是尧而已矣。子服桀之服，诵桀之言，行桀之行，是桀而已矣。”

曰：“交得见于邹君，可以假馆④，愿留而受业于门。”

曰：“夫道若大路然，岂难知哉？人病不求耳。子归而求之，有馀师。”

【注释】 ①曹交：赵岐注认为是曹君的弟弟，名交。但孟子的时代曹国已亡，所以也不确切。②一匹雏：一只小鸡。③乌获：古代传说中的大力士。④假馆：借客舍，意为找一个住处。

【译文】 曹交问道：“每个人都可以成为尧舜，真有这个话吗？”

孟子说：“是的。”

（曹交紧接着问：）“我听说文王身高十尺，汤身高九尺，现在我曹交身高九尺四寸多，（每天）只是吃饭罢了，要怎样才可以（成为尧舜）呢？”

孟子说：“这有什么难呢？也只是要做下去就行了。这里有个人，自以为力气敌不过一只小鸡雏，那就是毫无力气的人了；现在（他）说（他的）力气能举起三千斤重的东西，那（他）就是有力气的人了。那么，要是能举得起乌获曾举起过的重量的，这也就是乌获了。人所最怕的难道是在不能胜任吗？在不去做啊。慢点儿走，走在年长的人的后面就叫做悌，走得很快，抢在年长的人的前面就叫做不悌。慢点儿走，这是人们不能做的吗？是不去做啊。尧舜之道，也只是孝悌罢了。你穿尧的衣服，说尧的话，做尧做的事，就是尧了。你穿桀的衣服，说桀的话，做桀做的事，就是桀了。”

曹交说：“我能谒见邹君，可以借到一所客馆，我愿意留下来在您门下受教。”

孟子说：“（圣人之）道就像大路一般，难道是很难清楚的吗？就怕人们自己不去寻求啊。你回去自己努力寻求，老师到处都有。"

【原文】公孙丑问曰："高子^①曰：'《小弁》^②，小人之诗也。'"

孟子曰："何以言之？"

曰："怨。"

曰："固哉，高叟之为诗也！有人于此，越人关弓而射之，则己谈笑而道之；无他，疏之也。其兄关弓而射之，则己垂涕泣而道之；无他，戚之也。《小弁》之怨，亲亲也。亲亲，仁也。固矣夫，高叟之为诗也！"

曰："《凯风》^③何以不怨？"

曰："《凯风》，亲之过小者也；《小弁》，亲之过大者也。亲之过大而不怨，是愈疏也；亲之过小而怨，是不可矶也。愈疏，不孝也；不可矶，亦不孝也。孔子曰：'舜其至孝矣，五十而慕。'"

老莱子戏彩娱亲

孟子讲究仁义孝顺，像这样仁义至孝的人，自古以来，数不胜数。例如老莱子自娱奉亲，70多岁时还穿着小儿衣服，作小儿情状，逗父母开心。

【注释】①高子：生平不详。②《小弁》：《诗经·小雅》中的一篇。旧说是指责周幽王的诗。周幽王先娶申后，生宜臼，立为太子；后宠褒姒，改立褒姒之子伯服为太子，废申后及太子宜臼。此诗述说的就是宜臼的哀伤、怨恨之情。传说是宜臼的老师所作。③《凯风》：《诗经·邶风》中的一篇。旧说卫国有个已有七个儿子的母亲想改嫁，于是七个儿子作此诗来自责不孝，以使母亲感悟。

【译文】公孙丑道："高子说：'《小弁》，是小人的诗。'"

孟子说："为什么这样说呢？"

答道："因为它充满怨愤的情绪。"

孟子说："高老夫子讲解诗未免太浅陋了吧！假如有个人在这里，越国人开弓要射他，他自己就边谈边笑地劝说越国人不可这样做；这并不是有别人的原因，只是由于越国人和他关系疏远的缘故。要是他的哥哥开弓要射他，他自己就啼哭着劝说他哥哥不可这样做；这并不是有别人的原因，只是由于哥哥是他的亲人的缘故。《小弁》的怨愤，是出于对自己亲人的爱护。爱护亲人，是仁的表现。高老夫子讲解诗实在太浅陋了啊！"

公孙丑又问道："《凯风》为什么没有流露怨恨的感情呢？"

孟子说："《凯风》诗，作者的母亲过错较小；《小弁》诗，作者的父亲过错就较大。父母亲的大过错多毫无怨言，这就显得与父母疏远；父母亲的小过错却一味地抱怨，这就说明做儿子的心里不平。过分疏远自己的父母，虽然是不孝，心里不平，也同样是不孝。孔子说：舜要算最孝顺的儿子吧，到了五十岁这样的年龄还是依恋着父母。'"

【原文】宋牼将之楚，孟子遇于石丘②，曰："先生将何之？"

曰："吾闻秦楚构兵③，我将见楚王说而罢之。楚王不悦，我将见秦王说④而罢之。二王我将有所遇⑤焉。"

曰："轲也请无问其详，愿闻其指⑥。说之将何如？"

曰："我将言其不利也。"

曰："先生之志则大矣，先生之号⑦则不可。先生以利说秦楚之王，秦楚之王悦于利，以罢三军之师，是三军之士乐罢而悦于利也。为人臣者怀利以事其君，为人子者怀利以事其父，为人弟者怀利以事其兄，是君臣、父子、兄弟终去仁义，怀利以相接，然而不亡者，未之有也。先生以仁义说秦楚之王，秦楚之王悦于仁义，而罢三军之师，是三军之士乐罢而悦于仁义也。为人臣者怀仁义以事其君，为人子者怀仁义以事其父，为人弟者怀仁义以事其兄，是君臣、父子、兄弟去利，怀仁义以相接也，然而不王者，未之有也。何必曰利？"

【注释】①宋牼：战国时宋国著名学者，反对战争，主张和平。②石丘：地名，其址不详。③构兵：交战。④说：劝说。⑤遇：说而相合。⑥指：同"旨"，大概，大意。⑦号：提法。

【译文】宋牼将要去楚国，孟子在石丘碰见他，问道："先生要到哪里去呢？"

答道："我听说秦国和楚国正在交战，我准备去谒见楚王劝说他罢兵。楚王要是不高兴（这样做），我就准备去谒见秦王劝说他罢兵。在两个国王中间我总会找到和我意见投合的。"

孟子说："我孟轲不准备打听详细情况，但却想听听您的意向。您将怎样劝说他们呢？"

答道："我准备去讲讲交兵的危害。"

孟子说："先生您的用心是很好的，但是您的提法便不合适。先生拿利去劝说秦楚两国的君王，秦楚两国的君主由于对利感兴趣而罢兵，这就使三军的官兵乐于罢兵却对利产生了深厚的兴趣。做人臣子的怀着得利的观点去侍奉他们的君主，做人儿子的怀着得利的观点去侍奉他们的父亲，做人弟弟的怀着得利的观点去侍奉他们的哥哥，这就使得君臣、父子、兄弟之间完全抛掉仁义，怀着得利的观点来相互接待，像这样国家却不会灭亡的，简直是没有的事。先生要是拿仁义去劝说秦楚两国的君主，秦楚两国的君主由于对仁义感兴趣而罢兵，这就使三军的官兵乐于罢兵而对仁义产生了浓厚的兴趣。做人臣子的怀着仁义的观点去奉事他们的君主，做人儿子的怀着仁义的观点去侍奉他们的父亲，做人弟弟的怀着仁义的观点去侍奉他们的哥哥，这就使得君臣、父子、兄弟之间完全抛去利的观点，怀着仁义的观点来相互接待，像这样却不能统一天下的，简直是没有的事。为什么非说利不行呢？"

【原文】孟子居邹，季任①为任处守，以币交，受之而不报。处于平陆②，储子为相，以币交，受之而不报。他日，由邹之任，见季子；由平

仁惠化民

仁惠化民君主、人臣、百姓都应该怀有仁义之心，这样国家才会安定强盛，百姓才能富足祥和。唐朝李悬为具州刺史，一日庭院树上布满甘露。百姓都说这是他仁义爱民、勤于政务的结果。

陆之齐，不见储子。屋庐子喜曰："连③得间矣。"问曰："夫子之任，见季子；之齐，不见储子，为其为相与？"

曰："非也。《书》曰：'享多仪，仪不及物曰不享，惟不役志于享。'为其不成享也。"

屋庐子悦。或问之，屋庐子曰："季子不得之邹，储子得之平陆。"

【注释】①季任：任国国君的弟弟。②平陆：齐国地名，即今山东省汶上县。③连：屋庐子的名。

【译文】孟子住在邹国时，季任为任国留守，（代理国君暂行国政，）送了礼物和孟子结交，孟子受了礼物却并没有回报。后来孟子住在平陆时，储子做齐国的国相，也送了礼物来和孟子结交，孟子同样是受了礼物没有回报。过了些日子，孟子从邹国到任国去，去拜访了季子；但是，当他由平陆去齐国首都时，却没有去拜访储子。屋庐子（知道这种情况后）高兴地说："我找到老师一个漏洞（来发问了）。"问道："老师您到任国，拜访了季子；到齐国首都，却不拜访储子，这是因为他仅是个国相吗？"

孟子说："不是的。《尚书》中说过：'享献之礼以有仪节为可贵，要是仪节与礼物不相称那就等于没有享献，这只是因为享献的人没有把心意用在享献上。'（我之所以不去拜访储子，）是为了他的享献不成其为享献的缘故。"

屋庐子（听了）很高兴，有人问他（这是怎么一回事），屋庐子道："季子（因为有重任在身）不能到邹国去，而储子（作为国相）却是可以亲自去平陆的。"

【原文】孟子曰："今之事君者皆曰，'我能为君辟土地，充府库。'今之所谓良臣，古之所谓民贼也。君不乡（xiàng）道①，不志于仁，而求富之，是富桀也。'我能为君约与国②，战必克。'今之所谓良臣，古之所谓民贼也。君不乡道，不志于仁，而求为之强战，是辅桀也。由今之道，无变今之俗，虽与之天下，不能一朝居也。"

【注释】①乡道：向往道德。乡，同"向"，向往。②与国：盟国。

【译文】孟子说："现在那些侍奉君主的人都说：'我能够替君主开拓疆土，充实府库。'现在所谓的好臣子，正是古代所谓的害民之贼。君主不趋向道德，又没有心行仁义，你却去力求使他富足，这就等于是使夏桀富足。（现在那些侍奉君主的人又说：）'我能够替君主联合赞助我们的邻国，每次战争一定获得胜利。'现在所谓的好臣子，正是古代所谓的害民之贼。君主不趋向道德，又无心行仁义，你却去力求替他恃强奋战，这就等于是辅佐夏桀。假如走着现在的道路，不改变现在的习俗，就算把整个天下给与他，他也是不能统治一个早晨的。"

【原文】孟子曰："君子不亮^①，恶乎执？"

【注释】 ①亮：同"谅"，诚信。

【译文】 孟子说："君子不讲求诚信，还能操持什么呢？"

【原文】孟子曰："教亦多术^①矣，予不屑之教诲也者，是亦教诲之而已矣。"

【注释】 ①术：方式、方法。

【译文】 孟子说："教育也有多种多样的方式方法，那些我不屑给予教诲他的人，这也是对他的一种教诲呢。"

尽心章句上

【原文】孟子曰：“尽其心者，知其性也。知其性，则知天矣。存其心，养①其性，所以事②天也。夭寿不贰③，修身以俟④之，所以立命也。”

【注释】①养：培养。②事：对待。③贰：动摇。④俟：等待。

【译文】孟子说：“能够竭尽他的善心的，便是真正了解了人的本性。懂得了人的本性，便是知道了天命。（一个人）如果能努力保存他的善心，培养他禀受自天的善性，目的就在于正确对待天命。不管短命或是长寿都毫不怀疑动摇，只要是修身养性以等待天命的抉择，这就是用来安身立命的方法。”

【原文】孟子曰：“莫非命也，顺受其正；是故知命者不立乎岩墙①之下。尽其道而死者，正命也；桎梏②死者，非正命也。”

【注释】①岩墙：就要倾塌的墙。②桎梏：拘禁犯人的刑具。

【译文】孟子说：“不要去非命而死，去顺理而行，接受天所注定的正常命运吧！所以懂得天命的人不会站在快要倾倒的墙壁下面。一切完全按正道行事而死的人，他所接受的是正常的命运；那些犯罪坐牢而死的人，他们所接受的就是不正常的命运。”

【原文】孟子曰：“求则得之，舍①则失之，是求有益于得也，求在我者也。求之有道，得之有命，是求无益于得也，求在外者也。”

【注释】①舍：放弃。

【译文】孟子说：“（有的东西）追求它就能够得到，放弃它就会失掉，这种追求是对获得（这个东西）有益处的，这是因为所追求的东西就在我本身之内，（能否获得它取决于我自己。）（有的东西）追求它得有一定的原则，能否得到它得由命运安排，这种追求是对获得（这个东西）毫无益处的，这是因为所追求的东西存在于我的身外，（能不能得到它就由不得自己了。）”

【原文】孟子曰：“人不可以无耻，无耻之①耻，无耻矣！”

【注释】①之：至。

【译文】孟子说：“一个人不可以没有羞耻；一个人如果能够感到自己没有羞耻为可耻，（因而改过自新，）他便可以终身不再蒙受羞耻了。”

【原文】孟子曰：“待文王而后兴①者，凡民②也。若夫豪杰之士③，虽无文王犹兴。”

【注释】①兴：感动奋发之意。②凡民：平庸之人。③豪杰之士：有过人才智的人。

【译文】孟子说："要等待有文王这样的圣君出现，然后才知道兴起向善的，是一般的人。至于杰出的人物，就算没有文王这样的圣君出现，也还是能够自觉地兴起向善的。"

【原文】孟子曰："舜之居深山之中，与木石居，与鹿豕游，其所以异于深山之野人者几希①。及其闻一善言，见一善行，若决江河，沛然②莫之能御③也。"

【注释】①几希：几，几乎。希，稀少，没有。②沛然：浩大的样子。③御：抵挡，阻挡。

【译文】孟子说："舜住在深山时，跟树木和石头一块作伴，和麋鹿野猪一同游息，他的用以区别于深山野人的地方几乎没有；可是等到他听到一句有益的话语，看到一种良好的行为，（便立即采纳，雷厉风行，）好像江河决了口，声势浩大得没有谁能阻挡得了。"

【原文】孟子曰："杨子①取为我，拔一毛而利天下，不为也。墨子兼爱②，摩顶放踵③利天下，为之。子莫④执中。执中为近之。执中无权，犹执一也。所恶执一者，为其贼道也，举一而废百也。"

【注释】①杨子：战国初期哲学家，名朱，魏国人。他的学说与墨子的学说在战国时代都很流行。他重视个人利益，反对别人对自己的侵夺，但也反对侵夺别人。②墨子兼爱：墨子（约前468－前376），春秋战国时期的思想家、政治家，墨家学派的创始人，名翟。相传原为宋国人，后长期住在鲁国。"兼爱"是他的基本思想之一。③摩顶放踵：从头顶到脚跟都磨伤，形容不畏劳苦，不畏劳苦，不顾体伤。放，到。④子莫：战国时鲁国人，其事迹已不可考。

【译文】孟子说："杨子采纳为我的主张，就算只需拔去自己一根毫毛却能使天下得利，都不愿意干；墨子主张兼爱，哪怕磨秃头顶，走破脚跟，只要对天下人有利，也愿意干。子莫就（不同于二人）坚持折中的主张。坚持折中的主张算是近乎正确，但如果持折中的主张而不知道随时变通，那也还是固执一偏。我们之所以讨厌固执一偏的主张，就因为它损害了仁义之道，顾及一端不放弃其余的原因。"

【原文】孟子曰："饥者甘①食，渴者甘饮，是未得饮食之正也，饥渴害之也。岂惟口腹有饥渴之害？人心亦皆有害。人能无以饥渴之害为心害，则不及人不为忧矣。"

【注释】①甘：美味。

【译文】孟子说："肚子饿的人吃着什么食物都觉得是美的，口喝着什么饮料都觉得是甜的，这实际是没有尝到饮料和食物的正常滋味，原因是由于极度的饥渴妨害了他们品尝滋味的正常感觉。难道只是嘴巴和肚子有饥渴的妨害吗？人们的心也都有类似的妨害。要是人们能使他们的心不受像饥渴对于嘴巴肚子那样的妨害，那么尽管自己一时还不如别人，也不会因此而发愁了。"

【原文】孟子曰："尧舜，性①之也；汤武，身②之也；五霸，假③之也。

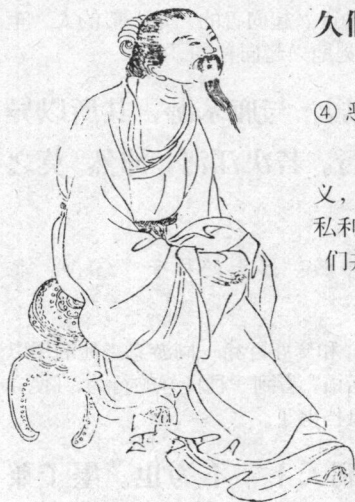

久假而不归，恶^④知其非有也。"

【注释】①性：本性。②身：身体力行。③假：假借。④恶：怎么，如何。

【译文】孟子说："尧舜实行仁义，是出于本性；汤武，躬行仁义，勉力恢复本性；至于五霸，却是假借仁义之名，来图谋他们的私利，但借久了不归还，别人（受了他们的蒙蔽，）又如何能知道他们并没有仁的行为呢？"

【原文】孟子曰："天下有道，以道殉身^①；天下无道，以身殉道。未闻以道殉乎人^②者也。"

【注释】①以道殉身：此处的"殉"是相始终之意。②殉乎人：迁就他人。

【译文】孟子说："天下要是走了上正道便能随从贤者本身的被信任而得以施行；天下要是离开正道，贤者本身便随着道的不能施行而隐居起来；我没有听说过为了逢迎王侯而歪曲甚至破坏正道的。"

【原文】孟子曰："君子之于物^①也，爱之而弗仁；于民也，仁之而弗亲。亲亲而仁民，仁民而爱物。"

【注释】①物：泛指世间一切生物。

【译文】孟子说："君子对待（草木禽兽等）万物，爱惜它们却不施给仁德；对于百姓，施给仁德却并不亲爱。君子亲爱自己的亲人，推而施仁德于百姓，对百姓施给仁德，推而爱惜万物。"

诸葛亮

诸葛亮青年时期正值朝廷衰落，奸臣当道，他虽有满腔抱负却隐居不出，在卧龙岗躬耕自守。待到刘备三顾茅庐之时，他才毅然出山，帮助匡复汉室。

尽心章句下

【原文】孟子曰:"不仁哉梁惠王也! 仁者以其所爱,及其所不爱,不仁者以其所不爱,及其所爱。"

公孙丑曰:"何谓也?"

"梁惠王以土地之故,糜烂①其民而战之,大败,将复之,恐不能胜,故驱其所爱子弟以殉之,是之谓以其所不爱,及其所爱也。"

【注释】①糜烂:朱熹《集注》云,"使之战斗,糜烂其血肉也。"

【译文】孟子说:"梁惠王委实太不仁道了啊! 一个仁德的人会把他施加于所爱的人的恩泽推及到他所不爱的人的身上,(相反,)一个不仁德人却会拿他施加于他所不爱的人的荼毒连累到他所心爱的人。"

公孙丑听了,问道:"这话怎么讲呢?"

答道:"梁惠王为了扩张土地的缘故,把他所不爱的百姓投入战争的血海,使他们弃尸原野,肝脑涂地。吃了大败仗后,又想卷土重来,却担心百姓不肯替他卖命,所以不惜驱使他所心爱的子弟上战场去送死,这便叫做用他施加于他所不爱的人的荼毒连累到他所心爱的人。"

【原文】孟子曰:"《春秋》无义战。彼善于此,则有之矣。征者,上伐下也,敌国①不相征也。"

【注释】①敌国:指地位相等的国家。"敌"在这里不是"敌对"的意思。

【译文】孟子说:"春秋那个时代几乎没有合乎义的战争,(相对而言,)那次战争比这次战争好一点(的情况),就还是有的。(为什么说春秋没有合乎义的战争呢? 因为)征讨这个词,是指上面的天子讨伐下面违反王命的诸侯,地位相等的国家是不得互相征伐的。"

【原文】孟子曰:"尽信《书》,则不如无《书》。吾于《武成》①,取二三策②而已矣。仁人无敌于天下,以至仁伐至不仁,而何其血之流杵③也?"

【注释】①《武成》:《尚书》篇名,早已亡佚。现存《武成》篇是后人伪作。东汉王充《论衡·艺增》上说:"夫《武成》之篇,言武王伐纣,血流浮杵,助战者多,故至血流如此。"②策:竹简,一策相当于我们今天说的一页。③杵:舂米或捶衣的木棒。

【译文】孟子说:"全部相信《书》,就还不如没有《书》的好。我对于《武成》这篇文章,只不过采用它两三段文字罢了。一个仁德的人在天下是没有敌手的,以周武王这样天下极其仁爱的贤君去讨伐商纣那样最不仁爱的暴君,(义师所到的地方,备受百姓的欢迎,)又怎么会发生血流成河,连舂米的大木棒都给漂走的事呢?"

【原文】孟子曰："舜之饭糗^{qiǔ}①，茹草也，若将终身焉；及其为天子也，被袗^{pī zhěn}衣，鼓琴，二女果^{wǒ}②，若固有之。"

【注释】①饭糗：饭，动词，吃。糗，干粮。②果：通"婐"，侍女，这里是侍候的意思。

【译文】孟子说："舜当年吃干粮啃野菜的时候，好像准备一辈子这样过下去；等到他做了天子，身着细葛布衣服，弹着琴，尧的两个女儿侍候他，又好像本来他就具有这些生活条件似的（一点异样的感觉都没有）。"

【原文】孟子曰："吾今而后知杀人亲之重也：杀人之父，人亦杀其父；杀人之兄，人亦杀其兄。然则非自杀之也，一间^{jiàn}①耳。"

【注释】①一间：相距很近的意思。间，间隙、间隔。

【译文】孟子说："我从今以后才知道杀害别人的亲属关系的重大：一人杀了别人的父亲，他的父亲也会被人杀；杀了别人的哥哥，他的哥哥也会被人杀害。这样难道不就等于自己杀死自己的父兄么？只不过中间隔了一个人罢了。"

【原文】孟子曰："古之为关①也，将以御暴②；今之为关也，将以为暴。"

【注释】①关：关卡。②暴：暴力。

【译文】孟子说："古时候设立关卡，是准备用来（稽查奸人出入，）防止发生暴乱；现在设立关卡，却是准备用来（征收赋税，）推行暴政。"

【原文】孟子曰："民为贵，社稷①次之，君为轻。是故得乎丘民②而为天子，得乎天子为诸侯，得乎诸侯为大夫。诸侯危社稷，则变置。牺牲③既成，粢盛既洁④，祭祀以时，然而旱乾水溢，则变置社稷。"

【注释】①社稷：社，土神；稷，谷神。古代帝王或诸侯建国时，都要立坛祭祀"社"、"稷"，所以，"社稷"又作为国家的代称。②丘民：众民。③牺牲：供祭祀用的牛、羊、猪等祭品。④粢盛既洁：粢，粟米。粢盛既洁的意思是说，盛在祭器内的祭品已洁净了。

【译文】孟子说："（在天下或一个国家里，）百姓是最重要的，其次便是社稷，君主要算较轻的了。所以得到民众拥护的便可以做天子，得到天子信任的便可以做诸侯，得到诸侯信任的便可以做大夫。诸侯要是危害国家，便得废掉他改立别的人。要是祭祀用的牲口（指牛、羊、猪）已是肥大合乎标准，盛在祭器中的黍稷也已弄得清清洁洁，祭祀又是按时进行，可是百姓还是逃脱不了要遭受旱灾和水灾，那就得另外改立土谷之神了。"

【原文】孟子曰："仁也者，人也。合而言之①，道也。"

【注释】①合而言之：合起来讲。

【译文】孟子说："'仁'这个字的含义就是'人'，把'仁'和'人'合并起来讲，就是道。"

【原文】孟子曰："贤者以其昭昭①使人昭昭，今以其昏昏②使人昭昭。"

【注释】①昭昭：明白。②昏昏：模糊，糊涂。

【译文】孟子说："贤明的人教人，凭着自己的透彻明了，帮助别人也透彻明了；现在那些教人的人，就凭自己糊里糊涂的头脑，却要让别人透彻明了。"

【原文】孟子谓高子①曰："山径之蹊②，间介然③用之而成路；为间④不用，则茅塞之矣。今茅塞了之心矣。"

【注释】①高子：齐国人，孟子的学生。②山径之蹊：蹊，人行处。山径之蹊泛指很窄的山间小路。③介然：本指意志专一而不旁骛，这里是经常不断的意思。④为间：即"有间"，短时，为时不久。

【译文】孟子对高子说："山坡上那些野兽走过的地方，如果人们持续地在上面走着因而便成了路；只要隔一会儿不去走，茅草就会将它塞掉。现在你的心也给茅草塞掉了。"

【原文】齐饥。陈臻曰："国人皆以夫子将复为发棠①，殆不可复。"

孟子曰："是为冯妇②也。晋人有冯妇者，善搏虎，卒为善士。则之野，有众逐虎。虎负嵎③，莫之敢撄④。望见冯妇，趋而迎之。冯妇攘臂下车，众皆悦之，其为士者笑之。"

【注释】①复为发棠：重新劝齐王打开棠地的粮仓赈济灾民。发，打开。棠，地名，在今山东即墨南。过去齐国灾荒时，孟子曾劝过齐君开棠地粮仓赈济灾民，所以有此说。②冯妇：人名，姓冯，名妇。③嵎：山势弯曲险阻处。④撄：迫近。

【译文】齐国闹饥荒。陈臻说："国里的人都以为您老师又会替大家请求齐王打开棠乡的仓库来赈济百姓，恐怕不便再这样做吧。"

孟子说："（如果再这么做，）这就成了冯妇了。晋国有个名叫冯妇的人，善于打老虎，后来成了善士，（便放弃了打虎这门活）。有次他到野外去，碰上大伙追赶一只老虎，老虎背靠着山角（进行顽抗），没有谁敢去碰它一下；大家远远望见了冯妇，便一齐跑上去迎接他。冯妇挽起袖子，挥舞胳膊走下车来。大伙都喜欢他，可那些士人却嘲笑他。"

【原文】孟子曰："口之于味也，目之于色也，耳之于声也，鼻之于臭①也，四肢之于安佚也，性也，有命②焉，君子不谓性也。仁之于父子也，义之于君臣也，礼之于宾主也，知之于贤者也，圣人之于天道也，命也，有性焉，君子不谓命也。"

【注释】①臭：香气。②命：命运。

【译文】孟子说："口喜欢美味，眼睛喜欢美色，耳朵喜欢好听的声音，鼻子喜欢芳香的气味，四肢喜欢舒适，都是天性的嗜好；可是（能否都称心如意地得到它们，）这中间又有个命运好坏的问题，所以君子就不认为它们是性情所定，（不加强求。）仁对于父子，义对于君臣，礼对于宾主，知对于贤者，圣人对于天道，它们能否一一各得其宜，这是属于命运的问题；但却又是性情所定，所以君子不把它们看成是命运的安排，（以便尽力而为，希望性情所定的东西都能见诸实行。）"

【原文】孟子曰："有布缕之征，粟米之征，力役之征。君子用其一，缓其二。用其二而民有殍①，用其三而父子离②。"

【注释】①殍：饿死，饿死的人。②离：分离。

【译文】孟子说："（国家赋役的种类：）有征收布帛的，有征收粮食的，还有征发人力的。君子（对于这三种赋役，分期更换使用，）使用一种，其他两种便暂缓使用。如果两种赋役同时使用，百姓便会有因此而饿死的，假如三种赋役同时使用，那（天下就要礼崩乐坏）父亲和儿子这样的至亲骨肉之间，彼此也将各不能相顾了。"

隋炀帝剪彩为花

诸侯、君王的权势需要人民来支持，但是许多只顾享乐，不顾人民的死活。隋炀帝尤甚，他杀父兄篡位，当权后又暴虐无道，对民众横征暴敛。冬日剪彩纸贴树，作为花朵，穷奢极欲，故而各地民众纷纷起义，而隋炀帝自己也被臣子杀害。

【原文】孟子曰："诸侯之宝三：土地、人民、政事。宝珠玉者，殃①必及②身。"

【注释】①殃：灾祸。②及：到。

【译文】孟子说："诸侯的宝贝有三件：土地、百姓、政治。（不重视上面三件宝贝，）却把珍珠美玉看做宝贝的人，祸灾就一定会降到他身上。"

周易

乾卦第一

天行健，君子以自强不息

> 乾卦为天，象征着自强不息、一往无前的奋斗精神。

【原文】乾 (qián) **元亨** (hēng) **利贞。**

【译文】乾卦，象征天。具有万物创始的伟大天圆，亨通顺利的成长，祥和有益前进，贞正坚固。

【原文】初九 潜龙勿用。

【译文】初九：龙潜伏在水中，暂不宜有所作为。

【原文】九二 见 (xiàn) **龙在田。利见大人。**

【译文】九二：龙出现在田间，有利于大德之人出来治世。

【原文】九三 君子终日乾乾。夕惕 (tì)**，若厉。无咎** (jiù)**。**

【译文】九三：君子整天勤勤恳恳，即使在夜晚（夕），仍时刻警惕，谨慎行事。若此，虽有危险，亦不会遭受灾祸。

【原文】九四 或跃在渊。无咎。

【译文】九四：游龙潜伏深谷之中，似跃而未跃，不会有过失。

【原文】九五 飞龙在天。利见大人。

【译文】九五：龙高飞于天，利于晋见大德之人。

【原文】上九 亢龙有悔。

乾 图

乾为《周易》六十四卦之首，《说文解字》释"乾"为"上出也"。乾卦六爻取象的见龙、飞龙、亢龙、潜龙与日出、日中、日昃相同，因而《彖》辞说"大明终始"。乾为天，有天地，然后有万物。

四德图

"元亨利贞"称为"四德"。意思是：大吉通顺，贞正坚固。

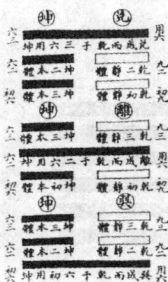

乾坤二用图

　　"二用"是指乾卦的"用九"和坤卦的"用六"两爻。《周易》六十四卦除乾、坤二卦外，都是六爻，只有乾、坤二卦多出一爻，称为"用爻"。"用爻"指占筮过程中出现全爻都是"老阳"或"老阴"时，六爻就会向自身的相反方向转化，即阳爻变阴爻，阴爻变阳爻。图上的"空心爻"，就是变化的结果。

【译文】上九：龙飞得过高，超过极限有悔。

【原文】用九　见群龙无首。吉。

【译文】用九：出现一群龙，谁也不自居首领位置，则无过亢之灾，这是吉祥的现象。

【原文】《彖》曰：大哉乾"元"，万物资始，乃统天。云行雨施，品物流形。大明终始，六位时成，时乘六龙以御天。乾道变化，各正性命。保合大和，乃"利贞"。首出庶物，万国咸宁。

【译文】《彖传》说：博大的、象征万物创始的乾卦。万物依靠它而开始生长，它是统帅万物之本源。它使云朵飘行翻动，使雨水施洒降落，各种事物各具形态而不断发展。明亮的太阳周而复始，乾卦各爻按不同的时位组成，犹如六条龙接连驾驭天地之间。天地自然变化形成万物的规律，万物各自运畜精神，保持太和元气。如此则祥和有益，顺利贞固。天道创造万物，天下邦国和美昌顺。

【原文】《象》曰：天行，健。君子以自强不息。"潜龙勿用"，阳在下也。"见龙在田"，德施普也。"终日乾乾"，反复道也。"或跃在渊"，进"无咎"也。"飞龙在天"，"大人"造也。"亢龙有悔"，盈不可久也。用九，天德不可为首也。

【译文】《象传》说：乾卦如天道运行，刚强劲健。君子亦应如此，坚强振作，不断努力。"龙潜入在水中，暂不宜有所作为"，所以初九之象，阳气刚刚萌生，自然居位低下。"龙出现在田间"，此象说明德业昭著，大德之人经潜藏休养，必会将大德普济于世。"整天勤勤恳恳"，表明唯恐行道，没有偏差。"潜伏深谷，或跃腾上进"，表明龙处在进取而无损害的时机。"龙高飞于天"，说明怀德之人可一举创就大业。"龙高亢至极，终会有所悔恨"，表示物极必反。用九，说明天之宏德也并非永居首位。

【原文】《文言》曰："元"者善之长也。"亨"者嘉之会也。"利"者义之和也。"贞"者事之干也。君子体仁，足以长人，嘉会足以合礼，利物

足以和义，贞固足以干事。君子行此四德者，故曰："乾元亨利贞"。

【译文】《文言》说："元始是众善之首；亨通是事物完美的聚合；祥和有益是阴阳调和得宜；正固是处身行事的根本。因此君子用自己的行动体现实践至善的仁德，就能成为众人头领；能够使众善聚集一堂，就能够合于礼仪；能够施利万物，才足以使道义达到和谐；能够坚持固守节操，就能主持各类大事。唯有君子才能施行这四种美德，所以体现了乾卦所说的行善是万物创始的伟大根源、亨为合美、祥和有益、贞正坚固。"

【原文】初九曰："潜龙勿用。"何谓也？子曰："龙德而隐者也。不易乎世，不成乎名，遁世无闷，不见是而无闷。乐则行之，忧则违之，确乎其不可拔，潜龙也。"

【译文】初九的爻辞说："龙潜伏在水中，暂时不宜于有所作为。"这是什么意思呢？孔子指出："这是比喻像龙一样有德有才而隐居的人。世俗改变不了他的节操，他也不追逐功名；从世间隐退不会感到闷闷不乐，不被世人承认也不苦闷。能愉快地实现抱负时，便入世行道；感到忧虑时，便出世隐遁。信念坚定，从不动摇，这样君子的所为便是潜龙的德性。"

【原文】九二曰："见龙在田。利见大人。"何谓也？子曰："龙德而正中者也。庸言之信，庸行之谨，闲邪存其诚。善世而不伐，德博而化。《易》曰：'见龙在田。利见大人'。君德也。"

【译文】九二的爻辞说："龙出现在田野，对于大德之人出来治世是很有利的。"这是什么意思呢？孔子指出："这是指有龙一样的德性而行中正之道的人。这种人他的日常言论说到做到，他的日常行动谨慎小心。防止一切邪念，心存诚实。虽然善行卓著，加惠世人，却不以此夸耀。以伟大广博的道德行为而感化世间一切。《周易》说：'龙出现在田野，利于大德之人出来治世。'这是指出现了君主品德的贤人。"

【原文】九三曰："君子终日乾乾。夕惕若厉。无咎。"何谓也？子曰："君子进德修业。忠信所以进德也。修辞立其诚，所以居业也。知至至之，可与几也。知终终之，可与存义也。是故居上位而不骄，在下位而不忧。故乾乾因其时而惕，虽危无咎矣。"

【译文】九三的爻辞说："君子整天勤勉不息，提高警觉，即使在夜晚，仍时刻警惕，谨慎行事，如此，则虽有危险，却无灾祸。"这是什么意思呢？孔子指出："这是在说君子要增进美德、营修功业的道理。忠诚信实，是增进美德的主要基础。斟酌自己的文辞和言行，确立至诚的感情，是营修功业的根基。能把握时机，全力进取的人，可以跟他商讨事物发展的征兆；知道事物发展的结局，并可以自己行动适应结局的人，可与他共同保存正义。能够做到这些，一个人就能够身居高位而不骄傲，处在下位也不忧愁，因而能够勤恳振作，自强不息，随时警惕，小心行事。如此，则虽处于危险之中，也不会有过错。"

【原文】九四曰："或跃在渊。无咎。"何谓也？子曰："上下无常，非为邪也。进退无恒，非离群也。君子进德修业，欲及时也。故无咎。"

【译文】九四爻辞说："游龙或是潜伏深谷，或是似跃而未跃，都不会有什么灾祸。"这是什么意思呢？孔子指出："这比喻贤人的上升或下降，居高位或处低位，是常常变化的，这并非出于邪念；他的进取或引退也没有一定的规律，这种进退并不脱离众人。这说明，君子要想在品德和事业上都有所提高，得到成功，只能是把握时机，随着时势的变化而行动，这样的话就一定'没有什么过错'了。"

【原文】九五曰："飞龙在天。利见大人。"何谓也？子曰："同声相应，同气相求。水流湿，火就燥。云从龙，风从虎。圣人作而万物睹（dǔ）。本乎天者亲上，本乎地者亲下。则各从其类也。"

【译文】九五爻辞说："龙高飞于天，对于大德之人出来治世非常有利。"这是什么意思呢？孔子指出："这是说同类的声音产生共鸣，同样的气息彼此吸引而投合；水向低洼潮湿处流，火往干燥之处燃烧；彩云随着龙飞而聚散，谷风随着虎跃而产生；圣贤之兴起使世间万物各显其灵性；因而，以天为本的生物向上发展，依存于地的向下扎根，这就是一切事物各依其类别互相聚合的道理。"

【原文】上九曰："亢龙有悔。"何谓也？子曰："贵而无位，高而无民，贤人在下位而无辅，是以动而有悔也。"

【译文】上九的爻辞说："龙飞得过高，超过极限，终将因为有过失而有所悔恨。"这是什么意思呢？孔子指出："这是比喻高高在上，尊贵而失去拥戴的人君。这种崇高的地位使他脱离了众人，贤士能人都处在下位，因而他得不到他们的辅佐。所以，他在这种状态下稍有举动就会招来悔恨。"

【原文】"潜龙勿用"，下也。"见龙在田"，时舍也。"终日乾乾"，行事也。"或跃在渊"，自试也。"飞龙在天"，上治也。"亢龙有悔"，穷之灾也。乾元"用九"，天下治也。

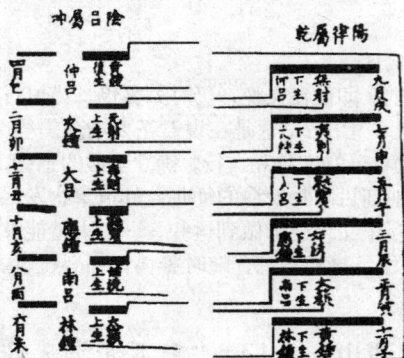

乾坤合律图

此图表现乾、坤二卦十二爻与音律的关系。阳律属乾卦，阴律属坤卦。阳律和阴律与一年十二月和一天十二时辰相应。即：阳律正月（寅）为南吕，三月（辰）为应钟，五月（午）为大吕，七月（申）为夹钟，九月（戌）为仲吕，十一月（子）为林钟；阴律二月（卯）为夹钟，四月（巳）为仲吕，六月（未）为林钟，八月（酉）为南吕，十月（亥）为应钟，十二月（丑）为大吕。

【译文】所谓"龙潜伏在水中，暂不宜于有所作为"，是指德才兼备的人还处于地位低下，不能发挥作用。"龙出现在田野"，说明时势开始舒展，已得时得位了。"整天勤勉不息"，说明事业在付诸。"潜伏于深谷，或跃腾上进"，说明正处在自我考验的时期。"龙高飞于天"，表明已经获得高位，正施展抱负。"龙飞到极高位置，终将有所悔恨"，是说明爬上最高位置而不知改变，脱离群众，将带来灾难。天有元始之德而运用阳九的变化，说明天下大治乃势所必然。

【原文】"潜龙勿用"，阳气潜藏。"见龙在田"，天下文明。"终日乾乾"，与时偕行。"或跃在渊"，乾道乃革。"飞龙在天"，乃位乎天德。"亢龙有悔"，与时偕极。乾元"用九"，乃见天则。

【译文】所谓"龙潜伏在水中，暂不宜于有所作为"，是说阳气仍然潜伏隐藏着，没发生什么状况。"龙出现在田野"，说明天下能看到欣欣向荣的文明景象。"整天勤勉不息"，说明随着时间而向前发展；"潜伏于深谷，或跃腾上进"，说明天道此时已开始革新。"龙高飞于天"，说明位与天高，德与天齐；"龙飞到极高位置，终将有所悔恨"，说明随着时间的推移而达到了极限。天有元始之德而运用阳九主张的变化，这才合乎体现天道自然的法则。

【原文】乾"元"者，始而亨者也。"利贞"者，性情也。乾始能以美利利天下，不言所利，大矣哉。大哉乾乎！刚健中正，纯粹精也。六爻^{yáo}发挥，旁通情也。时乘六龙，以御天也：云行雨施，天下平也。

【译文】乾卦象征天，是万物创始的伟大根源，说明了它是创造天地万物亨通的起始。"祥和有益，贞正坚固"，是天的内在本性和外在情感。天创始了万物且广施利益于天下，但它却不言其利、居其功，这种精神真是伟大啊！伟大的天道啊，刚强劲健、居中守正，这一切都纯粹无暇、精致不杂。六爻的无穷变化，联系，沟通了万物的发展情理。无论何时都如同驾驭六条龙运行于天。云彩飘行运动，雨水施洒降落，使天下万物均衡和谐地发展。

【原文】君子以成德为行，日可见之行也。"潜"之为言也，隐而未见，行而未成，是以君子"弗用"也。君子学以聚之，问以辨之，宽以居之，仁以行之。《易》曰："见龙在田。利见大人。"君德也。

【译文】君子的行为，是以完善品德修养为目的的，而且这些是在日常言行中都可以体现出来的。乾卦初爻所说的"潜"的意思，是说在应当隐藏着，还未能显露时，行动时机还未到，所以君子暂时还不能施展才用。君子通过学习来积累知识，抱着怀疑的态度来解决疑难，以宽厚仁恕之心待人接物以仁爱之心指导行为。《周易》说："龙出现在田野，利于遇见伟大的人物。"这是指这种"有德之人"具备了作为一个国君的品德所以得到人民拥戴。

【原文】九三　重^{chóng}刚而不中，上不在天，下不在田，故"乾乾"因其时而"惕"，虽危"无咎"矣。

【译文】乾卦的九三爻正处阳位，多重阳刚相叠，不得居于中位，因此上不沾天，下不着地，所以要勤勉不息，自强不息，顺应时机，随时保持警惕。如此，则即使面临危险，也没有什么灾祸了。

【原文】九四　重刚而不中，上不在天，下不在田，中不在人，故"或"之。或之者，疑之也。故"无咎"。

【译文】乾卦的九四爻阳刚过重而不适中，因此上不沾天，下不着地，而且不在人能居住的位置，因而"或"之。强调"或"的意思，是指应有所疑虑，多方审度，也就不会有过失灾难了。

【原文】夫"大人"者，与天地合其德，与日月合其明，与四时合其序，与鬼神合其吉凶。先天而天弗违，后天而奉天时，天且弗违，而况于人乎，况于鬼神乎。"亢"之为言也，知进而不知退，知存而不知亡，知得而不知丧。其唯圣人乎？知进退存亡而不失其正者，其唯圣人乎。

【译文】乾卦九五爻辞中所说的有德之人，他的德行，要像天地一样覆载万物；他的圣明，要像日月那样普照大地；他的进退，要像四季交替一样井然有序；他的吉凶，要与鬼神的吉凶契合；他的作为，先于天象而行动，但却也不违反天道，后于天象而处事，仍能奉行天道运行的规律。他尚不违背上天，更何况人呢？更何况鬼神呢？乾卦上九爻辞说的"亢"字，是指高到极点只知道进取，而不知道引退；只知道生存，而不知道终将衰亡；只知道获利，而不知道放弃。大概只有圣人才是明智的吧！那些深知进取、引退、生存、灭亡的道理，而又不偏失它的正道的人，难道不就是我们所称赞的圣人吗！

坤卦第二

甘当配角

坤为地，大地包容万物。

【原文】坤　元亨利牝马之贞。君子有攸往。先迷后得。主利。西南得朋。东北丧朋。安贞吉。

【译文】坤卦象征地，具有伟大的、元始亨通的德性，像雌马一样守持正固是最有利的。君子有所往求，如果遇事争先居首则会迷失方向，如果跟随人后，就会找到主人，因而获得利益。往西南方可以获得可观收获，往东北方将受到损失。卜问是否平安，结果是吉祥。

【原文】《彖》曰：至哉坤"元"，万物资生，乃顺承天。坤厚载物，德合无疆。含弘光大，品物咸"亨"。"牝马"地类，行地无疆，柔顺"利贞"。"君子"攸行，"先迷"失道，"后"顺"得"常。"西南得朋"，乃与类行。"东北丧朋"，乃终有庆。"安贞"之"吉"，应地无疆。

【译文】《象传》说："广阔无垠的大地啊，是生成万物的根源！万物都靠它而成长，它柔顺地秉承天道的法则。大地深厚且载育着万物，它的功德广阔无穷。它含藏了弘博、光明、远大的功能，使万物都顺利地成长。雌马属地上走兽，具有在大地上无限奔驰的能力，它的性情柔顺、祥和，有利于守持正道。君子应当效法这种品德而行动，如果遇事争先居首就会迷失方向，如果跟在人后顺随大势就能找到常规。往西南方向可以得到利益，是因为与同类同行；往东北方向将有所损失，尽管如此，但最终结果仍然有吉庆。安顺并且守持正固的行动将会是吉祥的，因为应合了大地广阔无垠的柔顺之德。"

【原文】《象》曰：地势，坤。君子以厚德载物。

坤初六图

"初六"为坤卦初爻。坤卦建亥十月，正是初冬时节，因此"初六"爻辞说："履霜，坚冰至。"

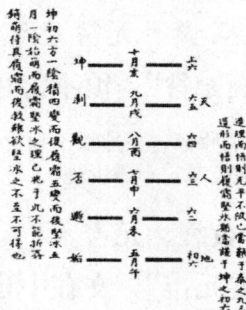

坤卦"履霜"图

"履霜"是坤卦"初六"爻辞和象辞中的用语，意为脚踏薄霜，就知道结冰的季节要来了。

坤卦错综及爻变图

此图出自清代《四库全书》之《周易集注》。坤卦为纯阴之卦，属土，为地。坤卦与乾卦相错，其情性为：情柔性柔，情顺性顺。六爻变卦为：初爻变震位在地，二爻变坎位在地，三爻变艮位在地，四爻变震位在人，五爻变坎位在天，六爻变艮位在天。

【译文】《象传》说：坤卦象征大地顺承的特征。君子应当效法大地的宽厚、和顺的德性，容载万物。

【原文】初六　履霜坚冰至。

《象》曰："履霜坚冰"，阴始凝也。驯致其道，至坚冰也。

【译文】初六，当踩到地面上的薄霜，便可知道结坚冰的寒冬要到了。

【原文】六二　直方大，不习无不利。

《象》曰："六二"之动，"直"以"方"也。"不习无不利"，地道光也。

【译文】六二，大地是正直、端方、宏大的，一个人具备了这样的德性，即使不学习也不会不利。
《象传》说：六二这一爻指引的行动，趋向正直端方。"不学习也不会不利"是大地法则的光明伟大。

【原文】六三　含章可贞。或从王事。无成有终。

《象》曰："含章可贞"，以时发也。"或从王事"，知光大也。

【译文】六三，蕴含美好的内涵，可以守持正固。若能辅助君王的事业，虽无成就，却将取得好的结果。
《象传》说："蕴含美好的内涵，可以守持正固"，指要把握时机发挥作用。"若能辅助君王的事业"，指智慧的光明远大，知道自己如何将才能发挥。

【原文】六四　括囊^{náng}。无咎无誉。

《象》曰："括囊无咎"，慎不害也。

【译文】六四，将口袋收紧，虽然得不到赞誉，但可免遭灾难。
《象传》说："将口袋收紧可免遭灾难"，是指应当收敛，谨言慎行才会免遭祸患。

【原文】六五　黄裳。元吉。

《象》曰："黄裳元吉"，文在中也。

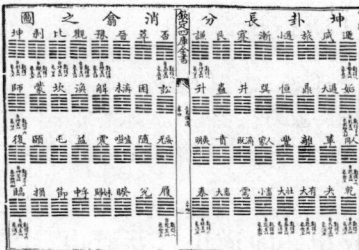

坤卦长分消翕之图

坤卦为十二消息卦之一，"消"为"静"，"翕"为"动"。坤卦由乾卦变化而来，乾卦六爻皆刚，阳盛到极端，下生一柔爻为姤卦，下生二柔爻为遁卦，下生三柔爻为否卦，下生四柔爻为观卦，下生五柔爻为剥卦，六个柔爻全部生成就是坤卦。

【译文】六五，黄色的衣裳，会有吉祥。

《象传》说："黄色的衣裳，会有吉祥"，是指应以温文之美德守持中道。

【原文】上六　龙战于野。其血玄^{xuán}黄。

《象》曰："龙战于野"，其道穷也。

【译文】上六，龙在旷野里战斗，流出黑黄色的血。

《象传》说："龙在旷野里战斗"，表示已经处于穷途末路。

【原文】用六　利永贞。

《象》曰："用六永贞"，以大终也。

【译文】用"六"数，有利于永久守持正固。

《象传》说：用六数"永久守持正固"，说明人要永远刚正不阿就会实现远大目标。

【原文】《文言》曰：坤至柔而动也刚，至静而德方，后得主而有常，含万物而化光。坤道其顺乎，承天而时行。

【译文】《文言》说：大地的德性是极为柔顺的，但变动时则显示出刚强；虽然极为安静，但柔美的品德却传布四方。尽管是后一步，来主持万物生长，却自有一定的规律，能包容万物并使其生长光大。大地的法则是多么的柔顺啊！它乘承天的意志而顺时运行。

【原文】积善之家必有余庆，积不善之家必有余殃^{yāng}。臣弑^{shì}其君，子弑其父。非一朝一夕之故，其所由来渐矣，由辩之不早辩也。《易》曰："履霜坚冰至。"盖言顺也。

【译文】修积善行的人家，必定有很多吉庆；累积恶行的人家，必然留下很多的殃祸。凡是臣下杀死君王，儿子刺杀父亲，这都不是一朝一夕偶然产生的，而是日积月累逐渐演变而成的，是由于君王父亲们没能早日动察处理。《周易》说："踩到地面上的薄霜便可知道冰雪寒冬要到了"。那是说明事物发展的自然规律。

【原文】"直"其正也，"方"其义也。君子敬以直内，义以方外。敬义立而德不孤。"直方大。不习无不利"，则不疑其所行也。

【译文】 "直"是说为人应品性纯正，"方"是指办事应合乎理义。君子以恭敬慎重的态度作为内心的正直准则；以合乎理义的行为处理外界事务。只要做到恭敬的态度和合适地处事，就能广布美德，得到众人的信任支持。所以说，"只要能做到正直、端方、宏大，哪怕不学习也不会不利"，这样他对自己的立身行事就不会有什么疑惑不定了。

【原文】 阴虽有美，"含"之以从王事，弗敢成也。地道也，妻道也，臣道也。地道"无成"，而代"有终"也。

【译文】 阴柔固然是美德，但要含蓄隐藏。用以辅助君王的事业时，不可以居功。这是大地的法则，为妻的原则，称臣的原则。地道顺天道的法则表明了有成就而不居功，实际上是在时序的交替中继续天道使事达到预期效果。

【原文】 天地变化，草木蕃。天地闭，贤人隐。《易》曰："括囊无咎无誉。"盖言谨也。君子"黄"中通理，正位居体，美在其中。而畅于四支，发于事业，美之至也。

【译文】 天地的自然变化，使一切草木茂盛繁衍。如果天地闭塞昏暗，那贤人能士都会隐退避世。《周易》说："将口袋收紧，虽然得不到赞誉，却可免遭灾难。"这是在说要谨慎处世的道理。君子应当具有黄色中和的美好品质，通情达理，应使自己保持在正确的位置。将这种美德蕴存于心，自然畅达于四肢，从而发展于事业，便达到了美的极致。

【原文】 阴疑于阳必"战"，为其嫌于无阳也，故称"龙"焉。犹未离其类也，故称"血"焉。夫"玄黄"者，天地之杂也。天玄而地黄。

【译文】 阴达极盛近似于阳时，必会引起争战。这是因为阴气发展达于极盛，好像阳已经不存在了，所以上六爻辞称龙；而阴并不曾离开同类，所以上六爻辞中又称代表阴柔之血。所谓天地玄黄，是指天地争战中混合的色象：天为青苍的黑色，而地本来就是黄色。

十二辟卦图

《易经》中有十二辟卦：乾、姤、遁、否、观、剥、坤、复、临、泰、大壮、夬，分别依次代表一年中从四月开始到次年三月的十二个月。十二辟卦又称"十二月卦"、"十二候卦"、"十二消息卦"。图中阳盈为息，从复卦到乾卦六卦为息卦，复一阳生，属子，为十一月卦；临二阳生，属丑，为十二月卦；泰三阳生，属寅，为正月卦；大壮四阳生，属卯，为二月卦；夬五阳生，属辰，为三月卦；乾六阳生，属巳，为四月卦。阴虚为消，从姤卦到坤卦为消卦，姤一阴消，属午，为五月卦；遁二阴消，属未，为六月卦；否三阴消，属申，为七月卦；观四阴消，属酉，为八月卦；剥五阴消，属戌，为九月卦；坤六阴消，属亥，为十月卦。其中，乾、坤两卦，又为消息之母。

屯卦第三

积极建功

屯卦象征着万物初生的萌芽的状态，
此时正是开创事业的最佳时期。

【原文】屯^{tún}　元亨利贞。勿用有攸^{yōu}往。利建侯。

【译文】屯卦象征初生，具有原始的、伟大的、亨通有益的、贞正坚固的品性。不适合出行，利于建立诸侯。

【原文】《彖^{tuàn}》曰：屯，刚柔始交而难生。动乎险中，大"亨贞"。雷雨之动满盈，天造草昧^{mèi}。宜"建侯"而不宁。

【译文】《彖传》说：屯卦是阳刚阴柔初始相交之时的形象，表明艰难相随而生。这是指在重重险象中求变化发展，想要大为亨通，必须要有纯正的品行。它又象征雷雨交加，充盈宇宙间，恰似天地创造万物的草创冥昧时期。这时适宜建立诸侯基业治理天下，但天下并不安宁。

【原文】《象》曰：云雷，屯。君子以经纶^{lún}。

【译文】《象传》说：乌云骤起，雷声交动，象征着天地初创的苦难时期。这种时世下，君子应当以天下为重，负起经略天下大事的责任。

【原文】初九　磐桓^{pánhuán}。利居贞。利建侯。

《象》曰：虽"磐桓"，志行正也。以贵下贱，大得民也。

【译文】初九，如同大石阻住了树的生长那样难于前行，徘徊流连，有利于关于居处的卜问，利于建立诸侯基业。

《象传》说：尽管在徘徊流连，但思想行动并没有偏离正道。在困难时期能以尊贵身份而屈居卑下，当然大得民心。

【原文】六二　屯如邅^{zhān}如。乘马班如。匪寇^{kòu}婚媾^{gòu}。女子贞不字。十

屯卦图

屯有村的意思，《广雅·释诂四》云："村，国也"。屯卦卦名出自其九五爻辞的"屯其膏"。卦辞"利建侯"说明屯就是建立部落定居下来，而部落必有酋长，即卦辞所说的"建侯"。屯还有草木萌芽的意思，象征万物初生，此时正是开创事业的最佳时期。

屯卦错综及爻变图

　　屯卦下震上坎，为二阳四阴之卦。内卦震，象征动，外卦坎，象征险。屯卦的情性是：情刚性刚，情险性动。屯卦与鼎卦相错，与蒙卦相综。屯卦与观、晋、萃、蹇、小过、蒙、震、解、升、颐、坎、明夷、艮、临十四卦同体。其六爻变为：初爻变坤位在地，二爻变兑位在地，三爻变离位在人，四爻变兑位在人，五爻变坤位在天，六爻变巽位在天。

年乃字。

《象》曰："六二"之难，乘刚也。"十年乃字"，反常也。

【译文】六二，困顿艰难，踯躅不前。乘骑纷纷牵扯难行，不是匪盗而是求婚者。女子守贞洁不急于出嫁，过了十年才能缔结良缘。

《象传》说：六二的艰难，是因为它以阴柔乘凌于阳刚之上，过了十年才许嫁，说明难极至通，返归于常道。

【原文】六三　即鹿无虞。惟入于林中。君子几不如舍。往吝。

《象》曰："即鹿无虞"，以从禽也。"君子舍"之，"往吝"穷也。

【译文】六三，于附近的山中逐鹿而没有掌管山泽的虞人引导，独自深入茫茫林海那很危险。君子应当见机行事，此时不如放弃追逐，如果继续前追会有忧憾。

《象传》说："于附近的山中逐鹿而没有掌管山泽的虞人引导"，是贪恋追逐禽兽；"君子放弃追逐"，"继续前追会有忧憾"，说明穷追不舍必致困顿。

【原文】六四　乘马班如。求婚媾。往吉。无不利。

《象》曰："求"而"往"，明也。

【译文】六四，乘骑纷纷牵扯难行，若为求得婚媾，坚决前往就会获得吉庆，没有什么不利的。

《象传》说：如有所求，便前往行动，这才是明智的举动。

【原文】九五　屯其膏。小贞吉。大贞凶。

《象》曰："屯其膏"，施未光也。

【译文】九五，克服初创的艰难即将广施膏泽。问小事者，守持正固可获吉祥；问大事者，守持正固以防凶险。

《象传》说："克服初创的艰难即将广施膏泽"，是指虽施展了德泽，但还没有发扬光大。

【原文】上六　乘马班如。泣血涟如。

《象》曰："泣血涟如"，何可长也。

【译文】上六，乘骑纷纷，牵扯难行，而且有泣血伤心泪涟涟的哀痛。

蒙卦第四

言必信，行必果

蒙卦寓意启蒙，说明教育在人类
生活中的重要性。

【原文】蒙　亨。匪我求童蒙。童蒙求我。初筮吉。再三渎。渎则不告。利贞。

【译文】蒙卦象征蒙昧，具有亨通顺利的德性。并不是我要去求蒙昧的人们来受教育，而是人们来求教于我。初来时诚恳求教便施以教诲，如果接二连三地滥问，就是亵渎了神灵，如此则不再施教。这卦利于守持正道。

【原文】《彖》曰：蒙。山下有险，险而止，蒙。蒙"亨"，以亨行，时中也。"匪我求童蒙。童蒙求我"，志应也。"初筮告"，以刚中也。"再三渎。渎则不告"，渎蒙也。蒙以养正，圣功也。

【译文】《彖传》说：蒙昧，犹如高山下有险阻，遇到危险而停止下来，所以蒙昧不明。"《蒙》卦象征蒙昧，具有亨通顺利之德性"，说明行动要把握时机，中庸适当。"不是我要去求蒙昧的人们来受启蒙教育，而是人们求教于我"，是由于志趣相应。"初来时诚恳求教便施以教诲"，是因为他心存刚毅，符合中庸之理。"接二连三地滥问，就是亵渎神灵，如此则不再施教"，因为这样便亵渎了启蒙的初衷。启蒙是为培养纯正无邪的品质，这是造就圣人的成功之路。

【原文】《象》曰：山下出泉，蒙。君子以果行育德。

【译文】《象传》说：高山下流出清泉，象征着渐启蒙昧。君子有鉴于此，就要坚持果断决定

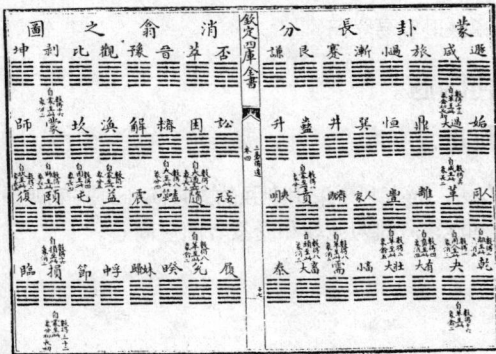

蒙卦长分消翕之图

消"为"静"，"翕"为"动"。蒙卦在运动变化中与屯卦、观卦关系最为密切。蒙卦与屯卦是一对正覆卦，屯卦倒过来看就成为蒙卦。从卦变上讲，蒙又是十二消息卦中观卦的变化形态，观卦的六二爻与九五爻交换位置，就变为蒙卦。

自己的行动来培育美德。

【原文】初六　发蒙。利用刑人。用说桎梏(zhì gù)。以往吝。

《象》曰："利用刑人"，以正法也。

【译文】初六，启发蒙昧，应当树立典型教育人，从而使人免犯错误，超出这个限度必然会留下遗憾。

《象传》说："利于树立典型教育人"，以是为了人遵循正确法则。

【原文】九二　包蒙吉。纳妇吉。子克家。

《象》曰："子克家"，刚柔接也。

【译文】九二，包容蒙昧，可获吉祥；迎娶贤美妻室，可获吉祥。儿子能够担负起家庭的责任。

《象传》说："儿子担负起家庭的责任"，说明他与妻子能阴柔阳刚调和相应。

【原文】六三　勿用取女。见金夫。不有躬(gōng)。无攸利。

《象》曰："勿用取女"，行不顺也。

【译文】六三，不宜娶这样的妻子，她眼中所见只是富有的男子，而不顾自身体统，这种女人娶回家没有什么好处。

《象传》说："不宜娶这样的妻子"，说明她的行为不合礼节，若娶回去什么事情都不顺利。

【原文】六四　困蒙。吝。

《象》曰："困蒙"之"吝"，独远实也。

【译文】六四，处于困境之中的蒙昧之人，很艰难。

《象传》说："困境中的蒙昧之人很艰难"，说明了他远离现实生活了。

【原文】六五　童蒙。吉。

《象》曰："童蒙"之"吉"，顺以巽也。

【译文】六五，幼童幼稚蒙昧，吉祥。

《象传》说："幼童幼稚蒙昧的吉祥"，指他恭顺谦逊容易学习。

【原文】上九　击蒙。不利为寇(kòu)。利御寇。

《象》曰："利"用"御寇"，上下顺也。

【译文】上九，打击蒙昧，不利于施用过激的方法，而有利于采用刚强的态度防止外来邪恶。

《象传》说："有利于采用刚强的态度防止外来邪恶"，因为施教和受教者顺应同心。

需卦第五

耐心等待

需卦意为等待。

【原文】需 有孚。光亨贞吉。利涉大川。

【译文】需卦象征等待，心怀诚信则前途光明亨通。只要坚守正道，就可获得吉祥，有利于涉越江河巨流。

【原文】《彖》曰：需，须也，险在前也。刚健而不陷，其义不困穷矣。"需有孚"，"光亨贞吉"，位乎天位，以正中也。"利涉大川"，往有功也。

【译文】《彖传》说：需是需要等待的意思。因为前方有艰难险阻，如要做到刚强健实而不陷入危险，那就自然不会遭致路困途穷。"等待，心怀诚信则前途光明亨通，只要坚守正道，就可获得吉祥"，说明九五位居至高无上的天位，又中正不偏。所以"有利于涉越江河巨流"，前进必获成功。

【原文】《象》曰：云上于天，需。君子以饮食宴乐。

【译文】《象传》说：云气上升集聚于天，象征着等待。君子应于等待时机之时，安心饮食，举宴作乐。

【原文】初九 需于郊。利用恒。无咎。

《象》曰："需于郊"，不犯难行也。"利用恒无咎"，未失常也。

【译文】初九，在郊外等待，有利于保持恒心，这样就不会有过失灾难。
《象传》说："在郊外等待"，指不冒险迎着艰难险阻前进。"有利于保持恒心，这样就不会有过失灾难"，表明了如此则没有偏离常道。

【原文】九二 需于沙。小有言。终吉。

需卦图

　　需卦下卦为乾，上卦为坎，乾为天，坎为水，意为天上有雨，雨水下浸，云气上蒸，就是濡泽、浸润的意思，因此需是濡的本字，而濡是润的意思，引申为滋养之意。这就是需卦的意蕴。雨水积在天上，等待降下，因此需也有等待的意思。

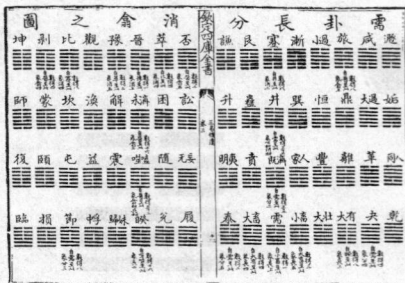

需卦长分消翕之图

"消"为"静"，"翕"为"动"。"消翕"描绘的是需卦在运动变化中与其他卦象的关系。需卦与讼卦是一组正覆卦，需卦上下颠倒就是讼卦。从卦变来看，大壮卦的九四爻与六五爻交换位置，就变成了需卦。

《象》曰："需于沙"，衍在中也。虽"小有言"，以"终吉"也。

【译文】九二，在沙滩上等待，虽略受责难，最终可获得吉祥。

《象传》说："在沙滩上等待"，说明宽大不躁，虽然略受责难，最后还是得到吉祥的结局。

【原文】九三　需于泥。致寇至。

《象》曰："需于泥"，灾在外也。自我"致寇"，敬慎不败也。

【译文】九三，在泥泞中等待，招来了盗寇。

《象传》说："在泥泞中等待"，表明此时的灾难来自外部。自身招来了盗寇，说明了要谨慎从事才能立于不败之地。

【原文】六四　需于血。出自穴。

《象》曰："需于血"，顺以听也。

【译文】六四，在血泊中等待，从险陷中逃脱。

《象传》说："在血泊中等待"，是说要顺应变化，听从天命。

【原文】九五　需于酒食。贞吉。

《象》曰："酒食贞吉"，以中正也。

【译文】九五，在醇酒佳肴中等待，要纯正才可获吉祥。

《象传》说："醇酒佳肴中等待，要纯正才可获吉祥"，说明虽然处于安乐，但仍要强调中的之德行。

【原文】上六　入于穴。有不速之客三人来。敬之终吉。

《象》曰："不速之客来。敬之终吉"，虽不当位，未大失也。

【译文】上六，回到家中，有三个不请自来的客人到了，只要恭敬相待，最终可获吉祥。

《象传》说："有三个不请自来的客人到了，只要恭敬相待，最终可获吉祥"，是说虽在毫无预备的情况下接待来客，但只要恭敬，并不会有大的损失。

讼卦第六

有礼有节

讼卦寓意诉讼，要讲求讼德。

【原文】讼(sòng)　有孚(fú)。窒(zhì)惕(tì)。中吉。终凶。利见大人。不利涉大川。

【译文】讼卦象征争论诉讼，是诚信被窒碍，心有警惕戒惧，中途吉利，结果凶险。利于出现伟大的人物，不利于涉越江河巨流。

【原文】《彖》曰：讼。上刚下险，险而健，讼。"讼有孚"，"窒惕中吉"，刚来而得中也。"终凶"，讼不可成也。"利见大人"，尚中正也。"不利涉大川"。入于渊也。

【译文】《彖传》说：讼卦的上卦乾是刚强，下卦坎是凶险。面临凶险而能够强健，这便是争论诉讼。"讼卦象征争论诉讼，是诚信被窒碍，心有警惕戒惧，中途吉利"，说明秉阳刚的德性而且保持了适中。"结果凶险"，是说明讼诉讼最终不能成功。"利于出现伟大的人物"，说明诉讼之事崇尚正直持中。"不利于涉越江河巨流"，是说这样会走向深渊。

【原文】《象》曰：天与水违行，讼。君子以作事谋始。

【译文】《象传》说：天向西转并处上位，水向东流而处下位，它们的行动互相违背，象征着争讼。因而，君子处理事物时，从一开始就应当考察基本源，方防止争讼。

【原文】初六　不永所事。小有言。终吉。

《象》曰："不永所事"，讼不可长也。虽"小有言"，其辩明也。

讼卦图

讼卦乾上坎下，乾为天，坎为水，天下有水，云气上蒸，坎水下注，有争讼之意，所以说"不利涉大川"。

上九变为困卦成讼者之戒也

亥方

涣成卦位其成爱

九四变为涣有撤撤之理

子方

坎之卦本出於乾如乾分邑数四三百

讼象图

讼卦的上卦为乾卦，乾卦象征天，三爻都是阳爻，是纯阳卦，主刚健；讼卦下卦为坎卦，坎卦象征水，坎卦两阴爻一阳爻，一阳陷于二阴之中，是险阻之象。性情刚健而又面临险境，必定会有争讼。这就是讼卦的意象。

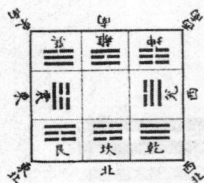

后天八卦流行图

后天八卦方位：离南、坎北、震东、兑西、艮东北、巽东南、坤西南、乾西北。乾、坤、艮、巽偏在四隅，坎、离、震、兑居于四方正位，即八卦流行之象。

【译文】初六，争讼不要久缠拖延，虽然稍稍受到责备，最终可获吉祥。

《象传》说："争讼不要久缠拖延"，说明诉讼之事不可长久持续，应适可而止。虽然"稍稍受到责备"，但指一经说明解释就可化解。

【原文】九二　不克讼。归而逋其邑。人三百户。无眚。

《象》曰："不克讼"，归逋窜也。自下讼上，患至掇也。

【译文】九二，诉讼失败，只好逃亡藏匿起来，逃到三百户人家的小村中，便没有祸患。

《象传》说："诉讼失败，逃亡鼠窜"，这是说居于下位的九二与上相争，是自己招来的祸患。

【原文】六三　食旧德。贞。厉终吉。或从王事。无成。

《象》曰："食旧德"，从上"吉"也。

【译文】六三，继承安享先辈的德业，必须正直而自勉，才能防止危险，结果终归是吉祥。或者也有从政的可能，但不会有成绩。

《象传》说："继承安享先辈的德业"，指的是顺从上位的吉兆。

【原文】九四　不克讼。复即命。渝安贞。吉。

《象》曰："复即命"，"渝安贞"，不失也。

【译文】九四，诉讼失败，能够回头走上正道，改变初衷，顺乎自然，守持正固可获吉祥。

《象传》说："能够回头走上正道，改变初衷，顺乎自然，守持正固"，便不会有过失了。

【原文】九五　讼。元吉。

《象》曰："讼元吉"，以中正也。

【译文】九五，公平公正的诉讼，至为吉祥。

《象传》说："公平公正的诉讼，至为吉祥"，是指阳刚至中至正。

【原文】上九　或锡之鞶带。终朝三褫之。

《象》曰：以讼受服，亦不足敬也。

【译文】上九，或者得到赐赠的高级腰带的显贵服饰，但在一天之间，又多次地被夺去。

《象传》说：凭借诉讼而得到的官禄，是不会得到尊敬的。

师卦第七

选将以道，选将以德

将为师之魂。将者，智信仁勇严也。

【原文】师 贞。丈人吉。无咎。

【译文】师卦象征军队占卜的结果是，老成持重的长者统兵可以获得吉祥，没有危险。

【原文】《彖》曰：师，众也。"贞"，正也。能以众正，可以王矣。刚中而应，行险而顺，以此毒天下，而民从之，"吉"又何"咎"矣。

【译文】《彖传》说："师"是部属众多的意思，"贞"是坚守正道的意思。能够以正道率领众多的部属，便可以成为君王了。统帅刚直，虽遇险却又能一帆风顺，凭借这些来治理天下，百姓纷纷服从，当然会吉祥，又哪来灾祸呢？

【原文】《象》曰：地中有水，师。君子以容民畜众。

【译文】《象传》说：大地中藏聚着水，就好似民众中包含士兵。君子应当效法这种品性，包容百姓，蓄聚民众。

【原文】初六 师出以律。否臧凶。
《象》曰："师出以律"，失律"凶"也。

【译文】初六，军队出发作战必须以严格的律令约束，否则必有凶险。
《象传》说："军队出发作战必须以严格的律令约束"，说明丧失军纪必遭凶险。

【原文】九二 在师中吉，无咎。王三锡命。
《象》曰："在师中吉"，承天宠也。"王三锡命"，怀万邦也。

师卦图

"师"，有"师旅"之义，《彖》辞为"众"之义。无众则无师旅。师卦坤上坎下，水在地下，坤为顺，坎为险，坤为民，坎为兵，意为寓兵于民。在古代，没有战事则农众，有战事则兵众。朱熹说过"古者寓兵于农"。

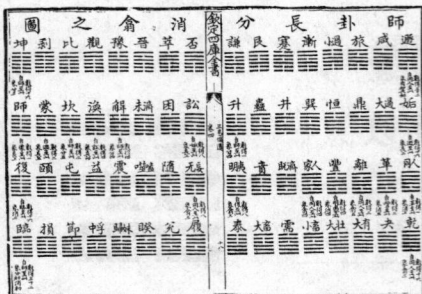

师卦长分消翕之图

"消"为"静","翕"为"动"。"消翕"，即表现师卦的运动变化中与其他卦象的关系。师卦是在复卦的基础上变化而来。复卦的初九爻上升到第二爻位就成为师卦。师卦与比卦构成一组正覆卦，师卦倒过来就是比卦。

【译文】九二，统兵率众刚毅持中，可以获得吉祥，不会遭到灾祸。君王多次奖赏委任。

《象传》说："统兵率众刚毅持中，可以获得吉祥"，说明得到了上天的恩宠；"君王多次奖赏委任"，是说他心中想着奖赏臣下，有怀安天下万方的志向。

【原文】六三　师或舆尸。凶。

《象》曰："师或舆尸"，大无功也。

【译文】六三，出师归来舆车满载尸体，有凶险。

《象传》说："出师归来舆车满载尸体"，说明打了大败仗。

【原文】六四　师左次。无咎。

《象》曰："左次无咎"，未失常也。

【译文】六四，率军退守，不会有什么灾祸。

《象传》说："率军退守，不会有什么灾祸"，说明没违背用兵常规。

【原文】六五　田有禽。利执言。无咎。长子帅师。弟子舆尸。贞凶。

《象》曰："长子帅师"，以中行也。"弟子舆尸"，使不当也。

【译文】六五，田里有禽兽，利于捕获，不会有灾祸。委任刚正不阿者统兵打仗，任命无德小人必将车载尸体败归，说明前者成功，后者失败。

《象传》说："委任刚正不阿者统兵打仗"，说明用人得当；"委任无德小人必将车载尸体败归"，说明用人不得当。

【原文】上六　大君有命。开国承家。小人勿用。

《象》曰："大君有命"，以正功也。"小人勿用"，必乱邦也。

【译文】上六，君王颁发诏令，册封诸侯赏赐大夫，小人不可以重用。

《象传》说："君王颁发诏令"，是为了论功行赏。"小人不可以重用"，是因为那样做必将危及国家。

比卦第八

亲君子，远小人

比卦象征人或物之间的密切关系。

【原文】比吉。原筮，元永贞，无咎。不宁方来，后夫凶。

【译文】比卦象征相亲相辅，吉祥。再一次占卜的结果，是只要决定诚意，亲辅有德君长长久而坚贞，就不会有灾祸。内心不安而前来占筮，这些迟来的人会有凶险。

【原文】《彖》曰：比，吉也。比，辅也，下顺从也。"原筮元永贞无咎"，以刚中也。"不宁方来"，上下应也。"后夫凶"，其道穷也。

【译文】《彖传》说：相亲相辅，必有吉祥。

"比"是相互辅助，如下位顺从于上位。"再一次占卜的结果，是只要决定诚意，亲辅有德君长久而坚贞，就不会有灾祸"，说明此爻刚毅中正。"内心不安而前来占筮"，是指上下五个阴爻都与九五阳爻呼应。"迟来的人会有凶险"，是指相亲相辅之德已穷尽。

【原文】《象》曰：地上有水，比。先王以建万国，亲诸侯。

【译文】《象传》说：地面布满水，象征着相亲相辅。古代贤君便是以此德封建邦国，与诸侯相亲相辅。

【原文】初六　有孚比之。无咎。有孚盈缶。终来有它吉。

《象》曰：比之"初六"，有它吉也。

【译文】初六，心怀诚信，相亲相辅，没有灾患；诚信如充盈酒缸的美酒，终将有人前来投附，必然可获吉祥。

《象传》说：比卦的初六爻，表明将获得意外的吉祥。

【原文】六二　比之自内。贞吉。

比卦图

"比"说明二人关系密切亲近。《彖》辞解释为下对上的辅佐顺从，《象传》解释为上对下通过亲比以建立邦国，天子要密切与诸侯的关系。

比卦错综及爻变图

比卦下坤上坎，为一阳五阴之卦。其情性为：情刚性柔，情险性顺。它与坎卦相象，与大有卦相错，与师卦相综。并与剥、谦、豫、师、复五卦同体。比卦二至四爻合为坤卦与乾卦相错，三至五爻合为艮卦与兑卦相错，与震卦相综。比卦六爻变卦为：初爻变震位在地，二爻变坎位在地，三爻变艮位在人，四爻变兑位在人，五爻变坤位在天，六爻变兑位在人，五爻变坤位在天，六爻变巽位在天。

（比卦错综及爻变图：比卦 一阳五阴之卦 属坤；象 坎；错 大有；综 师；中爻；同体 剥○谦○豫○师○复五卦；情性 情刚性柔 情险性顺；六爻变：初爻变震成屯中爻人位、二爻变坎成坎中爻地位、三爻变艮成蹇中爻地位、四爻变兑成萃中爻人位、五爻变坤成剥中爻地位、六爻变巽成观中爻天位。伏羲圆图 文王序卦 孔子繫解 复五卦）

《象》曰："比之自内"，不自失也。

【译文】六二，相亲相辅发自内心，结果就会获吉祥。
《象传》说："相亲相辅发自内心"，说明没有失去自己的主动性。

【原文】六三 比之匪人。

《象》曰："比之匪人"，不亦伤乎。

【译文】六三，相亲相辅于不应当亲近的人。
《象传》说："相亲相辅于不应当亲近的人"，难道不是很悲伤的事吗？

【原文】六四 外比之。贞吉。

《象》曰："外比"于贤，以从上也。

【译文】六四，在外亲密亲辅于君主，结果可获吉祥。
《象传》说：在外亲密亲辅于贤明的君主，说明要以这样的态度顺从尊上。

【原文】九五 显比。王用三驱。失前禽。邑人不诫。吉。

《象》曰："显比"之"吉"，位正中也。舍逆取顺，"失前禽"也。"邑人不诫"，上使中也。

【译文】九五，以光明之道相辅佐的例子是：君王狩猎，由三面包围驱赶，听任前方的禽兽逃走，只追逐而不猎杀，吉祥。
《象传》说："以光明之道相辅佐"的吉祥，说明君主居位端正适中。舍弃背逆而只取顺从，正如"听任前方的禽兽逃走。只追逐而不猎杀"，这是说君王谨守中庸之道让臣民不惊。

【原文】上六 比之无首。凶。

《象》曰："比之无首"，无所终也。

【译文】上六，相亲相辅于人而不领先居首，有凶险。

小畜卦第九

积小胜多，以柔制刚

小畜卦意为积蓄力量，等待时机。

【原文】小畜（xù） 亨。密云不雨。自我西郊。

【译文】小畜卦象征亨通顺利。乌云密布，从城外西郊来，却没有下雨。

【原文】《彖（tuàn）》曰：小畜。柔得位而上下应之，曰小畜。健而巽（xùn），刚中而志行，乃"亨"。"密云不雨"，尚往也。"自我西郊"，施未行也。

【译文】《彖传》说："小畜"，阴柔得其位而上下的阳刚与之相应，因此称为亨通顺利。若心中有刚健的意志，并去为实现自己志向而努力，因此获得亨通。"聚积着浓密的云层而不降雨"，说明乃在进行之中；"云气自城外西郊升起"，是指抱负刚刚开始实施没能实行。

【原文】《象》曰：风行天上，小畜。君子以懿（yì）文德。

【译文】《象传》说：和风在天上飘行，象征了"小畜"。君子应当以此种精神完善自己的道德与文章。

【原文】初九　复自道。何其咎。吉。
《象》曰："复自道"，其义"吉"也。

【译文】初九，下乾要返回自己的阳刚之道，哪里有什么过失呢？这是吉祥。
《象传》说："下乾要返回自己的阳刚之道"，这个目的本身就是吉祥的。

【原文】九二　牵复。吉。
《象》曰："牵复"在中，亦不自失也。

小畜卦图

"小畜"卦的意思是小有所畜，不宜大畜。小畜卦下乾上巽。乾为日气，为云；巽为风，风动物移，可聚可散，所以积畜不多。因此本卦名命名为"小畜"。

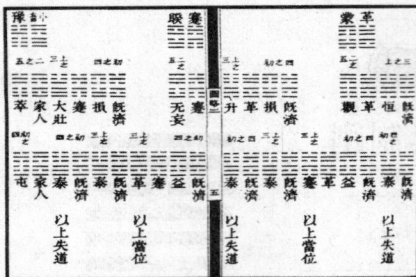

小畜卦与豫、蒙、革卦的当位失道图

　　这幅图讲述的是爻与爻之间的"相应"关系。一卦中，初爻和四爻、二爻与五爻、三爻与上爻之间构成相互呼应的关系。小畜卦初九与六四一阴一阳，为正应关系。九二与九五都是是阳爻，是敌应关系。九三与上九也都是阳爻，是敌应关系。

【译文】九二，被别人牵连返回阳刚之道，也是吉祥。
《象传》说："被别人牵连返回阳刚之道"，是因此爻居守中位，也不至于丧失自己的方向。

【原文】九三　舆说辐。夫妻反目。

《象》曰："夫妻反目"，不能正室也。

【译文】九三，车轮和辐条在进行中散脱，结发夫妻反目离异。
《象传》说："结发夫妻反目离异"，说明不能安居正室，处理好家庭关系。

【原文】六四　有孚。血去惕出。无咎。

《象》曰："有孚惕出"，上合志也。

【译文】六四，具有诚信，能够免除忧患，不会有灾难。
《象传》说："具有诚信，免除忧患"，在相互交往中，要能具有诚信，免除忧患，志趣相合是最重要的。

【原文】九五　有孚挛如。富以其邻。

《象》曰："有孚挛如"，不独富也。

【译文】九五，用诚信来建立与别人之间的紧密联系，自富的同时也使近邻充实丰富。
《象传》说："用诚信来建立与别人之间的紧密联系"，说明不独享富贵。

【原文】上九　既雨既处。尚德载。妇贞厉。月几望。君子征凶。

《象》曰："既雨既处"，"德"积"载"也。"君子征凶"，有所疑也。

【译文】上九，密云已经降雨，就应当安于现状，重视修载圆满的功德。此时妇人应坚守正道以防凶险，要像月亮将圆而未盈一样。这时君子若往前进发，将遭凶险。
《象传》说："密云已经降雨，就应当安于现状"，说明此时阳德蓄积已达极限。"君子若往前进发，将遇凶险"，说明对各种情况有所疑惑，犹豫不决。

履卦第十

言而有信，行而有礼

履卦要求人们按礼制法律去履行自己的义务。

【原文】履　虎尾。不咥(dié)人。亨。

【译文】履卦象征跟在老虎后面踩到它的尾巴，但猛虎不咬人，诸事顺利。

【原文】《彖(tuàn)》曰：履，柔履刚也。说而应乎乾，是以"履虎尾，不咥(dié)人"。"亨"。刚中正，履帝位而不疚，光明也。

【译文】《彖传》说："履卦"卦象是说以柔顺触犯阳刚，以和悦应对刚强，因此说"跟在老虎后面踩到它的尾巴，但猛虎不咬人，诸事顺利"。表明卦的九五阳爻处位得正，有中正之德。小心登上帝位而内心无所愧疚，因为其行为光明磊落故前途一片光明。

【原文】《象》曰：上天下泽，履。君子以辩上下，定民志。

【译文】《象传》说：上面是天，下面是泽，这是履卦的象征。君子应循此理辨明上下等级秩序，统一百姓的尊卑意识，安定民心。

【原文】初九　素履往。无咎。
《象》曰："素履"之"往"，独行愿也。

【译文】初九，平素志向小心翼翼行走，以淳朴态度有所向前不会有灾祸。
《象传》说："平素志向小心行走前往"，说明初九独立不倚，自己实现志愿的精神。

【原文】九二　履道坦坦。幽(yōu)人贞吉。

履卦图

"履"本义为鞋，作为动词则是踩踏的意思。因此"履"的意思是说人们应该脚踏实地，认真实践自己的人生之路。

履虎尾之图

　　履卦上卦为"乾"，下卦为"兑"。从方位看，乾在西北，兑在西方，而胃、娄、奎、昴四个星宿都属二十八宿之西方七宿。"兑"跟"乾"的后面，以柔顺之礼对待刚健，以和悦去应对刚健，即使踩在老虎的尾巴上，虎也不会咬人。这就是"履虎尾"的意思。

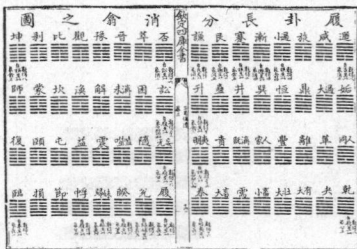

履卦长分消翕之图

消"为"静"，"翕"为"动"。"消翕"描绘的是履卦在运动变化中与其他卦象的关系。履卦是小畜卦的覆卦，两卦构成正覆关系。小畜卦倒过来看就是履卦。

《象》曰："幽人贞吉"，中不自乱也。

【译文】九二，心怀坦荡行走在平坦的大道上，隐士坚守正道可获吉祥。

《象传》说："隐士坚守正道可获吉祥"，这是说行为中正而不为世俗扰乱自然不会迷失方向。

【原文】六三　眇能视。跛能履。履虎尾。咥人凶。武人为于大君。

《象》曰："眇能视"，不足以有明也。"跛能履"，不足以与行也。"咥人"之"凶"，位不当也。"武人为于大君"，志刚也。

【译文】六三，眼睛失明而强行去看，足跛不便而勉强行走，踏到虎尾后而被它咬，是灾祸。这就像刚愎自用的人称帝治国一样。

《象传》说："眼睛失明而强行去看"，是不能看清楚物品的。"足跛不便而勉强行走"，是不可能一同外出远行的。"被猛虎咬的凶险"，说明所处居的位置不适当。"刚愎自用的人称帝治国"，说明他不量力而行。

【原文】九四　履虎尾。愬愬终吉。

《象》曰："愬愬终吉"，志行也。

【译文】九四，踩到虎尾，十分惊惧，终将获得吉祥。

《象传》说："十分惊惧，终将获得吉祥"，说明戒惧而谨慎能施行其志向。

【原文】九五：夬履。贞厉。

《象》曰："夬履贞厉"，位正当也。

【译文】九五，武断果决地小心行走，结果是前途凶险。

《象传》说："武断果决地小心行走，结果是前途以防凶险"，说明自认以正道守其职位。

【原文】上九　视履考祥。其旋元吉。

《象》曰："元吉"在上，大有庆也。

【译文】上九，回顾全卦，考察祸福，其过程是圆满而大吉的。

《象传》说：本卦大吉以上九结果，说明大有喜庆。

泰卦第十一

天人合一，安康合谐

———————

泰卦意为万事通泰。

【原文】泰（tài） 小往大来。吉亨。

【译文】泰卦象征亨通太平：阴柔者往外，阳刚者入内，表示吉祥，顺利。

【原文】《彖（tuàn）》曰："泰。小往大来吉亨"，则是天地交而万物通也；上下交而其志同也。内阳而外阴，内健而外顺，内君子而外小人。君子道长，小人道消也。

【译文】《彖传》说："泰卦象征亨通太平：阴柔者往外，表示阳刚者入内，吉祥，顺利。"这表明了天地的阴阳交合，万物的生养畅通，君臣上下交相沟通，志同道合。本卦卦象内阳刚而外阴柔，内刚健而外柔顺，内为君子而外是小人。这表明了君子之道渐长，小人之道渐消。

【原文】《象》曰：天地交，泰。后以财成天地之道，辅相天地之宜，以左右民。

【译文】《象传》说：天地相互交合，象征着亨通太平。君王应效法此道，适当裁剪运用，掌握安排天地化生的规律，从而调节管理天下百姓。

【原文】初九 拔茅茹（máo rú）。以其汇。征吉。

《象》曰："拔茅征吉"，志在外也。

【译文】初九，拔起茅草时，根系牵连，是由于同类汇聚相互牵动。往前进发，可获吉祥。《象传》说：拔起茅草时，往前进发，可获吉祥。说明是志向在向外发展的缘故。

【原文】九二 包荒。用冯河。不遐（xiá）遗。朋亡。得尚于中行。

泰卦图

泰卦阐明事物通泰道理。泰卦上坤下乾，坤为地，乾为天，天大地小，阴气从上往下降，阳气自下往上升，天地相交，所以"小往大来"。从卦象看，天在地下，地在天上，是天地错位，为什么还说是吉卦呢？《周易》所设六十四卦，凡阴阳交感的卦都是吉卦，否则为凶。泰卦三阴三阳，阴阳两两应合，阴气下行，阳气上升，阴阳交汇，"三阳开泰"，所以既吉祥又亨通。

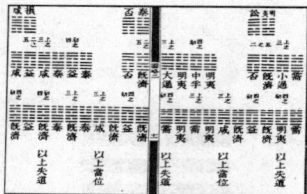

泰卦与否、损、咸、明夷、讼卦的失道与当位图

泰卦的下一卦是"否"，事物又从"泰"到"否"开始了一条曲线运动。我们要注意两点：一是这条曲线是相连接的，从"屯"到"否"没有隔断，说明事物的发展是相互联系、相辅相成的，不是孤立存在的；二是"泰"之后是"否"，而不是"屯"，这说明，事物的发展不是一帆风顺的，而是在曲折中前进，螺旋式上升。

《象》曰："包荒得尚于中行"，以光大也。

【译文】九二，有包容污秽的胸怀，涉越大河的气概，广纳远方贤哲的德性，不结党营私，这一切都是得之于光明正大的原则。

《象传》说："包容污秽"，"得之于光明正大的原则"，说明九二可凭此发扬光大。

【原文】九三　无平不陂(bēi)。无往不复。艰贞无咎。勿恤(xù)其孚。于食有福。

《象》曰："无往不复"，天地际也。

【译文】九三，没有一坦平原不起波坎的，没有一味前往而不返回的。只要在艰难中能坚守正道，就可免遭祸患。不要担心，能取信于人生活就会有福庆。

《象传》说："没有一味前往而不返回的"，这说明位处天地交接的九三爻反映出的自然规律。

【原文】六四　翩翩(piān)。不富以其邻。不戒以孚。

《象》曰："翩翩不富"，皆失实也。"不戒以孚"，中心愿也。

【译文】六四，轻浮者，不再殷实富有，而近邻也受到影响，不以心存诚信来戒备自己。

《象传》说："轻浮者，不再殷实富有"，说明失去了实际的态度"不心存诚信来戒备"，说明内心均有应下的意愿。

【原文】六五　帝乙归妹。以祉(zhǐ)元吉。

《象》曰："以祉元吉"，中以行愿也。

【译文】六五，帝乙嫁出少女，这给他带来福祉和大吉。

《象传》说："这给他带来福祉和大吉"，是说他把握中庸原则来实现自己的愿望。

【原文】上六　城复于隍(huáng)。勿用师。自邑告命。贞吝。

《象》曰："城复于隍"，其命乱也。

【译文】上六，城墙倾覆进城壕里，命令是不可以动用武力，要在自己的邑中祷告天命。占卜结果是知道有一定困难。

《象传》说："城墙倾覆城壕里"，说明国家的政令已陷入混乱。

否卦第十二

泰极否来，否极泰来

否卦说明事物不可能永远和泰畅达。

【原文】 否 pǐ 之匪人。不利君子贞。大往小来。

【译文】 否卦象征闭塞黑暗：闭塞黑暗的局面下小人甚多，不利君子卜。此时卦象是乾刚往外走，阴柔往里来。

【原文】《彖 tuàn》曰："否之匪人。不利君子贞。大往小来"，则是天地不交而万物不通也，上下不交而天下无邦也。内阴而外阳，内柔而外刚，内小人而外君子。小人道长，君子道消也。

【译文】《彖传》说："闭塞黑暗的世道小人甚多，不利君子占卜。此时卦象是乾刚向外走，阴柔往里来。"这说明了天地阴阳互不交合，万物的生养没能畅通，君臣上下不能互相沟通，天下离异难成邦国。本卦卦象内阴柔而外阳刚，内柔顺而外刚健，内为小人而外是君子。这表明了小人之道渐长，君子之道渐消。

【原文】《象》曰：天地不交，否。君子以俭德辟难，不可荣以禄 lù。

【译文】《象传》说：天地阴阳不相交合，象征着闭塞黑暗。此时君子应有鉴于此，收敛自约以避免灾难，不可以被荣华富贵诱惑。

【原文】 初六：拔茅茹 máo rú。以其汇。贞吉。亨。

《象》曰："拔茅贞吉"，志在君也。

否卦图

否卦与泰卦相反，阐明事物闭塞不通的道理。否卦是泰卦的综卦，下坤上乾，乾为天，坤为地，天在地上。阳刚之气上行，阴柔之气下降，天地不交，这是违背常理的，并且行不通的，所以本卦命名为"否"。

否泰往来图

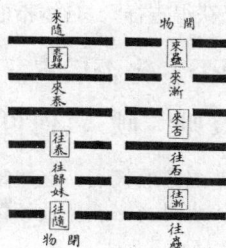

我们常用"否极泰来"这个成语，泛指坏运已经过去，即好运将到来。但否、泰间的转化决不是自然而然、顺理成章、水到渠成的，人们只有在消除了阻塞的因素，并且加强沟通，才能使得"否"转为"泰"。

否泰含巽艮兑震新图

"否"卦坤下乾上，这意味着地之阴气沉降而不上升，天之阳气升腾而不降落。这样，阴阳二气反向运动，分离而不相交接，由此造成天地闭塞不通，这就是"否"。乾、坤两卦经过多次变化而形成泰、否两卦，泰否是乾坤运动的两种主要形态，其区别就在于乾阳与坤阴的交与不交，交则为通、为泰，不交则为塞、为否。

【译文】初六，拔起茅草，根系牵连，是由于同类汇聚相互牵动。坚守正道可获吉祥，亨通顺利。
《象传》说："拔起茅草，坚守正道可获吉祥"，说明除去小人意在保存君主。

【原文】 **六二 包承。小人吉。大人否。亨。**

《象》曰："大人否。亨"，不乱群也。

【译文】六二，接受奉承，对小人来说是吉祥的；君主必须不予接受，方可获得亨通顺利。
《象传》说："君主不予接受奉承，可获得亨通顺利"，说明不要被小人的声势扰乱了意志。

【原文】 **六三 包羞。**

《象》曰："包羞"，位不当也。

【译文】六三，包容别人对自己的羞辱。
《象传》说："包容别人对自己的羞辱"，说明居位与为人已经不相称了。

【原文】 **九四 有命无咎。畴离祉⑤。**

《象》曰："有命无咎"，志行也。

【译文】九四，奉行天命没有祸害，让相关同类一道得到福祉。
《象传》说："奉行天命没有祸害"，说明可以施行志向而不受阻碍。

【原文】 **九五 休否。大人吉。其亡其亡。系于苞桑。**

《象》曰："大人"之"吉"，位正当也。

【译文】九五，闭塞黑暗的局面停止，君主可以获得吉祥。时刻警惕仍然存在危险，这样才能像丛生的桑树一样坚固安全。
《象传》说："君主可以获得吉祥"，具体指他居位正当。

【原文】 **上九 倾否。先否后喜。**

《象》曰："否"终则"倾"，何可长也？

【译文】上九，已致闭塞黑暗的极点，必然倾覆，起先犹有闭塞，最终通泰欢喜。
《象传》说：否闭达到极点时，必然招致倾覆，怎么会长久呢？

同人卦第十三

同心同德，团结向上

同人意味着合作奋斗。

【原文】同人　于野，亨。利涉大川。利君子贞。

【译文】在郊外中与人聚首，亨通顺利。利于涉越江河巨流，有利于君子占卜。

【原文】《彖》曰：同人。柔得位得中而应乎乾，曰：同人。同人曰："同人于野。亨。利涉大川。"乾行也。文明以健，中正而应，"君子"正也。唯君子为能通天下之志。

【译文】《彖传》说：同人卦的卦象，是柔顺的六二阴爻居于适当中正的位置，并与刚健的上卦乾呼应，所以说表示人与人之间的和谐。同人的卦辞说："在郊外中与人聚首，亨通顺利，利于涉越江河巨流"，是因为上卦乾的刚健前进。禀性文明而又强健，行为持中正直而又互相应和，这是君子遵循的正道。也只有君子才能沟通天下人的意志，使之都成为志同道合的人。

【原文】《象》曰：天与火，同人。君子以类族辨物。

【译文】《象传》说：天与火相互亲和，象征着去聚合志同道合的人。君子当效法此种品德，按人类事物的种类辨别异同。

【原文】初九　同人于门。无咎。

《象》曰：出门"同人"，又谁"咎"也。

【译文】初九，刚出门就能去聚合志同道合的人，没有害处。
《象传》说：刚出门就能去聚合志同道合的人，谁也不会有咎怨。

【原文】六二　同人于宗。吝。

同人卦图

　　同人卦阐明和同与人的道理。同人卦下离上乾，乾为天，离为火，天、火同是阳刚之气，火上与天亲合。卦中"六二"是唯一一个阴爻，居中得正，上与"九五"相应交感，又承于其他四阳，有"大同"之象。

同人卦错综及爻变图

　同人卦为五阳一阴之卦，属离。在离宫八卦中属火。与离卦相象，与师卦相错、大有卦相综。二至四爻合为巽卦与震卦相错，与兑卦相综，三至五爻合为乾卦与坤卦相错。与姤、大有、小畜、履、夬五卦同体。其情性为：情刚性柔，情健性明。其六爻变卦为：初爻变艮位在地，二爻变乾位在地，三爻变震位在人，四爻变巽位在人，四爻变巽位在人，五爻变离位在天，六爻变兑位在天。

《象》曰："同人于宗"，"吝"道也。

【译文】六二，只在宗族内部去聚合志同道合的人，是褊狭的。
《象传》说："在宗族内部去聚合志同道合的人"，说明这样是褊狭的，会导致憾惜。

【原文】九三　伏戎于莽。升其高陵。三岁不兴。

《象》曰："伏戎于莽"，敌刚也。"三岁不兴"，安行也。

【译文】九三，在草莽中埋伏兵戎，登上高处察观形势，这般谨慎，恐怕三年也不敢出兵作战。
《象传》说："在草莽中埋伏兵戎"，说明敌人过分强大。"三年也不敢出兵作战"，是因为采取了安稳方针。

【原文】九四　乘其墉。弗克攻。吉。

《象》曰："乘其墉"，义"弗克"也。其"吉"，则困而反则也。

【译文】九四，登上敌方城墙，又未将其全城攻占，吉祥。
《象传》说："登上敌方城墙"，但在道义上不能发动全面攻击。由此获得的吉祥，是由于在很难做到的情况下仍能重返正道的缘故。

【原文】九五　同人先号咷而后笑。大师克相遇。

《象》曰："同人"之"先"，以中直也。"大师相遇"，言相"克"也。

【译文】九五，聚合起来的人们，起先号啕大哭，后来欣喜欢笑，大军克敌会师。
《象传》说：聚合起来的人们，起先号啕大哭，是因为持着正义感。大军克敌会师，那是说九五的内外上下互相克胜而一起战胜敌人的现象。

【原文】上九　同人于郊。无悔。

《象》曰："同人于郊"，志未得也。

【译文】上九，在郊野与人聚合，不会有悔恨。
《象传》说："在郊野与人聚合"，表明其与人聚合而志向没能实现。

大有卦第十四

大友之后不忘谦德

大有预示前途光明。

【原文】 大有，元亨。

【译文】 大有卦象征大有收获，至为亨通顺利。

【原文】《彖》曰：大有。柔得尊位大中，而上下应之，曰：大有。其德刚健而文明，应乎天而时行，是以"元亨"。

【译文】《彖传》说："大有"，是指阴柔的厚德处居尊位，显示出博大持中，上下阳刚与它呼应，所以能大有收获。本卦具有刚健而又文明的美德，顺应天道，依时序而安排行动，因而必然极为亨通顺利。

【原文】《象》曰：火在天上，大有。君子以遏恶扬善，顺天休命。

【译文】《象传》说：阳光普照大地，因而将"大有收获"。君子因效法光明普照的德性，遏止邪恶，显扬善行，这才是顺承至善至美的天道使命。

【原文】 初九　无交害。匪咎。艰则无咎。

《象》曰：大有"初九"，无交害也。

【译文】 初九，没有交相残害，不会有灾难。艰险环境中彼此互助就不会遭到祸害。
《象传》说：大有卦的初九，即是说不能相互残害。

【原文】 九二　大车以载。有攸往。无咎。

大有卦图

　　大有卦下乾上离，离为火，乾为天，天火通明之象。大有是同人的综卦，大有卦与同人卦一样，都是五阳一阴。但是同人卦阴爻在第二爻位，是"我与人同"；大有卦是阴爻在第五爻位，居正处尊，与五阳爻相呼应，是"物归我有"，故"元亨"。

大有卦错综及爻变图

大有卦为五阳一阴之卦，属乾。在乾宫八卦中属金。它与离卦相象，比卦相错，同人卦相综。二至四爻合为乾卦与坤相错，三至五爻合为兑卦与艮卦相错，巽卦相综。大有与姤、同人、小畜、履、夬五卦同体。其情性为：情柔性刚，情明性健。六爻变卦为：初爻变巽位在地，二爻变离位在地，三爻变兑位在人，四爻变艮位在人，五爻变乾位在天，六爻变震位在天。

大有 五阳一阴之卦 属乾	象 离	错 比 / 综 同人	中爻	同体	情性	六爻变
定四库全书		伏羲圆图 / 文王序卦 孔子繋辞	二四合乾卦坤 三合兑卦坤艮 五合兑卦艮坎	姤○同人○小畜○履○夬五卦	情柔性刚 情明性健	初爻变巽错震 成鼎错屯 中爻下乾 地位
						二爻变离错坎 成离错坎 中爻下乾 地位
						三爻变兑错艮 成睽错蹇 中爻下乾 人位
						四爻变艮错兑 成睽错蹇 中爻上坎 人位
						五爻变乾错坤 成睽错蹇 中爻上乾 天位
						六爻变震错巽 成壮错遁 中爻上乾 天位

《象》曰："大车以载"，积中不败也。

【译文】九二，大车载物，运往该去之处，无灾难。
《象传》说："大车载物"，说明要装载适中，才不会招致失败。

【原文】九三　公用亨于天子。小人弗克。

《象》曰："公用亨于天子"，"小人"害也。

【译文】九三，王公朝见天子，得赐宴，一般的平民不能担当此任。
《象传》说："王公朝见天子，得赐宴"，小人担当此任就将此秩序破坏了。

【原文】九四　匪其彭(péng)。无咎。

《象》曰："匪其彭。无咎"，明辩晢也。

【译文】九四，不自高自大，就没有灾害。
《象传》说："不自高自大，就没有灾害"，说明应有明辨事理，权衡利弊的智慧，方可得出明白的结论。

【原文】六五　厥孚交如(jué fú)。威如。吉。

《象》曰："厥孚交如"，信以发志也。"威如"之"吉"，易而无备也。

【译文】六五，上下诚信相交，威严自显，吉祥。
《象传》说："上下诚信相交"，是指以诚信感发他人忠信之志。"威严自显的吉祥"，是指有威信而平易近人，人不必存戒备。

【原文】上九　自天祐之(yòu)。吉无不利。

《象》曰："大有"上"吉"，"自天祐"也。

【译文】上九，从上天获得的佑助，吉祥而无所不利。
《象传》说：大有卦对高居上位人的吉祥，是因有上天的佑助。

谦卦第十五

谦虚使人进步

谦卦意味着为人处世要谦恭。

【原文】谦(qiān) 亨。君子有终。

【译文】谦卦象征谦逊。谦逊方能亨通顺利，君子能行谦逊之德至终。

【原文】《彖(tuàn)》曰：谦"亨"。天道下济而光明，地道卑而上行，天道亏盈而益谦，地道变盈而流谦，鬼神害盈而福谦，人道恶盈而好谦。谦尊而光，卑而不可踰(yú)，"君子"之"终"也。

【译文】《彖传》说：谦逊，亨通顺利。天的规律是阳气下降普济万物带来一片光明，地的规律是阴气从低处源源上升。天的规律是使满盈亏损，使谦虚得到增益；地的规律是改变满盈，充实谦虚；鬼神的规律是加害满盈，降福谦虚；人的规律是憎恶满盈而喜好谦虚。谦逊者居尊位时自身愈加光大，下处卑贱时，常人亦难超越。只有君子能够自始至终保持谦逊的美德，也只有如此才能有好结果。

【原文】《象》曰：地中有山，谦。君子以裒(póu)多益寡，称(chèng)物平施。

【译文】《象传》说：上坤下艮，高山低藏在地下，象征谦逊。君子效法此德，减损多余的而增益不足，权衡事物，公平施予。

【原文】 初六 谦谦君子。用涉大川。吉。

《象》曰："谦谦君子"，卑以自牧也。

【译文】初六，一再注意谦虚的君子，可以涉越大河巨流，吉祥。
《象传》说："一再注意谦虚的君子"，这是说用谦卑的德行严于约束自己。

谦卦图

　　谦卦上坤下艮，坤为地，艮为山。坤有顺从之意，艮有笃实之意。谦卦的卦意也就是让人们处世谦恭、忍让。谦卦的六爻爻辞都是吉，也意味着谦恭、谦虚会带来吉祥。

谦卦长分消翕之图

"消"即"静","翕"即"动"之意。消翕反映的是豫卦在运动、消长变化中与其他卦象的关系。谦卦是从剥卦演变而来，剥卦的上九爻与六三爻交换了位置，变为谦卦。豫卦与谦卦为正覆卦关系，豫卦倒过来就是谦卦。

【原文】六二　鸣谦，贞吉。

《象》曰："鸣谦贞吉"，中心得也。

【译文】六二，谦逊的名声外扬，卜问结果一定可获吉祥。
《象传》说："谦逊的名声外扬，卜问结果一定可获吉祥"，这是说靠心中积聚起的谦逊正直的美德能够赢得名声。

【原文】九三　劳谦君子。有终吉。

《象》曰："劳谦君子"，万民服也。

【译文】九三，有功绩而谦逊，君子保持谦虚的美德至终，吉祥。
《象传》说："有功绩而谦逊的君子"，广大百姓都敬服。

【原文】六四　无不利，扬谦。

《象》曰："无不利扬谦"，不违则也。

【译文】六四，发挥谦逊的美德无论如何不会有不利。
《象传》说："发挥谦逊的美德无论如何不会有不利"，说明这样做没有违背原则。

【原文】六五　不富以其邻。利用侵伐。无不利。

《象》曰："利用侵伐"，征不服也。

【译文】六五，不富有，是因为邻国缘故，利于出兵征伐，无所不利。
《象传》说："利于出兵征伐"，是因为征伐那些不遵从礼制者。

【原文】上六　鸣谦。利用行师。征邑国。

《象》曰："鸣谦"，志未得也。可"用行师"，"征邑国"也。

【译文】上六，谦逊的名声外扬，利于用兵征战，讨伐领地中的叛乱。
《象传》说："谦逊的名声外扬"，表示仍然没有实现志向。"可以用兵征战"，是指只征讨领地中的叛乱。

豫卦第十六

凡事预则立，不立则虚

豫卦意味着悦乐安适，只有事先做好预备工作，才能悦乐安适。

【原文】豫　利建侯行师。

【译文】豫卦象征快乐，利于建立诸侯，用兵征战。

【原文】《彖》曰：豫。刚应而志行，顺以动，豫。豫顺以动，故天地如之，而况"建侯行师"乎。天地以顺动，故日月不过，而四时不忒。圣人以顺动，则刑罚清而民服。豫之时义大矣哉。

【译文】《彖传》说：豫卦的现象是阳刚有五个阴爻相应，从而能够遂行志向，又能顺应时机行动，因此愉快。豫卦能顺应时机行动，就连天地的运行也如它一样，何况是"建立诸侯，用兵征战"呢？天地循时运转，因此日月的周转不会出错，四季循环不会有偏差。圣人顺应时机而行动，所以赏罚清明公正，百姓心悦诚服。豫卦"得其时"的意义多么宏大啊！

【原文】《象》曰：雷出地奋，豫。先王以作乐崇德，殷荐之上帝，以配祖考。

【译文】《象传》说：雷声轰轰，大地震动，象征"快乐"。古代圣王们效法这一精神，制作音乐来赞美尊崇功德，以隆重的典礼进献天帝，同时祭祀祖先的神灵。

【原文】初六　鸣豫。凶。

《象》曰："初六鸣豫"，志穷"凶"也。

【译文】初六，自鸣得意，有凶险。

豫卦图

　　豫卦的卦象为坤下震上，是地上响雷的形象。雷在地上轰鸣，使大地振奋起来，这就是大自然愉快高兴的表现。上古圣明的君主，根据大自然欢乐愉快时雷鸣地震的情景创造了音乐，并用音乐来推广教化，他们举行盛大隆重的仪式，把音乐献给天帝，并用它来祭祀自己的祖先。

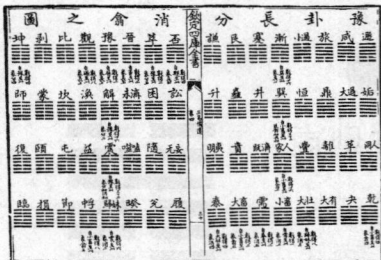

豫卦长分消翕之图

"消"即"静","翕"即"动"。"消翕"反映的是豫卦在运动、消长变化中与其他卦象的关系。豫卦是从复卦演变而来，复卦的初九爻上升到第四爻位，与六四爻交换位置，变为豫卦。豫卦与谦卦为正覆卦关系，豫卦倒过来就是谦卦。

《象传》说：初六"自鸣得意"，是说得意忘形为胸无大志的表现，结果凶险。

【原文】 六二 介于石。不终日。贞吉。

《象》曰："不终日贞吉"，以中正也。

【译文】六二，像石头一般坚定不移，持续一整天，占卜可获吉祥。

《象传》说："持续一整天，占卜可获吉祥"，是因为坚持行为中正，不走邪路的缘故。

【原文】 六三 盱(xū)豫悔。迟有悔。

《象》曰："盱豫有悔"，位不当也。

【译文】六三，媚上求欢将有悔恨，而悔悟太迟更增悔恨。

《象传》说："媚上求欢将有悔恨"，这是说生活的位置没有摆正。

【原文】 九四 由豫。大有得。勿疑。朋盍簪(hé zān)。

《象》曰："由豫大有得"，志大行也。

【译文】九四，安乐喜悦由自身而来，会大有所得。诚信不疑，友朋才会来聚会相从。

《象传》说："安乐喜悦由自身而来，会大有所得"，说明志向正在施行。

【原文】 六五 贞疾。恒不死。

《象》曰："六五"，"贞疾"，乘刚也。"恒不死"，中未亡也。

【译文】六五，占卜有关疾病，将病很久却长寿不死。

《象传》说：六五"占卜有关疾病"，是因为它凌驾于阳刚之上。"长寿不死"，说明居中宁正就不会灭亡。

【原文】 上六 冥(míng)豫。成有渝(yú)。无咎。

《象》曰："冥豫"在"上"，何可长也。

【译文】上六，已至沉溺于安乐的恶习，能及时有所改变，不会有灾祸。

《象传》说："沉溺于安乐"占据了上位，这种快乐没法长久。

随卦第十七

随时变化，与时俱进

随卦寓意随同，要随时变化。

【原文】随(suí) 元亨利贞。无咎。

【译文】随卦象征随从：至为亨通顺利，为有利占卜，没有灾祸。

【原文】《彖(tuàn)》：随。刚来而下柔，动而说，随。大"亨贞无咎"，而天下随时，随时之义大矣哉。

【译文】《彖传》说：随卦卦象是阳刚谦卑地居于阴柔之下，自身行动而使下愉悦，所以说随从。这种态度通达中正，不会有任何灾祸，于是天下的人事物来追随。随从于适当时机的意义真是大呀！

【原文】《象》曰：泽中有雷，随。君子以向晦(huì)入宴息。

【译文】《象传》说：雷潜伏于大洋深处，象征着随从。君子效法此德依顺作息规律，天晚应返归家中休息。

【原文】初九 官有渝(yú)。贞吉。出门交有功。

《象》曰："官有渝"，从正"吉"也。"出门交有功"，不失也。

【译文】初九，官场之事多有变化，占卜可获吉祥。出门与人交往能获成功。

《象传》说："官场之事多有变化"，说明要顺随正道以获得吉祥。"出门与人交往能获成功"，说明行为不致过失。

【原文】六二 系小子(xì)。失丈夫。

随卦图

随卦的基本精神是人们需要互相协作，互相赞同、顺从，需要讲究人际之间互相随从的道理，这也是人的社会性决定的。从卦序上来看，豫为安乐，随为随从，安居乐业了，人们自然会来随从，所以豫卦之后是随卦。

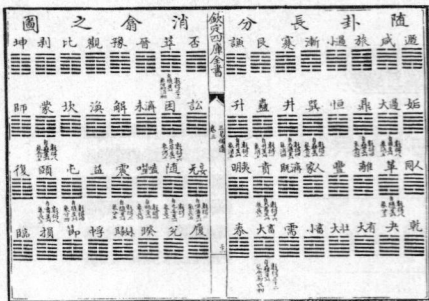

随卦长分消翕之图

"消"即"静","翕"即"动"。消翕反映的是随卦在运动、消长变化中与其他卦象的关系。随卦由否卦演变来的，变的方式是否卦的刚爻上九爻下降到初位，来到柔爻之下。就是否卦的上九爻与初六爻交换位置，变为随卦。随卦与蛊卦为正覆卦关系，随卦倒过来就是蛊卦。

《象》曰："系小子"，弗兼与也。

【译文】六二，抓住了年轻人，却会失去壮年人。

《象传》说："抓住了年轻人"，是说壮年人不能兼得别的。

【原文】六三　系丈夫。失小子。随有求得。利居贞。

《象》曰："系丈夫"，志舍下也。

【译文】六三，一味注意壮年人，会失去年轻人。随从已经失去的人，需求能得到满足，利于居处占卜。

《象传》说："一味注意壮年人"，是说已决意舍弃年轻人。

【原文】九四　随有获。贞凶。有孚在道以明。何咎。

《象》曰："随有获"，其义"凶"也。"有孚在道"，"明"功也。

【译文】九四，随从于人必有收获，占卜结果为凶险。心存诚信，不离正道，用以明察事理，又何尝会有灾祸呢。

《象传》说："随从于人必有收获"，这从义理上看是凶险的。"心存诚信，不离正道"，是说明察事理可生功效。

【原文】九五　孚于嘉。吉。

《象》曰："孚于嘉吉"，位正中也。

【译文】九五，在友善基础上广施诚信，吉祥。

《象传》说："在友善基础上广施诚信，吉祥"，说明正确立于中正之道。

【原文】上六　拘系之。乃从维之。王用亨于西山。

《象》曰："拘系之"，"上"穷也。

【译文】上六，先拘禁束缚然后放掉他使他得脱险。君王于是设祭西山，兴讨逆之师。

《象传》说："先拘禁束缚"，说明其已穷途末路了。

蛊卦第十八

培养品德，抵制蛊惑

蛊卦意味着抵制各种乱人心智的蛊惑。

【原文】蛊（gǔ）　元亨。利涉大川。先甲三日。后甲三日。

【译文】蛊卦宜于祭祀，利于涉越大江巨流。不过要先研究三天，制定方针；后观察三天，及时救治。

【原文】《彖》（tuàn）曰：蛊。刚上而柔下。巽（xùn）而止，蛊。蛊"元亨"而天下治也。"利涉大川"，往有事也。"先甲三日，后甲三日"，终则有始，天行也。

【译文】《彖传》说：蛊卦的卦象是阳刚处上而阴柔居下，在下者卑屈静止，在上者停滞不前，象征着需要整治腐败。而整治腐败之举，是至为亨通顺利的，于是天下大治。"利于涉越大江巨流"，说明努力前往可以大有作为。"不过要先研究三天，制定方针；后观察三天，及时救治"，是说前事的终结即是后事的开始，这是天体运行的规律。

【原文】《象》曰：山下有风，蛊。君子以振民育德。

【译文】《象传》说：风往山上吹，是象征要整治腐败。君子效法这一精神，以德教振奋百姓、培育美德。

【原文】初六　干父之蛊。有子。考无咎（jiù）。厉终吉。

《象》曰："干父之蛊"，意承"考"也。

【译文】初六，挽救父辈败坏的事业，只要儿子能够振兴家业，必无灾祸，此事虽困难危险但最终必获吉祥。

蛊卦图

蛊卦意味着要抵制诱惑，也象征着拨乱反正，救弊治乱，不过，在成就大事业之前，要考察现状，分析事态的进展，而且要讲究方式方法，预计到事件的后果。

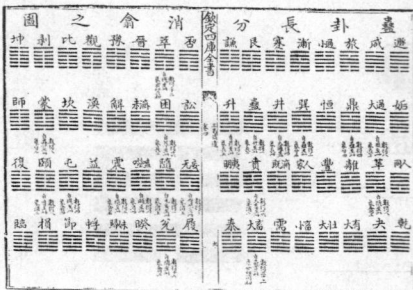

蛊卦长分消翕之图

"消"即"静"，"翕"即"动"。"消翕"反映的是蛊卦在运动消长变化中与其他卦象的关系。蛊卦是由泰卦变化而来的，泰卦的初九要上升到上位，与上位的上六爻换了位置，就变成了蛊卦。从卦序排列上讲，蛊卦与上一卦随一正一反，构成一组正覆卦。即蛊卦整卦上下翻倒，为随。泰卦是天下太平，随卦是万民随顺，于是久安生弊而成蛊。

《象传》说："挽救先辈败坏的事业"，是说儿子旨在继承父辈的未竟之业。

【原文】 九二　干母之蛊。不可贞。

《象》曰："干母之蛊"，得中道也。

【译文】九二，匡正母辈的弊乱，不能够过分持守。
《象传》说："匡正母辈的弊乱"，是说明应采用中庸适度的方法。

【原文】 九三　干父之蛊。小有悔。无大咎。

《象》曰："干父之蛊"，终"无咎"也。

【译文】九三，挽救父辈败坏的事业，稍稍会有一些痛苦，但不会有大的过失。
《象传》说："挽救父辈败坏的事业"，说明最终不会有灾祸。

【原文】 六四　裕父之蛊。往见吝(lìn)。

《象》曰："裕父之蛊"，往未得也。

【译文】六四，以宽容之心对待父辈败坏的事业，继续下去必然出现憾惜。
《象传》说："以宽容之心对待父辈败坏的事业"，说明继续下去也不会有收获。

【原文】 六五　干父之蛊。用誉(yù)。

《象》曰："干父用誉"，承以德也。

【译文】六五，挽救父辈败坏的事业，受到赞誉。
《象传》说："挽救父辈败坏的事业，受到赞誉"，说明用美德来振兴父亲的事业。

【原文】 上九　不事王侯。高尚其事。

《象》曰："不事王侯"，志可则也。

【译文】上九，不为王侯效力，孤高自诩自己的追求。
《象传》说："不为王侯效力"，说明这样的志向值得效法。

临卦第十九

审地度势

临卦意味着审时度势。

【原文】临（lín）　元亨利贞。至于八月有凶。

【译文】临卦象征着监临。至为亨通顺利，利于占卜。到了阴盛阳衰的八月会有凶险。

【原文】《彖（tuàn）**》曰：临，刚浸而长，说而顺，刚中而应。大"亨"以正，天之道也。"至于八月有凶"，消不久也。**

【译文】《彖传》说："监临"，指的是刚阳渐渐增长，态度和悦而处事顺利，刚健者居中而上下相互感应。博大纯正可获得极大的亨通顺利，这才合于天道顺施的法则。"到了阴盛阳衰的八月会有凶险"，那是因为阳刚之气接近消亡，好景不能长久。

【原文】《象》曰：泽上有地，临。君子以教思无穷，容保民无疆（jiāng）**。**

【译文】《象传》说：大地居于泽之上，象征监临。君子效法此种精神，接近监督万民，不断地施以教化，启发其思考，以宽厚优容的美德包容保护百姓。

【原文】初九　咸临贞吉。

《象》曰："咸临贞吉"，志行正也。

【译文】初九，以感化之道治理民众，占卜可获吉祥。
《象传》说："以感化之道治理民众，占卜可获吉祥"，这是由于意志行为纯正的缘故。

【原文】九二　咸临吉。无不利。

临卦图

　　临卦在六十四卦中排在第十九位，临卦下兑上坤，坤为地为顺，兑为泽为悦，地高泽低，居高临下。这说明以坤德监临于下，下以喜悦的心情接受监督，既悦且顺。因此说"临，元亨利贞"。临卦阐明的是实行权力监督、以柔治国的道理。

临卦错综及爻变图

六爻变艮 类元 威损	五爻变坎 类元 威节	四爻变震 类元 威归妹	三爻变乾 类元 威泰	二爻变震 类元 威复	初爻变坎 类元 威师	六爻变	情性 情柔性系 情顺性悦	闻体 观晋○萃寒过○蒙○震解升○颐○坎屯	中爻 二合震细具 五合坤细具 四合坤卦兑 三合坤卦良	综 观正兑	错遁震	象二阳四阴之卦 属坤 爻十二月卦
中爻 上坤良 地位	中爻 上坎良 天位	中爻 上坤坎 人位	中爻 上坤坎 人位	中爻 上坤震 地位	中爻 下坤震 地位			明夷○良○	〇十四卦同体	文王序卦	伏羲圆图	

临卦错综及爻变图

临卦，为二阳四阴之卦，属坤。在坤宫八卦中属土。它与震卦、兑卦相象，与遁卦相错，与观卦相综。临卦的二爻到四爻合为震卦与巽卦相错，与艮卦相综，三爻到五爻合为坤卦与乾卦相错。临卦与观、晋、萃、寒、小过、蒙、震、解、升、颐、坎、屯、明夷、良十四卦同体。临卦情性为：情柔性柔，情顺性悦。六爻变卦为：初爻变坎位在地，二爻变震位在地，三爻变乾位在人，四爻变震位在人，五爻变坎位在天，六爻变艮位在天。

《象》曰："咸临吉。无不利"，未顺命也。

【译文】九二，以感化之道治理民众，吉祥，没有什么不利。
《象传》说："以感化之道治理民众，吉祥，没有什么不利"，是说此爻没有顺从天命。

【原文】六三　甘临。无攸利。既忧之。无咎。

《象》曰："甘临"，位不当也。"既忧之"，"咎"不长也。

【译文】六三，用甜言蜜语监临百姓，无利可言。但自知这一点而心存忧惧戒慎，就没有灾祸。
《象传》说："用甜言蜜语治理民众"，说明所居的位置不中不正。"自知这一点而心存忧惧戒慎"，说明产生的危害不会长久。

【原文】六四　至临。无咎。

《象》曰："至临无咎"，位当也。

【译文】六四，亲自治理国事，没有灾祸。
《象传》说："亲自监临民众，没有灾祸"，说明君主处位正当。

【原文】六五　知临。大君之宜。吉。

《象》曰："大君之宜"，行中之谓也。

【译文】六五，以睿智治理民众，这是大国君主适宜的行为方式，吉祥。

《象传》说："大国君主适宜的行为方式"，这说明奉行了中庸之道。

【原文】上六　敦临。吉。无咎。

《象》曰："敦临"之"吉"，志在内也。

【译文】上六，以敦厚的态度治理民众，吉祥，没有灾祸。
《象传》说："以敦厚的态度治理民众，吉祥"，说明君主的敦厚之心存于内，施于政。

观卦第二十

观而后学

观卦意味着观察，观察要细心。

【原文】观 guān 盥 guàn 而不荐 jiàn 。有孚颙若 fú yóng 。

【译文】观卦象征仰观，祭礼前洗手自洁的时候，就应当虔诚肃穆。

【原文】《彖》曰 tuàn ：大观在上，顺而巽 xùn ，中正以观天下，观。"盥而不荐。有孚颙若"，下观而化也。观天之神道，而四时不忒 tè 。圣人以神道设教，而天下服矣。

【译文】《彖传》说：宏大壮观的气象高高在上，具柔顺谦逊的美德，凭借中和刚正之德被天下人仰观。"观，祭礼前洗手自洁的时候，就应当虔诚肃穆"，是说在下者通过仰观而获得教化。仰观大自然运行的神妙法则，可知四季交替分毫不出偏差的道理。圣人效法大自然的神妙法则，设立教化，天下百姓纷纷顺服。

【原文】《象》曰：风行地上，观。先王以省方观民设教。

【译文】《象传》说：风在大地上吹拂，象征着仰视。先代君王效法此德巡视全国，察视民情，以此设立教化。

【原文】初六 童观。小人无咎 jiù 。君子吝 lìn 。
《象》曰："初六童观"，"小人"道也。

【译文】初六，像幼童那样仰观一切，于百姓不会有危害，对治国之人则会有麻烦。
《象传》说：初六"像幼童那样仰观一切"，这是无知庶民的浅见之道。

观卦图

观卦阐述的是观察事物的原则和方法。观卦在临卦之后并与临卦构成一组正覆卦，临卦颠倒后就成了观卦。《序卦传》说："临者大也，物大然后可观，故受之以观。"就是说，居高临下的东西一定很大，成为众人观望的对象，所以在排列卦序时，临卦后面是观卦。

观卦错综及爻变图

六爻变	情性	同体	中爻	综	错	象
䷓ 二阳四阴之卦 属乾 又八月卦						
初爻变震 错巽 综艮 成益 师 中爻 下艮 上巽 地位	情柔性柔 情入性顺	晋○萃蹇○小过○蒙震○解升○颐○坎屯○明夷○艮临十四卦同体	二合坤乾 五合艮兑	临正综	大壮	巽艮
二爻变坎 错离 综坎 成涣 豫 中爻 下坎 上巽 地位						
三爻变艮 错兑 综震 成渐 剥 中爻 下艮 上巽 人位						
四爻变乾 错坤 综乾 成否 恒 中爻 下艮 上乾 人位						
五爻变艮 错兑 综震 成剥 师 中爻 下坤 上艮 天位						
六爻变坎 错离 综坎 成比 师 中爻 下坤 上坎 天位						

文王序卦　伏羲圆图　孔子杂卦　坎屯见明

观卦，为二阳四阴之卦，属乾。在乾宫八卦中属金，风行地上为观。它与巽卦、艮卦相象，与大壮卦相错，与临卦相综。观卦二爻到四爻合为坤卦与乾卦相错，三爻到五爻合为艮卦与兑卦相错，与震卦相综。观卦与晋、萃、蹇、小过、蒙、震、解、升、颐、坎、屯、明夷、艮、临十四卦同体。其情性为：情柔性柔，情入性顺。六爻变卦为：初爻变震位在地，二爻变坎位在地，三爻变艮位在人，四爻变乾位在人，五爻变艮位在天，六爻变坎位在天。

【原文】六二　窥视。利女贞。

《象》曰："窥观女贞"，亦可丑也。

【译文】六二，从门缝窥视来观察事物，利于女子坚守正道。
《象传》说："从门缝窥视来观察事物，利于女子坚守正道"，也不是庄重体面的。

【原文】六三　观我生进退。

《象》曰："观我生进退"，未失道也。

【译文】六三，观察审视自我的生活轨迹，抉择进取或后退。
《象传》说："观察审视自我的生活轨迹，抉择进取或后退"，说明六三没有丧失生活的原则。

【原文】六四　观国之光。利用宾于王。

《象》曰："观国之光"，尚"宾"也。

【译文】六四，观察一国风俗民情之盛况，有利于王国的贵宾。
《象传》说："观察一国风俗民情之盛况"，可知该国尊重贤人能士。

【原文】九五　观我生。君子无咎。

《象》曰："观我生"，观民也。

【译文】九五，观察审视自我的行为，君子不会遭灾害。
《象传》说："观察审视自我的行为"，说明由此可审察国风生活状况。

【原文】上九　观其生。君子无咎。

《象》曰："观其生"，志未平也。

【译文】上九，观察审视其他地方的生活状况，君子不会遭灾害。
《象传》说："观察审视其他地方的生活状况"，说明上九还要向更高目标进取。

噬嗑卦第二十一

以法治国，以法教民，知法守法

噬嗑卦寓意要重视法治，知法守法。

【原文】噬嗑(shì hé)　亨。利用狱。

【译文】噬嗑卦象征咬合，亨通顺利，有利于处理刑狱之事。

【原文】《彖(tuàn)》曰：颐(yí)中有物，曰：噬嗑。噬嗑而"亨"，刚柔分，动而明，雷电合而章。柔得中而上行，虽不当位，"利用狱"也。

【译文】《彖传》说：口腔里面有食物，因此需咬合嚼碎。咬合嚼碎食物可以通畅顺利，是说本卦阳刚阴柔等分相济，下震上离行动明察，雷电交击彰明昭著。阴柔处得中道并且不断向上发展，虽然居位不合适，却利于处理刑狱之事。

【原文】《象》曰：雷电，噬嗑。先王以明罚敕(chì)法。

【译文】《象传》说：雷电交击，象征咬合。先辈君王效法此象严明刑罚轻重，端正法律。

【原文】初九　屦校灭趾(jù jiào)。无咎。

《象》曰："屦校灭趾"，不行也。

【译文】初九，脚上套上刑具而伤没了脚趾，无灾祸。
《象传》说："脚上套上刑具盖住了脚趾"，说明已不再行恶。

【原文】六二　噬肤灭鼻(shì)。无咎。

噬嗑卦图

　　噬嗑卦的上卦是离卦，下卦是震卦。从"噬嗑"卦的结构看，外实内虚，中有坚物，就像一张嘴内衔一物，正在紧紧咬住不放的样子。从"噬嗑"两字的本意看，"噬"是吞咬的意思，"嗑"是用上下门牙咬带壳的或硬的东西，"噬嗑"是嘴巴张而欲合，用上下门牙咬口中硬物的卦象。此外，"离"即"罗"，有罗网、法网的意思。"震"有动的意思。说明的意思是，如果不能控制自己的贪欲，任其发动，必然落入法网，遭受惩罚。这就是噬嗑卦的意象。

噬嗑、临、遯、井四卦卦变图

临卦变师、坤、谦、小过、咸、复、明夷、丰、革、泰、大壮、夬、归妹、兑、节十五卦；遯卦变同人、乾、履、中孚、损、姤、讼、涣、蒙、否、观、剥、渐、艮、旅十五卦；噬嗑卦变晋、未济、鼎、蛊、巽、睽、大有、大畜、小畜、离、贲、家人、颐、益、无妄十五卦；井卦变需、既济、屯、随、震、蹇、比、萃、豫、坎、困、解、大过、恒、升十五卦。所以，临、噬嗑、遯、井四卦，各变十五卦再加上本卦而成六十四卦。

《象》曰："噬肤灭鼻"，乘刚也。

【译文】六二，因偷食好肉，犯人被割去鼻子，不会有灾祸。

《象传》说："因偷食好肉，犯人被割去鼻子"，说明本爻乘凌在阳刚的上面（必须施用严刑服众）。

【原文】六三　噬腊肉。遇毒。小吝。无咎。

《象》曰："遇毒"，位不当也。

【译文】六三，像咬嚼坚硬的腊肉中毒，小有不适，却没有祸害。

《象传》说："中毒"，说明食了不该食的东西。

【原文】九四　噬干胏。得金矢。利艰贞。吉。

《象》曰："利艰贞吉"，未光也。

【译文】九四，咬嚼干硬带骨的肉，吃到铜箭头。利于在艰难中坚正守固，吉祥。

《象传》说："利于在艰难中坚守正道，吉祥"，说明实际上还未达光明境界。

【原文】六五　噬干肉。得黄金。贞厉。无咎。

《象》曰："贞厉无咎"，得当也。

【译文】六五，咬嚼干硬的肉脯，吃出黄金。坚守正道以防危险，可免祸害。

《象传》说："坚守正道以防危险，可以免祸害。"说明以柔承刚，处理得当。

【原文】上九　何校灭耳。凶。

《象》曰："何校灭耳"，聪不明也。

【译文】上九：担负的刑具，遮灭了耳朵，有凶险。

《象传》说："担负的刑具遮灭了耳朵"，说明平日不听忠告累积恶行，以致犯罪。

贲卦第二十二

以德服人

贲卦意味着人们要注重外在的修饰，培养自己的审美意识。

【原文】贲^{bì} 亨。小利有攸往。

【译文】贲卦象征文饰，亨通顺利，有事外出将有小利。

【原文】《彖》^{tuàn}曰：贲"亨"。柔来而文刚，故"亨"。分刚上而文柔，故"小利有攸往"。天文也。文明以止，人文也。观乎天文，以察时变。观乎人文，以化成天下。

【译文】《彖传》说：文饰，亨通畅达，因为以阴柔之德来辅佐刚强。阴阳交饰而亨通畅达。刚强居上而用以文饰的阴柔处下位，所以"有事外出将有小利"。日月星辰刚柔交错形成这是天的文饰；文章灿明止于礼义，这是人类的文明。上观天之文饰，可察看四时的交替变化；下观人类文明，可以推行教化庶民促使天下昌明。

【原文】《象》曰：山下有火，贲。君子以明庶政，无敢折狱。

【译文】《象传》说：山下火焰燃烧，象征着文饰。君子效法这种精神，明察繁杂的政务，不敢轻率地断决讼狱案件。

【原文】初九 贲其趾。舍车而徒。
《象》曰："舍车而徒"，义弗^{fú}乘也。

【译文】初九，装饰自己的脚趾，甘愿舍弃舆车徒步行走。
《象传》说："甘愿舍弃舆车徒步行走"，说明为了适宜显示文饰不应该乘坐舆车。

贲卦图

贲卦下为离卦，上为艮卦。离代表日，艮代表山，贲卦的卦形像太阳落山，可以引申为在黄昏时举行典礼。举行典礼就要装饰，所以贲卦也有装饰的意思。

贲、大壮、困、观卦的卦变图

贲、大壮、困、观四卦各变十五卦合本卦而成六十四卦。即观卦变益、中孚、小畜、乾、大有、涣、巽、姤、鼎、渐、遯、旅、否、晋、剥十五卦；大壮卦变恒、小过、豫、坤、比、丰、震、复、屯、归妹、临、节、泰、需、夬十五卦；困卦变兑、随、革、既济、明夷、萃、咸、蹇、谦、大过、井、升、坎、师、解十五卦；贲卦变艮、蛊、蒙、未济、讼、大畜、损、益、睽、履、颐、噬嗑、无妄、离、同人、家人十五卦。

【原文】六二　贲其须。

《象》曰："贲其须"，与上兴也。

【译文】六二，修饰自己的胡须。

《象传》说："修饰自己的胡须"，说明效力于上司与之一同兴起。

【原文】九三　贲如濡如。永贞吉。

《象》曰："永贞"之"吉"，终莫之陵也。

【译文】九三，装饰得光泽柔润，永久坚守正道可获吉祥。

《象传》说："永久坚守正道可获吉祥"，是说能经久不被人侵犯。

【原文】六四　贲如皤如。白马翰如。匪寇婚媾。

《象》曰："六四"，当位疑也。"匪寇婚媾"，终无尤也。

【译文】六四，淡淡的装饰，一身素白，胯下的白马亦是纯白无暇。不是来抢掠，而是前往聘求婚配佳偶。

《象传》说：虽为合情理之事，却不免有所疑惧。"不是来抢掠，而是前往聘求婚配佳偶"，说明最终不会有幽怨。

【原文】六五　贲于丘园。束帛戋戋。吝。终吉。

《象》曰："六五"之"吉"，有喜也。

【译文】六五，装点山丘园圃，持一束微薄的丝帛，虽显吝啬，最终可获吉祥。

《象传》说：六五的吉祥，说明将有喜庆。

【原文】上九　白贲。无咎。

《象》曰："白贲无咎"，上得志也。

【译文】上九，素白朴质的装饰，没有灾祸。

《象传》说："素白朴质的装饰，没有灾祸"，说明居于上位者的志向已经实现，故而崇尚质朴了。

剥卦第二十三

以伪存真

剥卦本意为剥落，引申为剥去表象，去伪存真。

【原文】剥（bō）　**不利有攸往。**

【译文】剥卦象征剥落。不利于有所前往。

【原文】《彖》（tuàn）**曰：剥，剥也，柔变刚也。"不利有攸往"，小人长也。顺而止之，观象也。君子尚消息盈虚，天行也。**

【译文】《彖传》说：剥，就是剥落衰败，阴柔增进，侵蚀改变阳刚的性质。不利于有所前往，说明小人的势力增长。君子这时应当顺应时势，停止行动，从观察卦象可知此理。君子崇尚事物消亡生息、盈盛亏虚的变化，这是宇宙运行的自然法则。

【原文】《象》曰：山附于地，剥。上以厚下安宅。

【译文】《象传》说：高山侵蚀颓落附着于地面，象征剥落。在上者应效法此精神，敦厚地对待下民，以此安居稳定。

【原文】初六　剥床以足。蔑（miè）**贞凶。**

《象》曰："剥床以足"，以灭下也。

【译文】初六，寝床剥蚀起自床脚，床足蚀灭。预示着凶险。
《象传》说："寝床剥蚀起自床脚"，是说蚀灭都是从基础开始。

【原文】六二　剥床以辨。蔑（miè）**贞凶。**

剥卦图

　　"剥"有剥落、侵蚀之义。剥卦上卦是艮卦，下卦是坤卦，艮为山，坤为地。剥卦卦象寓意山在地上。但山被剥蚀日久就会有倾覆的危险，就是《黄帝内经》所说的"高而倚者崩"，所以卦辞说"不利有攸往"。

剥为阳气种图

剥卦上卦为艮，下卦为坤，在八宫卦中属乾宫，乾为阳，剥卦只有上九爻为阳爻，其余五爻都是阴爻，上实下虚，阳气过坤则落于艮，所以说剥卦是"阳气之种"。

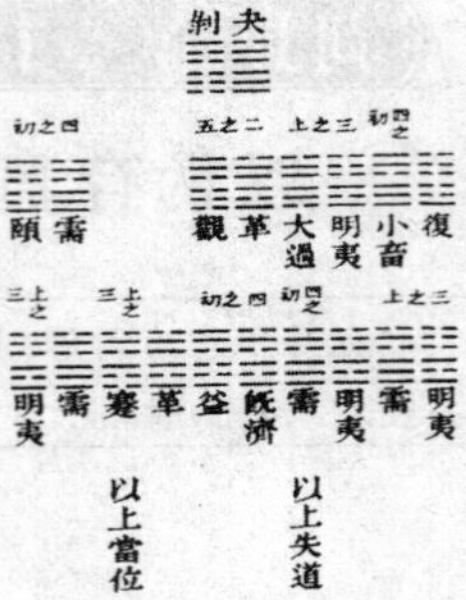

剥卦与夬卦的当位与失道图

一卦中，初爻和四爻，二爻和五爻，三爻和上爻之间构成相互呼应的关系，本图讲爻与爻之间的"相应"关系，如图中剥卦的"初之四"、"二之五"、"上之三"即是。剥卦初六爻与六四爻同为阴爻，是敌应关系。六二爻与六五爻都是阴爻，是敌应关系。六三爻与上九爻一阴一阳，是正应关系。

《象》曰："剥床以辨"，未有与也。

【译文】六二，寝床剥蚀已达床头，床头蚀灭，预示着凶险。
《象传》说："寝床剥蚀已达床头"，说明没有得到互相扶助。

【原文】六三　剥之无咎。

《象》曰："剥之无咎"，失上下也。

【译文】六三，剥蚀没有灾祸。
《象传》说："剥蚀，没有灾祸"，说明与上下没有牵连。

【原文】六四　剥床以肤。凶。

《象》曰："剥床以肤"，切近灾也。

【译文】六四，寝床剥蚀已达床面，有凶险。
《象传》说："寝床剥蚀已达床面"，说明六四已迫近灾祸。

【原文】六五　贯鱼。以宫人宠（chǒng）。无不利。

《象》曰："以宫人宠"，终无尤也。

【译文】六五，像串鱼一样引领嫔妃承宠于君王，没有什么不利。
《象传》说："引领嫔妃承宠于君王"，说明终究没有过失。

【原文】上九　硕果不食。君子得舆（yú）。小人剥庐（lú）。

《象》曰："君子得舆"，民所载也。"小人剥庐"，终不可用也。

【译文】上九，硕大的果实没有被摘食，君子得之能驱车济世，小人得之则剥蚀万家。
《象传》说："君子得之能驱车济世"，是因得到了人民的拥戴。"小人得之则剥蚀万家"，说明小人终究不可任用。

复卦第二十四

周而复始

复卦寓意周而复始，循环再生。

【原文】复 亨。出入无疾。朋来无咎。反复其道。七日来复。利有攸往。

【译文】复卦象征复归，亨通顺利。出入没有疾患，友朋前来无灾患。返转复归循着一定的规律，七日中打一个来回。利于往前进发。

【原文】《彖》曰：复"亨"，刚反，动而以顺行。是以"出入无疾。朋来无咎。反复其道。七日来复"，天行也。"利有攸往"，刚长也。复其见天地之心乎。

【译文】《彖传》说："复归，亨通顺利"，表明阳刚反归。阳动而顺从自然之理往上行，所以"出入没有疾患，友朋前来无灾患"。"返转复归循着一定的规律，七日中打一个来回"，这是大自然运行的法则。"利于往前进发"，说明阳刚之道逐渐增长。复卦中可以见到天地生生不息的规律。

【原文】《象》曰：雷在地中，复。先王以至日闭关，商旅不行，后不省方。

【译文】《象传》说：震雷藏于地中，象征复归。先代君王效法此种精神，在冬至那一天封闭关卡，不使商贾旅客通行，君王也不巡视四方。

【原文】初九 不远复。无祗悔。元吉。

《象》曰："不远"之"复"，以修身也。

【译文】初九，行之不远就要返回，不会有灾患悔恨，至为吉祥。

复卦图

"复"含有"相反"、"返回"二义。第一指事物发展到极端必然向其相反方向转化；第二指事物的发展要经过否定之否定阶段。所以"复"既是运动转化，又是循环再生。

复见天地之心图

　　复卦的刚爻初九爻以七天为一个周期，顺着轨道反复运动、来回复始，这是天道的运行规则，体现了生生不息的自然规律。因而说复卦是"见天地之心"。

《象传》说："行之不远就要返回"，这是修身迁善改过的方法。

【原文】六二　休复。吉。

《象》曰："休复"之"吉"，以下仁也。

【译文】六二，美满地复归，吉祥。

《象传》说"美满地复归，吉祥"，说明让贤于有德君子。

【原文】六三　频复。厉。无咎。

《象》曰："频复"之"厉"，义"无咎"也。

【译文】六三，频繁地复归，虽有危险却无灾咎。

《象传》说："频繁地复归的危险"，从改邪归善之意来看没有灾咎。

【原文】六四　中行独复。

《象》曰："中行独复"，以从道也。

【译文】六四，与多人一同出行中途独自返归。

《象传》说："与多人一同出行中途独自返归"，说明遵从正道。

【原文】六五：敦（dūn）复。无悔。

《象》曰："敦复无悔"，中以自考也。

【译文】六五，敦厚笃诚地复归，没有悔恨。

《象传》说："敦厚笃诚地复归"，说明以居中持正来反身自察。

【原文】上六　迷复。凶。有灾眚（shěng）。用行师。终有大败。以其国君凶。至于十年不克征。

《象》曰："迷复"之"凶"，反君道也。

【译文】上六，迷途不返，有凶险，有灾祸。如行兵作战，最终将有大败，危及国君，以至十年之久不能出兵征战。

《象传》说："迷途不返，有凶险"，这是说违背了国君君王之道。

无妄卦第二十五

不可妄动

无妄卦寓意不胡作非为，不胡思乱想，依正轨正道行事。

【原文】　无妄（wàng）　元亨利贞。其匪正有眚（shěng）。不利有攸往。

【译文】　无妄卦象征不妄为，至为亨通顺利，利于占卜。不守正道则有祸患，不利于外出行动。

【原文】　《彖》（tuàn）曰：无妄，刚自外来，而为主于内，动而健，刚中而应。大"亨"以正，天之命也。"其匪正有眚。不利有攸往"，无妄之往，何之矣？天命不祐，行矣哉。

【译文】　《彖传》说：无妄卦卦象表明，阳刚从外部前来而成为内部的主宰，象征运动而乾刚健，刚毅居中并与下位应合，大为亨通顺利而坚守正道，这是上天的教命。"不守正道则有灾祸，不利于外出行动"，这是说在不妄为之时而背离正道往前进发，哪里有路可走呢？没有上天教命的保佑帮助，怎么可以行呢？

【原文】　《象》曰：天下雷行物与，无妄。先王以茂（mào）对时育万物。

【译文】　《象传》说：天的下面雷在动，万物皆不妄自行动。先代君王以此种精神，勤勉配合四季时序，使百姓万物生育茂盛。

【原文】　初九　无妄。往吉。

《象》曰："无妄"之"往"，得志也。

【译文】　初九，不妄为，往前进发就会吉祥。
《象传》说："不妄为而往前进发"，说明遂行了志向。

无妄卦图

　　无妄卦的卦象是震下乾上，震为雷，乾为天，也就是雷在天的下方，是雷在天的下方运行的表象。这象征天用雷的威势警戒万物，并赋予万物以不妄动妄求的本性。在为人处事尚，无妄卦讲求真实诚正，不要邪虚谬乱。这既适用于人，也适用于一切事物。无妄也意味着要尊重规律，顺应形势，因地制宜。时当行则行，不行就是妄；时当止则止，不止也是妄。

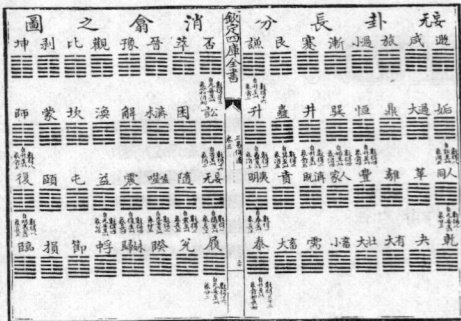

无妄卦长分消翕之图

"消"即"静","翕"即"动"之意。消翕图反映的是无妄卦在运动、消长变化中与其他卦象的关系。无妄卦是从遯卦演变而来的，是遯卦的上九从外卦来到内卦的初位成为内卦之主，然后遯卦的各爻依次向上运动。就是遯卦的上九爻变成无妄的初九爻，初九是全卦的主爻。无妄卦与大畜卦为正覆卦，无妄卦倒过来就是大畜卦。

【原文】六二　不耕获。不菑畬（zī yú）。则利有攸往。

《象》曰："不耕获"，未富也。

【译文】六二，不事耕耘，不图收获，不务开垦，不望熟田，听其自然，有所行动可得利益。

《象传》说："不事耕耘，不图收获"，说明不想着谋求富贵。

【原文】六三　无妄之灾。或系之牛。行人之得。邑人之灾。

《象》曰："行人得"牛，"邑人灾"也。

【译文】六三，意想不到的灾祸，如有人拴系着一头耕牛，被路人顺手牵走，附近人家却因此而蒙冤遭灾。

《象传》说：过路人偷得了牛，邻居却因此被怀疑而受到中伤。

【原文】九四　可贞。无咎。

《象》曰："可贞无咎"，固有之也。

【译文】九四，可以守持正道，没有灾咎。

《象传》说："可以守持正道，没有灾咎"，说明要坚守正道才能免灾。

【原文】九五　无妄之疾。勿药有喜。

《象》曰："无妄"之"药"，不可试也。

【译文】九五，没有意想到的疾患，不必用药即愈，会有喜庆。

《象传》说："没有意想到的疾患不药而愈"，不能够随意用药。

【原文】上九　无妄。行有眚（shěng）。无攸利。

《象》曰："无妄"之"行"，穷之灾也。

【译文】上九，不妄为，而行动遭祸患，不会有什么利益。

《象传》说："不妄为而行遭祸患"，说明上九至极，穷途末路而要遭灾。

大畜卦第二十六

**畜而后动，寓进于畜，
欲动先止，止而后动**

大畜卦寓意涵容之德。

【原文】 大畜　利贞。不家食。吉。利涉大川。

【译文】 大畜卦象征大为蓄积：利于坚守正道，外出谋生，吉祥，利于涉越大江巨流。

【原文】《彖》曰：大畜，刚健笃实辉光，日新其德。刚上而尚贤，能止健，大正也。"不家食吉"，养贤也。"利涉大川"，应乎天也。

【译文】《彖传》说：大畜具有刚健笃实的美德，因而光辉焕发，他的这种美德日新月异。阳刚居上而崇尚贤能的人，能蓄积刚健者，这是天下最大的正理。"外出谋生，吉祥"，说明国君尚贤养贤。"利于涉越大江巨流"，说明行动顺应天理。

【原文】《象》曰：天在山中，大畜。君子以多识前言往行，以畜其德。

【译文】《象传》说：天包藏在山中，是大有蓄积的象征。君子效法此种精神，多多记取前贤的嘉言和善行，从而使蓄积道德学问。

**【原文】 初九　有厉。利已。
《象》曰："有厉利已"，不犯灾也。**

【译文】 初九，有危险，停滞不前才有利。
《象传》说："有危险，停滞不前才有利"，是说不要冒险前行。

大畜卦图

　　大畜卦含义表现在三个方面：一是道德学问；二是人才方面的蓄养，即爱护，使用贤才；三是行为方面的蓄止，即等待时机，不盲目行动。大畜卦象征所蓄至大。道德是刚健，厚实，两者交相辉映，天天有进步。阳刚在上，尊重贤才，自强不息，又能得到保护。这都是最大的正道。大畜是大器晚成，是修养品德、百年树人，为国培养栋梁之才，这是意义重大的大正之事。

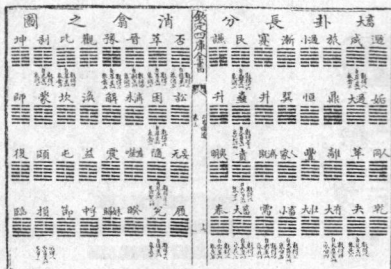

大畜卦长分消翕之图

"消"即"静"、"翕"即"动"之意。消翕反映的是大畜卦在运动、消长变化中与其他卦象的关系。大畜卦是从大壮卦演变而来的,是大壮的初九爻升到全卦的上位。即大壮的初九向最上位推移,变为大畜卦。大畜卦与无妄卦为正覆卦,大畜卦倒过来就是无妄卦。无妄从遁卦变来,大畜从遁的覆卦大壮卦演变而来。

【原文】九二 舆说^{yú}輹^{fù}。

《象》曰:"舆说輹",中无尤也。

【译文】九二,车子与轮脱离。

《象传》说:"车子与轮脱离",说明行动合于中正,能够及时停止,故而不会犯过失。

【原文】九三 良马逐。利艰贞。曰闲舆卫。利有攸往。

《象》曰:"利有攸往",上合 志也。

【译文】九三,良马驰逐,利于警觉艰险,守持正固;每日训练车马防卫,利于往前进发。
《象传》说:"利于往前进发",说明与人天的意志相合。

【原文】六四 童牛之牿^{gù}。元吉。

《象》曰:"六四元吉",有喜也。

【译文】六四,绑缚在初生头犊牛角上的木牿,至为吉祥。
《象传》说:六四"至为吉祥",说明本是值得喜庆。

【原文】六五 豮豕^{fén shǐ}之牙。吉。

《象》曰:"六五"之"吉",有庆也。

【译文】六五,阉割过的公猪的牙齿,吉祥。
《象传》说:六五的吉祥,表明有喜庆。

【原文】上九 何天之衢^{qú}。亨。

《象》曰:"何天之衢",道大行也。

【译文】上九,像天空一样通行无阻的大道,亨通顺利。
《象传》说:"像天空一样通行无阻的大道",说明上九的蓄德之道大为通行。

颐卦第二十七

怡情养性

颐卦寓意颐神养志、怡情养性。

【原文】颐 贞吉。观颐。自求口实。

【译文】颐卦象征着颐养，坚守正道可获吉祥。观察万物养育的现象，可知以自己努力谋取养口果腹的道理。

【原文】《彖》曰：颐。"贞吉"，养正则吉也。"观颐"，观其所养也。"自求口实"，观其自养也。天地养万物，圣人养贤以及万民，颐之时大矣哉。

【译文】《彖传》说："颐卦象征着颐养，坚守正道可获吉祥"，说明用正道颐养自身故而获得吉祥。"观察万物养育的现象"，是说观察它们如何养活自己。天地养育着万物，而圣人以德养育着贤能之士和天下百姓。可见因时制宜进行养育的道理太重要了。

【原文】《象》曰：山下有雷，颐。君子以慎言语，节饮食。

【译文】《象传》说：山下响动着春雷，象征着颐养万物。君子效法这种精神，言语谨慎而修养德性，节制饮食以养德养生。

【原文】初九 舍尔灵龟。观我朵颐。凶。
《象》曰："观我朵颐"，亦不足贵也。

【译文】初九，舍弃你的灵龟，来观看我垂腮进食，有凶险。
《象传》说："观看我垂腮进食"，说明这样观而不为的行为不值得尊重。

颐卦图

颐卦下震上艮。颐有两层意思，一是面颊；二为养。本卦的卦辞、爻辞中，提出了人类要自养的问题及解决问题的办法，证明只有垦荒开田，精耕细作，才是解决粮食问题（颐养）的正道。而为了粮食不足而去征伐别人的人，是违理背法的坏事，也是遭人痛恨的，这违背了颐养的正道。

颐卦错综及爻变图

颐为二阳四阴之卦，震下艮上，山雷颐，在巽宫八卦中属木。与离卦相象，大过卦相错。中爻二四合为坤与乾相错，三五合为坤错乾与观、晋、萃、蹇、小过、蒙、震、解、升、坎、屯、艮、临诸卦同体。其情性为：情刚性刚，情止性动。六爻变为：初爻变坤位在地，二爻变兑位在地，三爻变离位在人，四爻变离位在人，五爻变巽位在天，六爻变坤位在天。

【原文】六二　颠颐。拂经于丘。颐征凶。

《象》曰："六二""征凶"，行失类也。

【译文】六二，颠倒养生之德，又违背常理，向上寻求供养，往前进发有凶险。
《象传》说：往前进发有凶险，说明它的行动没有同类相伴。

【原文】六三　拂颐。贞凶。十年勿用。无攸利。

《象》曰："十年勿用"，道大悖也。

【译文】六三，违背养生之德，意味着凶险，十年中将没有作为，也不会有任何利益。
《象传》说：十年内不受重用这是大大背离了万物颐养的道理的恶果。

【原文】六四　颠颐。吉。虎视眈眈。其欲逐逐。无咎。

《象》曰："颠颐"之"吉"，上施光也。

【译文】六四，取于民而用于民，吉祥。要像老虎一样眈眈而视，显示出贪欲无厌的样子，这样才不致有灾咎。
《象传》说："取于民而用于民的吉祥"，说明居上而能下施光明美德。

【原文】六五　拂经。居贞吉。不可涉大川。

《象》曰："居贞"之"吉"，顺以从上也。

【译文】六五，违背颐养之道，但居守正道可获吉祥，不可涉越大江巨流。
《象传》说："居守正道获得的吉祥"，说明顺从依附上层则吉。

【原文】上九　由颐。厉吉。利涉大川。

《象》曰："由颐厉吉"，大有庆也。

【译文】上九，顺从颐养之道，经历过危险可以获得吉祥，利于涉越大江巨流。
《象传》说："顺从颐养之道，经历过危险可以获得吉祥"，说明大有吉庆。

大过卦第二十八

物及必反

大过卦寓意要小心谨慎，不可狂妄自大。

【原文】 大过　栋桡(dòng náo)。利有攸往。亨。

【译文】大过卦象征太过分，栋梁弯曲，利于离家出门，亨通顺利。

【原文】《彖》曰：大过，大者过也。"栋桡"，本末弱也。刚过而中，巽(xùn)而说行。"利有攸往"，乃"亨"。大过之时大矣哉。

【译文】《彖传》说："大过"，指阳刚太过分了。"栋梁弯曲"，说明首尾两端柔弱。阳刚太过分而居守中位，谦逊而和悦地行事，"利于离家出门"，可以获得亨通顺利。大过卦所显示的因时制宜的道理多么重要啊！

【原文】《象》曰：泽灭木，大过。君子以独立不惧，遁(dùn)世无闷。

【译文】《象传》说：大泽淹没了树木，即是大过。君子突遇变动仍勇毅独立，无所畏惧，退隐出世也没有烦恼。

【原文】 初六　藉(jiè)用白茅。无咎。
《象》曰："藉用白茅"，柔在下也。

【译文】初六，以白色的茅草铺地在上面放置祭器，不会有何过错。
《象传》说："以白色的茅草铺地"，是指柔顺居于下位。

【原文】 九二　枯杨生稊(tí)。老夫得其女妻。无不利。

大过卦图

　　大过卦下巽上兑。兑为泽、为悦，巽为木、为顺，水在木上，被水淹没，十分凶险。上下两卦阴阳爻相反，阳大阴小，内刚外柔，行动非常，形象过度。

大过卦长分消翕之图

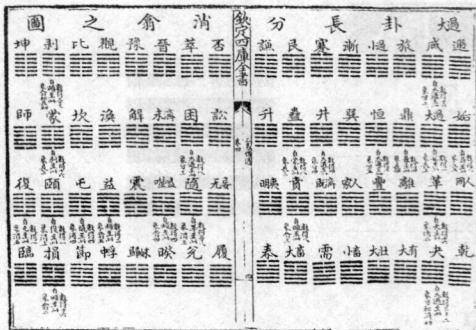

"消"为"静","翕"为"动"。本图表现的是大过卦在运动变化中与其他卦象的关系。"静"与"动"是一切事物运动的本质。大过的卦画，如果阳爻一律变阴爻，阴爻一律变阳爻，就成了颐的卦画。反过来说，颐卦的各爻向相反方向变化，就成了大过卦。从卦变上分析，颐卦从观卦变来，大过因为与颐是错卦，应当是从观的旁通卦大壮变来，是大壮的六五爻与初九爻换位得来。在《周易》中共有四组变卦，即乾与坤为一组、坎与离为一组、颐与大过为一组、中孚与小过为一组。

《象》曰："老夫女妻"，过以相与也。

【译文】九二，枯萎的杨树长出新枝，老汉娶得年轻的妻子，没有什么不利。
《象传》说："老汉娶得年轻的妻子"，说明虽然阳刚过甚，却仍能与阴柔结合。

【原文】九三　栋桡。凶。

《象》曰："栋桡"之"凶"，不可以有辅也。

【译文】九三，栋梁弯曲，有凶险。
《象传》说："栋梁弯曲，有凶险"，说明独挑栋梁，没有别的来帮辅。

【原文】九四　栋隆。吉。有它吝。

《象》曰："栋隆"之"吉"，不桡乎下也。

【译文】九四，栋梁隆起，吉祥。如还有别的毛病，必遭悔吝。
《象传》说："栋梁隆起，吉祥"，是说不与不同于下面的柱梁。

【原文】九五　枯杨生华。老妇得其士夫。无咎无誉。

《象》曰："枯杨生华"，何可久也。"老妇士夫"，亦可丑也。

【译文】九五，枯萎的杨树开出新花，老妇嫁给了年轻的丈夫，没有坏处，也不值得称赞。
《象传》说："枯萎的杨树开出新花"，哪里能够长久呢？"老妇嫁给年轻的丈夫"，并不是一件多光彩的事！

【原文】上六　过涉灭顶。凶。无咎。

《象》曰："过涉"之"凶"，不可"咎"也。

【译文】上六，涉水过河，水没头顶，凶险，但善补即能无事。
《象传》说："涉水过河，水没头顶，凶险"，说明知不可为而为，不会有事。

坎卦第二十九

身处逆境，前途坎坷

坎卦意味着前有险阻，但是要克服困难，勇于前进。

【原文】习坎（kǎn）　有孚。唯心亨。行有尚。

【译文】坎卦象征重重险陷。胸怀诚信，心中便豁然贯通。意志坚定而刚毅的行为将受到尊重。

【原文】《彖》（tuàn）曰：习坎，重（chóng）险也。水流而不盈，行险而不失其信。"维心亨"，乃以刚中也。"行有尚"，往有功也，天险，不可升也，地险，山川丘陵也。王公设险以守其国，险之时用大矣哉。

【译文】《彖传》说："习坎"，是重重险陷的意思。水流陷穴不见盈满，行走在凶险之境而坚定地信守其不盈不流的本性。"心中豁然贯通"，是指刚毅中正的德行。"意志坚定而刚毅的行为将受到尊重"，说明往前进发必可建功。天险高远，如日月天空不可得而升，地险有崇山峻岭河川丘陵。王公效法天地设置城池之险，巩固国防，可见险陷因时制宜的伟大作用。

【原文】《象》曰：水洊至（jiàn），习坎。君子以常德行，习教事。

【译文】《象传》说：水流滚滚而来，象征着险难重重。君子应效法这种精神，恒久保持美德，并从事于教化育人的事业。

【原文】初六　习坎。入于坎窞（dàn）。凶。

《象》曰："习坎入坎"，失道"凶"也。

【译文】初六，面临重重险难，又再坠入穴陷深处，有凶险。
《象传》说："面临重重险难，又再坠入穴陷深处"，说明初六失去正道，必有凶险。

坎卦图

　　坎卦为上下两个八画卦坎相叠。坎为水，有危险的意思。两坎相重，险上加险，险阻重重。从卦象看，一阳陷二阴。但是阴虚阳实，虽然险难重重，但意味诚信可以豁然贯通，人性光彩可以显现出来。

坎卦长分消翕之图

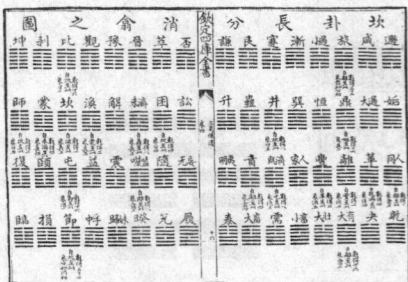

"消"为"静","翕"为"动"。本图表现了坎卦在运动变化中与其他卦象的关系。静与动是一切事物运动的本质。临卦的初九爻与六五爻互换位置，就成了坎卦。九五从下位升到全卦尊位，是一卦的主爻。另外坎卦与下卦离卦是一组变卦，坎卦的各爻反性变化，就是离卦。这两卦无论正看、倒看，卦画都不变，都是自身的覆卦。

【原文】九二　坎有险。求小得。

《象》曰："求小得"，未出中也。

【译文】九二，险难中还有险难，只能从小事谋求解脱。

《象传》说："从小事谋求解脱"，说明此时尚未走出危险。

【原文】六三　来之坎坎。险且枕。入于坎窞。勿用。

《象》曰："来之坎坎"，终无功也。

【译文】六三，来去之路皆险难重重，往前凶险，后退亦不安全，这是落入了陷穴的深处，不能有所行动。

《象传》说："来去之路皆险难重重"，说明妄动终无成功可能。

【原文】六四　樽酒簋贰。用缶。纳约自牖。终无咎。

zūn guǐ èr　fǒu　　yǒu

《象》曰："樽酒簋贰"，刚柔际也。

【译文】六四，一樽酒，一盘饭，用朴质的瓦器盛着，从窗户送入这些简单的食物与人，终于没有灾祸。

《象传》说："一樽酒，一盘饭"，说明患难与共，刚柔相济，自然可以君臣同心。

【原文】九五　坎不盈。祗既平。无咎。

chí

《象》曰："坎不盈"，中未大也。

【译文】九五，坎险没有填满，小丘已被铲平，没有灾咎。

《象传》说："坎险没有填满"，说明中正而不自大。

【原文】上六　系用徽纆。寘于丛棘。三岁不得。凶。

mò zhì　　jí

《象》曰："上六"失道，"凶""三岁"也。

【译文】上六，用绳索重重束缚，放置在荆棘丛中，三年都不能解救，凶险。

《象传》说：这是上六违背天道，凶险要连续三年。

离卦第三十

坚守正道

离卦象征着熊熊大火，象征光辉灿烂。

【原文】离 利贞，亨。畜牝牛。吉。

【译文】离卦象征附丽，利于坚守正道，亨通顺利。畜养母牛吉祥。

【原文】《彖》曰：离，丽也。日月丽乎天，百谷草木丽乎土，重明以丽乎正，乃化成天下。柔丽乎中正，故"亨"。是以"畜牝牛吉"也。"

【译文】《彖传》说：离，是附丽的意思。日月附丽于天空之中，百谷草木附丽在土地之上。上下光明又附丽于正道，所以能够教化天下，促成天下昌盛。柔顺者附丽于中正之道，因此亨通顺利，因此畜养柔顺的母牛吉祥。

【原文】《象》曰：明两作，离。大人以继明照于四方。

【译文】《象传》说：太阳一次又一次升起，象征着"附丽"。伟大之人效法此精神，以连续不断的光明照耀四方。

【原文】初九 履错然。敬之。无咎。

《象》曰："履错"之"敬"，以辟咎也。

【译文】初九，步履错乱无序，恭敬谨慎地对待，不会有灾咎。
《象传》说："步履错乱无序，恭敬谨慎地对待"，说明这样是为了避免失误。

离卦图

离卦为两个八画离卦上下相叠。离者丽也，有附着之意，一阴附丽，上下二阳。离卦象征火，内空外明，柔顺为心。离卦也象征光明，代表太阳反复升落，运行不息。

离卦末节方位图

此图是离宫八卦在宫室中的排列图，除离卦外，还有旅、鼎、未济、蒙、涣、讼、同人七卦。离卦属火，在卦序排列中代表中女，卦位在正南方，在节气中表示夏至。

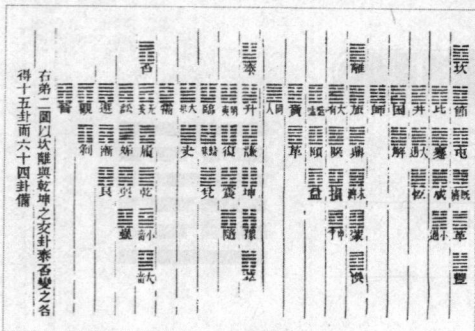

离、坎、泰、否卦变图

离卦变旅、鼎、未济、蒙、涣、大有、睽、损、中孚、噬嗑、颐、益、贲、革、同人十五卦。坎卦变节、屯、既济、革、丰、比、蹇、咸、小过、井、大过、恒、困、解十五卦。泰卦变升、谦、坤、豫、萃、明夷、复、震、随、临、归妹、兑、大壮、夬、需十五卦。否卦变无妄、履、乾、小畜、大畜、讼、姤、巽、蛊、遁、渐、艮、观、剥、晋十五卦。离、坎、泰、否四卦各变得十五卦，合本卦而成六十四卦。

【原文】六二　黄离。元吉。

《象》曰："黄离元吉"，得中道也。

【译文】六二，被黄色所附着，至为吉祥。

《象传》说："被黄色所附着，至为吉祥"，说明六二阴爻得益于居守中庸之道。

【原文】九三　日昃(zè)之离。不鼓缶(fǒu)而歌。则大耋(dié)之嗟(jiē)。凶。

《象》曰："日昃之离"，何可久也。

【译文】九三，夕阳西垂挂在天边，应敲击瓦缶高歌，否则将导致老暮穷衰的嗟叹，有凶险。

《象传》说："夕阳西垂挂在天边"，此景怎么可以长久呢？

【原文】九四　突如其来如。焚如。死如。弃如。

《象》曰："突如其来如"，无所容也。

【译文】九四，离日突然间升起，如烈火焚烧，顷刻间又消散灭亡，舍弃净尽。

《象传》说："离日突然间升起"，说明难以长容于天地。

【原文】六五　出涕沱(tì tuó)若。戚嗟(qī jiē)若。吉。

《象》曰："六五"之"吉"，离王公也。

【译文】六五，泪水滂沱不绝地流，哀伤叹息，吉祥。

《象传》说：六五的吉祥，是因附丽于王公的尊位上。

【原文】上九　王用出征。有嘉。折首。获匪其丑。无咎。

《象》曰："王用出征"，以正邦也。

【译文】上九，君王出师征讨，有丰功佳绩，折斩敌方首领的头，俘虏其下属，一无过错。

《象传》说："君王出师征讨"，是为了端正邦国，治理天下。"俘虏其下属"，是取得重大战功。

咸卦第三十一

以情感人，以德育人

咸卦寓意以虚怀若谷的精
神容纳感化他人。

【原文】 咸　亨。利贞。取女吉。

【译文】 咸卦象征交感，亨通顺利，利于坚守正道，娶妻吉祥。

【原文】《彖》曰：咸，感也。柔上而刚下，二气感应以相与，止而说，男下女，是以"亨利贞取女吉"也。天地感而万物化生，圣人感人心而天下和平。观其所感，而天地万物之情可见矣。

【译文】《彖传》说：咸的意思是交感。阴柔居上位而阳刚处下位，阴阳二气交相感应，二相亲和，阴阳感应止于此而又相互爱慕，就像男子以礼下求女子，所以"亨通顺利，利于坚守正道，娶妻吉祥"。天地交相感应，因而万物变化生成；圣人感化人心带来天下和平昌顺。观察这一感应的法则，就可以发现天地万物的真情。

【原文】《象》曰：山上有泽，咸。君子以虚受人。

【译文】《象传》说：山上有湖泊，水土相互滋润，此为咸卦。君子效法此精神，虚怀若谷，容纳感化众人。

【原文】 初六　咸其拇。

《象》曰："咸其拇"，志在外也。

【译文】 初六，感应发生于脚拇指。
《象传》说："感应发生于脚拇指"，是因为志向是往外发展。

【原文】 六二　咸其腓。凶。居吉。

咸卦图

　　咸卦下艮上兑相叠。艮为山，兑为水。兑柔在上，艮刚在下，表示山上有泽，其形象为上方的水泽滋润下面的山体，下面的山体承托上方的水泽并吸收其水分。所以咸卦象征感应。君子应当效法咸卦的卦象，以虚怀若谷的精神容纳感化他人。

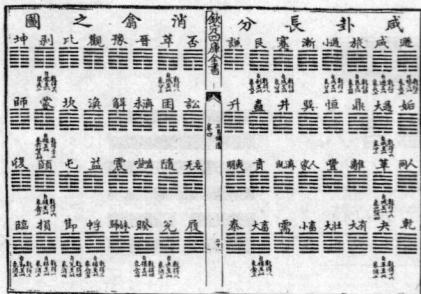

咸卦长分消翕之图

此图表现的是咸卦的运动变化中与其他卦象的关系。"消"与"翕"反映了一切事物运动的本质。咸卦是恒卦的正覆卦，恒卦倒过来是咸卦。咸卦是从否卦演化而来的，否卦的上九与六三换了爻位变为咸卦。这一卦及卦变还有一种巧合，即否的爻位推移正好发生在相应的位置上，又是刚爻与柔爻的异性往来，因此卦名为"咸"，取男女迅速感应之义。

《象》曰：虽"凶居吉"，顺不害也。

【译文】六二，感应于小腿肚，有凶险，安居静修可获得吉祥。

《象传》说：虽然有凶险，安居静修可获得吉祥，说明六二顺从事物发展趋势，才不会招致祸害。

【原文】九三　咸其股（gǔ）。执其随。往吝。

《象》曰："咸其股"，亦不处也。志在"随"人，所执下也。

【译文】九三，感应发生于大腿，执意盲从泛随他人，将会在行动中受挫。

《象传》说："感应发生于大腿"，说明不可能再停下来了。"心志在盲从泛随他人"，说明它追求得非常卑下。

【原文】九四　贞吉悔亡。憧（chōng）憧往来。朋从尔思。

《象》曰："贞吉悔亡"，未感害也。"憧憧往来"，未光大也。

【译文】九四，走正道可获吉祥，没有悔恨。来来往往心意不定，朋友们最终将理解你的想法。

《象传》说："走正道吉祥，没有悔恨"，说明九四还没有因感应不正遭灾。"来来往往心意不定"，说明它的交感之道有待发扬光大。

【原文】九五　咸其脢（méi）。无悔。

《象》曰："咸其脢"，志末也。

【译文】九五，感应于背脊肉上，没有悔恨。
《象传》说："感应于背脊肉上"，说明九五的志向太小了。

【原文】上六　咸其辅颊（jiá）舌。

《象》："咸其辅颊舌"，滕（téng）口说也。

【译文】上六，感应于口舌。
《象传》说："感应于口舌"，说明上六不过是玩弄口舌。

恒卦第三十二

守恒道、树恒心、立恒基、置恒产

咸卦寓意以虚怀若谷的精神容纳感化他人。

【原文】恒^{héng} 亨。无咎。利贞。利有攸往。

【译文】恒卦象征恒久，亨通顺利，没有灾咎，利于坚守正道，利于出行，有所作为。

【原文】《彖》^{tuàn}曰：恒，久也。刚上而柔下，雷风相与，巽^{xùn}而动，刚柔皆应，恒。"恒亨无咎。利贞"，久于其道也。天地之道，恒久而不已也。"利有攸往"，终则有始也。日月得天而能久照，四时变化而能久成。圣人久于其道，而天下化成。观其所恒，而天地万物之情可见矣。

【译文】《彖传》说：恒是恒久的意思。阳刚居上而阴柔处下，雷震风行交相配合，谦逊以动，阳刚阴柔完全得以迎合，这都表明了恒常持久。"恒久，亨通顺利，没有灾咎，利于坚守正道"，是因能长久地守持正道。天地运行的法则，也是恒久而永不停息的。"利于出行，有所作为"，说明应该循环不止，终而复始。日月遵循天的法则而能永久照耀天下，四季的往复变化遵循天的法则而能永久地化生万物，圣人恒久保持其品德，天下就能遵从教化形成风俗。观察这些恒常持久的现象，便可知道天地间万物的性情。

【原文】《象》曰：雷风，恒。君子以立不易方。

【译文】《象传》说：雷发风行交相不息，象征恒常持久。君子应效法此种精神，树立立世为人的原则，永不改变。

【原文】初六 浚^{jùn}恒贞凶。无攸利。

《象》曰："浚恒"之"凶"，始求深也。

恒卦图

恒卦下巽上震相叠。震为男，为雷；巽为女，为风。风雷交加，相辅相成而不停地活动，因而恒卦象征恒久。君子要效法恒卦卦象，应当树立自身的形象，坚守恒久不变的正道。

恒卦错综及爻变图

　　恒为三阳三阴之卦，巽下震上，在震宫八卦中属木。恒卦与坎卦相象，与益卦相错，与咸卦相综，与否、困、咸、归妹、旅、未济、涣、井、随、益、噬嗑、蛊、节、既济、丰、贲、损、渐、泰十九卦同体。恒卦二至四爻合为乾卦与坤卦相错，三至五爻合为兑卦与艮卦相错，与巽卦相综。其情性为：情刚性柔，情动性入。六爻变为：初爻变乾位在地，二爻变艮位在地，三爻变坎位在人，四爻变坤位在人，五爻变兑位在天，六爻变离位在天。

【译文】初六，追求恒久之道，若开始便乱挖深掘，凶险而没有什么利益。
《象传》说："追求恒久之道的凶险"，说明于开始时即不求实际而一味深挖。

【原文】九二　悔亡。

《象》曰："九二悔亡"，能久中也。

【译文】九二，悔恨消亡。
《象传》说："悔恨消亡"，说明他能恒久地持守中正之道。

【原文】九三　不恒其德。或承之羞^{xiū}。贞吝。

《象》曰："不恒其德"，无所容也。

【译文】九三，不能恒久保持他的美德，会蒙受羞辱。以致处境困难。
《象传》说："不能恒久保持他的美德"，说明将不被人容纳。

【原文】九四　田无禽^{qín}。

《象》曰：久非其位，安得"禽"也。

【译文】九四，田猎没打到鸟兽。
《象传》说：长久处在不适宜的角色，怎么打得到鸟兽呢？

【原文】六五　恒其德贞。妇人吉。夫子凶。

《象》曰："妇人贞吉"，从一而终也。"夫子"制义，从妇"凶"也。

【译文】六五，恒久保持柔顺服从的德性，坚守正道。妇人守此道吉祥，男人守此道有凶险。
《象传》说：妇人坚守正道可获吉祥，说明妇人一生应顺守一个丈夫。男人则必须衡量事理，因事制宜，若盲目听从妇人摆布，那是很危险的。

【原文】上六　振恒凶。

《象》曰："振恒"在上，大无功也。

【译文】上六，振摇晃动恒久之道，有凶险。

遯卦第三十三

明哲保身，以退为进

遯卦寓意以退为进。

【原文】遯（dùn） 亨。小利贞。

【译文】 遯卦象征退避，亨通顺利，利于柔小者。

【原文】《彖》（tuàn）曰：遯"亨"，遯而亨也。刚当位而应，与时行也。"小利贞"，浸而长也。遯之时义大矣哉。

【译文】《彖传》说："遯事通顺利"，是说退避可获亨通顺利。九五阳刚居中正之位，与六二阴柔相应，所以退避应当见机行事。"利于柔小者"，表明阴柔之气有逐渐浸润成长之势。"退避"应顺应时势，这一点十分重要。

【原文】《象》曰：天下有山，遯。君子以远小人，不恶而严。

【译文】《象传》说：天底下耸立大山，象征退避。君子应效法此精神，远离小人，虽不表现憎恶之情，但是以威严自律来做到这样。

【原文】 初六遯尾厉。勿用有攸往。

《象》曰："遯尾"之"厉"，不往何灾也。

【译文】 初六，逃避在后，有凶险，不宜冒险前进。
《象传》说："逃避在后有凶险"，但如不冒险前进，又怎么会有灾祸呢？

遯卦图

遯卦下艮上乾相叠。乾为天，艮为山。天下有山，山高天退。象征阴长阳消，小人得势，所以君子要退隐，明哲保身，伺机救天下。

遯象之图

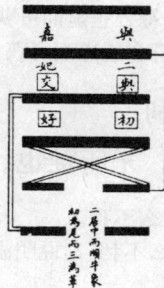

遯卦由乾卦变来，从姤卦发展而成，姤是一柔下生，柔爻再向上一位即为遯卦。遯卦是十二消息卦中六个柔长刚退的卦之一，二柔爻长成，逼退四刚爻，对应十二月中的农历六月，这时天气由热变冷，阳气逐渐要被阴气取代，这是一个不可逆转的自然规律。君子要效法天道，要知时而退。

遁卦错综及爻变图

遁卦为四阳二阴之卦，艮下乾上，天在山上，在乾宫八卦中属金。与兑、离、鼎、讼、大过、巽、家人、无妄、革、大畜、睽、中孚、大壮、需十四卦同体，遁卦与巽卦相象，与临卦相错，与大壮相综。二至四爻合为巽卦与震卦相错，与兑卦相综，三至五爻合为乾卦与坤卦相错。其情性为：情刚性刚，情健性止。六爻变为：初爻变离位在地，二爻变巽位在地，三爻变坤位在人，四爻变巽位在人，五爻变离位在天，六爻变兑位在天。

【原文】六二　执之用黄牛之革。莫之胜说。

《象》曰："执用黄牛"，固志也。

【译文】六二，像用黄牛的皮革捆缚东西一样，没有力量将其挣脱。
《象传》说："像用黄牛的皮革捆缚东西一样"，说明意志坚固。

【原文】九三　系遁。有疾厉。畜臣妾吉。

《象》曰："系遁"之"厉"，"有疾"惫也。"畜臣妾吉"，不可大事也。

【译文】九三，被牵系住而不得退避，有疾患和危险，先畜养臣仆婢妾可得吉祥。
《象传》说："被牵系住而不得退避以至有危险"，说明如有病痛并被拖累得疲惫不堪。"畜养臣仆婢妾吉祥"，说明无法干大事。

【原文】九四　好遁。君子吉。小人否。

《象》曰："君子""好遁"，"小人否"也。

【译文】九四，喜好高明地隐遁，于君子吉祥，于小人不吉利。
《象传》说：君子喜好高明地隐遁，小人却做不到。

【原文】九五　嘉遁贞吉。

《象》曰："嘉遁贞吉"，以正志也。

【译文】九五，成功及时地隐遁，符合正道而可获吉祥。
《象传》说："成功及时地隐遁，符合正道而可获吉祥"，说明能够端正志向。

【原文】上九　肥遁无不利。

《象》曰："肥遁无不利"，无所疑也。

【译文】上九，远走高飞，没有什么不利。
《象传》说："远走高飞，没有什么不利"，说明没有疑虑牵系，当遁则遁。

大壮卦第三十四

无规矩，不成方圆

大壮卦寓意形势大好。

【原文】大壮　利贞。

【译文】大壮卦象征强盛，利于坚守正道。

【原文】《彖》曰：大壮，大者壮也。刚以动，故壮。大壮"利贞"，大者正也。正大，而天地之情可见矣。

【译文】《彖传》说：大壮是指刚大而强盛，刚健而有行动，所以说强盛。"强盛，利于坚守正道"，是说刚大者还必须端正守中。正直而且刚大，就能发现天地万物的真情。

【原文】《象》曰：雷在天上，大壮。君子以非礼弗履。

【译文】《象传》说：雷在天上轰隆作响，象征声势浩大。君子应效法于此，不合礼仪的事不干。

【原文】初九　壮于趾。征凶有孚。

《象》曰："壮于趾"，其"孚"穷也。

【译文】初九，只是脚趾强壮，往前进发会有凶险，这是毫无疑问的。
《象传》说："只是脚趾强壮"，贸然前进，当然无路可走。

【原文】九二　贞吉。

大壮卦图

大壮卦下乾上震相叠。震为雷，乾为天。乾刚震动。形象就是天鸣雷，云雷滚，声势浩大，阳气盛壮，万物生长。刚壮有力就是壮。大而且壮，因此卦名大壮。四阳壮盛，君子要积极而有所作为。

大壮羊藩图

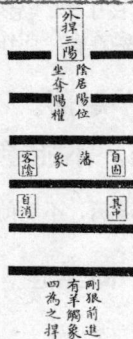

大壮属阳，从坤卦变来，直接从泰卦发展变化而来，泰之刚爻向上长一位，变大壮。泰的上卦是坤，坤为地，变为大壮，上坤的下界已被刚爻占去，六五与九四的刚爻相接，象征丧葬之象。

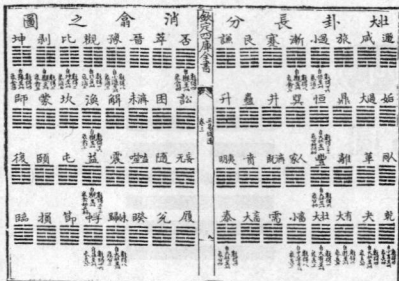

大壮卦长分消翕之图

"消"为"静"，"翕"为动。此图表现了大壮卦在运动变化中与其他卦象的关系。"消"与"翕"反映了一切事物运动的本质。从卦象上看，大壮是四刚二柔，刚爻壮大。从卦变来讲，大壮属阳长的六卦，从坤变来。大壮直接从泰卦发展变化而成。即泰卦的刚爻向上长一位，变为大壮。刚爻再向前发展就是姤卦、乾卦。大壮与遁是一对正覆卦，遁卦倒过来就是大壮。遁卦是柔长刚退，大壮卦是刚长柔退。

《象》曰："九二贞吉"，以中也。

【译文】九二，坚守正道定获吉祥。

《象传》说：九二"坚守正道定获吉祥"，因为居处中正，修养正德。

【原文】九三　小人用壮。君子用罔。贞厉。羝羊触藩。羸其角。

《象》曰："小人用壮"，"君子"罔也。

【译文】九三，小人以强壮骄人，君子用无为处世。这么做很危险。公羊用角冲撞藩篱，角被缠挂住进退不得。

《象传》说：只有小人才以强壮骄人，君子用无为处世。

【原文】九四　贞吉。悔亡。藩决不羸。壮于大舆之輹。

《象》曰："藩决不羸"，尚往也。

【译文】九四，保持正道吉祥，悔恨消亡。就像藩篱被闯开了一个缺口，羊角没被缠挂，又如大车的轮辐坚固耐用。

《象传》说："藩篱被闯开了一个缺口，羊角没被缠挂"，说明要勇于往前进取。

【原文】六五　丧羊于易。无悔。

《象》曰："丧羊于易"，位不当也。

【译文】六五，在田畔遗丧了羊，无须悔恨。

《象传》说："在田畔遗丧了羊"，说明自己居位不正当。

【原文】上六　羝羊触藩。不能退。不能遂。无攸利。艰则吉。

《象》曰："不能退。不能遂"，不详也。"艰则吉"，咎不长也。

【译文】上六，公羊猛撞藩篱，不能前进，不能后退，没有什么利益，但只要艰苦奋斗便可获吉祥。

《象传》说："不能前进，不能后退"，说明它处事不慎，"只要艰苦奋斗可获吉祥"，说明灾咎不会长久。

晋卦第三十五

如何处理与上级的关系

晋卦寓意前进上升。

【原文】晋 康侯用锡马蕃庶。昼日三接。
（jǐn）（fán shù）

【译文】晋卦象征长进，诸侯得到天子赏赐的众多车马，一天之内三次被接见。

【原文】《彖》曰：晋，进也。明出地上。顺而丽乎大明，柔进而上行，是以"康侯用锡马蕃庶。昼日三接"也。

【译文】《彖传》说：晋的意思是长进，犹如太阳升出地面。大地万物柔顺地依附于太阳，循着柔顺之道长进向上发展，所以"诸侯得到天子赏赐的众多车马，一天之内三次被接见"。

【原文】《象》曰：明出地上，晋。君子以自昭明德。
（zhāo）

【译文】《象传》说：太阳由地面升起，象征晋升增德，君子当效法于此，使自己的光明德性愈加明显光辉。

【原文】初六 晋如摧如。贞吉。罔孚。裕无咎。
（wǎng fú）（yù）（jiù）

《象》曰："晋如摧如"，独行正①也。"裕无咎"，未受命也。

【译文】初六：前进之初就遭挫败，坚守贞正本质，即使不能取信于人，能坦然以对则没什么过错。
《象传》说："前进之初被遭挫败"，说明如此是独守了正道的结果。"能坦然以对则无过错"，说明它此时还没得到任用。

晋卦图

　　从卦形上看，晋卦的上卦离为日，下卦坤为地，太阳在大地之上，阳光普照大地，代表白昼之象。晋者进也，有晋升之意，万物生长靠太阳，符合人类日行夜宿之习惯，故将代表白昼之卦称为"晋"。

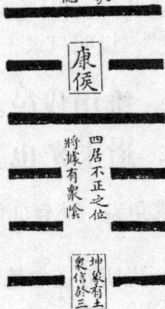

明 离
德 象

康侯

四君不正之位

将媒有象喻

坤象有主
柔信於三

晋康侯之图

　　从晋卦的卦象看，上卦"离"为太阳，性格是依附；下卦"坤"为大地，性格柔顺。太阳普照大地，代表万物柔顺依附的形象。从人事上看，代表诸侯恭顺地依附于天子，此图意为，把自己国家治理得安康的诸侯，可以获得晋见天子的机会。

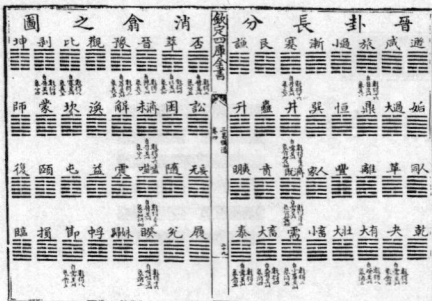

晋卦长分消翕之图

"消"即"静","翕"即"动"。消翕反映的是晋卦在运动、消长变化中与其他卦象的关系。晋卦是可依长分消翕来占卜晋升之理。如初六爻辞意为前进和退守适时，能守正就能吉利。六二爻辞意为得到众人信赖，就会有上行之志。六五爻辞意为不要忧虑得失，前往有喜庆。上九爻辞意为升进锋芒毕露，可以征伐属邑，虽有凶险但吉利无害，占问小有不利。

【原文】六二　晋如愁如。贞吉。受兹介福，于其王母。

《象》曰："受兹介福"，以中正也。

【译文】六二，进步之中有忧愁，只要保持贞正的晋德，就能获吉，将从其祖母那里承受宏大的福泽。
《象传》说："承受宏大的福泽"，因为他注意修养中正的晋德。

【原文】六三　众允悔亡。

《象》曰："众允"之志，上行也。

【译文】六三，因修养晋德而得到众人的信赖支持，悔恨消亡。
《象传》说："因修养晋德而得到众人的信赖支持"，是由于有向上进升的志向。

【原文】九四　晋如鼫鼠。贞厉。

《象》曰："鼫鼠贞厉"，位不当也。

【译文】九四，如田间的硕鼠一样得到长进，坚守正道以防危险。
《象传》说："田间的硕鼠，坚守正道以防危险"，说明个人位置摆得不当。

【原文】六五　悔亡。失得勿恤。往吉无不利。

《象》曰："失得勿恤"，往有庆也。

【译文】六五，悔恨消亡，不必为得失担忧。往前进自会有吉祥，没有什么不利。
《象传》说："不必为得失担忧"，说明只求上进自然有吉庆。

【原文】上九　晋其角。维用伐邑。厉吉无咎。贞吝。

《象》曰："维用伐邑"，道未光也。

【译文】上九，长进至极，钻进角尖，唯有征伐邑国，虽然危险，但可转危为安，不致过错，要坚守正道以防憾惜。
《象传》说："唯有征伐邑国"，说明晋道之德未能发扬光大。

明夷卦第三十六

韬光养晦

明夷卦告诉我们形势不
利时要韬光养晦。

【原文】明夷 利艰贞。

【译文】明夷卦象征光明损伤，利于在艰难中坚守正道。

【原文】《彖》曰：明入地中，明夷。内文明而外柔顺，以蒙大难，文王以之。"利艰贞"，晦其明也。内难而能正其志，箕子以之。

【译文】《彖传》说：光明潜入大地中，象征光明损伤。内守文明的美德，外显柔顺的情态，可以承受大灾大难，当年周文王被纣囚禁时即以这种方式渡过危难。"利于在艰难中坚守正道"，说明要收敛光芒，身陷萧墙之难而仍旧秉正守志，箕子以巧妙地隐晦自己的聪明才智而自守正态的方式对待的。

【原文】《象》曰：明入地中，明夷。君子以莅众，用晦而明。

【译文】《象传》说：光明潜入大地中，象征了明白夷难所在而远害避祸。君子当效法于此，在治理众人时大智若愚，从而更显出其道德的光明。

【原文】初九 明夷于飞。垂其翼。君子于行。三日不食。有攸往。主人有言。

《象》曰："君子于行"，义"不食"也。

【译文】初九，光明损伤时飞翔，羽翼低垂，君子仓皇出走时，三日吃不上饭也不要停步。到了所去的地方，又受到主人责备。

《象传》说："君子仓皇出走时"，说明坚持正义而舍弃俸禄，不食不义之食。

明夷卦图

明夷从卦形上看，上卦坤象征大地，下卦离象征太阳。卦象直观意义为太阳落入大地之下，失去阳光。这也是黑夜的形象。夷有毁灭的意思，太阳落入大地之下，意味着黑夜来临光明消失，因此卦名称为"明夷"。

明夷卦错综及爻变图

明夷为二阳四阴之卦，属坎，在坎宫八卦中属水，它与讼卦相错，与晋卦相综，二至四爻合为坎卦与离卦相错，三至五爻合为震卦与巽卦相错，同艮卦相综。明夷与观、晋、萃、蹇、小过、蒙、震、解、升、颐、坎、屯、艮、临十四卦同体，其情性为：情柔性柔，情顺性明。六爻变卦为：初爻变艮位在地，二爻变乾位在地，三爻变震位在人，四爻变震位在人，五爻变坎位在天，六爻变艮位在天。

【原文】六二　明夷。夷于左股。用拯马壮吉。

《象》曰："六二"之"吉"，顺以则也。

【译文】六二，光明损伤之时，左腿受伤，用强壮的马脱离险境，可获吉祥。
《象传》说：六二的吉祥，是因为顺应局势而又能守持法则。

【原文】九三　明夷于南狩（shòu）。得其大首。不可疾贞。

《象》曰："南狩"之志，乃得大也。

【译文】九三，光明损伤时在南方巡狩征伐，俘虏罪魁祸首。不能操之过急，这才正确。
《象传》说：在南方巡狩征伐表现出的志向，能够大施抱负。

【原文】六四　入于左腹。获明夷之心。于出门庭。

《象》曰："入于左腹"，获心意也。

【译文】六四，要深入左方腹部，探获光明损伤的内中情况，并毅然走出门庭。
《象传》说："深入左方腹部"，是为了探获内中情况。

【原文】六五　箕子之明夷。利贞。

《象》曰："箕子"之"贞"，"明"不可息也。

【译文】六五，箕子在光明损伤时明智逃避，是有利而正确的。
《象传》说：箕子坚守正道的做法，说明光明不会熄灭。

【原文】上六　不明晦。初登于天。后入于地。

《象》曰："初登于天"，照四国也。"后入于地"，失则也。

【译文】上六，天空晦暗不明，起初升上天空，最终坠落地下。
《象传》说："起初升上天空"，说明光明普照四方；"最终坠落地下"，说明违失正义的原则以至失败。

家人卦第三十七

天下一家

家人卦教导人们家人之间要相亲相爱。

【原文】家人　利女贞。

【译文】家人卦象征家庭，利于女子操持家道。

【原文】《彖(tuàn)》曰：家人。女正位乎内，男正位乎外。男女正，天地之大义也。家人有严君焉，父母之谓也。父父，子子，兄兄，弟弟，夫夫，妇妇，而家道正。正家而天下定矣。

【译文】《彖传》说：家庭，女子在家中居正当之位，男子在外面居正当之位。男女在家庭内外各有正当的位置，这是天地间的大道理。家庭之中有严正的君长，这就是父母。父子各尽其责、兄弟各尽其责、夫尽夫责、妇守妇德，那么家风自然就正了。家道端正了，天下也就安定了。

【原文】《象》曰：风自火出，家人。君子以言有物，而行有恒(héng)。

【译文】《象传》说：燃烧的火生成了风，象征了"家庭"。君子应效法于此，日常言语有实在的内容，日常行为贯彻以恒定的原则。

【原文】初九　闲有家。悔亡。

《象》曰："闲有家"，志未变也。

【译文】初九，在家庭中凡事防患于未然，就不会有悔恨出现。

家人卦图

家人卦从卦形上看，上卦巽为风，下卦离为火，火上有风，很像房子上面有缕缕炊烟升起，是农家景象。古时以农业为主，家庭多是农家为主。因此本卦命名为"家人"。

家人象图

家人卦从卦象上来看，内卦"离"象征火，外卦"巽"象征风，有火则热气上升，成为风。风生于火，这就是"家人"卦的意象。从伦理角度讲，祖宗居上，其下是宗庙、父母、夫妇、子女。

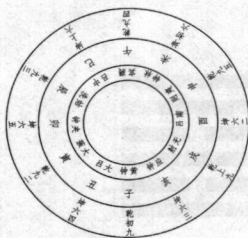

爻辰图

东汉易学大师郑玄用乾、坤二卦的十二爻配十二时辰，并且与音律中的十二律吕相配。乾卦初九爻配子，配黄钟；乾卦九二爻配寅，配大簇；乾卦九三爻配辰，配姑洗；乾卦九四爻配午，配蕤宾；乾卦九五爻配申，配夷则；乾卦上九爻配戌，配无射。坤卦初六爻配未，配林钟；坤卦六二爻配酉，配南吕；坤卦六三爻配亥，配应钟；坤卦六四爻配丑，配大吕；坤卦六五爻配卯，配夹钟；坤卦上六爻配巳，配中吕。

《象传》说："在家庭中凡事防患于未然"，说明应在用心尚未改变之时加以防范。

【原文】六二　无攸遂。在中馈。贞吉。

《象》曰："六二"之"吉"，顺以巽也。

【译文】六二，不要独专家政，以中正平和的态度在家中主持烹饪事宜，自然可获吉祥。

《象传》说：六二的吉祥，是因为柔顺谦逊的缘故。

【原文】九三　家人嗃嗃。悔厉吉。妇子嘻嘻。终吝。

《象》曰："家人嗃嗃"，未失也。"妇子嘻嘻"，失家节也。

【译文】九三，若对家人要求严格，尽管有所怨恨，有危险，仍可获得吉祥。妇人与孩子成天嬉戏，最终仍会带来种种麻烦。

《象传》说："一家人受到严责"，说明并未失家道；"妇人与孩子成天嬉戏"，说明有失家中礼节。

【原文】六四　富家大吉。

《象》曰："富家大吉"，顺在位也。

【译文】六四，使家庭富足，大为吉祥。

《象传》说："使家庭富足，大为吉祥"，说明顺守本分，当居正位。

【原文】九五　王假有家。勿恤吉。

《象》曰："王假有家"，交相爱也。

【译文】九五，君王用美德感化众人并视天下为一家，无须忧虑，吉祥。

《象传》说："君王用美德感化众人并视天下为一家"，说明天下人人应视同一家相互亲爱。

【原文】上九　有孚威如。终吉。

《象》曰："威如"之"吉"，反身之谓也。

【译文】上九，心存诚信又威严肃穆，终获吉祥。

《象传》说："威严肃穆获得的吉祥"，是说应当反省自身，严于律己。

睽卦第三十八

求同存异

睽卦告诉我们要求同存异，共同进步。

【原文】睽 ^{kuí} 小事吉。

【译文】睽卦象征乖离，小事吉利。

【原文】《彖》曰：睽。火动而上，泽动而下。二女同居，其志不同行。说而丽乎明，柔进而上行，得中而应乎刚，是以"小事吉"。天地睽而其事同也，男女睽而其志通也，万物睽而其事类也。睽之时用大矣哉。

【译文】《彖传》说：乖离，就像火焰燃烧往上，水泽流动下浸，又像两个女子同居一室，志向不同而行为各异。下卦和悦地附丽于上卦离的光明，阴爻柔顺求进向上直行，得居中正地位而与阳刚者呼应，因此说"小事吉利"。天和地相乖离，但生育万物的事理却相同。男人和女人大不一样，但交感求合的心志相通，天下万物的形态各异，但禀受天地阴阳气质的心志却相类似。乖离之时有待施用的范围是多么广大啊！

【原文】《象》曰：上火下泽，睽。君子以同而异。

【译文】《象传》说：上为火下为泽，互相违背，象征着乖离。君子应效法于此，求大同而存小异。

【原文】初九 悔亡。丧马勿逐自复。见恶人。无咎。
《象》曰："见恶人"，以辟"咎"也。

【译文】初九，悔恨可以消亡。丢失马匹，不必追寻，自己会返回。见到恶人没有过错。
《象传》说："遇见恶人"，是为了避免灾祸的方法。

【原文】九二 遇主于巷。无咎。
《象》曰："遇主于巷"，未失道也。

睽卦图

睽卦从卦形上看，上卦离为火，引申房子上的炊烟，下卦兑为湖泽、为静水、为可停泊之水面，引申为篷船之象。睽有隔开、分离之意。古时许多渔民多以篷船为家，四处漂泊，颠沛流离，因此此卦命名为"睽"。

睽卦错综及爻变图

　　睽卦为四阳二阴之卦，属艮。在艮宫八卦中属土。它与蹇卦相错、与家人卦相综。中爻与二四爻合为离卦与坎卦相错，三至五爻合为坎卦与离卦相错。它与遯、兑、离、鼎、讼、大过、巽、家人、无妄、革、大畜、中孚、大壮、需十四卦同体。其情性为：情柔性柔，情明性悦。

　　六爻变卦为：初爻变坎位在地，二爻变震位在地，三爻变震位在地，三爻变乾位在人，四爻变艮位在人，五爻变乾位在天，六爻变震位在天。

【译文】九二，在小巷中邂逅主人，没有过错。

《象传》说："在小巷中邂逅主人"，说明并没有违背正道。

【原文】六三　　见舆曳(yú yè)。其牛掣(chè)。其人天且劓(yì)。无初有终。

《象》曰："见舆曳"，位不当也。"无初有终"，遇刚也。

【译文】六三，看见牛车被拖曳难行，驾车的牛被阻掣住，是一个遭刺额削鼻的人干的，起初不利，但可得善终。

《象传》说："看见牛车被拖曳难行"，说明居位不适当。"起初不利，但可得善终"，说明得到了强者的帮助。

【原文】九四　　睽孤。遇元夫。交孚(fú)。厉无咎。

《象》曰："交孚无咎"，志行也。

【译文】九四，乖离之时孤立无援，后遇阳刚的大丈夫，彼此以诚相待，虽有危险，终无过错。

《象传》说："彼此以诚相待，终无过错"，说明能施行自己的意志。

【原文】六五　　悔亡。厥宗噬肤(jué shì)。往何咎。

《象》曰："厥宗噬肤"，"往"有庆也。

【译文】六五，悔恨消亡，与其宗族亲者之关系如咬柔软的肉一般和顺，往前进发又有什么过错呢？

《象传》曰："与其宗亲之关系如咬柔软的肉一般和顺"，说明前往必有喜庆。

【原文】上九　　睽孤。见豕负涂(shǐ)。载鬼一车。先张之弧(hú)。后说之弧。匪寇婚媾(kòu gòu)。往遇雨则吉。

《象》曰："遇雨"之"吉"，群疑亡也。

【译文】上九，乖离至极孤独无援，犹如见肥猪满身泥巴，又像看见一辆大车满载鬼怪，起初张弓欲射，后又迟疑将弓放下。原本不是草寇，而是求婚者。往前走遇雨吉祥。

《象传》说："遇雨吉祥"，说明种种疑惑都已消失。

蹇卦第三十九

不畏艰难，勇往直前

蹇卦寓意要克服前进途中的艰难险阻。

【原文】蹇（jiǎn） 利西南。不利东北。利见大人。贞吉。

【译文】蹇卦象征行走艰难，往西南走有利，往东北不利。利于进见伟大的人物，坚守正道吉祥。

【原文】《彖（tuàn）》曰： 蹇，难也，险在前也。见险而能止，知矣哉。蹇"利西南"，往得中也。"不利东北"，其道穷也。"利见大人"，往有功也。当位"贞吉"，以正邦也。蹇之时用大矣哉。

【译文】《彖传》说：蹇，意思是艰难，险难在前面。遇到险难即能停止，这才是明智的啊！"行走艰难，往西南走有利"，因为往前走可得正确道路；"往东北走不利"，因为这个方向将致路困途穷。"利于进见伟大的人物"，因为往前进发将获成功。居位适当"坚守正道吉祥"，说明可以摆脱蹇难摆脱困境救振邦国。蹇卦所示依时势变化而济蹇的功用真伟大啊！

【原文】《象》曰： 山上有水，蹇。君子以反身修德。

【译文】《象传》说：高山上有水，象征行走艰难。君子应效法于此，遇有艰难时反省自身，修好品德。

【原文】初六 往蹇来誉（yù）。

《象》曰："往蹇来誉"，宜待也。

蹇卦图

蹇卦从卦形上看，上卦坎为水，下卦艮为山，山在水下，就像淹没在水中的大山或者礁石。淹没在水下的大山或礁石是暗礁，对船的航行有影响，预示前进有困难，因此本卦命名为"蹇"。

蹇往来之图

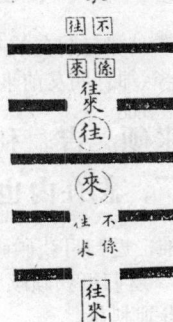

上卦"坎"象征危险，下卦"艮"象征静止。从卦变上看，小过卦的"九四"与"六五"交换，就成为蹇卦。该图的意义在于：为了避开危险之境，冒险求升迁不如退守以求自身安全，因此要往来于两个阴爻之间以获得喜悦安泰。

蹇卦错综及爻变图

蹇卦为二阳四阴之卦，属兑。在兑宫八卦中属金。它与睽卦相错，与解卦相综，二至四爻合为坎卦与离卦相错，三至五爻合为离卦与坎卦相错。蹇卦与观、晋、萃、小过、蒙、震、解、升、颐、坎、屯、明夷、艮、临十四卦同体。其情性为情刚性刚，情险性止。六爻变卦为：初爻变离位在地，二爻变巽位在地，三爻变坤位在人，四爻变兑位在人，五爻变坤位在天，六爻变巽位在天。

【译文】初六，往前进发艰难，往回走将获称誉。
《象传》说："往前进发艰难，往回走将获称誉"，说明应当等待时机。

【原文】六二　王臣蹇蹇。匪躬之故。

《象》曰："王臣蹇蹇"，终无尤也。

【译文】六二，君王的臣仆历尽艰难，不是为了自己的私事。
《象传》说："君王的臣仆历尽艰难"，说明终无过失。

【原文】九三　往蹇来反。

《象》曰："往蹇来反"，内喜之也。

【译文】九三，往前行走艰难，返回时则正好相反。
《象传》说："往前行走艰难，返回时则正好相反"，内内欢喜返归。

【原文】六四　往蹇来连。

《象》曰："往蹇来连"，当位实也。

【译文】六四，往前进发艰难，返归则可联合许多同志。
《象传》说："往前进发艰难，返归则可联合许多同志"，说明正当坚实之位。

【原文】九五　大蹇朋来。

《象》曰："大蹇朋来"，以中节也。

【译文】九五，行走极为艰难，却有朋友前来救助。
《象传》说："行走极为艰难，却有朋友前来救助"，说明九五坚守了中正的品德和节操。

【原文】上六　往蹇来硕。吉。利见大人。

《象》曰："往蹇来硕"，志在内也。"利见大人"，以从贵也。

【译文】上六，往前进发艰难，返归可获硕硕成就，吉祥，利于进见伟大的人物。
《象传》说："往前进发艰难，返归可获硕硕成就"，说明志在于联合内部共济艰难。"利于进见伟大的人物"，说明追随贵人得到利益。

解卦第四十

解除苦难

解卦就意味着苦难的解除，束缚的解脱。

【原文】解(xiè) 利西南。无所往。其来复吉。有攸往。夙(sù)吉。

【译文】解卦象征解除困难，西南方有利。没有事情不必前往，回到原地安居可获吉祥。出现危难当迅速前往，及早行动吉祥。

【原文】《彖(tuàn)》曰：解。险以动，动而免乎险，解。解"利西南"，往得众也。"其来复吉"，乃得中也。"有攸往夙吉"，往有功也。天地解而雷雨作，雷雨作而百果草木皆甲坼(chè)。解之时大矣哉。

【译文】《彖传》说：解卦象征身陷险境而努力行动，行动而能脱离危险，这就是解除困难。"解除困难利于往西南方走"，前往必得民众之拥戴。"回到原地安居可获吉祥"，因为修养中正之德。"出现危难当迅速前往，及早行动吉祥"，说明前往解难可以建功。天地解脱危机于是雷行雨降，雷行雨降而万种物种破壳而出萌发新芽。解除困难的因时制宜的意义太伟大了。

【原文】《象》曰：雷雨作，解。君子以赦(shè)过宥(yòu)罪。

【译文】《象传》说：雷行雨降，象征"解除困难"。君子当效法于此，多施恩泽，赦免过失，宽恕有罪之人。

【原文】初六 无咎。

《象》曰：刚柔之际，义"无咎"也。

解卦图

解卦从卦形上看，上卦震可以象征树木，象征高塔，下卦坎为水，水上的塔就像指明航向的灯塔一样，可以排除触礁的危险，因此本卦命名为"解"。

解出坎险图

解卦的内卦"坎"象征危险，外卦"震"象征行动。如果要行动，要走出困境，使困难解除，就要在险境中运动，动就能脱离险境，这就是解卦的意象。此卦来自升卦，升卦的三爻与四爻交换，就是解卦。从图上来看，由于重浊的阴气居于地下，不与阳气相争。这样，要走出困境必须行动，从危险中解脱出来。

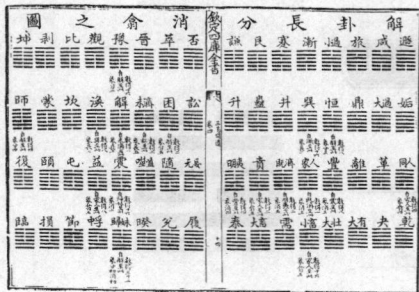

解卦长分消翕之图

"消"为"静"、"翕"为"动"之意。消翕反映的是解在运动变化中与其他卦象的关系。解卦是由小过演变而来的，是小过的第三爻下到第二爻位，就是小过的九三爻与六二爻交换位置，所以解卦由小过卦变来。解的卦画是蹇卦的倒置，即蹇上下颠倒过来，则为解卦。两卦是正覆的关系。

【译文】初六，没有过错。

《象传》说：初六与上卦的九四阴阳相应，就解除困难的道理看必然没有过错。

【原文】九二　田获三狐（hú）。得黄矢（shǐ）。贞吉。

《象》曰："九二""贞吉"，得中道也。

【译文】九二，田猎获得多只狐狸，并得到黄铜箭头，坚守贞正品德是吉祥的。

《象传》说：九二坚守贞正品德是吉祥的，是因为居守中正不伪之道。

【原文】六三　负且乘。致寇至。贞吝。

《象》曰："负且乘"，亦可丑也。自我"致"戎，又谁咎也？

【译文】六三，背负重物而乘坐大车，将招致匪盗的劫掠。这样做是错误的。

《象传》说："背负重物而乘坐大车"，这本身是很丑恶的。自己招来的匪盗，又会是谁的过失呢？

【原文】九四　解而拇（mǔ）。朋至斯孚（fú）。

《象》曰："解而拇"，未当位也。

【译文】九四，解除与小人的关系，朋友们将前来，彼此间心诚相应。

《象传》说："解除与小人的关系"，说明自己居处的位置不适当。

【原文】六五　君子维有解。吉。有孚于小人。

《象》曰："君子有解"，"小人"退也。

【译文】六五，君子被纠附的险难解除，吉祥。以诚信之德感化小人。

《象传》说：君子能够解除险难，因为小人畏服退缩了。

【原文】上六　公用射隼于高墉（yōng）之上。获之无不利。

《象》曰："公用射隼"，以解悖（bèi）也。

【译文】上六，王公射杀高城上的恶隼，一举射获并捕获之，没有什么不利。

《象传》说："王公射杀高城上的恶隼"，说明是在解除悖乱的险难。

损卦第四十一

损上益下，根基动摇

损卦寓意不能随便损失。

【原文】损 有孚。元吉。无咎可贞。利有攸往。曷之用？二簋可用享。

【译文】损卦象征减损，心怀诚信，大为吉祥，没有过错，可以保持正确方向，利于往前进发。减损之道何以运用呢？用两簋淡食享祀神灵即是。

【原文】《彖》曰：损，损下益上，其道上行。损而"有孚。元吉。无咎可贞。利有攸往。曷之用。二簋可用享"，二簋应有时。损刚益柔有时，损益盈虚，与时偕行。

【译文】《彖传》说：减损的意思是减损下方，增益上方，它的轨道是由下奉献于上。减损的时候"心怀诚信，就会大吉，没有过错，可以保持正确方向，利于往前进发。减损之道何以运用呢？用两簋淡食享祀神灵即是"。用两簋淡食享祀应当守时守信，阳刚减损而阴柔增益也随时节而变。事物的减损增益、盈满亏虚，都是顺适其时而运行的。

【原文】《象》曰：山下有泽，损。君子以惩忿窒欲。

【译文】《象传》说：高山的下面有深泽，象征减损。君子应当效法于此，抑制愤激，堵塞邪欲，以免逐渐损害人的德行。

【原文】初九 已事遄往。无咎。酌损之。

《象》曰："已事遄往"，尚合志也。

【译文】初九，停下手头的事迅速前往辅助别人，没有过错，应当斟酌的损减阳刚之质。
《象传》说："停下手头的事迅速前往辅助别人"，是由于与上方志同道合。

损卦图

　　损卦从卦形上看，上卦艮为山，下卦兑为水。艮可以引申为手，有握的意思。下卦兑有毁坏之意。兑还可以引申为刀枪。手持刀枪是军人的形象。军人是用来打仗的，战争总是给国家和百姓带来不可估量的损失，故此卦命名为"损"。

损卦错综及爻变图

损卦为三阳三阴之卦，属艮，在艮宫八卦中属土。它与离卦相象，与咸卦相错，与益卦相综，二至四爻合为震卦与巽卦相错，与艮卦相综，三至五爻合为坤卦与乾卦相错。损卦与否、困、咸、归妹、旅、未济、涣、恒、井、随、益、噬嗑、蛊、节、既济、丰、贲、渐十九卦同体。其情性为情刚性柔，情止性悦。

六爻卦变为：初爻变坎位在地，二爻变震位在地，三爻变乾位在人，四爻变离位在人，五爻变巽位在天，六爻变坤位在天。

【原文】九二 利贞。征凶。弗损益之。

《象》曰："九二""利贞"，中以为志也。

【译文】九二，利于坚守正道，急于向外发展凶险，不用减损自我就能增益上方。

《象传》说：九二利于坚守正道，是因为它应当以持中正的品德为其志向。

【原文】六三 三人行，则损一人。一人行。则得其友。

《象》曰："一人行"，"三"则疑也。

【译文】六三，三个人同行，会因为其中两人背地同谋，而损害另外的一个人。一个人独自行旅，可以得到真正的朋友。

《象传》说：一个人独自行旅可以专一求合，三人同行则将使彼此之间疑惑无主。

【原文】六四 损其疾。使遄有喜。无咎。

《象》曰："损其疾"，亦可"喜"也。

【译文】六四，减损自我错误，能使他人速来相助，使事情有惊喜的收获，没有什么过错。

《象传》说："减损自我错误"，这是很可喜的事。

【原文】六五 或益之十朋之龟。弗克违。元吉。

《象》曰："六五""元吉"，自上祐也。

【译文】六五，有人以价值昂贵的大龟相赠，不必辞谢，是大吉事。

《象传》说：六五的大吉，是因上天的保佑。

【原文】上九 弗损益之。无咎。贞吉。有攸利。得臣无家。

《象》曰："弗损益之"，大得志也。

【译文】上九，不用减损自我而能施益于人，没有过错，坚守正道吉祥，事业进展顺利，可天下臣服，不限于家族。

《象传》说："不用减损自我而能施益于人"，说明遂行自己施惠天下的志向。

益卦第四十二

损上益下，固本强根

益卦寓意上下受益，繁荣昌盛。

【原文】益　利有攸往。利涉大川。

【译文】益卦象征增益，利于往前进发，利于涉越大江巨流。

【原文】《彖》曰：益，损上益下，民说无疆。自上下下，其道大光。"利有攸往"，中正有庆。"利涉大川"，木道乃行。益动而巽，日进无疆。天施地生，其益无方。凡益之道，与时偕行。

【译文】《彖传》说：增益的意思是减损上层的以增益下层，这样民众喜悦无穷。由上而下推行益德，这种道义必能发扬光大。"利于往前进发"，因为六二与九五都居中持正，所以有吉庆。"利于涉越大江巨流"，是因为上卦巽木成船，顺风而动，涉渡之事通畅。增益之时下者兴动而上者谦逊，所以能够天天增进，以至无边无际，正如上天普降利惠，大地受益万物而茁壮生长，自然之生益遍及万方。大凡事物增益的现象和规律，都是随时令的到来同步地进行。

【原文】《象》曰：风雷，益。君子以见善则迁，有过则改。

【译文】《象传》说：风雷交动相互助长，象征着增益。君子应效法于此，见善美之德行就认真效仿，有了过错就马上改正。

【原文】初九　利用为大作。元吉无咎。

益卦图

益卦从卦形上看，上卦为巽，下卦为震，巽可以引申为绳、为线，震可以引申为动，为梭（震为木，为动，梭就是移动之木），所以整个卦象可以解释为织布。上卦巽为长女，古时织布多为女人所为，因此有织女的意思。织布使人类摆脱了穿兽皮和树叶的时代，男耕女织又是古代典型的生活方式，因此用代表好处的"益"命名此卦。

《象》曰："元吉无咎"，下不厚事也。

【译文】初九，有利于大有作为，至为吉祥，没有过错。

《象传》说："至为吉祥，没有过错"，因为老百姓工作努力，毫不落后。

【原文】六二　或益之，十朋之龟，弗克违。永贞吉。王用享于帝吉。

《象》曰："或益之"，自外来也。

【译文】六二，有人以价值昂贵的大龟相赠，无法辞谢，永远坚守正道就能吉祥。君王任用他来祭祀天帝这是吉利的。

《象传》说："有人以价值昂贵的大龟相赠"，说明这是外来的赠与，有益无害。

【原文】六三　益之用凶事。无咎。有孚中行。告公用圭。

《象》曰："益用凶事"，固有之也。

【译文】六三，凶险事故中求助增益，没有过错，应心怀诚信，中道而行，向王公告急执玉圭。

《象传》说：凶险事故中求助增益，这当然是可行的。

【原文】六四　中行。告公从。利用为依迁国。

《象》曰："告公从"，以益志也。

【译文】六四，持中慎行求告王公，他必言听计从，有利于依从君上迁都益民。

《象传》说："求告王公，他必言听计从"，这是有损己益天下的志向。

【原文】九五　有孚惠心。勿问元吉。有孚惠我德。

《象》曰："有孚惠心"，"勿问"之矣。"惠我德"，大得志也。

【译文】九五，有诚信态度和恩惠他人之心，毫无疑问是至为吉祥的。这样天下百姓必然也会诚意回报我的恩德。

《象传》说："有诚信态度和恩惠他人之心"，其吉祥是无疑的。"诚意回报我的恩德"，说明这是益民之志大得遂行。

【原文】上九　莫益之。或击之。立心勿恒。凶。

《象》曰："莫益之"，偏辞也。"或击之"，自外来也。

【译文】上九，没有人增益援助，反而有人攻击，不能长久恒守立下的心志，有凶险。

《象传》说："没有人增益援助"，因为是求益的片面言辞。"反而有人攻击"，说明凶险是从外部不招自来的。

夬卦第四十三

用和平的手段消除罪恶

夬卦寓意要和平，不要冒险采用武力。

【原文】夬（guài）：扬于王庭。孚（fú）号有厉。告自邑。不利即戎（róng）。利有攸往。

【译文】夬卦象征决断，在君王的朝廷上表演武舞，心怀诚信疾呼危险。告诫自己封邑中的人，不利于立即动用武力制裁，但往前进发是顺利的。

【原文】《彖》（tuàn）曰：夬，决也，刚决柔也。健而说，决而和。"扬于王庭"，柔乘五刚也。"孚号有厉"，其危乃光也。"告自邑。不利即戎"，所尚乃穷也。"利有攸往"，刚长乃终也。

【译文】《彖传》说：夬的意思是决断，犹如阳刚君子果决制裁阴柔小人。刚健勇进而又使人心悦诚服，果决行事而又意气平和。"在君王的朝廷上宣布小人的罪状"，因为阴柔小人乘凌在阳刚君子之上。"心怀诚信地疾呼危险"，这样才能渡过危险使君子的作为发扬光大。"告诫自己封邑中的人，不利于立即动用武力制裁"，说明若一味崇尚武力将使刚决之道衰微；"往前进发是顺利的"，说明阳刚盛长终获善终。

【原文】《象》曰：泽上于天，夬。君子以施禄及下，居德则忌（jì）。

【译文】《象传》说：泽水蒸发升至天空，象征决断。君子当效法于此，果决地广施恩泽于下民，仅停留在个人功德上将为人憎恶。

夬卦图

夬卦从卦形上看，上卦为兑，为口，下卦为乾，为金属。金属开口，是尖刀、剪刀的形象。用剪刀剪开物体，就像人做决断一样。夬就是决断的意思，所以本卦命名为"夬"。

夬决之图

夬卦阳盛，象征君子势力强大，仅有少数的小人，正待驱除。夬，就是决断的意思，表示以刚断柔。引申意为决断小人之道。如图所示，牵羊前行，没有忧悔。山羊一定决行于中道，没有危害，但最终引羊小人会被决断。

【原文】初九　壮于前趾^{zhǐ}。往不胜为咎^{jiù}。

《象》曰："不胜而往"，"咎"也。

【译文】初九，足趾前端强盛，冒失前往不能胜任，反而是错误的。
《象传》说：不能胜任而往前冒进，是咎由自取的。

【原文】九二　惕^{tì}号。莫夜有戎^{róng}。勿恤^{xù}。

《象》曰："有戎勿恤"，得中道也。

【译文】九二，时刻忧惧地警惕呼号，就是夜间遭到敌人攻击，也不必担心。
《象传》说："夜间遭到敌人攻击也不必担心"，说明修养夬德，不失持中慎行之道。

【原文】九三　壮于頄^{kuí}。有凶。君子夬夬。独行遇雨。若濡有愠^{rú yùn}。无咎。

《象》曰："君子夬夬"，终"无咎"也。

【译文】九三，决断之心显于脸部，有凶险。君子当刚毅果决，独自行事，尽管遇雨被淋，心中颇有怨气，但终究事成无过错。
《象传》说："君子刚毅果决"，说明终能成功，不致过错。

【原文】九四：臀无肤。其行次且^{tún}。牵羊悔亡。闻言不信。

《象》曰："其行次且"，位不当也。"闻言不信"，聪不明也。

【译文】九四，臀部皮肤已经磨烂，行动趑趄困难，如能像牵羊一般跟从他人前进，悔恨消亡，无奈听了这忠告也不相信。
《象传》说："行动趑趄困难"，说明居处的位置不恰当。"听了忠告也不相信"，说明虽然听见了但却不能审明事理。

【原文】九五　苋陆夬夬^{xiàn}。中行无咎。

《象》曰："中行无咎"，中未光也。

【译文】九五，像斩除柔脆的苋陆草一样刚毅果决地清除小人，居持中正品行就没有过错。
《象传》说："居持中正品行就没有过错"，说明中正之道尚未发扬光大。

【原文】上六　无号。终有凶。

《象》曰："无号"之"凶"，终不可长也。

【译文】上六，不必呼号求救，凶险终究难逃。
《象传》说："不必呼号求救，凶险难逃"，说明小人高居上位的情况终究不可长久。

姤卦第四十四

当合则合，不当合则不合

姤卦寓意要保持清醒的头脑，正确的立场。

【原文】姤^{gòu} 女壮。勿用取女。

【译文】姤卦象征邂逅，女子过分强壮，则不宜娶为妻室。

【原文】《彖^{tuàn}》曰：姤，遇也，柔遇刚也。"勿用取女"，不可与长也。天地相遇，品物咸章也。刚遇中正，天下大行也。姤之时义大矣哉。

【译文】《彖传》说：姤是相遇、邂逅的意思，即阴柔遇阳刚而相合。"不宜娶为妻室"，说明取这种女子为妻是不会长久的。天与地相遇，各种物类才得以生存繁盛。刚者遇到居中守正的柔者，则能使其抱负大行于天下。"邂姤"之时的意义是多么的宏大啊！

【原文】《象》曰：天下有风，姤。后以施命诰^{gào}四方。

【译文】《象传》说：天下有风吹起时，象征"邂逅"。君王应当效法于此，布告四方，推行伟大道德。

【原文】初六 系于金柅^{nǐ}。贞吉。有攸往。见凶。羸豕孚蹢躅^{léi shǐ fú zhí zhú}。

《象》曰："系于金柅"，柔道牵也。

【译文】初六，紧紧系缚在金属制成的刹车上，坚守正道可获吉祥。往前进发，将出现凶险，那就像瘦弱的猪行走困难一样。

《象传》说："紧紧系缚在金属制成的刹车上"，说明此爻应居守柔顺之道，接受阳刚的牵制，难于自主。

姤卦图

　　姤卦从卦形上看，上卦为乾，下卦为巽。乾为金，为刚，为实。巽为风，为孔，风无孔不入，巽还有线的意思。全卦取的是缝衣物所用的带线之针的形象。姤有相遇、遭遇的意思也，针线使两物相遇并结为一体，因此此卦命名为"姤"。

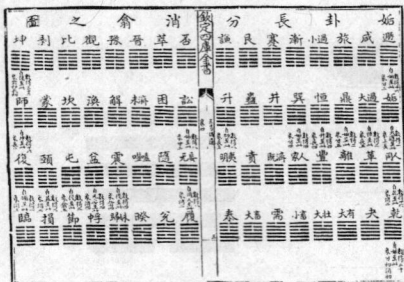

姤卦长分消翕之图

"消"即"静"、"翕"即"动"之意。消翕反映的是姤卦在运动、消长变化中与其他卦象的关系。姤卦是夬卦的覆卦,夬卦翻倒过来就是姤卦。姤卦从乾卦演变而来,乾卦六爻都是阳爻,阳极而阴生,初位生出一个阴爻,这就是"柔遇刚"。

【原文】九二　包有鱼。无咎。不利宾。

《象》曰:"包有鱼",义不及"宾"也。

【译文】九二,用白茅包裹着鲜鱼而用于祭祀,没有过错,但不宜于用来招待宾客。

《象传》说:"用白茅包裹着鲜鱼而用于祭祀",从道义上看不宜用来宴请宾客。

【原文】九三　臀无肤。其行次且。厉。无大咎。

《象》曰:"其行次且",行未牵也。

【译文】九三,臀部皮肤被磨穿,行动趑趄困难,有危险,但没有大难。

《象传》说:"行动趑趄困难",说明行为还没有受到牵制。

【原文】九四　包无鱼。起凶。

《象》曰:"无鱼"之"凶",远民也。

【译文】九四,用白茅包裹着鲜鱼而用于祭祀,奋起争执有凶险。

《象传》说:没有鱼招致的凶险,说明远离下民丧失民心。

【原文】九五　以杞包瓜。含章。有陨自天。

《象》曰:"九五""含章",中正也。"有陨自天",志不舍命也。

【译文】九五,用柳条包扎甜瓜,修养内在的文采,好运由天而降。

《象传》说:修养内在的文采,是由于居中守正。"好运由天而降",说明它的心志没有违背天命。

【原文】上九　姤其角。吝。无咎。

《象》曰:"姤其角",上穷"吝"也。

【译文】上九,与墙角相遇,心有憾惜,但没有过错。

《象传》说:"与墙角相遇",说明已至上位极点而导致相遇无人的憾惜。

萃卦第四十五

齐心协力，前程似锦

萃卦寓意要齐心协力。

【原文】萃　亨。王假有庙。利见大人。亨。利贞。用大牲^{shēng}吉。利有攸往。

【译文】萃卦象征聚集，亨通顺利。君王到宗庙祭祀，利于出现伟大的人物，亨通顺利。祭祀时宜奉献大牲畜，吉祥，利于往前进发，一切顺利。

【原文】《彖^{tuàn}》曰：萃，聚也。顺以说，刚中而应，故聚也。"王假有庙"，致孝享也。"利见大人亨"，聚以正也。"用大牲吉。利有攸往"，顺天命也。观其所聚，而天地万物之情可见矣。

【译文】《彖传》说：萃的意思是聚集。和顺而欢悦，刚健中正而应合时代，所以能得到四方响应，用聚民众。"君王到宗庙祭祀"，是说能尽其心，以祭品对祖先表达孝意。"利于出现伟大的人物，亨通顺利"，说明大人主持聚会必要遵循正道。"奉献大牲畜吉祥，利于往前进发"，说明此时顺应了天道规律。观察聚集的现象，天地万物的性情和规律就可以明白了。

【原文】《象》曰：泽上于地，萃。君子以除戎器^{róng}，戒不虞^{yú}。

【译文】《象传》说：水聚为泽而居地上，象征聚集。君子应当效法于此，经常清理整备兵器装备，戒备不测之事的发生。

萃卦图

　　萃卦从卦形上看，上卦兑有喜悦的意思，可以引申为给人愉悦的各种表演。下卦坤为众人的意思，可以引申为顺从。台上有人在说或表演，台下众人顺从（听着），这是一幅礼堂画面。萃是聚集的意思。礼堂是众人聚集的场所。因此此卦命名为"萃"。

【原文】初六　有孚不终。乃乱乃萃。若号一握为笑。勿恤。往无咎。

《象》曰："乃乱乃萃"，其志乱也。

【译文】初六，心有诚意而不能贯彻至终，将导致心神迷惑，行为紊乱而与人妄聚。如果及早悔悟呼援，就能握手言欢。不要忧虑，往前进发不会有过错。

《象传》说："心神迷惑，行为紊乱而与人妄聚"，说明心志迷乱。

【原文】六二　引吉无咎。孚乃利用禴。

《象》曰："引吉无咎"，中未变也。

【译文】六二，被人援引可获吉祥，没有过错。只要诚心诚意，即使是微薄的祭祀也利于献享神灵。

《象传》说："被人援引可获吉祥，没有过错"，说明中正的本性始终未曾改变。

【原文】六三　萃如嗟如。无攸利。往无咎。小吝。

《象》曰："往无咎"，上巽也。

【译文】六三，聚集一起叹息，没有什么利益。往前进发没有过错，但有小小的憾惜。

《象传》说："往前进发没有过错"，说明能谦逊地顺从上面的阳刚。

【原文】九四　大吉无咎。

《象》曰："大吉无咎"，位不当也。

【译文】九四，至为吉祥，没有灾咎。

《象传》说："至为吉祥，没有过错"，说明居位不适当。

【原文】九五　萃有位。无咎匪孚。元永贞。悔亡。

《象》曰："萃有位"，志未光也。

【译文】九五，聚集的时候高居尊位，没有过错，但尚未取信于民。宜于永久不渝地修养德行，保持正确方向，则悔恨消亡。

《象传》说："聚集的时候高居尊位"，说明志向有待光大故人还未信服。

【原文】上六　赍咨涕洟。无咎。

《象》曰："赍咨涕洟"，未安上也。

【译文】上六，悲伤哀叹，痛哭流涕，没有过错。

《象传》说："悲伤哀叹，痛哭流涕"，说明高居极位，孤立无援，以致心不能安。

孔子

儒家书籍的合称

插图本

其知可及也，
其愚不可及也。

三

四书五经

国学枕边书

北方联合出版传媒（集团）股份有限公司

万卷出版公司

孔子等◎著

升卦第四十六

人才的提升

升卦寓意上升。

【原文】升（shēng）　元亨。用见大人。勿恤。南征吉。

【译文】升卦象征上升，至为亨通顺利，宜于出现伟大的人物，无须担忧，往南方开拓事业吉祥。

【原文】《彖（tuàn）》曰：柔以时升。巽（xùn）而顺，刚中而应，是以大"亨"。"用见大人。勿恤"，有庆也。"南征吉"，志行也。

【译文】《彖传》说：以柔顺之德适时上升，谦逊而又和顺，保持刚强中正的品性而能与上呼应，所以大为亨通顺利。"宜于出现伟大的人物，无须担忧"，说明此时上升将有福庆。"往南方开拓事业吉祥"，说明有志者的心志如愿畅行。

【原文】《象》曰：地中生木，升。君子以顺德，积小以高大。

【译文】《象传》说：地里生出树木，象征上升。君子应效法于此，遵循美德修行之道，积小善而逐渐成就崇高宏大的德业。

【原文】初六　允升大吉。

《象》曰："允升大吉"，上合志也。

【译文】初六，守时守信的上升，大为吉祥。

升卦图

升卦从卦形上看，上卦为坤，下卦为巽。上卦坤为地，为众人，为布，引申为布制旗子。下卦巽为风，为高，引申为细高之旗杆。上下卦合一为"旗帜"，整体卦象是广场升旗的形象，所以本卦命名为"升"。

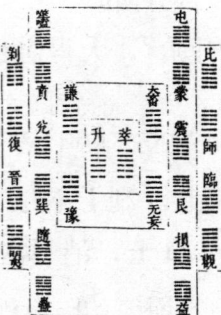

萃升左右翼卦全图

升卦与萃卦是形象相反的"综卦"，萃卦是聚集，是消极的聚集力量。升卦则是积极的有所作为。两卦阴阳相生，相反相成。

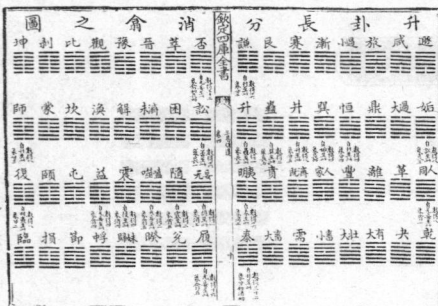

升卦长分消翕之图

"消"为"静","翕"为"动"之意。"消翕"反映的是升卦在运动变化中与其他卦象的关系。升卦是萃卦的覆卦,萃卦颠倒过来就是升卦。升卦从观卦演变而来,观卦先变为小过卦,小过卦再变升卦,即小过的六二爻与九四爻换位变为升卦。

《象传》说:"守时守信上升,大为吉祥",说明顺合上方的高远志向。

【原文】九二　孚乃利用禴(yuè)。无咎。

《象》曰:"九二"之"孚",有喜也。

【译文】九二,只要诚心诚意,即使微薄的祭祀也利于献享神灵,没有过错。
《象传》说:九二的诚信之美德,必然带来喜庆。

【原文】九三　升虚邑。

《象》曰:"升虚邑",无所疑也。

【译文】九三,高高地上升,一路顺利,如入无人之境。
《象传》说:"高高地上升,一路顺利,如入无人之境",说明顺畅而升,是因为无所疑虑。

【原文】六四　王用亨于岐(qí)山。吉。无咎。

《象》曰:"王用亨于岐山",顺事也。

【译文】六四,君王来到岐山祭祀神灵,吉祥,没有过错。
《象传》说:"君王来到岐山祭祀神灵",说明顺从了事物之情理。

【原文】六五　贞吉升阶。

《象》曰:"贞吉升阶",大得志也。

【译文】六五,坚守正道吉祥,登阶而上升。
《象传》说:"坚守正道吉祥,登阶而上升",说明遂行心志。

【原文】上六　冥(míng)升。利于不息之贞。

《象》曰:"冥升"在上,消不富也。

【译文】上六,昏昧至极而继续上升,有利于不停息地坚守正道。
《象传》说:昏昧至极而继续上升,高居上位,说明位置过高而养料消减,实力已不富足。

困卦第四十七

知困早悟重实践

困卦告诉我们在困难面前要有勇气克服。

【原文】困 亨。贞大人吉。无咎。有言不信。

【译文】困卦象征困顿，困顿之时而能自强自济也能亨通。坚守正道，大人可获吉祥，没有过错。此时仅有空言不会见信于人。

【原文】《彖》曰：困，刚揜也。险以说，困而不失其所"亨"，其唯君子乎。"贞大人吉"，以刚中也。"有言不信"，尚口乃穷也。

【译文】《彖传》说：穷困是由于阳刚被掩盖。处险难而心中愉悦，这样虽处困顿也不失亨通之道，大概只有君子才能做到这一步吧！"坚守正道，大人可获吉祥"，因为他有刚正中直的美德。"空言语不会见信于人"，说明仅靠多言巧辩无补于事，反而会使自己更加困顿。

【原文】《象》曰：泽无水，困。君子以致命遂志。

【译文】《象传》说：泽中没有水，象征穷困。君子应效法于此，困顿之中不惜以生命来实现理想。

【原文】初六 臀困于株木。入于幽谷。三岁不觌。

《象》曰："入于幽谷"，幽不明也。

【译文】初六，臀部困坐于树桩上不能动弹，只得在幽深的山谷中徘徊，三年不见一线光明。

《象传》说："在幽深的山谷中徘徊"，说明处在幽暗不明的处所。

【原文】九二 困于酒食。朱绂方来。利用享祀。征凶无咎。

《象》曰："困于酒食"，中有庆也。

【译文】九二，被酒食应酬困住，荣禄即将到来，利于主持宗庙祭祀。此进发有凶险，但没有灾咎。

困卦图

　　困卦从卦形上看，上卦兑为静水、下卦坎为流水。上方水静不动、下方水流不止。这是水库的形象，水库为困水之所，所以此卦命名为"困"。

困卦长分消翕之图

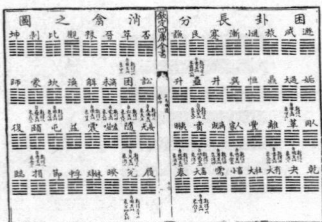

"消"即"静"、"翕"即"动"之意。消翕反映的是困卦在运动、消长中与其他卦象的关系。困卦是从否卦演变而来的，即否卦六二爻升往上位，上九爻下来二位，变成困卦。困卦与井卦是一组正覆卦，困卦颠倒过来就是井卦。可依此卦的长分消翕规律，占测解困之吉凶。如九二爻预示着受困酒食，祭礼有利，前行有凶险，原地不动则无害。六三爻预示着入宫室，有凶险。九四爻预示着受困金车，小有不利，结果还是好的。上六爻预示着有悔悟，前行吉利。

《象传》说："被酒食应酬困住"，说明居守中道会有喜庆。

【原文】六三 困于石。据于蒺藜。入于其宫。不见其妻。凶。

《象》曰："据于蒺藜"，乘刚也。"入于其宫。不见其妻"，不祥也。

【译文】六三，被巨石困住，而背后所附是多刺的蒺藜；回到家中，看不到自己的妻子，有凶险。

《象传》说："背后所据是多刺的蒺藜"，说明六三以阴柔凌驾于阳刚之上。"回到家中，看不到自己的妻子"，这是不祥的征兆。

【原文】九四 来徐徐。困于金车。吝。有终。

《象》曰："来徐徐"，志在下也。虽不当位，有与也。

【译文】九四，迟缓前来，被金车困住，有所憾惜，最终仍能有满意结果。

《象传》说："迟缓前来"，是说志在援救下层。虽然它本身居处的位置不妥当，但因与下应合，能达到目的。

【原文】九五 劓刖。困于赤绂。乃徐有说。利用祭祀。

《象》曰："劓刖"，志未得也。"乃徐有说"，以中直也。"利用祭祀"，受福也。

【译文】九五，割鼻断足，受困因穿着不合身的赤色祭服。但可以逐渐摆脱困境，利于举行祭祀。

《象传》说："割鼻断足"，说明尚未实现其心志。"逐渐摆脱困境"，因为它持守刚中正直之道。"利于举行祭祀"，这样可得神的降福。

【原文】上六 困于葛藟①，于臲卼。曰动悔有悔。征吉。

《象》曰："困于葛藟"，未当也。"动悔有悔"，"吉"行也。

【译文】上六，被葛藤缠绕困住，陷入动摇不定的危险境地。这行动将招致悔恨，及时悔过，前进仍然吉祥。

《象传》说："被葛藤缠绕困住"，说明居位还不妥当。"行动将招致悔恨，及时悔过"，说明往

井卦第四十八

勤勤恳恳，为民服务

井在人们的生活中是不可缺少的。

【原文】井 改邑不改井。无丧无得。往来井井。汔至亦未繘井，羸其瓶，凶。

【译文】井卦象征水井，村邑迁移而井不改变，每日汲取不见减少，泉水流入不见增多，来来往往者都依赖井水为用。汲水已至井口，绳索还没离开井口时水瓶却倾覆，有凶险。

【原文】《彖》曰：巽乎水而上水，井。井养而不穷也。"改邑不改井"，乃以刚中也。"汔至亦未繘井"，未有功也。"羸其瓶"，是以凶也。

【译文】《彖传》说：木瓶入于水而汲水上来，便是水井。水井养人而功德无穷。"村邑迁移而井不改变"，是因为刚正中直的品德。"汲水已至井口，绳索还没离开井口"，说明这时仍未有所收获。"水瓶倾覆"，无水可饮，所以有凶险。

【原文】《象》曰：木上有水，井。君子以劳民劝相。

【译文】《象传》说：使水源源不断自地下提来，象征"水井"。君子应效法于此，鼓励百姓勤劳，并劝勉他们相互协助。

【原文】初六 井泥不食。旧井无禽。

《象》曰："井泥不食"，下也。"旧井无禽"，时舍也。

【译文】初六，井底泥沙沉积，不能饮用，这口井久未修治，甚至禽兽也不来饮水。

《象传》说："井底泥沙沉积不能食用"，说明处在最卑下的位置；"这口井久未修治，甚至禽兽也不来饮水"，说明因迁移而将其舍弃。

井卦图

井卦从卦形上看，上卦坎为水、为陷。下卦巽为绳、为木桶。整个卦象为桶在深井中打水的形象。所以此卦命名为"井"。

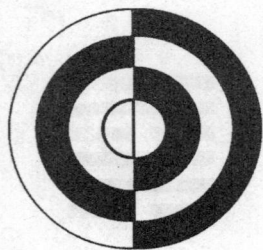

水火匡廓图

　　此图为周敦颐《太极图》中的第二层图,,象征"太极"动而生阳,静而生阴,中间的小圈是太极的本体。图中的左半圆轮白、黑、白相套,是离卦的形象（☲）;右半圆轮黑、白、黑相套,是坎卦的形象（☵）;中间的圆圈可以理解为坎离之胎。坎在八卦中代表水,离在八卦中代表火,所以此图又可以叫做"水火二用图"。

【原文】 九二　井谷射鲋^{fù}。瓮^{wèng}敝漏。

《象》曰："井谷射鲋",无与也。

【译文】 九二,在井下的穴隙中射取小鱼,瓶罐破漏。

《象传》说："在井下的穴隙中射取小鱼",说明上方没有人迎合援引。

【原文】 九三　井渫^{xiè}不食。为我心恻^{cè}。可用汲。王明。并受其福。

《象》曰："井渫不食",行"恻"也。求"王明","受福"也。

【译文】 九三,水井已掏治洁净却没有人汲用,这使我心里为之忧虑! 这是可以汲取饮用的水,如果君王贤明,君臣万民必同享井水的福泽。

《象传》说："水井已掏治洁净却没有人汲用",说明九三的行为让人忧虑;希望"君王圣明",是希望赏识它的上级享受福泽。

【原文】 六四　井甃^{zhòu}无咎。

《象》曰："井甃无咎"。脩^{xiū}井也。

【译文】 六四,水井正在加固修治,没有过错。

《象传》说："水井正在加固修治,没有过错",说明这是修井的美德。

【原文】 九五　井洌^{liè}。寒泉食。

《象》曰："寒泉"之"食",中正也。

【译文】 九五,井水清凉且有如寒泉,很好喝。

《象传》说："井水清凉且有如寒泉,很好喝",说明它具备刚毅中正的德性。

【原文】 上六　井收勿幕^{mù}。有孚元吉。

《象》曰："元吉"在"上",大成也。

【译文】 上六,汲取井水的功事已成,不必覆上盖子。心怀诚信,至为吉祥。

《象传》说："至为吉祥"在于将美德发扬,说明此时大功告成。

革卦第四十九

革故鼎新

革卦意味着革命、革新。

【原文】革 gé 巳日乃孚。元亨。利贞。悔亡。

【译文】革卦象征变革，多日筹谋之后再推行变革方能取信于民，至为亨通顺利，利于坚守正道，悔恨消亡。

【原文】《彖》tuàn 曰：革。水火相息，二女同居，其志不相得，曰革。"巳日乃孚"，革而信之。文明以说，大"亨"以正。革而当，其"悔"乃"亡"。天地革而四时成。汤武革命，顺乎天而应乎人。革之时大矣哉。

【译文】《彖传》说：变革，像水火相克相息。两个女子同居一室，她们的志趣不相容，这就叫变革。"多日筹谋之后再推行变革并取信于民"，说明变革过程中应得到民众的信赖。以文明的美德使民众悦服，这样就能大为亨通顺利，使一切步入正道，变革而又合于正当的法则，一切悔恨消亡。天地的变革形成了四季变化，商汤和周武王的革命，顺从了天道规律而又应合民众的愿望，取得了胜利。变革之时的意义是多么伟大啊！

【原文】《象》曰：泽中有火，革。君子以治历明时。

【译文】《象传》说：汪洋大泽中有烈火，象征急需变革。君子当效法于此，改革历法来明确显示季节的变化，按规律行事。

【原文】初九 巩用黄牛之革。

《象》曰："巩用黄牛"，不可以有为也。

【译文】初九，像用黄牛皮捆缚一样的牢固。

革卦图

革卦从卦形上看，上卦兑为湖泽、为口，联系"兑上缺"，可以将其看作是上面开口，形状像湖一样的东西，又因其属性为金，故兑可视为锅或者炉之类的东西；下卦离为火，炉在火上，是冶炼或者炼丹的形象。不论冶炼制还是炼丹，都是质的改变，所以此卦命名为"革"。

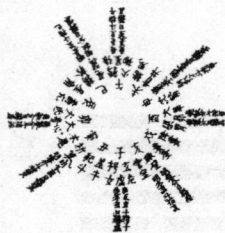

革历图

　　革卦上卦"兑"是泽，下卦"离"是火。革卦的意象是水泽中有火。泽中有火，水盛大，使火熄灭，火盛大，使水蒸发消失。水火二者相克，不能调和。君子观此卦象而制定历法（革命），以明确显示季节变化，阴阳消长。

《象传》曰："像用黄牛皮捆缚一样的牢固"，说明初九应慎重行事，不可有所作为。

【原文】六二　　巳日乃革之。征吉无咎。

《象》曰："巳日革之"，行有嘉也。

【译文】六二，巳日果断推行变革，进展吉祥，必无过错。
《象传》说："巳日果断推行变革"，说明准备充分的行动将带来嘉美的成果。

【原文】九三　　征凶贞厉。革言三就。有孚。

《象》曰："革言三就"，又何之矣。

【译文】九三，行动过激必生凶险，顽固保守也危险。变革必须慎重，须再三讨论达成一致再施行，要有诚心。
《象传》说："变革必须慎重，须再三讨论达成一致再施行"，说明这样就不会走错路！

【原文】九四　　悔亡有孚。改命吉。

《象》曰："改命"之"吉"，信志也。

【译文】九四，悔恨消亡，取得民众信赖而革除不合天命的旧制度，吉祥。
《象传》说："革除不合天命的制度吉祥"，说明取信于民遂行心志。

【原文】九五　　大人虎变。未占有孚。

《象》曰："大人虎变"，其文炳也。

【译文】九五，伟大人物像猛虎一样推行变革，不必占卜就知能取得民众的充分信任。
《象传》说："伟大人物推行变革像猛虎一样"，说明美德光彩显耀。

【原文】上六　　君子豹(bào)变。小人革面。征凶。居贞吉。

《象》曰："君子豹变"，其文蔚(wèi)也。"小人革面"，顺以从君也。

【译文】上六，君子像豹子一样协助变革，小人改变其旧面目，贸然前进有凶险，正确的改革才会吉祥。
　　《象传》说："君子像豹子一样协助变革"，说明他的美德蔚然成彩。"小人改变其旧面目"，说明他们只是表面顺从君主。

鼎卦第五十

治大国若烹小鲜

鼎象征着国家政权。

【原文】鼎^{dǐng} 元吉。亨。

【译文】鼎卦象征鼎器，至为吉祥，亨通顺利。

【原文】《彖^{tuàn}》曰：鼎，象也。以木巽^{xùn}火，亨饪^{rèn}也。圣人亨以享上帝，而大亨以养圣贤。巽而耳目聪明，柔进而上行，得中而应乎刚，是以"元亨"。

【译文】《彖传》说：鼎器是一种烹饪的形象，将木材放入火中，可以烹煮食物。圣王烹煮祭品享祭天帝，又烹饪大量食物以供养圣贤良才。谦逊柔顺而能耳聪目明，以谦柔的美德前进上行，得居中正之位而又下应阳刚，因此至为亨通顺利。

【原文】《象》曰：木上有火，鼎。君子以正位凝命。

【译文】《象传》说：木上面烧着火，象征鼎器在烹饪食物。君子应当效法于此，端正稳固身心的位置，严守自己使命。

【原文】初六 鼎颠趾^{diān zhǐ}。利出否。得妾以其子^{qiè}。无咎。

《象》曰："鼎颠趾"，木悖也。"利出否"，以从贵也。

【译文】初六，鼎器的足颠倒翻覆，利于倒出残渣污物。就像婆妾生子被扶为正室，没有过错。《象传》说："鼎器的足颠倒翻覆"，这还不违背常理。"利于倒出残渣污物"，这是为了遵从新的贵人。

【原文】九二 鼎有实。我仇有疾^{chóu}。不我能即。吉。

鼎卦图

鼎卦从卦形上看，上卦离为火，为鱼，下卦巽为木。木柴燃烧产生火焰，因此全卦的卦象是烹饪的形象。古代烹饪食物多用鼎，祭祀的时候也多用鼎。所以此卦命名为"鼎"。

鼎卦错综及爻变图

鼎卦为四阳二阴之卦，属离，在离宫八卦中属火。鼎卦与屯卦相错，与革卦相综，二至四爻合为乾卦与坤卦相错，三至五爻合为兑卦与艮卦相错并与巽卦相综。鼎卦与遯、兑、离、讼、大过、巽、家人、无妄、革、大畜、暌、中孚、大壮、需十四卦同体。其情性为：初爻变乾位在地，二爻变艮位在地，三爻变坎位在人，四爻变艮位在人，五爻变乾位在天，六爻变震位在天。

《象》曰："鼎有实"，慎所之也。"我仇有疾"，终无尤也。

【译文】九二，鼎器内装满了食物，我妻有病，不能接近我，仍然吉祥。
《象传》说："鼎器内装满了食物"，说明谨慎前行较好。"我妻有病"，终将没有怨尤。

【原文】九三　鼎耳革。其行塞。雉膏不食。方雨亏悔。终吉。

《象》曰："鼎耳革"，失其义也。

【译文】九三，鼎器的耳柄变异，移举行动阻塞，致使美味的野鸡膏脂不能煮食。一旦霖雨降下，悔恨消散，最终将得吉利。
《象传》说："鼎器的耳柄变异"，说明其失去了本身存在之意义。

【原文】九四　鼎折足。覆公𫗧。其形渥。凶。

《象》曰："覆公𫗧"，信如何也。

【译文】九四，鼎器折断其足，王公的美食全被翻倒，鼎器上油腻醒醍，有凶险。
《象传》说："王公的美食全被翻倒"，说明德行浅薄而地位尊贵不足信任。

【原文】六五　鼎黄耳金铉。利贞。

《象》曰："鼎黄耳"，中以为实也。

【译文】六五，鼎器配有黄铜鼎耳，刚坚的铉环，这是顺利正确的。
《象传》说："鼎器配有黄铜鼎耳"，说明居中守正而获充实之利。

【原文】上九　鼎玉铉。大吉。无不利。

《象》曰："玉铉"在"上"，刚柔节也。

【译文】上九，鼎器配着镶玉的铉环，大为吉利，无所不利。
《象传》说：镶玉的铉环高居上位，说明刚柔相济，互相调节。

震卦第五十一

泰山崩于前而面不改色

震卦教导人们要临乱
不惊、镇定从容。

【原文】震^{zhèn} 亨。震来虩虩^{xì}。笑言哑哑^è。震惊百里。不丧匕鬯^{bǐchàng}。

【译文】震卦象征震动，亨通顺利。雷电袭来万物恐惧，然后戒惧慎行遂能谈笑自若，雷声惊动百里，而祭主没有被惊吓致失落手中的酒匙。

【原文】《彖》^{tuàn}曰：震"亨"，"震来虩虩"，恐致福也。"笑言哑哑"^ě，后有则也。"震惊百里"，惊远而惧迩也。出可以守宗庙社稷，以为祭主也。

【译文】《彖传》说：震动可致亨通顺利。"雷电袭来万物惶恐惊惧"，说明恐惧而戒备能带来福泽。"戒惧慎行遂能谈笑自若"，说明警惕之后就能防患于未然。"雷声惊动百里"，以致远近都震惊恐惧，防患于未然。继承大业的长子能做到如此，说明他出来能够长守宗庙社稷的安危，成为祭祀典礼的主持人。

【原文】《象》曰：洊雷^{jiàn}，震。君子以恐惧修省^{xǐng}。

【译文】《象传》说：接连不断的轰轰震雷，象征震动。君子当效法于此，心怀惊惧，自我修身反省。

【原文】初九 震来虩虩。后笑言哑哑。吉。

《象》曰："震来虩虩"，恐致福也。"笑言哑哑"，"后"有则也。

【译文】初九，雷电袭来万物恐惧，然后戒惧慎行遂能谈笑自若，吉祥。
《象传》说："雷电袭来万物恐惧"，说明恐惧而戒备能带来福泽。"戒惧慎行遂能谈笑自若"，说明恐惧能使其拥有做事准则。

【原文】六二 震来厉。亿丧贝。跻于九陵^{jī}^{líng}。勿逐。七日得。

震卦图

震卦是由两个三画的震卦重叠而成，上下两个震卦卦形都是一阳生于二阴之下，阳欲动而上进，与阴相激。震为雷，两雷接连而到，有震动之象，所以为震。

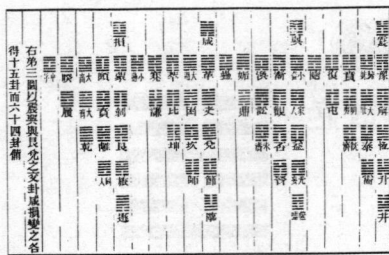

震、巽、咸、损卦变图

　　震、巽、咸、损、四卦各变十五卦再加上四本卦合为六十四卦。即震卦变豫、解、恒、升、井、归妹、大壮、泰、需、贲、明夷、既济、复、屯、随。巽卦变小畜、家人、益、无妄、噬嗑、渐、观、否、晋、涣、讼、未济、姤、鼎、蛊。损变蒙、剥、艮、旅、遯、颐、贲、离、同人、大畜、大有、乾、睽、履、中孚。咸卦变革、夬、兑、节、临、大过、困、坎、师、萃、比、坤、蹇、谦、小过。

《象》曰："震来厉"，乘刚也。

【译文】六二，震动骤至，有危险。大大地丧失财帛，应当登上高峻的九陵高山以远避，不要去追索，七天后将失而复得。

《象传》说："震动骤至，有危险"，说明性本柔弱却偏乘凌在阳刚之上。

【原文】六三　震苏苏。震行无眚(shěng)。

《象》曰："震苏苏"，位不当也。

【译文】六三，震动之时恐惧不安，因雷动而谨慎前行将不遭祸患。

《象传》说："震动之时恐惧不安"，说明阴居阳位，位置不妥当。

【原文】九四　震遂泥。

《象》曰："震遂泥"，未光也。

【译文】九四，震动之时惊落泥潭。

《象传》说："震动之时惊落泥潭"，说明阳刚之德没能发扬光大。

【原文】六五　震往来厉。意无丧有事。

《象》曰："震往来厉"，危行也。其事在中，大"无丧"也。

【译文】六五，震动之时上下来往行动有危险。万无一失，长保祭祀盛事。

《象传》说："震动之时上下来往行动有危险"，说明谋事在中正之位，中允无偏，不会有太大损失。

【原文】上六　震索索。视矍矍(jué)。征凶。震不于其躬(gōng)。于其邻。无咎(jiù)。婚媾(gòu)有言。

《象》曰："震索索"，未得中也。虽"凶"无咎，畏邻戒也。

【译文】上六，震动之时畏畏缩缩，两目惶恐不安，若行动会有凶险。震动还没波及自身，而只是波及近邻时，没有过错，婚媾将导致闲言。

《象传》说："震动之时畏畏缩缩"，说明上六未修得中正之德。虽然凶险没遭过错，是因为畏惧近邻所受的震惊而心存戒备之故。

艮卦第五十二

当行则行，当止则止

艮卦象征山。

【原文】艮^{gèn} 其背。不获其身。行其庭。不见其人。无咎。

【译文】艮卦象征抑止，抑止其背部的活动，其身体不能面向所抑止的地方。犹如在庭院中行走，没看见背后的人，没有过错。

【原文】《彖》^{tuàn}曰：艮止也。时止则止，时行则行。动静不失其时，其道光明。艮其止，止其所也。上下敌应，不相与也。是以"不获其身。行其庭不见其人。无咎"也。

【译文】《彖传》说：艮的意思是抑止。应当停止时就停止，可以行动时就行动，动一静都不失时机，前途必然光明。"抑止其背部的活动"，说明抑止要适得其所。全卦六爻上下相互敌对，不能相应。所以说"其身体不能面向所抑止的地方，犹如在庭院中行走，没看见背后的人，没有过错"。

【原文】《象》曰：兼山，艮。君子以思不出其位。

【译文】《象传》说：两山重叠，象征抑止。君子体察此现象，经常考虑行动不应超越本位。

【原文】初六 艮其趾^{zhǐ}。无咎。利永贞。

《象》曰："艮其趾"，未失正也。

艮卦图

艮卦是由上下两个三画的艮卦重叠而成。三画的艮卦卦形是一阳爻居于二阴爻之上，阳爻性动，阴爻性静，二阴在下静止不动，一阳已升至其上，虽欲动而不能。下静而上止，故称艮，艮即止之意。

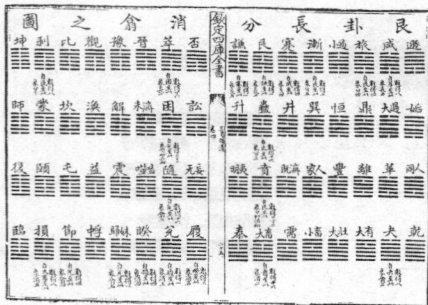

艮卦长分消翕之图

"消"为"静","翕"为"动"。"消翕"反映的是艮卦在运动变化中与其他卦象的关系。艮卦是在寒卦的基础上变化而来，即寒卦的九四与六二两爻位置互换，变为艮卦。

【译文】初六，抑止其脚趾的行动，没有过错，利于永久坚守正道。
《象传》说："抑止其脚趾的行动"，说明没有离失正道。

【原文】六二　艮其腓。不拯其随。其心不快。

《象》曰："不拯其随"，未退听也。

【译文】六二，抑止其小腿的行动，无法举步向上承应跟随，心里不痛快。
《象传》说："无法举步向上承应跟随"，这是由于未能听从其劝退回。

【原文】九三　艮其限。列其夤。厉薰心。

《象》曰："艮其限"，危"薰心"也。

【译文】九三，抑止其腰部的行动，脊肉撕裂，危险就像烈火一样熏灼其心。
《象传》说："抑止其腰部的行动"，说明身处的危险像烈火一样熏烤其心。

【原文】六四　艮其身。无咎。

《象》曰："艮其身"，止诸躬也。

【译文】六四，抑止上身的活动，没有过错。
《象传》说："抑止上身的活动"，说明能自己控制而保持正直。

【原文】六五　艮其辅。言有序。悔亡。

《象》曰："艮其辅"，以中正也。

【译文】六五，抑止其口，说话中肯而条理分明，悔恨消亡。
《象传》说："抑止其口"，因为不偏倚，正确无误。

【原文】上九　敦艮吉。

《象》曰："敦艮"之"吉"，以厚终也。

【译文】上九，敦厚而知足知止，吉利。

渐卦第五十三

循序渐进，不偏不躁

渐卦教导人们要循序渐进。

【原文】渐 女归吉。利贞。

【译文】渐卦象征渐进，女子出嫁吉利，利于坚守正道。

【原文】《彖》曰：渐之进也，"女归吉"也。进得位，往有功也。进以正，可以正邦也。其位刚得中也。止而巽，动不穷也。

【译文】《彖传》说：渐渐地前进，就像女子出嫁循礼渐进可获吉祥。往前进而获居正位，前往就会立功受赏。遵循正道渐次而进，就能够端正邦国。卦中各爻刚健者得居中位，守静知止而又谦逊和顺，所以能永远保持生命的进化运动。

【原文】《象》曰：山上有木，渐。君子以居贤德善俗。

【译文】《象传》说：高山上有树木依山势而长，象征渐进。君子体察此种现象，蓄积贤德，逐渐改变落后的风俗。

【原文】初六 鸿渐于干。小子厉有言。无咎。

《象》曰："小子"之"厉"，义"无咎"也。

【译文】初六，大雁徐徐飞行停息在水边。年幼小子靠近有危险，会遭人指责，没有过错。《象传》说："年幼小子靠近危险"，从渐进的意义看应无过错。

【原文】六二 鸿渐于磐。饮食衎衎。吉。

《象》曰："饮食衎衎"，不素饱也。

渐卦图

　　渐卦下艮上巽。下卦艮为山，上卦巽为木，可以看作是山上有木。山上草木生长要循序渐进，符合自然规律。所以用"渐"字命名本卦。

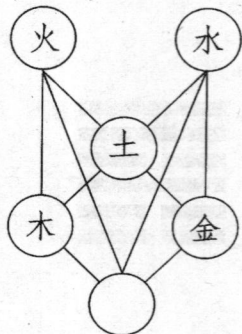

三五至精图

　　周敦颐《太极图》中的第三层图即是此图。中央土，是一五，取天五生土之意；左边火与木，又是一五，取地二生火，天三生木之意；右边水与金，又是一五，取天一生水，地四生金之意。三者加在一起，就是"三五"。下面的小圆圈是"三五之精"归于一元的象征。

【译文】六二，大雁徐徐飞行停息在磐石上，欢喜饱享饮食，吉利。
《象传》说："欢喜饱享饮食"，说明六二并非自吃饱饭，而是有所为的。

【原文】九三　鸿渐于陆。夫征不复。妇孕不育。凶。利御寇。

《象》曰："夫征不复"，离群丑也。"妇孕不育"，失其道也。"利用御寇"，顺相保也。

【译文】九三，大雁徐徐飞行停息高平之地，就像丈夫出征不复回，妇人失贞怀孕生子而不能养育，有凶险。有利于抵御外来的强寇。
《象传》说："丈夫出征不复回"，说明脱离了家乡的人们。"妇人失贞怀孕生子而不能养育"，说明失去了妇道。"有利于抵御外来的强寇"，说明应当顺从需要以互相保卫。

【原文】六四　鸿渐于木。或得其桷（jué）。无咎。

《象》曰："或得其桷"，顺以巽也。

【译文】六四，大雁徐徐飞行停息在树上，或许能寻得横平的树枝栖息，没有过错。
《象传》说："或许能寻得横平的树枝栖息"，因为柔顺服从。

【原文】九五　鸿渐于陵（líng）。妇三岁不孕（yùn）。终莫之胜。吉。

《象》曰："终莫之胜吉"，得所愿也。

【译文】九五，大雁徐徐飞行停息在高陵上，妻子三年不曾怀孕，最终没有什么能阻止她得其心愿，吉利。
《象传》说："最终没有什么能阻止她得其心愿，吉利"，说明愿望得遂应。

【原文】上九　鸿渐于陆。其羽可用为仪。吉。

《象》曰："其羽可用为仪吉"，不可乱也。

【译文】上九，大雁徐徐飞行停息在陆地上，羽毛可用做典礼中的装饰，吉祥。
《象传》说："羽毛可用做典礼中的装饰，吉祥"，说明不可以扰乱应有的顺序步骤。

归妹卦第五十四

恶虽小而不为

渐卦教导人们要循序渐进。

【原文】归妹　征凶。无攸利。

【译文】归妹卦象征婚嫁，一步走错就有凶险，没有什么利益。

【原文】《彖》曰：归妹，天地之大义也。天地不交，而万物不兴。归妹，人之终始也。说以动，所归妹也。"征凶"，位不当也。"无攸利"，柔乘刚也。

【译文】《彖传》说：婚嫁，这是天地间意义至为重大的事。天地阴阳不交合，万物就不能繁殖兴盛，婚嫁使人类始终循环无止境。欢喜而向上行动，是出嫁的少女。"一步走错就有凶险"，说明位置安排不妥当。"没有什么利益"，是因为阴柔乘凌阳刚上。

【原文】《象》曰：泽上有雷，归妹。君子以永终知敝。

【译文】《象传》说：水泽上雷声震响，象征婚嫁。君子体察这种现象，长久不渝终守正道，知道男女恒定婚姻关系被破坏的弊端。

【原文】初九　归妹以娣。跛能履。征吉。
《象》曰："归妹以娣"，以恒也。"跛能履吉"，相承也。

【译文】初九，嫁出少女作为侧室，就像跛脚的人努力行走，为之。

归妹卦图

　　归妹卦下兑上震。兑为少女，震为长男，少女在长男之下，因此全卦的形象是夫妻相配，所以归妹卦有婚嫁的意思。

归妹君娣之袂图

　　古代女子出嫁，要以娣相从。夫妻婚后夫唱妇随，才是正道。

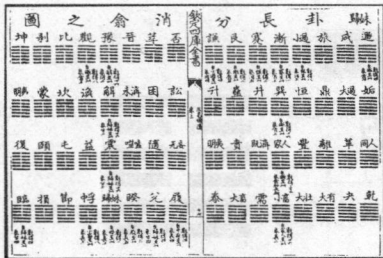

归妹卦长分消翕之图

　　"消"即"静"，"翕"即"动"。"消翕"反映的是归妹卦在运动消长变化中与其他卦象的关系。归妹卦是渐的覆卦，渐卦颠倒过来就是归妹。归妹是从泰卦演变而来，泰卦的六四爻与九三爻位置互换，就是归妹卦。

　　《象传》说："嫁出少女作为侧室"，这是恒常之道。"就像跛脚的人努力行走，吉祥"，说明能秉承夫意协助匡扶家务。

【原文】九二　　眇（miǎo）能视。利幽（yōu）人之贞。

《象》曰："利幽人之贞"，未变常也。

【译文】九二，眼睛偏盲而勉强看物，利于坚守妇德。
《象传》说："利于深居妇人坚守妇德"，说明没有改变恒常之道。

【原文】六三　　归妹以须。反归以娣。

《象》曰："归妹以须"，未当也。

【译文】六三，出嫁之后尚需等待扶为正室，不如反归嫁为侧室。
《象传》说："出嫁之后尚需等待扶为正室"，说明此种行为不妥当。

【原文】九四　　归妹愆（qiān）期。迟归有时。

《象》曰："愆期"之志，有待而行也。

【译文】九四，出嫁少女延误了婚期，延迟婚嫁以待时机仍有希望。
《象传》说：九四延误婚期的心志，是为了等待合适的配偶而后行。

【原文】六五　　帝乙归妹。其君之袂（mèi）。不如其娣（dì）之袂良。月儿望吉。

《象》曰："帝乙归妹"，"不如其娣之袂良"也。其位在中，以贵行也。

【译文】六五，帝乙嫁女，正室的衣饰反不如从嫁的妾衣着华丽。月亮接近圆满，吉祥。
《象传》说："帝乙嫁女，正室的衣饰反不如从嫁的妾衣着华丽"，说明地位品德均中正无偏，以高贵之位下嫁。

【原文】上六　　女承筐无实。士刲（kuī）羊无血。无攸利。

《象》曰："上六""无实"，"承"虚"筐"也。

【译文】上六，女子手拿竹筐，里面没装东西，男子宰羊，不见血腥。办事不能顺利。
《象传》说：上六空虚无物，正如手拿虚空的竹筐。

丰卦第五十五

抓紧天下光明的时机，
明断是非，赶紧做事

丰卦象征丰收，是大好的时节。

【原文】丰（fēng） 亨。王假之。勿忧。宜日中。

【译文】丰卦象征丰盈盛大，亨通顺利，君王可达丰盈盛大的境界。不用忧虑，宜于像太阳居正当中一样保持充盈的光辉。

【原文】《彖（tuàn）》曰：丰大也。明以动，故丰。"王假之"，尚大也。"勿忧宜日中"，宜照天下也。日中则昃（zè），月盈（yíng）则食。天地盈虚，与时消息。而况于人乎，况于鬼神乎。

【译文】《彖传》说：丰的意思是丰盈盛大。就像道德光明而后施于行动，所以能获得丰盛的成果。"君王可达丰盈盛大的境界"，说明王者崇尚盛大的美德。"不用忧虑，宜于像太阳居正当中一样保持充盈的光辉"，说明应该将美德照彻天下，泽被生民。日正当中必然开始西斜，月亮盈满自然会开始销蚀。天地自然的盈满虚亏，都是随着一定的时节消亡生息的，更何况人，更何况鬼神呢？

【原文】《象》曰：雷电皆至，丰。君子以折狱致刑。

【译文】《象传》说：雷鸣电闪交相而至，象征丰盈盛大。君子体察此现象，以威震和光明审断讼狱，谨慎施用刑罚。

【原文】初九 遇其配主。虽旬无咎。往有尚。

《象》曰："虽旬无咎"，过旬灾也。

丰卦图

丰卦下离上震。离为明，震为动，离明在下，震动而上行，所以丰卦的卦象象征太阳升到高空，如日中天之势。这是大好时节，要抓紧时机，有所作为。

【译文】初九，遇到相匹配的主人，尽管追问质询也没有过错，往前进发将受到赞扬。
《象传》说："尽管追问质询也没有过错"，说明如若想打破均等必有灾祸。

【原文】六二　丰其蔀。日中见斗。往得疑疾。有孚发若。吉。

《象》曰："有孚发若"，信以发志也。

【译文】六二，云层丰积厚重遮蔽太阳，日正当中之时却出现星斗，前往则会被猜疑和嫉恨，只要以诚信待人，心地光明可获吉祥。
《象传》说："以诚信待人，心地光明"，说明应当通过诚信来开拓丰大光明的志向。

【原文】九三　丰其沛。日中见沫。折其右肱。无咎。

《象》曰："丰其沛"，不可大事也。"折其右肱"，终不可用也。

【译文】九三，丰大掩蔽太阳的幔幕，太阳中天的正午可见小星星。折断自己的右臂，没有过错。

　《象传》说："丰大掩蔽太阳的幔幕"，说明不可以做大事。"折断自己的右臂"，说明终究不可以施展才用。

【原文】九四　丰其蔀。日中见斗。遇其夷主。吉。

《象》曰："丰其蔀"，位不当也。"日中见斗"，幽不明也。"遇其夷主"，"吉"行也。

【译文】九四，丰大掩蔽太阳的光辉，太阳中天的正午出现星斗。遇见明智的主人，吉祥。
《象传》说："丰大掩蔽太阳的光辉"，说明所处居位不妥当。"太阳中天的正午出现星斗"，说明居于幽暗不明的时期。"遇见明智的主人"，说明获得吉祥可以往前进发。

【原文】六五　来章。有庆誉吉。

《象》曰："六五"之"吉"，"有庆"也。

【译文】六五，招纳天下贤才，获得福庆和美誉，吉祥。
《象传》说：六五的吉祥，是因为修养丰德，因此有福庆啊！

【原文】上六　丰其屋。蔀其家。窥其户。阒其无人。三岁不觌。凶。

《象》曰："丰其屋"，天际翔也；"窥其户，阒其无人"，自藏也。

【译文】上六，丰大完美自己的房屋，障蔽其居室，从门缝向外窥视，内里寂静无人。三年之久不出来见人，凶险。
《象传》说："丰大完美自己的房屋"，说明居处极位就像飞翔在天空中般快乐自在；"从门缝向外窥视，内里寂静无人"，这是自蔽深藏。

旅卦第五十六

读万卷书，行万里路

旅卦象征着旅行。

【原文】旅（lǚ）　小亨。旅贞吉。

【译文】旅卦象征旅行，小有亨通顺利，旅行能坚守正道就会吉祥。

【原文】《彖（tuàn）》曰：旅。"小亨"。柔得中乎外而顺乎刚，止而丽乎明，是以"小亨旅贞吉"也。旅之时义大矣哉。

【译文】《彖传》说："旅行，小有亨通顺利"，谦柔者品德中正，并顺从刚强者，适可而止又能附丽于光明，所以说"小有亨通顺利，旅行能坚守正道就会吉祥"。旅行的时代和意义是多么宏大啊！

【原文】《象》曰：山上有火，旅。君子以明慎（shèn）用刑，而不留狱。

【译文】《象传》说：山上火在燃烧，象征旅行。君子体察此种现象，明智慎重地施用刑罚，而不积留狱案。

【原文】初六　旅琐琐（suǒ）。斯其所取灾。

《象》曰："旅琐琐"，志穷"灾"也。

【译文】初六，旅途之初事务繁琐导致猥琐卑贱，这是自己招来的灾祸。
《象传》说："旅途之初事务繁琐导致猥琐卑贱"，说明旅人志向穷短，所以有灾难。

【原文】六二　旅即次。怀其资。得童仆贞。

《象》曰"得童仆贞"，终无尤也。

旅卦图

　　旅卦的卦形是艮下离上。艮为山，离为火，所以旅卦卦象为"山上有火"。山在下静止不动，火在上四处蔓延、到处流动，所以用此卦象象征行旅。

丰旅左右翼卦全图

丰卦和旅卦推演卦变出的翼卦群，即丰卦衍生出小过、中孚、大有、同人、革、鼎、否、泰、大壮、遁、解、寒、睽、家人十四卦，旅卦衍生出离、坎、小畜、履、需、讼、大过、颐、姤、夬、渐、归妹、既济、未济十四卦。此图就像鸟的双翼展开一样。

【译文】六二，旅行中投宿客栈，携带资财，找到童仆，这是正确的。
《象传》说："找到童仆，这是正确的"，说明六三终于没有灾尤。

【原文】九三　旅焚其次。丧其童仆。贞厉。

《象》曰："旅焚其次"，亦以伤矣。以旅与下，其义"丧"也。

【译文】九三，旅行中客栈被火焚烧，丧失了童仆。坚守正道以防危险。
《象传》说："旅行中客栈被火焚烧"，这是很悲惨的事。以傲慢的态度对待下人，必然要丧失童仆。

【解说】九三在互巽里，巽为木，又接近上离火，喻示九三住了三天以上的旅舍被烧了。这是因为九三阳刚过中，也知道六二没有六五的接应援助，骄横冷漠地像对待路人一样对待下面的六二、初六（以旅与下）。出门在外，大家都不容易，九三真是丧失道义，它自己也失去了下面六二的忠贞和初六童仆。

【原文】九四　旅于处。得其资斧。我心不快。

《象》曰："旅于处"，未得位也。"得其资斧"，"心"未"快"也。

【译文】九四，旅途中暂停栖处，得到锋利的斧子，心中仍然不甚愉快。
《象传》说："旅途中暂停栖处"，说明没能真正地安身之命。"得到锋利的斧子"，心中未必畅快。

【原文】六五　射雉(zhì)。一矢(shǐ)亡。终以誉(yù)命。

《象》曰："终以誉命"，上逮也。

【译文】六五，旅途中射野鸡，丢失了一支箭，最后仍然得到荣誉和爵命。
《象传》曰："最后仍然得到荣誉和爵命"，说明与上层很接近。

【原文】上九　鸟焚其巢。旅人先笑后号咷(táo)。丧牛于易。凶。

《象》曰：以"旅"在"上"，其义"焚"也。"丧牛于易"，终莫之闻也。

【译文】上九，鸟巢被焚烧，旅行者开始欣喜欢笑，后来号啕大哭，就像在田畔丢失牛，有凶险。
《象传》说：作为一名旅行者却高高在上目中无人，当然导致被焚毁的灾祸。在田畔丧失了牛，说明上九羁旅遭祸终将没有人知道。

巽卦第五十七

果断行事，成就大业

巽为风，象征柔顺。

【原文】巽^{xùn} 小亨。利有攸往。利见大人。

【译文】巽卦象征顺逊，小有亨通顺利，利于前往进见伟大的人物。

【原文】《彖》^{tuàn}曰：重巽以申命。刚巽乎中正而志行。柔皆顺乎刚，是以"小亨。利有攸往。利见大人"。

【译文】《彖传》说：上下顺逊是为了三令五申其命令。阳刚尊者以中正的美德被人顺从而得以遂行其志向，柔弱者都顺从阳刚者，所以"小有亨通顺利，利于前往进见伟大的人物"。

【原文】《象》曰：随风，巽。君子以申命行事。

【译文】《象传》说：和风不断地吹拂，象征顺逊。君子体察这种现象，大胆地申谕命令，果断施行政事。

【原文】初六 进退。利武人之贞。

《象》曰："进退"，志疑也。"利武人之贞"，志治也。

【译文】初六，进退不决，利于勇武之人坚守正道。
《象传》说："进退不决"，说明志向犹疑。"利于勇武之人坚守正道"，是说要修治武人般刚勇的心志。

【原文】九二 巽在床下。用史巫^{wū}。纷若吉。无咎。

《象》曰："纷若"之"吉"，得中也。

【译文】九二，顺逊卑居床底，如果能像史官巫史那样以谦卑诚意敬神，吉祥没有灾咎。

巽卦图

巽卦是由上下两个三画的巽卦重叠而成，巽的卦象是，一阴爻在下，而二阳爻在上，一阴伏于二阳之下，有逊顺以容人之象。所以巽卦的主要意思是柔顺和谦逊。

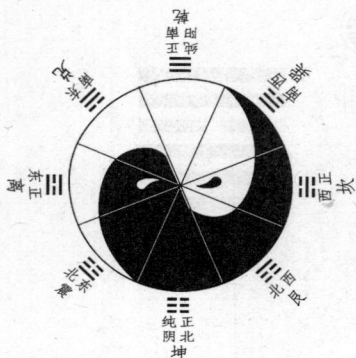

古太极图

全图黑白环互体划分为八块，就是先天八卦的形象。图中黑白回互环抱，象征太极生阴阳两仪。白为阳，黑为阴。外圈从震到乾，阳气逐渐兴盛，震居东北，白一分，黑二分，象征震卦一阳爻二阴爻；兑居东南，白二分，黑一分，象征兑卦二阳爻一阴爻；乾居正南，全白，象征乾卦由三阳爻组成；离卦在正东，取西之白中黑点，也是二阳爻一阴爻。从巽到乾，阴气逐渐兴盛，巽居西南，黑一分，白一分，象征巽卦一阴爻二阳爻；艮居西北，黑二分，白一分，象征艮卦二阴爻一阳爻；坤居正北，全黑，象征坤卦由三阴爻组成；坎卦在正西，取东之黑中白点，也是二阴爻一阳爻。

《象传》说："如果能像史官巫吏那样以谦卑诚意敬神吉祥"，因为德行居中不偏。

【原文】九三　频巽吝。

《象》曰："频巽"之"吝"，志穷也。

【译文】九三，频频表示顺逊，有憾惜。

《象传》说："频频表示顺逊带来憾惜"，说明丧失了坚定志向。

【原文】六四　悔亡，田获三品。

《象》曰："田获三品"，有功也。

【译文】六四，悔恨消亡，田猎获取祭祀、饭宴和家用三类猎物。

《象传》说："田猎获取祭祀、饭宴和家用三类猎物"，表明功绩卓著。

【原文】九五　贞吉悔亡。无不利。无初有终。先庚(gēng)三日。后庚三日。吉。

《象》曰："九五"之"吉"，位正中也。

【译文】九五：坚守正道吉祥，悔恨消亡，没有不利。开始或许不顺利，最终会有好结果。在象征变更的庚日之前三日布令，三日之后实行命令，吉祥。

《象传》说：九五的吉祥，是因为它居处的位置持中守正。

【原文】上九　巽在床下。丧其资斧。贞凶。

《象》曰："巽在床下"，"上"穷也。"丧其资斧"，正乎"凶"也。

【译文】上九，顺逊至极地伏在床底，就像丢失了尖利的斧子。坚守正道以防凶险。

《象传》说："顺逊至极地伏在床底"，说明已达极端穷困的地步。"丢失了尖利的斧子"，说明应守持刚正以防凶险。

兑卦第五十八

上善若水

兑为水，象征少女脾气和顺，性情如水。

【原文】兑(duì)　亨。利贞。

【译文】兑卦象征喜悦，亨通顺利，利于坚守正道。

【原文】《彖》(tuàn)曰：兑说也。刚中而柔外，说以"利贞"，是以顺乎天而应乎人。说以先民，民忘其劳。说以犯难，民忘其死。说之大，民劝矣哉。

【译文】《彖传》说：兑的意思是喜悦。它内里刚强而外表谦柔，能使人喜悦，利于坚守正道。因此喜悦必须上顺天意，下应民情。凡事以使人民喜悦为先，那么百姓就会任劳忘苦。高兴地奔赴危难不避艰险，那么百姓也会舍生忘死。喜悦的意义是多么伟大，它能鼓舞发起民众。

【原文】《象》曰：丽泽，兑。君子以朋友讲习。

【译文】《象传》说：泽水相连互通，象征喜悦。君子体察此种现象，会聚朋友一起相互讨论学习。

【原文】初九　和兑吉。

《象》曰："和兑"之"吉"，行未疑也。

【译文】初九，和悦待人，吉祥。
《象传》说："和悦待人吉祥"，说明友善行为光明正大不被人疑忌。

兑卦图

兑卦是由上下两个三画的兑卦重叠而成，上下两卦皆以刚爻居中，故称"刚中"，而上下两卦又皆以柔爻居上位，故又称"柔外"。因此兑卦的卦象象征外柔内刚。

兑象图

兑卦刚中而柔外，内心刚强而外表谦柔，因此强调通过教育而使人心悦诚服，心有所悦为和，心诚是诚信，只有这样才能行正道。

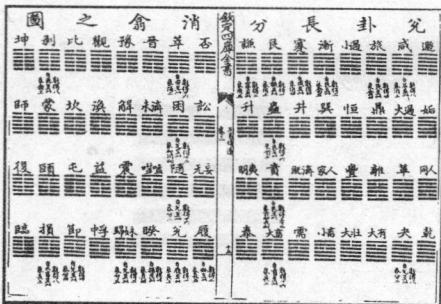

兑卦长分消翕之图

"消"为"静","翕"为"动"。"消翕"反映的是兑卦在运动变化中与其他卦象的关系。兑卦是巽的覆卦，巽卦倒过来就是兑卦。兑卦是由遁卦的覆卦大壮卦演变而来。大壮的六五下到第三爻位，也就是大壮的六五爻与九三爻交换位置，就变成了兑卦。

【原文】九二　孚兑吉。悔亡。

《象》曰："孚兑"之"吉"，信志也。

【译文】九二，心中诚信和悦待人，吉祥，悔恨消亡。

《象传》说："心中诚信和悦待人"，表明志在诚信。

【原文】六三　来兑凶。

《象》曰："来兑"之"凶"，位不当也。

【译文】六三，前来取悦于人，有凶险。

《象传》说："前来笑脸取悦于人，有凶险"，说明居位不妥当。

【原文】九四　商兑未宁。介疾有喜。

《象》曰："九四"之"喜"，有庆也。

【译文】九四，心中思度所喜悦之事不能安宁，治愈邪疾必有喜庆。

《象传》说：病愈之喜，是因为有值得庆贺的现象。

【原文】九五　孚于剥。有厉。

《象》曰："孚于剥"，位正当也。

【译文】九五，施诚信于失信之人，有危险。

《象传》说："施诚信于失信之人"，这是因为正当君位的原因。

【原文】上六　引兑。

《象》曰："上六""引兑"，未光也。

【译文】上六，沉溺于引诱取悦于人。

《象传》说：上六"引诱取悦于人"，说明它的喜悦之道尚未光大。

涣卦第五十九

有正就会有反，
有聚合就会有涣散

兑为水，象征少女脾气和顺，性情如水。

【原文】涣（huàn） 亨。王假有庙。利涉大川。利贞。

【译文】涣卦象征涣散，亨通顺利，君王以至诚之心到宗庙祈祷保有庙祭，利于涉越江河巨流，利于坚守正道。

【原文】《彖》（tuàn）曰：涣"亨"，刚来而不穷，柔得位乎外而上同。"王假有庙"，王乃在中。"利涉大川"，乘木有功也。

【译文】《彖传》说："涣散，亨通顺利"，阳刚汹涌而来居阴柔之中而不致穷困，阴柔获得高正位并与阳刚同德同心。"君王以至诚之心到宗庙祈祷保有庙祭"，说明君王处居众人之正中。"利于涉越江河巨流"，说明乘着木舟而得风助必会建功立业。

【原文】《象》曰：风行水上，涣。先王以享于帝立庙。

【译文】《象传》说：风吹行于平静水上，象征涣散。先代君王观此象，隆重地祭祀上帝，建立宗庙，从而以归系人心。

【原文】初六 用拯马壮吉。

《象》曰："初六"之"吉"，顺也。

【译文】初六，借助健壮的兵马勉力拯济可获吉祥。

涣卦图

涣卦的卦形是下坎上巽，巽为风，坎为水。风行水上，四处飘扬。涣卦从象象上看上有涣散的意思，所以本卦命名为"涣"。

涣躬之图

此图解释涣卦卦意，就是，要想解除灾难，需要立即着手，不能迟缓，为了求得安宁，需要借助一切可以利用的力量，团结一心。只有这样，才能解除困难。

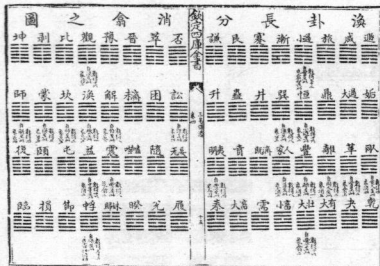

涣卦长分消翕之图

　　"消"为"静","翕"为"动"之意。"消翕"反映的是涣卦的运动变化中与其他卦象的关系。涣卦与节卦是正覆卦,节卦倒过来就是涣卦。涣卦是在否卦的基础上变化而来,就是否卦的九四爻降到第二爻位,也就是否卦的九四爻与六二爻交换位置,变为涣卦。

《象传》说:初六的吉祥,是因为顺应时势的缘故。

【原文】九二　涣奔其机。悔亡。

《象》曰:"涣奔其机",得愿也。

【译文】九二,涣散之时直奔安全之地,悔恨消亡。
《象传》说:"涣散之时直奔安全之地",说明达成了阴阳聚合的愿望。

【原文】六三　涣其躬(gōng)。无悔。

《象》曰:"涣其躬",志在外也。

【译文】六三,涣散不惜自身受损,没有悔恨。
《象传》说:"涣散不惜自身受损",说明心志在于向外发展。

【原文】六四　涣其群元吉。涣有丘。匪夷所思。

《象》曰:"涣其群元吉",光大也。

【译文】六四,涣散朋党,至为吉祥。涣散小团体,而结成山丘般的大团体,这是常人的思虑达不到的。
《象传》说:"涣散朋党至为吉祥",说明行为光明正大。

【原文】九五　涣汗其大号。涣王居,无咎。

《象》曰:"王居无咎",正位也。

【译文】九五,像发汗一般发布君王的命令,散发君王居积的财富,没有过错。
《象传》说:"散发君王居积的财富",说明君王尊位正当而坚固。

【原文】上九　涣其血。去逖(tì)出。无咎。

《象》曰:"涣其血",远害也。

【译文】上九,散流体内淤血,除去忧患,没有过错。
《象传》说:"散流淤血",是说当彻底远离祸害。

节卦第六十

适当节制

节卦寓意节制节约。

【原文】节 亨。苦节不可贞。

【译文】节卦象征节制，亨通顺利，但不可以过度地节制。应当坚守正道。

【原文】《彖》曰：节"亨"，刚柔分而刚得中。"苦节不可贞"，其道穷也。说以行险，当位以节，中正以通。天地节而四时成。节以制度，不伤财，不害民。

【译文】《彖传》说："节制，亨通顺利"，阳刚阴柔上下分得很合理而阳刚得到中止恰当之位。"不可以过度地节制，应当坚守正道"，因为过分节制将使其道穷困。以欣喜的态度穿行于险难中，居位妥当而能自我节制。居中守正因而畅通无阻。天地自然有一定的节制，从而形成四季的变化，君主以典章制度来，加以节制，就能够不伤费钱财，不危害百姓利益。

【原文】《象》曰：泽上有水，节。君子以制数度，议德行。

【译文】《象传》说：大泽上面有水，象征节制。君子体察此种现象得到启示，因此制定制度礼节以为准则，评议道德行为以为规范。

【原文】初九 不出户庭。无咎。

《象》曰："不出户庭"，知通塞也。

【译文】初九，不走出屋门内院，没有过错。
《象传》说："不走出屋门内院"，说明深知道通则行，路塞则止之理。

【原文】九二 不出门庭。凶。

节卦图

　　节卦的卦形是兑下坎上，坎为水，兑为泽。节卦卦象是泽上之水。因为泽的容量是有限的，所以水也是有限的。因此节卦有节制和节约的意思。

先天卦配河图之象图

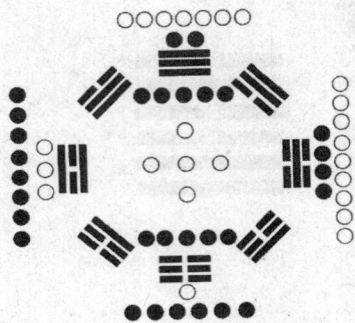

图中白点表示奇数(阳),即天数;黑点表示偶数(阴),即地数。《周易·系辞上传》有"河出图,洛出书,圣人则之"和"天一,地二;天三,地四;天五,地六;天七,地八;天九,地十。天数五,地数五。五位相得而各有合,天数二十有五,地数三十,凡天地之数五十有五,此所以成变化而行鬼神也"的说法,据此排列成"一六居下,二七居上,三八居左,四九居右,五十居中的方位"。一、三、五、七、九为奇数,属于天数;二、四、六、八、十为偶数,属于地数。先天八卦卦象排列是乾南坤北,乾为天,坤为地。先天卦与河图两图重合,一六在下,属地,与坤卦方位一致。二七在上,属天,与乾卦方位一致。

《象》曰:"不出门庭凶",失时极也。

【译文】九二,始终不跨出大门庭院,有凶险。
《象传》说:"始终不跨出大门庭院",说明彻底地丧失了时机。

【原文】六三　不节若。则嗟若。无咎。

《象》曰:"不节"之"嗟",又谁"咎"也。

【译文】六三,不能自我节制,必然会忧伤嗟叹,没有过错。
《象传》说:"不能自我节制,必然会忧伤嗟叹",这有谁能责怪呢?

【原文】六四　安节亨。

《象》曰:"安节"之"亨",承上道也。

【译文】六四,安于现状自我节制,亨通顺利。
《象传》说:"安于现状自我节制,亨通顺利",说明奉承谨守尊上之道,按规律办事。

【原文】九五　甘节吉。往有尚。

《象》曰:"甘节"之"吉",居位中也。

【译文】九五,甘美愉悦地节制,吉祥,往前进发受人嘉奖。
《象传》说:"甘美愉悦地节制,吉祥",是因为居守中正,修养品德。

【原文】上六　苦节贞凶。悔亡。

《象》曰:"苦节贞凶",其道穷也。

【译文】上六,极端节制十分痛苦,应当坚守正道以防凶险,悔恨消亡。
《象传》说:"极端节制十分痛苦,应当坚守正道以防凶险",说明此节制之道已至穷困。

中孚卦第六十一

修德守信

中孚寓意诚信忠实。

【原文】中孚 豚^{tún}鱼吉。利涉大川。利贞。

【译文】中孚卦象征心中诚信。用猪和鱼作祭品也是吉祥的。利于涉越江河巨流，利于坚守正道。

【原文】《彖^{tuàn}》曰：中孚，柔在内而刚得中，说而巽^{xùn}孚，乃化邦也。"豚鱼吉"，信及豚鱼也。"利涉大川"，乘木舟虚也。中孚以"利贞"，乃应乎天也。

【译文】《彖传》说："心中诚信"，因为柔顺者居内能够谦逊诚挚，而刚健者处外能够持中守正，下者愉悦而上者和顺，诚信之德于是可以教化万邦。"诚信感化小猪小鱼，吉祥"，说明诚信通过用豚鱼祭祀而表达出来。"利于涉越江河巨流"，说明乘木舟行渡可畅行无阻。心中诚信的修养，利于坚持下去，这才能应合上天之道。

【原文】《象》曰：泽上有风，中孚。君子以议狱缓死。

【译文】《象传》说：大泽上和风吹拂，象征心中诚信。君子体察于此，因而以诚信之心审议诉讼，暂缓死刑以查明真相。

【原文】初九 虞^{yú}吉。有它不燕^{yàn}。

《象》曰："初九""虞吉"，志未变也。

中孚卦图

中孚卦卦形上巽下兑，巽为风，兑为泽，上风下降，为风行泽上而感于水中之象，也是水中孚之象。中孚卦上下各有两个刚爻，中间是两个柔爻，内外皆实而中虚，这也是中孚之象。

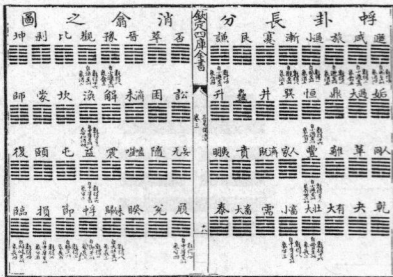

图之翕消分长卦孚中

中孚卦长分消翕之图

　　"消"即"静"、"翕"即"动"。消翕反映的是中孚卦在运动、消长变化中与其他卦象的关系。中孚是小过的变卦。中孚六爻全部反性变化就是小过卦。中孚由讼卦变来，讼卦九四与初六两爻交换位置，变为中孚卦。

【译文】初九，虞官诚信尽职吉祥，别有它求则不会心安。
《象传》说：初九之时虞官诚信尽职吉祥，说明诚信的初衷没有改变。

【原文】九二　鸣鹤在阴。其子和之。我有好爵^{jué}。吾与尔靡^{mǐ}之。

《象》曰："其子和之"，中心愿也。

【译文】九二，白鹤在荫蔽处鸣叫，小鹤声声应和：我有美酒，愿与你共享。
《象传》说："小鹤声声应和白鹤"，这是发自内心的愿望。

【原文】六三　得敌。或鼓或罢。或泣或歌。

《象》曰："或鼓或罢"，位不当也。

【译文】六三，遭遇敌对，或者击鼓攻击，或者罢兵回营，或者泣泪声悲，或者歌乐欢唱。
《象传》说："或者击鼓攻击，或者罢兵回营"，说明阴爻居阳位，所处位置不妥当。

【原文】六四　月儿望。马匹亡。无咎。

《象》曰："马匹亡"，绝类上也。

【译文】六四，月亮接近圆满之时，良马走失，没有过错。
《象传》说："良马走失"，说明断绝与同类交往而追随上层。

【原文】九五　有孚挛^{luán}如。无咎。

《象》曰："有孚挛如"，位正当也。

【译文】九五，心存诚信并以之牵系天下，没有过错。
《象传》说："心存诚信并以之牵系天下"，说明居位中正妥当。

【原文】上九　翰^{hàn}音登于天。贞凶。

《象》曰："翰音登于天"，何可长也。

【译文】上九，锦鸡鸣叫，声达极天，应当坚守正道以防凶险。
《象传》说："锦鸡鸣叫，声达极天"，这种情况怎么会长久呢？

小过卦第六十二

小的偏差是难以避免的

小过卦寓意可小事不
可大事，不宜上宜下。

【原文】小过　亨。利贞。可小事。不可大事。飞鸟遗之音。不宜上
宜下。大吉。

【译文】小过卦象征稍有超过，亨通顺利，利于坚守正道。可以做寻常小事，不可以干大事。
就像鸟飞过留下悲鸣之声，不宜强向上飞，而宜于向下安栖，大为吉祥。

【原文】《彖》曰：小过，小者过而亨也。过以"利贞"，与时行也。柔
得中是以"小事""吉"也。刚失位而不中，是以"不可大事"也。有"飞
鸟"之象焉，"飞鸟遗之音。不宜上宜下。大吉"，上逆而下顺也。

【译文】《彖传》说：稍有超过，是说寻常小事可以稍有超过而得亨通顺利。但过度必须有利
于坚守正道，即要顺应适当的时机而行动。阴柔上下居中位，因此在寻常小事上吉利。阳刚失正
位而不能持中，所以不能够成就大事。卦中有飞鸟的象征："鸟飞过留下悲鸣之声，不宜强向上
飞，而宜于向下安栖，大为吉祥。"说明往上成就大事是逆理而行，向下做小事则顺势。

【原文】《象》曰：山上有雷，小过。君子以行过乎恭，丧过乎哀，用
过乎俭。

【译文】《象传》说：山上响动雷声，象征稍有超过无妨。君子体察此象，因此行止略过于恭
敬，丧事稍过于哀痛，用度稍过于节俭均无妨。

【原文】初六　飞鸟以凶。

《象》曰："飞鸟以凶"，不可如何也。

小过卦图

　　小过卦的卦意旨在阐述事物的发展必须经
由小事情的完善才能达到亨通，过而能守，守
而能固，善莫大焉。所以在处理事情是要从小
处着手。

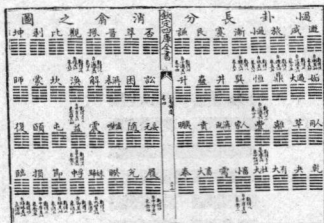

小过卦长分消翕之图

"消"即"静"、"翕"即"动"之意。消翕反映的是小过卦在运动、消长变化中与其他卦象的关系。小过卦由晋卦变来,晋卦的上九与六三两爻交换位置,就变成小过卦。

【译文】初六,鸟逆势高飞有凶险。

《象传》说:"鸟逆势高飞有凶险",说明其自寻凶险,旁人无可奈何。

【原文】六二 过其祖。遇其妣。不及其君,遇其臣。无咎。

《象》曰:"不及其君",臣不可过也。

【译文】六二,越过祖父,与祖母相见,没有达及君王那里,而与臣仆遇合,没有过错。

《象传》说:"没有达及君王那里",说明不可超过臣仆而直达君王跟前。

【原文】九三 弗过防之。从或戕之。凶。

《象》曰:"从或戕之","凶"如何也。

【译文】九三,如不加倍防患于未然,放纵就会被人加害,凶险。

《象传》说:"放纵就会被人加害",说明这是多么的凶险啊!

【原文】九四 无咎。弗过遇之。往厉必戒。勿用永贞。

《象》曰:"弗过遇之",位不当也。"往厉必戒",终不可长也。

【译文】九四,没有过错,不过分刚强便能遇到阴柔。往前进发有危险,必须警惕自戒,不能意气用事,永远保持正确方向。

《象传》说:"不过分刚强便能遇到阴柔",说明居位不妥当。"往前进发有危险,必须警惕自戒",说明过分行为终究不可长久。

【原文】六五 密云不雨。自我西郊。公弋取彼在穴。

《象》曰:"密云不雨",已上也。

【译文】六五,乌云密布而不下雨,它是从我西郊那边升起的。公侯拿绳箭射取穴中害兽。

《象传》说:"乌云密布而不下雨",说明居处得过高。

【原文】上六 弗遇过之。飞鸟离之。凶。是谓灾眚。

《象》曰:"弗遇过之",已亢也。

【译文】上六,没能遇合阳刚却超过很远,如同飞鸟上天遭到射杀,凶险,这就是天灾人祸。

《象传》说:"没能遇合阳刚却超过很远",说明已升得过高,到了亢极之地。

既济卦第六十三

济事即成事

既济卦寓意要察机识变、用人修德、取得胜利。

【原文】既济　亨小。利贞。初吉。终乱。

【译文】既济卦象征完成，柔小者亦亨通顺利，利于坚守正道。若不慎守成功，起初吉利，最终还是会混乱的。

【原文】《彖》曰：既济，"亨"，"小"者亨也。"利贞"，刚柔正而位当
也。"初吉"，柔得中也。"终"止则"乱"，其道穷也。

【译文】《彖传》说："完成，亨通顺利"，是指柔小者亦能亨通顺利。"利于贞固坚守"，说明阳刚阴柔都行正道居位妥当。"起初吉利"，因为阴柔得居中正之位。"最终停滞则将陷入危乱"，说明成功之道过久的停止导致道路困堵。

【原文】《象》曰：水在火上，既济。君子以思患而豫防之。

【译文】《象传》说：水位于火的上面，象征事业成功。君子体察此种现象，因此在事成之初就考虑可能出现的祸患，事先加以预防。

【原文】初九　曳其轮。濡其尾。无咎。

《象》曰："曳其轮"，义"无咎"也。

【译文】初九，渡河时往后拖拉车轮，车尾虽被河水沾湿，没有过错。
《象传》说："往后拖拉车轮"，从其道理上说这一做法是没有过错的。

【原文】六二　妇丧其茀。勿逐。七日得。

《象》曰："七日得"，以中道也。

既济卦图

　　既济卦上坎下离，水在火上，水火相交。《周易·序卦》说："有过物者必济，故受之以既济。"既济卦阐释的是成功后如何防止盛极而衰。

既济 少阴 三少阴成既济图

一阳爻上加一阴爻，为少阴。既济卦上坎下离的六爻，可以看作是由三个少阴组成

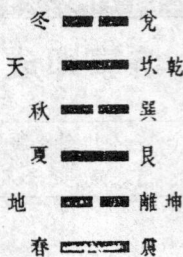

既济 冬天秋夏地春 兑坎乾巽艮離坤震 既济一卦贯天地四时图

既济一卦中，六二为阴爻，其爻位也为阴，，又处于下卦之中，因此象征地；九五为阳爻，其爻位为阳，因此象征天。其余四爻中初六象春，九三象夏，六四象秋，上六象冬。所以既济一卦含天地四时之象。

【译文】六二，妇人丢失头上的首饰，不用追寻，七日后可以失而复得。

《象传》说："七日后可以失而复得"，是因为得守中道的缘故。

【原文】九三　高宗伐鬼方。三年克之。小人勿用。

《象》曰："三年克之"，惫也。

【译文】九三，殷高宗征伐鬼方，经三年苦战获胜利。莫任用小人。

《象传》说："经三年苦战获得胜利"，说明已是疲惫不堪。

【原文】六四　濡有衣袽。终日戒。

《象》曰："终日戒"，有所疑也。

【译文】六四，华美的衣服变成破烂衣服，应当整天警惕戒备灾祸。

《象传》说："应当整天警惕戒备灾祸"，说明有所疑惧。

【原文】九五　东邻杀牛。不如西邻之禴祭。实受其福。

《象》曰："东邻杀牛"，"不如西邻"之时也。"实受其福"，吉大来也。

【译文】九五，东边的邻国杀牛举行大祭，不如西边的邻国举行简朴的祭礼诚敬，更能实在地承受神灵施降的福泽。

《象传》说："东边的邻国杀牛举行大祭"，是说不如西边邻国简朴的祭礼诚敬合于时宜；"更能实在地承受神灵施降的福泽"，说明吉祥将滚滚涌来。

【原文】上六　濡其首。厉。

《象》曰："濡其首厉"，何可久也。

【译文】上六，渡河被水淹没了头，有危险。

《象传》说："渡河淹没了头，有危险"，这样怎么能够长久呢？

未济卦第六十四

新的起点

未济卦预示着新的起点。

【原文】 未济　亨。小狐汔(hú qì)济。濡(rú)其尾。无攸利。

【译文】 未济卦象征未完成，勉力使成可获亨通顺利。小狐即将渡过河，水沾湿了尾巴，不太顺利。

【原文】《彖》曰：未济"亨"，柔得中也。"小狐汔济"，未出中也。"濡其尾。无攸利"，不续终也。虽不当位，刚柔应也。

【译文】《彖传》说："事未完成，勉力使成可获亨通顺利"，是因为柔顺而且得守中道。"小狐即将渡过河"，说明它还尚未脱离危险。"水沾湿了尾巴，不太顺利"，说明努力不能持续到最后。虽然卦中六爻都没居其正位，但阳刚阴柔却相互援应。

【原文】《象》曰：火在水上，未济。君子以慎辨物居方。

【译文】《象传》说：火在水上面，象征事未成功。君子体察此象，因此审慎地辨别事物，使其各自安处于适当的场所。

【原文】 初六　濡其尾。吝(lìn)。

《象》曰："濡其尾"，亦不知极也。

【译文】 初六，小狐过河时水沾湿了尾巴，有麻烦。
《象传》说："小狐过河时水沾湿了尾巴"，说明它太不自量力谨慎持中了。

【原文】 九二　曳(yè)其轮。贞吉。

未济卦图

《周易·序卦》说："物不可穷也，故受之以未济。"世间万物没有穷尽的道理，所以《周易》在既济卦之后，用未济卦来结束，象征万物生生不已。未济卦离上坎下，火在水上，水火不相容，不相为用，所以卦名"未济"。

未济卦长分消翕之图

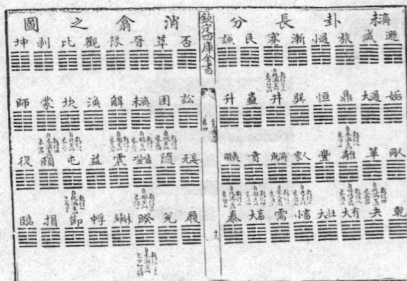

　　"消"即"静"、"翕"即"动"。"消翕"反映的是未济卦在运动、消长变化中与其他卦象的关系。未济卦是在否卦的基础上演变而来的，是否卦的六二升到了第五爻位，即否卦六二爻与九二爻交换位置，变为未济卦。未济卦是既济卦的覆卦和变卦，未济卦倒过来就是既济卦，未济卦六爻全部反性变化也是既济卦。

《象》曰："九二""贞吉"，中以行正也。

【译文】九二，及时往后拖拉车轮，这样做正确吉祥。
《象传》说："这样做正确可获吉祥"，说明应当持守中道，端正行事。

【原文】六三　未济征凶。利涉大川。

《象》曰："未济征凶"，位不当也。

【译文】六三，还未做好准备，贸然前进有凶险，利于涉越江河巨流。
《象传》说："还未做好准备，贸然前进有凶险"，说明居位不妥当。

【原文】九四　贞吉悔亡。震用伐鬼方。三年有赏于大国。

《象》曰："贞吉悔亡"，志行也。

【译文】九四，坚守正道吉祥，悔恨消亡。就像用振奋威武之势讨伐鬼方，经过三年苦战，一是可以获胜而被封赏为大国诸侯。
《象传》说："坚守正道吉祥，悔恨消亡"，说明志向正在践行的结果。

【原文】六五　贞吉无悔。君子之光。有孚吉。

《象》曰："君子之光"，其晖"吉"也。

【译文】六五，坚守正道吉祥，没有悔恨。君子的光辉，在于其心怀诚信，吉祥。
《象传》说："这是君子的光辉"，说明君子的光辉带来吉祥。

【原文】上九　有孚于饮酒。无咎。濡其首。有孚失是。

《象》曰："饮酒濡首"，亦不知节也。

【译文】上九，心怀诚信地饮酒取乐，没有过错。饮得过量使酒沾湿了头部，即使心怀诚信也失却了正道。
《象传》说："饮酒取乐过量而沾湿了头部"，这是沉湎过度不知节制。

系辞上传

【原文】 天尊地卑，乾坤定矣。卑高以陈，贵贱位矣。动静有常，刚柔断矣。方以类聚，物以群分，吉凶生矣。在天成象，在地成形，变化见矣。

【译文】 天尊贵在上，地卑微处下，乾天坤地的位置就确定了。天下万物以卑下和高大杂然并陈，万物贵贱不同的地位就排定了。天动地静循着一定的规律，阳刚阴柔的性质就断然分明了。世间各种观念以各自的种类相聚合，各种生物以各自的族群相区分，彼此间利害的调和冲突而产生了吉凶。在天上的有日月星辰雨雷之象，在地上的有山泽草木鸟兽之形，事物变化的道理就从中显现了出来。

【原文】 是故刚柔相摩，八卦相荡。鼓之以雷霆，润之以风雨。日月运行，一寒一暑。乾道成男，坤道成女。乾知大始，坤作成物。

【译文】 因此阳刚与阴柔相互摩擦交感，八卦又相互推演变动。就像用雷霆鼓动，以风雨滋润，随着日月的运行，寒暑季节交替循环。乾道象征男性，坤道象征女性。乾的功能在于掌握万物伟大的创始，坤的作用在于承继乾的创始而生成万物。

【原文】 乾以易知，坤以简能。易则易知，简则易从。易知则有亲，易从则有功。有亲则可久，有功则可大。可久则贤人之德，可大则贤人之业。

【译文】 乾的作为昭然易知，坤的作为以简约为其功能。平易就容易了解变易之理，简约就容易使人遵从。容易了解就有人相亲附，平易遵从就可以建功立业。有人亲附就会长久处世，可以建功立业就能壮大发展。处世长久是贤人的美德，建功壮大是贤人的事业。

【原文】 易简而天下之理得矣。天下之理得，而成位乎其中矣。

【译文】 明白平易和简约的乾坤大理，就可懂得天下的道理。懂得了天下的道理，就能在天地间居处适中妥当的位置。

【原文】 圣人设卦观象，系辞焉而明吉凶，刚柔相推而生变化。是故吉凶者，失得之象也。悔吝者，忧虞之象也。变化者，进退之象也。刚柔者，

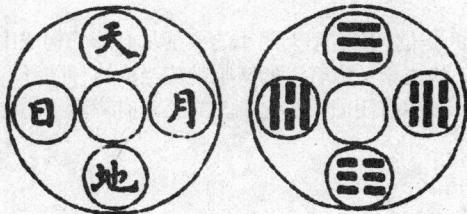

乾坤坎离与天地日月图

乾卦象征天，乾卦为六十四卦之首，从地理上讲，以昆仑山为乾位。坤卦象征地，离卦象征日，坎卦象征月。因此乾坤坎离四卦就是天地日月的卦象。

乾坤二卦刚柔相摩图

乾卦的六爻都是阳爻，阳爻就是刚爻。坤卦六爻都是阴爻，阴爻就是柔爻。乾卦是纯阳卦，坤卦是纯阴卦。乾卦代表天，坤卦代表地。图中乾卦纯阳居上，坤卦纯阴居下，乾卦从震卦开始左行，坤卦从巽卦开始右行，按照天左地右的顺序开始循环，这就是乾坤二卦刚柔相摩。

昼夜之象也。六爻^{yáo}之动，三极之道也。

【译文】圣人观察宇宙间万事万物而创设六十四卦，又在各卦爻之下撰系文辞使人明白吉凶的征兆，卦中的阳刚阴柔互相推演而产生无穷的变化。因此卦爻辞中所说的"吉凶"，是行事得道顺理或失道悖理与否的象征。"悔吝"，是忧愁和顾虑与否的象征。卦爻反映的变化，是行事权衡进退的象征。刚爻柔爻，是白昼黑夜交替的象征。六爻的变动，包含了天地人变化的道理。

【原文】是故君子所居而安者，《易》之序也。所乐而玩者，爻之辞也。是故君子居则观其象而玩其辞，动则观其变而玩其占。是以自天祐之，吉无不利。

【译文】因此君子能居处而获安稳，是法象《易经》所体现的一定卦序；君子所喜爱研求玩味的，是各爻所附的文辞。所以，君子平日安居时就观察《周易》卦爻的象征而探研玩味它的文辞，行动时便观察卦爻的变化而探研玩味其占筮，所以就能够"从上天得到保佑，吉祥而无往不利"。

【原文】《彖》^{tuàn}者，言乎象者也。爻者，言乎变者也。吉凶者，言乎其得失得也。悔吝者，言乎其小疵也。无咎^{cī}者，善补过也。

【译文】彖辞，是总说全卦的象征。爻辞，是分说各爻变化的断言。"吉凶"，是判断行事得道顺理或失道悖理。"悔吝"，是说明行事有小的偏失。"无咎"是说明善于补救过失。

【原文】是故列贵贱者存乎位，齐小大者存乎卦，辩吉凶者存乎辞，忧悔吝者存乎介，震无咎者存乎悔。是故卦有小大，辞有险易。辞也者，各指其所之。

【译文】所以陈列尊贵或微贱的象征取决于所在的爻位，确定阳大阴小的象征从卦形的构成中可以了解，辨别"吉凶"可由卦爻辞的文字中寻求，忧虑于"悔吝"的来临就应当谨慎预防纤介小错，戒惧"无咎"是由于内心悔悟而改过。所以，卦体有阴阳大小之别，卦爻辞有艰险平易之分。卦爻辞都是指示各卦爻代表的变化趋向。

仰观天文图

仰观天文即观察日月的运动，古代中国天文学观察天象分为盖天派、浑天派及宣夜派三种。盖天派指人站在天内观察天象，天呈现出一个半圆形，古人认为大地是方的，故称"天圆地方"。浑天派指站在天外观察天象，天是一个浑圆的。宣夜派指夜晚观察天象。传说上古时，伏羲仰观天文，俯察地理，以作八卦。

【原文】《易》与天地准，故能弥纶天地之道。仰以观于天文，俯以察于地理，是故知幽明之故。原始反终，故知死生之说。精气为物，游魂为变，是故知鬼神之情状。

【译文】《周易》是以天地变化规律为准则，所以能够将天地间的道理普遍包容在内。仰头观察天上日月星辰的文采，俯视察看大地河山的法则，因此可知晓光明与黑暗的事理。追溯万物的初始，反求事物的终结，就可以了解死生的规律。考察精气凝聚成为形物，气魂游散而变为虚无，由此可知晓"鬼神"的变化情状。

【原文】与天地相似，故不违。知周乎万物，而道济天下，故不过。旁行而不流，乐天知命，故不忧。安土敦乎仁，故能爱。范围天地之化而不过，曲成万物而不遗，通乎昼夜之道而知，故神无方而易无体。

【译文】知晓《周易》的道理，与天地相似暗合，所以行为便不会违背天地的规律；能周知万物的情态，而其道德又足以匡济天下，所以致用不致流入歧途；能遍行天下而没有流弊，乐其天然，知其命数，所以不会有忧愁；安于所处之环境，而敦厚仁道，故能博爱天下。《易》道之范围包括了天地万物的一切变化，不会有偏失，足以曲尽细密地成全万物，不会有遗漏，能通明昼夜、阴阳的道理，而尽知其中奥妙，所以说神奇奥妙之道无所不在，而《周易》的变化也没有固定僵化的形式。

【原文】一阴一阳之谓道。继之者善也，成之者性也。仁者见之谓之仁，知者见之谓之知。百姓日用而不知，故君子之道鲜矣。

【译文】一阴一阳的相生相灭的矛盾变化就叫做"道"。承继天的这一法则的是"善"，人依天道而成就事业的是"性"。仁者看到天道法则称之为"仁"，智者看到天道法则就是"智"，寻常百姓在日常生活中经常应用此道却毫不知晓它的原理和重要，所以君子之道的全部意义就很少人知道了。

【原文】显诸仁，藏诸用，鼓万物而不与圣人同忧，盛德大业至矣哉。富有之谓大业，日新之谓盛德，生生之谓易，成象之谓乾，效法之谓坤，极数知来之谓占，通变之谓事，阴阳不测之谓神。

【译文】天道以仁爱的面貌显现使其恩泽普施天下万物，隐藏在日用生活中而不被察觉，鼓动化育万物却没有圣人教化万物所存的忧虑。可见天的盛大德行和宏大功业是至美至善了！广泛拥有宇宙间万物叫做宏大功业，日日更新不断增善叫做盛大美德。天地阴阳生生不息地转化就叫做变易，画卦成为天的象征叫做乾，画卦仿效地的法式叫做坤，极尽数术的推演预知将来的变化叫做占筮，通达变化的道理叫做事态，阴阳变化不可测定叫做神。

【原文】夫易广矣大矣，以言乎远则不御，以言乎迩则静而正，以言乎天地之间则备矣。

【译文】《周易》所涵盖的一切真是广大啊，将它比拟于远处，则扩展穷深没有止境，将它比拟于近处，则文静端正不见邪僻，将它比拟于天地之间，则包罗万象无不具理。

【原文】夫乾，其静也专，其动也直，是以大生焉。夫坤，其静也翕，其动也辟，是以广生焉。广大配天地，变通配四时，阴阳之义配日月，易简之善配至德。

【译文】象征纯阳刚健的乾，静止的时候是专一合养，变动的时候是刚直而不挠，所以促生壮大无数生灵。象征柔顺敦厚的坤，静止的时候收敛深藏，变动的时候广开舒布，所以生成宽柔的气质。易理中的宽柔刚大，与天地形象一致，变化通达与四季循环类同，阴阳交替之意与日月的情态相当，平易、简约的美善原理与天地至高无上的德行相配合。

【原文】子曰："《易》其至矣乎。夫《易》，圣人所以崇德而广业也。知崇礼卑。崇效天，卑法地。天地设位而《易》行乎其中矣。成性存存，道义之门。"

【译文】孔子说："《周易》的道理已经达到至善至美了！《周易》是圣人用来崇高其道德，扩大其事业的。智慧贵在崇高，礼节贵在谦卑，崇高要效法天，谦卑得效法地。天地上下的位置既经设定，《周易》的道理就可在其间通行了。成就崇高广大的美德天性，不停地蕴存涵养，就是进入道义的门户。"

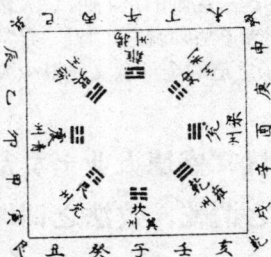

俯察九州地理图

据传，"伏羲仰则观象于天，俯则观法于地，视鸟兽之文与地之宜，近取诸身，远取诸物，于是作八卦。"八卦作为抽象的表意符号，它融自然万物与人类社会各种事物于一套框架体系之中。

【原文】圣人有以见天下之赜（zé），而拟诸其形容，象其物宜，是故谓之象。圣人有以见天下之动，而观其会通，以行其典礼，系辞焉以断其吉凶，是故谓之爻。

【译文】圣人看到天下万事万物的奥秘，因而周易卦来模拟天下万物的形态，用来象征特定事物适宜的意义，所以称作"象"。圣人看到天下万事万物变动变化不止，因而观察其中的会合变通的道理，用以施行典法礼仪，并在卦爻之后撰系文辞推断事物的吉凶，所以称作爻。

【原文】言天下之至赜而不可恶也，言天下之至动而不可乱也。拟之而后言，议之而后动，拟议以成其变化。

【译文】易象言说天下极其繁杂的事物，平易道来不使人生厌烦，爻言说天下事物纷繁复杂的变动，内合规律不再混乱。模拟物象再言说道理，评议论论后揭示变动，通过这般模拟审议后便形成了其变化哲学。

【原文】"鸣鹤在阴，其子和之。我有好爵，吾与尔靡之。"子曰："君子居其室，出其言善，则千里之外应之，况其迩者乎。居其室，出其言不善，则千里之外违之，况其迩者乎。言出乎身，加乎民。行发乎迩，见乎远。言行君子之枢机，枢机之发，荣辱之主也。言行，君子之所以动天地也，可不慎乎。"

【译文】中孚九二的爻辞说："白鹤在荫蔽处鸣叫，小鹤声声应和。我有美酒，愿与你共享。"孔子说："君子住在家中，发出美善的言论，远在千里之外的人也会闻风响应，更何况近在身边的人呢？小人住在家中，如若发出不善的言论，远在千里之外的人也会违背他，更何况近在身边的人呢？言论是由自己的口里发出的，要施加于民众，行为在近处发生，而能显现在远方。言论和行为对君子来说如同门户开关的机要。门户机要的发动，恰似君子获得荣誉与耻辱的主宰。言论和行为是君子用来鼓动天地的，怎么能不谨慎呢？"

【原文】"同人先号咷（táo）而后笑。"子曰："君子之道，或出或处，或默或语。二人同心，其利断金。同心之言，其臭（xiù）如兰。"

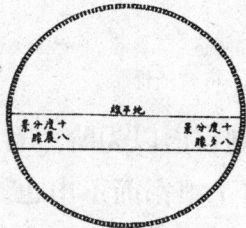

乾策坤策图

　　此图讲《周易》的筮法。古人占筮用蓍草，一根蓍草称为"一策"。《系辞》说："乾之策二百一十六，坤之策百四十有四，凡三百有六十，当期之日。

四 象	太 极
☯	○
八 卦	两 仪

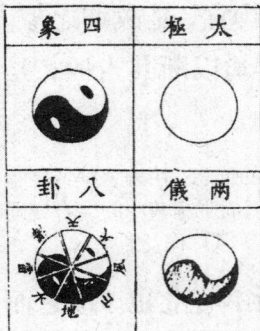

河图太极、两仪、四象、八卦

　　太极生两仪，两仪生四象，四象生八卦。太极已立，造化有基，清阳上升为天，浊阳下凝为地，两仪有位。太阳中不能无少阴，太阴之中不能少阳，太少共生四象。天地定位，山泽通气，雷风相薄，水火不相射，是为八卦。据传龙马交于河生幼驹，背负河图洛书以为休征。伏羲将此列为八卦，即纯阳在上而为"☰"，纯阴在下而为"☷"。因此乾上坤下，离火南而坎水北，震雷发于东，巽风敛于西，艮位西北，本为太行；兑位东南，归于大海。必三画而成卦。

【译文】同人九二的爻辞说："和同于人，开始号啕大哭，而后欣喜欢笑。"孔子说："君子为人处世的法则，或者入世而服务天下，或者独处静居而修善自身，或者是沉默寡言，或者广发议论，只要二人以意相同，犹如利刃可切断金属。心意一致的言论，犹如兰花一样芳香袭人。"

【原文】初六"藉用白茅。无咎。"子曰："苟错诸地而可矣。藉之用茅，何咎之有？慎之至也。夫茅之为物薄，而用可重也。慎斯术也以往，其无所失矣。"

【译文】大过初六的爻辞说："用白色的茅草铺地放置祭器，没有过错。"孔子解释说："祭祀物品放置在地上就可以了，再用白茅草铺垫，哪里还会有过错呢？真是谨慎至极啊。茅草本身是很微薄不贵重的物品，但却能发挥重大的作用。像这般小心谨慎地运用它，必会没有过失了吧。"

【原文】"劳谦。君子有终。吉"。子曰："劳而不伐，有功而不德，厚之至也。语以其功下人者也。德言盛，礼言恭。谦也者，致恭以存其位者也。"

【译文】谦卦九三的爻辞说："勤劳谦逊，君子保持谦虚的美德至终，吉祥。"孔子解释道："勤劳而不自夸耀，有功绩而不自以为是，真是敦厚至极啊。这是在说有功劳而能够谦下于人。道德要隆盛，礼节要恭谨，谦逊就是致力于恭敬，以保存应有的地位。"

【原文】"亢龙有悔。"子曰："贵而无位，高而无民，贤人在下位而无辅，是以动而有悔也。"

【译文】乾卦上九爻辞说："龙高亢穷极，终将有所悔恨。"孔子解释道："尊贵却没有实位，崇高而得不到百姓拥戴，贤明的人在下位而不辅助他，所以轻举妄动必将有所悔恨。"

【原文】"不出户庭无咎"。子曰："乱之所生也，则言语以为阶。君不密则失臣，臣不密则失身，几事不密则害成，是以君子缜密而不出也。"

伏羲八卦方位图

天地定位，山泽通气，雷风相薄，水火相射，八卦相错。知来者为逆，数往者为顺。乾南坤北方，离东坎西方，震东北方，兑东南方，艮西北方，巽西南方。自巽到坤为逆，自震到乾为顺。六十四卦方位即依据于此。

【译文】节卦初九爻辞说："不走出屋门内院，没有过错。"孔子解释道："变乱的产生往往是因言语而起的。君主言语不缜密就会失去臣下，臣下言语不缜密就会丧失生命，机密大事如不缜密就会危及事业成功。所以君子谨守机密而不泄露言语。

【原文】子曰："作《易》者其知盗乎。《易》曰：'负且乘，致寇至。'负也者，小人之事也。乘也者，君子之器也。小人而乘君子之器，盗思夺之矣。上慢下暴，盗思伐之矣。慢藏诲(huì)盗，冶容诲(yě)淫。《易》曰：'负且乘致寇至。'盗之招也。"

【译文】孔子说："《周易》的作者大概知道盗匪的心理吧？《周易》解卦六三的爻辞说：'背负重物而乘坐大车，将招致匪盗的劫掠。'负重载物本是小人的事务，乘坐的车辆，是君子的器具。作为小人而乘坐君子的器具，盗匪当然会思谋夺取。君上轻慢，臣下横暴，盗匪当然会思谋夺取了。财物不隐秘地收藏好，就是引人为盗，女人过分打扮其容貌就是引人淫乱。《周易》上说：'背负重荷而身乘大车，必致强寇前来夺取'，原来是说盗匪是自己招来的啊！"

【原文】大衍之数五十，其用四十有九。分而为二以象两。挂一以象三。揲(shé)之以四以象四时。归奇于扐(lè)以象闰。五岁再闰，故再扐而后挂。天数五，地数五。五位相得而各有合。天数二十有五，地数三十。凡天地之数，五十有五，此所以成变化而行鬼神也。乾之策二百一十有六，坤之策，百四十有四。凡三百有六十，当期之日。二篇之策，万有一千五百二十，当万物之数也。

【译文】占筮时用以演算的蓍草是五十，演算时取出一茎置于侧，只用四十九茎。把这四十九根蓍草任意分为二堆象征阴阳，从分成二堆的蓍草中任取一根，挂在左手小指间，象征天、地、人三才。以四为单位分数二堆蓍草，每堆分别余数或为一，或为二、或为三、或为四，而不超过四，象征春、夏、秋、冬四季。将第三营二堆分别所余的蓍草数放置在别处，象征历法中将每年的余数归聚而闰。五年成一闰，所以将两组余数合起来之后再分。天数是五个奇数，地数是五个偶数。五个数相加各有一个和。天数（一、三、五、七、九）相加其和为二十五，地数（二、四、六、八、十）相加其和为三十，天数、地数的总和是五十五。这天地数的总和就形成了挂爻变化的依据。乾卦蓍数推算总数为二百一十六策，坤卦为一百四十四策。乾坤两卦共计三百六十策，相当于一年的日数。《周易》上下经六十四卦总计一万一千五百二十策，相当于万物的数字。

【原文】是故四营而成《易》，十有八变而成卦，八卦而小成。引而伸之，触类而长之，天下之能事毕矣。

【译文】所以，通过"四营"（分二、挂一、揲四、归奇）这一过程而筮得《周易》的卦形，积十八次变数即筮成一卦。而每九变出现的八卦之一则为小成之象。引而申之，顺类推求出六十四重卦，能逢相应的事类则推演扩大其象征意义，天下所能够取法阐明的事理就尽在其中了。

【原文】显道神德行，是故可与酬酢^{zuò}，可与祐神矣。子曰："知变化之道者，其知神之所为乎。"

【译文】易卦能彰显出幽隐的道理，能神奇地使美德畅行，所以运用《周易》可以应对世间任何需求，可以为神灵一般行助之功。孔子说："了解《周易》的变化道理的人，大概知道神灵的作为了吧！"

【原文】《易》有圣人之道四焉：以言者尚其辞，以动者尚其变，以制器者尚其象，以卜筮者尚其占。是以君子将有为也，将有行也，问焉而以言，其受命也如响，无有远近幽深，遂知来物。非天下之至精，其孰能与于此。

【译文】《周易》中包含有四种圣人运用的方法：言论者崇尚其文辞精义，行动者崇尚其中的变化规律。制器者崇尚其卦爻象征。卜筮者崇尚其占筮方法。所以，当君子将有所作为有所行动的时候，就会用《周易》占问并据以行事，而《周易》受人命以报吉凶如回音应声一样。不论远近、幽隐、深沉的事情，都能测知未来事物的变化。如果不是天下最为精深的道理，又怎么能够做到这样呢？

【原文】参伍以变，错综其数，通其变，遂成天地之文。极其数，遂定天下之象。非天下之至变，其孰能与于此。《易》，无思也，无为也，寂然不动，感而遂通天下之故。非天下之至神，其孰能与于此。

【译文】阴阳二爻不断相互置换变化，错综往复地推衍蓍数，通达它的变化，就能形成天地变化的文辞。究极其蓍数，就能判定天地变化的物象。如果不是天下最复杂的变化哲学，又怎么能够做到这一步呢？《周易》本身是没有思虑、自然无为、寂静不动的，根据阴阳交感相动的原理

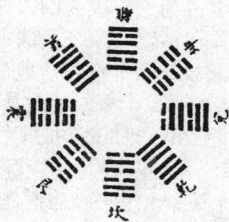

文王八卦图

　　震为东方，巽为东南方，离为南方，坤西南方，兑西方，乾西北方，坎北方，艮东北方。

就能贯通天下一切。如果不是天下最神妙的道理，又怎么能够如此呢？

【原文】夫《易》，圣人之所以极深而研几也。唯深也，故能通天下之志。唯几也，故能成天下之务。唯神也，故不疾而速，不行而至。子曰"《易》有圣人之道四焉"者，此之谓也。

【译文】《周易》是圣人用来穷极深奥的事理，研判事机的细微之处。只有穷极深奥的事理，才能贯通天下的心志，只有研判微妙的事机，才能成就天下的事务。只有神奇地贯通易道，才能不必急速而万事速成，无须行旅而目的自至。孔子赞叹说："《周易》中包含了四种圣人运用的方法"，就是指这一点吧？

【原文】天一，地二。天三，地四。天五，地六。天七，地八。天九，地十。子曰："夫《易》何为者也？夫《易》，开物成务，冒天下之道，如斯而已者也。"

【译文】天数一地数二，天数三地数四，天数五地数六，天数七地数八，天数九地数十。孔子说："《周易》是用来作什么的呢？《周易》是用来开启物智、成就事务，包藏天下一切道理的，不过如此而已。"

【原文】是故圣人以通天下之志，以定天下之业，以断天下之疑。是故蓍之德圆而神，卦之德方以知，六爻之义易以贡。圣人以此洗心，退藏于密，吉凶与民同患。神以知来，知以藏往，其孰能与于此哉。古之聪明睿知，神武而不杀者夫。是以明于天之道，而察于民之故，是兴神物以前民用。圣人以此斋戒，以神明其德夫。

【译文】所以圣人用它来沟通天下人的心志，尊定天下的事业，决断天下的疑难。所以蓍数的性质圆通变化神奇，卦体的性质方正而睿智，六爻的意义则以变易来告知吉凶。圣人以此洗涤修炼其心，引退深藏于隐秘之处，与百姓一样忧患于吉凶之事。神妙而能推知未来的情况，智慧足以包藏既往的知识。一般人又怎么能这样呢？只有古代聪明智慧，神武而不嗜杀人的伟人才能如此吧！所以他明白天的道理，察知百姓的事状，制作了神奇的蓍占之物给百姓行事之前判断未来趋避吉凶。圣人以此来斋戒身心，从而神妙地彰显他的德业。

【原文】是故阖户谓之坤，辟户谓之乾，一阖一辟谓之变，往来不穷谓之通。见乃谓之象，形乃谓之器，制而用之谓之法。利用出入，民咸用之谓之神。

【译文】所以《周易》体现了阴阳变化生息的道理，例如关闭门户幽静阴暗叫做坤，打开门户疏畅光明叫做乾，一开一关叫做变化，来来往往没有穷尽叫做通，变化的结果显现出来就叫做象，变化成为有形之体叫做"器"，从有形之器物裁制出供人使用的抽象道理叫做"法"，器物发挥其作用被反复利用，百姓无不使用它而全然不知，就叫做"神"。

【原文】是故《易》有太极，是生两仪，两仪生四象，四象生八卦。八卦定吉凶，吉凶生大业。

【译文】所以，《周易》创作之先有太极，太极变而产生天地阴阳即所谓两仪，两仪变而产生象征四时的老阳、老阴、少阳、少阴四象，四象变化而产生天地水火风雷山泽的八卦，八卦变化推衍而可判定吉凶，判定吉凶而能成就伟大的事业。

【原文】是故法象莫大乎天地，变通莫大乎四时，县象著名莫大乎日月，崇高莫大乎富贵。备物致用，立成器以为天下利，莫大乎圣人。探赜索隐，钩深致远，以定天下之吉凶，成天下之亹亹者，莫大乎著龟。

【译文】所以能够取法的现象没有比天和地更大的了，能够变化会通的没有比四季更伟大的了，能高悬物象显示光明的没有比日月更大的了，尊崇高尚没有比富贵更伟大的了，备置物器供人运用，创成器具以利天下的，没有比圣人更伟大的了。探求繁杂的物象，索求幽隐的事理，钩求深远的法则，获致远大的成就，断定天下的吉凶，成就天下勤勉的事业的，没有比十筮之著草和龟甲更伟大的了。

【原文】是故天生神物，圣人则之。天地变化，圣人效之。天垂象，见吉凶，圣人象之。河出图，洛出书，圣人则之。《易》有四象，所以示也。系辞焉，所以告也。定之以吉凶，所以断也。

【译文】所以天生出神奇的著草和灵龟，圣人用来建立占筮的法则；天地产生各种变化，圣人便效法之建立《周易》变化哲学；天上显示日月星辰风霜雨雪等表象，预示吉凶，圣人取法其象定出吉凶悔吝之辞。黄河出现龙图，洛水出现龟书，圣人取法之创制了八卦，制订了九畴。《周易》有四象，是用来指示变动征兆的。在卦体之下撰系的文辞是用来告诉人们取象之意的。在言辞中又定出何为吉何为凶，是用来裁断疑难的，告知行事得失的。

【原文】《易》曰："自天祐之。吉无不利。"子曰："祐者，助也，天之所

河图序乾父坤母六子图

乾为父，位成数之九。坤为母，位生数之一。震为长男，位成数之八。巽为长女，位生数之二。坎为中男，位成数之七。离为中女，位生数之三。艮为少男，位成数之六。兑为少女，位生数之四。乾统三男，居成数之位；坤统三女，居生数之位。乾阳与坤阴相交，独阳不成，孤阴不生。

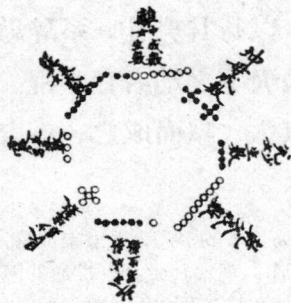

洛书序乾父坤母六子图

《洛书》为方，乾与震、坎、艮三男居于东北，坤与巽、离、兑三女居于西南，分居左右，男女有别。《河图》置乾父震、坎、艮三男于成数之九、八、七、六，置坤母巽、离、兑、三女生数之一、二、三、四。

助者顺也，人之所助者信也。履信思乎顺，又以尚贤也。是以'自天祐之。吉无不利'也。"

【译文】《易经》说："有来自上天的保佑，就吉祥而无不顺利。"孔子说："祐，就是帮助的意思。天所帮助的，必定是合适的；人所帮助的，必定是忠信者。履行诚信，考虑到顺应天道，再加上尊重贤人，因此上天会保佑他，处处吉祥无不顺利。"

【原文】子曰："书不尽言，言不尽意。"然则圣人之意，其不可见乎？子曰："圣人立像以尽意，设卦以尽情伪，系辞焉以尽其言，变而通之以尽利，鼓之舞之以尽神。"

【译文】孔子说："书面的文字不能完全表达作者想要讲的话，言语不能完全表达人们的思想。"那么，圣人的思想就不能被了解了吗？孔子说："圣人创设象征来曲尽其思想，设置六十四卦以竭尽自然万物的情态，又在卦中撰系文辞以尽行表达其言语，又使其变化会通以尽行布施其利于万物，鼓动之激扬之以尽情发挥神奇的事理。"

【原文】乾坤其《易》之缊邪？乾坤成列，而《易》立乎其中矣。乾坤毁，则无以见《易》。《易》不可见，则乾坤或几乎息矣。

【译文】乾坤两卦应当是《周易》的精蕴吧？乾坤两卦创设形成而分别上下，《周易》的道理也就确立于其中了。乾坤如果毁灭，则无法见到阳阴矛盾对立的易道了，易道不能出现，则乾坤化育的道理也几乎要熄灭了。

【原文】是故形而上者谓之道，形而下者谓之器。化而裁之谓之变，推而行之谓之通。举而错之天下之民，谓之事业。

【译文】所以抽象的超出形体之上的精神因素叫做"道"，在形体之下，有具体形体可见的称作"器"，道器作用变化而裁制以致用，就叫做"变"，顺着变化推广而发挥实行叫做"通"，取此变通之理而施之于天下百姓就叫做"事业"。

【原文】是故夫象，圣人有以见天下之赜，而拟诸其形容，象其物宜，是故谓之象。圣人有以见天下之动，而观其会通，以行其典礼，系辞焉以断其吉凶，是故谓之爻。极天下之赜者存乎卦，鼓天下之动者存乎辞。化而裁之存乎变，推而行之存乎通，神而明之存乎其人。默而成之，不言而信，存乎德行。

【译文】所以说象是圣人发见天下万事万物的繁杂而将之比拟为具体的形态，用来象征特定事物的适当合意，因此称之为"象"。圣人看到天下万事万物运动营作，观察其中会合贯通的地方，归纳出经常的法则规范加以推行，并撰系文辞于六十四卦三百八十四爻之下论断吉凶，所以称作"爻"。极尽天下繁杂的物象在于卦形的象征，鼓动天下行动作为在于卦爻辞中的精义，促使万物作用变化而裁制以致用在于变动，顺着变化而推广发挥实行在于会通，使易道神奇而显明则在于人的运用，默默潜修而有所成就，不形之以言辞而能取信于天下则在于保存了深厚的德行。

系辞下传

【原文】八卦成列，象在其中矣。因而重之，爻在其中矣。刚柔相推，变在其中矣。

【译文】八卦排成阵列，天地间的万种物象便尽在其中了；八卦重叠成六十四卦，三百八十四爻便尽在其中了；阳爻阴爻递相推移，变化之理便尽在其中了。

【原文】系辞焉而命之，动在其中矣。吉凶悔吝者，生乎动者也。刚柔者，立本者也。变通者，趣时者也。吉凶者，贞胜者也。天地之道，贞观者也。日月之道，贞明者也。天下之动，贞夫一者也。

【译文】在卦爻下撰系文辞指明吉凶，适时行动的道理便尽在其中了。"吉、凶、悔、吝"的产生是由于变化行动的结果。阳刚阴柔两爻是确立一卦的根本。变化会通是因应一切活动的适当时机。人事吉凶的规律，说明坚守正道就能获胜，天地自然的规律，表明守正就能被人仰观，日月运行的规律，表明守正就能光明普照。天下之一切变动，说明了万物归于端正专一之道。

【原文】夫乾，确然示人易矣。夫坤，隤然示人简矣。爻也者，效此者也。象也者，像此者也。爻象动乎内，吉凶见乎外，功业见乎变，圣人之情见乎辞。

【译文】乾是以其刚健平易示人；坤是以其柔顺简易示人。爻就是效法天地简易的理法而作的；象是模仿天地的情态而设置的。爻和象在卦内的变动运作，吉和凶就在卦外体现了出来；功德事业通过变动而体现，圣人的思想情感在卦爻下的文辞中体现。

【原文】天地之大德曰生。圣人之大宝曰位，何以守位曰仁，何以聚人曰财。理财正辞，禁民为非曰义。

【译文】天地最伟大的德行，是使万物生生不息；圣人最大的宝物，在于享有崇高的地位。如

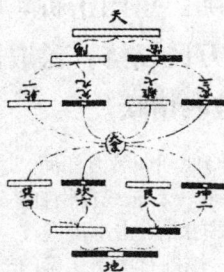

八卦成列图

八卦，即乾、兑、离、震、巽、坎、艮、坤，与八卦相对应的八种物象，分别是天、泽、火、雷、风、水、山、地。古人说："八卦成列，象在其中"，是说八卦分别代表着上述八类物象。

何守住盛位？用"仁爱"；如何招聚众人？用"财物"。管理财物，端正言行，禁止百姓为非作歹，就是"道义"。

【原文】古者包牺氏之王天下也，仰则观象于天，俯则观法于地，观鸟兽之文，与地之宜，近取诸身，远取诸物，于是始作八卦，以通神明之德，以类万物之情。

【译文】远古时伏羲氏治理天下。他仰头观察天上的现象，低头察视大地的形态，观察鸟兽身上的纹理和适宜于地上的种种事物，从近处取法人体的形象，从远处援取万物的形象，于是才创制了八卦，用来融会贯通神明的德性，以分类比拟万物的情状。

【原文】作结绳而为罔罟，以佃以渔，盖取诸离。包牺氏没，神农氏作；斫木为耜，揉木为耒，耒耨之利，以教天下；盖取诸益。日中为市，致天下之民，聚天下之货，交易而退，各得其所，盖取诸噬嗑。

【译文】伏羲氏编结绳索制成罗网，用来猎兽捕鱼，大概这是取法了离卦的卦象吧。伏羲氏死后，神农氏继起。他砍削树木做成犁头，揉弯大棒制成犁柄，将犁具除草耕耘的便利，教导天下百姓，这大概是取法了益卦的卦象吧。他规定中午为集市交易时间，招致天下的人们，聚集天下的财货，互相交换贸易，然后各自散归，各人都得到所需的物品，这大概是取法了噬嗑的卦象吧。

【原文】神农氏没，黄帝、尧、舜氏作。通其变，使民不倦。神而化之，使民宜之。《易》穷则变，变则通，通则久。是以自天祐之，吉无不利。黄帝、尧、舜垂衣裳而天下治，盖取诸乾坤。

【译文】神农氏死后，黄帝、尧、舜相继而起。他们会通改变前代的文物制度，使百姓进取不懈，而且神奇地改变人们于不觉之中，使百姓应用适宜。《周易》的道理是穷极之时生变化，变化就能通达，通达就能够保持长久。他们能遵循这一变通原理，所以能够"从上天获得保佑，吉祥而无所不利"。黄帝、尧、舜改进服制让人们穿着长垂的衣裳而天下大治，这大概是取法于乾坤两卦的卦象吧。

【原文】刳木为舟，剡木为楫；舟楫之利，以济不通。致远以利天下；盖取诸涣。服牛乘马，引重致远，以利天下，盖取诸随。重门击柝，以待暴客，盖取诸豫。断木为杵，掘地为臼；臼杵之利，万民以济；盖取诸小过。弦木为弧，剡木为矢，弧矢之利，以威天下；盖取诸睽。

【译文】他们将树木凿空做成舟船，砍削木头制成桨楫，舟船桨楫的便利在济渡江河，达至远方，从而便利天下的人们，这大概是取法了涣卦的卦象吧。他们御牛乘马，拖载重物直达远方，从而便利天下的人们，这大概是取法了随卦的卦象吧。他们设置多重屋门并敲击木梆巡夜，以防备盗贼侵入，这大概是取法于豫卦的卦象吧。他们砍断木头制成捣杵，挖掘石块用作捣臼，杵臼的便利使万民可以得其便利，这大概是取法于小过卦的卦象。他们在弯曲的木条上套系弦绳做成弓，砍削木棍做成箭，弓箭的好处是可以用来威慑天下，这大概是取法于睽卦的卦象。

【原文】上古穴居而野处。后世圣人易之以宫室；上栋下宇，以待风雨；盖取诸大壮。古之葬者，厚衣之以薪，葬之中野，不封不树，丧期无数；后世圣人易之以棺椁；盖取诸大过。上古结绳而治，后世圣人易之以书契；百官以治，万民以察；盖取诸夬。

【译文】远古的时候，人们居住在洞穴中，露宿在野外，后世圣人建筑房屋居住改变了那种状况，上有栋梁，下有檐宇，用来防御风雨，这大概是取法于大壮卦的卦象吧。古时候的丧葬，只用柴厚厚地裹覆尸体，埋在荒野里，不建造坟墓，也不种植树木，服丧也没有一定的期限，后代的圣人发明棺椁而改变以往的习俗，这大概是取法了大过卦的卦象吧。远古的时候，人们结绳记事，处理事务，后代的圣人发明书写文字而改变了过去的结绳方式，百官用它处理事务，万民用它查考琐事，这大概是取法于夬卦的卦象吧。

【原文】是故易者象也。象也者像也。彖者材也。爻也者效天下之动者也。是故吉凶生而悔吝著也。阳卦多阴，阴卦多阳，其故何也？阳卦奇，阴卦耦，其德行何也？阳一君而二民，君子之道也。阴二君而一民，小人之道也。

【译文】所以《周易》这本书就是象征，所谓象征，就是模拟万事万物的形象以喻义。彖辞是解释全卦意义和结构，六爻是效法天下错综复杂的发生和变动。因此，事物的变动得失产生了吉凶，也使悔恨羞吝显现了出来。八卦中阳卦中阴爻居多，而阴卦中阳爻居多。这是为什么呢？因为阳卦中奇数的阳爻是主体，而阴卦中耦数的阴爻是主体。他们各自说明了什么德性呢？阳卦一个君王两个百姓，这是君子选择之道。阴卦两个君王而一个百姓，这是小人所走的道路。

【原文】《易》曰："憧憧^{chōng}往来。朋从尔思。"子曰："天下何思何虑？天下同归而殊途，一致而百虑。天下何思何虑？日往则月来，月往则日来，日月相推而明生焉。寒往则暑来，暑往则寒来，寒暑相推而岁成焉。往者屈也，来者信也，屈信相感而利生焉。尺蠖^{huò}之屈，以求信也。龙蛇之蛰^{zhé}，以存身也。精义入神，以致用也。利用安身，以崇德也。过此以往，未之或知也。穷神知化，德之盛也。"

【译文】《周易》咸卦九四爻辞说："来来往往心神恍惚，朋友们最终将顺从你的想法。"孔子解释说："天下的事物有什么可思念和忧虑的呢？天下万物从不同的道路走归同一个目标，使千百种思虑统归于一种观念。天下的事物有什么可思念和忧虑的呢？太阳走了，月亮便出来，月亮走了，太阳便升起，太阳和月亮交替推移产生了光明。寒冬过去就有暑夏前来，暑夏过了寒冬又复归，寒暑交替推移而形成年岁。所谓'往'只是暂时的退缩，'来'即是一时的伸展，退缩和伸展

伏羲八卦次序图

此图据传是根据伏羲八卦所绘，又称为"先天八卦次序图"，是用来解释《周易·系辞上传》的"《易》有太极，是生两仪，两仪生四象，四象生八卦"。此图以黑白横格组成，黑为阴，白为阳。按照八卦的次序，奇数为阳卦，偶数为阴卦。乾一兑二，离三震四，巽五坎六，艮七坤八。所以，乾、兑、离、震为阳卦，巽、坎、艮、坤为阴卦。

交互感应产生了利益。尺蠖将身体弯曲收缩，是为了求得伸展。龙蛇冬眠，是为了保全生命。精研义理，达到神而化之的境界，是为了尽致其用。利用所学安处其身，是为了崇尚品德。超过这种境界再往前发展，大概是没人能够知晓的了。至于穷究神妙的奥理，通晓万物之变化，这是美德隆盛所致。"

【原文】《易》曰："困于石。据于蒺藜。入于其宫。不见其妻。凶。"子曰："非所困而困焉，名必辱。非所据而据焉，身必危。既辱且危，死期将至，妻其可得见耶。"

【译文】《周易》困卦六三的爻辞说："被巨石困住，而背后是多刺的蒺藜。回到家中，看不到自己的妻子，有凶险。"孔子解释说："困穷于不妥当的处所，其声名必然遭受损辱。处在不适宜的地方，其自身必然遭陷危险。陷入这种既遭损辱又临危险的状况，灭亡的日期即将来临，哪里还会见到妻子呢？"

【原文】《易》曰："公用射隼于高墉之上。获之无不利。"子曰："隼者禽也。弓矢者器也。射之者人也。君子藏器于身，待时而动，何不利之有。动而不括，是以出而有获，语成器而动者也。"

【译文】《周易》解卦上六的爻辞说："王公射杀高城上的恶隼，一举射获，没有什么不利。"孔子解释说："恶隼是飞禽，弓箭是武器，射杀恶隼的是人。君子将利器藏在身上，等待有利时机而行动，哪会有什么不利呢？果断行动毫不迟疑，所以外出必有收获。这是说明先应具备完备的武器而后再有所行动。"

【原文】子曰："小人不耻不仁，不畏不义，不见利不劝，不威不惩。小惩而大诫，此小人之福也。"《易》曰："屦校灭趾无咎"。此之谓也。善不积不足以成名，恶不积不足以灭身。小人以小善为无益而弗为也，以小恶为无伤而弗去也，故恶积而不可掩，罪大而不可解。《易》曰："何校灭耳凶。"

【译文】孔子说道："小人不知羞耻，不明仁德，不畏正理，不行道义，不看见利益就不愿勤勉向上，不受到威胁就不会戒惧。小的过失给予惩罚就会大为戒慎，这是小人的福气。《周易》噬嗑卦初九的爻辞说：'脚上套上刑具而伤没了脚趾，无灾咎。'就是说的这个道理。善行不累积就不足以成就美名，罪恶不累积，也不足以自灭其身。小人把小善看成不会获益的事而不屑于施行，把小恶看成无伤大体的事而不除去，因此恶行积累满盈而无法掩盖，罪恶大到无法解救的地步。所以《周易》噬嗑卦上九的爻辞说：'担负的刑具遮灭了耳朵，有凶险。'就是这个意思。"

【原文】子曰："危者安其位者也。亡者保其存者也，乱者有其治者也。是故君子安而不忘危，存而不忘亡，治而不忘乱。是以身安而国家可保也。"《易》曰："其亡其亡。系于苞桑。"

【译文】孔子说："凡是遭遇危险的，都是因为他曾逸乐安享于他所居处的位置。凡是灭亡的，都是因为曾经自以为可长久统治的。凡是混乱的，都是曾经自以为整治良好的。所以君子居安而不忘危险，生存而不忘灭亡，整治而不忘混乱，这样自身才能安全，国家才能保全。正如《周易》否卦九五爻辞说：'时刻警惕将灭亡，这样才能像丛生的桑树一样坚固安全。'"

【原文】子曰："德薄而位尊，知小而谋大，力少而任重，鲜不及矣。"《易》曰："鼎折足。覆公餗(sù)。其形渥凶。"言不胜其任也。

【译文】孔子说："才德浅薄而身居尊位，知识窄小而图谋大事，力量微小却担当重任，这样很少有不遭及灾祸的。正如《周易》鼎卦九四的爻辞说："鼎器折断其脚，王公的美食全被翻倒，鼎器上油腻醒酲，有凶险。"是在说力不足以胜任的情状。

【原文】子曰："知几其神乎。君子上交不谄(chǎn)，下交不渎(dú)，其知几乎。几者，动之微，吉之先见者也。君子见几而作，不俟终日。"《易》曰："介于石，不终日。贞吉。"介如石焉，宁用终日，断可识矣。君子知微知彰(zhāng)，知柔知刚，万夫之望。

【译文】孔子说："能预先知晓事机的微妙可算得上达到神妙的境界了吧? 君子与上交往不谄媚阿谀，与下交往不傲慢，可以说是预知事机的微妙了吧! 微妙的事机，是事物变动的细小征兆，是吉凶的结局的预先显现。君子发现微妙的事机就迅速行动，不会整天迟疑等待。所以《周易》豫卦六二的爻辞说："像石头一般狷介耿直，这种情况没有持续一整天，坚守正道可获吉祥。"既然有耿介如石的品德，为什么等了一天呢? 当时就能断然知晓。君子知道微隐的事机就知道彰显的事状，知道阴柔的功益也知道阳刚的功益，这是万众所景仰的人物。

【原文】子曰："颜氏之子，其殆庶几乎。有不善未尝不知，知之未尝复行也。"《易》曰："不远复。无祗悔。元吉。"天地纲缊(yīn yùn)，万物化醇；男女构精，万物化生。《易》曰："三人行。则损一人。一人行。则得其友。"言致一也。

【译文】孔子说："颜回这个年青弟子，他算是接近完美了吧？稍有过失，没有他不知道的，一经发觉，就不会再犯。《周易》复卦初九的爻辞说：'行之不远即回复正道，不会有灾患、悔恨，至为吉祥。'这是说君子言行当一致。""天地二气缠绵交密，万物感应化育醇厚完美。雌雄交合其精，万物化育生成。所以《周易》损卦六三的爻辞说：'三个人同行，则有一个人离去，一个人独自行旅，可以得到朋友。'这是说天下事理必须专心致一。"

【原文】子曰："君子安其身而后动，易其心而后语，定其交而后求。君子修此三者，故全也。危以动，则民不与也。惧以语，则民不应也。无交而求，则民不与也。莫之与，则伤之者至矣。"易曰："莫益之。或击之。立心勿恒凶。"

【译文】孔子说："君子必定先使本身安定，然后才可以有所作为。必定先使自己心平气和，然后才发表言论。必定先确定其交往对象，然后才对人有所要求。君子能修炎这三项品德，所以待人处事完美无缺。自身陷入危险而急于行动，民众不会拥护。内心疑惧而发表言论，民众就不会响应。没有交往而对人有所要求，民众就会不愿给予。如无人赞助给予，伤害你的人就会到来。所以《周易》益卦上九的爻辞说：'没有人增益援助，有人攻击，不能长久恒守立下的心志，有凶险。'"

【原文】子曰："乾坤其《易》之门邪。"乾阳物也，坤阴物也。阴阳合德，而刚柔有体。以体天地之撰，以通神明之德。其称名也，杂而不越。于稽其类，其衰世之意邪？

【译文】孔子说："乾坤两卦，应该是《周易》的门户吧？"乾是阳性的物象，坤是阴性的物象。阴阳的德性相与配合，由此产生各卦阴阳交错的形体，可以用来体察天地间的一切变化出入，用来通达神奇光明的德性。《易经》中各卦都有其卦名，对这些卦名的称呼看来各有不同，颇为繁杂，但并不超出上述的这些范围。如果要去考察这些卦名所象征的事物属于哪些方面，大概是处于衰败时期的殷末的情况吧。

【原文】夫《易》，彰往而察来，而微显阐幽，开而当名，辨物正言，断辞则备矣。其称名也小，其取类也大。其旨远，其辞文。其言曲而中，其事肆而隐。因贰以济民行，以明失得之报。

【译文】《周易》啊，彰显以往的历史教训而预察未来，把微妙的道理显露出来并阐明它的幽秘精华。排开易卦而取适当的名称，辨别物象而下正确的《卦辞》、《爻辞》，可供易理判断的卦辞就完备了。易卦的名称虽小，但所取的类别却很大，各卦的深旨也很远大。它的《卦辞》很文雅，《爻辞》曲折而中肯，所要喻指预测的事情多而且很隐蔽。它靠乾坤贰德以普济人民的修养行事，以明白天下积善行恶所得所失的报应。

【原文】《易》之兴也，其于中古乎？作《易》者，其有忧患乎？

【译文】《周易》的兴起，大概是在中古殷代的末期吧？《周易》的作者，大概是心怀忧患吧？

【原文】是故履德之基也，谦德之柄也，复德之本也，恒德之固也，损德之脩也。益德之裕也，困德之辨也，井德之地也，巽德之制也。履和而至，谦尊而光，复小而辨于物，恒杂而不厌，损先难而后易，益长裕而不设，困穷而通，井居其所而迁，巽称而隐。履以和行，谦以制礼，复以自知，恒以一德，损以远害，益以兴利，困以寡怨，井以辨义，巽以行权。

【译文】所以履卦是建立德业的基础，谦卦是施行德行的把柄，复卦是道德的根本，恒卦是巩固道德的前提，损卦是修美道德的途径，益卦是增益宽大道德的方法，困卦是检验道德的准绳，井卦是居守道德的处所，巽卦是展示道德的制宜。履卦是使人和顺小心达到极致，谦卦是教人谦虚待人从而使德业尊贵光明，复卦是教人于微小处分辨善恶，恒卦是教人于复杂环境中恒守正固不生厌倦，损卦是教人受惩忿窒欲之难而后才能行事获功之易，益卦是教人增长德行并使之日益充裕而不虚假造作，困卦是教人在困境中磨炼身心求得亨通，井卦是教人安于所居而施惠他人，巽卦是教人巽顺入理因势利导，隐而不露。履卦的道理可以用来和顺行事，谦卦的道理可以用来控制礼节，复卦是教人反求诸己复归本性，恒卦是教人始终如一贯彻德行，损卦是教人克制减损欲望，远离灾害，益卦是教人益人益己，增兴福利，困卦是教人艰苦奋斗，不怨天尤人，井卦是教人辨识义理的来源，巽卦是教人顺合时宜，行使权力。

【原文】《易》之为书也不可远；为道也屡迁。变动不居，周流六虚。上下无常，刚柔相易。不可为典要，唯变所适。其出入以度，外内使知惧。又明于忧患与故，无有师保，如临父母。初率其辞而揆其方，既有典常。苟非其人，道不虚行。

【译文】《易经》作为宝书，不可远离它胡作非为。易道也曾屡屡迁移，变化运动从不停止。它周转轮流六个虚爻，上下移动变化无常，刚柔六爻互相交易，不可作为僵化的经典要籍，唯有因时变化才能适应实际需要。易理的变化出入，用以测度外界和内心，使人知道畏惧守法，又能明白忧患意识。它使人没有师长保护，却如同在父母身边一样。初学时就必须认真遵循《易经》的卦辞，仔细揣度它的方法原则。既然有了完备的经典，就不能学非其人，易道是绝不会虚行一场的。

【原文】《易》之为书也，原始要终，以为质也。六爻相杂，唯其时物也。其初难知，其上易知，本末也。初辞拟之，卒成之终。若夫杂物撰德，辩是与非，则非其中爻不备。噫！亦要存亡吉凶，则居可知矣。知者观其象辞，则思过半矣。

【译文】《易》作为宝书，是追索事物的初始终结从而探知矛盾运动的本质的。六爻交相混杂而预示吉凶，唯一的原因是它的时境与物象间的关系。它的初爻推断是难以确知的，而上爻的结果则比较容易知道，这就是事物和末的关系。初爻的卦辞拟定后，就可以一直写到六爻的完成和运动的终结了。如果某卦杂取各类事物来撰写易德，而又要想辨明它的是与非的时候，那就只有它的中爻之义才是最完备的。噫！如果要知道事情发展的存亡吉凶，那只要把握易德就可以了。知晓易德者只要细观深察各卦的《象传》词句，就可以懂得它的过半含义了。

【原文】二与四同功而异位，其善不同。二多誉，四多惧，近也。柔之为道，不利远者。其要无咎，其用柔中也。三与五同功而异位。三多凶，五多功，贵贱之等也。其柔危，其刚胜邪？

【译文】二爻与四爻的事功相同而地位不同，是因为它们的善德行为不同：二爻往往多得荣誉，四爻往往多受惊惧，这是它靠近卦主九五和六五的缘故。柔弱者的运行规律，是不利于远离阳刚者的，所以阴爻的要点是不要有过错，它的功用以柔和适中为好。三爻与五爻事功相同而地位不同：三爻往往多遭凶险，五爻往往多得功劳，这是两爻的贵贱等级所决定的。一般而言大都是柔弱的危险，刚强的胜出吧？

【原文】《易》之为书也，广大悉备。有天道焉，有人道焉，有地道焉。兼三材而两之，故六。六者非它也，三材之道也。道有变动，故曰爻。爻有等，故曰物。物相杂，故曰文。文不当，故吉凶生焉。

【译文】《易》这本书，内容广博宏大无所不备：其中有天道规律，地道法则，人道准则。它兼有天地人"三才"而两卦重叠，所以有六爻。六爻的含义没有其他，只是代表天地人"三才"的规律。规律会有变动，所以叫作"爻"。"爻"有等级差别，所以叫作物象；物象互相混杂，所以叫作易德文理；易德文理有时不当位，故此吉祥凶险时有发生。

【原文】《易》之兴也，其当殷之末世、周之盛德邪？当文王与纣之事邪？是故其辞危。危者使平，易者使倾。其道甚大，百物不废。惧以终始，其要无咎。此之谓《易》之道也。

【译文】《易》书的兴起，正当殷朝德衰的末世，周朝盛德光大而崛起的时期吧？它描述的是当时周文王与商纣王之间的事情吧？所以它的爻辞具有危机感。什么是易理？能够使危难深重者平安，使离道改易者倾覆；道理内涵非常深广，万事百物都不偏废，对其发展自始至终保持警惧忧患心态，并以言行毫无过错为要旨，这就叫作《易》的道理。

【原文】夫乾，天下之至健也。德行恒易以知险。夫坤，天下之至顺也。德行恒简以知阻。能说诸心，能研诸侯之虑。定天下之吉凶，成天下之亹^{wěi}亹者，是故变化云为，吉事有祥。象事知器，占事知来。

【译文】乾是天下最为刚健的象征，其品德操行恒久且平易，知道险难之所在。坤是天下最为柔顺的象征，其品德操行恒久而简易，知道阻隔之所在。《周易》的道理，能使身心和悦，能精研思虑，断定天下吉凶得失，能成就天下勤勉不息之事业。所以，天地万物的变化作为，吉利的事情必有祥和的征兆。观察万事万物的现象，就能了解具体器用之形成，占问眼前的事情，就能知晓未来的结果。

十二卦月分图

　　乾、姤、遯、否、观、剥、坤、复、临、泰、大壮、夬，分别依次代表一年中从四月开始到次年三月的十二个月。又分别代表十二地支中的巳、午、未、申、酉、戌、亥、子、丑、寅、卯、辰。阴阳消息往复无穷。

【原文】 天地设位，圣人成能。人谋鬼谋，百姓与能。八卦以象告，爻彖（tuàn）以情言。刚柔杂居，而吉凶可见矣。变动以利言，吉凶以情迁。是故爱恶相攻而吉凶生。远近相取而悔吝生，情伪相感而利害生。

【译文】 天地设定了上下尊卑的位置，圣人仿效之演成《周易》的理象而广施功用，使人的谋虑与鬼神的沟通，连寻常百姓也能掌握《周易》的功用。八卦是以象征来喻示哲理，爻辞象辞是拟取事物的具体情态陈述卦义，刚柔各爻互相交错居处，从中可发现吉凶之征兆。刚柔运动得当与否是通过有利或不利来表示，最终的吉与凶是根据事物的情态而推迁，因此爱与恶的相互冲击中产生出吉凶，爻位间的远近感应不得其道就会产生出悔吝，从真情相感或虚伪想感中产生出利害。

【原文】 凡《易》之情，近而不相得则凶。或害之，悔且吝。将叛者其辞惭（cán），中心疑者其辞枝。吉人之辞寡，躁人之辞多。诬善之人其辞游，失其守者其辞屈。

【译文】 《周易》中拟取的事物情态是，凡两相接近而互不相得就有凶险，或者遭受外来的伤害，而蒙受悔恨和憾惜。将要反叛的人，其说话时神色一定有愧色。心中有疑惑的人，其言辞一定混乱不清。贤美有修养的人，其言辞真善简括。心地浮躁的人，其言辞多而繁杂。诬害善良的人，其言辞游移虚浮。有失操守的人，其言辞多含混曲折。

说 卦

【原文】昔者圣人之作《易》也，幽赞于神明而生蓍，参天两地而倚数，观变于阴阳而立卦，发挥于刚柔而生爻，和顺于道德而理于义。穷理尽性以至于命。

【译文】从前，圣人创作《易经》，是暗中帮助神妙、明显的变化，发明了用蓍草进行占筮的方法。这个方法是，把天数、地数两相掺杂而确立了"大衍之数"。观察了天地间的阴阳变化而确立了卦象。发挥了事物中见刚健、柔顺的不同性质而产生了爻。这个过程，符合顺应天道人德，也适合事物的道理。穷尽了事理和人性。所以体现了天地、万物和人的发展变化的必然性。

【原文】昔者圣人之作《易》也，将以顺性命之理。是以立天之道，曰阴与阳。立地之道，曰柔与刚。立人之道，曰仁与义。兼三才而两之，故《易》六画而成卦。分阴分阳，迭用柔刚，故《易》六位而成章。

【译文】从前，圣人创作《易经》，是指它用来顺应人性、天命的规律。所以，确立天的法则，称作阴和阳；确立地的法则，称作柔和刚；确立人的法则，称作仁和义。把兼备了天、地、人的三才加以重叠，就产生了六画的卦形。卦形有阴阳的分别，交替地运用柔爻、刚爻，所以《易经》中的六个卦位形成了自己的章法。

【原文】天地定位，山泽通气，雷风相薄，水火不相射。八卦相错。数往者顺，知来者逆，是故《易》逆数也。

【译文】天和地的位置是确定的，山和泽相互通气，风雷互相迫击，水火不相容，但也不相互击射，这样就形成了交错的八卦。计算往事是顺当的，预见未来就需要逆着时间顺序进行，因此《易经》是逆着时间顺序进行预测的。

【原文】雷以动之，风以散之，雨以润之，日以烜之，艮以止之，兑以说之，乾以君之，坤以藏之。

【译文】雷是用来鼓动万物的，风是用来吹拂万物的，雨是用来滋润万物的，太阳是用来照晒万物的，艮是用来阻止万物运动的，兑是用来使万物喜悦的，乾是用来统治万物的，坤是用来包藏万物的。

【原文】帝出乎震，齐乎巽，相见乎离，致役乎坤，说言乎兑，战乎乾，劳乎坎，成言乎艮。

【译文】天帝用雷震使万物产生，巽风使万物长齐，离日使万物相见，坤地使万物得到养育，使万物喜悦是说来自兑卦，生与死的战斗来自乾卦，疲劳来自坎卦，完成是说来自艮卦。

【原文】万物出乎震，震东方也。齐乎巽，巽东南也，齐也者，言万物之絜齐也。离也者明也。万物皆相见，南方之卦也。圣人南面而听天下，向明而治，盖取诸此也。坤也者，地也。万物皆致养焉，故曰：致役乎坤。兑正秋也，万物之所说也，故曰：说言乎兑。战乎乾。乾西北之卦也，言阴阳相薄也。坎者，水也，正北方之卦也，劳卦也，万物之所归也，故曰：劳乎坎。艮东北之卦也，万物之所成终而所成始也。故曰：成言乎艮。

【译文】万物产生于震卦，是由于震卦象征东方。"齐乎巽"，是由于巽卦象征南方；所谓齐，是指万物整齐地生长。所谓"离"，就是光明，光明就可以使万物彼此看得见；离是象征南方的卦，圣人面前向南听取天下的政务，表现面对光明而治理天下，大概是取法于这一卦。所谓"坤"就是地，万物都从它那里得到养育，所以说"致役乎坤"。兑卦象征秋天，万物成熟因而喜悦，所以说"说言乎兑"。所谓"战乎乾"，乾是象征西北方的卦，表明阴气、阳气相互搏斗。坎卦象征水，是正北方的卦，是表现疲劳的卦，万物应该归藏休息了，所以说"劳乎坎"。艮是象征东北方的卦，万物在这里形成终了，也将形成开始，所以说"成言乎艮"。

【原文】神也者，妙万物而为言也。动万物者，莫疾乎雷。桡万物者，莫疾乎风。燥万物者，莫熯(hàn)乎火。说万物者，莫说乎泽。润万物者，莫润乎水。终万物始万物者，莫盛乎艮。故水火相逮(bèi)，雷风不相悖。山泽通气，然后能变化。既成万物也。

【译文】所谓"神"，是指万物神妙的生长变化而说的。使万物鼓动，没有比雷更快的了；使万物弯曲摇动，没有比风更迅速的了；使万物干燥的，没有比火热的了；使万物喜悦，没有比泽的力量更大的了；使万物受到滋润的，没有比水更湿润的了；使万物终结又开始，没有比艮的作用更大的了。所以水火相济，雷风不背离，山泽互相通气，然后就能够发生变化，生成万物。

【原文】乾健也。坤顺也。震动也。巽入也。坎陷也。离丽也。艮止也。兑说也。

【译文】乾卦象征刚健，坤卦象征柔顺。震卦象征行动。巽卦象征进入。坎卦象征险陷。离卦

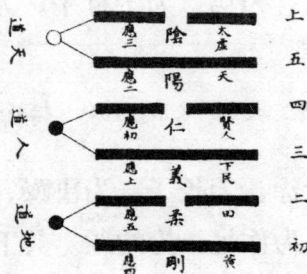

六爻三极图

一卦六爻中，"五"被称为君位。"五"身居上卦中位，与内卦"二"遥相呼应。后代形容帝王为"九五之尊"便源于此。此图是"三才之象"。初爻、二爻为地；三爻、四爻为人，五爻、六爻为天。"三才"中，人居其中。

象征附着。艮卦象征停止。兑卦象征喜悦。

【原文】乾为马。坤为牛。震为龙。巽为鸡。坎为豕^{shǐ}。离也雉^{zhì}。艮为狗。兑为羊。

【译文】乾卦象征马。坤卦象征牛。震卦象征龙。巽卦象征鸡。坎卦象征猪。离卦象征野鸡。艮卦象征狗。兑卦象征羊。

【原文】乾为首。坤为腹。震为足。巽为股。坎为耳。离为目。艮为手。兑为口。

【译文】乾卦象征头。坤卦象征人腹。震卦象征脚。巽卦象征大腿。坎卦象征耳朵。离卦象征眼睛。艮卦象征手。兑卦象征嘴。

【原文】乾天也，故称乎父。坤地也，故称乎母。震一索而得男，故谓之长男。巽一索而得女，故谓之长女。坎再索而得男，故谓之中男。离再索而得女，故谓之中女。艮三索而得男，故谓之少男。兑三索而得女，故谓之少女。

【译文】乾象征天，所以相当于父亲。坤卦象征地，所以相当于母亲。震卦是坤母向乾父索取了一个阳爻，放在"初"位上，阳爻象征儿子，所以称它作长子。巽卦是乾父向坤母索取了一个阴爻，放在"初"位上，阴爻象征女儿，所以称它为长女。坎卦是坤母向乾父第二次索取了一个阳爻放在"二"位上，阳爻象征儿子，所以称它为中男。离卦是乾父第二次向坤母索取了一个阴爻放在"二"位上，阴爻象征女儿，所以称它作中女。艮卦是坤母第三次向乾父索取一个阳爻放在"三"位上，阳爻象征儿子，所以称它作少男。兑卦是乾父向《坤》母第三次索取了一个阴爻放在"三"位上，阴爻象征女儿，所以称它为少女。

【原文】乾为天，为圜^{yuán}，为君，为父，为玉，为金，为寒，为冰，为大赤，为良马，为老马，为瘠马，为驳马，为木果。

【译文】《乾》卦是天、圆的、君王、父亲、玉石、金属、寒冷、结冰、大红色、良马、老马、瘦马、杂色马、树上果实的象征。

【原文】坤为地，为母，为布，为釜^{fǔ}，为吝啬^{lìn sè}，为均，为子母牛，为大舆^{yú}，为文，为众，为柄。其于地也为黑。

【译文】《坤》卦是地、母亲、布匹、锅、吝啬、平均、母牛、大车、文采、民众、把柄的象征。它作为地的象征，所以也代表黑色。

【原文】震为雷，为龙，为玄黄，为旉^{fū}，为大涂，为长子，为决躁，为苍筤^{láng}竹，为萑苇^{huán wěi}。其于马也，为善鸣，为馵^{zhù}足，为作足，为的颡^{sǎng}。其于稼

也，为反生。其究为健，为蕃鲜（fán）。

【译文】震卦是雷、龙、黑黄色、开花、大路、长子、果决躁动、青竹、芦苇的象征。以马来说，它是那些善鸣的、后腿是白色的、跑得快的、额上是白色马的象征。以庄稼来说，它是那些倒生作物的象征。总之，它是具有刚健、繁盛、新鲜性质的卦。

【原文】巽为木，为风，为长女，为绳直，为工，为白，为长，为高，为进退，为不果，为臭（xiù）。其于人也，为寡发，为广颡，为多白眼，为近利市三倍。其究为躁卦。

【译文】巽卦是树木、风、长女、直绳、工匠、白色、长远、高、进退、不果断、气味的象征。以人来说，它是秃头、宽额、眼白多、从商获利的象征。总之，它是具有急躁性质的卦。

【原文】坎为水，为沟渎，为隐伏，为矫輮（róu），为弓轮。其于人也，为加忧，为心病，为耳痛，为血卦，为赤。其于马也，为美脊，为亟心（jí），为下首，为薄蹄，为曳（shēng）。其于舆也，为多眚，为通，为月，为盗。其于木也，为坚多心。

【译文】坎卦是水、沟渠、隐伏、矫輮、弓和木轮的象征。就人来说，它是添忧、心病、耳痛、血以及红色的象征。就马来说，它是脊梁美丽的、性急的、低头的、薄蹄的、拖蹄的马的象征。就车来说，它是破车的象征。又是通畅、月亮、强盗的象征。就树木来说，它是坚固和多枝的象征。

【原文】离为火，为日，为电，为中女，为甲胄，为戈兵。其于人也，为大腹，为乾卦，为鳖（biē），为蟹，为蠃（luó），为蚌（bàng），为龟。其于木也，为科上槁。

【译文】离卦，是火、太阳、电、中女、盔甲、武器的象征。就人来说，是大腹的象征。又是干燥的卦，还是鳖、蟹、螺、蚌、龟的象征。就树木来说，是空心而且树梢干枯的象征。

【原文】艮为山，为径路，为小石，为门阙（què），为果蓏（luǒ），为阍寺（hūn），为指，为狗，为鼠，为黔喙之属（qián huì）。其于木也，为坚多节。

【译文】艮卦是山、小路、小石头、门楼、果实、看门人、手指、狗、老鼠、豺狼一类猛兽的象征。就树木来说，是那种坚固而多节的象征。

【原文】兑为泽，为少女，为巫，为口舌，为毁折，为附决（cì）。其于地也，为刚卤，为妾，为羊。

【译文】兑卦是泽、少女、巫神、口舌、折断、果实成熟而坠落的象征。就土地来说，是硬碱地的象征。又是妾、羊的象征。

序卦

【原文】有天地，然后万物生焉。盈天地之间者唯万物，故受之以屯。屯者盈也。屯者物之始生也。物生必蒙，故受之以蒙。蒙者蒙也，物之稚^{zhì}也。物稚不可不养也，故受之以需。需者饮食之道也。饮食必有讼，故受之以讼。讼必有众起，故受之以师。师者众也。众必有所比，故受之以比。比者比也。比必有所畜，故受之以小畜。物畜然后有礼，故受之以履。履而泰，然后安，故受之以泰。

【译文】有了天地（即乾、坤二卦），然后万物就产生了。万物充满于天地之间，所以接着的是屯卦。屯卦就象征着充满。所谓屯，是指万物开始生长。万物始生的时候必定蒙昧，所以接着的是蒙卦。所谓蒙，就是蒙昧，就是万物幼稚的状态。万物幼小的时候，不可不抚养，所以接着的是需卦。所谓需，就是饮食的道理。饮食就必然有争讼，所以接着的是讼卦。争讼必然有很多人参加，所以接着的是师卦。所谓师，就是众多的意思。人多必然各有亲附，所以接着的是比卦。所谓比，就是亲附的意思。人们亲附互助，必然可以积蓄力量，所以接着的是小畜卦。物质积蓄了就可以讲求礼仪了，所以接着的是履卦。所谓履，就是礼的意思。人们遵守礼仪，社会就会安泰，所以接着的是泰卦。

【原文】泰者通也。物不可以终通，故受之以否，物不可以终否，故受之以同人。与人同者，物必归焉，故受之以大有。有大者不可以盈，故受之以谦。有大而能谦必豫，故受之以豫。豫必有随，故受之以随。以喜随人者必有事，故受之以蛊。蛊者事也。有事而后可大，故受之以临。临者大也。物大然后可观，故受之以观。可观而后有所合，故受之以噬嗑。嗑者合也。物不可以苟合而已，故受之以贲。贲者饰也。致饰然后亨则尽矣，故受之以剥。

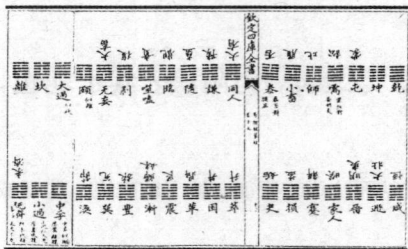

序卦图

《序卦》，是用来说明六十四卦排列次序。天有二正（乾、离），地有二正（坤、坎），共用二变以成八卦（二变震、巽，震反为艮，巽反为兑，合四正卦为八卦）。天有四正（乾、离兼颐、中孚，颐似离，中孚厚画离），地有四正（坤、坎兼大、小过，大过似坎，小过厚画坎），共用二十八变，以成六十四卦。

序卦次第乾坤相对全图

这是《序卦》所列乾坤二卦相对全图。《序卦》以上下经的卦序为依据，论说六十四卦排列序次及前后相承的关系，一般以两卦为一组，辨析二者相同、相反的关系。如本图乾坤二卦。

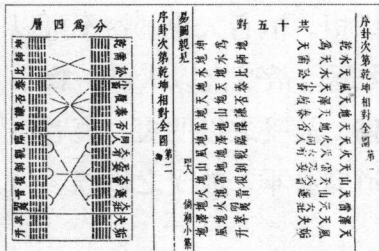

【译文】所谓泰，就是指安泰的时候，万事就亨通了。但是事物不可能总是通顺，所以接着的是否卦。同样，事物不可能总是不顺利，所以接着的是同人卦。同别人同心同德，物质财富也必然会随之而来，所以接着的是大有卦。有了大量的财富，不可以自满，所以接着的是谦卦。有了大量财富，又能谦虚待人，一定安乐，所以接着的是豫卦。安乐必然有人追随，所以接着的是随卦。乐于追随他人安乐的，总要发生事端，所以接着的是蛊卦。所谓蛊，就是由于沉溺于安乐而发生腐败的事，所以需要整治。从事整治以后，事业就可以光大，所以接着的是临卦。所谓"临"，就是光大的意思。事物光大以后，就很值得观摩，所以接着的是观卦。观摩以后，必然同思想感情有所吻合共鸣，所以接着的是噬嗑卦。所谓嗑，就是契合的意思。但是事物不应该随便契合，所以接着的是贲卦。所谓贲，就是文饰的意思。致力于文饰，就可以亨通；亨通之后，就会文饰过了头，所以接着的是剥卦。

【原文】剥者剥也。物不可以终尽，剥穷上反下，故受之以复。复则不妄矣，故受之以无妄。有无妄然后可畜，故受之以大畜。物畜然后可养，故受之以颐。颐者，养也。不养则不可动，故受之以大过。物不可以终过，故受之以坎。坎者，陷也。陷也。陷必有所丽，故受之以离。离者，丽也。

【译文】所谓剥，就是剥落的意思。但事物不可能永远剥落，剥落到尽头，就可以从上面返回到下面，重新上升，所以接着的是复卦。复归到正道上来，就可以不虚妄了，所以接着的是无妄卦。行动不虚妄，就可以积蓄力量和财富，所以接着的是大畜卦。积蓄了足够的物资，就可以养育，所以接着的是颐卦。所谓颐，就是养育的意思。不养育就不能行动，但也不能养育过了头，所以接着的是大过卦。矫枉可以过正，但不能过头，所以接着的是坎卦。所谓坎，就陷落。陷落一定要有所攀附，所以接着的是离卦。所谓离，就是附丽、攀附的意思。

【原文】有天地，然后有万物。有万物，然后有男女。有男女，然后有夫妇。有夫妇，然后有父子。有父子，然后有君臣。有君臣，然后有上下。有上下，然后礼义有所错。

【译文】有了天地以后，就有了万物。有了万物以后，就有了男女。有了男女以后，就有了夫妇。有了夫妇以后，就有了父子。有了父子以后，就有了君臣。有了君臣以后，就分出了上下等级关系，有了上下等级关系，礼义就在这方面施行。

【原文】夫妇之道，不可以不久也，故受之以恒。恒者久也。物不可以久居其所，故受之以遯(dùn)。遯者退也。物不可以终遯，故受之以大壮。物不可以终壮，故受之以晋。晋者进也。进必有所伤，故受之以明夷。夷者伤也。伤于外者，必反于家，故受之以家人；家道穷必乖，故受之以睽。睽者乖也。乖必有难，故受之以蹇。

【译文】夫妻关系不可以不长久，所以接着的是恒卦。所谓恒，就是久远的意思。事物又不可能永远停留在一个地方，所以接着的是遯卦。所谓遯，就是退避的意思。但事物不可能永远退避，所以接着的是大壮卦。事物不可能始终壮大，所以接着的是晋卦。所谓晋，就是前进。前进之中难免挫折受伤，所以接着的是明夷卦。所谓夷，就是伤害的意思。在外面受伤的人，一定要返回家里，所以接着的是家人卦。家道贫穷了，事情必定乖违，所以接着的是睽卦。所谓睽，就是乖违的意思。乖违必定有困难，所以接着的是蹇卦。

【原文】蹇者难也。物不可以终难，故受之以解。解者缓也。缓必有所失，故受之以损。损而不已必益，故受之以益。益而不已必决，故受之以夬。夬者决也。决必有遇，故受之以姤(gòu)。姤者遇也。物相遇而后聚，故受之以萃。萃者聚也。聚而上者，谓之升，故受之以升。升而不已必困，故受之以困。困乎上者必反下，故受之以井。井道不可不革，故受之以革。革物者莫若鼎，故受之以鼎。主器者莫若长子，故受之以震。

【译文】所谓蹇，就是行动困难。事情不可能永远处于困难之中，所以接着的是解卦。所谓解，就是缓解。缓和必然会有损失，所以接着的是损卦。损失不止，必定会转向增益，所以接着的是益卦。增益不止，一定会溃决，所以接着的是夬卦。所谓夬，就是溃决的意思。溃决之后，必定会遇到补救，所以接着的是姤卦。所谓姤，就是遭遇的意思。事物相遇，就会相聚，所以接着的是萃卦。所谓萃，就是聚集的意思。聚集而向上发展，就叫作升，所以接着的是升卦。上升不止，一定会发生困难，所以接着的是困卦。在上面受困，必然会返回到下面，最下面就是水井，所以接着的是井卦。使用井的道理是时间长了就要淘清，这就是革新，所以接着的是革卦。使食物改变味道，没有比鼎的作用更大的，所以接着的是鼎卦。鼎又是祭器，主持祭祀的没有比长子更合适的，所以接着的是震卦。

【原文】震者动也。物不可以终动，止之，故受之以艮。艮者止也。物不可以终止，故受之以渐。渐者进也。进必有所归，故受之以归妹。得其所归者必大，故受之以丰。丰者大也。穷大者必失其居，故受之以旅。旅而无所容，故受之以巽。

【译文】所谓震，就是动的意思。万物不可能始终运动，需要让它停止，所以接着的是艮卦。所谓艮，就是停止的意思。万物也不能永远停止，所以接着的是渐卦。所谓渐，就是渐进的意思。

先天卦配洛书之数图

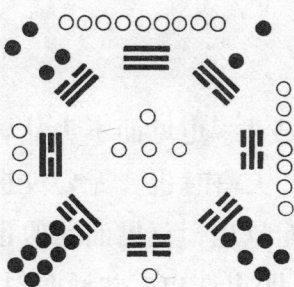

此图是先天八卦卦象与洛书重合。图中白点表示奇数（阳），即天数；黑点表示偶数（阴），即地数。《周易·系辞上传》有"河出图，洛出书，圣人则之"和"天一，地二；天三，地四；天五，地六；天七，地八；天九，地十。天数五，地数五。五位相得而各有合，天数二十有五，地数三十，凡天地之数五十有五，此所以成变化而行鬼神也"的说法，排列成"戴九履一，左三右七，二四为肩，六八为足，五居中央"的龟形方位，洛书中九位数无论纵横还是斜向相加都得十五，这就是"九宫数"。

前进一定要有归宿，所以接着的是归妹卦。得到良好的归宿，事业就可以扩大，所以接着的是丰卦。所谓丰，就是盛大的意思。盛大到了极点，就会不安于原有的居处，所以接着的是旅卦。旅行的时候，没有地方容身，就要寻找一个地方进去住，所以接着的是巽卦。

【原文】巽者入也。入而后说之，故受之以兑。兑者说也。说而后散之，故受之以涣。涣者离也。物不可以终离，故受之以节。节而信之，故受之以中孚。有其信者必行之，故受之以小过。有过物者必济，故受之以既济。物不可穷也，故受之以未济终焉。

【译文】所谓巽，就是表示进入的意思。进入到可以居住的地方，自然会喜悦，所以接着的是兑卦。所谓兑，就是喜悦的意思。喜悦总会过去，所以接着的是涣卦，所谓涣，就是离散的意思。事物不可能始终离散，所以接着的是节卦。有节制的人，言行就会有信用，所以接着的是中孚卦。有诚信必然能够实行，实行之中，难免有失误，所以接着的是小过卦。有过失得到改进，一定会成功，所以接着的是既济卦。万物的运动是不可能穷尽的，所以接着的是未济卦，六十四卦就结束了，但结束于未济意味着重新开始。

杂 卦

【原文】乾刚坤柔。比乐师忧。临观之义，或与或求。屯见而不失其居。蒙杂而著。震起也。艮止也。损益，盛衰之始也。大畜时也。无妄灾也。萃聚而升不来也。谦轻而豫怠也。噬嗑食也。贲无色也。兑见而巽伏也。随无故也。蛊则饬也。剥烂也。复反也。晋昼也。明夷诛也。井通而困相遇也。咸速也。恒久也。涣离也。节止也。解缓也。蹇难也。睽外也。家人内也。否泰反其类也。

【译文】乾卦德行刚健而坤卦品性柔顺，比卦亲近欢乐而师卦心头忧愁。临、观两卦的卦义，或者给予或者请求。屯卦表示端倪初见而不失其本来居所，蒙卦的思虑繁杂而显著。震卦是万事起动，艮卦是一切停止，损、益两卦是事业万物盛衰的开始。大畜是适时蓄积，无妄是无端遭灾而不妄为，萃卦是积聚而升卦是上升不落下来。谦卦是轻己尊人而豫卦是安逸懈怠。噬嗑借食喻争，贲卦不多润色，兑卦喜见会说而巽卦驯服隐伏。随卦是无故追随，蛊卦是整饬治理。剥卦是烂脱剥落，复卦是反复回归。晋卦光明如昼，明夷洞察黑暗和诛杀，井卦表示流通助人而困卦表示遇困受阻。咸卦表示迅速感应，恒卦表示永久保持；涣卦表示四分离散，节卦表示适度制止。解卦表示慢慢缓解，蹇卦表示步步艰难。睽卦表示外拒排斥，家人表示内部和谐。否、泰两卦类别相反，一个否定一个肯定。

【原文】大壮则止，遁则退也。大有众也。同人亲也。革去故也。鼎取新也。小过过也。中孚信也。丰多故也。亲寡旅也。离上而坎下也。小畜寡也。履不处也。需不进也。讼不亲也。大过颠也。姤遇也，柔遇刚也。渐女归待男行也。颐养正也。既济定也。归妹女之终也。未济男之穷也。夬决也，刚决柔也。君子道长，小人道忧也。

【译文】大壮表示盛极而止；遁卦表示退让隐避。大有表示众多，同人表示亲和；革卦除去故弊，鼎卦采取新法；小过纠枉过正，中孚诚信中直。丰卦荫蔽是因为丰茂过多，亲人远离寡居在外正是旅卦的含义。离卦表示火焰向上而坎卦表示水流向下。小畜是积累得比较寡少，履卦是谨慎不处。需卦是等待不进，讼卦是争讼而不亲近。大过是颠倒正反，是非不分，姤卦是巧遇媾和，柔弱遇到了刚强。渐卦表示女儿出嫁，等待男子的迎亲行动。颐卦是涵养正气，既济是大事已定，归妹是女儿有了好归宿，未济表示男子的穷困未展。夬卦之德表示冲决突破，象征刚爻和柔爻的决裂。大易之德清楚表明：君子之道宽广而长久，小人之道狭窄而忧愁。

尚书

虞 书

尧 典

【原文】曰若①稽古②。帝尧曰放勋。钦③明文思安安。允恭克让④，光被四表⑤，格⑥于上下。克明俊德⑦，以亲九族⑧。九族既睦，平章百姓⑨。百姓昭明，协和万邦。黎民于变时雍⑩。

【注释】①曰若：文言中的句首发语词，用作追述往事文章的开头，没有实际意义。②稽：该处用作动词，是考察、检验的意思。古：这里指古代流传的传说。③钦：恭敬、谨慎、严肃。④允：诚实。恭：恭谨、恭敬。克：能够。让：推举贤能。⑤被：覆盖，蒙受，在此可以引申为照耀。四表：四方很远的地方，在古代，用以指天下。⑥格：到达、抵达之义。⑦克：能够。俊德：指才德兼备的人。⑧九族：指同族的人。其中包括父族，也就是指自己一族。出嫁的姑母及其儿子、出嫁的姐妹及外甥、出嫁的女儿及外孙。母族，是指外祖父一家、外祖母的娘家、姨母及其儿子。妻族，是指岳父的一家、岳母的娘家。在中国古代，对九族的解释说法不一，如：另外一种认为是从本人算起向上五代，向下五代，共是九代为九族，九代的直系亲属，包括高祖、曾祖、祖父、父亲、自己、儿子、孙子、曾孙、玄孙。在中国古代"九族"是与"抄家"和"灭族"联系在一起的，目的在于解除后患。从中可以看出中国古代复仇文化的特征与中国古代某些法令的残酷性。⑨平：辨别。章：使明显，也可引申为表彰。百姓：百官族姓。⑩黎民：广大民众或称之为人民。于：随着。时：友善。雍：和睦的样子。

【译文】考察古代历史，尧帝的名字叫放勋。他处事谨慎、聪明，有文采、思想，神态安详。恭敬能够推举贤能，道德照耀四方，充满天地间。推举贤德之人治理自己的族人，使自己的族人和睦而强大，表彰百姓，使人们有明确分工。统一无数部落，黎民友善和睦。

【原文】乃命羲和①，钦若昊天②，历象③日月星辰，敬授民时。分命羲仲，宅嵎夷④，曰旸谷⑤。寅宾⑥出日，平秩东作⑦。日中⑧，星鸟⑨，以殷仲春⑩。厥民析⑪，鸟兽孳尾⑫。申命羲叔，宅南交⑬。平秩南讹⑭，敬致⑮。日永⑯，星火⑰，以正仲夏。

【注释】①羲和：传说中的羲氏与和氏，根据记载是掌管天地之间四时变化的官重黎氏的继承人。②若：顺从，遵从，遵循。昊，广大、浩瀚的意思。③历：推算，估测。象：用作动词，即观察天象，另外还有解释，说是法、取法的意思。④宅：居住。嵎夷：地名，在东海的边上。⑤旸谷：传说中太阳升起的地方。在古代人的视觉中太阳升落的时候仿佛有山的影子，所以认为太阳是住在山谷里的，后来就将其称为旸谷。⑥寅：恭敬，敬重。宾：迎接，欢迎。⑦平秩：辨别、分辨、测定。作，开始、起始。东作：太阳从东方升起的时刻。⑧日中：指农历二十四节气中的春分。从春分这天开始白天与黑夜的时间就相等了，因此称其为日中。⑨星鸟：星座的名称，黄昏时出现在正南方，就是指南方朱雀七宿。朱雀是鸟名，所以就称为星鸟。⑩殷：正，定，确认。仲：第二的意思，古代经常"伯仲"并称，在这里是指每个季度三个月中的第二个月。⑪厥：其。析：分散开来。⑫孳尾：动物交配繁殖，后多指交尾。⑬交：地名，指交趾，据说是在今天越南的北部。⑭讹：运转、运行、转移。⑮致：归，回归，回来。⑯日永：指农历二十四节气里的夏至。在夏至这天白天达到一年中的最长，因此叫日永。⑰星火：星宿，指火星，东方青龙七宿之一，夏至这天黄昏，火星出现在天空中的南方。

【译文】于是尧便命令羲和，恭谨地遵循上天的意旨行事，根据日月星辰的运行情况来制定历法，以教导人民按时令节气从事生产活动。又命令羲仲，住在东方海滨，名叫旸谷的地方。恭敬地等待着日出，并通过观察来辨别不同时期日出之特点。以昼夜平分的那天作为春分，并以鸟星见于南方正中之时作为仲春。这时人民分散在田野里劳作，鸟兽也顺时生育繁殖起来。又命令羲叔，住在太阳由北向南转移的地方。在这里观察太阳向南移动之规律，以规定夏天所应该从事的工作，并恭敬地等待着太阳的到来。以白昼时间最长的那天为夏至，并以这天火星见于南方正中之时，作为考定仲夏的依据。

【原文】厥民因①，鸟兽希革②。分命和仲，宅西，曰昧谷。寅饯纳日③，平秩西成④。

【注释】①因：意思是居住在高处。②希：通假字，通"稀"，稀疏。希革：意思是鸟兽皮毛稀少、不浓密。③饯：送行，送别。纳日：日落。④西成：是指太阳在西边落下的时刻。

【译文】这时人民住在高处，鸟兽的毛也都稀疏起来。又命令和仲，住在西方名叫昧谷的地方，以测定日落之处，恭敬地给太阳送行。

【原文】宵中①，星虚②，以殷仲秋。厥民夷③，鸟兽毛毨④。申命和叔，宅朔方⑤，曰幽都⑥。平在朔易⑦。日短星昴⑧，以正仲冬。厥民隩⑨，鸟兽氄⑩毛。帝曰：咨！汝羲暨和。期三百有六旬有六日，以闰月定四时，成岁。允厘百工，庶绩咸熙。"

【注释】①宵中：指农历中二十四节气里的秋分。秋分这天白天和黑夜的时间相等，因此叫宵中。②星虚：星座名，指虚星，北方玄武七宿之一。③夷：平，平坦。在此用为动词，指住到平地。④毛毨：生长出新的羽毛。⑤朔方：北方。⑥幽都：幽州，指今内蒙古东北一带。⑦在：察，观察，观看。易：变化，在此特指太阳的运行。⑧日短：指农历二十四节气之一的冬至。冬至这天白天最短，所以叫日短。星昴：星名，指昴星，西方白虎七宿之一。⑨隩：通奥，意思是内室，里面的屋子。为躲避严寒而进入室内居住。⑩氄：鸟兽身上细软的绒毛。

【译文】观察太阳入山时的规律，以规定秋季收获庄稼的工作，以秋分这天昼夜交替的时候和虚星见于南方正中的时候，作为考定仲秋的依据。这时，人民离开高地而住在平原，从事收获庄稼的劳动；这时鸟兽毛盛，可以选用。又命令和叔，居住在北方叫做幽都的地方，以观察太阳从南向北运行的情况。以白昼最短的那天作为冬至，并以昴星见于南方正中的时候，作为考定仲冬的依据。这时，人民都住在室内取暖，鸟兽为了御寒，毛长得特别细密丰茂。尧说："唉！羲与和啊！望你们以三百六十六日为一周期，剩下的天数，每三年置一闰月，以推定春夏秋冬四时而成岁。由此确定百官的职务，这样许多事情便得以顺利进行了。"

【原文】帝曰："畴咨若时登庸①？"

放齐②曰："胤③子朱启明。"

帝曰："吁！嚚讼④，可乎？"

帝曰："畴咨若⑤予采？"

驩兜⑥曰："都⑦！共工方鸠僝功⑧。"

帝曰："吁！静言庸违⑨，象恭滔天⑩。"

【注释】①畴咨若时登庸：畴，谁，哪一位。咨，语气词，没有实在意义。若，善，管理好。时，四时，四季。登庸，升用、提拔。②放齐：人名，是尧的一个臣子。③胤：后嗣，后代。朱：就是丹朱，是尧的儿子。启：发、开、打开。④吁：表示惊叹的词。嚚：不忠信的话。讼：争、争论、争辩。⑤若：善，管理好。采：事，政务。⑥驩兜：尧的大臣，传说中的四凶之一。驩兜，又作欢兜或驩头，是中国古代传说中的三苗族首领，传说因为与共工、鲧一起作乱，而被舜流放至崇山。现今的崇山在湖南张家界市，当地山上有欢兜墓、欢兜屋场、欢兜庙等古遗迹。⑦都：语气词，表称赞。⑧共工：中国古代神话人物之一，是西北方的洪水神，传说他与黄帝族的颛顼发生了战争，没有胜利，一气之下头撞在不周山上，于是天地就倾斜了。后来被颛顼杀掉了。此外还有一说，谓共工是尧的大臣，与驩兜、三苗、鲧并称"四凶"，被尧流放于幽州。在古代文献中记录颇多，如《山海经·海内经》："炎帝之妻，赤水之子，听沃生炎居，炎居生节并，节并生戏器，戏器生祝融，祝融降处于江水，生共工。"方：通防。鸠：通假字，通救。这句是说共工防救水灾，已经取得了功绩。⑨静言：善言，好听的话语。庸：常常。⑩象恭：表面上看起来很恭敬的样子。滔天：滔，通谄，轻慢。

女娲兴兵征共工

传说共工是古代的水神，与颛顼发生战争，失败后头触不周山，天地倾斜，女娲采五色石补天。又有一种说法，谓共工是尧的大臣，与驩兜、三苗、鲧并称"四凶"，后被尧流放于幽州。

【译文】尧说："唉！谁能顺应四时的变化获得功绩呢？"

放齐说："你的儿子丹朱，聪明能干，可以让他担任这项职务。"

尧说："唉！像他那样愚笨而不守忠信的人，可以担任这种职务吗？"

尧说："唉！谁能够根据我的意见来办理政务呢？"

驩兜说："哦！还是共工吧！他现在在安抚人民方面已经取得一定功效了。"

尧说："唉！这个人很会说些漂亮话，但却阳奉阴违，貌似恭敬，实际上对国君十分轻慢。"

【原文】帝曰："咨！四岳①。汤汤洪水方割②，荡荡怀山襄陵③，浩浩滔天④。下民其咨，有能俾乂⑤？"

佥曰："於！鲧⑥哉。"

帝曰："吁！咈⑦哉，方命圮族⑧。"

岳曰："异哉！试可乃已⑨。"

帝曰，"往，钦⑩哉！"九载，绩用弗成。

【注释】①咨：嗟。四岳：此处为官名，中国上古时代的部落首领，主要负责四岳的祭祀。②汤汤：形容水极其大的样子。割：害处，灾害。③荡荡：广大的样子。怀：围绕。襄：介词，上。④浩浩：形容水势很大。滔天：覆盖、弥漫与天空相接，形容波浪巨大的样子。⑤俾：使、让、令。乂：治理、管理。⑥鲧：尧的大臣，夏禹的父亲，是古代神话中的人物之一，曾奉命治水。⑦咈：违误，违法乱纪的意思。⑧方命：方，放。谓放弃教命。圮：毁坏，破坏。族：族类，同族的人。⑨异：不一样。试可乃已：是说让他试一试，如果不行，再免去他的职务。⑩钦：恭敬、谨慎。

【译文】尧说："唉！四方诸侯之长啊！奔腾呼啸的洪水普遍为害，吞没一切的洪水包围了大山，冲上了高空，水势大极了，简直要遮蔽天空。在下的臣民都愁苦叹息，有谁能治理洪水，使人民得以安居乐业呢？"

大家都说："哦，还是让鲧来担负这项责任吧！"

尧说："唉！这个人常常违背法纪，不遵守命令，危害同族的人。"

四方诸侯之长说道："我们知道的情况和你说的不一样，还是让他试一试，如果实在不行，再免去他的这项职务也不迟。"

尧说："去吧，鲧，可要恭敬地对待你的职务啊！"鲧治水九年，毫无功绩。

【原文】帝曰："咨！四岳。朕在位七十载，汝能庸①命，巽②朕位！"

岳曰："否③德忝④帝位。"

曰："明明扬侧陋⑤。"

师锡⑥帝曰："有鳏⑦在下，曰虞舜。"

帝曰："俞⑧！予闻，如何？"

【注释】①庸：动词，顺从，顺应。庸命，就是顺应天意的意思。②巽：用作"践"，意思是实践，付诸实际行动，这里指接替首领的位置这件事情。③否：鄙陋。④忝：侮辱，意思是不适合、没有资格。⑤明明：第一个"明"活用为动词，是观察、考察的意思。这个词，在此指考察贤明的人。扬：推荐，举荐。侧陋：隐伏于下面的，指地位卑贱的人。⑥师：众人，大家。锡：赐，这里指提供参考的意见。⑦鳏：困苦的人，处境困难的人。⑧俞：对，是这样的，表示对对方观点的赞成。

【译文】尧说："唉！四方诸侯之长啊！我在位七十年，你们之中有谁能够顺应上帝的命令，代替我登上天子大位呢？"

四方诸侯之长回答说："我们的德行鄙陋，不配登上天子的大位。"

尧说："应该考查贵戚中的贤人，或是隐伏在下面，地位虽然低贱，实际上却是贤能的人，还是让贤德之人登上帝位吧！"

大家告诉尧说："在民间有一个处境艰难的人，名字叫做虞舜。"

尧说："是啊，我也听说过这个人，但他的德行到底怎样呢？"

【原文】岳曰："瞽①子，父顽，母嚚，象傲，克谐。以孝烝烝②，乂不格奸③。"

【注释】①瞽：瞎子，这里指舜的父亲乐官瞽瞍。②烝烝：指德行美好。③乂：管理、治理。格：至，达到，抵达。奸：奸邪、为人不正。

【译文】四方诸侯之长回答说："他是乐官瞽瞍的儿子，其父心术不正，其母善于说谎，其弟十分傲慢，对舜的态度很不友好。而舜和他们却能和睦相处，以自己孝行美德感化他们，家务处理得十分妥善。家人也都改恶从善，使自己的行为不至流于奸邪。"

【原文】帝曰："我其试哉！女于时①，观厥刑于二女②。"厘降二女于妫汭③，嫔④于虞。

帝曰："钦哉！"

【注释】①女：嫁出女儿。时：代词，这，指这个人，这里说的是舜。②厥：其，代词，指舜。刑：法度，法则，规则。二女：指尧的女儿娥皇和女英。③厘：动词，让、命令。妫：水名。一种说法是：妫水，中国山西省西南部的一条小河，向西流入黄河；另一相近说法是：水名，源出中国北京市延庆县，流入桑干河。汭：河流拐弯的地方。④嫔：妇人，嫁给别人做妻子。

【译文】尧说："让我考察考察他吧！"于是决定把两个女儿嫁给舜，从两个女儿那里考察他的德行。尧命令在妫河的拐弯处举行婚礼，让两个女儿做了虞舜的妻子。

尧说："恭敬地处理政务吧！"

舜　典

【原文】曰若稽古帝舜，曰重华协于帝。濬哲文明，温恭允塞，玄德升闻，乃命以位。

慎徽五典①，五典克从②。纳于百揆③，百揆时叙④。

【注释】①徽：美，善。五典：指五典之教，即父义、母慈、兄友、弟恭、子孝五种伦理道德的教化。②克：能、能够。从：顺从，依从。③纳：入、进，授予官职。百揆：管理一切政务和百官的官。④时叙：承顺、服从命令。

【译文】考察古代历史，舜帝名叫重华，他的光辉与尧相合。智慧明鉴，温柔诚实。德行远播，尧帝也有所听闻，于是让他治理国家。

先使舜负责推行德教，舜便教导臣民以父义、母慈、兄友、弟恭、子孝五种美德指导自己的行动，臣民都能听从这种教导而不违背。然后又让舜总理百官，百官都能服从命令，使百事振兴，无一荒废。

【原文】宾①于四门，四门穆穆②。纳于大麓③，烈风雷雨弗迷。

【注释】①宾：迎接宾客，接待宾客。②穆穆：形容仪容整齐，态度谨慎、恭敬。③大麓：麓，山脚。大麓，是指山野，在古代也指主管山林的官。

【译文】又让舜在明堂的四门，负责接待四方前来朝觐的诸侯，使诸侯们都能和睦相处。最后使舜进入山麓的森林中，经受风雨的考验。舜在烈风雷雨中也没有迷失方向。

帝舜

传说中的上古帝王名，姚姓，有虞氏，名重华，史称虞舜。传说因四岳的推荐，尧命他摄政。他巡行四方，除去鲧、共工、驩兜和三苗等四人。后继承尧的帝位，挑选贤人治理民事，并将治水有功的禹选为继承人。

【原文】帝曰："格①！汝舜。询②事考③言，乃言底④可绩，三载。汝陟⑤帝位。"舜让于德，弗嗣。

【注释】①格：来、来到。②询：谋，考虑，思谋。③考：考察，察看。④底：求得的意思。⑤陟：登上。

【译文】尧说："来吧！舜啊。你谋事周到，提的意见也都十分正确，经过三年考验，你的确取得了不少成绩，你现在可以登上天子的大位了。"舜以为自己的德行尚差，推让不愿就位。

【原文】正月上日①，受终于文祖②。在璇玑玉衡③，以齐七政④。肆类⑤于上帝，禋于六宗⑥，望⑦于山川，遍于群神。辑五瑞⑧，既月乃日⑨，觐四岳群牧⑩，班瑞于群后⑪。

【注释】①上日：佳日，吉日，吉祥的日子。②终：这里的意思是指尧退下了帝位。文祖：尧太祖的宗庙，古代国家大事都是在此举行。③在：考察。璇玑玉衡：指北斗七星。该观点是沿袭了司马迁的说法。玉衡是杓，璇玑是魁。后来的文献当中对此的说法不一，解释颇多。从汉代起，有的人认为璇玑玉衡是仪器，如孔安国就曾说璇玑玉衡为"正天之器，可运转"，很明确地认定璇玑玉衡就是仪器。拥有此观点的人还有郑玄等。④齐：列举。七政：指祭祀、班瑞、东巡、南巡、西巡、北巡、归格艺祖七项政事。⑤肆：连词，于是。类：一种祭祀场合使用的礼节，在这里指向上天报告承袭帝位的事情。⑥禋：祭祀的名称。六宗：在这里指天、地和春、

夏、秋、冬四时。但在后来的年代里，这一说法发生了很大的变化。如汉朝的刘歆认为这"六宗"就是乾坤六子，包括水、火、雷、风、山、泽。三国时期魏国的刘劭认为是太极冲和之气，是六气之宗，成为"六宗"。还有晋代的司马彪称为天宗、地宗及四方之宗，等等说法。⑦望：祭祀山川的仪式。⑧辑：收集，聚敛。五瑞：是指五种标志不同等级的玉，作为诸侯们的信符。⑨既月乃日：挑选吉祥的日期。⑩觐：入朝拜见天子。牧：古时的一种官员。⑪班：通假字，通"颁"，颁布、颁发。后：指诸侯国君。

【译文】正月初一这天，在尧的太庙举行禅位典礼。舜代尧接受了天子的大命。舜继位后，便考察了北斗七星的运行规律。接着举行了祭天的大典，把继位之事报告给上帝。然后又精心诚意地祭祀天地四时，祭祀山川和群神。随后聚敛了诸侯的信圭，择定吉月吉日，召见四方诸侯君长，举行隆重的典礼，把信圭颁发给他们。

【原文】岁二月，东巡守，至于岱宗①，柴②。望秩③于山川，肆觐东后④。协时月正日⑤，同律度量衡⑥。修五礼、五玉、三帛、二生、一死贽⑦。如五器⑧，卒乃复⑨。五月南巡守，至于南岳，如岱礼。八月西巡守，至于西岳，如初。十有一月朔⑩巡守，至于北岳，如西礼。归，格于艺祖，用特⑪。

【注释】①岱宗：指东岳泰山。②柴：古代祭祀天的仪式。③秩：次序，依次。④东后：东方诸侯的国君。⑤协：符合。时：春夏秋冬四季。正：认定。⑥同：统一，使统一，使一致。律：指的就是阴阳十二律，其中阴律和阳律各占一半。度：丈尺。量：斗斛。衡：斤两。⑦五礼：指公、侯、伯、子、男五等朝聘之礼，是中国古代礼仪与等级的重要特征之一。五玉：即前面说的五瑞。三帛：三种颜色不同的丝织品，用来铺在玉的下面。二生：活羊羔和活的大雁。一死贽：一只死了的野雉。⑧如：而，连词。五器：即上文所说的五瑞。⑨卒乃复：完事之后就归还。⑩朔：北方。⑪特：专指公牛。

【译文】这一年的二月，舜到东方进行视察。到了泰山，举行了祭祀泰山的典礼。对于其余的山川，都根据其大小给予不同的祭祀。于是便召见了东方的诸侯，首先根据对天象的观察，使月日

娥皇女英

也称"皇英"，长曰娥皇，次曰女英，两人一起嫁给帝舜为妻。舜父顽，母嚣，弟劣，曾多次欲置舜于死地，舜在娥皇女英的帮助下脱险。舜承继了尧的帝位，后到南方巡视，死于苍梧。二妃前往寻找，泪染青竹，竹上生斑，因称"湘妃竹"。

的记时与自然运行的实际情况相符，并且统一了律、度、量、衡。制定了公、侯、伯、子、男五等礼节和相应的五种信圭，规定了诸侯以红、黑、白三种颜色的丝织物作为朝见时的贡献，卿大夫则以活的羊羔和雁作为朝见时的贡献，士则以一只死雉作为朝见时的贡献。朝见的典礼结束之后，便把三种颜色的丝织物及信圭退还给诸侯。五月在南方巡行视察，到了衡山，像祭祀泰山一样祭祀衡山。八月在西方巡行视察，到了华山，也像祭祀泰山一样祭祀华山。十一月在北方巡行视察，到了恒山，像祭祀华山一样祭祀恒山。回朝之后，去了尧的大庙，用一头牛作了祭祀。

【原文】五载一巡守，群后四朝。敷①奏以言，明试以功，车服以庸②。

【注释】①敷：普遍的、全面的。②庸：奖励。

【译文】每隔五年，舜都要进行一次全面的巡行视察。四方诸侯分别在四岳朝见天子，向天子报告自己的政绩，天子也认真地考察诸侯国的政治得失，把车马衣服奖给有功的诸侯。

【原文】肇①（zhào）十有二州，封十有二山，浚②（jùn）川。

【注释】①肇：这里指划分地域。②浚：动

舜祀山川

尧对舜进行了多方考验后，选择吉日，举行仪式，将帝位禅让给舜。舜即位当年的二月，就到各地巡守，祭祀名山，召见诸侯，考察民情，还规定每隔五年都要进行一次巡守，考察诸侯的政绩，进行赏罚。

词，疏通河道。

【译文】开始划定十二州的疆界，在十二座大山上封土为坛，作祭祀之用，同时又疏通河道。

【原文】象以典刑①。流宥②五刑，鞭作官刑，扑③作教刑，金作赎刑。眚灾肆赦④（shěng），怙终贼刑⑤（hù）。"钦哉，钦哉，惟刑之恤⑥哉！"

【注释】①象：在此用作动词，刻画，镂刻。典：通常的，经常使用的。典刑：常用的墨、剒、刖、宫、大辟五种刑罚。②流：流放，放逐。宥：原谅、宽恕。③扑：榎楚，古代用作惩罚的用具。④眚：过失、错误。肆：连词，就。⑤怙：依仗。贼：借为"则"，连词，就。⑥恤：谨慎小心。

【译文】在器物上画着五种刑罚的形状，使人民有所儆戒。用流放的办法代替五刑，以表示宽大。庶人做官而又有俸禄者，犯了过错，罚以鞭刑。掌管教化的人，使用刑罚时，则用扑刑，犯了过错可以出金赎罪。如果犯了小错，或过错虽大，只是偶一为之，可以赦免；如果犯的罪较大而又不知悔改，便要给予严厉的惩罚。"小心啊！小心啊！在使用刑罚时，可要十分慎重啊！"

【原文】 流共工于幽州①，放驩兜于崇山②，窜三苗③于三危④，殛⑤鲧于羽山⑥，四罪而天下咸服。

【注释】 ①幽州：地名，位于北方的边远地区。②崇山：地名，在现在湖北黄陂以南。③三苗：古代的国名之一，又称有苗或苗民，大致居住在现在的河南南部、湖南、江西。④三危：地名，在现在甘肃敦煌一带。⑤殛：流放、放逐。⑥羽山：地名，在东方，位于现在的江苏东海县和山东临沭县交界的地方。

【译文】 把共工流放到幽州，把驩兜流放到崇山，把三苗驱逐到三危，把鲧流放到羽山。罪人都受到了应得的惩罚，天下的人便都心服口服了。

【原文】 二十有八载，帝乃徂落①。百姓如丧考妣，三载，四海遏密②八音③。月正元日，舜格④于文祖，询于四岳，辟四门，明四目，达四聪。

【注释】 ①徂落：死亡。②遏：制止、停止。密：静、使安静、静止。③八音：金、石、丝、竹、匏、土、革、木制作的乐器打出的八种声音，后来泛指音乐。④格：动词，至、到、抵达。

【译文】 当舜总理政务二十八年的时候，帝尧便死去了。百官和人民好像死去父母一样悲痛，在三年中，全国上下未奏音乐。守丧三年以后的正月初一，舜到了文祖庙，和四方诸侯之长共商国家大事，开明堂的四门，明察四方政务，倾听四方意见。

【原文】 "咨，十有二牧①！"曰："食哉惟时！柔②远能③迩④，惇⑤德允⑥元⑦，而难⑧任人⑨，蛮夷率服。"

【注释】 ①牧：指州的行政长官。②柔：安抚。③能：善，爱护。④迩：与远相对，近。⑤惇：浓厚。⑥允：取信。⑦元：善。⑧难：拒绝，抵制。⑨任人：佞人，指不忠实的人。

【译文】 舜对十二州的君长叹息着说："只有衣食才是人民的根本啊！安抚远方的臣民，爱护周围的臣民，并顺从他们的意志去处理政务。德厚，才能取信于人，才能使政务达到至善的地步；拒绝使用那些花言巧语的人，边远地方的民族，才能都对你表示臣服。"

【原文】 舜曰："咨，四岳！有能奋①庸②熙③帝之载④，使宅⑤百揆⑥亮⑦采⑧，惠⑨畴⑩？"

【注释】 ①奋：奋起、奋发。②庸：动词，用功，努力。③熙：广大，光大。④载：事业。⑤宅：居住。⑥百揆：古代官名。⑦亮：帮助、协助。⑧采：事情。⑨惠：助词，无实在意义。⑩畴：疑问代词，谁。

【译文】 舜说："咳！四方诸侯之长啊，有谁能够奋发努力，以发扬先帝的事业，能够主持政务率领百官，并帮助百官使他们遵循大法行事呢？"

【原文】 佥曰："伯禹作司空①。"

君臣惕益

帝尧命禹治水，度南北，周行寓内，东造延西，疏九河于滆渊，开五水于东北，平易相土，观地分州。殊方各进，有所纳贡，民去崎岖，归于中国。尧曰：俞！以固冀于此。乃号禹曰伯禹，命他为司空，赐姓姒氏。

帝曰："俞，咨！禹，汝平水土，惟时^②懋^③哉！"禹拜稽首，让于稷、契暨皋陶。

帝曰："俞，汝往哉！"

【注释】①司空：古代三公之一，管理全国土地的官员。②时：代词，代指百揆之职。③懋：勉力，鼓励，激励。

【译文】大家都说："伯禹担任司空，工作做得很好。"

舜说："好吧！禹啊，你治理水土有功，希望你再努力地承担起这份责任吧！"禹行礼拜谢，并且谦虚地让稷、契和皋陶来担任这项职务。

舜说："你的态度很好，不过这项职务还是让你去担任吧！"

【原文】帝曰："弃，黎民阻饥^①，汝后稷^②，播时^③百谷。"

帝曰："契，百姓不亲，五品不逊^④。汝作司徒^⑤，敬敷五教^⑥，在宽。"

【注释】①黎：众多。阻饥：为饥饿所苦。②后：担任，主持。稷：原为"谷神"，这里指的是农官，主管播种谷物的事情。③时：通假字，通"莳"，耕种，播种，种植。④五品：父、母、兄、弟、子。逊：和顺，谦和，恭顺。⑤司徒：上古时期的官名，是三公之一，据说在尧帝的时候设立的，主要负责教化民众和管理行政事务。⑥敷：布，推行。五教：五品之教，即父义、母慈、兄友、弟恭、子孝五种伦常。

【译文】舜说："稷啊！现在人民苦于没有饭吃，你担任后稷这项职务，带领人民种植庄稼吧！"

舜说："契啊！现在人民很不友好，君臣之间，父子之间，夫妇之间，长幼之间，朋友之间，不能恭顺。你担任司徒这种官职，对他们进行五常教育，推行这些教育的时候，一定要本着宽厚的原则。"

【原文】帝曰："皋陶，蛮夷猾^①夏^②，寇贼奸宄^③。汝作士^④，五刑有服^⑤，五服三就^⑥。五流有宅^⑦，五宅三居^⑧。惟明克允^⑨！"

【注释】①猾：骚扰，侵扰。②夏：古代时期指中国。③寇：抢劫，掠夺。贼：杀人。奸宄：犯法作乱。外部的叫做奸，内部的叫做宄。宄，也作轨。④士：狱官的首领。⑤服：用，使用。⑥就：表处所。⑦五流：五种流放的方式。宅：处所。⑧三居：三种处所。⑨明：明察。允：公允，允许。

【译文】舜说："皋陶啊！外族部落经常来侵犯我们，他们在我国境内到处为非作歹，抢夺人民的财产。望你担任法官，能根据犯人罪行的大小使用五种刑罚。罪大者，便带到原野上行刑；罪轻者，可分别带到市、朝内行刑。把他们的罪行告示出来，使人有所儆戒；或者为了表示宽大，也可以用流放来代替。流放也要根据罪行大小分为五种，把犯人流放到远近不同的地方，这些地方可在九州之外，四海之内，并分作三等以区别其远近。只有明察案情，处理得当，人民才会信服啊！"

【原文】帝曰："畴若予工^①？"

佥曰："垂哉！"

帝曰："俞，咨！垂，汝共工^②。"垂拜稽首，让于殳斨^{shū qiāng}暨伯与^③。

【注释】①若：善。工：官名，即主百工之官。②共工：上古时期的官名，治理百工之事。③殳斨、暨伯与：都是古代的人名。

【译文】舜说："谁来担任百工这项职务？"

大家都说："还是让垂来担任吧！"

舜说："好吧！垂啊，你来担任百工的职务吧。"垂行礼拜谢，并表示谦让于殳、斨和伯与来担任这项职务。

【原文】帝曰："俞，往哉！汝谐^①。"

帝曰："畴若予上下^②草木鸟兽？"

佥曰："益^③哉！"

帝曰："俞，咨！益，汝作朕虞^④。"益拜稽首，让于朱虎、熊罴^⑤。

帝曰："俞，往哉！汝谐。"

【注释】①谐：共同，一起。②上下：上指山川，下指河泽。③益：人名，即伯益。伯益是一位具有远见的人物，早在舜征讨三苗的时候，是因为使用了伯益的建议，才使得三苗归顺。④虞：掌管山林的官职。⑤朱虎、熊罴：二人名。《左传》中就有"伯虎、仲熊"的记载。

【译文】舜说："好吧！让他们也和你一起去负责这项工作吧！"

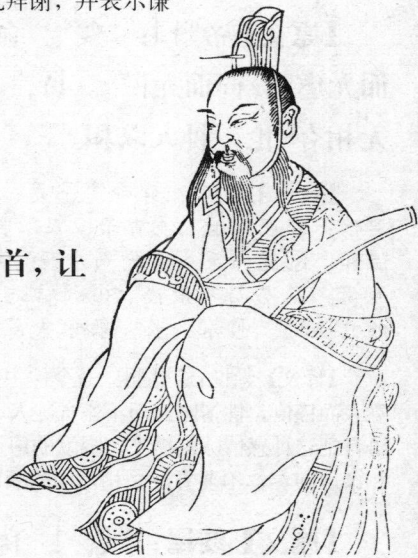

舜说："谁能替我管理山林川泽中的草木鸟兽？"

大家都说："让益来担任这项职务吧！"

舜说："好吧！益啊，你来担任我的虞官吧！"益叩头拜谢，并谦虚地表示要把这项职务让给朱虎、熊罴。

舜说："好吧！让他们和你一起去负责这项工作吧！"

伯益

古代东夷族首领少昊之后，曾经与大禹共同辅佐舜。善于狩猎与畜牧，以虞官的身份负责治理山泽，管理草木鸟兽。因而在畜牧方面功绩卓著，又始食于嬴，舜赐其姓为嬴氏，并赐给封土。舜后大禹继位，他又辅佐大禹，是一位重要的历史人物。

【原文】帝曰："咨！四岳，有能典朕三礼①？"金曰："伯夷②！"

帝曰："俞，咨！伯，汝作秩宗③。夙夜惟寅④，直哉惟清⑤。"伯拜稽首，让于夔、龙⑥。

帝曰："俞，往，钦哉！"

【注释】①典：主。三礼：指事天、地、人的礼。②伯夷：人名。下面的"伯"也是指的伯夷。③秩宗：官名，掌管次序尊卑等礼仪的官职。④夙夜：早晚。寅：敬，恭谨。⑤直：正直。清：洁，清明。⑥夔、龙：二人名。

【译文】舜说："唉！四方诸侯之长啊！有谁能替我主持三礼？"

大家都说："伯夷可以。"

舜说："好吧！伯夷，你来担任祭祀鬼神的职务吧！一早一晚都要恭敬地去祭祀鬼神，祭祀时的陈词，要正直而清明。"伯夷叩头拜谢，谦逊地要把这种职务让给夔和龙。

舜说："好吧！还是让你去担任这项职务吧，一定要恭敬啊！"

【原文】帝①曰："夔②！命汝典乐③，教胄了④，直而温⑤，宽而栗⑥，刚而无虐⑦，简而无傲⑧。诗言志⑨，歌永言⑩，声依永，律和声。八音克谐，无相夺⑪伦，神人以和。"

【注释】①帝：舜帝。②夔：人名，据说是在舜的时期掌管音乐的人。③汝：你。典乐：管理音乐。④胄子：胄，长。意思是教育子弟，让他们成长。⑤直：正直。温：温和。⑥宽而栗：宽宏而庄严。栗：坚。⑦刚：刚毅。无：不要。虐：苛刻。⑧简而无傲：简易而不傲慢。⑨诗言志：中国古代诗歌创作的传统，诗歌是要用来表达人的意志的。⑩永：长。歌咏言，说的是歌是延长诗的语言。⑪夺：失去，弄乱。

【译文】舜说："夔啊！命令你主持乐官，去教导那些年轻人，要把他们教导得正直而温和，宽大而谨慎，性情刚正而不盛气凌人，态度温和而不傲慢。诗是用来表达思想感情的，歌则借助语言把这种感情咏唱出来，唱歌的声音既要根据思想感情，也要符合音律。八类乐器的声音能够和谐地演奏，不要弄乱了相互间的顺序，让神人听了都感到快乐和谐。"

【原文】夔曰："於①！予击石拊石②，百兽率舞。"

【注释】①於：音乌，叹词。②拊：轻轻地敲击。石：石磬。

【译文】夔说："好啊！让我们敲着石磬，奏起音乐来，让那些无知无识的群兽都感动得跳起舞来吧！"

【原文】帝曰："龙！朕堲谗说殄行①，震惊朕师②。命汝作纳言③，夙夜出纳朕命，惟允！"

【注释】①聖：同"忌"，讨厌、厌恶。谗说：讲谗言或说坏话。殄：危害。②师：民众，人民。③纳：在这里指的是纳言，古代的官职名称。

【译文】舜说："龙啊！我非常讨厌那种说坏话和阳奉阴违的人，因为这种人常常以一些错误的话使我的民众震惊。命令你负责纳言的官职，一早一晚，或代我发布命令，或向我汇报下面的意见，都必须实事求是。"

【原文】帝曰："咨！汝二十有①二人，钦哉！惟时亮天功②。"三载考绩，三考，黜陟幽明③，庶绩咸熙④。分北⑤三苗。

【注释】①有：又，用于整数零数之间。②亮：辅助、帮助。天功：大事，治理百姓一类的事情。③黜：废、罢免。陟：提升，提拔。幽：昏庸的，有错误的。明：贤明，圣明。④熙：兴，振兴。⑤北：同"背"，别。

【译文】舜说："唉！你们二十二人，都要恭敬地对待自己的职务，时刻想着接受上天的命令并帮助上天治理臣民。每隔三年，就要检查一下你们的政绩。经过考查，凡是有功的人，便提拔他；凡是有过错的人，便罢免他。"经过这番整顿，许多工作都振兴起来了，并把三苗流放到边远地方。

【原文】舜生三十征①，庸三十②，在位五十载，陟③方乃死。

【注释】①征：被召征，被征用，被任用。②庸：同"用"，任用。三十：现在的说法是二十。③陟：升，登上。

【译文】舜三十岁时被征用，三十年后接替了尧的帝位，在位五十年，后南巡，登上了衡山，并在那里去世。

夏书

禹贡

【原文】禹敷土①，随山刊木②，奠高山大川③。

【注释】①敷：分，划分。敷土：划分九州的土地。②随：沿着，顺着。刊：动词，砍，用斧头砍。③奠：定。这里也指定位命名的意思，以山川界定地域。

【译文】禹为了区分九州的疆界，便在经过的山上插上木桩作为标记，并负责为高山大河命名。

【原文】冀州①：既载壶口②，治梁及岐③。既修太原④，至于岳阳⑤。覃怀底绩⑥，至于衡漳⑦。厥土惟白壤⑧，厥赋惟上上⑨，错⑩，厥田惟中中。恒、卫既从⑪，大陆既作⑫。岛夷⑬皮服，夹右碣石入于河⑭。

【注释】①冀州：在尧时是当时的政治中心。在今山西与河北西部。②载：此处为动词，事，施工。壶口：山名，在今山西省吉县南，黄河就是从此流过。③梁：山名，也就是现在的吕梁山，在今山西省。岐：山名，山的支脉，大概是狐岐山，在今天的山西省内。④太原：今山西太原一带，汾水上游。⑤岳阳：《水经·汾水注》：“《禹贡》所谓岳阳，即霍太山。”霍太山即太岳山，在今山西霍县东，汾水所经之地。阳：山的南面。⑥覃怀：地名，在今河南省黄河以北地区。底：致，得到。绩：成功。⑦衡：通“横”。漳：漳水，在覃怀之北。⑧厥：其，代指冀州。惟：为，是。壤：柔土。⑨赋：赋税。上上：《禹贡》将赋税和土质分了九个级别，上上就是第一等。⑩错：杂。⑪恒：滱水。卫：滹沱河。从：沿着河道。⑫大陆：泽名，在今河北巨鹿县西北。作：耕种。⑬岛夷：住在海上的东方民族。在古代时期往往将中原以外的区域的其他民族称为蛮夷。⑭夹：同“挟”，接近。碣石：山名，在今河北昌黎县的西北方向。

夏禹

是与尧舜并称的传说中的古圣王，为夏王朝的开国君主。《史记》说他名文命，是“黄帝之玄孙而帝颛顼之孙也”，既是贵胄，其家又世为大臣。他的父亲是治水无功的鲧，在尧的时代被任用，在舜时被放逐。禹在舜时任司空，治理水土，其主要工作是治水，完成了其父未竟的事业。

【译文】冀州：壶口的工程已经结束了，便开始开凿梁山和岐山。太原周围的河道也修理好了，一直修到太岳山的南面。覃怀一带的水利工程，也取得很大成绩，从这向北一直到横流的漳水，一些河道也都得到了治理。这里是一片白色而土质松软的田地，这里的臣民应出一等赋税，也可间杂出二等赋税，这里的土地属第五等。恒水、卫水也已疏通，其水可以流入大海，大陆泽的工程也开始动工。沿海一带诸侯进贡皮服时，可从碣石入黄河来贡。

【原文】 济、河惟兖州^①：九河既道^②，雷夏既泽^③，灉、沮会同^④。桑土既蚕^⑤，是降丘宅土^⑥。厥土黑坟^⑦，厥草惟繇^⑧，厥木惟条^⑨。厥田惟中下，厥赋贞^⑩，作十有三载乃同^⑪。厥贡漆丝^⑫，厥篚织文^⑬。浮于济、漯^⑭，达于河。

【注释】 ①济：水名。源出河南济源县，汉代在今河南武陟县流入黄河，又向南□□，流向山东，与黄河平行入海。兖州：今河北、山东境内。②九河：黄河流到兖州，分为九条河。道：引入大海。③雷夏：泽名，在今山东菏泽东北。④灉：黄河的支流，已消失。沮：灉河的支流，也湮灭了。会同：会合流入雷夏泽。⑤桑土：宜养桑的田。蚕：养蚕。⑥是降丘宅土：是，于是。降，下。宅，居住。⑦坟：马融说："有膏肥也。"大致相当于高山，有突起的意思。⑧繇：茂盛的样子。⑨条：长，高大。⑩贞：《孔疏》说："贞即下下，为第九也。"但是，在其他的文献当中还有别的说法。有的认为同"中"，也就是第五等。⑪作，耕作。乃同：才与别的八州相同。⑫漆丝：这里说的是人们进贡的漆和丝。⑬厥篚织文：篚，竹器。《孔传》中认为织纹就是文锦。⑭浮：船行于水上。漯：水名，黄河的支流，流经山东。

【译文】 济河与黄河一带是兖州地区：黄河下游的九条河道都疏通了，雷夏泽的工程也完成了，灉、沮河会合流入雷夏泽。水退以后土地能够种植桑，因而可以养蚕了，因此人民便从小土山上搬下来，住在平地上。这里是一片黑色的沃土，这里的草已经冒出新芽，树木也已经长出细细的枝条。这里的土地属第六等，这里的人民缴纳第九等赋税。开垦十三年之后，再和其他州的赋税相同。这里的人民应当进贡漆和丝一类的物品，并且要将丝织品染成各种花纹，放在竹篮子里贡来。进贡的道路，可由济河、漯河乘船顺流入黄河。

【原文】 海、岱惟青州^①：嵎夷既略^②，潍、淄其道^③。厥土白坟，海滨广斥^④。厥田惟上下，厥赋中上。厥贡盐、絺^⑤，海物惟错^⑥。岱畎丝^⑦、枲、铅、松、怪石。莱夷作牧^⑧。厥篚檿丝^⑨。浮于汶^⑩，达于济。

【注释】 ①海：就是现在的渤海。岱：泰山。青州：就是现在的山东半岛。②嵎夷：地名，现在的胶东半岛。略：划分土地。③潍、淄：二水名，在现在的山东。道：疏导。④斥：名词，指的是盐碱地。⑤絺：细葛布。⑥错：杂，多种东西交杂在一起。⑦畎：谷、山谷。枲：麻。铅：一种金属，锡。⑧莱夷作牧：莱夷，地名，当时用作放牧，今莱州、登州一带。⑨檿：山桑，柞树。⑩汶：水名，济水的支流，在今山东。

【译文】 横跨渤海和向东至泰山，这是青州地区：嵎夷的水利工程，只花了较少的力量便完成了。潍河与淄河的故道，都已经疏通。这里是一片地势较高的灰白色的土壤，沿海的广大地区都是这种盐卤之地。这片土地的质量在九州中属第三等，其赋税是第四等。这里的人民应该进贡盐、细葛布和各种各样的海产品。泰山一带要进贡丝、大麻、铅、松树和奇特美好的怪石。莱夷一带可以从事放牧了，还要把山桑和丝放在筐内运来作为贡品。进贡的路线由汶水直入济水。

下车泣罪

传说禹继承了舜的帝位后，一次乘车出外，遇见一个犯了偷盗罪的犯人。禹一面对他进行规劝，一面流下眼泪。他责备自己，虽然做了领袖，但百姓却不能与他同心同德，以致做出损人利己的事，并当即命侍从取出一块龟板，在上面刻写了"百姓有罪，在于一人"八个字，下令释放了那个罪人。

【原文】海、岱及淮惟徐州①：淮、沂其乂②，蒙、羽其艺③，大野既猪④，东原厎平⑤。厥土赤埴⑥坟，草木渐包⑦。厥田惟上中，厥赋中中。

【注释】①海：指黄海。淮：淮河。徐州：位于今江苏、安徽北部，山东南部。②沂：沂水，在山东，最后流入淮河。乂：治理。③蒙：山名，在山东蒙阴县西南。羽：羽山，在今江苏赣榆县西南。艺：动词，种植。④大野：巨野泽，在山东巨野县。猪：潴，水停的地方。⑤东原：今山东东平县地区，在汶水济水之间。厎：到，得到。平：治。⑥埴：粘土。⑦渐包：滋长而丛生。包，同"苞"，所以又写作渐苞。渐，逐渐地，渐渐地。

【译文】东起大海，南至淮河，北到泰山，这是徐州地区：淮河和沂水都已经治理好了，蒙山和羽山一带的土地，也许要种植庄稼了，大野泽已容纳四周的流水，东原一带的土地也可以耕种了。这里是一片高起的土性较粘的红土地，草木也逐渐茂盛起来。这里土地的质量在九州之中属第二等，应该缴纳第五等的赋税。

【原文】厥贡惟土五色①，羽畎夏翟②，峄阳孤桐③，泗滨浮磬④，淮夷玭珠暨鱼⑤。厥篚玄纤缟⑥。浮于淮、泗，达于河⑦。

【注释】①土五色：《孔传》说："王者封五色土为社，建诸侯则各割其方色土与之。"②羽：羽山。畎：谷、山谷。夏：大。翟：野鸡，羽毛可用作装饰。③峄：峄山，在今天的江苏邳县境。阳：山的南面。孤桐：独自生长的桐木。④泗：水名，源出今山东泗水县，淮河的支流。浮磬：一种可以作磬的石头。⑤玭珠：玭蚌所产之珠。⑥玄：黑色。纤：细缯、绸。缟：白缯，绢。⑦达于河：金履祥说："达于河，《古文尚书》作达于荷。《说文》引《书》亦作荷。今俗本误作河耳。荷泽水与济水相通。"

【译文】这里的人民应该进贡五色土，羽山的山谷要进贡夏翟的羽毛，峄山的南面要进贡其特产——桐树，泗水边的人民要进贡泗水中可以制磬的石料，淮河一带的人民进贡蠙珠和鱼，同时还要把纤细的黑缯和白缯放在筐内作为贡物献来。进贡的路线由淮水入泗水而后入黄河。

【原文】淮、海惟扬州：彭蠡既猪①，阳鸟攸居②。三江既入③，震泽厎定④。篠 荡 既 敷⑤，厥 草 惟 夭⑥，厥 木 惟 乔⑦。厥 土 惟 涂 泥⑧。厥 田 惟 下 下，厥 赋 下 上，上 错⑨。

【注释】①彭蠡：一说是今鄱阳湖。猪：同"潴"，水停下聚合的地方。②阳鸟：鸟读为岛。阳岛，即扬州附近海上的各个岛屿，大概如台湾、海南等岛屿，南方阳位也。另有说法是指候鸟，如大雁一类。攸，以。③三江：就是指的岷江、汉水与彭蠡。入：流入大海。④震泽：江苏太湖。厎定：得到安定。⑤篠：小的竹子。荡：大的竹子。⑥夭：茂盛，繁盛。⑦乔：高、大。⑧涂泥：潮湿的泥土。《说文》中解释说："泥，黑土在水中者也。"⑨上错：依照阮元校增"上"字。晚《书》："田第九，赋第七，杂出第六。"

【译文】北至淮河，南至大海，这是扬州地区：彭蠡泽已经贮蓄了又多又深的水，南方岛屿上的人们也可以在上面安居乐业了。浩浩的长江已经流入大海，震泽的水利工程也已获得成功。小竹和大竹到处生长起来，原野的草生长得很茂盛，树木也都长得很高。这里是一片低洼潮湿的土地，土地的质量在九州中属第九等。这里的人民缴纳第七等赋税，也可以间杂缴纳第六等的赋税。

【原文】厥 贡 惟 金 三 品①，瑶、琨、篠、荡、齿、革、羽、毛 惟 木②。岛 夷 卉 服③。厥 篚 织 贝④，厥 包⑤橘 柚，锡 贡⑥。沿 于 江、海，达 于 淮、泗。

【注释】①金三品：指金、银、铜三种金属。②瑶：美玉。琨：美石。齿：象牙。革：犀牛的皮。羽：鸟的羽毛。毛：旄牛尾。惟：与，和。木：木材。③岛夷：沿海各岛的人。卉服：草服，蓑衣、草笠之类可以避雨的东西。④织贝：吉贝，贝锦，是夷语的音译。⑤包：裹，围。⑥锡贡：黄式三曰："锡亦贡也。"锡，一说是同"赐"，一说是金属的一种。

【译文】其贡品是金、银、铜三种金属，还有美玉、小竹、大竹、象牙、犀牛皮、鸟羽和旄牛尾。海岛一带进贡草制的衣服，还要把丝织品放在筐内，把橘子和柚子打成包裹作为贡品进献。进贡的路线沿长江两岸者由长江入淮河，由淮河入泗水。沿海各地则顺着海岸进入长江，由长江入淮河，再由淮河入泗水。

【原文】荆 及 衡 阳 惟 荆 州①：江、汉 朝 宗 于 海②，九 江 孔 殷③。沱、潜 既 道④，云 土、梦 作 乂⑤。厥 土 惟 涂 泥，厥 田 惟 下 中，厥 赋 上 下。厥 贡 羽、毛、齿、革 惟 金 三 品⑥，杶⑦、榦、栝、柏，砺、砥、砮、丹 惟 箘、簵、楛⑧。三 邦 厎 贡 厥 名⑨，包 匦 菁 茅⑩，厥 篚 玄 纁 玑 组⑪，九 江 纳 锡 大 龟⑫。

【注释】①荆：山名，在现在的湖北南漳县的西北部。衡：山名，在今湖南衡山县。②朝宗：诸侯朝见天子，春天时候的朝见叫朝，夏天时候的朝见叫宗。这里是比喻的用法，说的是长江汉水流入大海。③九江：指的是湖北武汉到江西九江之间的众多的河流。孔：大。殷：盛大，多。④沱、潜：沱水，长江的支流，在今湖北枝江县。潜水，汉水的支流，在今湖北潜江县。道：疏导。⑤云土、梦：即云梦，二泽名。《左传》说："江南为云，江北为梦。"作：指耕作。乂：治理，管理。⑥毛：通"旄"，指的是旄牛尾。惟：连词，和、与。⑦杶：椿树。榦：可以用来做弓的柘木。

栝：桧树。⑧砺：质地粗的磨刀石。砥：质地细的磨刀石。砮：石制的箭镞。丹：丹砂。箘、簬：美竹，可以用来制作箭杆。楛：一种灌木名，它的条能够作箭杆使用。⑨三邦：《孔传》说的是近泽三国，此处大概应该是泛指诸多邦国。名：名产。⑩包：包裹。匦：匣子。⑪玄：赤黑色。纁：绛红色。玄纁，指彩色丝绸。玑：不圆的珠。组：丝带。⑫纳：入。锡：同"赐"，进贡。

【译文】从荆山到衡山南面是荆州地区：长江和汉水共同流入大海，许多长江支流的水集中在洞庭湖一带，水势大极了！长江的支流和汉水的支流也都已经疏通了，云梦泽一带的土地也大都可以耕种了。这里也是一片低洼潮湿的土地，土地的质量在九州中属第八等，应该缴纳第三等赋税。应该进贡鸟羽、牛尾、象牙、犀牛皮和三种金属，以及杶、榦、栝、柏四种木材，还有磨刀的石头、制箭头的石头、丹砂和竹笋、美竹、楛树等。州内各国，都贡上当地的特产，将带有毛刺的茅草放在匣内包装起来，把黑色的、浅红色的丝织品和珍珠、丝带子一类东西放在竹筐内，一并贡来。沿江一带及长江的许多支流地区还要贡上大龟。

【原文】浮于江、沱（tuó）、潜、汉，逾①于洛，至于南河②。

【注释】①逾：越。②南河：指河南洛阳巩县一带的河。

【译文】进贡的路线由长江顺流入其支流，再由长江的支流进入汉水的支流，由汉水的支流入汉水，然后登岸由陆路到洛水，再由洛水进入黄河。

【原文】荆①、河惟豫州：伊、洛、瀍、涧（chán）既入于河②，荥波既猪③。导菏泽④，被孟猪⑤。厥土惟壤，下土坟垆⑥。厥田惟中上，厥赋错上中。厥贡漆、枲（xǐ）、絺（chī）、纻（zhù）⑦，厥篚纤、纩（kuàng）⑧，锡贡磬错⑨。浮于洛，达于河。

戒酒防微

大禹之时，有个叫仪狄的人，善于造酒。他将酒进上大禹，禹饮后，觉得味道甚是甘美，于是说：后世必有纵酒亡国者。疏远仪狄，再不许他进见，屏去旨酒，绝以之进御。以酒供祭祀、燕乡的礼仪不废。但纵酒过度，则内生疾病，外废政务，乱亡之祸就成为必然。所以圣人谨始虑微，预先以之为戒，哪知夏朝末代国王桀，以酒池牛饮为乐，终至亡国。

【注释】①荆：荆山，在现在的湖北南漳县西北。②伊：水名，源出今河南卢氏县。洛：水名，源出今陕西洛南县。瀍：水名，源出今河南孟津县。涧：水名，源出今河南渑池县。③荥波：即荥播，泽名，在今河南荥阳县境。猪：潴，水停聚。④导：疏通。菏泽：地名，在今山东定陶县。⑤被：修筑堤坝。孟猪：泽名，在今河南商丘东北。⑥垆：硬土。⑦纻：麻。⑧纩：细棉絮。⑨磬错：可以做成玉磬的石头。

【译文】从荆山到黄河，这是豫州地区：伊水、洛水、瀍水、涧水都流入黄河。荥波泽已经治好，可以贮存大量的河水，使河水不致横溢了。菏泽与孟猪泽之间也疏通了，只有水势极大的时候才可能覆被孟猪泽。这里是一片石灰性的冲积土，土的底层是砂浆。这片耕地在九州之中属第四等，应该缴纳第二等赋税，间或缴纳第一等赋税。应进贡漆、大麻、细葛布、麻，还要用细棉用筐子包装起来和治琢好的磬一并贡来。进贡的路线由洛水直入黄河。

【原文】 华阳、黑水惟梁州①：岷、嶓既艺②，沱、潜既道。蔡、蒙旅平③，和④夷厎绩。厥土青黎⑤，厥田惟下上，厥赋下中、三错⑥。厥贡璆、铁、银、镂、砮、磬、熊、罴、狐、狸⑦。织皮、西倾因桓是来⑧。浮于潜，逾于沔⑨，入于渭，乱⑩于河。

【注释】 ①华：华山。黑水：说法很多，一说是怒江。②岷：岷山，现在四川北部。嶓：嶓冢山，在陕西宁强县西北。艺：管理。③蔡：峨嵋山。蒙：山名，在今四川雅安北。旅：大道、大路。④和：水名，即今大渡河。⑤青：黑。黎：疏散。⑥三错：《孔传》说："杂出第七第九三等。"⑦璆：美玉。镂：刚铁。⑧织皮：毛织物。西倾：山名，位于甘肃、青海交界处。桓：桓水，就是白水，今名白龙江。⑨沔：汉水的上游，源出陕西。⑩乱：横渡。

【译文】 从华山的南面西至黑水，是梁州地区：岷山和嶓冢山都已经能够种庄稼了，沱江和潜水也都疏通了。蔡山和蒙山的工程也已完工，和水一带的民众也前来报告治理的成绩。这里是一片黑色的土地，土地的质量在九州之中属第七等，应缴纳第八等赋税，也可间或缴纳第七等与第九等赋税。要进贡美玉、铁、银、刚铁、硬石和磬以及熊、罴、狐、狸四种兽皮。毛皮织物可由西倾山区顺着桓水前来，经过汉水支流与沔水，然后舍舟登陆，由沔水进入渭水，由渭水横渡入黄河。

【原文】 黑水、西河①惟雍州：弱水既西②，泾属渭汭③，漆沮④既从，沣水攸同⑤。荆、岐既旅⑥，终南、惇物，至于鸟鼠⑦。原隰厎绩⑧，至于猪野⑨。三危⑩既宅，三苗丕叙⑪。厥土惟黄壤，厥田惟上上，厥赋中下。厥贡惟球、琳、琅玕⑫。浮于积石⑬，至于龙门⑭、西河，会于渭汭。织皮昆仑、析支、渠搜⑮，西戎即叙⑯。

【注释】 ①西河：冀州西边的黄河。②弱水：西流入居延海。③泾、渭：都是陕西的大河。泾水流入渭水处叫渭汭。属：流入。④漆沮：即洛水。漆沮注入洛水，后来人们就把洛水又叫漆沮。⑤沣水：流入渭河，源出陕西。⑥荆：荆山，在今陕西富平县西南，而非湖北的荆山。岐：岐山，在今陕西岐山县东北。旅：治理、管理。⑦终南：就是现在的秦岭。淳物：太白山。鸟鼠：山名，在今甘肃源县西南。⑧原隰：就是现在的邠县和旬邑县。隰，低温的地。⑨猪野：泽名，在今甘肃民勤县。⑩三危：山名，在现在的甘肃敦煌以南。⑪三苗：远古的一个部族。《史记·五帝本纪》说："舜迁三苗于三危。"丕，大。叙：顺。⑫球：美玉。琳：美石。琅玕：圆形的玉石。⑬积石：山名，在今青海西宁西南。在这里指的是流经该山下的黄河。⑭龙门：山名，在今陕西韩城县东北。黄河从中穿过。⑮析支：山名，在今青海西宁西南。渠搜：山名。⑯西戎：古代我国西北部民族的总称。即：就。

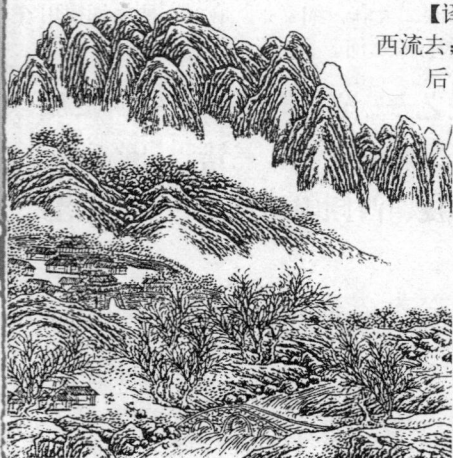

【译文】从黑水到西河是雍州地区；弱水在疏通之后，便向西流去；泾水已经疏通，从北面流入渭水；漆水和沮水在疏通之后，从北面流入渭水，沣水从南面流入渭水。荆山和岐山的工程已经完工，终南山、淳物山一直到鸟鼠山的水利工程都已经全部竣工。平原一带一直到猪野的水利工程都取得了很大成绩。三危这个地方已经允许住人了，因而三苗人民得到了很好的安置。这里是一片黄色的土壤，土地的质量在九州中属第一等，这里的人民应该缴纳第六等赋税。应该进贡的是美玉、美石和宝珠一类物品。进贡的路线由积石山附近进入黄河，顺流至龙门、西河，所有运送贡物的船只聚集在渭河的弯曲处。昆仑、析支、渠搜等西戎国家都要按照规定进贡皮制衣料。

【原文】导岍及岐，至于荆山①，逾于河。壶口、雷首至于太岳②。厎柱、析城至于王屋③。太行、恒山至于碣石④，入于海。

【注释】①导：疏通道路。岍：山名，在今陕西陇县。岐：岐山，在今陕西岐山县。荆：荆山，在今陕西富平。②壶口：山名，在黄河的东岸。雷首：山名，在今山西永济县。太岳：霍太山。③厎柱：即三门山，位于今天的河南。

析城：山名，在今山西阳城县。王屋：山名，在今河南与山西垣曲县之间。④太行：山名，在今山西、河南、河北三省交界处。恒山：在今河北曲阳县，古称北岳。碣石：山名，在今河北昌黎、抚宁二县交界处。

【译文】疏通了岍山和岐山，一直疏凿到荆山，穿过黄河，其间从壶口山、雷首山一直到太岳山都得到了疏凿。从厎柱山、析城山到王屋山，再从太行山、恒山一直到碣石的水利工程都得到了很好的治理，黄河得以畅流入海了。

太行山

大禹治水时，为疏通水道，治理过的山有：岐山、荆山、雷首山、太岳山、太行山、王屋山、常山、厎柱山、碣石山、太华山、大别山等。太行山位于北京、河北、山西、河南4省市间，绵延400余公里，北高南低，大部分海拔超过1200米。

【原文】西倾、朱圉、鸟鼠至于太华①。熊耳、外方、桐柏至于陪尾②。

【注释】①朱圉：山名，在今甘肃甘谷县。太华：即华山，也被称之为西岳。②熊耳：山名，在今河南桐柏县。外方：即嵩山，古称中岳。桐柏：山名，在今河南桐柏县。陪尾：山名，在今湖北安陆县。

【译文】由西倾山、朱圉山、鸟鼠山到太华山，再由熊耳山、外方山、桐柏山一直到陪尾山的水利工程都得到了治理。

【原文】导嶓冢至于荆山①。内方至于大别②。岷山之阳至于衡山③，过九江至于敷浅原④。

【注释】①嶓冢：山名，现在的陕西宁强县西北。荆山：在今湖北南漳县西南。

②内方：山名，又名章山，在今湖北钟祥县西南。大别：即大别山。③岷山：在今四川松潘县北。衡山：古称南岳，在今湖南衡山县。④九江：一说是洞庭湖。一说是从现在的湖北武汉到江西九江之间的众多支流。敷浅原：就是今天的庐山东麓。

【译文】从嶓冢山到荆山，从内方山到大别山也都得到了疏通和开凿。从岷山的南面到衡山，越过九江，一直到鄱阳湖一带的水利也都得到了治理。

【原文】导弱水至于合黎①，馀波入于流沙②。

导黑水至于三危，入于南海。

【注释】①导：疏导。合黎：山名，在今甘肃山丹、张掖、高台、酒泉之北。②馀波：指河水的下游。流沙：就是合黎山以北的沙漠。

【译文】把弱水疏通到合黎，下游流入沙漠地带。

把黑水疏通到三危，下游流入南海。

【原文】导河积石，至于龙门；南至于华阴①；东至于厎柱；又东至于孟津②；东过洛汭，至于大伾③；北过降水④，至于大陆；又北，播为九河⑤，同为逆河⑥，入于海。

【注释】①华阴：华山的北面。②孟津：位于现在的河南西北部的孟津县。③大伾：山名，在今河南浚县西南。④降水：指漳、泽合流的漳水，在今河北省境内进入黄河。⑤播：分布。九河：指兖州之九河。⑥同为逆河：同、重合。下游又合而名为逆河。

【译文】又疏导黄河，先在积石山施工，一直疏凿到龙门山；又向南到华山的北面，然后向东经过厎柱山、孟津、洛水的弯曲处到大伾山；然后又折转向北，途经降水，到大陆泽；再向北分为九条支流，这九条支流共同承载着黄河的大水，把它顺利地导入大海。

【原文】嶓冢导漾①，东流为汉；又东，为沧浪②之水；过三澨③，至于大别，南入于江。东，汇泽为彭蠡；东，为北江④，入于海。

【注释】①漾：汉水的上游。②沧浪：就是现在的汉水的下流。③三澨：水名，大概位置在今天的湖北省境内。④北江：即汉水。

【译文】从嶓冢山开始疏导漾水，向东流则为汉水，再向东流便是沧浪水；经过三澨水，到达大别山，向南流入长江。向东便汇成大泽，即彭蠡泽；向东称北江，然后由长江流入大海。

【原文】岷山导江，东别为沱；又东至于澧①；过九江，至于东陵②；东迤③北，会于汇④；东为中江⑤，入于海。

【注释】①澧：古代流入长江的一个水系，在今天的岳阳城。②东陵：旧注为汉代卢江郡金兰县西北的东陵乡，在现在的河南固始、商城之间。③迤：水斜向流淌。

黄河

尧时，黄河泛滥，于是派鲧治水。鲧治水不力，被舜杀了，又派其子禹接替。禹三过家门而不入，经过十三年的努力，终于将水患治好。传说禹治理黄河时有三件宝：河图、开山斧和避水剑。

④汇：是"淮"的假借字。 ⑤中江：指岷江，位于今天的江苏境内。

【译文】从岷山开始疏导长江，向东则分出一条支流称沱水；再向东到澧水；经过九江到了东陵，然后蜿蜒斜行而东北和汇水相会；向东则为中江，然后流入大海。

【原文】导沇^{yǎn}①水，东流为济，入于河，溢为荥②；东出于陶丘③北，又东至于菏；又东北，会于汶；又北东，入于海。

【注释】①沇：水名，济水的上游，在今天的河南济源县以西。②溢：愿意是因为水多而向外流，这里引申为水动荡奔突而出。荥：荥泽，在今天的河南荥阳东边的黄河以南，在汉代时已成平地。③陶丘：在今山东定陶县西南部。

【译文】疏导沇水，东流则名为济水，然后流入黄河，河水流溢而成为荥泽；然后自陶丘的北面向东流去，一直流入菏泽；再向东北和汶水相会，又向北流，然后反转向东流入大海。

【原文】导淮自桐柏，东会于泗、沂^{yí}①，东入于海。

导渭自鸟鼠同穴^{fēng}②，东会于沣，又东会于泾；又东过漆沮，入于河。

导洛自熊耳，东北，会于涧、瀍^{chán}；又东，会于伊；又东北，入于河。

【注释】①东会于泗、沂：沂水流入了泗水，泗水后来又流入淮河。淮河在今江苏阜宁县东入海。②鸟鼠同穴：山名，即鸟鼠山，就是渭水的源头。

【译文】从桐柏山开始疏导淮河，向东和泗水、沂水相会，再向东流入大海。

从鸟鼠山开始疏导渭水，向东和沣水相会，再向东和泾水相会；然后向东经过漆水、沮水流入黄河。

从熊耳山开始疏导洛水，向东北则与涧水、瀍水相会；又向东和伊水相会，然后从东北流入黄河。

【原文】九州攸同：四隩既宅^{yù}①，九山刊旅②，九川涤源③，九泽既陂④，四海会同⑤。六府孔修⑥，庶土交正⑦，厎^{dǐ}⑧慎财赋，咸则三壤成赋⑨。中邦锡土、姓⑩，祗台德先⑪，不距朕行⑫。

【注释】①隩：可以定居的地方。宅：动词，居住。②九山：见前面注解。刊：削除、砍。旅：管理、治理。③涤源：疏通水流。④九泽：上文所列举的九个湖泽。陂：修筑堤坝。⑤四海：泛指九州大地。《尔雅·释地》："九夷八狄七戎六蛮，谓之四海。"会同：指进贡的道路被疏通了。⑥六府：水火金木土谷。孔：很。修：治。⑦交：俱，遍。正：同"征"。⑧底：定，规定，确定。⑨则：准则，取法。三壤：指的就是各种等级的土壤。成：定。⑩中邦：就是中国，所谓的天子之邦，即华夏族的聚居地。锡：赐。⑪祇：敬，敬重。台：以。⑫不距朕行：郑玄说："不距违我天子政教所行。"意思就是不违背天子所推行的德教。

【译文】九州水利工程都已经完工：四方的土地都可以居住了，九州的大山都已经开凿治理，九州的河流也都已疏通，九州的大泽也都筑起堤防，不至于决堤了。海内的贡道都畅通无阻了。六府的政务都治理得非常好，九州的土地都得到了正确的考查，并根据各地区土地质量，谨慎地规定了不同的赋税，各地人民都要根据土质优劣的三种规定交纳赋税。九州之内的土地都分封给诸侯并赐之以姓氏。诸侯们应该把尊敬我的德行放在第一地位，不准违背我所推行的德教。

【原文】五百里甸服①。百里赋纳总，二百里纳铚②，三百里纳秸③服，四百里粟，五百里米。

五百里侯服④。百里采⑤，二百里男邦⑥，三百里诸侯⑦。

五百里绥服⑧。三百里揆⑨文教，二百里奋武卫⑩。

五百里要服⑪。三百里夷⑫，二百里蔡⑬。

五百里荒服⑭。三百里蛮⑮，二百里流⑯。

【注释】①甸服：根据离天子的距离而穿着的衣服，按远近分为甸服、侯服、绥服、要服、荒服。②纳：交。总：指禾的总体，连杆带穗都包括在内。铚：就是禾穗。③秸：谷子秆。④侯服：江声说："侯之言侯，侯顺逆，兼司侯王命。"⑤采：事，指为天子服役。⑥男邦：男，任。男邦，管理国家的事务。⑦诸侯：《孔传》说："同为王者斥侯。"《孔疏》说："斥侯，谓检行险阻，伺候盗贼。"诸，多。侯，同"侯"。⑧绥服：《孔传》说："安服王者之政教。"指为天子安抚远邦，所以就叫绥服。绥，安。⑨揆，度。⑩奋武卫：奋力练武来保卫王者。⑪要服：要，要求。接受王者的命令而服事之，叫要服。⑫夷：平，相约和平地相处。⑬蔡：法，就是约定好一致遵守王法。⑭荒服：荒，远。替天子守卫边远地区就叫荒服。⑮蛮：动词，意思是维持隶属关系。⑯流：随便处理进贡这件事情，贡否不定。

【译文】王城以外的五百里属于甸服。相距王城一百里者，

淮河风浪

大禹治水时，曾疏导淮河、渭水、洛水等。淮河发源于河南省南部的桐柏山，流经河南、安徽、江苏、山东及湖北5省，全长1000公里。历史上，受黄河长期夺淮的影响，淮河的地形和水系发生过很大变化，河床普遍淤高，有废黄河的河床存留，形成洪泽湖、南四湖和骆马湖等。

将割下的庄稼贡来；二百里者，将庄稼的穗头贡来；三百里者，将庄稼脱去芒尖贡来；四百里者贡粟；五百里者贡米。

甸服以外五百里为侯服。其间百里者，人民为国王服各种劳役；二百里者，人民为国王服规定的劳役；三百里以外者，人民主要担任戍守之责。

侯服以外的五百里为绥服。其间三百里以内者要设立掌管文教的官来推行文教；二百里的人民要勤奋地熟悉武事，以便保卫国王。

绥服以外的五百里为要服。其间三百里以内的人民要服从与其他地方和平相处；二百里的人民，要遵守相同的法令。

要服以外的五百里为荒服。对其间三百里以内的人民的各种要求可以从简；二百里的人民可以流动迁移。

【原文】东渐①于海，西被②于流沙，朔南暨声教讫于四海③。禹锡玄圭④，告厥成功。

【注释】①渐：入，到。②被：及，到。③声教：有声之教。四海：就是指全天下。④锡：赐，被赐。玄圭：玄色的、上圆下方的瑞玉。

【译文】东面到大海，西面到沙漠地带，从北方到南方，四海之内都受到了国王的德教。因此帝舜赐给禹以玄圭，用以表彰禹所完成的巨大功业。

甘 誓

【原文】大战于甘，乃召六卿①。王曰："嗟！六事②之人，予誓告汝：有扈ʰù氏威侮五行③，怠弃三正④，天用剿绝其命⑤，今予惟恭行天之罚⑥。左不攻于左⑦，汝不恭命；右不攻于右⑧，汝不恭命；御非其马之正⑨，汝不恭命。

【注释】①六卿：六军的主帅。在周代，天子设有六军。②六事：六军的将士。③威侮五行：王引之说："威当作烕，烕者蔑之假借也。蔑，轻也，威侮五行，言轻慢五行也。"所谓轻慢五行，夏曾佑说："即言有扈氏不遵洪范之道。"威，轻视。侮，轻慢。④怠：懈怠。三正：指正德、利用、厚生三大政事。"三事"就是"三正"。⑤用：因此，于是。剿：灭绝。剿绝同义。⑥恭行：恭，作共。共行，就是履行。⑦左：车左。周代战车一般都是上有三人，左边的拿弓箭，右边的拿矛，中间的是驾车的人。攻，击。⑧右：车右。《孔传》说："右，勇力之士，执戈矛以退敌。"⑨御：驾车的人。非：违背。正：合适的。

【译文】将要在甘进行一场大规模的战争，于是夏启便召集了六军的将领。王说："啊！诸位将领和士兵，我向你们发出以下的命令：有扈氏倒行逆施，一意孤行，轻蔑地对待一切，怠慢甚至放弃了历法，上帝因此要废弃他的性命，现在我奉行上帝的意志去惩罚他们。兵车左边的兵士，如果不熟悉用箭射杀敌人，便是不具备完成命令的本领；军车右边的兵士如果不善于用矛刺杀敌人，便是不具备完成命令的本领；驾驶战车的士兵，不懂得驾驭战马的技术，便是不具备完成命令的本领。

【原文】"用命，赏于祖①；弗用命，戮于社②，予则孥戮汝③。"

【注释】①赏于祖：天子亲征，载着祖庙神主。对于有功的人，就会在神主之前给予奖赏，表示不敢自己专行此事。②戮于社：天子亲征，又要随军载着社主。违抗命令的，就在社主前对其施加处罚，也是表示不敢自己专行。③孥戮：孥，通"奴"。指降为奴隶。戮，就是杀的意思。

【译文】"努力完成命令的，便在先祖的神位面前颁发赏赐；不努力完成命令的，便在社神面前给他以惩罚，我要把那些不努力完成任务的人变作奴隶，以表示惩罚。"

商　书

汤　誓

【原文】 王曰："格①尔众庶，悉听朕言。非台②小子敢行称乱！有夏多罪，天命殛之③。今尔有众④，汝曰：'我后不恤我众，舍我穑事而割正夏⑤？'予惟⑥闻汝众言，夏氏有罪，予畏上帝，不敢不正！今汝其曰：'夏罪其如台⑦？'夏王率遏众力⑧，率割夏邑⑨。有众率怠弗协，曰：'时日曷丧⑩！予及汝皆亡。'夏德若兹⑪，今朕必往。

【注释】 ①格：动词，到，来。②台：代词，我。③有夏：夏国。有，助词，没有实在意义。殛：诛杀。④有众：众人。有，助词，没有实在意义。⑤穑事：种植庄稼的事。割：通"曷"，疑问代词，为什么。正：通"征"，征讨，征伐。⑥惟：同"虽"。⑦如台：表示发出疑问，如何。⑧率：语气助词。遏：通"竭"，尽。率遏众力，竭尽民力。⑨割：剥削，剥取。⑩时：代词，是，这个。曷：何，什么时候。⑪兹：代词，此，这样。

【译文】 王说："来吧！诸位，你们都要服从我。不是我大胆发动战争，是因为夏王犯了许多罪行，上天命令我前去讨伐他。现在，你们大家常说：'我们的国王太不体贴我们了，把我们种庄稼的事都舍弃了，犯了这样的大错，怎么可能纠正别人呢？'我听到你们说了这些话，知道夏桀犯了许多罪行，我怕上帝发怒，不敢不讨伐夏国。现在你们将要问我说：'夏桀的罪行究竟怎样呢？'夏桀一直要人民负担沉重的劳役，人民的力量都用光了，还在国内残酷地剥削压迫人民，人民对夏桀的统治极度不满。大家都怠于奉上，对国君的态度很不友好，说：'你这个太阳呀，为什么不消失呢！我愿意和你一块死去！'夏国的统治，已经坏到这种程度，现在我下决心要去讨伐他。

【原文】 "尔尚辅予一人①，致②天之罚，予其大赉汝③！尔无不信，朕不食言④。尔不从誓言，予则孥戮汝⑤，罔有攸赦。"

【注释】 ①尚：庶几，表示提出希望。一人：君王自称，说自己只能当一人，相当于后代的"孤家寡人"一类。②致：动词，达到，用。③其：将。赉：赏赐。④食言：不真实的、欺骗人的话，说假话。⑤孥：通"奴"，降成奴隶。戮：刑戮。奴戮，或以为奴，或加刑戮，这是古代刑罚的一种方式。

【译文】 "你们只要辅助我，奉行上天的命令讨伐夏国，我就要大大地奖赏你们！你们要相信，我是决不会食言的。假若你们不服从我的话，我就要惩罚你们，让你们当奴隶，决不宽恕。"

高宗肜日

【原文】高宗肜日^①，越有雊雉^②。祖己^③曰："惟先格^④王，正厥事^⑤。"乃训于王。

【注释】①高宗肜日：这是祖庚祭祀高宗的时间。②越：落下。雊：野鸡叫。雉：野鸡。因为商人是以鸟作为自己的图腾来信仰的，所以在这里雉就具有了神鸟的象征意味。③祖己：人名，祖庚的贤臣。④格：正。⑤正：纠正。事：政事，指祭祀的事。

【译文】高宗在祭祀的第二天，又举行祭祀，这时有飞来的野鸡在鼎耳鸣叫。祖己说："要首先端正王心，然后端正祭典。"于是训诫国王高宗。

【原文】曰："惟天监^①下民，典厥义^②。降年有永有不永^③，非天夭^④民，民中绝命^⑤。民有不若^⑥德，不听^⑦罪。天既孚^⑧命正厥德，乃曰：'其如台^⑨？'"

【注释】①监：视，引申为考察。②典：主要的。义：宜，指恰当地处理事情。③永：长，指长寿。④夭：夭折，指短寿。⑤中绝：中途断绝。⑥若：善。⑦听：顺从，依从。⑧孚：通"付"，交付，交给，给予。⑨乃：人称代词。如台：疑问代词，如何，怎么办。

【译文】他说："上天考察下民，主要看他是否遵循义理行事。上天赐予人的年龄有长有短，不是上天有意缩短人的生命，而是臣民自己行为不合义理招致短命的。臣民中有的不按照义理办事，又不反省自己的罪过，上天便惩罚他以端正他的德行，他却说：'应该怎么办啊？'这不晚了吗？"

【原文】"呜呼！王司敬民^①，罔非天胤^②，典祀无丰于昵^③！"

【注释】①王：泛指先王。司：嗣，嗣位。②胤：后代，后辈。③典祀：祭祀丰厚。昵：父庙。

【译文】"唉！王啊，要恭敬地对待上天赐给你的臣民，他们都是上帝的后代，祭祖的时候，在自己的父庙中祭品不要过于丰盛。"

殷高宗武丁

《高宗肜日》讲的是殷高宗武丁之子祖庚祭祀武丁之事。商王武丁，庙号高宗，在位59年。他年轻时被父亲小乙派到民间劳动，了解民间疾苦。继位后，励精图治，任用工匠出身的傅说及甘盘、祖己等贤人，使商朝的社会发展进入了一个鼎盛时期，史称"武丁中兴"。

微子

【原文】微子若①曰：“父师、少师②！殷其弗或乱正四方③。我祖厎遂陈于上④，我用沉酗于酒⑤，用乱败厥德于下⑥。殷罔不小大好草窃奸宄⑦，卿士师师非度⑧。凡有罪辜，乃罔恒获⑨，小民方兴⑩，相为敌雠⑪。今殷其沦丧⑫，若涉大水⑬，其无津涯⑭。殷遂丧，越至于今⑮！”

【注释】①若：这样，于是。②父师、少师：都是官名，父师，指的是太师。少师，太师的助手。③其：恐怕。或：克，能够。乱：治理。④我祖：指成汤。厎：定。遂：成功。陈：列举。⑤我：指纣。用：因为。沉酗：沉湎，迷醉。⑥用：因。败：败坏。厥德：指的是成汤之德。下：后世。⑦小大：群臣和民众。草窃：盗贼，草，这里解释为掠。奸宄：违法犯罪。⑧师师：众官。第一个“师”，指的是多。度：法度。⑨乃：却，表转折。恒：常。获：得，指的是治罪。恒获，严惩，惩罚。⑩方：并，一起。兴：兴起。⑪雠：通假字，通“仇”，仇敌。⑫其：或许，大概。沦丧：灭亡，消亡。⑬若：好像，似乎。涉：将衣服卷起来渡水。⑭其：殆，几乎，差不多。津：渡口。涯：水边，水岸。⑮越：语首助词。今：此，现在，今日。

【译文】微子说：“父师、少师啊！我们殷国难道没有办法治理四方了吗？我们的高祖成汤过去成就了许多伟大的功业，而今天，我们的国王却沉湎于酒色之中，败坏了我们高祖的优良传统。我们殷国，无论大小官员都好为非作歹，卿士百官都不遵守法典。对那些犯罪的，也不加以逮捕和惩罚，人民受不了这些压迫，将要起来反抗我们和我们形成仇敌了。现在我们殷国将要灭亡了，好比涉渡大水，两岸茫无际涯，找不到渡口。我们殷国大概到了今天就要灭亡了。”

【原文】曰：“父师、少师，我其发出狂①？吾家耄逊于荒②？今尔无指告③，予颠隮④，若之何其⑤？”

【注释】①发：出发。狂：到，去。②家：住在家里。耄：年老。逊：退。荒：荒野。③指告：指点、告诉。④颠：颠覆，颠倒。隮：落、坠落。⑤若之何：如之何，怎么办。其：语气助词，在这里只是起到调节音节的作用。

【译文】又说：“父师、少师啊！我将要回到我的封地了，我要装扮成糊涂的老人，逃避于荒野之中了。现在你们不能指点我一下，我的逃走是否陷于非义呢？你们说该怎样办才好啊？”

【原文】父师若曰：“王子①！天毒降灾荒殷邦②，方兴沉酗于酒③，乃罔畏畏④，咈其耇长旧有位人⑤。今殷民乃攘窃神祇之牺牷牲用以容⑥，将⑦食无灾。降监殷民⑧，用乂雠敛⑨，召敌雠不怠⑩。罪⑪合于一，多瘠罔诏⑫。

【注释】①王子：指微子。他是帝乙的长子，所以就称他为王子。②毒：通“笃”，厚，重。荒：亡。③方：并。兴：正在。④乃：却。畏畏：读为“畏威”。后一个“畏”是通假字，通“威”。惧怕天威的意思。⑤咈：违逆。耇：老年人。旧有位人：旧时在位的大臣，老臣。⑥攘窃：偷窃，随手拿取、盗窃。牺：纯毛牲畜。牷：健全的牲畜。牲：猪牛羊。容：宽容。⑦将：养。⑧降：下。监：监视。⑨乂：杀，除。雠：多。敛：聚敛，收集。⑩召：招致，惹来。怠：松懈，宽缓。⑪罪：有罪的人。⑫瘠：病。诏：显现，告诉。

【译文】父师说："王子啊！上天降下大祸给我们殷国，使我们的国王沉湎在酒色里，使他不怕上天的威严，不听从年长德高的大臣的劝告。现在我们殷国的小民，去盗窃祭神的贡物，这是因为他们衣食无着，虽则有罪，还是可以原谅的，他们把这些贡物拿去吃掉，不会有什么灾害。现在上天正在视察我们的殷民，我们的国王以杀戮和重刑大肆搜刮民财，虽然引起了人民的强烈反对，仍不停止。这些罪恶都是国王一人干出来的，小民受尽了疾苦而无处申诉。

妲己害政

据说她是冀州侯苏护的女儿，后来成为商纣王的爱妃。很有美色，又善歌善舞。《史记·殷本纪》记载，殷纣王"好酒淫乐，嬖于妇人。爱妲己，妲己之言是从"。他"以酒为池，县肉为林，使男女裸，相逐其间，为长夜之饮"。面对纣王和妲己的荒淫行为，微子多次劝谏，但没有成功。

【原文】"商今其①有灾，我兴受其败②；商其沦丧，我罔为臣仆③。诏王子出迪④。我旧云刻子⑤，王子弗出，我乃颠隮⑥。自靖⑦！人自献于先王，我不顾，行遯⑧。"

【注释】①其：或许，大概，表猜测。②兴：兴起。败：灾祸，灾难。③臣仆：奴隶。④迪：逃跑，逃走。⑤旧：很久以前。刻子：就是箕子。⑥我：指殷商。⑦自靖：自作主张。⑧顾：顾虑，考虑。遯：通"遁"，逃跑。

【译文】"国家现在呈露出突变的征兆，我们应起来铲除祸端；如果国家灭亡了，我们没有做别国臣仆的权利。我曾告诉过箕子，让他转告王子出逃，王子不愿，这样我们国家就要彻底灭亡了。大家自作主张吧！献身于先王事业，我没有做过逃跑的打算。"

周书

牧①誓

【原文】时甲子昧爽②，王朝至于商郊牧野③，乃誓。王左杖黄钺④，右秉白旄^{máo}以麾⑤，曰："逖⑥矣，西土之人！"王曰："嗟！我友邦冢君御事⑦，司徒、司马、司空⑧，亚旅、师氏⑨，千夫长、百夫长⑩，及庸、蜀、羌、髳^{máo}、微、卢、彭、濮人⑪。称尔戈⑫，比尔干⑬，立尔矛⑭，予其誓。"

【注释】①牧：指牧野，商都郊区地名，在商都朝歌南七十里，今河南淇县南。②甲子：甲子日。昧爽：太阳还没有出来的时候。③商郊：商都朝歌的远郊。④杖：名词用作动词，拿着。钺：斧子。黄钺，是王权的象征。⑤秉：执持，拿着。旄：旄牛尾。麾：通"挥"，指挥。⑥逖：遥远、远。⑦冢君：邦国的君主。御事：邦国的治事大臣。⑧司徒、司马、司空：官名。⑨亚旅、师氏：官名。亚旅，上大夫。师氏，中大夫。⑩千夫长、百夫长：官名。千夫长，师的主帅。百夫长，旅的主帅。⑪庸、蜀、羌、髳、微、卢、彭、濮人：当时西南方的八个诸侯国。庸，在今湖北房县境内。蜀，在今四川西部地区。羌，在今甘肃东南地区。髳，在今甘肃四川交界地区。微，在今陕西郿县境。卢，在今湖北南彰县境。彭，在今甘肃镇原县东。濮，在今湖北省。⑫称：举。戈：戟。⑬比：排列。干：盾牌。⑭矛：兵器。

【译文】在二月五日的黎明时刻，武王率领军队到了商的首都朝歌郊外一个叫做牧野的地方，就在那里举行誓师大会。武王左手拿着黄色的青铜大斧，右手拿着指挥用的白色的旗子，说："辛苦了，你们这些从西方远道而来从征的将士们。"武王说："啊！我们尊敬的友邦国君以及诸位官员和各部落从征的将士们，举起你们的戈，排好你们的盾，立好你们的矛，我们的誓师大会就要开始了。"

【原文】王曰："古人有言曰：'牝鸡无晨①；牝鸡之晨，惟家之索②。'今商王受惟妇③言是用，昏弃厥肆祀弗答④，昏弃厥遗王父母弟不迪⑤。乃惟四方之多罪逋逃⑥，是崇是长⑦，是信是使⑧，是以为大夫卿士⑨。俾⑩^{bǐ}暴虐于百姓，以奸宄⑪^{guǐ}于商邑。今予发惟恭行天之罚⑫。今日之事，不愆⑬于六步、七步，乃止齐⑭焉。夫子勖哉⑮！不愆于四伐⑯、五伐、六伐、七伐，乃止齐焉。勖哉夫子！尚桓桓⑰，如虎如貔⑱^{pí}，如熊如罴⑲^{pí}，于⑳商郊。弗迓克奔以役西土㉑，勖哉夫子！尔所㉒弗勖，其于尔躬有戮㉓！"

【注释】①晨：晨鸣。②索：空，败落。③妇：指妲己。④昏：轻蔑，轻视，看不起。祀：祭名。答：问。⑤遗：仅存的。迪：用。⑥逋：逃亡、逃跑。逋逃：就是逃走。⑦是：就。崇：尊敬。⑧信：信任。使：用。⑨大夫卿士：官名。⑩俾：

使。⑪奸宄：犯法作乱的意思。⑫发：武王的名。恭行：恭敬地执行。⑬愆：过，指超过、越过。⑭止齐：整顿军队。⑮夫子：将士。勖：勉力，认真地遵守。⑯伐：击打。⑰尚：副词，当。桓桓：威武的样子。⑱貔：豹一类的猛兽。⑲罴：熊的一种。⑳于：往。㉑迓：禁止。克：能够。役：帮助。西土：指的就是周。㉒所：若。㉓躬：身。戮：惩治。

【译文】 武王说："古人说过：'母鸡是不应当在早晨打鸣的，如果母鸡在早晨打鸣，这个家庭就要败落了。'现在商王纣只是听信妇人的话，轻蔑地抛弃了对祖宗的祭祀，对于祭祀的大事不闻不问；昏庸无道，竟然对同宗的长辈和同宗的弟兄不加进用，反而只对四方许多逃亡的罪人崇敬、提拔、信任、使用，任用这些人作卿士大夫一类的官。他们残暴地对待百姓，在商的国都任意犯法作乱。现在我姬发恭敬地按照上帝的意志来讨伐商纣了。今天的这场战斗，在行进中不超过六步、七步就停下来，把队伍整顿一下。勇敢的战士们，努力吧！在刺杀中，不超过四次、五次、六次、七次，刺杀就停止下来，休整一下。努力吧！勇敢的战士们。要威武雄壮，像虎、豹、熊、罴一样勇猛，在殷商国都的郊外大战一场。不要杀掉殷商军队中前来投降的人，以便使这些人为我们服务。努力吧！勇敢的战士们。假如你们不努力作战，我就要把你们杀掉！"

洪 范①

【原文】 惟十有三祀②，王访于箕子。王乃言曰："呜呼！箕子，惟天阴骘③下民，相协厥居④，我不知其彝伦攸叙⑤。"

【注释】 ①洪范：洪，大。法。洪范，就是大法。②有：通"又"。祀：年。十有三祀，指周文王建国后的第十三年，也是周武王即位后的第四年、灭商后的第二年。③阴骘：意思是庇护，保佑。④相：助。协：和。厥：代词，他们，指臣民。⑤彝伦：常理，法度。攸：所。叙：顺序，这里的意思是规范。

【译文】 十三年，武王访问箕子。武王说道："唉！箕子，是上帝繁衍了下界的臣民，要他们和睦地居住在一起，我不知道上帝使下界臣民各安所居的常理究竟有哪些？"

【原文】 箕子乃言曰："我闻在昔，鲧陻洪水①，汩陈其五行②。帝乃震怒，不畀洪范九畴③，彝伦攸斁④。鲧则殛⑤死，禹乃嗣兴，天乃锡⑥禹洪范九畴，彝伦攸叙⑦。

【注释】 ①鲧：人名，夏禹的父亲。陻：堵塞，堵住。②汩：扰乱。陈：列举。行：用。③畀：给予。畴：种类。④攸：因此。斁：败坏。⑤殛：诛，杀，这里指流放。⑥锡：通"赐"，给，赏。⑦叙：依照次序制定。

【译文】 箕子回答说："我听说在过去鲧采取堵塞的办法治理洪水，结果扰乱了上帝所创造的五行的规律。上帝大怒，就没有把九种大法传给他，因而使臣民和睦相处的那种治国安民的常理遭到了破坏。后来鲧在流放中死去了，禹便继承他父亲的事业继续治理洪水，上帝把那九种大法传给了禹，因而禹便掌握了这种使臣民和睦相处的治国安民的常理。

【原文】 "初一曰五行，次二曰敬用五事①，次三曰农用八政②，次四曰

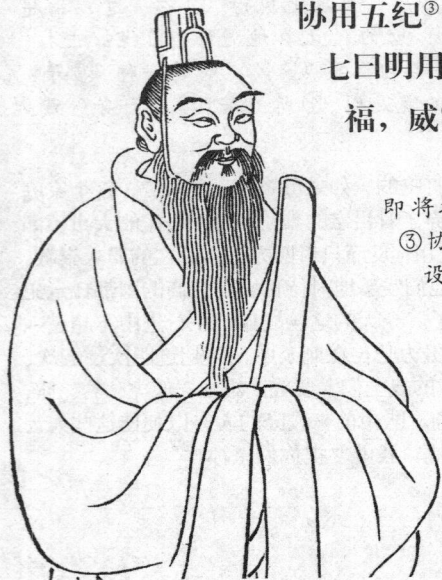

协用五纪③，次五曰建④用皇极，次六曰乂⑤用三德，次七曰明用稽⑥疑，次八曰念用庶征⑦，次九曰向⑧用五福，威⑨用六极。

【注释】①五事：指貌、言、视、听、思，在下文即将提到的五件事。②农：努力。八政：八种政事。③协：合。五纪：五种记录时间的方法。④建：建立，设立。⑤乂：治理，管理，指治理子民。⑥稽：考察。⑦念：审察。庶：众，多。征：征兆。⑧向：读为"飨"，劝勉，鼓励。⑨威：畏惧。

【译文】"第一，五行；第二，恭敬地做好五方面的事情；第三，努力办好八方面的政务；第四，根据日月运行的情况来校订历法，使之与日月的运行相吻合，从而正确地使用五种计时方法；第五，建立最高的原则；第六，推行三种治理臣民的办法；第七，要明辨是非，就必须采用一种解决疑难问题的方法；第八，要用心考察各种征兆；第九，要用五种幸福劝人为善，要用六种惩罚戒人作恶。

箕子

箕子，名胥余，因被封于箕，爵位为子，故称箕子。他是纣王同姓，是殷商贵族，有治国的才能，纣王时任太师。武王灭商建周后，释放了箕子，向其询问治国之道。后来箕子带领一批商朝的遗老故旧从今胶州湾东渡到朝鲜，创立了自己的王国。

【原文】"一、五行：一曰水，二曰火，三曰木，四曰金，五曰土。水曰润下①，火曰炎上，木曰曲直②，金曰从革③，土爰稼穑④。润下作咸⑤，炎上⑥作苦，曲直⑦作酸，从革⑧作辛，稼穑⑨作甘。

【注释】①润：润湿。曰：语中助词，在这里陈述的是性质方面。②曲直：能曲能直。③从：顺从。革：变化。④稼穑：播种和收获。⑤润下：指水。作：就。⑥炎上：指的是火。⑦曲直：指木。⑧从革：指金。⑨稼穑：指农作物。

【译文】"一、五行：第一叫做水，第二叫做火，第三叫做木，第四叫做金，第五叫做土。水向下面润湿，火向上面燃烧，木可以弯曲或伸直，金在熔化后可以根据人的要求变成不同形状，土可以生长庄稼，向下面润湿的水，它的味道是咸的；向上面燃烧的火，它的味道是苦的；可以弯曲或伸直的木，它的味道是酸的；在熔化后可以根据人的要求变成不同的形状的金，它的味道是辣的；土地上生长的庄稼，味道是甜的。

【原文】"二、五事：一曰貌①，二曰言，三曰视，四曰听，五曰思。貌曰恭，言曰从②，视曰明，听曰聪③，思曰睿④。恭作肃⑤，从作乂⑥，明作哲⑦，聪作谋⑧，睿作圣⑨。

【注释】 ①貌：容貌、态度。②从：合理。③聪：听得清楚。④睿：通达，深远。⑤作：连词，则、就。肃：敬。⑥乂：治、和。⑦哲：明。⑧谋：谋划。意思是听取意见聪敏就会谋事。⑨圣：圣明。思虑通达就是圣明。

【译文】 "二、五方面的事情：一是态度，二是语言，三是观察，四是听闻，五是思考。态度要恭敬，言语要合乎道理，观察要清楚明白，听取意见要聪敏，思考问题要通达。态度恭敬，天下的人就会严肃；言语合乎道理，天下就会大治；观察事物清楚明白，就不会受到蒙蔽；听取意见聪敏，就不会打错主意；考虑问题通达，就可以成为圣人。

【原文】 "三、八政①：一曰食②，二曰货③，三曰祀④，四曰司空⑤，五曰司徒⑥，六曰司寇⑦，七曰宾⑧，八曰师⑨。

【注释】 ①八政：八种政务。②食：掌管农业。③货：货财，指的是工商业。④祀：掌管祭祀。⑤司空：管理居民的居住等工程。⑥司徒：管理教育。⑦司寇：治理盗贼。⑧宾：管理朝觐、礼宾事务。⑨师：管理军队事务。

【译文】 "三、八方面的政务：一是农业生产，二是商业贸易，三是祭祀，四是管理臣民的居住交通，五是管理教育，六是管理司法，七是接待宾客，八是管理军务。

武王

周文王次子，姓姬名发，谥号武王，西周的创建者。武王继位后，继承父志，重用姜尚、周公、召公等人。受命十年（约前1048年）在盟津会盟800诸侯。后来，商朝在纣王的统治下越来越腐朽，武王见时机已到，便率军讨伐商朝。在牧野之战中，商朝奴隶兵阵前倒戈。商朝灭亡后，武王释放了被纣王囚禁的箕子。

【原文】 "四、五纪：一曰岁，二曰月，三曰日，四曰星辰①，五曰历数②。

【注释】 ①星：指的是包括北斗、金木水火土等在内的二十八宿。辰：指十二辰。②历数：纪年的方式。

【译文】 "四、五种记时方法：一是年，二是月，三是日，四是星辰，五是历法。

【原文】 "五、皇极：皇建其有极①。敛时五福②，用敷锡厥庶民③，惟时厥庶民于汝极④。

【注释】 ①建：立，设立。极：中道，法则，原则。②敛：收取，集中。时：代词，这。五福：五种幸福，就是长寿、富贵、康宁、美德和善终。③敷：普遍，全部。锡：赏赐，施予。④惟：只。于：大，重。

【译文】 "五、至高无上的原则：天子应当建立起至高无上的原则。要把这五种幸福集中起来，一并赏赐给臣民。这样，臣民就会对天子所建立起来的原则表示拥护，天子也就能够要求他的臣民遵守以下原则。

【原文】"锡汝保极①：凡厥庶民，无有淫朋②，人无有比德③，惟皇作极。凡厥庶民，有猷有为有守④，汝则念⑤之。不协于极，不罹于咎⑥，皇则受⑦之。而康而色⑧，曰：'予攸⑨好德。'汝则锡之福⑩。

【注释】①锡：赐，贡献。保：保持，保住。②淫朋：私下结成的小集团。③人：指官员。比德：比，勾结，比德的意思是串通一气。④猷：计谋，谋略。为：作为。守：操守。有猷有为有守，意思是百姓中的贤能的人。⑤念：经常地思考。⑥罹：陷入。咎：罪过，过失。⑦受：成，成就。⑧康：平，和。色：容貌温润。⑨攸：指任用。⑩福：爵禄，好处。

【译文】向您贡献保持最高法则的方法："凡是臣民，都不允许结成私党为非作歹。只要人们不结成私党，那就会把天子所建立的原则作为最高准则。凡是臣民都应当为天子谋虑，为天子办事，都应当根据天子所建立的原则要求自己，你们要牢记这一点。虽然他们的作为有时不合于最高原则，但只要还没有达到犯罪的程度，天子就应当宽容他们。假如有人态度谦恭地告诉你说：'我所爱好的就是你所建立的道德规范。'你就应当赏赐他一些好处。

【原文】"时人斯其惟皇之极①。无虐茕独而畏高明②，人之有能有为，使羞其行③，而邦其昌。凡厥正人④，既富方谷⑤，汝弗能使有好于而家⑥，时人斯其辜⑦。

【注释】①斯：将，把。惟：思。②茕独：指鳏寡孤独、没有依靠的人。高明：位高而显赫的人。③羞：进，贡献。行：好多行为。④正人：拥有官位的人。⑤方：常常。谷：俸禄。⑥好：善，贡献。家：家国。⑦辜：罪，归罪于。

【译文】"这样，人们就会把国王所建立的道德规范当作至高无上的准则而加以遵守了。不要虐待那些无依无靠的人，然而，对那些高贵显赫的贵族却要畏惧。人们中有能力、有作为的，便应当让他们继续发展其才能，提高其德行，这样，你的国家就会繁荣富强了。凡是做官的，都应当给他们以丰厚的待遇，使他们又富又贵。假如你不能让你的臣下为王室作出贡献，这样的臣下就将走上邪路。

【原文】"于其无好德，汝虽锡之福：其作汝用咎①。无偏无陂②，遵王之义③；无有作好④，遵王之道；无有作恶，尊王之路；无偏无党⑤，王道荡荡；无党无偏，王道平平⑥；无反无侧⑦，王道正直。会⑧其有极，归其有极。

【注释】①作：使，让。用：施以。咎：责怪。②无：不要。偏：不正，偏袒。陂：差错，偏颇。③义：法，原则。④好：私好，偏好。⑤党：结为朋党。⑥平平：平坦、通畅的样子。⑦反：违反、违背。侧：倾侧，意思是违法。⑧会：合。

【译文】"对于那些不喜好你所建立的道德规范的人，你虽然赏赐给他许多好处，但他一定还会给你带来许多灾害。不应当有任何的偏颇，要完全遵照你所建立的规范行事；不要有任何私人爱好，要完全遵照你所确定的道路行进；不要为非作歹，要根据你所指出的正路要求自己。没有偏私，没有朋党，道路就是广阔的；没有朋党，没有偏私，道路就是通畅的；不要违反王道，不要违犯法度，道路就是正直的。要任用那些能够按照王道的准则办事的人为官吏，以便使所有臣民都能遵守王道的最高准则。

【原文】"曰：皇①，极之敷言②，是彝是训③，于帝其训④。凡厥庶民，极之敷言，是训是行，以近天子之光。曰：天子作民父母，以为天下王。

【注释】①皇：君。②敷：陈述，述说。极之敷言，就是天子所说的话。③彝：常法，法度。训：遵守。④于：句首语气词。训：顺从。

【译文】"所以说，天子所宣布的至高无上的准则，就是要经常遵守的法令，就是天子的教导，这个教导是符合上帝的意旨的。凡是臣民都应当把天子所宣布的准则当作最高准则，只要按照这个最高准则行事的，就算是亲附天子的了。所以说，天子应当像作臣民的父母一般，来作天下臣民的君主。

【原文】"六、三德：一曰正直，二曰刚克①，三曰柔克②。平康③正直，强弗友刚克④，燮友柔克⑤。沉潜刚克⑥，高明柔克⑦。惟辟作福，惟辟作威，惟辟玉食⑧。臣无有作福作威、玉食。臣之有作福作威玉食，其害于而家，凶于而国。人用侧颇僻，民用僭忒⑨。

【注释】①刚克：就是以刚克。克，战胜，取胜。②柔克：以柔顺克制之。③平康：和平安顺的人。平，平和。康，安静。④友：亲近，友善的。强弗友，强硬而不可亲近的人。⑤燮：和，柔和。燮友：柔和而可亲的人。⑥沉潜：意思是强制，压制。⑦高明：位高而显赫的人。⑧玉食：美味佳肴。⑨僭：越轨，超过，逾越。忒：恶，邪恶。

【译文】"六、三种治理臣民的办法：一是能够端正人的曲直；二是以刚取胜；三是以柔取胜。要想使人平和安静，就必须使人正直。对于那些强硬而不能亲近的人，必须用强硬的办法镇压他们；对那些可以亲近的人，就用柔和的办法对待他们。对下面的小人，必须镇压；对高贵显赫的贵族必须柔和。只有天子才有权给人以幸福，只有天子才可以给人以惩罚，只有天子才可以吃美好的

举贤贡能

此图描绘了周武王灭商后，在安抚殷商遗民的问题上，向姜太公征询意见的故事。武王问太公：今民未安，贤者未定，怎么办呢？太公说：无故无新，如天如地。得殷之财，与殷之民共之，则商得其贾，农得其田也。一目视则不明，一耳听则不聪，一足步则不行。选贤自代，上下各得其所。

食物。而臣下没有权力给人以幸福和惩罚，也就没有权力吃美好的饭食。假如臣下擅自给人以幸福和惩罚，吃美好的饭食，就会给你的王室带来危害，给你的国家带来危害。人们也将因此而背离王道，小民也将因此而犯上作乱。

【原文】"七、稽疑：择建立卜筮^①人，乃命卜筮^②。曰雨，曰霁，曰蒙，曰驿，曰克，曰贞，曰悔^③，凡七。卜五，占用二，衍忒^④。立时人^⑤作卜筮。三人占，则从二人之言。

【注释】①卜筮：卜，用龟甲来占卜吉凶祸福；筮，古代占卜用的蓍草。②命：让，下令，命令。命卜筮，下令他们进行占卜。③雨、霁、蒙、驿、克、贞、悔：雨，兆之体气如雨。霁：晴。蒙：雾天。驿：色泽光明。克：如祲气之色相交错。贞：内卦。悔：外卦。④衍：估测。忒：变化，改变。⑤时人：这样的人，指卜筮的官员。

【译文】"七、解决疑难的方法：选择善于卜筮的人，分别让他们用龟甲卜卦或用蓍草占卦，这样的人选定之后，便命令他们进行卜筮。卜筮的征兆如下：一、兆形像雨一样；二、兆形像雨后初晴时云气在空中一样；三、兆形像雾气蒙蒙；四、兆形像不连贯的云气；五、兆相交错；六、内卦；七、外卦，共有七种。前五种用龟甲卜卦，后两种用蓍草占卦，对卦爻的意义，要认真地加以研究以弄清所有变化。任用这些人从事卜筮时，三个人占卜，应当信从其中两个人的判断。

【原文】"汝则有大疑，谋及乃心，谋及卿士，谋及庶人，谋及卜筮。汝则从^①，龟从，筮从，卿士从，庶民从，是之谓大同。身其康强，子孙其逢^②。吉。汝则从，龟从，筮从，卿士逆，庶民逆，吉。卿士从，龟从，筮从，汝则逆，庶民逆，吉。庶民从，龟从，筮从，汝则逆，卿士逆，吉。汝则从，龟从，筮逆，卿士逆，庶民逆，作内^③吉，作外^④凶。龟筮共违于人，用静吉，用作凶。

【注释】①从：同意。②逢：相当于"繁"，昌盛，繁盛。③作内：在内部做事。④作外：指在外部做事。

【译文】"假如你遇到了重大的疑难问题，首先你自己要多加考虑，然后再和卿士商量，再后和庶民商量，最后问及卜筮。你自己同意，龟卜同意，筮占同意，卿士同意，庶民同意，这就叫大同。这样，你的身体一定会健康强壮，你的子孙也一定会大吉大利。你自己同意，龟卜同意，筮占同意，卿士不同意，庶民不同意，也是吉利的。卿士同意，龟卜同意，筮占同意，你自己不同意，庶民不同意，也是吉利的。庶民同意，龟卜同意，筮占同意，你自己不同意，卿士不同意，也是吉利的。你自己同意，龟卜同意，筮占不同意，卿士不同意，庶民不同意，这样，就只对内吉利，对外就不吉利了。如果龟卜不同意，筮占不同意，即使你自己同意，卿士同意，庶民同意，也是不可轻举妄动，安静地守着就吉利，有所举动就不吉利了。

【原文】"八、庶征：曰雨，曰旸^①，曰燠^②，曰寒，曰风。曰时五者来备，各以其叙③，庶草蕃庑④。一极备⑤，凶；一极无⑥，凶。曰休征：曰肃，时雨若⑦；曰乂，时旸若；曰晢，时燠若；曰谋，时寒若；曰圣，时风若。曰咎征：曰狂⑧，恒雨若；曰僭⑨，恒旸若；曰豫⑩，恒燠若；曰急⑪，恒寒若；曰蒙⑫，恒风若。曰王省惟岁，卿士惟月，师尹惟日。

【注释】 ①旸：日出或者晴天。这里指晴天。②燠：暖。③叙：次序，这里指时序。④蕃：茂盛的。庑：芜，草木丰盛，繁茂。⑤一：指雨、旸、燠、寒、风五种现象中的一种。极备：极多，极，过度。⑥极无：极缺。⑦若：好像。⑧狂：猖狂，傲慢。⑨僭：差错。⑩豫：安逸享受。⑪急：炎热。⑫蒙：昏暗，寒冷。

【译文】 "八、各种不同的征兆：一是雨，二是晴，三是暖，四是寒，五是风。假若这五种现象，都能按照一定的规律发生，那么各种草木就会茂盛地生长，庄稼也会丰收。假若其中一种现象过多，年成就不好；一种现象过少，年成也会不好。各种好的征兆：天子办事谨慎，雨水就按时降下来；天子的政治清明，就会有充足的阳光；天子办事明白，炎热的气候就会按时到来；天子能够深谋远虑，寒冷的气候也会应时而至；天子通达事理，风也就会按时产生。各种坏的征兆：天子的行为狂妄，大雨就会下个不停；天子办事出了差错，天气就会干旱不雨；天子贪图安逸享受，天气就会经常炎热；天子办事浮躁，天气就会经常寒冷；天子办事不精明，风就刮个不停。天子有了过失，会影响一年；卿士有了过失，就会影响一月；官吏有了过失，就会影响一天。

【原文】 "岁月日时无易①，百谷用②成，乂用明，俊民用章③，家用平康。日月岁时既易，百谷用不成，乂用昏不明，俊民用微④家用不宁。庶民惟星，星有好⑤风，星有好雨⑥。日月之行，则有冬有夏⑦。月之从星，则以⑧风雨。

【注释】 ①岁月日时无易：年、月、日之间不发生异常的变化。在这里是对君臣关系的一种隐喻。易，改变，变化。②用：因。③俊民：有才能的人。俊，杰出。章：同"彰"，显明。④微：隐没，不显。⑤好：喜好。⑥星有好雨：有的星好雨的意思。⑦日月之行，则有冬有夏：这是对臣子的要求。⑧以：用。

【译文】 "年、月、日都不发生异常的变化，各种庄稼便都会茂盛地生长，政治就会清明，贤能的人，就会得到任用，国家也就会平安无事。假如日、月、年发生了异常的变化，许多庄稼就

伏羲

龟卜筮占在古代的政治生活中占有相当重要的地位，当时的执政者认为占卜的结果若不利，即使君主、大臣和百姓都认为可行，也是不能轻举妄动的。卜筮有着很久远的历史，传说伏羲创八卦，立占筮之法。

长不好，政治就昏暗，贤能的人就得不到任用，国家就会紊乱。庶民好比星，有的星好风，有的星好雨。由于日月的运行，便产生了冬天和夏天。假若月亮离开太阳而顺从于星，那么接近箕星就多风，接近毕星就多雨。

【原文】"九、五福：一曰寿，二曰富，三曰康宁，四曰攸①好德，五曰考终命②。六极：一曰凶、短、折③，二曰疾，三曰忧，四曰贫，五曰恶④，六曰弱。"

【注释】①攸：遵行。②考：同"老"。考终命：老而善终。③凶：没有到换牙就死去。短：不到二十岁就死去。折：没有结婚就死去。这些都是短寿的说法。④恶：邪恶。与攸好德相反。

【译文】"九、五种幸福：一长寿，二富贵，三平安而无疾病，四喜好天子所建立的道德规范，五长寿善终。六种惩罚：一早死，二多病，三多忧愁，四贫穷，五丑恶，六懦弱。"

召 诰①

【原文】惟二月既望②，越③六日乙未，王朝步自周④，则至于丰⑤。

【注释】①召诰：召，音为"绍"，在现在的陕西岐山县西南，这里指的是召公。这篇是召公转告周公之辞。②二月：成王七年二月。既望：指的是阴历的十六。③越：至，到。④王：成王。步：行。周：指镐京，在今西安市西南。⑤丰：文王庙在丰邑，意思是到丰邑祭告文王。

【译文】二月中旬，乙未这天，王早晨从周出发，到了丰。

【原文】惟太保先周公相宅①。越若来三月②，惟丙午朏③。越三日戊申，太保朝至于洛，卜宅④。厥既得卜⑤，则经营⑥。越三日庚戌⑦，太保乃以庶殷攻位于洛汭⑧。越五日甲寅⑨，位成⑩。

【注释】①太保：官名，当时召公曾做太保。先周公：先于周公，意思就是在周公的前面。相：视察，观看。宅：居住的地方。②越若：句首语助词。来三月：二月后的三月。③朏：新月初现光明，指的就是农历每月初三。④卜宅：卜问住址。⑤得卜：得到吉卜。⑥经营：规划，计划。⑦庚戌：三月七日。⑧以：率领。庶殷：众殷民。攻位：划定宗庙、宫室、朝市的位置。攻，管理、治理。洛汭：洛水流入黄河的地方。汭，河流的会合处。⑨甲寅：三月十一日。⑩位成：位置确定了。

【译文】太保召公在周公之前到洛地勘察宫室宗庙的基地。到了三月初三，新月露出光辉。又过了三日到戊申这一天，太保在早晨到了洛地，占卜宫室宗庙的基地。在占卜中得到吉兆，便开始营建。过了三天到庚戌这天，太保便率领许多殷民在洛水入黄河处营建宗庙宫室的基地。过了五日，到甲寅这天，基地建成。

【原文】若翼日乙卯①，周公朝至于洛，则达观于新邑营②。越三

日丁巳③，用牲于郊④，牛二。越翼日戊午⑤，乃社⑥于新邑，牛一，羊一，豕一。越七日甲子⑦，周公乃朝用书⑧命庶殷侯甸男邦伯。厥既命殷庶，庶殷丕作⑨。

【注释】①若：等到。翼日：明日，第二天。乙卯：三月十二日。②达观：视察。达，通。营：所经营的区域。③丁巳：三月十四日。④郊：南郊。周代祭天在都城的南郊。⑤戊午：农历三月十五日。⑥社：祭祀土神。⑦甲子：农历三月二十一日。⑧书：分配任务的册书。⑨丕作：丕，大。作，动工。

【译文】到了次日，也就是乙卯日早晨，周公来到了洛，全面视察了新邑的规模。过了三日，到了丁巳这天，举行郊祭，用两头牛祭天。次日戊午，便在新邑立社庙祭地神，祭时用牛、羊、猪各一头。又过了七天，在甲子日的早晨，周公便向殷民和各诸侯国的首领颁发了营建洛邑的命令。当向殷民宣布命令之后，殷民便大举动工了。

召公

姓姬名奭，周文王之子，武王之弟。他曾辅助周武王灭商，被封于燕，是后来燕国的始祖。因最初采邑在召，故称召公。他曾任太保，与周公旦共同辅佐成王。他还辅佐了周厉王。他将自己的辖区治理得政通人和，深受百姓爱戴。

【原文】太保乃以庶邦冢君出取币①，乃复入锡②周公。曰③："拜手稽首旅王④，若公诰告庶殷越自乃御事⑤。呜呼！皇天上帝改厥元子⑥，兹大国殷之命⑦。惟王受命，无疆惟休⑧，亦无疆惟恤⑨。呜呼！曷其奈何弗敬⑩？

【注释】①以：与、和。冢君：大君。币：表示敬意的玉和帛之类的礼物。②锡：进献，进。③曰：指的是召公说的话，前面省略了主语召公。④拜手稽首：古代的一种恭敬跪拜礼。旅王：向王陈述。旅，陈述，述说。⑤若：顺从、依从。自：用。⑥元子：首子，指天子。⑦兹：通"已"，完成、终止。命：指的是治理天下的使命。⑧休：吉祥，美好的。⑨恤：忧患。忧虑。⑩曷其、奈何：都是怎么的意思。此处连在一起使用，是为了加强语气。

【译文】太保和诸侯国的国君取出礼品，再进贡赠给周公，并说："请接受我们的礼拜，请让我们把向王陈述的意见陈述给你。然后又把这些意见写成命令，发布给殷民和那些治事诸臣。"啊！上天上帝，更改了殷国的大命，不再让他统治天下。我们周王接受了上天的大命，无限美好，但也有无限的忧虑，为什么不应该有所警惕呢？

【原文】"天既遐①终大邦殷之命，兹殷多先哲王在天，越厥后王后民②，兹服厥命③。厥终④，智藏瘝（guān）在⑤。夫知保抱携持厥妇子⑥，以哀呼⑦天，徂⑧厥亡，出执。呜呼！天亦哀于四方民，其眷命用懋⑨。王其疾敬德⑩！

【注释】①遐：远，久。②越：语首助词，没有是在意义。③厥：其。服：受命：福命。④厥终：后王之终，就是纣的末年。⑤智藏瘝在：瘝，病，指害人的人。这句话的意思是说纣王末年，明智的人都退隐了，害人的人掌权了。⑥夫：泛指人们。保：护，还有说法指的是婴儿的衣服。⑦吁：呼告，呼唤。⑧诅：通"诅"，诅咒的意思。⑨眷：眷顾，注视。懋：通"贸"，转移，改变。⑩疾：加速，加快。

【译文】"上天既然已经结束了大国殷的大命，这殷国的许多圣明的先王还在天上。后来到了殷纣，一开始他和臣民都还能勤勉地根据先王的命令行事。待到纣的末世，有本领的人都匿藏起来，小民都离家行役，人民痛苦到了极点。有了家室的成年男子，都抱着他们的婴儿，携带着他们的妻子，在一起悲痛地呼唤苍天，诅咒殷纣，希望他快点灭亡，以求跳出灾难的深渊。啊！上天也哀怜四方小民，他看到这种情形，便把大命由商转移给我周。王啊！希望你赶快敬重德行！

【原文】"相①古先民有夏，天迪从子保②；面稽天若③，今时既坠④厥命。今相有殷，天迪格⑤保；面稽天若，今时既坠厥命。今冲子嗣⑥，则无遗寿者⑦，曰其稽我古人之德⑧，矧⑨曰其有能稽谋自天！

【注释】①相：观察，察看。②迪：启迪，引导。从：顺从，依从。子保：意思是说像儿子一样的养护。③面：近、向。天若：上天的命令。④坠：丧失，失去。⑤格：法式。⑥冲子：冲，稚。稚子，未成年的人，这里是指成王。⑦遗：多余。寿者：拥有好德行的老年人。⑧曰：语首助词。古人：先祖。⑨矧：何况，况且。

【译文】"看那古代的夏人，上天让那些深知天理的人来开导他们；这些人往往能够当面咨询上天的意见，由于夏的后代国王不能遵从上天的意旨行事，上天便废弃了他们的大命。现在再看看殷人，上天让那些深知天命的人来开导他们，这些人往往能够当面咨询上天的意见，现在也由于殷的后代国王不能够遵从上天的意旨行事，上天便废弃了他们的大命。如今年幼的成王继承了王位，还没有老成可靠的人辅佐他，没有人能考究古人的道德，何况说是能够当面咨询上天意见的人呢！

伯夷

伯夷为商末孤竹君之长子，姓墨胎氏。曾劝阻武王伐纣，周灭商后，与弟叔齐不食周粟饿死。但是在当时，纣王的统治很残暴，普天之下的人绝大部分都支持讨伐商纣王，伯夷和叔齐的做法是不正确的。

【原文】"呜呼！有王虽小，元子哉！其丕①能诚于小民。今休②：王不敢后③，用顾畏于民碞④；王来绍⑤上帝，自服于土中⑥。

【注释】①丕：大的意思。②休：美事，喜事。③后：迟缓，延误。④用：由，因。碞：通"岩"，险。民碞，就是民险，意思是小民难以治理。⑤绍：卜问。⑥服：治理，管理。土中：指洛邑，因为洛邑在九州的中心，所以才这么说。

【译文】"啊！成王虽然年幼，但他却是天子，他能够很好地治理小民。现在国家的形势很好，成王不敢延误建造洛邑的大事。他由于看到小民难治而忧心忡忡，便去卜问上帝，因而在天下的中部营建洛邑，以便治理国家。

【原文】"旦①曰：'其作大邑，其自时配皇天②，毖祀于上下③，其自时中乂④；王厥有成命治民⑤。'今休：王先服殷御事⑥，比介于我有周御事⑦，节⑧性，惟曰其迈⑨。

【注释】①旦：周公的名。②自时：从此。配皇天：意思就是祭天时用周的祖先配天受祭。③毖：谨慎，小心。上下：指天神和地神。④时中：这个中心，指的是洛邑。乂：治理。⑤厥：用于句中的助词。成命：定命。⑥先：尚，重视。服：用。⑦比介：亲近的意思。介，同"迩"，近。⑧节：和。⑨惟：乃。迈：进，增进，加强。

【译文】"周公说过：'赶快营建大邑，从此以后祭天时，便能够以先祖后稷配享，谨慎地祭祀天神和地神了，从此便可以居于天下之中而治理国家了。成王已经打定了这样的主意，治理小民便可以大获成功了。'王先治理殷国的遗臣，使他们能够亲近我们并和我周国治事诸臣一样为国效劳，要节制、改造他们的性情，使他们天天有所进步。

【原文】"王敬作所①，不可不敬德。

【注释】①所：居住的地方，此指新邑。

【译文】"成王也应恭敬谨慎，以身作则，不可不敬重德行！

【原文】"我不可不监①于有夏，亦不可不监于有殷。我不敢②知曰：有夏服③天命，惟有历年④；我不敢知曰：不其延⑤。惟⑥不敬厥德，乃早坠厥命。"我不敢知曰：有殷受天命，惟有历年；我不敢知曰：不其延。惟不敬厥德，乃早坠厥命。

【注释】①监：借鉴，鉴于。②敢：表示敬意的副词。③服：受。④历年：就是永年。历，久，长。⑤其：助词。延：延长。⑥惟：同"为"，因。

【译文】"我们不能不以夏为鉴戒，也不能不以殷为鉴诫。我不敢想象，夏、殷接受上天的大命能够经历长久；我也不敢想象他们不能经历长久。我所知道的是因为他们不敬重德行，才早早地丧失从上天那里接受来的大命。

【原文】"今王嗣①受厥命，我亦惟兹二国命，嗣若②功。

"王乃初服③。呜呼！若生④子，罔不在厥初生，自贻哲⑤命。

"今天其命哲，命吉凶⑥，命历年；知⑦今我初服，宅⑧新邑。肆惟王其疾敬德⑨！王其德之用，祈天永命。

【注释】①嗣：继承。②若：代词，他们。③服：任事，治理。初服，刚刚处理政务。④生：养，教养。⑤命：给、给予。⑥吉凶：偏义复词，实际上指的是吉祥。⑦知：闻知，知道。⑧宅：动词，居住。⑨肆：现在。疾：加速、加快。

【译文】"现在成王承受了上天赐予的大命，我也希望你们能够想一想这两个国家兴亡的原因，接受他们的教训，继承他们的大功。

"成王刚刚治理国家。啊！这好比刚刚成人的少年，成功与失败无在他们这个时候，必须自行选择那明智的道路向前走。

"现在上天把大命赐给那些明智而有道德的人，至于降下的是吉是凶，给予的时间是长是短，这都是很难预料的。我所知道的是成王刚刚治理国家，居住在新邑。现在的希望是成王能够赶快敬重德行。王啊！只有根据道德行事，才能祈求天命的长久。

【原文】"其惟王勿以小民淫用非彝，亦敢殄戮，用乂民，若有功。其惟王位在德元①，小民乃惟刑用于天下②，越王显③。上下勤恤④，其曰我受天命，丕⑤若有夏历年，式勿替有殷历年⑥，欲王以⑦小民受天永命。"

【注释】①位：立。元：首。②刑：取法，效法。用：行。③越：发扬。显：明显。④上下：在这里指的是君臣。⑤丕：语首助词，没有实在的意义。⑥式：应当，应该。替：止。⑦以：连词，与，和。

【译文】"希望成王不要和小民一起放纵自己的行为而不遵法度，也要敢于用刑杀的办法治理小民，这样才能获得成功。希望成王居于天子之位而有圣人的大德，小民在下面便能够自行按照法度行事，发扬王的美好的品德了。君臣上下，时常把忧虑放在心里，这样才可以说：我们接受上天的大命，才能够像夏那样经历久远的年代，才不至于经历像殷那样的年代。我们希望成王以小民的安乐使上天高兴，以便从上天那里接受永久的大命。"

【原文】拜手稽首，曰："予小臣①，敢以王之雠民、百君子越友民②，保③受王威命明德。王末有成命④，王亦显⑤。我非敢勤⑥，惟恭奉币⑦，用供王能祈天永命⑧。"

【注释】①予小臣：是召公的谦称。②雠民：指殷的遗民，百君子：指的是殷的众多官员。越：和、与。友民：依从周的臣民。③保：安。④末：终。成命：威严的大命。⑤亦显：指成王也与文王、武王、周公一样功德显赫。⑥勤：慰劳，犒劳。⑦币：表示敬重之意的玉帛之类。⑧供：进献。能祈：善祈，就是说用德行来祈求。

【译文】周公行礼之后说："我小臣和殷的遗臣遗民以及我国臣子庶民，共同捍卫成王从上天那里接受来的威严的大命，发扬成王的大德。成王终于打定了营建洛邑的主张，成王的大德便可以更加发扬光大了。我不是敢于慰劳成王，只不过是恭敬地奉上礼品，以供成王祈求上天给予永久的大命罢了。"

康王之诰

【原文】王出①，在应门之内②，太保③率西方诸侯入应门左，毕公④率东方诸侯入应门右，皆布乘黄朱⑤。宾称奉圭兼币⑥，曰："一二臣卫敢执壤奠⑦。"皆再拜稽首。王义嗣⑧，德答拜⑨。

【注释】①出：出庙门。②应门之内：宗庙在应门之内，朝位也在门内，康王在此准备接见群臣。③太保：召公。④毕公：当时为东伯，也是率领着东方诸侯之首。⑤布乘：当作黼黻，诸侯的礼服。黄朱：按黄朱指带，这是用颜色代指事物。⑥宾：专门接待诸侯和赞礼的官员。称：呼。奉：献。圭：诸侯见天子的时候所拿的玉。币：贡品。⑦敢：表示谦敬的副词。壤：土。奠：献。⑧义嗣：不坚决拒绝。嗣，继。⑨德答拜：王礼辞之后，又升上台阶进行答拜。

【译文】国王从应门内走出，太保率西方的诸侯国君从应门左边进去迎接国王，毕公率领东方的诸侯国君从应门的右边进去迎接国王，诸侯国君都穿着朱色礼服。诸侯国君拿着朝觐用的圭，并分别献出不同的贡享，说："我们这些做臣子的，大胆地献出地方上的土产，希望王能够收下！"说着诸侯们都行礼叩头。继王以国王的身份，升上台阶回礼答拜。

【原文】太保暨芮伯咸①进，相揖②，皆再拜稽首③。曰："敢敬告天子，皇天改大邦殷之命，惟周文武诞受羑若④，克恤⑤西土。惟新陟王毕协赏罚⑥，戡定厥功⑦，用敷遗后人休⑧。今王敬之哉！张皇六师⑨，无坏我高祖寡命⑩！"

【注释】①咸：和、与。②相揖：古代的礼节，这里是指太保和芮伯互相行礼。③再拜稽首：二人向王再一次叩头。④诞：大。羑若：嘉休，美，所。若，示。⑤恤：安。⑥陟：终，辞世。新陟王，指成王。毕：完，完全。协：和，适。⑦戡：能够。⑧敷：普遍，全部。休：美好。⑨张皇：扩大，扩充，加强。六师：六军。师，军队。⑩无：通"毋"，不要。坏：败坏，损坏。高祖：周文王。寡命：大命。

【译文】太保和芮伯都走向前来互相行礼，之后，又都对新王行大礼，说："斗胆地恭敬地禀告天子，那伟大的上帝更改殷国的大命，只让我们周国的文王和武王接受上天的大命，这是因为他们能够关心西土的臣民。我们那刚刚死去的

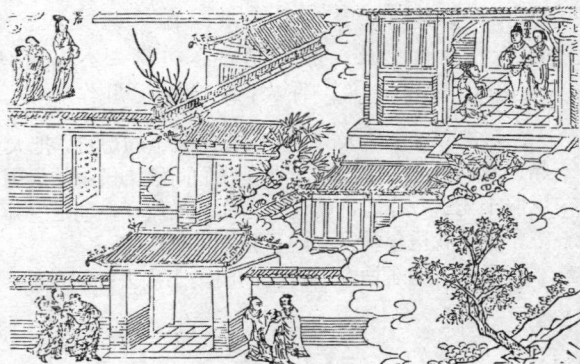

感谏勤政

康王说，成王能够按先王的法度办事，所以成就大业。周王朝比较贤名的君主都很勤政爱民、虚心纳谏。此图所描述的是周宣王听从王后的劝谏，勤勉于政事，成就西周中兴之事。

成王，能够完全按照先王的法度或赏或罚，从而完成了他的大业，遗给后人以美好的家邦。现在，新王你应该恭敬地对待先王的遗业啊！很好地整顿军队，不要毁弃了我们祖先的大命！"

【原文】王若曰："庶邦侯甸男卫^①！惟予一人钊报^②诰，昔君文武丕平^③，富不务咎^④，厎至齐信^⑤，用昭明于天下。则亦有熊罴之士，不二心之臣，保乂王家^⑥，用端命于上帝^⑦。

【注释】①侯甸男卫：指各级别的诸侯。②报：答复。③丕：大。平：平均。④富不务咎：意思就是对人民仁厚而不乱施刑罚。富，仁厚。咎，用刑处罚。⑤厎：致。至：行，施行。齐：整齐。信：诚信。⑥保：保卫。乂：治。⑦用：因。端：直，端正。命：被授予的大命。

【译文】王说："诸侯国君们，现在，我周王姬钊特此通告你们，并向你们发布命令。从前我们的国君文王和武王，使国家的礼法逐步地完整起来，而不致力于刑罚，一切措施都恰到好处，因此先王的威信有如光辉普照天下。还有那些勇武的将士，忠心的臣子，保护、治理我们的国家，以端正上帝赐予的大命。

【原文】"皇天用训厥道^①，付畀四方^②。乃命建侯树屏^③，在^④我后之人。今予一二伯父尚胥暨顾^⑤，绥^⑥尔先公之臣服于先王。虽尔身在外，乃心罔不在王室，用奉恤厥若^⑦，无遗鞠子羞^⑧！"

群公既皆听命^⑨，相揖，趋出。王释冕^⑩，反^⑪，丧服^⑫。

【注释】①用：因。训：顺，根据。②付畀：给予，赐予，交给。③建侯：分封诸侯。建：立。树屏：树立保卫的力量。④在：眷顾，看。⑤伯父：天子将与自己同姓的诸侯称作伯父。尚：表示希望的副词。胥：互相。暨：与。顾：顾念。⑥绥：继承，沿袭。⑦奉：助，承。恤：安。若：善。⑧鞠子：稚子，未成年的，这里是康王的自称。羞：辱。⑨群公：指三公和诸侯群臣。⑩释：解去，脱下。释冕，脱下吉服。⑪反：复，再次。⑫丧服：用作动词，穿上丧服。

【译文】"那伟大的上帝便根据先王的德行，把天下交给我们，并且还要分封诸侯，树立屏障，帮助我们后人治理国家。现在我们同姓诸侯中的大国，都能够尽心地扶持王室，有如你们的先人臣服于先王一样。这就说明，你们虽然身在朝廷之外，而心却无不在王室。你们应时刻关心着王室，不使我这年幼无知的人犯下什么过错。"

大家听完了诰令，行礼而出。王摘去礼帽又回到守丧的住处，穿上丧服。

诗经

周·南

关雎

关关雎鸠①，在河之洲②。
窈窕淑女③，君子好逑④。
参差荇菜⑤，左右流之⑥。
窈窕淑女，寤寐求之⑦。
求之不得，寤寐思服⑧。
悠哉悠哉⑨。辗转反侧⑩。
参差荇菜，左右采之⑪。
窈窕淑女，琴瑟友之⑫。
参差荇菜，左右芼之⑬。
窈窕淑女，钟鼓乐之。

《飞影阁土记画册》插图

【注释】①关关：水鸟鸣叫的声音。雎鸠：一种水鸟。②洲：水中的陆地。③窈窕：内心、外貌美好的样子。淑：好，善。④君子：这里是女子对男子的尊称。逑：配偶。⑤参差：长短不齐的样子。荇菜：一种多年生的水草，叶子可以食用。⑥流：用作"求"，意思是选取，择取。⑦寤：睡醒。寐：睡着。⑧思：语气助词，没有实义。服：思念。⑨悠：忧思的样子。⑩辗转：转动。反侧：翻来覆去。⑪采：摘取。⑫琴瑟：琴和瑟都是古时的弦乐器。友：友好交往，亲近。⑬芼：采摘。

【译文】鸠应和相鸣唱，在那黄河小岛上。美丽善良好姑娘，她是我的好对象。荇菜有高又有低，左挑右选忙采摘。美丽善良好姑娘，一心在梦里求娶。求娶心思未实现，日夜把她勤思念。愁思绵绵把忧添，翻来覆去难入眠。荇菜高低一棵棵，左挑右选忙采摘。美丽善良好姑娘，弹琴奏瑟相亲热。荇菜高低一棵棵，左挑右选忙采摘。美丽善良好姑娘，敲钟打鼓逗她乐。

葛覃

葛之覃兮①，施于中谷②，维叶萋萋③。
黄鸟于飞④，集于灌木，其鸣喈喈⑤。

葛之覃兮，施于中谷，维叶莫莫⑥。
是刈是濩⑦，为绤为绤⑧，服之无斁⑨。
言告师氏⑩，言告言归⑪。薄污我私⑫，
薄浣我衣⑬。害浣害否⑭？归宁父母⑮。

葛，《诗经集传》插图

【注释】 ①葛：葛藤，一种多年生草本植物，纤维可以用来织布。覃：长。兮：语气词，多用于韵文的句末或句中，表示停顿或感叹，相当于现代汉语中的"啊"。②施：蔓延。中谷：谷中，即山谷当中。③维：语气助词，没有实义。萋萋：茂盛的样子。④黄鸟：黄鹂。于：语气助词，没有实义。⑤喈喈：鸟儿鸣叫的声音。⑥莫莫：茂密的样子。⑦刈：用刀割。濩：煮。⑧绤：细葛纤维织成的布。绤：粗葛纤维织成的布。⑨服：穿着。无斁：心里不厌弃。⑩言：语气助词，无实义。告：告诉。师氏：管女奴的老妈子。⑪归：指回娘家。⑫薄：语气助词，没有实义。污：洗去污垢。私：内衣。⑬浣：洗涤。⑭害：曷，何，什么。否：不。⑮归：回家。宁：使……安心。

【译文】 葛草儿到处生长，藤条伸向谷中央，叶儿繁茂色郁郁。
黄莺儿低空翱翔，群息在丛生矮树上，喈喈和鸣在欢唱。
葛草儿蔓延生长，藤条伸向谷中央，叶儿繁茂色葱葱。
割葛煮藤日夜忙，织成细布织粗布，穿在身上乐洋洋。
忙把心事告保姆，我要回家看父母。内衣污垢快洗除，
外衣洗净莫耽误。哪件洗哪件不洗，回家来安慰父母。

卷 耳

采采卷耳①，不盈顷筐②。嗟我怀人③，
寘彼周行④。陟彼崔嵬⑤，我马虺隤⑥。
我姑酌彼金罍⑦，维以不永怀⑧。陟彼高冈，
我马玄黄⑨。我姑酌彼兕觥⑩，
维以不永伤⑪。陟彼砠矣⑫，
我马瘏矣⑬，我仆痡矣⑭，云何吁矣⑮！

【注释】 ①采采：采了又采。卷耳：野菜名，又叫苍耳。②盈：满。顷筐：浅而容易装满的竹筐。③嗟：叹息。怀：想，想念。④寘：放置。彼：那、那里，与"此"相对。周行：大道。⑤陟：登上。崔嵬：山势高低不平。⑥虺隤：因疲乏而生病。⑦姑：姑且。金罍：青铜酒杯。⑧维：语气助词，无实义。永怀：长久思念。⑨玄黄：马因病而改变颜色。⑩兕觥：犀牛角做成的酒杯。⑪永伤：长久思念。⑫砠：有土

的石山。⑬瘏：马疲劳而生病。⑭痡：人生病而不能走路。⑮云：语气助词，没有实义。何：多么。吁：忧愁。

【译文】采卷耳啊采卷耳，久采未满斜口筐。可叹我把丈夫念，
他正迈步大路上。我已登上高山顶，马儿疲劳上山难。
且把浊酒来斟满，借此免把亲人念。我已登上高山冈，
马儿累得毛黑黄。且把浊酒来斟满，借此浇去久忧伤。
我已登上多石山，马儿累病在山间。车夫累病难向前，
许多忧痛心不安。

螽 斯
（zhōng）

螽斯羽①，诜诜兮②（shēn）！宜尔子孙③，
振振兮④！螽斯羽，薨薨兮⑤（hōng）！
宜尔子孙，绳绳兮⑥！螽斯羽，
揖揖兮⑦！宜尔子孙，蛰蛰兮⑧（zhé）！

"宜尔子孙，振振兮"

【注释】①螽斯：蝗虫。羽：翅膀。②诜诜：同"莘莘"，众多的样子。③宜：多。④振振：繁盛的样子。⑤薨薨：很多虫飞的声音。⑥绳绳：延绵不绝的样子。⑦揖揖：会聚的样子。⑧蛰蛰：多，聚集。

【译文】蝗虫儿展翅飞翔，密密麻麻聚四方。你的子孙多又多，
精神振奋个个强。蝗虫儿振翅飞翔，两股相磨薨薨响。
你的子孙多又多，成群相聚在一起。蝗虫儿鼓翅飞翔，
团结飞聚天天忙。你的子孙多又多，和睦美满乐洋洋。

桃 夭

桃之夭夭①（yāo），灼灼其华②（zhuó）。之子于归③，
宜其室家④。桃之夭夭，有蕡其实⑤（fén）。
之子于归，宜其家室。桃之夭夭，
其叶蓁蓁⑥（zhēn）。之子于归，宜其家人。

【注释】①夭夭：桃树含苞欲放的样子。②灼灼：花开鲜明的样子。华：花。③之：这，这个。子：指出嫁的姑娘。于：语气助词，无义。归：女子出嫁。④宜：和顺，和善。室家：指夫妇。⑤蕡：果实很多的样子。⑥蓁蓁：树叶茂盛的样子。

桃，《诗经集传》插图

【译文】桃树茂盛幼枝发，枝枝绽放花鲜艳。这个姑娘要出嫁，
善待夫婿大家夸。桃树茂盛幼枝发，桃子嫩白多肥大。
这个姑娘要出嫁，善待夫婿大家夸。桃树茂盛幼枝发，
叶儿繁多压枝杈。这个姑娘要出嫁，善待夫婿大家夸。

芣 苢
fǔ yǐ

采采芣苢①，薄言采之②。采采芣苢，
薄言有之③。采采芣苢，薄言掇之④。
duō
采采芣苢，薄言捋之⑤。采采芣苢，
luǒ
薄言袺之⑥。采采芣苢，薄言襭之⑦。
jié   xié

【注释】①芣苢：植物名称，即车前子，种子和草可作
药用。②薄言：发语词，没有实义。采：采摘。③有：得
到。④掇：拾取。⑤捋：用手握物，向一端滑动。⑥袺：
用手提着衣襟兜东西。⑦襭：把衣襟别在腰间兜东西。

芣苢，《诗经集传》插图

【译文】车前草啊我们采，赶忙把它采下来。车前草啊我们采，
赶紧把它摘下来。车前草啊我们采，迅速把它取下来。
车前草啊我们采，快速把它捋下来。车前草啊我们采，
急用衣襟揣起来。车前草啊我们采，忙用衣襟兜起来。

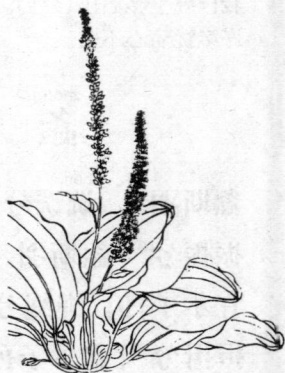

麟 之 趾
zhǐ

麟之趾①，振振公子②，于嗟麟兮③！

麟之定④，振振公姓⑤，于嗟麟兮！

麟之角，振振公族⑥，于嗟麟兮！

【注释】①麟：麒麟。趾：脚。②振振：仁厚的样子。公子：诸侯的儿子。③于
嗟：叹词，相当于"啊"、"呀"。④定：额头。⑤公姓：公孙，诸侯的子孙。⑥公族：
诸侯的宗族子弟。

【译文】有蹄不踢人，公子振奋大有为，仁义之极好麒麟！麒麟有额不抵人，公孙振奋大有
为，仁义之极好麒麟！
麒麟有角不触人，公族振奋大有为，仁义之极好麒麟！

召 南

鹊 巢

维鹊有巢①，维鸠居之②，之子于归，百两御之③。

维鹊有巢，维鸠方之④。之子于归，百两将之⑤。

维鹊有巢，维鸠盈之⑥。之子于归，百两成之⑦。

【注释】①维：发语词，没有实义。鹊：喜鹊。②鸠：布谷鸟。传说布谷鸟不筑巢。居：居住。③两：同"辆"。百两：很多车辆。御：迎接。④方：占有，占据。⑤将：护送。⑥盈：满，充满。⑦成：完成了结婚的仪式。

【译文】树顶喜鹊把窝做，八哥占有来居住。这位姑娘要出嫁，
百辆车儿接她去。树顶喜鹊把窝做，成双八哥同居住。
这位姑娘要出嫁，百辆车儿接她去。树顶喜鹊把窝做，
双双八哥住满巢。这位姑娘要出嫁，百车送婚礼周到。

采 蘩（fán）

于以采蘩①？于沼于沚②（zhǐ）。

于以用之③？公侯之事④。

于以采蘩？于涧之中⑤（jiàn）。

于以用之？公侯之宫⑥。

被之僮僮⑦（bì tóng），夙夜在公⑧。

被之祁祁⑨（qí），薄言还归⑩。

蘩，《诗经集传》插图

【注释】①于以：到哪里去。蘩：水草名，即白蒿。②沼：沼泽。沚：水中小洲。③用之：使用它。④事：祭祀之事。⑤涧：山间水道。⑥宫：宗庙，代指祭典。⑦被：用作"皮"，意思是女子戴的首饰。僮僮：童童，意思是首饰繁多。⑧夙夜：早晨和晚上。公：公家之事。⑨祁祁：首饰繁多的样子。⑩薄言：语助词，放在动词之前，无实义。还归：回家去。

【译文】我们何地采白蒿？就在那边沚与沼。什么地方用白蒿？
公侯养蚕正需要。我们何地采白蒿？山涧水边到处有。
采来白蒿哪里用？公侯蚕室正需求。蚕妇头饰好繁盛，
人人养蚕昼夜忙。蚕妇成群多劳碌，采桑归来回蚕房。

摽有梅
biào

摽有梅①，其实七兮②。求我庶士③，迨其吉兮④？
dài

摽有梅，其实三兮。求我庶士，迨其今兮⑤？

摽有梅，顷筐塈之⑥。求我庶士，迨其谓之⑦。

【注释】①摽：落下，坠落。有：助词，没有实义。梅：
梅树，果实就是梅子。②七：七成。③庶：众，多。士：
指年轻的未婚男子。④迨：及时。吉：吉日。⑤今：
今日，现在。⑥顷筐：浅筐，塈：拾取。⑦谓：以
言相告。

【译文】树上有梅纷纷落，还有七成挂枝头。
向我寻爱众小伙，趁着吉日快追求。
树上有梅纷纷落，还有三成挂枝上。
向我求婚众小伙，乘着今日好时光。
树上有梅纷纷掉，斜口竹筐取落梅。
向我求爱众小伙，借着聚会成婚配。

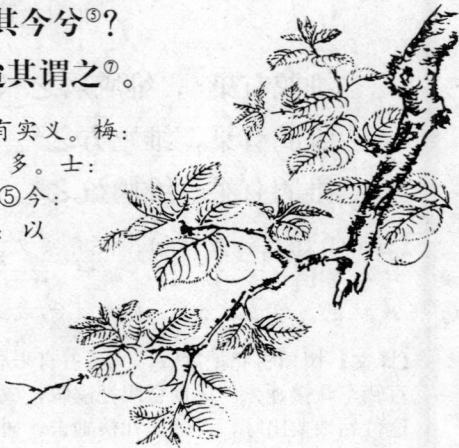

梅，《诗经集传》插图

江有汜
sì

江有汜，之子归，不我以①；不我以，其后也悔②。
zhǔ

江有渚，之子归，不我与③；不我与，其后也处④。
tuó

江有沱，之子归，不我过⑤；不我过，其啸也歌⑥。
xiào

【注释】①汜：江水决堤冲出后重又退回江。以：用，需要。不我以：不用我，
不需要我。②其后也悔：想必以后会后悔。其：副词，表推测。也：句中语气词。
③渚：水中的小沙洲。与：交往，相交。不我与：不同我交往。④处：忧愁。⑤沱：
江水的支流。过：来，至。不我过：不到我这里来。⑥啸：号，心口不平而呼。

【译文】长江流水有倒流，这个姑娘出嫁去，不肯友善来待我。
不肯友善来待我，料她日后必后悔。长江洲岛把水分，
这个姑娘出嫁忙，不肯友善来看我。不肯友善来看我，
想她今后有忧伤。长江之水有支流，这个姑娘出嫁了，
不能相容来赶我。不能相容来赶我，悲歌长啸我哀叹。

邶风

燕 燕

燕燕于飞①，差池其羽②。之子于归，远送于野③。
瞻望弗及④，泣涕如雨。燕燕于飞，颉之颃之⑤。
之子于归，远于将之⑥。瞻望弗及，伫立以泣。
燕燕于飞，下上其音⑦。之子于归，远送于南。
瞻望弗及，实劳我心⑧。
仲氏任只⑨，其心塞渊⑩。
终温且惠⑪，淑慎其身⑫。
先君之思，以勖寡人⑬。

【注释】①燕燕：燕子燕子。于：助词，无
实义。②差池：参差，长短不齐的样子。
③远送于野：远远的送到郊野。④瞻望：远
望。弗及：达不到。⑤颉：鸟飞向上。颃：鸟
飞向下。⑥将：粘贴。⑦下上其音：声音忽高
忽低。⑧劳：使操劳。⑨仲：排行第二。氏：
姓氏。任：信任。只：语气助词，没有实义。
⑩塞：秉性诚实。渊：宽厚、博大。⑪终：既。
⑫淑：善良。慎：小心、谨慎。⑬勖：勉励。

"燕燕于飞，差池其羽"

【译文】长空燕儿双双飞，扬翅相随时上下。这个姑娘要出嫁，
亲到郊外来送她。倩影远逝望不见，泪落如雨思念她。
长空燕儿双双飞，扬翅相随忽上下。这个姑娘要出嫁，
前往远处来送她。倩影远逝望不见，久立泪落思念她。
长空燕儿双双飞，上下和鸣甚凄凉。这个姑娘要出嫁，
远送南郊意凄惶。倩影远逝望不见，我心劳苦甚忧伤。
二妹诚信能依靠，谋事依实思虑深。她既温柔又和顺，
自身善良又谨慎。"时记先父有大恩"，她用这话勉我身。

雄 雉

雄雉于飞①，泄泄其羽②。我之怀矣，自诒伊阻③。

雄雉于飞，下上其音。展矣君子④，实劳我心。

瞻彼日月，悠悠我思。道之云远，曷云能来⑤。

百尔君子⑥，不知德行？不忮不求⑦，何用不臧⑧？

【注释】①雉：野鸡。②泄泄：慢慢飞的样子。③诒：同"贻"，遗留。伊：语气助词，没有实义。阻：隔离。④展：诚实。⑤云：语气助词，没有实义。⑥百：全部，所有。⑦忮：嫉妒。求：贪心。⑧臧：善，好。

【译文】雄性野鸡在翱翔，双翅缓缓飞远方。
我的心中把他想，自找苦吃对谁讲？
雄性野鸡在翱翔，歌声高低甚悠扬。
丈夫远行真劳苦，能不苦苦把他想？
远望太阳与月亮，思夫之情悠悠长。
道路相离太遥远，何时他能归故乡？
天下男人都一样，不知修养德和行。
如不记恨与贪求，想做何事能不成？

谷 风

习习谷风①，以阴以雨。黾勉同心②，不宜有怒。

采葑采菲③，无以下体④。德音莫违⑤，及尔同死。

行道迟迟⑥，中心有违⑦。

不远伊迩⑧，薄送我畿⑨。

谁谓荼苦⑩，其甘如荠⑪。

宴尔新婚⑫，如兄如弟。

泾以渭浊⑬，湜湜其沚⑭。

宴尔新婚，不我屑以⑮。

毋逝我梁⑯！毋发我笱⑰！

我躬不阅⑱，遑恤我后⑲！

就其深矣，方之舟之⑳。

就其浅矣，泳之游之。

何有何亡，黾勉求之。

凡民有丧㉑，匍匐救之㉒。

《唐诗画谱》插图

国学枕边书

全民阅读无障碍导读版

孔子

儒家书籍的合称

插图本

其知可及也，
其愚不可及也。

国学枕边书

四书五经

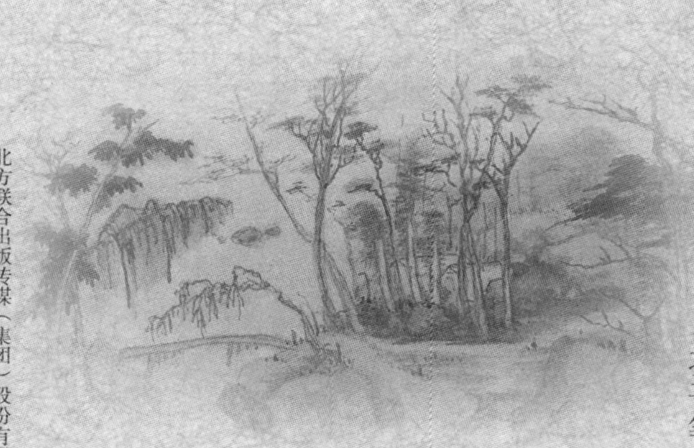

孔子等◎著

四

北方联合出版传媒（集团）股份有限公司
万卷出版公司

不我能慉㉓，反以我为雠㉔。既阻我德㉕，贾用不售㉖。

昔育恐育鞠㉗，及尔颠覆㉘。既生既育，比予于毒㉙。

我有旨蓄㉚，亦以御冬。宴尔新婚，以我御穷。

有洸有溃㉛，既诒我肄㉜。不念昔者，伊余来塈㉝。

【注释】①习习：和暖舒适的样子。谷风：东风。②黾勉：努力，勤奋。③葑、菲：蔓菁、萝卜一类的菜。④无以：不用。下体：根部。⑤德音：指夫妻间的誓言。违：背，背弃。⑥迟迟：缓慢的样子。⑦中心：心中。违：恨，怨恨。⑧伊：是。迩：近。⑨薄：语气助词，没有实义。畿：门坎。⑩荼：苦菜。⑪荠：荠菜，味甜。⑫宴：乐，安乐。⑬泾：泾水，其水清澈。渭：渭水，其水浑浊。⑭湜湜：水清见底的样子。沚：止，沉淀。⑮不我屑以：不愿意同我亲近。⑯梁：河中为捕鱼垒成的石堤。⑰发：打开。笱：捕鱼的竹笼。⑱躬：自身。阅：容纳。⑲遑：空闲。恤：忧，顾念。⑳方：用木筏渡河。舟：用船渡河。㉑丧：灾祸。㉒匍匐：爬行。这里的意思是尽力而为。㉓慉：好，爱。㉔雠：同"仇"。㉕阻：拒绝。㉖贾：卖。不售：卖不掉。㉗育恐：生活在恐惧中。育鞠：生活在贫穷中。㉘颠覆：艰难，患难。㉙毒：害人之物。㉚旨蓄：储藏的美味蔬菜。㉛洸：粗暴。溃：发怒。㉜既：尽。诒：遗留，留下。肄：辛劳。㉝伊：惟，只有。余：我。来：语气助词，没有实义。塈：爱。

【译文】山谷大风不停止，天阴下雨不放晴。勤勉持家心□
不该发怒不停止。采摘蔓菁和萝卜，不要舍弃那根茎。
情语婚约莫背弃，发誓与你同死生。走在路上慢悠悠，
心里愁多不欢喜。不能远送当近送，你只送到门槛里。
谁说荼菜苦又苦，我来品尝甜如荠。你俩新婚多快乐，
就像一对亲兄弟。渭因泾水而混浊，渭若静止清见底。
你俩新婚多欢乐，竟然不肯把我理。新人莫上我鱼梁，
莫开鱼篓水塘里。自身没不被容纳，后事可忘莫生气。
走向深深大水中，可以坐筏到对岸。走进浅浅小水中，
可以游泳至对面。东西无论有没有，我都努力来搜求。
大凡邻居有祸殃，我都竭力补救全。你竟不肯把我爱，
视同仇人来相待。我的挚爱你拒绝，就像卖货难甩开。
从前有病又穷困，同你艰难日月挨。待到生儿和育女，
视我如毒抛门外。我有一些甜蓄菜，冬天缺菜端上来。
你们新婚多欢快，防御穷困把我派。暴怒异常把我待，
苦累活儿我担待。丝毫不想往日爱，一心赶我至门外。

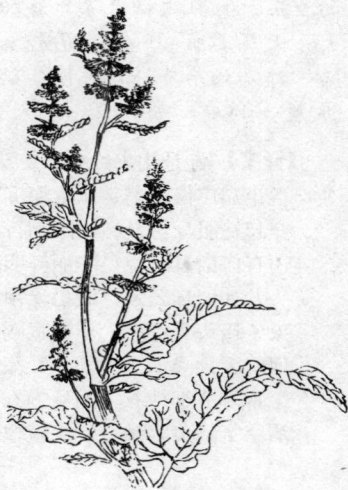

葑.《诗经集传》插图

鄘 风

君子偕老

君子偕老①，副笄六珈②。委委佗佗③，如山如河，

象服是宜④。子之不淑，云如之何？玼兮玼兮⑤，

其之翟也⑥。鬒发如云⑦，不屑髢也⑧。玉之瑱也⑨，

象之揥也⑩，扬且之皙也⑪。胡然而天也⑫！胡然而帝也⑬！

瑳兮瑳兮⑭，其之展也⑮。蒙彼绉絺⑯，是绁袢也⑰。

子之清扬⑱，扬且之颜也⑲。展如之人兮⑳，邦之媛也㉑！

【注释】①偕：一起，共同。②副：妇人的一种首饰。笄：用来盘发的簪子。六珈：笄饰。③委委佗佗：华贵大方。④象服：带有花纹图案的礼服。宜：恰当，得体。⑤玼：鲜艳夺目。⑥翟：画着野鸡彩绘的衣服。⑦鬒：黑发。⑧髢：假发。⑨瑱：耳旁的垂玉。⑩象之揥：象牙簪。⑪扬：额（宽），皙：（肤）白。⑫胡：为什么。然：这样。天：天然美丽。⑬帝：高贵，端庄。⑭瑳：玉色鲜明洁白。⑮展：诚。⑯蒙：披，罩。绉絺：都是细麻布。⑰绁袢：贴身的内衣。⑱子：贵妇。清扬：眉目清秀。⑲颜：容貌。⑳展：的确。如：象。之人：这个人。㉑邦：国家。媛：美人。

【译文】她是丈夫终生伴，头戴发髻金玉簪。
举止端庄仪态美，庄重深沉似河山。
穿起礼服身份显。她的品行好端端，
还有何话可以说！华丽鲜明真高贵，绣雉礼服穿身上。
头发如同乌云黑，假髻无须戴头间。美玉充耳垂耳边，
象牙搔头真漂亮。眉宇宽阔白肤现。何似美丽天仙般？
何似天神降人寰？华丽鲜亮真显贵，白纱礼服身上穿，
上罩薄薄细纱衣，贴身内衣在里边。清秀美丽有气质，
眉宇宽阔美容颜。确实就像这个人，倾城美人多娇艳！

"委委佗佗，如山如河"

载 驰

载驰载驱①，归唁卫侯②。驱马悠悠，言至于漕③。

大夫跋涉，我心则忧。既不我嘉④，不能旋反⑤。

视尔不臧⑥，我思不远。既不我嘉，不能旋济⑦。

视尔不臧，我思不閟⑧。陟彼阿丘⑨，言采其蝱⑩。

女子善怀⑪，亦各有行⑫。许人尤之⑬，众穉且狂⑭。

我行其野，芃芃其麦⑮。控于大邦⑯，谁因谁极⑰。

大夫君子，无我有尤！百尔所思，不如我所之。

【注释】 ①载：语气词，没有实义。驰、驱：车马奔跑。②唁：哀吊失国。③漕：卫国的邑名。④嘉：嘉许，赞成。⑤旋反：返回。⑥臧：善。⑦济：止，停止，阻止。⑧闵：同"悯"，意思是谨慎。⑨阿丘：一边倾斜的山丘。⑩蝱：药名，贝母。⑪善怀：多愁善感。⑫行：道路。⑬许人：许国的人。尤：怨恨，责备。⑭穉：同"稚"，幼稚。狂：愚妄。⑮芃芃：草木茂盛的样子。⑯控：告诉。⑰因：亲近，依靠。极：至，到。

【译文】 驱马疾驰回卫国，慰问哥哥失故国。
打马前进路漫漫，来到漕邑心难过。
许国大夫远跋涉，挡我回卫忧虑多。
救卫主张遭阻挠，不能马上把卫返。
比起你们坏主张，我的考虑眼光远。
救卫主张遭反对，不能马上渡河川。
比起你们坏主张，我的谋划更深远。
登上阿丘高山坡，我把贝母来采取。
女子喜欢勤思索，都有道理益处多。
许国大夫怪罪我，既骄又愚乱斥责。
走在郊外大道上，麦苗茂盛长得旺。
我向大国来求援，求谁谁就来帮助。
许国大夫与君子，莫要认定我罪状。
上百主意我们出，全都不如我所想。

"载驰载驱，归唁卫侯"

卫风

淇奥

瞻彼淇奥①，绿竹猗猗②。有匪君子③，

如切如磋④，如琢如磨⑤。瑟兮僩兮⑥，

赫兮咺兮⑦。有匪君子，终不可谖兮⑧！

瞻彼淇奥，绿竹青青⑨。有匪君子，

充耳琇莹⑩，会弁如星⑪。瑟兮僩兮，

赫兮咺兮。有匪君子，终不可谖兮！

瞻彼淇奥，绿竹如箦⑫。有匪君子，

如金如锡，如圭如璧⑬。宽兮绰兮⑭，

猗重较兮⑮。善戏谑兮⑯，不为虐兮⑰！

【注释】 ①奥：通"澳"，水边弯曲的地方。②猗猗：长而美貌。③匪：通"斐"，有文采的样子。④如切如磋：就像切割打磨过的象牙般精致。⑤如琢如磨：就像雕琢、磨光过的玉石般温润。⑥瑟：庄严的样子。⑦赫：光明的样子。咺：威严的样子。⑧谖：遗忘，忘怀。⑨青青：同菁菁，繁盛的样子。⑩充耳：用以塞耳的垂玉。琇莹：美石。⑪会弁：鹿皮帽的缝合处。⑫箦：通"积"，堆集。⑬圭璧：美玉。⑭绰：旷达的样子。⑮猗：通"倚"，依靠。重较：车两边的扶手。⑯戏谑：说笑。⑰虐：刻薄，伤人。

【译文】 远望弯弯淇河旁，绿竹青翠叶婆娑。文采奕奕那君子，好像细切细磋过，似已精琢又细磨。光彩照人多勇武，德行显赫美名播。文采奕奕那君子，永不忘却记心里。远望弯曲淇水岸，绿竹青翠叶婆娑。文采奕奕那君子，美玉充耳光闪烁，帽缝镶玉如星火。光彩照人多威猛，德业显赫美名播。文采奕奕那君子，永不忘却记心窝。远望弯曲淇河岸，绿竹有如栅栏密。文采奕奕那君子，德行精纯如金锡。高贵如同圭和璧。心胸开阔多美好，斜依重较在车里。善于诙谐来谈笑，却不刻薄把人欺。

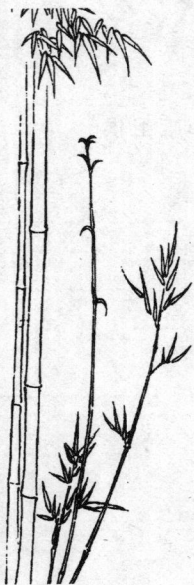

竹，《诗经集传》插图

硕　人

硕人其颀^①，衣锦褧衣^②。齐侯之子，卫侯之妻，

东宫之妹^③，邢侯之姨，谭公维私^④。手如柔荑^⑤，

肤如凝脂。领如蝤蛴^⑥，齿如瓠犀^⑦，螓首蛾眉^⑧。

巧笑倩兮^⑨，美目盼兮^⑩。硕人敖敖^⑪，说于农郊^⑫。

四牡有骄^⑬，朱幩镳镳^⑭，翟茀以朝^⑮。大夫夙退，

无使君劳。河水洋洋^⑯，北流活活^⑰。施罛濊濊^⑱，

鳣鲔发发^⑲，葭菼揭揭^⑳。庶姜孽孽^㉑，庶士有朅^㉒。

【注释】 ①硕：美。颀：身材修长的样子。②褧：麻布制的罩衣，用来遮灰尘。
③东宫：指太子。④私：姊妹的丈夫。⑤荑：白茅初生的嫩芽。⑥领：脖子。蝤蛴：
天牛的幼虫，身体长而白。⑦瓠犀：葫芦籽，洁白整齐。⑧螓：
蝉类，头宽广方正。蛾：蚕蛾，眉细长而黑。⑨倩：笑时脸颊现
出酒窝的样子。⑩盼：眼睛里黑白分明。⑪敖敖：身材苗条的样
子。⑫说：同"税"，停息。农郊：近郊。⑬牡：雄，这里指雄马。
骄：指马身体雄壮。⑭朱：红色。幩：马嚼铁外挂的绸子。镳镳：
马嚼子。⑮翟茀：车后遮挡围子上的野鸡毛，用作装饰。⑯洋洋：
河水盛大的样子。⑰北流：向北流的河。活活：水奔流的样子。
⑱施：设，放下。罛：大鱼网。濊濊：撒网的声音。⑲鳣：蝗鱼。鲔：
鳝鱼。发发：鱼多的样子。⑳葭：初生的芦苇。菼：初生的荻。揭
揭：长的样子。㉑庶姜：众姜，指随嫁的姜姓女子。孽孽：装
饰华丽的样子。㉒士：指陪嫁的媵臣。朅：威武的样子。

【译文】 个子高大卫庄姜，身穿斗篷新嫁娘。
父乃齐国之国君，丈夫就是卫君王。
东宫得臣是兄长，姐夫是那邢国王，
谭侯之妻姊妹行。手如柔荑嫩而白，肤如凝固柔脂膏。
脖似蝤蛴白又长，齿如葫籽齐而好，额像螓首蛾须眉。
两腮酒窝因俏笑，美目流盼情态姣。身材高高卫庄姜，
停车城郊修整忙。四匹公马多健壮，马衔红绸随风扬。
她坐翟车见君王。大夫尽早退朝堂，莫使庄姜劳累伤。
河水流淌浩荡荡，流向北方哗哗响。苏苏之声撒渔网，
鲤鳝摆尾畅游荡，芦苇茂盛向高长。陪嫁齐女个子高，
送嫁大夫多雄壮。

"手如柔荑，肤如凝脂"

王 风

黍 离

彼黍离离^①，彼稷之苗^②。行迈靡靡^③，中心摇摇^④。

知我者^⑤，谓我心忧^⑥。不知我者，谓我何求。

悠悠苍天，此何人哉^⑦？彼黍离离，彼稷之穗^⑧。

行迈靡靡^⑨，中心如醉。知我者，谓我心忧。

不知我者，谓我何求。悠悠苍天，此何人哉？

彼黍离离，彼稷之实^⑩。行迈靡靡，中心如噎^⑪。

知我者，谓我心忧。不知我者，谓我何求。

悠悠苍天，此何人哉？

【注释】①黍：谷物名。离离：成排成行的样子。②稷，谷物名。③行迈：前行。靡靡：步行缓慢的样子。④中心：心中，摇摇：心中不安的样子。⑤知我者：了解我的人。⑥谓：说。心忧：心里有忧愁。⑦此何人哉：这是怎样的人呢？⑧穗：谷穗。⑨行迈：走路。靡靡：迟缓的样子。⑩实：果实，种子。⑪噎：忧闷已极而气塞，无法喘息。

【译文】那边黍秧一排排，那边稷苗长得旺。远行路上慢腾腾，心有隐忧暗悲怆。了解我的人们呀，说我心中有忧伤。不知我的人们呀，说我寻物为哪桩？请问遥遥上苍天，这是何人造灾殃？那边黍秧一排排，高粱结穗长得旺。远行路上慢腾腾，心中如醉暗凄怆。了解我的人们呀，说我心中有忧愁。不知我的人们呀，说我寻物为哪桩？请问遥遥上苍天，这是何人造灾殃？那边黍秧一排排，高粱结粒田地上。远行路上慢腾腾，心如堵塞暗悲怆。了解我的人们呀，说我心中有忧伤。不知我的人们呀，说我寻物为哪桩？请问遥遥上苍天，这是何人造灾殃？

君子于役

君子于役，不知其期^①。曷至哉^②？鸡栖于埘^③，

日之夕矣，羊牛下来。君子于役，如之何勿思！

君子于役，不日不月^④。曷其有佸^⑤？鸡栖于桀^⑥，

日之夕矣，羊牛下括⑦。君子于役，苟无饥渴⑧！

【注释】①期：行期，期限。②曷：什么时候。至：回到家。③埘：墙壁上挖洞做成的鸡窠。④不日不月：不分日月。⑤有："又"，再一次。佸：相见，相聚。⑥桀：鸡栖木。⑦括：来。⑧苟：句首语气词，表示希望。

【译文】丈夫前去服劳役，不知何时是归期。
什么时候回家乡？小鸡栖息土窝里。
太阳落山已黄昏，牛羊成群回圈里。
丈夫前去服苦役，怎能让我不思念？
丈夫前去服劳役，不知归来是何日，
什么时候回家里？木橛上面鸡栖息。
太阳落山已黄昏，牛羊自外进圈里。
丈夫前去服苦役，盼他不渴也不饿。

《飞影阁士记画册》插图

郑 风

缁衣

缁(zī)衣之宜兮①，敝，予又改为兮②。适子之馆(guǎn)兮③，还，予授子之粲(càn)兮④！缁衣之好兮，敝，予又改造兮。

适子之馆兮，还，予授子之粲兮！
缁衣之席兮⑤，敝，予又改作兮。

适子之馆兮，还，予授子之粲兮！

【注释】①缁衣：黑色的朝服。②敝：坏。予：我。又：再。改：重新。为：做。③馆：客舍。④还：回来。粲：餐，饭食。⑤席：宽；大。

【译文】你穿黑衣很合身，衣旧，我给你改成新衣。早晨你去那官府，归家，我把美餐献给你。你穿黑衣很英俊，衣旧，我把它改成新装。早晨你去那官府，归家，我把美餐快献上。你穿黑衣很宽松，衣旧，我为你改新衣裳。清晨你去那官府，归家，我把美餐快献上。

《飞影阁士记画册》插图

女曰鸡鸣

女曰鸡鸣，士曰昧(mèi)旦①。子兴视夜②，明星有烂③。

将翱将翔，弋凫(yī fú)与雁④。弋言加之⑤，与子宜之⑥。

宜言饮酒，与子偕老。琴瑟在御⑦，莫不静好。

知子之来之⑧，杂佩以赠之⑨。知子之顺之⑩，

杂佩以问之⑪。知子之好之，杂佩以报之。

【注释】①昧旦：天快要亮的时候。②兴：起。视夜：察看天色。③明星：启明星。烂：明亮。④弋：射。凫：野鸭。⑤加：射中。⑥宜：烹调菜肴。⑦御：弹奏。⑧来：劳，勤勉。⑨杂佩：女子佩带的装饰物。⑩顺：顺从，体贴。⑪问：赠送。

【译文】妻说："鸡叫天已亮。"夫说："将亮还未亮。""你快起床看天色，启明星光闪闪亮。"

"出外打猎瞧一瞧，射落凫雁喜滋滋。"
"拿箭射落凫和雁，我为你烹好菜肴。
做好菜肴来饮酒，我们一起活到老。
琴瑟安放支架上，必然是和睦友好。"
"知你殷勤把我爱，我把杂佩赠与你。
知你和顺把我待，我把杂佩赠给你。
知你对我这般好，我用杂佩报答你。"

有女同车

有女同车①，颜如舜华②。将翱将翔，佩玉琼琚。

彼美孟姜，洵美且都③。有女同行，颜如舜英④。

将翱将翔，佩玉将将⑤。彼美孟姜，德音不忘⑥。

【注释】①有：助词，位于单音节词前。同车：同乘一辆车。②舜华：木槿花。③洵：实在。都：体面，娴雅。④舜英：木槿花。⑤将将：佩玉互相碰击的声音。⑥德音：声誉美好。

【译文】姑娘和我同车行，容颜美丽如舜花。举步飘逸如鸟飞，各色佩玉身上戴。那位漂亮姜大姐，确实姣美又文雅。
姑娘和我同路行，面如舜花真漂亮。步履飘然像鸟飞，佩玉相撞声锵锵。
那位美艳姜大姐，声誉美好不消亡。

《飞影阁士记画册》插图

风 雨

风雨凄凄，鸡鸣喈喈①。既见君子，云胡不夷②？

风雨潇潇，鸡鸣膠膠③。

既见君子，云胡不瘳④？

风雨如晦⑤，鸡鸣不已。

既见君子，云胡不喜？

【注释】①喈喈：鸡叫的声音。②云：语气助词，无实义。胡：怎么。夷：平。③膠膠：鸡叫的声音。④瘳：病好，病痊愈。⑤晦：昏暗。

【译文】刮风下雨天气凉，鸡鸣喈喈天已亮。
见到丈夫回家来，心中怎能不欢乐？风雨交加声潇潇，鸡鸣膠膠天已晓。已见丈夫进家门，怎能不乐不欢畅？
风雨急骤天昏暗，鸡鸣喈喈不肯停。既见丈夫到身边，
心中怎能不欢喜？

子 衿

青青子衿①，悠悠我心。

纵我不往②，子宁不嗣音③？

青青子佩，悠悠我思。

纵我不往，子宁不来？

挑兮达兮④，在城阙兮⑤。

一日不见，如三月兮！

【注释】 ①衿：衣领。②纵：即使，就算。③宁：竟然。嗣：留下，留有。音：音信，消息。④挑兮达兮：往来轻疾的样子。⑤城阙：城楼。

"青青子衿，悠悠我心"

【译文】 青青颜色你衣领，悠悠绵长我的心。即使我不把你见，难道你竟无音信？你的佩玉青又青，我的情思长又长。即使我不去见你，你竟不肯来探望？往来游走心焦急，就在城阙那上边。一天未能看到你，好像三月没见面！

齐 风

鸡 鸣

鸡既鸣矣，朝既盈矣①。匪鸡则鸣，苍蝇之声。

东方明矣，朝既昌矣②。匪东方则明，月出之光。

虫飞薨薨^{hōng}，甘与子同梦③。会且归矣④，无庶予子憎⑤。

【注释】①朝：朝廷，朝堂。盈：满。②昌：兴旺，众多。③甘：愿。④会：朝会。且：就要，即将。归：回家。⑤无庶：即"庶无"，希望，但愿。予：给予。憎：憎恶。

【译文】晨鸡已经在啼叫，群臣早朝全都到。不是晨鸡在鸣叫，
而是苍蝇嗡嗡叫。东方天光已大明，群臣全都上朝廷。
不是东方天已明，乃是月光亮晶晶。虫儿纷飞闹哄哄，
情愿与你在梦中。暂且上朝及早归，你我莫招群臣憎。

南 山

南山崔崔①，雄狐绥绥^{suí}②。鲁道有荡③，齐子由归④。

既曰归止⑤，曷又怀止⑥？葛屦五两⑦，冠绥双止⑧。

鲁道有荡，齐子庸止⑨。既曰庸止，曷又从止？

蓺麻如之何^{yì}⑩？衡从其亩⑪。取妻如之何？必告父母。

既曰告止，曷又鞠止^{jū}⑫？析薪如之何^{xī xīn}⑬？匪斧不克⑭。

取妻如之何？匪媒不得。既曰得止，曷又极止⑮？

荞．《诗经集传》插图

【注释】①崔崔：高。②绥绥：独行。③荡：平坦。④齐子：齐女，指文姜。由：从（这里）。归：出嫁。⑤既：既然。止：句末语气词。⑥曷：为什么。怀：怀念，想念（对方）。⑦葛屦：葛布鞋。五：配。两：双，两只。⑧冠：帽子。绥：帽带结于下巴后下垂的部分。⑨庸：由，用。⑩蓺：种植。如之何：如何，怎么样。⑪衡：横。⑫鞠：穷，极，尽其淫欲。⑬析：劈开。⑭匪：通"非"，没有。克：能，完成。⑮极：放纵无束。

【译文】南山啊高高耸立，雄狐啊缓步摇晃。
去鲁大道坦荡荡，从此出嫁是文姜。
已经嫁给鲁桓公，襄公何又将她想？

鞋带交错成一对，帽带飘飘是一双。
去鲁大道坦荡荡，从此出嫁是文姜。已经嫁给鲁桓公，
襄公何又将她想？种麻应当怎样种？必须纵横耕田垄。
娶妻应该如何做？必告父母且遵从。桓公既已告父母，
何又携妻见襄公？劈柴应当如何劈？没有斧子劈不成。
娶妻应该怎样做？没有媒人娶不成。桓公既已娶文姜，
何又携妻到齐城？

猗 嗟

猗嗟昌兮①，颀而长兮②。抑若扬兮③，美目扬兮④。
巧趋跄兮⑤，射则臧兮⑥。猗嗟名兮，美目清兮。

仪既成兮⑦，终日射侯⑧。

不出正兮⑨，展我甥兮⑩。

猗嗟娈兮，清扬婉兮。

舞则选兮⑪，射则贯兮⑫。

四矢反兮，以御乱兮。

"巧趋跄兮，射则臧兮"

【注释】①猗嗟：叹词。昌：盛。②颀：长貌。③抑：美貌。扬：额角丰满。④扬：睁开。⑤巧：灵巧，机敏。趋：快走。跄：从容，舒展。⑥射：射箭。臧：好，妙。⑦仪：仪式。成：完成。⑧侯：靶。⑨出：离开。正：靶心。⑩展：诚；真是。⑪舞：跳舞。选：与众不同。⑫贯：中而穿革。

【译文】唉呀身体多健壮，身材高大美儿郎。器宇轩昂有风度，
目明眼亮神飞扬。急步走路多轻巧，射箭技艺特高强。
唉呀身体多强壮，一双眼睛亮又清。宾射之礼都完毕，
终日射箭中侯正。箭箭不离鹄中央，乃是齐国好外甥。
唉呀少年真英俊，眉目清秀神采扬。舞步整齐中节拍，
发箭射穿侯中央。四箭皆中同一处，可以御敌治家邦。

魏　风

葛　屦

纠纠葛屦^{jù}①，可以履^{xiān}霜②。掺掺女手③，可以缝裳。

要^{jì}之襋之④，好人服之⑤。好人提提⑥，宛然左辟⑦，

佩其象^{tì}掮⑧。维是褊心⑨，是以为刺⑩。

【注释】①纠纠：纠结，绑住。葛屦：葛布鞋。②履：踏。③掺掺：形容女手的纤细。④要：即腰，作动词。襋：衣领，作动词。⑤好人：对自己主人的尊称。⑥提提：优雅动人。⑦宛然：回转的样子。辟：同"避"。⑧象掮：象牙做的发簪。⑨维：因为。是：指这个人。褊心：心地狭窄。⑩是：因此，所以。刺：讽刺。

【译文】葛草鞋破用绳系，双脚怎能来踩霜？两手纤细干干瘦，
我又安能来缝裳？裙腰裙襟都缝成，贵妇穿在她身上。
贵妇移步很安详，扭转腰肢躲一方。象牙簪子头上戴。
由于贵妇心术歪，写诗讽刺为此桩。

伐　檀^{tán}

坎坎伐檀兮①，置之河之干兮②，河水清且涟^{lián yī}漪③。

不稼不穑^{jià sè}④，胡取禾三百廛^{chán}兮⑤？不狩不猎，

胡瞻尔庭有县貆^{xuán}兮⑥？彼君子兮，不素餐兮⑦！

坎坎伐辐兮⑧，置之河之侧兮，河水清且直猗⑨。

不稼不穑，胡取禾三百亿兮⑩？不狩不猎，

胡瞻尔庭有悬特兮⑪？彼君子兮，不素食兮！

坎坎伐轮兮，置之河之漘^{chún}兮⑫，河水清且沦猗⑬。

不稼不穑，胡取禾三百囷^{qūn}兮⑭？不狩不猎，

胡瞻尔庭有县鹑^{chún}兮⑮？彼君子兮，不素飧^{sūn}兮⑯！

【注释】①坎坎：用力伐木的声音。②干：河岸。③涟：风吹水面形成的波纹。漪：语气助词，没有实义。④稼：种田。穑：收割。⑤禾：稻谷。廛：束，捆。⑥县：同"悬"，挂。貆：小貉。⑦素：空，白。素餐：意思是白吃饭不干活。⑧辐：车轮上的辐条。⑨直：河水直条状的波纹。⑩亿：束，捆。⑪特：三岁的兽。⑫漘：水

边。⑬ 沦：小波。⑭ 囷：束，捆。⑮ 鹑：鹌鹑。⑯ 飧：熟食。

【译文】砍伐檀树咚咚响，檀木放于河岸边，河水清清泛波澜。你们不种亦不收，为何取禾三百廛？你们从不来打猎，为何院中挂猪獾？那些大人先生们，不是白白吃闲饭！砍木做辐响叮当，车辐放于河岸旁，河水清清波浪直。

你们不种亦不收，为何取禾三百亿？

你们从不来打猎，为何大兽挂院里？

那些大人先生们，不是白白把饭吃！

砍木叮当做车轮，车轮放置在河岸，

河水清清小波纹。你们不种亦不收，

为何取禾三百捆？你们从不来打猎，为何院中挂鹌鹑？那些大人先生们，

不是白白把饭吞！

硕 鼠

硕鼠硕鼠，无食我黍！三岁贯女①，

莫我肯顾②。逝将去女③，适彼乐土。

乐土乐土，爰得我所。硕鼠硕鼠，

无食我麦！三岁贯女，莫我肯德④。

逝将去女，适彼乐国。乐国乐国，

爰得我直⑤。硕鼠硕鼠，无食我苗！

三岁贯女，莫我肯劳⑥。逝将去女，

适彼乐郊。乐郊乐郊，谁之永号⑦？

硕鼠，《诗经集传》插图

【注释】①三岁：泛指多年。贯：事，侍奉。女：同"汝"，你。②顾：顾怜。莫我肯顾：莫肯顾我。③逝：用作"誓"。去：离开。④德：这里的意思是感激。⑤爰：乃。直：同"值"，代价。⑥劳：慰劳。⑦号：感激。

【译文】大老鼠啊大老鼠，莫要再吃我的黍。多年我把你豢养，你却不把我照料。

发誓将要离开你，前去幸福好乐土。乐土乐土真是好，那是我们好去处。

大老鼠啊大老鼠，不要再吃我的粮。多年把你来供养，得你感激是妄想。

发誓将要离开你，前去乐国好地方。乐国乐国真是好，劳动所得自己享。大老鼠啊大老鼠，不要再吃我禾苗。多年把你来供养，你却不把我慰劳。发誓将要离开你，我们马上去乐郊。乐郊乐郊真是好，谁还长声去哀号。

唐风

蟋蟀

蟋蟀在堂①，岁聿其莫②。今我不乐，日月其除③。

无已大康④，职思其居⑤。好乐无荒⑥，良士瞿瞿⑦。

蟋蟀在堂，岁聿其逝。今我不乐，日月其迈⑧。

无已大康，职思其外⑨。好乐无荒，良士蹶蹶⑩。

蟋蟀在堂，役车其休⑪。今我不乐，日月其慆⑫。

无以大康，职思其忧⑬。好乐无荒，良士休休⑭。

【注释】①堂：堂屋。天气寒冷时蟋蟀从野外进到堂屋。②聿：语气助词，没有实义。莫：同"暮"。③除：消逝，过去。④已：过度，过分。大康：康乐，安乐。⑤职：常。居：所处的地位。⑥好：喜欢。荒：荒废。⑦瞿瞿：心中警戒的样子。⑧迈：消逝，过去。⑨外：指分外的事。⑩蹶蹶：勤劳敏捷的样子。⑪役车：服役出差乘坐的车。休：休息。⑫慆：逝去。⑬忧：忧患。⑭休休：安闲自得的样子。

蟋蟀，《诗经集传》插图

【译文】天冷蟋蟀进堂屋，一年将尽又岁末。如今我若不享乐，光阴如流身边过。也别过分享安乐，还要想着做工作。喜欢享乐业别废，贤良常常自警戒。天冷蟋蟀进堂屋，一年时光将逝去。如今我若不享乐，光阴似箭不可留。也别过分享安乐，分外之事要思虑。喜欢享乐业别废，贤良之士勤刻苦。天冷蟋蟀进堂屋，役车休息回故乡。现在我若不享乐，光阴如箭不回还。也别享乐太过度，国家忧患还要想。喜爱享乐业别废，贤良之士心安详。

无 衣

岂曰无衣，七兮①。不如子之衣，安且吉兮②！

岂曰无衣，六兮。不如子之衣，安且燠兮③！

【注释】①七：表示衣服很多。②安：舒适。吉：好，漂亮。③燠：暖和。

【译文】谁说没有衣裳穿？算算总共有七样。虽多不如你的衣，
穿上舒服又吉祥。谁说没有衣服穿？算算总共有六件。
虽多不如你的衣，穿上舒适又暖和。

葛　生

葛生蒙楚①，敛蔓于野②。

予美亡此③，谁与④？独处。

葛生蒙棘，敛蔓于域⑤。

予美亡此，谁与？独息。

角枕粲兮⑥，锦衾烂兮⑦。

予美亡此，谁与？独旦。

夏之日，冬之夜。

百岁之后，归于其居⑧。

冬之夜，夏之日。百岁之后，归于其室⑨。

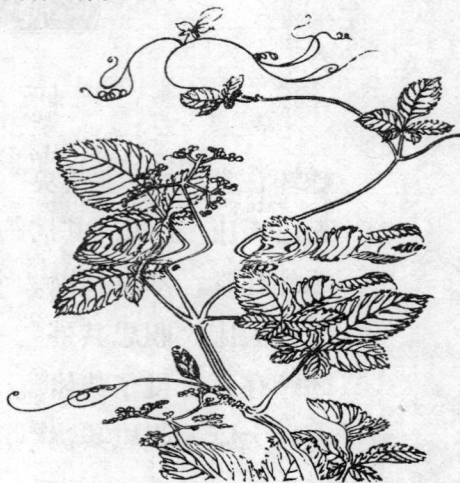

敛，《诗经集传》插图

【注释】①蒙：缠绕。楚：荆条。②敛：草名，即白敛。③予美：指所爱的人。
④谁与：与谁，能和谁在一起？⑤域：坟地。⑥角枕：敛尸所用的枕头。粲：色彩
鲜明。⑦锦衾：锦缎褥子，裹尸用。烂：色彩鲜明。⑧居：指坟墓。⑨室：指墓穴。

【译文】葛藤爬上那荆条，敛草蔓延满荒郊。我那丈夫离人世，
无伴独居真难熬。葛藤爬上酸枣树，敛草蔓延满墓地。
我那丈夫已去世，无伴独寝意凄凄。看那角枕仍鲜丽，
见那锦被仍灿烂。我那丈夫离人间，无伴独自夜待旦。
夏季白天长又长，冬天夜晚甚漫长。一旦百年我死亡，
地下伴夫凤愿强。冬天夜晚长又长，夏季白天很漫长。
一旦百年我死亡，墓中伴夫凤愿强。

采　苓

采苓采苓①，首阳之巅②。人之为言③，苟亦无信④。

舍旃舍旃⑤，苟亦无然⑥。人之为言，胡得焉⑦？

采苦采苦，首阳之下。人之为言，苟亦无与⑧。

舍旃舍旃，苟亦无然。人之为言，胡得焉？

采葑采葑，首阳之东。人之为言，苟亦无从⑨。

舍旃舍旃，苟亦无然。人之为言，胡得焉？

【注释】①苓：甘草。②首阳之巅：首阳山山顶。③为言：讹言，谎话。④苟：一定。无信：不要相信。⑤舍旃：离开它，舍弃它。⑥无然：不要以为然。⑦胡得焉：能得到什么？⑧无与：不要参与。⑨无从：不要跟随。

【译文】采甘草啊采甘草，在那首阳山顶上。那人说的虚伪话，千万别信别上当。劝你把它全丢弃，别信它对不提防。那人说的是谎话，有何可取费思量？采苦菜啊采苦菜，首阳山下采些来。那人说的虚伪话，切勿赞许别受害。劝你把它全抛弃，莫信它对把事坏。那人说的是谎话，有何可取记心怀？采萝葡啊采萝葡，首阳山东采起来。那人说的虚伪话，可别信从把事坏。劝你把它全舍弃，别信它对遭侵害。那人说的是谎话，有何可取值得爱？

秦 风

车 邻

有车邻邻①，有马白颠②。未见君子，寺人之令③。

阪有漆，隰有栗。既见君子，并坐鼓瑟。

今者不乐，逝者其耋④！

阪有桑，隰有杨。

既见君子，并坐鼓簧。

今者不乐，逝者其亡⑤！

【注释】①邻邻：车行的声音。②白颠：马额上长白毛。③寺人：宦官。④逝者：今后，将来。其：语气词，表推测。耋：七八十岁，指年老。⑤亡：死去。

【译文】车队向前邻邻响，马儿额头白毛长。
没见秦伯他的面，近待前去报君王。
山坡之上种漆树，低湿之地植栗树。
已经见到秦王面，并肩而坐把瑟鼓。
现在若是不享乐，以后年老欢乐无。
山坡之上种桑树，低湿地上长白杨。
已经见到秦王面，并肩而坐演奏簧。
现在若不享欢乐，以后想乐人已亡。

"有车邻邻，有马白颠"

蒹 葭
jiān jiā

蒹葭苍苍①，白露为霜。所谓伊人②，在水一方。

遡洄从之，道阻且长。遡游从之，宛在水中央。

蒹葭萋萋，白露未晞③。所谓伊人，在水之湄④。

遡洄从之，道阻且跻⑤。遡游从之，宛在水中坻⑥。

蒹葭采采⑦，白露未已⑧。所谓伊人，在水之涘⑨。

遡洄从之，道阻且右⑩。遡游从之，宛在水中沚⑪。

【译文】①蒹葭：芦苇。苍苍：茂盛的样子。②伊人：那个人。③晞：干。④湄：

岸边。⑤跻：登高。⑥坻：水中的小沙洲。⑦采采：茂盛的样子。⑧已：止、干。⑨涘：水边。⑩右：弯曲、迂回。⑪沚：水中的小沙

【译文】河岸芦苇茂苍苍，早晨秋露结成霜。

心中思念好姑娘，她在小河那一边。

逆河而上去找她，道路危险又漫长。顺水而下去找她，

好像她在水中央。河岸芦苇茂又密，早晨露水未晒干。

心中思念好姑娘，她在河的那一边。逆河而上去找她，

道路渐高又危险。顺流而下把她找，好像她在水中滩。

河岸芦苇密麻麻，早晨秋露未全干。心中思念好姑娘，

她在河水那一边。逆河而上去找她，道路险阻又转弯。

顺水而下去寻她，好像她在水中滩。

《飞影阁士记画册》插图

终 南

终南何有？有条有梅①。君子至止②，锦衣狐裘。

颜如渥丹③，其君也哉？终南何有？有纪有堂④。

君子至止，黻衣绣裳⑤。佩玉将将⑥，寿考不忘⑦。

【译文】①条：山楸。梅：楠树。②至：到达、来到。止：句末语气词。③颜：脸色。如：像。渥：涂抹。丹：红色涂料。④纪：通"杞"，乔木名。堂：通"棠"，棠梨树。⑤黻：古代礼服上，黑与青相间的花纹。⑥将将：叮叮当当的声音。⑦寿考：健康长寿。不忘：不止、没有尽头。

【译文】终南山上有何物？有那山楸与楠树。

君王驾临名山中，狐裘锦衣一身素。

面色红润有光泽，真乃秦国好君主！

终南山上有何物？有那杞柳棠梨树。

秦王驾到大山中，绣花衣裙高贵服。

身上佩玉锵锵响，祝君长寿永为王！

陈 风

东门之枌

东门之枌^①，宛丘之栩^②。子仲之子，婆娑^{pó suō}
其下^③。谷旦于差^④，南方之原^⑤。不绩其麻^⑥，
市也婆娑^⑦。谷旦于逝^⑧，越以鬷迈^⑨。视尔如
荍^{qiáo}^⑩，贻我握椒^⑪。

榆．《三才图会》插图

【注释】①枌：白榆树。②栩：栎树。③婆娑：
舞蹈。④谷旦：良辰；好日子。差：择。⑤南方之
原：南方的原野。⑥绩：纺织。⑦市：到集市去。
⑧逝：追随。⑨越以：语气助词。鬷：汇集。迈：前
行。⑩荍：锦葵花。⑪握：一把。椒：花椒。

【译文】东城门外有白榆，宛丘之上生栎树。子仲家中
好女儿，
树下欢乐蹁跹舞。请你挑选好日子，同去南方平原上。
不纺手中那些麻，闹市起舞心欢畅。趁此吉日一起往，
屡次幽会去远方。我看你像锦葵花，赠我花椒一大把。

月 出

月出皎兮^①，佼人僚兮^{jiǎo liáo}^②。舒窈纠兮^{yǎo jiǎo}^③，劳心悄兮^{qiǎo}^④！
月出皓兮^⑤，佼人懰兮^{liǔ}^⑥。舒慢受兮^{yǒu}^⑦，劳心慅兮^{cǎo}^⑧！
月出照兮，佼人燎兮^{liáo}^⑨。舒夭绍兮^⑩，劳心惨兮^{cǎo}^⑪！

【注释】①皎：明亮。②佼人：美人。僚：美好的样子。③窈纠：女子舒缓的姿
态。④劳：忧。悄：忧愁的样子。⑤皓：洁白。⑥懰：姣好的样子。⑦慢受：舒迟的
样子。⑧慅：忧愁的样子。⑨燎：美好。⑩夭绍：女子体态柔美的样子。⑪惨：忧愁
烦躁的样子。

【译文】清澈明亮月升起，姑娘容貌真漂亮。体态轻盈缓步行，
时时想她心忧伤！洁白明亮月升天，姑娘月下更娇美。
缓步轻盈身姿美，每时想她心不宁！清澈明亮月升天，
姑娘月下面姣好。身姿轻盈飘飘然，日日想她心烦躁！

泽陂

彼泽之陂^①，有蒲与荷。有美一人，
伤如之何^②！寤寐无为^③，涕泗滂沱^④。
彼泽之陂，有蒲与蕳^⑤。有美一人，
硕大且卷^⑥。寤寐无为，中心悁悁^⑦。
彼泽之陂，有蒲菡萏^⑧。有美一人，
硕大且俨^⑨。寤寐无为，辗转伏枕。

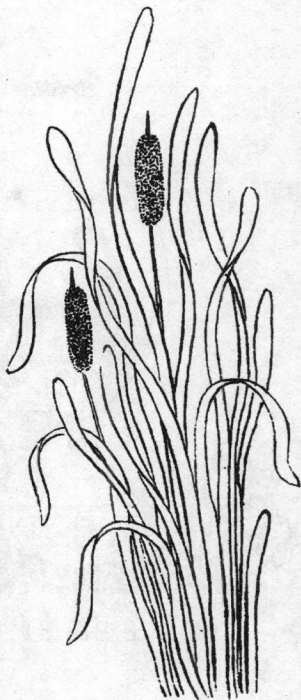

【注释】①陂：水边的地。②伤：女子自指的代词，意思是"我"。③寤寐：醒着和睡着。④涕：眼泪。泗：鼻涕。滂沱：大雨般地淋下。⑤蕳：兰花。⑥硕大：高大。卷：美好的样子。⑦中心：心中。悁悁：心中忧愁的样子。⑧菡萏：荷花。⑨俨：庄重，端庄。

【译文】那个池塘有堤岸，蒲草荷花塘里生。有个姑娘美无双，

我心爱她当如何！无心做事日夜想，眼泪鼻涕哗哗淌。
那个池塘有堤岸，蒲草莲花池中生。有个姑娘美无比，
个儿高大脸漂亮。无心做事将她想，心中忧愁仍难忘。
那个池塘有堤岸，蒲草荷花一同生。有个美女世无双，
身材高大真漂亮。无心做事把她想，翻来覆去枕上伏。

蒲，《诗经集传》插图

桧 风

羔 裘

羔裘逍遥①，狐裘以朝②。

岂不尔思？劳心忉忉。

羔裘翱翔，狐裘在堂。

岂不尔思？我心忧伤。

羔裘如膏③，日出有曜④。

岂不尔思？中心是悼⑤。

《飞影阁士记画册》插图

【注释】①逍遥：与翱翔同，游逛。②朝：上朝。③膏：油膏，油脂。④曜：照耀。⑤悼：难过，悲伤。

【译文】你穿羔裘任逍遥，穿好狐裘来上朝。难道我不将你想？心有忧愁苦难消。身穿羔裘任你逛，穿好狐裘到朝堂。难道我不将你想？我的心中忧伤多。你穿羔裘有光泽，太阳一出闪闪亮。难道我不将你想，心中忧惧多慌张。

匪 风

匪风发兮①，匪车偈兮②。顾瞻周道③，中心怛兮④！

匪风飘兮⑤，匪车嘌兮⑥。顾瞻周道，中心吊兮⑦！

谁能亨鱼⑧，溉之釜鬵⑨。谁将西归，怀之好音。

【注释】①匪：彼。发：风声。②偈：疾驰的样子。③周道：大路。④怛：悲伤。⑤飘：旋风。⑥嘌，飞奔，疾驰。⑦吊：悲伤。⑧亨：烹。⑨溉：洗。釜鬵：锅。

【译文】那风刮得发发响，那车快速奔驰忙。西去大道我回望，心中思乡甚忧伤。那风回旋天地转，那车疾速向奔前。西去大道我回望，心中忧伤思故乡。谁能烹制那条鱼？我刷锅儿来支援。谁要西归回故乡？请他捎信报平安。

曹 风

蜉 蝣
fú yóu

蜉蝣之羽①，衣裳楚楚②。心之忧矣，
于我归处③。蜉蝣之翼，采采衣服④。
心之忧矣，于我归息。蜉蝣掘阅⑤，
麻衣如雪。心之忧矣，于我归说⑥。

【注释】①蜉蝣：一种寿命极短的虫，其羽翼极薄并有光泽。②楚楚：鲜明的样子。③于：通"何"，哪里。归：归依，回归。处：地方，居所。④采采：华丽的样子。⑤掘：穿，挖。阅：穴，洞。⑥说：止息，歇息。

蜉蝣，《诗经集传》插图

【译文】蜉蝣翅白又透明，漂亮衣裳五彩画。
心有忧愁不欢乐，与我同住把家归。
蜉蝣展翅白又亮，华美衣服真高贵。
心有忧愁不舒畅，与我回宿把家回。
蜉蝣出土白而亮，麻布衣裳似白雪。
心藏忧痛不欢畅，与我回家同床歇。

候 人

彼候人兮①，何戈与祋②。彼其之子③，
fú   jì
三百赤芾④。维鹈在梁⑤，不濡其翼。
fú   tì
彼其之子，不称其服⑥。维鹈在梁，
zhòu   chèn
不濡其咮⑦。彼其之子，不遂其媾⑧。
荟兮蔚兮⑨，南山朝隮⑩。婉兮娈兮，
zhāo jì
季女斯饥⑪。

【注释】①候人：在路上迎候宾客的小官。②何：同"荷"，扛。祋：古时的一种兵器。③彼其之子：他这个人，指前面提到的小官。④赤芾：指大夫以上的官穿戴的冕服。⑤鹈：鹈鹕，一种水鸟。梁：鱼梁。⑥不称：不配。⑦咮：鸟嘴。⑧遂：如愿。媾：宠，这里指高官厚禄。⑨荟、蔚：云雾弥漫的样子。⑩朝隮：早晨的云。

⑪ 季女：年轻的女子，少女。斯：语气词，无义。饥：挨饿。

【译文】 那个候人官真小，肩上扛着戈与殳。再看那些人们啊，
三百大夫穿赤芾。鱼鹰站于鱼梁上，不曾沾水湿翅膀。
再看那些人们啊，不配穿那大夫衣。鱼鹰站于鱼梁上，
长嘴未湿身未动。再看那些人们啊，不配君王施恩宠。
云霞漫漫浮天空，朝云升起南山颠。年轻漂亮令人羡，
少女贫苦受饥寒。

豳 风

七 月

七月流火^①，九月授衣^②。

一之日觱发^③，二之日栗烈^④。

无衣无褐^⑤，何以卒岁^⑥？

三之日于耜^⑦，四之日举趾^⑧。

同我妇子，馌彼南亩^⑨，田畯至喜^⑩。

七月流火，九月授衣。

春日载阳^⑪，有鸣仓庚^⑫。

女执懿筐^⑬，遵彼微行^⑭，

爰求柔桑。春日迟迟，采蘩祁祁^⑮。

女心伤悲，殆及公子同归^⑯。七月流火，八月萑苇^⑰。

蚕月条桑^⑱，取彼斧斨^⑲，以伐远扬^⑳，猗彼女桑^㉑。

七月鸣鴃^㉒，八月载绩^㉓。载玄载黄，我朱孔阳^㉔，

为公子裳。四月秀葽^㉕，五月鸣蜩^㉖。八月其获，十月陨萚^㉗。

一之日于貉，取彼狐狸，为公子裘。二之日其同^㉘，载缵武功^㉙。

言私其豵^㉚，献豜于公^㉛。

五月斯螽动股^㉜，六月莎鸡振羽^㉝。

七月在野，八月在宇。

九月在户，十月蟋蟀入我床下。

穹窒熏鼠^㉞，塞向墐户^㉟。

嗟我妇子，曰为改岁^㊱，入此室处。

六月食郁及薁^㊲，七月亨葵及菽^㊳。

八月剥枣，十月获稻；为此春酒，以介眉寿^㊴。

七月食瓜，八月断壶^㊵，九月叔苴^㊶。

采荼薪樗^㊷，食我农夫。

九月筑场圃，十月纳禾稼，黍稷重穋^㊸，禾麻菽麦。

嗟我农夫！我稼既同，上入执宫功^㊹；昼尔于茅^㊺，

宵尔索綯^㊻，亟其乘屋^㊼，其始播百谷。二之日凿冰冲冲^㊽，

三之日纳于凌阴^㊾。四之日其蚤^㊿，献羔祭韭。

九月肃霜⁵¹，十月涤场⁵²。朋酒斯飨⁵³，曰杀羔羊，

跻彼公堂⁵⁴，称彼兕觥⁵⁵，万寿无疆！

【注释】①流：落下。火：星名，又称大火。②授衣：叫妇女缝制冬衣。③一之日：周历一月，夏历十一月。以下类推。觱发：寒风吹起。④栗烈：寒气袭人。⑤褐：粗布衣服。⑥卒岁：终岁，年底。⑦于：为，修理。耜：古代的一种农具。⑧举趾：抬足，这里指下地种田。⑨馌：往田里送饭。南亩：南边的田地。⑩田畯：农官。喜：请吃酒菜。⑪载阳：天气开始暖和。⑫仓庚：黄鹂。⑬懿筐：深筐。⑭遵：沿着。微行：小路。⑮蘩：白蒿。祁祁：人多的样子。⑯公子：诸侯的女儿。归：出嫁。⑰萑苇：芦苇。⑱蚕月：养蚕的月份，即夏历三月。条：修剪。⑲斧斨：装柄处圆孔的叫斧，方孔的叫斨。⑳远扬：向上长的长枝条。㉑猗：攀折。女桑：嫩桑。㉒鵙：伯劳鸟，叫声响亮。㉓绩：织麻布。㉔朱：红色。孔阳：很鲜艳。㉕秀葽：秀是草木结籽，葽是草名。㉖蜩：蝉，知了。

《飞影阁士纪画册》插图

㉗陨：落下。萚：枝叶脱落。㉘同：会合。㉙缵：继续。武功：指打猎。㉚豵：一岁的野猪。㉛豜：三岁的野猪。㉜斯螽：蚱蜢。动股：蚱蜢鸣叫时要弹动腿。㉝莎鸡：纺织娘。㉞熏鼠：堵塞鼠洞。㉟向：朝北的窗户。墐：用泥涂抹。㊱改岁：除岁。㊲郁：郁李。薁：野葡萄。㊳亨：烹。葵：滑菜。菽：豆。㊴介：求取。眉寿：长寿。㊵壶：同"瓠"，葫芦。㊶叔：抬起。苴：秋麻籽，可吃。㊷荼：苦菜。薪：砍柴。樗：臭椿树。㊸重：晚熟作物。穋：早熟作物。㊹上：同"尚"。宫功：修建宫室。㊺于茅：割取茅草。㊻索綯：搓绳子。㊼亟：急忙。乘屋：爬上房顶去修理。㊽冲冲：用力敲冰的声音。㊾凌阴：冰室。㊿蚤：早，一种祭祖仪式。51肃霜：降霜。52涤场：打扫场院。53朋酒：两壶酒。飨：用酒食招待客人。54跻：登上。公堂：庙堂。55称：举起。兕觥：古时的酒器。

【译文】七月心宿偏西沉，九月制衣把令下。十一月来北风刮，十二月来天气寒。粗麻衣服没一件，我拿什么度年关？正月忙于修农具，二月抬脚来犁田。老婆孩子都劳动，

向阳田里来送饭，田官赶来好欢喜。
九月制衣把令下。三月里来天温暖，
女奴手提那深筐，沿着小路缓向前，
春天白昼长又长，采蘩人多不得闲。
怕被公子来糟践。七月心宿往西沉，
三月修整桑树枝，取来那些斧和斨，
手拉枝条采嫩桑。七月伯劳声声唱，
又染黑色又染黄，染成红色更鲜亮，
四月远志把子结，五月蝉儿声声叫，
十月蒮树叶儿掉。十一月来去打貉，
我给公子缝皮袄。十二月来需集中，
猎取小兽归自己，大兽要向公府交。
六月莎鸡振翅膀。蟋蟀七月在郊野，
九月来到大门旁，十月进屋床底藏，
泥抹门来封北窗。唉唉我妻和儿女，
住进此屋莫心凉。郁李葡萄六月吃，
八月枣熟打下来，十月割稻忙收获。
喝了延年又寿长。七月吃瓜多采摘，
九月全来拾麻子，臭椿当柴荼当粮，
九月筑成打谷场，十月五谷全进仓。
粟麻豆麦皆收藏。可怜我们众农夫，
还去公家修住房：白天需去打茅草，
急忙登屋修好房，又将开始春播忙。
一月里来冰窖藏。二月里来得早祭，
九月天高又气爽，十月万物尽凋伤。
宰杀一只小羔羊。走进学校议事堂，
"万寿无疆"喊得亮。

七月心宿偏西沉，
黄莺鸣叫声婉转。
采摘嫩桑于田间。
姑娘心中有悲伤，
八月割取芦苇忙。
砍下高挑桑树枝，
八月开始将麻纺，
我为公子做衣裳。
八月开始割庄稼，
猎取狐狸把皮挑，
练武打猎仍操劳。
五月蚱蜢唧唧叫，
八月回归房檐下。
堵塞孔隙熏老鼠，
新年马上至身旁，
葵菜豆儿七月尝。
用稻酿成好美酒，
八月葫芦断下秧。
以此活命我心伤。
小米高粱和杂粮，
各种谷物全装仓，
晚上搓绳长又长。
十二月来凿冰响，
摆上韭菜献羔羊。
两壶美酒都奉上，
兕牛角杯高高举，

鸱 鸮
ＣＨＩ　ＸＩＡＯ

鸱鸮鸱鸮①，既取我子，无毁我室。恩斯勤斯②，
鬻 yù 子之闵 mǐn 斯③！迨 dài 天之未阴雨，彻彼桑土④，绸缪 chóumóuyǒu 牖户⑤。
今女下民⑥，或敢侮予？予手拮据 jié jū⑦，予所捋荼 luō⑧，
予所蓄租⑨，予口卒瘏 tú⑩，曰予未有室家！予羽谯谯 qiáo⑪，
予尾翛翛 xiāo⑫，予室翘翘⑬，风雨所漂摇，
予维音哓哓 xiāo⑭！

【注释】①鸱鸮：猫头鹰。②恩、勤：勤劳。斯：语气助词，没有实义。③鬻：养育。闵：病。④彻：寻取。桑土：桑树根。⑤绸缪：修缮。牖：窗。户：门。

⑥女：汝，你。⑦拮据：手因操劳而不灵活。⑧捋：用手握住东西顺着抹取。⑨蓄：收藏。租：这里指茅草。⑩辛瘏：因劳累而得病。⑪谯谯：羽毛干枯稀疏的样子。⑫翛翛：羽毛枯焦的样子。⑬翘翘：危险的样子。⑭哓哓：由于恐惧而发出的叫声。

【译文】猫头鹰啊猫头鹰，你已抓走我儿女，不可再毁我的窝。
爱子使我付辛劳，抚养子女患病多。趁着天还未下雨，
取来桑根把皮剥，缠缚门窗加牢固。现在你们这些住在树下的人，
谁敢把我再欺侮！我的双手已累麻，还要拾取茅草花，
我还多积干茅草。我的嘴巴累病了，由于我无安全巢。
我的羽毛稀落落，我的尾巴已枯焦，我的窝高多危险，
风吹雨打任飘摇，提心吊胆叫喳喳。

小 雅

鹿 鸣

呦呦鹿鸣①，食野之苹②。我有嘉宾，

鼓瑟吹笙。吹笙鼓簧③，承筐是将④。

人之好我⑤，示我周行⑥。呦呦鹿鸣，

食野之蒿。我有嘉宾，德音孔昭⑦。

视民不恌⑧，君子是则是效⑨。

我有旨酒⑩，嘉宾式燕以敖⑪。

呦呦鹿鸣，食野之芩⑫。

我有嘉宾，鼓瑟鼓琴。鼓瑟鼓琴，

和乐且湛⑬。我有旨酒，以燕乐嘉宾之心。

"我有嘉宾，鼓瑟吹笙"

【注释】①呦呦：鹿的叫声。②苹：草名，即皤蒿。③簧：乐器中用以发声的片状振动体，这里指乐器。④承：捧着。将：献上。⑤好：关爱。⑥周行：大路。⑦德音：美德。孔：很，十分。昭：鲜明。⑧视：示，昭示。恌：轻怫。⑨则：榜样。效：模仿。⑩旨酒：美酒。⑪式：语气助词，无实义。燕：同"宴"。敖：同"遨"，意思是游玩。⑫芩：草名，属蒿类植物。⑬湛：快活得长久。

【译文】群鹿呦呦郊外鸣，尽情吃苹甚安闲。我有嘉宾来相会，
奏瑟吹笙表欢迎。吹起笙来接贵客，捧筐赠物致敬情。
贵客心中喜欢我，治国大道给我呈。群鹿呦呦在鸣叫，
吃那青蒿野地里。我有嘉宾喜相见，他们德高美名彰。
做民表率不轻薄，君子效法好榜样。我有甜酒来奉献，
嘉宾宴饮心欢畅。群鹿呦呦鸣叫欢，野外食芩乐融融。
我有嘉宾来相见，奏瑟弹琴热烈迎。奏瑟弹琴来助兴，
和平安乐情意深。我有甜酒勤奉献，嘉宾畅饮心欢腾。

常 棣

常棣之华①，鄂不韡韡②。凡今之人，莫如兄弟。

死丧之威③，兄弟孔怀④。原隰裒矣⑤，兄弟求矣。

脊令在原⑥，兄弟急难。每有良朋，况也永叹⑦。

兄弟阋于墙⑧，外御其务⑨。

每有良朋，烝也无戎⑩。丧乱既平，

既安且宁。虽有兄弟，不如友生⑪。

傧尔笾豆⑫，饮酒之饫⑬。兄弟既具，

和乐且孺⑭。妻子好合，如鼓瑟琴。

兄弟既翕⑮，和乐且湛⑯。宜尔室家，

乐尔妻帑⑰。是究是图⑱，亶其然乎⑲！

【注释】①常棣：棠梨树。华：花。②鄂：同"萼"，花草。不：岂不。韡韡：花色鲜明的样子。③威：畏惧。④孔怀：十分想念。⑤裒：堆积。⑥脊令：水鸟名。⑦况：增加。永叹：长叹。⑧阋：争吵。阋于墙：在家里面争吵。⑨务：同"侮"，欺侮。⑩烝：乃。戎：帮助。⑪生：语气助词，没有实义。⑫傧：陈设，陈列。⑬饫：酒足饭饱。⑭孺：亲近。⑮翕：聚和。⑯湛：长久。⑰帑：儿女。⑱究：思虑。图：谋划。⑲亶：诚然，确实。

【译文】棠棣花啊棠棣花，花朵鲜艳多娇美。如今世上所有人，
完全不如亲兄弟。遇到死丧可怕事，只有兄弟挂于心。
广阔原隰少一人，只有兄弟遍地寻。脊令鸟儿在平原，
惟有兄弟救危难。虽有良朋在身边，只能为你长声叹。
兄弟家里有争吵，遇到外侮共抵挡。虽有良朋在身边，
终究不能帮大忙。等到丧乱全平息，生活安宁不相依。
这时虽有亲兄弟，不如朋友情意蜜。摆列你的笾和豆，
家宴之上饮酒畅。兄弟全部在一处，和乐愉快人人有。
妻子儿女情意合，如同奏乐声和谐。兄弟全都聚一处，
和乐尽欢真亲热。祝你全家情意好，妻子儿女皆欢喜。
兄弟关系深探究，确实如此当牢记。

采 薇

采薇采薇①，薇亦作止②。曰归曰归，岁亦莫止③。

靡室靡家，猃狁之故④。不遑启居⑤，猃狁之故。

采薇采薇，薇亦柔止⑥。曰归曰归，心亦忧止。

忧心烈烈，载饥载渴。我戍未定，靡使归聘⑦。

采薇采薇，薇亦刚止⑧。曰归曰归，岁亦阳止⑨。

王事靡盬⑩，不遑启处。忧心孔疚⑪，我行不来！

彼尔维何⑫？维常之华。彼路斯何⑬？

君子之车。戎车既驾，四牡业业⑭。岂敢定居？

一月三捷⑮。驾彼四牡，四牡骙骙⑯（kuí）。君子所依，

小人所腓⑰（féi）。四牡翼翼⑱，象弭鱼服⑲。

岂不日戒？猃狁孔棘⑳！昔我往矣，

杨柳依依㉑。今我来思，雨雪霏霏㉒。

行道迟迟，载渴载饥。我心伤悲，莫知我哀！

【注释】①薇：一种野菜。②亦：语气助词，没有实义。作：初生。止：语气助词，没有实义。③莫：同"暮"，晚。④猃狁：北方少数民族戎狄。⑤遑：空闲。启：坐下。居：住下。⑥柔：软嫩。这里指初生的薇菜。⑦聘：问候。⑧刚：坚硬。这里指薇菜已长大。⑨阳：指农历十月。⑩盬：止息。⑪疚：病。⑫尔：花开茂盛的样子。⑬路：辂，大车。⑭业业：强壮的样子。⑮捷：交战，作战。⑯骙骙：马强壮的样子。⑰腓：隐蔽，掩护。⑱翼翼：排列整齐的样子。⑲弭：弓两头的弯曲处。鱼服：鱼皮制的箭袋。⑳棘：危急。㉑依依：茂盛的样子。㉒霏霏：纷纷下落的样子。

【译文】采薇菜啊采薇菜，菜苗刚露出平面。说回家呀说回家，已到年终未回还。虽有家庭似没有，只因猃狁频扰边。没有时间来闲坐，只因猃狁国难安。采薇菜啊采薇菜，薇菜鲜嫩在山间。说回家呀说回家，心中忧虑家没还。心急如焚好难受，又饿又渴饥肠转。无人归家问平安。采薇菜啊采薇菜，薇菜茎杆已硬老。说回家呀说回家，年末十月又来到。国王事情总没完，没有时间闲呆着。内心忧伤好痛苦，出征不见有慰劳。那是何花在盛开？棠棣花儿在怒放。那是何车大又高？将帅之车镇四面。兵车全都驾起来，四匹公马好雄壮。怎敢停下来定居，每月多次打胜仗。公马四匹驾车忙，四匹公马好强壮。将帅坐在大车上，战士靠车把矢防。四匹公马真整齐，象弭鱼服在身旁。怎敢一天不警戒，猃狁进犯很猖狂。想起以前出征时，杨柳依依轻摇荡。今天凯旋把家还，满天落雪纷纷扬。道路遥远好漫长，没有饭水饿肚肠。我的内心很悲苦，无人知我哀与伤。

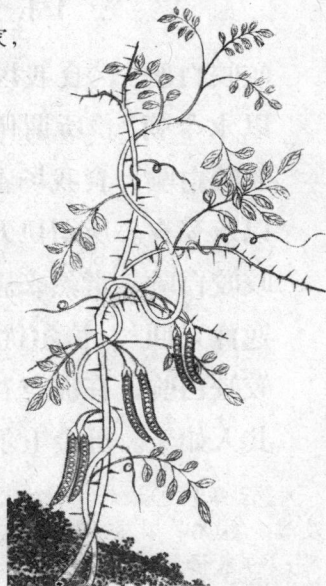

薇，《四库全书》插图

鹤 鸣

鹤鸣于九皋①（gāo），声闻于野。鱼潜在渊，或在于渚②（zé）。

乐彼之园，爰有树檀③，其下维萚④。它山之石⑤，

可以为错⑥。鹤鸣于九皋，

声闻于天。鱼在于渚，

或潜在渊。乐彼之园，爰有树檀，

其下维毂gòu⑦。它山之石，可以攻玉⑧。

【注释】①皋：沼泽。九皋：曲折深远的沼泽。②渚：水中的小块陆地。③爰：语气助词，没有实义。檀：紫檀树。④萚：落下的树叶。⑤它：别的，其他。⑥错：磨玉的石块。⑦毂：楮树。⑧攻：打磨制作。

【译文】仙鹤鸣叫沼泽间，鸣声郊外能闻见。鱼儿潜伏在深渊，有的游荡沙滩边。我爱那些美林园，檀树生长上参天，树下是松软的落叶。别的山上有美石，用做磨石可琢玉。仙鹤鸣叫沼泽间，叫声天上听得见。鱼儿潜伏在深渊，有的游动沙滩边。我爱那些美林园，檀树生长上参天，树下楮树连成片。别的山上有美石，可以用它来磨玉。

白　驹

皎皎白驹①，食我场苗。絷zhí之维之②，

以永今朝③。所谓伊人，于焉逍遥④？

皎皎白驹，食我场藿huò⑤。絷之维之，

以永今夕。所谓伊人，于焉嘉客？

皎皎白驹，贲bì然来思⑥。尔公尔侯？

逸豫无期⑦？慎尔优游⑧，勉尔遁思⑨。

皎皎白驹，在彼空谷⑩。生刍chú一束⑪，

其人如玉。毋金玉尔音⑫，而有遐心⑬。

"皎皎白驹，在彼空谷"

【注释】①皎皎：洁白，光明。这里指马皮毛发光。②絷：绊。维：拴。③永：度过。④焉：犹言此；在这儿。⑤藿：豆叶。⑥贲然：华美的样子。来：来到这里。思：句末语气词。⑦逸豫：安乐。⑧慎：小心，珍惜。⑨勉：通免，打消。遁：逃离。思：想法。⑩空谷：深谷。⑪刍：喂牲口的草。⑫音：信。⑬遐：远。

【译文】洁白光亮小马驹，于我园里吃菜苗。绊起马足系马缰，延长相聚时光好。殷勤想念我好友，这儿任你来逍遥。洁白光亮小马驹，于我菜园把藿尝。绊起马足系马缰，延长相会好时光。殷勤想念你这人，就在这里尽欢畅。洁白光亮小马驹，友人驱马跑得快。你是公来你是侯，

安闲愉快无限期。悠闲逸乐要谨慎，消除遁世的心思。
洁白光亮小马驹，于那山谷幽深处。青青牧草捆一束，
我的友人像美玉。莫把音信当金玉，且莫存心远离去。

黄　鸟

黄鸟黄鸟，无集于谷，无啄我粟。此邦之人，

不我肯谷①。言旋言归，复我邦族②。黄鸟黄鸟，

无集于桑，无啄我粱。此邦之人，莫可与明③。

言旋言归，复我诸兄。黄鸟黄鸟，无集于栩，

无啄我黍。此邦之人，不可与处。言旋言归，

复我诸父。

【注释】①谷：善待。不我肯谷：不肯谷我，宾语前置。②复：返。③明：通"盟"，缔结盟约。

【译文】黄雀黄雀听我言，莫要栖息楮树上，莫要啄食我的粮。
这个国家统治者，不肯把我来供养。回家去呀回家去，
快点返回至故乡。黄雀黄雀听我说，莫要栖止桑树上，
莫要啄食我高粱。这个国家统治者，莫订信约受他诳。
回家去呀回家去，回到诸兄的身旁。黄雀黄雀听我说，
莫要栖息在柞树，不要啄食我的黍。这个国家统治者，
不能和他来相处。回家去呀回家去，投靠伯父和叔父。

节南山

节彼南山，维石岩岩。赫赫师尹，

民具尔瞻①。忧心如惔②，不敢戏谈。

国既卒斩③，何用不监④？节彼南山，

有实其猗。赫赫师尹，不平谓何！

天方荐瘥⑤，丧乱弘多。民言无嘉，

憯莫惩嗟⑥。尹氏大师，维周之氐⑦，

秉国之均⑧，四方是维⑨，天子是毗⑩，俾民不迷⑪。

不吊昊天⑫，不宜空我师⑬！弗躬弗亲，庶民弗信。

"节彼南山，维石岩岩"

弗问弗仕，勿罔君子⑭。式夷式已，无小人殆⑮。

琐琐姻亚⑯，则无膴仕⑰。昊天不佣，降此鞠讻⑱！

昊天不惠，降此大戾⑲！君子如届⑳，俾民心阕㉑。

君子如夷，恶怒是违。不吊昊天，乱靡有定，

式月斯生，俾民不宁！忧心如酲，谁秉国成？

不自为政，卒劳百姓。驾彼四牡，四牡项领。

我瞻四方，蹙蹙靡所骋！方茂尔恶，相尔矛矣。

既夷既怿㉒，如相酬矣㉓。昊天不平，我王不宁！

不惩其心，覆怨其正。家父作诵㉔，以究王讻㉕。

式讹尔心㉖，以畜万邦。

【注释】①具：俱。②惔：通"炎"，火烧。③辛：尽。斩：灭绝。④何用：为什么。监：察。⑤方：正。荐：反复，不断。瘥：疫病，灾难。⑥憯：竟然，居然。惩：悔过自新。嗟：语末助词。⑦周：周朝。氐：根本。⑧秉：掌握。均：国家大权。⑨维：关系。⑩毗：辅佐。⑪俾：以便，使。民：百姓。迷：失去方向。⑫不吊：不辨是非，不好。昊天：上天。⑬空：使贫穷。师：群众，百姓。⑭罔：欺骗，迷惑。⑮殆：陷入困境，危险。⑯琐琐：小的样子。姻亚：裙带关系。⑰膴：优越，厚实。仕：当官。⑱鞠：极，穷。讻：凶，祸乱。⑲戾：灾祸。⑳届：极，止。㉑阕：止息。㉒怿：喜悦。㉓酬：反复无常。㉔作诵：作诗讽刺。㉕究：追究。王：周王朝。讻：凶手。㉖讹：变化。

【译文】看那高峻终南山，岩石累累堆山间。威势赫赫尹太师，
百姓张目将你看。人们心忧似火烧，不敢随意来笑谈。
国家将要都灭亡，为何你还不察看？看那高高终南山，
它的山坡宽又宽。威风显赫太师尹，执政不公因哪般？
上天正在降灾难，人民死亡多动乱。百姓无人讲好话，
你不警戒却心安。尹氏本是太师官，国家支柱你承担。
治国重任担在肩，靠你维持天下安。天子需你来辅佐，
民不迷惑你指点。心不善良老天爷，不应让民受苦难。
政事从不亲自抓，百姓不信太师官。不过问来不察看，
各级官吏遭欺骗。除不平啊罢奸官，莫使百姓遭祸患。
庸碌无能众亲戚，切莫使他当高官。上天非常不善良，
降给百姓大祸乱。上天实在不仁义，降给百姓大灾难。
太师喜欢动诛杀，民心叛离国不安。太师处事能公平，
百姓怨怒能消散。心不善良老天爷，总使祸乱不消停。
竟然摧残众生灵，让那万民不安宁。我心忧愁如醉酒，
究竟是谁掌权柄？君王不肯亲执政，百姓劳苦无安生。
套车驾起四公马，马肥颈粗赶路程。放眼四方我眺望，

甚感局促难驰骋。对待仇人心憎恨，凝视利矛欲逞凶。
忽又面露和悦色，酒杯频将礼行。上天不肯降太平，
让我周王不安宁。尹氏不改邪恶心，反怨正人多批评。
家父我作这首诗，追究尹氏大罪行。改变你的邪僻心，
治理天下享太平。

正　月

正月繁霜，我心忧伤。民之讹言，
亦孔之将①。念我独兮，忧心京京②。
哀我小心，癙忧以痒③。父母生我，
胡俾我瘉④？不自我先，不自我后。好言自口，
莠言自口。忧心愈愈⑤，是以有侮。忧心惸惸，
念我无禄。民之无辜，并其臣仆⑥。哀我人斯，
于何从禄？瞻乌爰止⑦，于谁之屋？瞻彼中林，
侯薪侯蒸⑧。民今方殆，视天梦梦⑨。既克有定，
靡人弗胜。有皇上帝，伊谁云憎⑩？谓山盖卑⑪，
为冈为陵。民之讹言，宁莫之惩！召彼故老，
讯之占梦。具曰予圣，谁知乌之雌雄！谓天盖高，
不敢不局⑫。谓地盖厚，不敢不蹐⑬。维号斯言⑭，
有伦有脊⑮。哀今之人，胡为虺蜴⑯？瞻彼阪田⑰，
有菀其特⑱。天之扤我⑲，如不我克。彼求我则，
如不我得。执我仇仇⑳，亦不我力。心之忧矣，
如或结之。今兹之正，胡然厉矣？燎之方扬，
宁或灭之？赫赫宗周，褒姒灭之！终其永怀，
又窘阴雨。其车既载，乃弃尔辅。载输尔载㉑，
将伯助予㉒！无弃尔辅，员于尔辐㉓。屡顾尔仆，
不输尔载。终逾绝险，曾是不意。鱼在于沼，
亦匪克乐。潜虽伏矣，亦孔之炤㉔。忧心惨惨㉕，

念国之为虐㉖！彼有旨酒，又有嘉肴。洽比其邻㉗，

昏姻孔云。念我独兮，忧心殷殷。佌佌彼有屋，

蓫蓫方有谷；民今之无禄，天夭是椓㉘。哿矣富人㉙，

哀此茕独！

【注释】 ①将：盛大，猖獗。②京京：忧不止。③瘨：抑郁，烦闷。瘅：生病。④胡：为什么。俾：使。瘏：痛苦，烦恼。⑤愈愈：忧惧的样子。⑥并：全，皆。臣仆：奴仆。⑦瞻：看。乌：乌鸦。爰止：落在什么地方。⑧侯：维，只。薪：柴禾。⑨梦梦：形容昏聩。⑩伊谁云憎：憎谁，恨哪个人。伊、云：助词。⑪盖：何。卑：矮小，低微。⑫局：低头弯腰。⑬蹐：放轻脚步走路。⑭维：只有，只能。号：大声说出。斯言：这些话。⑮伦：条理。脊：内涵。⑯虺蜴：毒蛇和蜥蜴。⑰阪田：山坡上的田。⑱菀：茂盛的样子。⑲抏：动、摇。⑳执：得到。仇仇：傲慢不逊。㉑输：掉落。㉒将：请求。伯：大哥。助：帮助。㉓员：巩固。㉔炤：明。㉕惨惨：忧郁的样子。㉖为：遭受。虐：灾祸。㉗洽：和谐。邻：亲近的人。㉘夭：摧残。椓：以斧劈柴。比喻沉重打击。㉙哿：表称许之词。

【译文】 炎热四月降浓霜，天道反常我心忧。百姓当中有谣言，
沸沸扬扬极夸张。想起自己很孤独，无数忧愁堆心上。
谨慎小心我悲哀，烦闷忧虑受祸殃。父母生我在人间，
为何让我遭祸患？生前灾难不曾有，死后灾难未出现。
好话从人口中出，坏话也由人口传。心中忧伤日日深，
反遭侮辱心不宁。心忧孤独甚不安，想起自己无福禄。
百姓人人无罪过，一旦亡国变奴仆。可怜我们众辅臣，
将从何处得幸福？看那乌鸦飞何处？觅食降落谁家屋。
看那茫茫树林里，惟有柴草在其间。百姓正在遭灾难，
上天不明多昏庸。上天终能止恶乱，没人能把它战胜。
光明伟大上帝神，不知你把谁来憎？那山何尝矮而低，
是冈是陵高高站。百姓当中生谣言，竟不制止任其传。
故旧老臣都召见，询问占梦证灵验。占梦之人都自夸，
乌鸦雌雄谁分辨？苍天空阔何等高，敢不弯腰来低头？
茫茫大地何等厚，敢不轻轻小步走？他们呼喊这些话，
合情合理有原因。可怜如今执政官，为何与蛇结成友？
看那山坡崎岖田，庄稼长得好茂盛。上天肆意摧残我，
惟恐不能把我胜。君王求我心好急，惟恐稍晚用不成。
君王把我得到手，却又怠慢不重用。我心忧伤难诉说，
好像绳子打了结。当今政坛大官们，为何如此心凶恶？
野火熊熊好旺盛，有人竟能来扑灭。兴隆显赫周王朝，
褒姒竟能把它灭。忧伤既已时间长，阴雨困扰增凄凉。
大车已经装货满，却把夹板丢一旁。车载货物掉路上，
才请大哥来相帮。不要丢弃车夹板，还要加固那车辐。
常常看视赶车夫，货物不致丢大路。终能逾越绝险处，

你却不想不测度。鱼儿游在浅池中，始终不能尽欢腾。鱼虽潜伏深水中，仍然显著看得见。心中忧伤很悲痛，想起国家施暴政。达官贵人饮甜酒，美味佳肴享口福。与邻亲近很融洽，亲戚周旋相推许。想起只有我孤单，心中多少愁与苦。卑微小人有屋住，鄙陋小人有五谷。现在百姓无幸福，上天降灾人民苦。富人欢乐来安处，可怜我啊太孤独。

雨无正

浩浩昊(hào)天，不骏其德①。降丧饥馑(jǐn)，斩伐四国。

旻(mín)天疾威②，弗虑弗图。舍彼有罪，既伏其辜；

若此无罪，沦胥以铺③。周宗既灭，靡所止戾④。

正大夫离居，莫知我勚(yì)⑤。三事大夫，莫肯夙夜；

邦君诸侯，莫肯朝夕。庶曰式臧⑥，覆出为恶。

如何昊天，辟(pì)言不信⑦。如彼行迈，则靡所臻⑧。

凡百君子，各敬尔身。胡不相畏，不畏于天？

戎成不退，饥成不遂。曾我暬(xiè)御⑨，

憯(cǎn)憯日瘁(cuì)⑩。凡百君子，莫肯用讯。

听言则答，谮(zèn)言则退⑪。哀哉不能言！

匪舌是出⑫，维躬是瘁。哿(gě)矣能言！

巧言如流，俾躬处休！维曰于仕⑬，

孔棘且殆⑭。云不可使，得罪于天子；

亦云可使，怨及朋友。谓尔迁于王都，

曰予未有室家。鼠思泣血⑮，无言不疾⑯。

昔尔出居，谁从作尔室？

【注释】①骏：长，久。②旻天：老天。疾威：暴戾，残忍。③沦胥：轮流，相继。铺：陷入苦难。④戾：平定，安详。⑤莫：没有人。勚：操劳，忙碌。⑥庶：庶几；也许可以。⑦辟：法度。⑧臻：至。⑨曾：居然。暬御：近臣。⑩憯憯：忧愁。瘁：憔悴，病弱。⑪谮言：谏言。退：叱责。⑫出：病。⑬维：语气词。于：去，往。⑭殆：危。⑮鼠：忧愁。泣血：哭得眼睛通红。⑯疾：痛恨。

【译文】皇天浩大广无边，不肯常常施恩典。死亡饥荒降人间，

摧残天下民遭难。
周王放过有罪人，
相继受害遭祸患。
高官逃命全离京，
不肯日夜替君王。
希望周王任贤良，
法度之言你不听。
那些高官大夫们，
也不畏天修德行。
只有我这侍卫臣，
谁愿向王说真情？
可叹有话不能讲，
能说会道心欢乐，
虽说在朝我做官，
得罪天子把罪担。
我劝你们迁回都，
真话句句遭嫉妒。

皇天暴虐很凶残，
他们暴行全隐瞒。
若是镐京受破灭，
无人知我为国忙。
四方诸侯也不少，
他却作恶更猖狂。
就如那个远行人，
明哲保身装正经。
犬戎作乱未撤退，
忧伤憔悴为美政。
顺从之言王采纳，
不是舌头有病伤，
乖巧美言滔滔讲，
甚感紧张且危险。
若说假话顺周王，
都说京中无房居。
以前你们迁出京，

是是非非都不管。
就像这些无罪人，
没有地方可逃亡。
三司大夫不尽职，
不肯朝夕辅周邦。
皇天皇天怎么办？
没有目的任驰骋。
为何彼此不敬畏？
饥荒蔓延也未止。
那些高官大夫们，
逆耳忠言王不听。
憔悴身体迫遭殃。
厚禄高官喜洋洋。
若说真话不顺从，
定遭朋友来埋怨。
忧伤落泪带血丝，
谁随你们把房筑？

"听言则答，谮言则退"

大 雅

文 王

文王在上，於昭于天！
周虽旧邦，其命维新。
有周不显，帝命不时。
文王陟降^①，在帝左右。
亹亹文王，令闻不已^②。
陈锡哉周，侯文王孙子^③。

文王像

文王孙子，本支百世。凡周之士，不显亦世。
世之不显，厥犹翼翼^④。思皇多士^⑤，生此王国。
王国克生，维周之桢^⑥。济济多士^⑦，文王以宁。
穆穆文王，於缉熙敬止^⑧。假哉天命^⑨！有商孙子。
商之孙子，其丽不亿。上帝既命，侯于周服^⑩。
侯服于周，天命靡常。殷士肤敏，裸将于京。
厥作裸将，常服黼冔。王之荩臣，无念尔祖。
无念尔祖，聿修厥德。永言配命，自求多福。
殷之未丧师^⑪，克配上帝。宜鉴于殷，骏命不易。
命之不易，无遏尔躬^⑫。宣昭义问，有虞殷自天^⑬。
上天之载，无声无臭。仪刑文王^⑭，万邦作孚^⑮。

【注释】①陟降：升降。②令闻：善声。③侯：乃；于是。④厥：他们。翼翼：小心谨慎。⑤皇：美。⑥桢：栋梁，支柱。⑦济济：形容众多。⑧缉熙：光辉灿烂。⑨假：伟大。⑩周服：臣服于周。⑪丧师：丧失人心。⑫遏：止。⑬有：又。虞：想到。⑭仪刑：效法。⑮孚：信服。

【译文】文王神灵在天堂，神灵显赫闪光芒。周家虽然建国早，接受天命乃新邦。周朝功业甚显赫，天帝命它永兴旺。文王神灵时升降，就在天帝近身边。勤勉不息周文王，美誉至今流四方。文王反复赐周福，子孙封侯将禄享。文王儿孙代相传，本宗旁枝百代长。凡是周朝众卿士，也都累世显荣光。世代功臣荣光耀，为王谋事多深远。
众多卿士多美好，王国生来王国产。周国能有这样人，
都是周朝好骨干。有此众多贤能臣，文王所以得平安。
文王恭谨又和善，心地光明仪端庄。上天之命好伟大，
商王子孙都归降。商王子孙实在多，数以上亿计难详。
上帝已经把令下，只得称臣降周邦。殷商臣服降周邦，
可见天命亦无常。降周殷士多勉强，镐京献酒祭周王。
他们献酒助祭时，还用殷时旧服装。周王任用殷旧臣，
莫想先祖殷商王。莫念先祖殷商王，只把美德来修养。
言行永远合天命，很多幸福任你享。殷朝尚得民心向，
能合天命治家邦。当以殷商为镜子，天命难得非寻常。
天命得来好不易，别在你手全丢光。应当宣扬美名传，
依据天命把事想。上天之事一桩桩，无声无味难测量。
只有效法周文王，万国相信都敬仰。

文王有声

文王有声，遹骏有声^①。遹求厥宁，遹观厥成。

文王烝哉^②！文王受命，有此武功。既伐于崇，

作邑于丰。文王烝哉！筑城伊淢^③，作丰伊匹^④。

匪棘其欲^⑤，遹追来孝^⑥。王后烝哉！王公伊濯^⑦，

维丰之垣。四方攸同，王后维翰^⑧。王后烝哉！

丰水东注，维禹之绩。四方攸同，皇王维辟^⑨。

皇王烝哉！镐京辟雍^⑩，自西自东，自南自北，

无思不服。皇王烝哉！考卜维王，宅是镐京。

维龟正之，武王成之。武王烝哉！丰水有芑，

武王岂不仕^⑪？诒厥孙谋^⑫，以燕翼子^⑬。

武王烝哉！

【注释】①遹：助词。骏：大。②烝：君主。③淢：护城河。④匹：匹配。⑤棘：通"急"。⑥追：追悼，缅怀。孝：孝心。⑦公：通"功"，功德，功业。濯：伟大。⑧翰：骨干。⑨辟：国君。⑩辟雍：设立学校。⑪仕：通"事"，做事。⑫诒：通"贻"，遗留。⑬翼：保护。

【译文】文王本有好声名，巨大声望流四方。力求政权得安宁，
想见事业成大功。英明伟大周文王！文王接受天帝命，

建立这样大武功。终于讨伐那崇国，建成新都是丰城。
文王伟大真英雄！修城又挖护城河，丰城规模正适当。
不是急着满私欲，追尽孝道敬先王。文王美好皆赞扬！
文王事业真辉煌，修筑丰都那城墙。四方诸侯来朝会，
文王真是国栋梁。天下称美周文王！丰水奔流朝东方，
大禹功绩美名扬。四方诸侯来朝会，光明君王是榜样。
武王伟大又辉煌！镐京修起那离宫，来自西方与东方，
来自南方和北方，无不归服我周王。武王伟大又辉煌！
周王前来细问卜，定居镐京可吉祥？龟甲卜定迁都事，
武王对此功无量。伟大辉煌周武王！丰水岸边芑谷生，
武王岂能察不详？远大谋略留后人，似燕护子心慈祥。
伟大辉煌周武王！

生　民

厥初生民，时维姜嫄。生民如何？克禋克祀①，
以弗无子。履帝武敏歆②，攸介攸止③。载震载夙④，
载生载育，时维后稷。诞弥厥月⑤，先生如达。
不坼不副，无菑无害。以赫厥灵⑥。上帝不宁，
不康禋祀，居然生子。诞寘之隘巷，牛羊腓字之⑦。
诞寘之平林，会伐平林⑧。诞寘之寒冰，鸟覆翼之。
鸟乃去矣，后稷呱矣。实覃实訏⑨，厥声载路⑩。
诞实匍匐，克岐克嶷⑪，以就口食。蓺之荏菽⑫，
荏菽旆旆⑬，禾役穟穟，麻麦幪幪⑭，瓜瓞唪唪。
诞后稷之穑，有相之道。茀厥丰草，种之黄茂。
实方实苞，实种实褎⑮，实发实秀⑯，实坚实好，
实颖实栗，即有邰家室。诞降嘉种，维秬维秠，
维穈维芑。恒之秬秠，是获是亩。恒之穈芑，
是任是负。以归肇祀。诞我祀如何？或舂或揄⑰。
或簸或蹂⑱。释之叟叟⑲。烝之浮浮⑳。载谋载惟，
取萧祭脂，取羝以軷。载燔载烈，以兴嗣岁。
卬盛于豆，于豆于登，其香始升。上帝居歆㉑，

胡臭亶时！后稷肇祀，庶无罪悔^㉒。以迄于今^㉓。

【注释】①禋：升烟以祭，古代祭天的典礼。②武：足迹。敏：脚趾。歆：感应。③攸：于是。介：止、休息。④震：有孕。夙：严肃。⑤弥：终。指怀胎足月。⑥赫：显示；显耀。灵：灵异。⑦腓：庇护。字：哺育。⑧会：碰上。伐平林：伐木的樵夫。⑨实：是。覃、訏：长。⑩载：充满。⑪岐：明事理。嶷：辨事物。⑫蓺：种植。⑬旆旆：长。⑭幪幪：茂盛的样子。⑮种：粗壮。⑯发：禾苗发兜。秀：扬花。⑰揄：舀取。⑱蹂：用手搓米。⑲释：淘米。叟叟：淘米的声音。⑳浮浮：蒸饭的气。㉑居歆：安享。㉒庶：幸好。㉓迄：流传。

【译文】 是谁最先生周民？这位先妣是姜嫄。她是怎样生周民？
她能虔诚祭上天，祈求得子代代传。脚踩上帝足拇迹，
停下休息心喜欢。怀胎时小心谨慎，十月生子来养育。
后稷这样降人间。姜嫄怀孕足十月，头胎生子很顺当。
产门完好不破裂，无灾无害无祸殃。预示灵异大吉祥。
上帝心里不安宁？不能安享那祭祀？徒然生个小儿郎。
丢弃后稷于小巷，牛羊庇护来喂养。丢弃后稷于森林，
有人伐木正碰上。丢弃后稷寒冰上，大鸟保护展翅膀。
大鸟不久飞离去，后稷呱呱哭声叫。哭声很大又很长，
满路哭声远传扬。不久后稷可爬行，慢慢站起立得正，
且能觅食来为生。种植庄稼播豆种，大豆长得真茂盛。
禾穗下垂沉甸甸，麻麦繁茂覆垄间，瓜实累累数不尽。
后稷尽心种庄稼，助苗生长有方法。除去田间丰茂草，
播植黄茂品种佳。禾苗初生分枝好，生得肥壮向高拔。
庄稼茎高结成穗，颗粒坚实成色佳。穗芒下垂头低下，
后稷于邰安了家。上天恩赐良谷种，既有秬来又有秠，
还有穈来尚有芑。遍地皆种秬和秠，收获按亩把数计。
满地遍种穈和芑，大获丰收抱又背。回至家中把祖祭。
周民怎么来祭祀？或舂米来或舀粮，或搓米粒或簸糠。
有人淘米声叟叟，蒸饭热气飘天上。祭祀细节共商量，
取来香蒿和脂肪，拿来公羊祭路神。烧烤牺肉献神灵，
保佑来年庄稼旺。我把祭品盛木豆，木豆瓦登都摆放。
香气开始升上天，上帝得把祭品享。香味确实真美好，
后稷开始祭上苍。幸得神佑无罪过，从古到今永兴旺。

公　刘

笃公刘^①，匪居匪康^②。

乃场乃疆，乃积乃仓；

乃裹糇粮，于橐于囊^③，

思辑用光④。弓矢斯张，
干戈戚扬⑤，爰方启行⑥。
笃公刘，于胥斯原⑦。
既庶既繁，既顺乃宣⑧，
而无永叹。陟则在巘⑨。
复降在原。何以舟之？
维玉及瑶，鞞琫容刀⑩。

笃公刘，逝彼百泉，瞻彼溥原；乃陟南冈，
乃觏于京。京师之野，于时处处，于时庐旅，
于时言言，于时语语。笃公刘，于京斯依。
跄跄济济⑪，俾筵俾几⑫，既登乃依。乃造其曹⑬，
执豕于牢，酌之用匏。食之饮之，君之宗之。
笃公刘，既溥既长⑭。既景乃冈⑮，相其阴阳⑯，
观其流泉，其军三单；度其隰原，彻田为粮⑰，
度其夕阳⑱，豳居允荒。笃公刘，于豳斯馆。
涉渭为乱⑲，取厉取锻⑳。止基乃理，爰众爰有㉑。
夹其皇涧，溯其过涧。止旅乃密㉒，芮鞫之即㉓。

"弓矢斯张，干戈戚
扬，爰方启行"

【注释】①笃：敦厚正直。②居：安居。康：康宁。③橐：袋子。④思：想方设法。辑：安定繁荣。用：从而，进而。光：发扬光大。⑤干：盾。戈：戟。戚扬：斧钺。⑥爰：于是。方：开始。启行：动身出发。⑦胥：相，观看。⑧顺：和顺。宣：畅快。⑨巘：独立的小山。⑩容刀：佩刀。⑪跄跄：步趋有节的样子。济济：庄严恭敬的样子。⑫俾：使。筵：（摆）竹席。几：（摆）案几。⑬造：适，去。曹：牧群。⑭溥：宽大。⑮景：日影。冈：山冈。⑯相：看。⑰彻：治，开发。⑱度：测量。夕阳：山的西边。⑲乱：横渡。⑳厉：砺的本字，磨刀石。㉑众：指人口增加。有：指物产丰富。㉒旅：众。密：安。㉓芮鞫：水边弯曲之地。即：靠近，去到。

【译文】忠诚敦厚好公刘，不敢安居度时光。划定田界来耕田，
堆积粮食盛满仓。于是包装备干粮，各种口袋一齐装。
让民和睦有荣光。拉开弓来箭上弦，盾牌戈斧持手中，
开往豳地奔向前。忠诚敦厚好公刘，视察原野日夜忙。
随来百姓日日多，百事和顺心舒畅。不再哀叹把心伤。
有时登上小山头，然后再回平原上。公刘佩带是何物？
美玉宝石挂腰间，佩刀玉鞘闪光亮。忠诚敦厚好公刘，

前往百泉去视察，广阔平原放眼望。登上南边高山冈，
方见京地好地方。京师原野多宽广，于是在此来安居，
在此寄居造新房。于是人人说笑忙，你言我语喜洋洋。
忠诚敦厚好公刘，安心在京建新邦。仪容庄重人满堂，
恳请赴宴到座上。宾客就座靠桌旁，先行曹祭求吉祥。
圈中抓猪做佳肴，斟酒用瓢操作忙。请吃饭来请喝酒，
公刘做君为宗长。忠诚敦厚好公刘，开垦土地宽且长。
观测日影登山冈，察看山的南北方，探明河流何处淌。
组建三军相轮换，湿地平原都测量，尽力耕田多打粮。
西山坡上度量忙，豳地原野实在广。忠诚敦厚好公刘，
豳地之上建宫房。率民横渡渭水河，拿回砺锻建房忙。
基地已定治田亩，民多物足心欢畅。住在皇涧岸两边，
对面过涧很宽敞。居民众多都平安，河弯内外人攘攘。

周 颂

清 庙

於穆清庙①，肃雍显相②。

济济多士，秉文之德③。

对越在天④，骏奔走在庙。

不显不承⑤，无射于人斯⑥。

【注释】①於：叹词。穆：美好；严肃。②雍：和顺。显：尊贵。相：助祭者。③秉：承继。④对越：报答称颂。⑤不：通"丕"，十分。显：耀眼。承：好。⑥射：厌。

【译文】呜呼深远清庙里，庄重和顺助祭者。执事人多又整齐，
文王美德来继承。报答文王在天灵，祭祀奔走于庙中。
无上光辉和美好，从无厌倦皆尊奉。

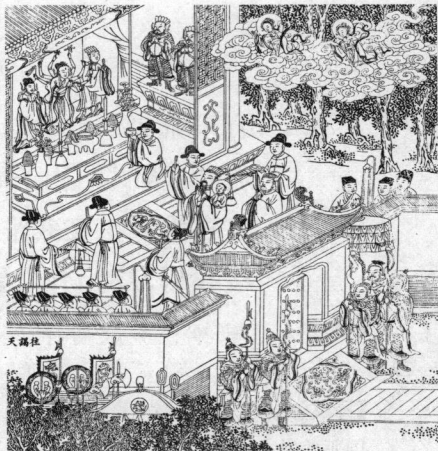

"对越在天，骏奔走在庙"

维天之命

维天之命，於穆不已①！於乎不显！文王之德之纯。

假以溢我②，我其收之。骏惠我文王③，曾孙笃之。

【注释】①不已：无极；无穷尽。②假以：拿来。溢：授予。③骏：大。惠：顺从，忠。

【译文】想那上天有旨意，辽远壮美无边极。呜呼显赫又光明，
文王之德真纯正。他用美政戒慎我，我们必定来执行。
坚决顺从周文王，后世子孙定继承。

丰 年

丰年多黍多稌①，亦有高廪②，万亿及秭③。

为酒为醴，烝畀祖妣④，以洽百礼⑤，降福孔皆⑥。

【注释】①稌：稻子。②廪：收藏粮食的仓库。③亿：数万。秭：数亿。亿、秭都指数量极多。④烝：进献。畀：送上。⑤洽：齐备。⑥孔：很。皆：普遍。

【译文】丰年收获黍稻丰，装满高高那粮仓，成万上亿数难尽。
新米酿成酒与醴，进献祖先来品尝，祭祀礼节都相合，
神灵普降大福祥。

雍

有来雍雍①，至止肃肃。相维辟公②，天子穆穆。

於荐广牡③，相予肆祀。假哉皇考！绥予孝子④。

宣哲维人，文武维后。燕及皇天，克昌厥后。

绥我眉寿⑤，介以繁祉⑥。既右烈考，亦右文母。

【注释】①雍雍：和睦的样子。②相：助祭。③荐：进献。广牡：大的公畜。④绥：安。⑤绥：给，助。⑥介：赏赐。

【译文】前来祭者皆和睦，进入宗庙真严肃。助祭之人是诸侯，
周王容止很静穆。进献公兽躯体大，助我摆设众祭物。
美好伟大我的父，把我孝子来安抚。文王作臣好明哲，
作君才能兼文武。治国能使天帝安，子孙昌盛永继祖。
文王赐我寿命长，帮我获得大幸福。既请先父保佑我，
保佑我者还有母。

武

於皇武王，无竞维烈①。允文文王②，克开厥后。

嗣武受之，胜殷遏刘③，耆定尔功④。

【注释】①烈：业。②允：语气词。③刘：杀。④耆定：成就，促成。

【译文】啊呀伟岸周武王，功业无人比得上。文王确实有文德，
能替后代把业创。武王继承文王业，战胜纣王杀人狂，
终成大功美名传。

访 落

访予落止①，率时昭考②。於乎悠哉，朕未有艾③。

将予就之，继犹判涣④。

"访予落止，率时昭考"

维予小子，未堪家多难。

绍庭上下⑤，陟降厥家。

休矣皇考，以保明其身。

【注释】 ①访：询问。落：始。 ②率：遵照。 ③艾：经验。 ④判涣：分散。 ⑤绍：继。

【译文】 执政之始即谋划，追随父道治周邦。
武王之道真远大，阅历很浅难追上。
扶我因袭你王法，继承大业未理想。
现在我尚年纪轻，周家多灾难担当。
父继直道施上下，暗中保佑周国强。美好伟岸周武王，保护我这小周王。

鲁　颂

闷宫

闷宫有侐^①，实实枚枚^②。赫赫姜嫄，其德不回。
上帝是依，无灾无害，弥月不迟^③。是生后稷，
降之百福。黍稷重穋，稙稺菽麦^④。奄有下国^⑤，
俾民稼穑。有稷有黍，有稻有秬。奄有下土，
缵禹之绪。后稷之孙，实维大王。居岐之阳，
实始翦商。至于文武，缵大王之绪。致天之届，
于牧之野。"无贰无虞，
上帝临女。"敦商之旅，
克咸厥功^⑥。王曰："叔父，
建尔元子，俾侯于鲁。
大启尔宇，为周室辅。"
乃命鲁公，俾侯于东。
锡之山川，土田附庸。
周公之孙，庄公之子。
龙旂承祀，六辔耳耳。
春秋匪解，享祀不忒：
皇皇后帝，皇祖后稷。
享以骍牺，是飨是宜^⑦，降福既多。周公皇祖，
亦其福女。秋而载尝，夏而福衡。白牡骍刚，
牺尊将将。毛炰胾羹，笾豆大房^⑧。万舞洋洋，
孝孙有庆。俾尔炽而昌，俾尔寿而臧。保彼东方，
鲁邦是常。不亏不崩，不震不腾。三寿作朋，
如冈如陵。公车千乘，朱英绿縢。二矛重弓，

姜嫄像，《明刻历代列女传》插图

公徒三万，贝胄朱绶⑨，烝徒增增。戎狄是膺⑩，

荆舒是惩。则莫我敢承⑪。俾尔昌而炽！俾尔寿而富！

黄发台背，寿胥与试。俾尔昌而大！俾尔耆而艾！

万有千岁，眉寿无有害。泰山岩岩，鲁邦所詹。

奄有龟蒙，遂荒大东⑫。至于海邦，淮夷来同。

莫不率从，鲁侯之功。保有凫绎⑬，遂荒徐宅。

至于海邦，淮夷蛮貊。及彼南夷，莫不率从。

莫敢不诺，鲁侯是若⑭。天锡公纯嘏，眉寿保鲁。

居常与许，复周公之宇。鲁侯燕喜，令妻寿母。

宜大夫庶士，邦国是有。既多受祉，黄发儿齿。

徂徕之松，新甫之柏。是断是度⑮，是寻是尺。

松桷有舄，路寝孔硕，新庙奕奕。奚斯所作，

孔曼且硕⑯，万民是若。

【注释】①閟：关闭。恤：安静。②枚枚：细密的样子。③弥：满。迟：推迟，拖延。④稙：先种的庄稼。稚：后种的庄稼。⑤奄：覆盖，拥有。下国：天下。⑥咸：成就，达成。⑦绘、宜：鬼神享用祭品。⑧大房：玉饰的俎。⑨贝胄：用贝装饰的甲。绶：线。⑩膺：击。⑪承：制止，抵御。⑫大东：极东。⑬保：抚，安定。⑭若：归顺。⑮度：剖。⑯曼：长。

【译文】姜嫄神庙很清静，广大严密不一般。光辉显耀那姜嫄，
道德纯正不违天。依赖天帝来行事，无灾无害保平安，
怀胎满月未拖延。生下后稷周祖先，上天赐予许多福。
黍稷重穋品种繁，豆麦播种分后先。普天之下稷所有，
他教百姓会种田。会种稷来会植黍，稻秬丰收人开颜。
天下土地全归稷，禹王事业由他传。后稷子孙代代传，
古公亶父是太王。居于岐山面向南，奠定基业为灭商。
待到文王与武王，太王事业得发扬。执行天命来惩罚，
牧野大战歼纣王。勿有二心莫惊慌，上帝监视在上方。
集合殷商众俘虏，能成大业灭殷商。成王开口喊叔父：
"立你长子为侯王，让他去鲁建新邦。开拓疆域多占有，
辅佐周朝守东方。"以前成王命伯禽，封他为侯在东方。
赏赐大山与河川，还有土地和城墙。周公子孙鲁僖公，
庄公儿子做侯王。树起龙旗承祭祀，华美四马有六缰。
四季祭祀不懈怠，供奉祭品没差爽。光明伟大是天帝，
先祖后稷多辉煌。进献一头赤公牛，绘祭宜祭真风光，

天赐幸福多无量。
秋天开始搞尝祭，
牺尊相碰锵锵响。
跳起万舞场面宏，
让你长寿又安康。
永不亏损不崩溃，
坚固似山不动荡。
备用矛弓都成双，
步卒层层向前方。
没人敢把鲁兵挡。
白发变黄肤黑纹，
使你寿命长又长。
泰山高高耸天上，
地面扩展至东方。
他们没人不顺从，
徐国旧地归鲁邦。
军威达到荆楚乡，
顺从鲁侯不逞强。
收复失地常与许，
贤妻寿母喜洋洋。
屡得上天把福降，
新甫山中柏树长。
松木方椽真粗大，
奚斯写诗来颂扬。

光明先祖乃周公，
夏天便把牛饲养。
烤成乳猪大肉汤，
僖公祭祀得福祥。
你要保卫那东方，
久不震动不摇晃。
鲁侯兵车几千辆，
鲁公步卒三万整。
打击北狄和西戎，
让你兴旺国势壮，
长寿无人能匹敌。
万年千年永无疆。
鲁国人人全仰望，
直到沿海水边上，
鲁侯之功不可忘。
势力发展到海边，
无人胆敢来对抗。
天赐鲁公大幸福，
恢复周公旧封疆。
大夫众臣都和谐，
白发变黄新齿长。
砍伐松柏劈成材，
庙后正室很宽敞。
诗篇很长意义深，

赐福给你尽情享。
白赤公牛好多样，
捧上笾豆与大房。
使你昌盛而兴旺，
永远守住那鲁邦。
大寿为伴生命长，
矛弓系缨丝绒长。
贝饰头盔垂红缨，
惩罚荆舒护边疆。
使你幸福寿命长。
使你兴旺国运强，
长寿没灾无损伤。
龟山蒙山在鲁邦，
淮夷朝见鲁君王。
凫山绎山皆占有，
淮夷蛮族全投降。
人人都得很听话，
长寿永远安鲁邦。
鲁侯安乐又喜庆，
鲁国方能长兴旺。
徂徕山上生苍松，
大小长短细细量。
新庙落成很漂亮，
顺应万民把诗唱。

商颂

烈 祖

嗟嗟烈祖，有秩斯祜①。申锡无疆，及尔斯所。

既载清酤②，赉我思成③。亦有和羹④，既戒既平⑤。

鬷假无言⑥，时靡有争。绥我眉寿，黄耇无疆。

约軝错衡，八鸾鸧鸧⑦。以假以飨⑧，我受命溥将⑨。

自天降康，丰年穰穰。来假来飨，降福无疆。

顾予烝尝，汤孙之将。

【注释】①秩：大。②载：陈列。酤：酒。③赉：赐予。思：助词，无义。成：和平。④和羹：五味调和的浓汤。⑤戒：到，及。平：平静。⑥鬷假无言：默默祈祷。⑦鸧：同"锵"。⑧假：到。⑨溥：广大。

【译文】啊呀先祖功业大，绵绵大福任他享。再三赏赐福无疆，
大福延至宋君王。祭祖清酒已摆上，赏赐成功兴宋邦。
五味醇羹献神灵，神灵肃穆至祭场。祭者默默来祷告，
这时没有乐声响。神灵赐我寿命长，黄耇之年福无量。
皮绳缠軝衡绘彩，八个车铃叮当响。宋君告神来受祭，
我受天命大而长。安定康乐由天降，五谷丰收乐洋洋。
先祖神灵尝祭品，奖赏五福永无疆。秋冬祭祀企神降，
宋君献祭神来享。

玄 鸟

天命玄鸟，降而生商，宅殷土芒芒①。

古帝命武汤，正域彼四方②。方命厥后，

奄有九有③。商之先后，受命不殆，

在武丁孙子。武丁孙子，武王靡不胜。

龙旂十乘，大糦是承④。邦畿千里，

维民所止，肇域彼四海⑤。四海来假，

来假祁祁。景员维河，殷受命咸宜⑥，

百禄是何⑦。

【注释】①宅：动词，住在。②正域：正其封疆。③九有：九州。④糦：同"饎"，酒食。⑤肇：助词，无义。域：统治。四海：天下。⑥咸：都。宜：适宜，相称。⑦何：承受。

【译文】天帝命令燕飞翔，下临人间生商王，居于殷土地茫茫。
帝命勇武那成汤，征伐占领有四方。普遍命令部落长，
尽取九州做君王。商朝前代诸先君，承受天命无懈怠，
武王子孙乃贤王。武王子孙有好多，武丁常胜继成汤。
兵车十辆插龙旗，各种酒食都奉上。国境千里很漫长，
百姓所住好地方，才有四海地面广。四海共来朝商王，
来朝官员熙攘攘。幅员广阔绕黄河，殷商受命很适宜，
承受大福万代享。

长　发

浚哲维商①！长发其祥②。洪水芒芒！禹敷下土方③。

外大国是疆，幅陨既长④。有娀方将⑤，帝立子生商。

玄王桓拨！受小国是达⑥；受大国是达。率履不越，

遂视既发⑦。相土烈烈⑧，海外有截⑨。帝命不违，

至于汤齐。汤降不迟，圣敬日跻⑩。昭假迟迟，

上帝是祗⑪，帝命式于九围⑫。受小球大球，为下国缀旒⑬。

何天之休。不竞不絿⑭，不刚不柔。敷政优优⑮，

百禄是遒。受小共大共，为下国骏庞⑯，何天之龙。

敷奏其勇。不震不动，不戁不竦⑰，百禄是总。

武王载旆，有虔秉钺⑱。如火烈烈，则莫我敢曷。

苞有三蘖，莫遂莫达。九有有截。韦顾既伐，

昆吾夏桀。昔在中叶，有震且业⑲。允也天子！

降予卿士，实维阿衡，实左右商王⑳。

【注释】①浚哲：英明睿智。②长：久远，发：出现。祥：好的征兆。③敷：治理。④幅陨：幅员。⑤将：大。指长大。⑥达：顺畅。⑦遂：遍。视：巡视。发：行。⑧烈烈：威武的样子。⑨截：整齐。⑩跻：升。⑪祗：敬⑫九围：九州。⑬缀旒：表率。⑭絿：心急，烦躁。⑮优优：平和的样子。⑯骏庞：国宝。⑰戁、竦：恐惧。⑱虔：

牢固。⑲震：动荡。业：危机。⑳左右：辅佐。

【译文】深邃智慧属契王，久远时代呈吉祥。大水荡荡白茫茫，
夏禹治水安四方。安邑以外定封疆，幅员已经好宽广。
有娀之国正兴旺，天助简狄生商王。玄王威武且刚强，
尧授小国治得好；舜授大国政令畅。遵循礼法不越轨，
巡视天下业辉煌。契孙相土真威武，海外齐心都归降。
不敢违背上帝令，传至成汤王业成。生逢其时成汤王，
勤于治事威望高。天帝降临久不去，汤心牢记天旨意，
定作九州好楷模。接受上帝大小法，作为诸侯好典范。
汤承上帝庇护多，不争不躁性平缓。不刚烈来不柔软，
推行政令好宽和，各种福气皆聚全。接受上天小大法，
诸侯依他得庇护。承受上天之荣宠，向天广进那武功。
成汤不惊又不动，不胆怯来不恐慌，各种福气皆聚拢。
汤王开始发雄师，勇猛持钺向前闯。汤军势盛若烈火，
没人胆敢来阻挡。一棵树干生三杈，没有谁能把叶长。
九州大地大一统，韦顾先后全荡平，昆吾夏桀全扫光。
商王终生拼搏忙，功业威武好雄壮。确是上天一骄子，
天降卿士来相帮。卿士就是那阿衡，是他辅佐商汤王。

殷　武

挞彼殷武①，奋伐荆楚。

罙入其阻②，裒荆之旅。
（póu）

有截其所③，汤孙之绪④。

维女荆楚，居国南乡⑤。

昔有成汤，自彼氐羌，

莫敢不来享⑥，莫敢不来王。

曰商是常⑦。天命多辟，

设都于禹之绩。岁事来辟⑧，

勿予祸適，稼穑匪解。
（shì）

天命降监，下民有严⑨。

不僭不滥⑩，不敢怠遑。命于下国，封建厥福。

商邑翼翼，四方之极⑪。赫赫厥声，濯濯厥灵。

寿考且宁，以保我后生。陟彼景山，松伯丸丸。

"挞彼殷武，奋伐荆楚"

是断是迁，方斫是虔。松桷有梃，旅楹有闲⑫，
寝成孔安。

【注释】①挞："达"的假借，疾速。②冞："深"的本字，险阻。③截：治服。
④绪：功绩。⑤国：中国。⑥享：进贡。⑦常：长。⑧来辟：来朝君。⑨严：敬。
⑩僭：差失。⑪极：中心。⑫闲：大的样子。

【译文】勇武伟大殷高宗，奋力伐楚至南方。深入荆楚险阻地，
俘获敌军胜楚王。尽夺楚地扩封疆，商汤子孙功业旺。
你们荆楚诸国民，居于我国大南方。从前商朝有成汤，
虽然氐羌逞凶狂，没人胆敢不进贡，没谁不来朝商王。
商王永远是君王。上天命令各诸侯，建都九州大地上。
年年朝见殷商王。不对你们加谴责，努力农耕生产忙。
天子命令去巡察，百姓严谨皆守法。不越礼法没过失，
不敢松懈无闲暇。天子对宋下命令，树立大福享天下。
商朝京都真繁华，各国以它为榜样。武丁名声其显赫，
威灵光明闪闪亮。他既安宁又寿长，保佑后世永兴旺。
踏上景山高山冈，松柏挺直在成长。砍下松柏搬回来，
又砍又削将材量。松木橡子长又长，个个楹柱都粗壮。
寝庙修毕神安详。

礼
记

月　令

【原文】孟春之月：日在营室①，昏参中②，旦尾中③。其日甲乙。其帝大皞④（hào），其神句芒⑤。其虫鳞。其音角⑥，律中太簇⑦。其数八。其味酸，其臭膻（shān）。其祀户⑧，祭先脾⑨。

【注释】①营室：二十八星宿之一，即室宿。②昏参中：傍晚参星在南天的正中。③旦尾中：早上尾星在南天的正中。④大皞："大"与"太"同音，大皞是传说中东方部落的首领，死后成为东方之帝，主司春季。⑤句芒：与"勾蒙"同音，是东方的神灵。⑥角：是五音（宫、商、角、徵、羽）之一。⑦太簇：古代的十二律之一。⑧户：古代五祀之一。⑨祭先脾：祭祀的时候最先用脾脏作为祭品。

【译文】正月孟春，太阳的位置在飞马座附近，傍晚时可以看见参星在南方天中，拂晓时尾星在南方天中。春之日于天干为甲乙，万物开始破壳并探首出来。这时的主宰是太皞，神名句芒。动物以鳞族为主。音是清浊中和的角音，十二律应于太簇。数为土加木之"八"。口味为酸，嗅味为膻。祭祀是以户为对象，祭品以脾脏为上。

【原文】东风解冻，蛰虫①始振，鱼上②冰，獭（tǎ）祭鱼，鸿雁来。

【注释】①蛰虫：冬眠的动物。②上：动词，到上面来。

【译文】正月里，东风吹散了严寒，冬眠的蛰虫开始在土穴里活动，沉潜在水底的鱼儿游到了水上的薄冰下面。吃鱼的獭举行鱼祭，而鸿雁也随着暖气北来了。

【原文】天子居青阳①左个，乘鸾路②，驾仓龙，载青旂③（qí），衣青衣，服仓玉，食麦与羊，其器疏以达④。

【注释】①青阳：指明堂东部的堂室。②路：与"辂"同，即辂车。③旂：与"旗"同音。④疏以达：雕刻的线条稀疏并且多为直线。

【译文】春天，天子居住在明堂东边名为"青阳"的部分，正月则住在青阳的左个。为顺应时气，乘的是系有鸾铃的车，驾的是苍龙之马。打起青色旗号，穿着青色衣服，佩着青色玉佩。食物以麦和羊为主，用的器皿都要粗疏而容易透气的。

春宜食麦

春天，天子的食物以麦和羊为主。春天食麦是很有道理的，《饮膳正要》云："春气温宜食麦以凉之"。此图表现的是古人认为春宜食麦。

【原文】 是①月也，以立春。先立春三日，太史谒②之天子，曰："某日立春，盛德在木。"天子乃齐③。立春之日，天子亲帅三公九卿、诸侯、大夫以迎春于东郊。还xuán④反，赏公卿、诸侯、大夫于朝。命相⑤布德和令，行庆施惠，下及兆民，庆赐遂行，毋有不当。乃命太史，守典奉法，司天日月星辰之行，宿离不贷⑥，毋失经纪，以初为常。

【注释】 ①是：这。②谒：参见、拜见。③齐：与"斋"同，斋戒。④还：与"旋"同音。⑤相：指三公，即太师、太傅、太保。⑥贷：与"忒"相通，差错。

【译文】 这一个月定立春的节气。在立春之前三日，太史拜见天子，报告说："某日立春，为木德当令。"于是天子开始斋戒。到了立春那一天，亲自带领三卿、诸侯、大夫往东郊举行迎春之礼。礼完毕回来，乃在朝中赏赐公卿、诸侯、大夫。同时命三公发布恩德命令：襄扬好人好事，周济贫乏困穷，普及于全民；实行褒扬赏赐，要事事做得恰当。乃命太史之官，依据探测天文的方法与技术，从事推算日月星辰运行的工作，务使其运行的位置度数以及轨道没一点差错，务使一切都和往常一样。

【原文】 是月也，天子乃以元日①，祈谷于上帝。乃择元辰，天子亲载耒耜，措②之于参保介之御间，帅③三公九卿诸侯大夫，躬耕帝藉。天子三推，三公五推，卿诸侯九推。反，执爵于大寝④，三公九卿诸侯大夫皆御，命曰劳酒。

【注释】 ①元日：好日子。②措：夹杂在……中间。③帅：与"率"相通。④大寝：天子处理政事的房子。

后苑观麦

中国古代是农业社会，帝王们普遍重视农业生产。本文中说，农事的命令要由天子亲自发布。到了北宋时期，宋仁宗也十分重视农业，在自己的后花园种麦以了解耕收之难。

【译文】 正月里，天子以头一个辛日举行祭天之礼，祈祷丰收。并于亥日，亲自载着耒耜，放在车右与御者之间，率领三公九卿诸侯大夫，在藉田里耕作。推耜入土之礼，天子推三下，三公推五下，卿、诸侯推九下，礼毕而返。天子在大寝殿举行欢宴，三公九卿诸侯大夫全都参加，这宴会称"劳酒"。

【原文】 是月也，天气下降，地气上腾，天地和同，草木萌动。王命布农事，命田舍①东郊，皆修封疆②，审端③径④术⑤。善相丘陵、阪险、原隰⑥、土地所宜、五谷所殖，以教道民。必躬亲之。田事既饬⑦，先定准直，农⑧乃不惑。

【注释】①舍，与"涉"同音，盖房子居住。②封疆：田地的分界线。③端：使平直。④经：与"径"相通，田间的小路。⑤术：与"遂"相通，田间的沟渠。⑥隰，与"习"同音，低湿的地方。⑦饬：完毕。⑧农：农民。

【译文】这个月，天气下降，地气上升，天地之气相互混合，草木便亦开始抽芽。天子乃发布农事的命令，派遣农官住在东郊，把冬天荒废下来的耕地疆界全都修理起来，把小沟及小径重新查明，修理端正。好好地斟酌地形，如高地应种植适宜于高地的作物，低地应种植适宜于低地的作物，还要把各类农作物的培植方法，教给一般农民。农民一定亲自学习掌握。等到田地皆已清理整齐，则预定平均的直线，使农民照这标准种植而不至于混乱。

【原文】是月也，命乐正入学习舞，乃修祭典。命祀山林川泽，牺牲毋①用牝。禁止伐木，毋覆窠②，毋杀孩虫③、胎夭、飞鸟，毋麛毋卵④。毋聚大众，毋置城郭。掩骼埋胔⑤。

【注释】①毋：不要。②窠：鸟巢。③孩虫：幼虫。④毋麛毋卵：麛、卵用作动词，指不要捕杀小兽，不要掏取鸟卵。⑤胔，与"自"同音，腐烂的肉。

【译文】这一个月里，命乐正进入国学教练舞蹈；修订一年祭祀的典则。命令祭祀山林川泽时的牺牲不可用牝；严禁砍伐树木；不许掏鸟巢，不许残害有益农作物的幼虫及未出生的或已出生的幼兽和刚开始学飞的小鸟，不准捕杀小兽和掏取鸟卵；不能在这个月聚合群众，亦不要在此时增置城郭；遇见枯骨腐肉，皆掩埋之。

【原文】是月也，不可以称兵①，称兵必天殃。兵戎②不起，不可从我始。毋变天之道，毋绝地之理，毋乱人之纪。

【注释】①称兵：发动军队作战。②兵戎：战争。

【译文】在这个月里，不可举兵杀伐，举兵者必然遭到天谴。所以不可发动战争，尤其是主动挑起战争。总而言之，十二月中所行的政令，不可变天之道，绝地之理，乱人之纪。

【原文】孟春行夏令，则雨水不时①，草木蚤②落，国时有恐。行秋令，则其民大疫，猋③风暴雨总至，藜莠蓬蒿并兴。行冬令，则水潦为败，雪霜大挚④，首种不入。

【注释】①不时：不按照正常的时令。②蚤：与"早"相通。③猋：与"飙"相通，指暴风。④挚：与"至"相通。

【译文】若在正月里发布夏天的命令，将有风雨不按时到来，草木早落，国时有惊恐之祸事出现；若发布了秋天的命令，则有大瘟疫、旋风暴雨、藜莠丛生等等祸事出现；如果发布了冬天的命令，就有洪水泛滥、霜雪大至、头番的种籽无法播下的祸事出现。

【原文】仲春之月：日在奎①，昏弧中；旦建星中。其日甲乙。其帝大皞，其神句芒。其虫鳞。其音角，律中夹钟。其数八。其味酸，其臭膻。

其祀户，祭先脾。

【注释】①奎：奎星，西方的第一星宿，属于仙女座。

【译文】二月仲春，太阳的位置在仙女座附近，天快黑时，井宿在南方天中；天将晓时，鬼宿在南方天中。其日为春，属天干之甲乙。主宰是太皞，神是句芒。动物以"鳞"当令。其音为角，律应夹钟。数为八。口味为酸，嗅味为膻，祀户，祭品以脾为上。

【原文】始雨①水，桃始毕，仓庚②鸣，鹰化为鸠。

天子居青阳大庙，乘鸾路③，驾仓龙，载青旂，衣青衣，服仓玉，食麦与羊。其器疏以达。

是月也，安萌牙④。养幼少，存诸孤。择元日，命民社。命有司，省囹圄⑤，去桎梏⑥，毋肆掠，止狱讼。

【注释】①雨：这里用作动词，指降雨。②仓庚：黄鹂鸟。③路：与"辂"同，辂车。④萌芽：初生的植物。⑤囹圄：与"灵雨"同音，监狱。⑥桎梏：枷锁。

【译文】这是雨水的节气。桃李始着花，黄鹂啭声，鹰鸟变为布谷鸟。

天子居于青阳之大庙；出则乘鸾车，驾苍马，载青旗，着青衣，佩苍玉；食麦和羊。用粗疏通达的器皿。

这月，生物刚刚开始萌芽，对于人，亦特别要保养幼小者，抚恤遗族子弟。选择第一个甲日，命人民举造福祭。使司法之官减少拘捕的囚徒，除去其脚镣手铐，也不可拷问，并停止诉讼。

【原文】是月也，玄鸟①至。至之日，以太牢祠于高禖②，天子亲往。后妃帅九嫔御。乃礼天子所御，带以弓韣，授以弓矢，于高禖之前。

【注释】①玄鸟：燕子。②禖：与"煤"同音。

【译文】这个月，燕子又来了。燕子来的时候，就备牛羊豕三牲礼拜于尊贵的禖神。那日，天子定要亲自参加，由后妃率领全体女眷同去。并且要向怀孕的女眷行礼，即在禖神面前把弓韣弓矢交给她带着，企望她们生的都是男孩。

【原文】是月也，日夜分，雷乃发声，始电。蛰虫咸①动，启户始出。先雷三日，奋木铎以令兆民，曰："雷将发声，有不戒其容止者，生子不备②，必有凶灾。"日夜分，则同度量，钧衡石③，角斗甬④，正权概。

【注释】①咸：都。②不备：不完整，有缺陷。③石：与"旦"同音。④甬：与"斛"同。古代十斗为一斛，南宋的时候改成五斗一斛。

【译文】这个月，白天同黑夜的时刻逐渐相等，可听到打雷、闪电。蛰虫蠕动，开始从土洞里爬出。在没有发雷之前三日，先摇动着木舌的铃，警告天下万民说："将要打雷了，大家的举止必须检点，不然，将会生下残缺不全的小孩，而且父母亦将遭灾！"在那日夜平分的日子，可校正日用的各种度、量、衡。

【原文】是月也，耕者少舍①，乃修阖扇，寝庙毕备。毋作大事，以妨②农之事。

【注释】①少舍：稍得休息。②妨：妨碍。

【译文】这个月，农夫们稍得休闲，就借助此时修理门窗户扇，使家里庙里齐备。但不可大兴土木，恐怕会妨害庄稼之事。

【原文】是月也，毋竭川泽，毋漉①陂池，毋焚山林。天子乃鲜②羔开冰③，先荐寝庙。上丁④，命乐正习舞，释菜；天子乃帅三公九卿诸侯大夫，亲往视之。仲丁⑤，又命乐正入学习乐。

【注释】①漉：使……干涸。②鲜：应作"献"。③开冰：开窖取冰。④上丁：第一个丁日。⑤仲丁：第二个丁日。

【译文】这一个月，不可用干河川湖泊之水，不可用渔网在陂池中捞鱼，也不可用火来焚烧山林。天子先在寝庙举行荐礼，用小羊和新发的冰为献。在第一个丁日，命乐正学习练习舞蹈，举行祭祀先师的释菜之礼；那日，天子亲自率领三公九卿诸侯大夫，一同到国学里参观。第二个丁日，又命乐正往国学里练习舞乐。

【原文】是月也，祀不用牺牲，用圭璧，更皮币①。

仲春行秋令，则其国大水，寒气总②至，寇戎来征③。行冬令，则阳气不胜，麦乃不孰④，民多相掠。行夏令，则国乃大旱，暖气早来，虫螟为害。

【注释】①皮币：毛皮和布帛。②总：突然。③征：侵犯。④孰：与"熟"相通。

【译文】这个月，祭祀用牺牲，改用圭璧与皮币来替代。
仲春而行秋令，则国内将有大水灾，寒气都来了，而且有敌人侵犯边境。仲春而行冬令，则阳气抵不住阴气，麦子不会结穗，引起饥荒，乃至人民相掠夺。行夏令，则火气太大，国内快要干旱，热浪早来，植物发生病虫害。

【原文】季春之月，日在胃①，昏七星②中，旦牵牛③中。其日甲乙。其帝大皞，其神句芒。其虫鳞。其音角，律中姑洗④。其数八。其味酸，其臭膻。其祀户，祭先脾。桐始华，田鼠化为鴽，虹始见⑤，萍始生。天子居青阳右个⑥，乘鸾路，驾仓龙，载青旂，衣青衣，服仓玉。食麦与羊，其器疏以达。

【注释】①胃：西方的第三个星宿。②七星：南方的第四个星宿。③牵牛：北方的第二个星宿。④姑洗：十二律之一。⑤见：与"现"同。⑥右个：青阳的南室。

【译文】季春三月，太阳在甲附近，天将黑时，七星在南方天中，天快亮时，牵牛星在南方天中。其日为春，属于天干之甲乙。主宰是太皞，神名句芒。动物以"鳞"当令。音是清浊中和的角音，十二律与姑洗相应(即气候与姑洗辰律相谐通)。数木(三)加土(五)为八。口味为酸，嗅味为膻。祭祀以户为对象，祭品以脾脏最珍贵。桐树开花，田野里的土老鼠变作鹌鹑。这时阴晴不定，可看见彩虹。池塘里开始生了浮萍。这个月，天子居住在明堂东部青阳的南室，乘的是有鸾铃的车子，驾的是青色的大马，车上插的是青色的绘有龙纹的旗，穿的是青色的衣服，冠饰和所佩的玉，都是青色的。食品是麦和羊。使用的器物，镂刻的花纹粗疏，而且是由直线组成的图案。

【原文】是月也，天子乃荐鞠衣①于先帝。命舟牧覆舟，五覆五反，乃告舟备具于天子焉。天子始乘舟，荐鲔②于寝庙，乃为麦祈实③。

是月也，生气④方盛，阳气发泄，句⑤者毕出，萌者尽达。不可以内⑥。天子布德行惠，命有司发仓廪，赐贫穷，振乏绝；开府库，出币帛，周⑦天下；勉诸侯，聘名士，礼贤者。

【注释】①鞠衣：礼服，为黄色的丝织衣服。②鲔：与"尾"同音。③实：饱满、结实。④生气：有助于生长的气息。⑤句：与"勾"同，弯曲、卷曲。⑥内：与"纳"同，收纳财货。⑦周：周济。

【译文】这个月，天子献黄桑色的礼服于先帝，作为祈蚕的预备。命主管船只的人翻看船只，必须船面船底反复检验五遍，没一点湿漏之处，乃报告于天子，天子这才乘船。同时用小鱼在宗庙中祭献，并祈祷麦之结实较好。

这个月是生气最盛之时，阳气直往外发散，卷曲的或尖锐的萌芽皆发出了，为着顺应季节，不可以收纳财货，只可散放财货。因此天子布德行惠，命主管官打开囤仓把粮食赐给贫民，赈济那米为炊和三餐不继的人们；同时打开贮存货物和金钱的府库，普施于天下；并勉励诸侯多多礼聘有名的学者与才德兼优的人们。

【原文】是月也，命司空曰："时雨将降，下水上腾。循行国邑，周视原野，修利堤防，道达沟渎，开通道路，毋有障塞。田猎罝罘①，罗冈毕翳，餧兽之药，毋出九门。"

【注释】①罝罘：与"皆伏"同音。捕捉鸟兽的网。

【译文】这个月，命令司空之官说："雨季快要来临，地下水开始往地上涌。赶快巡视各地，看看原野的形势，必须修整的堤防马上赶修，淤塞的沟渠立即疏导，并开通道路，使路路相通，没有障碍。同时，捕捉鸟兽用的器具和有毒的药物，都不许带出城门。"

【原文】是月也，命野虞①无伐桑柘②。鸣鸠拂其羽，戴胜③降于桑。具曲植籧筐④。后妃齐戒⑤，亲东乡躬桑，禁妇女毋观，省妇使，以劝蚕事。蚕事既登⑥，分茧称丝效功，以共郊庙之服，无有敢惰。

礼记

四四八

【注释】①野虞：看守田野山林的官员。②柘：与"这"同音，一种树木。③戴胜：一种鸟。④曲植蘧筐：曲、植、蘧、筐，都是养蚕的用具。蘧，与"举"同音。⑤齐戒：即斋戒。⑥登：完成。

【译文】这一个月，命看守田野山林的官，禁止任何人砍伐桑条柘条。这时斑鸠拍着翅膀，戴胜的鸟都集在桑林里，就要开始筹备蚕薄、木架和盛桑叶用的筐篮。天子的后妃，此时一定要亲自采桑，禁止妇女们过分装扮，并减少她们的杂务，使其专心于养蚕的工作。待至蚕事完成，就分派蚕茧，大家全动手缫丝，并秤量缫丝的斤两多少来决定其成绩之高低。用此蚕丝制成祭神祭祖的礼服，不许懈怠、偷懒。

采桑

采桑是一项重要的农事活动，从古时天子的后妃也要进行采桑劳动可以看出其重要性。此图所描绘的就是古时农民在进行采桑劳作。

【原文】是月也，命工师令百工审五库之量：金铁、皮、革、筋、角、齿、羽、箭干、脂胶、丹漆，毋或不良。百工咸理，监工日①号："毋悖②于时，毋或作为淫巧③，以荡上心。"

【注释】①日：每天。②悖：违背。③淫巧：投机取巧，欺诈。

【译文】这个月，命工人的领班，让百工检查材料库里的储藏，例如金铁、皮革筋、角、齿、羽箭杆、脂胶丹漆等等，都要品质良好的。然后各种工匠从事制作，而监工的，每日发出号令提醒他们："一切应按照制造程序，不得颠倒耽误，并且不可徒具美观讨人欢喜！"

【原文】是月之末，择吉日，大合乐①。天子乃率三公九卿诸侯大夫亲往视之。

【注释】①合乐：许多乐器合奏。

【译文】这个月末，择定吉日，举行联合大舞会。天子带领三公九卿诸侯大夫亲往参观。

【原文】是月也，乃合①累牛腾马、游牝于牧。牺牲驹犊，举②书其数。命国难，九门磔③攘，以毕春气。

【注释】①合：使……交配。②举：全部。③磔：与"哲"同音，分裂物体。

【译文】同时，在这个月，将许多好的种牛种马都找来，把母牛母马散放在牧场上，让其交配；生下了小牛小马以及纯色的备作祭祀用的牛羊，全要记载其数量；于是全国举行傩祭，在各个城门砍碎牲体以驱除邪恶之气，以结束春之季节。

【原文】季春行冬令，则寒气时发，草木皆肃，国有大恐。行夏令，则民多疾疫，时雨不降，山林不收①。行秋令，则天多沉阴，淫雨②蚤③降，兵革并起。

【注释】①山林不收：高地的农作物颗粒无收。②淫雨：连续三天以上的降雨叫做淫雨。③蚤：与"早"相通。

【译文】季春施行冬令，那么寒气时时发作，草木皆萎缩不长，国内有大水大火的恐慌；行夏令，则人民多疾病，该下雨的时候没有雨，高地的农作物没有收成；行秋令，那么这个月多阴沉的天气，雨季早到，而且各地都有战争。

【原文】孟夏之月：日在毕①，昏翼②中，旦婺女③中。其日丙丁。其帝炎帝，其神祝融④。其虫羽。其音徵，律中中吕⑤。其数七。其味苦，其臭焦。其祀灶，祭先肺。

【注释】①毕：西方的第五个星宿。②翼：南方的第六个星宿。③婺女：也叫须女，北方的第三个星宿。④祝融：火神。⑤中吕：十二律之一。

【译文】四月为孟夏，太阳在金牛座附近。黄昏翼宿的星出现于南天正中，清晨，婺女星出现在南方正中。夏季属于丙丁火。炎帝为其主宰，其神叫祝融。夏季的动物为羽类。五音合于徵音，十二律应于中吕。其数是火之生数二，合土之生数五，为七。口味是苦的，嗅味是枯焦的。祭祀以灶为对象，祭品用肺为上。

【原文】蝼蝈①鸣，蚯蚓出，王瓜生，苦菜秀②。

【注释】①蝼蝈：与"楼郭"同音，蛙类。②秀：开花。

【译文】这一个月，青蛙鸣叫，蚯蚓出土，栝楼结实，苦菜长大。

炎帝

传说神农就是炎帝，是古代的帝王。夏季属于丙丁火，炎帝为其主宰。

【原文】天子居明堂左个，乘朱路，驾赤骝①，载赤旂，衣朱衣，服赤玉，食菽②与鸡，其器高以粗。

【注释】①骝：与"留"同音。②菽：与"书"同音，大豆。

【译文】天子应时而居于明堂之南一部分，四月则居于明堂之左个；顺应夏火之色，车马旗帜和服饰皆用大红色；吃羽类的鸡和豆食。用的器皿高而粗糙。

【原文】是月也，以立夏。先立夏三日，太史谒之天子曰："某日立夏，盛德在火。"天子乃齐。立夏之日，天子亲帅三公九卿大夫，以迎夏于南郊。还反，行赏，封诸侯。庆赐遂行，无不欣悦。乃命乐师，习合礼乐。命太尉，赞①桀俊，遂贤良，举长大，行爵出禄，必当其位。

是月也，继长增高，毋有坏堕②。毋起土功，毋发大众，毋伐大树。

【注释】①赞：帮助。②堕：与"㻅"（与"灰"同音）相通，毁坏。

【译文】立夏定在这个月里。立夏前三天，太史拜见天子，报告某日立夏，从此交到五行的火运。天子便即斋戒。到了那天，亲率三公九卿大夫往南郊迎夏；礼毕归来，乃大行赏赐，便定此时进封诸侯以爵位土地。切实施行庆赐，大众无不欢喜。命乐师联合诸国学的学生练习礼乐。又命太尉之官，推出特别优秀的人，引进贤德善良并选择魁梧高大的人，依其爵位授以俸禄，使人才爵禄，配合恰当。

这个月，所有生物都在继续生长增高，不可有毁坏的行为；不要在此时举办大工程，征召群众，亦不要砍伐大树。这不但是顺应"继长增高"的天时，也防止妨害人民耕作。

灌溉

这个月，正是农作物生长的时候，农民们都在忙于田间劳动。天子应当到外巡视，勉励农民，告诉他们不要错过作物生长的季节。

【原文】是月也，天子始绤。命野虞出行田原，为天子劳农劝民，毋或失时。命司徒巡行县鄙①，命农勉作，毋休于都②。

【注释】①县鄙：县，两千五百家为一县；鄙，五百家为一鄙。②都：国都。

【译文】这个月中，天子开始换上夏季的衣服；命令主管田野山林的官到各处田地，代表天子慰劳农民勉励其努力生产，不可错过农作物的季节；又命司徒的官，到处巡视，使各地的农官认真指导，别停留在都市里。

【原文】是月也，驱兽，毋害五谷，毋大田①猎。农乃登②麦，天子乃以彘③尝麦，先荐寝庙。

【注释】①田：与"畋"相通，畋猎。②登：进献。③彘：与"制"同音，猪。

【译文】这个月，要经常驱赶家禽野兽，不使之伤害五谷结实，也不可举行较大规模的田猎；农官献上新麦，天子乃配合以猪，先献于寝庙为尝新麦之礼。

捕蝗

孟夏之月，若按春天的节令办事，就会招致蝗虫之灾。此图描绘了古时遭遇蝗灾时捕蝗的场景。

【原文】 是月也，聚畜①百药。靡草死，麦秋至。断薄刑，决小罪，出轻系。

【注释】 ①畜：与"蓄"相通，积蓄。

【译文】 同时，要积储各种药物，预防疾疫；这时荠菜之类野生的植物都已老死，而为麦子成熟的季节。在司法方面，大凡应处以轻微体罚的或罪情不太严重的，以及短期拘留的犯人，这时判决后皆给予释放。

【原文】 蚕事毕，后妃献茧。乃收茧税，以桑为均①，贵贱长幼如一，以给②郊庙之服。

【注释】 ①均：准则，参照。②给：供给。

【译文】 饲蚕的工作既已结束，后妃们就举行献茧之礼。不管贵贱长幼之人，都依照其所用桑叶之多寡作为比例而抽取茧税，收纳茧子，以备缫成丝绸，以备祭天祭礼的礼服之用。

【原文】 是月也，天子饮酎①，用礼乐。

【注释】 ①饮酎：向宗庙进献好酒。

【译文】 这个月，天子在宗庙举行"饮酎"，用乐伴奏着行礼。

【原文】 孟夏行秋令，则苦雨数①来，五谷不滋，四鄙②入保。行冬令，则草木蚤枯，后乃大水，败其城郭。行春令，则蝗虫为灾，暴风来格③，秀草不实。

【注释】 ①数：与"硕"同音，屡次、频繁。②四鄙：边境的人民。③格：致、来到。

【译文】 孟夏之月若行秋令，则苦雨频来，五谷不能繁殖，并且四方边境有寇盗侵犯，人民要避入堡垒里；若行冬令，则草木早枯，以后又有洪水，冲坏了城墙；行春令，则有蝗虫之灾，风暴时时来到，草木都不能结实。

【原文】 仲夏之月，日在东井①；昏亢②中，旦危③中。其日丙丁。其帝炎帝，其神祝融。其虫羽。其音徵，律中蕤宾④。其数七。其味苦，其臭焦。其祀灶，祭先肺。

【注释】①东井：南方第一星宿。②亢：东方第二星宿。③危：北方第五星宿。

④蕤宾：十二律之一。蕤与"锐"同音，二声。

【译文】仲夏之月，太阳的位置在东井宿。傍晚亢星，清晓危星，现方天中。日属丙丁行。炎帝为其主宰，祝融为神官。虫为羽类，音属徵，律应十二律之蕤宾。其七为数。味主苦，嗅主焦。祀灶，祭品以肺为上。

【原文】小暑至，螳螂生，鵙始鸣，反舌①无声。天子居明堂太庙，乘朱路，驾赤骝，载赤旂，衣朱衣，服赤玉，食菽与鸡。其器高以粗。养壮佼②。

【注释】①反舌：蛤蟆。②佼：与"狡"相通，强壮英美。

【译文】节气交到小暑，螳螂生长，百舌鸟开始鸣叫，但蛤蟆却不作声了。天子应时而居于明堂之左室。出则顺应夏火之色，车马旗帜以及服饰都用大红色。食物以鸡和豆食为主。用的器皿是高而粗糙的。仲夏养幼小，顺时到了仲夏就养壮佼。

【原文】是月也，命乐师修鞀①鞞②鼓，均琴瑟管箫，执干③戚④戈羽，调竽笙篪⑤簧，饬钟磬柷⑥敔⑦。命有司为民祈祀山川百源，大雩⑧帝，用盛乐。乃命百县，雩祀百辟卿上有益于民者，以祈穀实。农乃登黍。

【注释】①鞀：与"淘"同音，一种长柄的手摇鼓。②鞞：与"脾"同音，一种军用小鼓。③干：盾牌。④戚：斧子。⑤篪：与"迟"同音，一种乐器。⑥柷：与"祝"同音。一种打击乐器。⑦敔：与"雨"同音。一种打击乐器。⑧雩：与"余"同音，祈雨的祭祀。

【译文】这个月，命乐师修整各式的小鼓大鼓，清理所有的弦乐器管乐器。修整那些文舞武舞的道具，调和许多吹的管乐并揩抹钟磬和柷敔等物，防备大雩祭于上帝时使用。于是命典礼的官替老百姓向那山川百源祷告，举行大雩之祭，用隆盛的音乐。同时又命各地方官民举行雩祭，祭祷于古昔有功德在民间的百官卿士，而祈求好的收成。这时农官献上刚熟的黍。

【原文】是月也，天子乃以雏①尝黍，羞②以含桃③，先荐寝庙。令民毋艾④蓝以染。毋烧灰，毋暴⑤布。门闾毋闭，关市毋索。挺⑥重囚，益其食。游牝别群，则絷腾驹，班⑦马政。

【注释】①雏：小鸡。②羞，与"馐"同，用作动词，进献食物。③含桃：樱桃。④艾：与"刈"相通，割。⑤暴：与"曝"相通，曝晒。⑥挺：减缓、缓刑。⑦班：与"颁"相通，颁布、公布。

黍

黍

这个月，各地官民要举行雩祭，祭祷于古昔有功德在民间的百官卿士，祈求好的收成。这时，农官应该献上刚熟的黍。

【译文】这个月，天子乃配以小鸡，首先献于寝庙，并且进樱桃果实。命令人民不要刈割蓝草来染布，也不要烧灰来煮布，亦不要在这阳气最盛之月晒布；同时顺着阳气的发散，不要关闭门间，也不要搜索关市；重囚给予缓刑，增加其食品；散在外面的母牛母马此时已怀孕，得把公马系在另外的地方；并公布训练马匹的办法。

【原文】是月也，日长至。阴阳争，死生分。君子齐戒①，处必掩身，毋躁；止声色，毋或进；薄滋味，毋致和；节耆欲②，定心气。百官静事毋刑，以定晏③阴之所成。鹿角解④，蝉始鸣，半夏生，木堇荣。

【注释】①齐戒：即斋戒。②耆欲：即嗜欲。③晏：与"验"同音，安静、稳定的意思。④解：脱落。

【译文】这个月，到了夏至，是一年里最长之一天，阳气到达极点，阴气接着起来，恰成阴阳互争的局面。阳气生物，阴气杀物，阴阳互争的时候，亦是万物死生之界。这时大人们必须斋戒，在家里亦不可裸露身体，安静而不可急躁；停止声色娱乐，不再讲究口味，节嗜欲而平心静气；百官也各静谋所事，毋动刑罚，来稳定阴阳的分野。这时，鹿将脱角，而夏蝉开始鸣叫，半夏草生，扶桑花开得最为茂盛。

【原文】是月也，毋用火南方。可以居①高明②，可以远眺望，可以升山陵，可以处台榭。

【注释】①居：居住。②高明：地势高、明亮清爽的地方。

【译文】这个月，不可在南方用火，由于南方属火，再用火，则火气过旺，妨害阴气成长。人们可以住在高爽的地方，可以远望，可以上山避暑，也可以住在高敞的台榭上。

【原文】仲夏行冬令，则雹冻伤谷，道路不通，暴兵来至。行春令，则五谷晚孰①，百螣②时起，其国乃饥。行秋令，则草木零落，果实早成，民殃于疫。

【注释】①孰：与"熟"相通。②螣：与"特"同音，吃草叶子的小虫子。

【译文】倘于仲夏之月行冬令，则天下雨雹，冻坏了田里的谷物，并且道路不通，盗贼横行；行春令，则五谷不能按时成熟，各害虫发作，导致当地的饥荒；倘行秋令，则草木都跟着零落，果实早熟，人民为时疫所伤害。

【原文】季夏之月，日在柳①；昏火②中，旦奎中。其日丙丁。其帝炎帝，其神祝融。其虫羽。其音徵，律中林钟③。其数七。其味苦，其臭焦。其祀灶，祭先肺。

【注释】①柳：南方第三个星宿。②火：也叫心宿，东方的第五个星宿。③林钟：十二律之一。

【译文】季夏六月，太阳的位置在柳宿。傍晚火星，黎明奎星，现于南方天中。日属丙丁行。炎帝是其主宰，祝融为神官。其代表虫为羽类，其代表音为徵，律应在林钟。以七为数。味主苦，嗅主焦。祀祭在灶，祭品以肺为先。

【原文】温风始至，蟋蟀居壁，鹰乃学习，腐草为萤①。

【注释】①腐草为萤：腐朽的草变成了萤火虫。

【译文】这个时候，暖风开始吹了，蟋蟀还只躲在墙罅里。雏鹰开始学习飞。腐草堆里生出萤火虫。

【原文】天子居明堂右个，乘朱路，驾赤骝，载赤旂，衣朱衣，服赤玉，食菽（shū）与鸡，其器高以粗。命渔师①伐蛟、取鼍②（tuó）、登龟、取鼋（yuán）。命泽人纳材苇。是月也，命四监大合百县之秩③刍，以养牺牲。令民无不咸出其力，以共皇天上帝、名山大川、四方之神，以祠宗庙社稷之灵，以为民祈福。

【注释】①渔师：负责渔业的官员。②鼍：与"驼"同音，鳄鱼类。③秩：常。

【译文】天子应时而居于明堂的右室。出则顺应炎火之色，车马旗帜以及服饰都用大红色。食物以鸡和豆食为主，用的器皿是高而粗糙的。命渔师打蛟捕鼍，登龟、捉鼋。命看管湖荡的人缴收可用的蒲草。这一个月，命令那监督山林之官征集各地经常应缴的刍秩，用以饲养祭祀的牺牲。并使人民各自努力采刈，来供应祭祀皇天上帝、名山大川、四方神祇以及宗庙社稷之用，而为人民祈求福利之用。

染色

在这一个月，命令掌管妇女工作的人从事染色彩缋，必须按程序进行，不能有差错。此图所描绘的是古时染色劳动场景。

【原文】是月也，命妇官染采，黼黻①（fǔ fú）文章必以法故，无或差贷②。黑黄仓赤，莫不质良，毋敢诈伪。以给郊庙祭祀之服，以为旗章，以别贵贱等给之度。

【注释】①黼黻：与"府伏"同音，彩色的花纹。②贷：与"忒"相通，差错。

【译文】这一个月，命令掌管妇女工作的人从事染色彩缋。各色的配命，必须依循的工序，不得有一点差错；黑是黑，黄是黄，青是青，红是红，必用真材实料，不许有一点差错；由于这些布料将来是用作祭天祀祖的礼服和旗帜，人人可从那颜色样式上区别出贵贱不同的等级。

【原文】是月也，树木方盛，乃命虞人①入山行木，毋有斩伐。不可以兴土功，不可以合诸侯，不可以起兵动众。毋举大事，以摇养气②。毋发令而待，以妨神农之事也。水潦盛昌，神农将持功，举大事则有天殃。

【注释】①虞人：负责山林的官员。②养气：养生的气息。

【译文】这一个月，是树木长得最茂盛的时候，就命虞人往林区巡查，不许有盗采滥伐的事情发生。同时不可铲地挖沟，也不可会合诸侯或兴兵动众，因为地上有这些大规模的行动，会摇荡土气。亦不可乱发悖时的命令，来妨害土神的工作。由于这时水潦方盛，土神正在水潦的协助下竭力培养万物，如果举大事而摇荡土气，妨害土神的工作，就要受到上天的责罚。

【原文】是月也，土润溽①暑，大雨时行，烧薙②行水，利以杀草，如以热汤。可以粪田畴，可以美土疆。

【注释】①溽：与"入"同音，湿。②薙：与"制"同音，割。

【译文】这个月，泥土非常润湿，天气又很热，时刻下着大雨，如果先割掉野草，让其晒干，等到大雨来时，淹没那些野草，烈日晒水潦，就像热汤一样，草根泡在那样的热汤里，使得斩草除根的工作甚为便利。因为这是属于土的月份，所以应对土壤施肥，并修整耕地。

【原文】季夏行春令，则穀实鲜落，国多风咳①，民乃迁徙。行秋令，则丘隰水潦，禾稼不孰，乃多女灾。行冬令，则风寒不时，鹰隼蚤鸷②，四鄙入保。

【注释】①风咳：得风寒咳嗽的病。②鸷：与"至"同。

【译文】若在夏末施行春令，则谷实散落，境内多患风寒咳嗽，人民多迁徙流散；行秋令，则高地低地经常遭水淹，庄稼不得成熟，还常有失女之灾；行冬令，则热天而时有风寒，鹰隼之鸟，早就开始搏杀，而边境也时常被敌寇侵掠。

【原文】中央土：其日戊己。其帝黄帝，其神后土。其虫倮。其音宫，律中黄钟之宫。其数五。其味甘，其臭香。其祀中霤①，祭先心。

【注释】①中霤：五祀之一，霤与"六"同音。

【译文】一年之中央属土行。其日亦居天干之中央为戊己；土色黄，因此以黄帝为主宰，其神叫后土。动物为倮虫。五音比于宫，律应十二律之黄钟。其数五。口味甘，嗅味香。祀则中霤，祭品以心脏为上。

【原文】天子居大庙大室，乘大路，驾黄骝，载黄旂，衣黄衣，服黄玉，食稷与牛，其器圜以闳①。

【注释】①圜以闳：圆而高大。

【译文】这时，天子居于明堂正中央之大室；乘大辂之车，驾黄色之马，载黄色之旗；穿的黄袍，佩的黄玉；吃的是谷子和牛肉。用的器皿要圆并且宽大。

【原文】孟秋之月，日在翼；昏建星①中，旦毕中。其日庚辛。其帝少皞（hào），其神蓐②（rù）收。其虫毛。其音商，律中夷则③。其数九。其味辛，其臭腥。其祀门，祭先肝。凉风至，白露降，寒蝉鸣，鹰乃祭鸟，用始行戮。天子居总章左个，乘戎路，驾白骆，载白旂，衣白衣，服白玉，食麻与犬。其器廉④以深。

【注释】①建星：北方的第一星宿。②蓐，与"薅"同音。③夷则：十二律之一。④廉：有棱角。

【译文】孟秋之月，太阳在巨爵座附近，黄昏鬼宿星出现在南方天中，拂晓毕星出现在南方天中。其日庚辛，依五行属金。少皞帝为主宰，其神为蓐收。当令动物是兽类。五音比于商，律应在夷则。其数金四土五为九。口味辛辣，嗅味腥臊。祭祀对象为门神，祭品以肝最珍贵。七月凉风吹来，白露初降，寒蝉哀鸣。鹰隼祭鸟，开始在长空搏击杀鸟。天子应时居于太寝西堂南偏；出则乘戎辂车，驾白骆马，挂白色旗帜，穿白色衣服，佩戴白色玉佩。食品以芝麻和狗为主，用的器皿深而平直有边角。

【原文】是月也，以立秋。先立秋三日，大史谒之天子曰："某日立秋，盛德在金。"天子乃齐。立秋之日，天子亲帅三公九卿诸侯大夫，以迎秋于西郊。还反，赏军帅武人于朝。天子乃命将帅选士厉①兵②，简练桀③俊，专任有功，以征不义，诘④诛暴慢，以明好恶，顺⑤彼远方。

【注释】①厉：与"砺"同，磨练。②兵：兵器。③桀：与"杰"相通。④诘：责问。⑤顺：使……顺服。

【译文】立秋定在这个月里。在立秋的前三日，太史谒见天子，报告说：某日立秋，为金德当令。天子便开始斋戒。到了立秋那一天，天子亲自率领三公九卿诸侯大夫，同往西郊举行迎秋之礼。礼毕回来，乃在朝中赏赐军队长官和战士。秋为金行，寓有肃杀之气，天子顺此时气，于是命军队的长官，挑选战士，磨淬刀枪，提调精锐的干将，全权付与曾有战功的人，使他出征不义的人，责罚暴虐悖慢之人。辨清好歹，然后远方的人民始能闻风敬服。

【原文】是月也，命有司修法制，缮囹圄（líng yǔ），具桎

秦琼

秦琼是古代传说中的门神之一。门神的信仰历史悠久，最早的门神是用桃木雕成的两个"桃人"，是远古时期黄帝派来统领游荡人间群鬼的两位神将——神荼与郁垒的化身。后来，又将钟馗当作门神。元代时，唐朝的秦琼和尉迟恭又成为门神中的武门神。

桎，禁止奸，慎罪邪，务搏执①。命理瞻伤察创、视折②审断；决狱讼，必端③平；戮有罪，严断刑。天地始肃，不可以赢④。

【注释】①搏执：拘捕。②折：断案。③端：直。④赢：放纵、懈怠。

【译文】这个月，命令官吏研治法制，修理牢狱，补充镣铐，禁绝奸诈邪恶的行为，有则立即逮捕拘囚之；同时令治狱之官，视察那些受过轻重刑罚而或伤或创或折或断的囚徒，凡是判决罪案，必求正直公平。对于杀戮有罪，则须谨慎定刑。这时正值严厉的天气，不可骄淫懈怠。

【原文】是月也，农乃登①穀，天子尝新，先荐寝庙。命百官始收敛②。完堤防，谨壅塞，以备水潦。修宫室，坏墙垣，补城郭。

【注释】①登：进献。②收敛：收取赋税。

【译文】这个月，农官报告百谷收成。天子品尝时鲜的东西，必先进于寝庙。这时，命令百官开始行收敛之政。修补堤防，细检堵塞之处，以防备水潦之泛滥；修理宫室，增补墙垣，补葺城郭。

【原文】是月也，毋以封诸侯、立大官。毋以割地、行大使、出大币①。

【注释】①币：财物。

【译文】在这个月里，不可封诸侯，立大官。因为顺天时，可收入而不可付出，因此凡割地、出使、赐币之事，皆不宜。

【原文】孟秋行冬令，则阴气大胜，介虫败穀，戎兵乃来。行春令，则其国乃旱，阳气复还，五穀无实。行夏令，则国多火灾，寒热不节，民多疟①疾。

【注释】①疟，与"要"同音。

【译文】若孟秋行冬令，则阴气太重，甲虫害稼，无收成，有盗贼之警；行春令，则天干不雨，而阳气乘之又来，使五谷不能结实；行夏令，那么境内时有火灾，寒热亦失去调节，人民多患疟疾。

【原文】仲秋之月：日在角①；昏牵牛中，旦觜觿②中。其日庚辛。其帝少皞，其神蓐收。其虫毛。其音商，律中南吕③。其数九。其味辛，其臭腥。其祀门，祭先肝。盲风④至，鸿雁来，玄鸟归，群鸟养羞。天子居总章大庙，乘戎路，驾白骆，载白旂，衣白衣，服白玉，食麻与犬。其器廉以深。

【注释】①角：东方第一个星宿。②觜觿，与"姿悉"同音，西方的第六个星宿。

③南吕：十二律之一。④盲风：飓风。

【译文】仲秋八月，太阳在室女座附近，黄昏牵牛星，清晓觜宿星，出现在南方天中。其日庚辛，依五行属金。少皞帝为主宰，其神为蓐收。当令动物是兽类。五音比于商，十二律与南吕相应(即天气与南吕酉律相谐通)。其数金四土五为九。口味辛辣，嗅味腥臊。祭祀对象为门神，祭品以肝最珍贵。八月疾风迅至，鸿雁自北回南，燕子也都南归，群鸟开始贮存食物。天子应时居于太寝西堂南偏；出则乘戎辂车，驾白骆马，挂白色旗帜，穿白色衣服，佩戴白色玉佩。食品以芝麻和狗为主，用的器皿深而平直有角。

【原文】是月也，养衰老，授几杖，行糜粥饮食。乃命司服，具饬①衣裳，衣绣有恒，制有小大，度有长短，衣服有量，必循其故，冠带有常。乃命有司，申严百刑，斩杀必当，毋或枉桡②，枉桡不当，反受其殃。

【注释】①饬：整治。②枉桡：冤枉、弯曲。

【译文】这个月，顺天时而养护衰老的人，用几杖扶助其坐立，并赐以糜粥，调节其饮食。这时命司服之官，集中所有的祭服而整饬之。上衣用缋画，下裳用刺绣，其花纹以及大小长短，都有一定的制度。其他日用的衣服尺寸、冠带样式，亦皆须依循以往的情形。同时又命司狱之官，重申戒令，使属下之人谨慎用刑，或斩或杀，必求至当，不可使有丝毫枉曲；倘有枉曲不当之处，司法者就要反受其罪。

【原文】是月也，乃命宰祝①，循行牺牲，视全具；案刍豢，瞻肥瘠；察物色，必比类；量小大，视长短，皆中度。五者备当，上帝其飨②。天子乃难③，以达秋气。以犬尝麻，先荐寝庙。

【注释】①宰祝：负责祭祀的官员。②飨：享用。③难：与"傩"相通，驱除灾害的祭祀。

【译文】这个月要派遣大宰大祝察看祭祀用的牺牲，看其毛色是否纯一，肢体是否完整，所吃的草谷等饲料是否足够，还要看它肥瘦的情形及颜色之为黄或黑。然后预计祭祀的种类及用牲的种类，二者一定相当。量度其大小长短，以期合乎标准。亦即，必使其体型、肥瘠、物色、小大、长短，五者皆合，始可献于上帝。此时，天子举行傩祭，以通达秋气。并品尝新熟的芝麻，配以犬，先进于寝庙。

【原文】是月也，可以筑城郭，建都邑，穿窦窖①，修囷②仓。乃命有司，趣③民收敛，务畜菜，多积聚。乃劝种麦，毋或失时，其有失时，行罪无疑。

【注释】①窦窖：地窖。②囷：与"逡"同音。圆形的仓库。③趣：与"趋"相通，敦促、催促。

【译文】这个月，可以修筑内外城墙，建造通都聚邑，挖掘椭圆的或四方形的地洞，修葺草囷与谷仓。命司农之官，催促人民收藏谷物，存储干菜，多多准备过冬的粮食。并鼓励种麦，不可

麦图

在这个月，司农的官吏应催促人民收藏谷物，存储干菜，准备过冬的粮食，并鼓励他们种麦，不可荒误时日。

荒误时日。若有误时的，必课以应得之罪。

【原文】是月也，日夜分，雷始收声，蛰虫坏户①，杀气浸盛，阳气日衰，水始涸。日夜分，则同度量：平权衡，正钧石，角斗甬②。

【注释】①坏户：增添洞口的泥土。②甬：与"斛"相通。

【译文】这个月，白天和黑夜时刻相等，不再有雷声了，昆虫增添洞口的泥土预备蛰藏；这时肃杀之气渐渐加深而阳气一天比一天减少，水也日渐干涸。当这日夜平分之时，正好校正度量衡的尺寸长短及重量与容量等器具。

【原文】是月也，易①关市，来②商旅，纳货贿，以便民事。四方来集，远乡皆至，则财不匮，上无乏用，百事乃遂③。凡举大事，毋逆大数④，必顺其时，慎因⑤其类。

【注释】①易：宽减赋税。②来：使……到来。③遂：成。④大数：天道。⑤因：因循、顺着。

【译文】这个月，应该宽减关口的稽查与市廛的租税，来招徕各地的商人和旅客，收进他们携来的财物，使人民日用充裕。因为四方的人来赶集，远方的人都来观光，则财用不致缺乏，政府经费充裕，则任何公益的事都可举办了。凡是举行劳民动众的事，不可违反天道，必须顺时行事，并且要找到相适当的时期举行类似的大事。

【原文】仲秋行春令，则秋雨不降，草木生荣，国乃有恐。行夏令，则其国乃旱，蛰虫不藏①，五谷复生。行冬令，则风灾数起，收雷先行，草木蚤死。

【注释】①藏：入土蛰伏。

【译文】仲秋行春令，则一秋无雨，草木又复开花，国内常有火警的恐惧；行夏令，那么国内干旱，昆虫不蛰藏入土，五谷又复发芽，败坏谷实；行冬令，则常起风灾，时又打雷闪电，草木早死。

【原文】季秋之月，日在房①，昏虚②中，旦柳③中。其日庚辛。其帝少皞，其神蓐收。其虫毛。其音商，律中无射④。其数九。其味辛，其臭腥。

其祀门，祭先肝。鸿雁来宾⑤，爵⁶（què）入大水为蛤，鞠⑦（qí）有黄华⑧，豺乃祭兽戮禽。天子居总章右个，乘戎路，驾白骆，载白旂，衣白衣，服白玉，食麻与犬。其器廉以深。

【注释】①房：东方第四个星宿。②虚：北方第四个星宿。③柳：南方第三个星宿。④无射：十二律之一。⑤宾：到。⑥爵：与"雀"同。⑦鞠：与"菊"同。⑧华：即"花"。

【译文】季秋九月，太阳在天蝎星座附近，黄昏虚星，清晓鹑火星，出现在南方天中。其日庚辛，依五行属金。少皞帝为主宰，其神为蓐收。当令动物是兽类。五音比于商，十二律与无射相应。其数金四土五为九。口味辛辣，嗅味腥臊。祭祀对象为门神，祭品以肝最珍贵。鸿雁客止于南方，麻雀入海变为蛤。这月，菊开黄花，豺祭兽而杀兽。天子应时居于太寝西堂南偏；出则乘戎辂车，驾白骆马，挂白色旗帜，穿白色衣服，佩戴白色玉佩。食物以芝麻和犬为主，用的器皿深而平直有边角。

【原文】是月也，申严号令。命百官贵贱无不务内①（nà），以会②天地之藏，无有宣③出。乃命冢宰，农事备收，举五谷之要，藏帝籍之收于神仓，祗敬必饬。

【注释】①内：与"纳"相通，收敛储藏。②会：会同。③宣：与"渲"相通，渲泻。

【译文】这个月，严明各种号令，命令大小百官都从事于收缴的工作，以配合天地即将入藏的季候，不可再有宣出的行为；同时命令冢宰，于农作物全数收齐之后，登记五谷收入总簿，并以藉田的收获贮藏于神仓，但要特别谨慎和严肃。

【原文】是月也，霜始降，则百工休①。乃命有司曰："寒气总②至，民力不堪，其皆入室。"上丁③，命乐正入学习吹。

【注释】①休：休息。②总：突然。③上丁：第一个丁日。

【译文】这个月，开始有霜，凡百工技艺之人都休息。并告命有司，寒气猝然将至，人们体力有所不耐，该离开田舍而回到家里！第一个丁日，命乐正到国学里教习管乐。

【原文】是月也，大飨帝，尝①，牺牲告备于天子。合诸侯，制百县，为来岁受朔日，与诸侯所税于民轻重之法、贡职之数，以远近土地所宜为度，以给郊庙之事，无有所私。

【注释】①尝：举行秋祭。

【译文】这个月，举行大飨五帝及遍祀群神的"尝祭"。所使用的祭牲完备，收以告于天子。天子乃命诸侯和畿内的县官，颁布新年的朔日。同时，诸侯国内税率之轻重，贡献物品之多寡，

砍伐树木

这个月，树木落叶，可以砍伐做木炭。

应依其距离的远近与土地大小的情形而制定其等差，并用以祭神祭祖，不得由个人妄作主张。

【原文】是月也，天子乃教于田猎，以习五戎①，班②马政。命仆及七驺咸驾，载旌旐③，授车以级，整设于屏外，司徒搢④扑⑤，北面誓之。天子乃厉饰，执弓挟矢以猎。命主祠祭禽于四方。

【注释】①五戎：泛指各种兵器。②班：与"颁"相通，公布。③旐：与"照"同音，画有龟和蛇的旗子。④搢：与"晋"同音，插在腰间。⑤扑：鞭子。

【译文】这个月，天子举行田猎而教人民以战阵，使用各种兵器，以及驭马养马的规则；命令戎仆及御者将七种马车都驾起来，车上竖起旗帜，后依职位的高低而分派车辆，整队排列于猎场的屏障之外。司徒把鞭子插在腰间，朝着北面发誓。这时，天子披戴盔甲，执弓挟矢，首先发射；并且命主祭者向四方祭禽与兽。

【原文】是月也，草木黄落，乃伐薪为炭。蛰虫咸俯在内，皆墐①其户。乃趣狱刑，毋留有罪。收禄秩之不当，供养之不宜者。

【注释】①墐：与"紧"同音，用泥土涂塞。

【译文】这个月，百草枯黄而树木落叶，可以砍伐做木炭。昆虫都蜷曲在土洞中而泥封了洞口。于是加紧清理积压的狱刑案件，凡是有罪的都加以断决。并收缴浮报的薪俸及无功而受禄者之所得。

【原文】是月也，天子乃以犬尝稻，先荐寝庙。

【译文】这个月，晚稻登场，天子乃以犬尝稻，先进之于寝庙，孝敬祖宗。

【原文】季秋行夏令，则其国大水，冬藏殃败，民多鼽嚏①。行冬令，则国多盗贼，边境不宁，土地分裂。行春令，则暖风来至，民气解惰，师兴不居②。

【注释】①鼽嚏，与"球涕"同音，鼻塞打喷嚏。②不居：没有休止。

【译文】若在季秋施行夏令，内有灾，冬藏的东西都将败坏，并且人民常患伤风鼻塞；行冬令则国内多盗贼，边境时受侵扰，且为敌人所侵占；行春令则暖风到来，人民感到困倦，而且时有战争，不得安宁。

【原文】孟冬之月，日在尾，昏危中，旦七星中。其日壬癸。其帝颛顼^①，其神玄冥。其虫介。其音羽，律中应钟^②。其数六。其味咸，其臭朽。其祀行，祭先肾。水始冰，地始冻，雉入大水为蜃，虹藏不见。天子居玄堂左个，乘玄路，驾铁骊，载玄旗，衣黑衣，服玄玉，食黍与彘。其器闳以奄^③。是月也，以立冬。先立冬三日，太史谒之天子曰："某日立冬，盛德在水。"天子乃齐^④。立冬之日，天子亲帅三公九卿大夫以迎冬于北郊。还反，赏死事，恤孤寡。

【注释】①颛顼：与"砖虚"同音。②应钟：十二律之一。③奄：收缩。④齐：斋戒。

【译文】孟冬十月，太阳在宝瓶座附近，黄昏危星，清晓七星，出现在南方天中。其日壬癸，依五行属水。颛顼帝为主宰，其神为玄冥。当令动物是以龟为首的甲壳类。五音比于羽，十二律与应钟相应。其数水一加土五为六。口味咸，臭味如腐水。祭祀以往来的道路为对象，祭品以肾最珍贵。河水开始结冰，大地开始冻结。野鸡入淮而化为大蛤，虹则藏而不见。天子应时居玄堂之西偏；出则乘玄辂车，驾铁骊马，挂黑色旗帜，穿黑色衣服，佩戴黑色玉佩。食物以黍子和猪为主，用的器皿中宽而上窄。这个月里定立冬。在立冬的前三天，太史谒见天子报告说：某日立冬，为水德当令。天子便开始斋戒。到了立冬那一天，天子亲自率领三公九卿大夫，同往北郊举行迎冬之礼。礼毕回来，乃在朝中赏赐为国捐躯者，周济为国捐躯者的妻子和儿女。

【原文】是月也，命大史衅龟策占兆，审卦吉凶。是察阿党^①，则罪无有掩蔽。

【注释】①阿党：阿谀奉承以及结党营私的人。

【译文】这个月，命太卜之官祷龟和策，并查龟所显示的"兆"和策所布列的"卦"，视其为吉或凶。于是检举朝里是否有逢迎上意或朋比为奸的人，使其不能有所蒙蔽。

【原文】是月也，天子始裘^①。命有司曰："天气上腾，地气下降，天地不通，闭塞而成冬。"命百官谨盖藏。命司徒循行积聚，无有不敛。坏^②城郭，戒门闾，修键闭，慎管籥^③，固封疆，备边境，完要塞，谨关梁，塞徯径。饬丧纪，辨衣裳；审棺椁之薄厚、茔丘垄之大小高卑厚薄之度，贵贱之等级。

【注释】①裘：动词，穿上裘衣。②坏：与"培"同，培土增筑。③籥：与"月"同音，钥匙。

【译文】这个月，天子开始穿皮裘。命令主管官说："这时天气上腾，地气下降，上下不相关联，各自闭塞而成为冬。"因此命百官谨慎盖藏的工作。命司徒出外巡查，见有堆积在外的禾稼，

学射

此图描绘了古人学射的情景。礼、乐、射、御、书、数被称为六艺，古时天子会命诸将帅讲习武功，操练射御并较量勇力。

应使其收藏于仓廪；并须增筑城郭，警戒门闾；修理门闩，当心锁钥；巩固封疆，防备边境；完缮要塞、谨慎关梁，堵塞小径；同时整饬丧事的规例而备办衣裳，察看棺椁的厚薄，以及营造坟墓之大小高低厚薄，务必使其合乎贵贱的等级。

【原文】 是月也，命工师效功①，陈祭器，案度程。毋或作为淫巧，以荡上心，必功致为上。物勒②工名，以考其诚。功有不当，必行其罪，以穷其情。

【注释】 ①效功：呈献所作器物的记录，以便检验成果。②勒：刻录。

【译文】 这个月，命令百工之长呈验工作成绩，陈列祭器，考察其样式法度，不准以淫巧讨好在上者的欢心，必以工夫细致为佳。制作的器物都刻着工匠的姓名，用以考验其真工夫。如果成绩不合，

必处以应得之罪，而追究其责任。

【原文】 是月也，大饮烝①。天子乃祈来年于天宗，大割祠于公社及门闾。腊先祖五祀。劳农以休息之。天子乃命将帅讲武，习射御，角力。

【注释】 ①烝：举行冬祭。

【译文】 这个月举行大饮烝之礼。天子向天宗祈求来年，祷祠于公社门闾和先祖五祀诸神；并行大宴会，慰劳农民的辛苦，而且让其休息。同时，天子命诸将帅讲习武功，操练射御并较量勇力。

【原文】 是月也，乃命水虞①渔师，取水泉池泽之赋，毋或敢侵削众庶兆民，以为天子取怨于下，其有若此者，行罪无赦。

【注释】 ①水虞：负责水上事务的官员。

【译文】 这个月，命主管湖泊的人和渔师，收取水泉池泽的租税。若有敢于侵削人民的利益，因而使人民归怨于天子者，必加以责罚，决不宽贷。

【原文】 孟冬行春令，则冻闭不密，地气上泄，民多流亡。行夏令，则国多暴风，方①冬不寒，蛰虫复出。行秋令，则雪霜不时，小兵时起，土地侵削。

【注释】 ①方：正。

【译文】孟冬如行春令，则冻闭不得完密，而地气随而发泄，人民也多流散；行夏令则国内时时起风暴，到冬天仍不寒冷，蛰虫又复出土；行秋令则雪霜都下得不及时，并有刀兵之警，国土时被侵削。

【原文】仲冬之月：日在斗①；昏东壁②中，旦轸③中。其日壬癸。其帝颛顼，其神玄冥。其虫介。其音羽，律中黄钟④。其数六。其味咸，其臭朽。其祀行，祭先肾。冰益壮，地始坼⑤，鹖旦不鸣，虎始交。天子居玄堂大庙，乘玄路，驾铁骊，载玄旂，衣黑衣，服玄玉，食黍与彘，其器闳以奄。饬死事。命有司曰："土事毋作，慎毋发盖，毋发室屋及起大众，以固而闭。"地气沮泄，是谓发天地之房，诸蛰则死，民必疾疫，又随以丧。命之曰"畅月"。

【注释】①斗：北方第一个星宿。②东壁：北方第七个星宿。③轸：南方第七个星宿。④黄钟：十二律之一。⑤坼：与"撤"同音，裂开。

【译文】仲冬十一月，太阳在仙女座及飞鸟座附近，黄昏壁宿星，清晓轸宿星，出现在南方天中。其日壬癸，依五行属水。颛顼帝主宰，其神为玄冥。当令的动物是以龟为首的甲壳类。五音比于羽，十二律与黄钟相应(即气候与黄钟乐律相谐通)。其数水一加土五为六。口味咸，臭味如腐水。祭祀以行神为对象，祭品以肾最珍贵。水面结成硬冰，地面也冻裂。山鸟鹖旦瑟缩不鸣，老虎开始交尾。天子应时居于北堂之太室；出则乘玄辂车，驾铁骊马，挂黑色旗帜，穿黑色衣服，佩戴黑色佩玉。食物以黍子和猪为主，用的器皿中宽而上窄。命诸主管人员说："凡属土地之事，不可兴作；有盖藏的地方以及房屋宫室都不可揭开其覆盖，也不可发动群众。如果揭开盖藏，发动群众，则地气即将泄漏。"那就是"发天地之藏"，因而诸多蛰虫皆因泄气而死，毒气泄出传染于人，则成瘟疫以至死亡。应名之为"畅月"。

【原文】是月也，命奄尹①申宫令，审门闾，谨房室，必重闭。省妇事，毋得淫，虽有贵戚近习，毋有不禁。乃命大酋，秫稻必齐，麹糵②必时，湛炽③必洁，水泉必香，陶器必良，火齐④必得，兼用六物，大酋监之，毋有差贷。天子命有司祈祀四海、大川、名源、渊泽、井泉。

【注释】①奄尹：官名，内宰。②麹糵：与"曲聂"同音，酿酒的酵母。③湛炽：清洗烧煮。④齐：与"祭"同音，火候。

【译文】这个月，命宫中的太监头目重申宫里的法令，稽查门闾的开阖。房室内的封闭情形，一定要达到严密的程度。同时，减少妇女们的劳动，不要从事奢华的工作，以保养阴气。哪怕是高贵的戚属或亲昵的嬖人，都需遵从这禁令。命令酿酒的大酋，监督酿造过程的六个项目：第一，选择秫米一定要纯净。第二，混和曲糵一定要适度。第三，沉渍炊蒸一定要清洁。第四，使用的泉水一定要甘甜。第五，装贮的瓮一定要完好。第六，酿造的时间一定要充分。这六项由大酋负责监察，不可有一点差误。天子命典礼的官分别祭祀四海、大川、名源、深泽以及井泉的神祇。

【原文】是月也，农有不收藏积聚者，马牛畜兽有放佚者，取之不诘^{sǒu}①。山林薮泽，有能取蔬食田猎禽者，野虞教道之，其有相侵夺者，罪之不赦。

【注释】①诘：追查。

【译文】这个月，若农民仍有不收藏积聚的谷物，或仍让马牛畜兽散放在外面者，则任人取之而不追究。山林薮泽之中，若有可以捡取的菜蔬果物，或是可以围猎野鸟野兽的地方，主管田野事务的人应指示人民任意猎取；但若因而发生互相侵夺的事，则各科以其应得的罪。

【原文】是月也，日短至，阴阳争，诸生荡。君子齐戒，处必掩身，身欲宁，去声色，禁耆欲①，安形性，事欲静，以待阴阳之所定。芸②始生，荔挺出，蚯蚓结③，麋角解，水泉动。日短至，则伐木取竹箭。

【注释】①耆欲：即嗜欲。②芸：用以驱虫的香草。③结：卷曲于土中。

【译文】这个月，白昼时间最短，正是阴阳互为消长的时节，各种生物因而动荡，将要发芽。君子要斋戒，居住深密的地方，休息身体，摒除声色的娱乐，禁止一切嗜好欲望，稳定身心，不妄动作，听候阴阳之消长。这时节，芸草始生，马薤抽芽，蝗蚓蜷曲于土中，麋角脱落，水泉流动。白天最短，可伐木，取竹箭。

【原文】是月也，可以罢官之无事，去器之无用者。涂阙廷①门闾，筑囹圄^{líng yǔ}，此以助天地之闭藏也。

【注释】①阙廷：城墙。

【译文】这个月里，可罢免无事可作的冗官，废除无用的器物。关闭涂塞宫阙以及门闾，修筑牢狱，用以助成天地闭藏之气。

【原文】仲冬行夏令，则其国乃旱，氛雾冥冥①，雷乃发声。行秋令，则天时雨汁^{hù}，瓜瓠不成，国有大兵。行春令，则蝗虫为败，水泉咸竭，民多疥疠^{jiè lì}②。

【注释】①冥冥：朦胧模糊的样子。②疥疠：皮肤病。

【译文】若仲冬行夏令，那么国内将有大旱，雾气沉沉，时或打雷；行秋令，是雨雪交加，瓜瓠不得结实，国内有大战役发生；行春令，那么蝗虫毁坏庄稼，水泉枯涸，人民多患皮肤病。

【原文】季冬之月，日在婺女①；昏娄②^{wù}中，旦氐③中。其日壬癸。其帝颛顼^{zhuānxū}，其神玄冥。其虫介。其音羽，律中大吕。其数六。其味咸，其臭朽。其祀行，祭先肾。雁北乡，鹊始巢，雉雊^{gòu}，鸡乳。天子居玄堂右个，乘玄路，驾铁骊，载玄旗^{qí}，衣黑衣，服玄玉，食黍与彘^{zhì}。其器闳以奄。命有司大难^④，旁磔^{zhé}^⑤，出土牛以送寒气。征鸟厉疾。乃毕山川之祀，及帝之大臣，天之神祇。

【注释】①婺女：北方第三个星宿。②娄：西方第二个星宿。③氐：东方第三个星宿。④大难：即大傩，腊月驱灾的祭祀。⑤旁磔：在国门的旁边磔裂牲口用来祭祀。

【译文】季冬十二月，太阳在金牛座附近，黄昏娄星，破晓氐星，出现在南方天中。其日壬癸，依五行属水。颛顼帝主宰，其神为玄冥。当令的动物是以龟为首的甲壳类。五音比于羽，十二律与大吕相应（即气候与大吕丑律相谐通）。其数水一加土五为六。口味咸，臭味如腐水。祭祀以行神为对象，祭品以肾最珍贵。鸿雁飞向北国，喜鹊开始做巢，野鸡鸣叫，家鸡抱蛋。天子应时居于北堂东偏；出则乘玄辂车，驾铁骊马，挂黑色旗帜，穿黑色衣服，佩戴黑色玉佩。食物以黍子和猪为主，用的器皿中宽而上窄。命典礼举行大傩，磔牲于国门之旁，并且制土牛来送寒气。鹰鸟变得凶猛而矫捷。于是结束一年中之山川神鬼的祭祀。

颛顼

传说中古代的帝王，黄帝之孙，号高阳氏。本文中说：季冬十二月，太阳在金牛座附近，黄昏娄星，破晓氐星，出现在南方天中。其日壬癸，依五行属水。颛顼帝主宰，其神为玄冥。

【原文】是月也，命渔师始渔，天子亲往，乃尝鱼，先荐寝庙。冰方盛，水泽腹坚^①，命取冰，冰以入。令告民，出五种^②，命农计耦耕事，修未耜，具田器。命乐师大合吹而罢。乃命四监收秩薪柴，以共郊庙及百祀之薪燎。

【注释】①腹坚：凝结厚厚的冰。②五种：五谷的种子。

【译文】这个月，命掌渔的官打鱼，天子亲自前往，并在尝鱼之前，先供献于宗庙。这时天寒地冻，凡是有水的地方皆凝结很厚的冰。天子乃命取冰，用窖藏之。待至仲春之月，献羔开冰。同时又命农官布告人民，拣出五谷的种籽，计度耦耕之事，修缮未耜，备办耕田的用具。这时在学校里，命令乐师举行一次大演奏，然后放学。并命监管山林川泽的官，收缴人民应供之薪柴，以充祭天祭祖以及各种祭祀所用的薪燎。

【译文】是月也，日穷于次，月穷于纪，星回于天，数将几终，岁且更始。专而农民，毋有所使。天子乃与公卿大夫，共饬^{chì}^①国典，论时令，以待来岁之宜。乃命太史次诸侯之列，赋之牺牲，以共皇天上帝社稷之飨。乃命同姓之邦，共寝庙之刍豢^{huàn}。命宰历卿大夫至于庶民土田之数，而赋牺牲，以共山林名川之祀。凡在天下九州之民者，无不咸献其力，以共皇天上帝社稷寝庙山林名川之祀。

【注释】①饬：整饬。

【译文】到了这个月，日月星辰都运行了一周匝，一年的日数即将告终，然后就是新年的开始。专任农民，不使他们更有别的劳役。这时，天子和公卿大夫检讨国家的法典，讨论四时的政纲，使能适合来年的运用。命太史之官序次大小诸侯，而使其如数献土牺牲，以供给皇天上帝和社稷之祭。并命同姓之国，供给祭祀宗庙所用的牺牲。又命小宰序次卿大夫的禄田以及百姓土田多寡之数，让其供给祭祀山林名川所用的牺牲。总之，在一年中祭祀皇天上帝、社稷宗庙以及山林名川所用的物品，天下九州之人，都需竭力奉献。

【原文】季冬行秋令，则白露蚤①降，介虫②为妖，四鄙入保。行春令，则胎夭多伤，国多固疾，命之曰逆。行夏令，则水潦败国，时雪不降，冰冻消释③。

【注释】①蚤：与"早"相通。②介虫：带壳的虫子，即甲虫。③消释：消解融化。

【译文】如果季冬之月行秋令，那么白露早降，各种带壳的动物会作怪，并且边鄙地方时有盗警，人民要躲在堡垒中过活；如果行春令，则怀孕在腹中的动物都要伤败，民亦多患染难治的病症，这叫做"逆"；若行夏令，则有水灾，该降雪而不降，连冰冻亦融化了。

礼　器

【原文】 礼器，是故大备①；大备，盛德也。

【注释】 ①大备：完备。

【译文】 礼的功用于是完备。功用完备就是德性之最高表现了。

【原文】 礼，释①回②，增美质；措③则正，施则行。其在人也，如竹箭之有筠④（yún）也，如松柏之有心也。二者居天下之大端⑤矣，故贯四时而不改柯⑥易叶。故君子有礼，则外谐而内无怨，故物无不怀仁，鬼神飨德（xiǎng）。

【注释】 ①释：去除。②回：邪恶。③措：安置。④筠：与"云"同音，竹皮。⑤大端：根本。⑥柯：树干。

【译文】 礼可以消除邪恶，增加美质，安置起来则稳当，施用起来则圆通。礼之在于人身，就像竹箭之有青皮，松柏之有圆心。外表和内心，是天下万物的大本。大本既佳，因此历经寒暑，终不改其挺直的枝干和茂盛的叶子。如果君子有礼，恰好也这样，外表既和善，而内心又没有怨恨的念头。因此不但没有人不怀念他的仁慈，即使冥冥中，也在欣赏他的德性。

【原文】 先王之立礼也，有本①有文②。忠信，礼之本也；义理，礼之文也。无本不立，无文不行。礼也者，合于天时，设于地财，顺于鬼神，合于人心，理万物者也。是故天时有生也，地理有宜也，人官有能也，物曲有利也。故天不生，地不养，君子不以为礼，鬼神弗飨（xiǎng）也。居山以鱼鳖为礼，居泽以鹿豕为礼，君子谓之不知礼。故必举其定国之数③，以为礼之大经。礼之大伦，以地广狭；礼之薄厚，与年之上下。是故年虽大杀，众不匡④惧，则上之制礼也节矣。

【注释】 ①本：根本，指基础原则。②文：指表现形式。③数：情形。④匡：与"恇"相通，恐惧的意思。

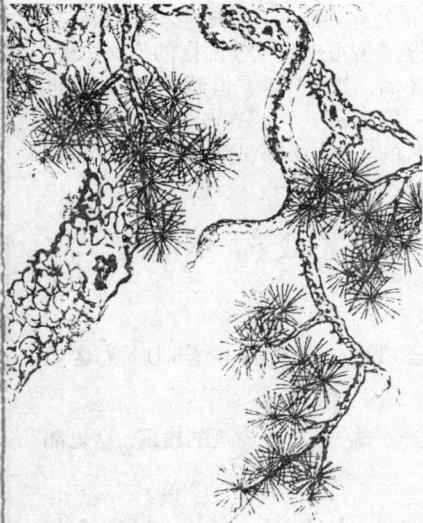

松

松树枝干挺拔，枝叶即使历经严寒也不凋零，因此常以之与君子相比。

【译文】先世王者所制订的礼，自有其精神基础和形式原则。忠信为礼之精神基础；义理，则是形式的原则。若没有精神基础，则礼不能成立；如果没有形式原则，则礼亦无从实行。再从礼的实质看来，它是合于天时，设于地财，顺于鬼神，合乎人心，管理万物的。只有如此，能因天时而生生不已，因地理而各适其所宜，因人体而各显其所能，因物宜而各其效用。所以，凡是天时所不生的，地上所不长的，君子则不用之以为礼，因为那样，也不为鬼神所欲享用的。例如居山的人用山上所不生长的鱼鳖为礼，或是住在水滨的人用水滨所不生长的鹿豕为礼，君子都以为"不知礼"。因此礼之原则，必须以其立国的情形为标准；礼之大体，要看其国土之大小而定；礼之厚薄，要看年成的好坏而定。因为有了这种原则，所以遇到十分凶损的年成，而群众也不用担心，因为他们相信在上者之制礼是有分寸的。

【原文】礼，时①为大，顺②次之，体③次之，宜④次之，称⑤次之。尧授舜，舜授禹；汤放桀，武王伐纣，时也。《诗》云："匪革其犹，聿追来孝。"天地之祭，宗庙之事，父子之道，君臣之义，伦也。社稷山川之事，鬼神之祭，体也。丧祭之用，宾客之交，义也。羔豚而祭，百官皆足；大牢而祭，不必有余，此之谓称也。

【注释】①时：合时。②顺：顺乎伦理。③体：对象。④宜：即"义"，行为规范。⑤称：相称、恰当。

【译文】制礼之要点，最重大者是据时代环境，其次是伦理分际，再其次是所祭的对象，再其次是行为意义，最后是恰当的配合。例如尧传位给舜，舜传位给禹，那是禅让的时代。殷汤赶走夏桀，周武王讨伐商纣，那是革命的时代。《诗经》之诗有言："并不是急切施展自己的谋略，而是为着追承前世的勋业来实践自己的孝心。"因此时代不同，而礼亦不同。至于天地之祭，宗庙之事，父子之道，君臣之义，就是有关尊敬天地祖先，其中合有尊卑长幼、父子君臣的伦理作用，是属于顺的。至于社稷山川以及众鬼神的祭祀，由于其对象不同，祭也异等，但要各得其体。再如丧事和祭祀的开支，宾客交际的费用，各有其相当的意义，这是属于'义'的。再如小至一羔一豚的祭祀，而参与执事的人所分享的不至于落空；大到三牲的祭祀，亦不见得有多余，这是恰当的分配。

【原文】诸侯以龟为宝，以圭为瑞；家不宝①龟，不藏圭，不台门②，言有称也。

【注释】①宝：意动用法，把……当作宝贝。②台门：天子、诸侯宫门外所建的楼观。这里用作动词。

【译文】再如诸侯有宝龟、有瑞圭，而大夫们则不能有宝龟、瑞圭，以及宫观的建筑，这也都是适合身份的。

【原文】礼有以多为贵者：天子七庙，诸侯五，大夫三，士一。天子之豆①二十有六，诸公十有六，诸侯十有二，上大夫八，下大夫六。诸侯七介②七牢③，大夫五介五牢。天子之席五重，诸侯之席三重，大夫再④重。

天子崩，七月而葬，五重八翣^⑤；诸侯五月而葬，三重六翣；大夫三月而葬；再重四翣。此以多为贵也。

【注释】①豆：古代一种盛放饭食的器皿，形状像高脚盘。②介：副官。③牢：饭食的规格。④再：两。⑤翣：与"刹"同音，遮盖棺材的装饰物，形状像扇子，用木头所做，外面罩着白布，上面画有图形。

【译文】礼的文理，一些以多为贵：例如天子的祖庙有七所，诸侯只有五所，大夫三所，士一所。又，天子饭食有二十六道菜，公爵十六，诸侯十二，上大夫八，下大夫六。又，诸侯出门，有七个副官先行传话，其招待来宾有七席荤菜。大夫只有五个副官五席荤菜。又，天子的坐席有五重，诸侯三，大夫两。又，天子崩，七月而葬，茵席、抗木各有五层，障扇有八重。诸侯五月而葬，三重六翣，大夫三月而葬，两重四翣。从这里，就知道礼有的是以多为贵。

【原文】有以少为贵者：天子无介，祭天特牲。天子适^①诸侯，诸侯膳以犊。诸侯相朝，灌^②用郁鬯^③，无笾豆^④之荐。大夫聘礼以脯醢^⑤。天子一食，诸侯再^⑥，大夫、士三，食力^⑦无数。大路^⑧繁缨一就^⑨，次路繁缨七就。圭璋特，琥璜爵。鬼神之祭单席。诸侯视朝，大夫特，士旅^⑩之。此以少为贵也。

【注释】①适：到……去。②灌：敬酒。③郁鬯：香酒。鬯，与"唱"同音。④笾豆：笾、豆都是盛放食物的器皿。笾，与"边"同音。⑤醢：与"海"同音，肉酱。⑥再：两。⑦食力：普通劳动者。⑧大路：即大辂，天子所乘坐的车子。⑨一就：一圈。⑩旅：跟随。

【译文】礼也有以少为贵的：诸侯出门有七介，而天子出门则不用一个副官。社稷之祭用三牲，但最大的郊祭却只用一牛。天子请诸侯有三牲，而诸侯请天子吃饭，也只用一条小犊。天子祭天不用郁鬯，但诸侯相朝聘，彼此互敬可用此酒，而不设脯醢等物，但是大夫相聘问，却有脯醢之设。又如，天子吃食，一饭告饱，诸侯两餐二饭，大夫、士则都是三饭；至于劳动者，则可以尽量地吃。又如，大车的马，只有一圈马缨为饰，其他用车，却有五圈至于七圈的马缨为饰。又如，晋见大人物所献的贵重玉器，如圭璋，全都单独捧出；至于次等的，如琥璜，则以爵为配。又如，天子之席五重，诸侯三重，但祭祀更尊贵的神却只使用一席。又如，诸侯临朝听政，大夫可以单独出席，而士人则须随众进退。诸如此类，又可见礼有的是以少为贵。

【原文】有以大为贵者：宫室之量，器皿之度，棺椁^①之厚，丘封^②之大，此以大为贵也。

【注释】①椁：与"果"同音。棺材外面所套的大棺材。②丘封：墓上所封的土。

【译文】礼有的以大为贵，例如：宫室的规模，器皿的尺寸，棺椁的厚度，坟墓的范围等等，都是越贵者越大。

【原文】有以小为贵者：宗庙之祭，贵者献以爵，贱者献以散^①；尊者举觯^②，卑者举角。五献之尊，门外缶^③，门内壶，君尊瓦瓯，此以小为贵也。

【注释】 ①散：一种酒器。②觯：与"治"同音，一种酒器。③缶：一种酒器。

【译文】 但是也有以小为贵的，例如：宗庙之祭，主人献尸则以小杯，而贱者为献(此礼不可考)则用大杯。尸入，举奠觯，也是小杯；尸酢主人，则用角，角是大杯。至于子男饮宴，最大的酒缶却置于门外，较大的酒壶则置于门内，而主客互酬却使用最小的酒壶。这些都是以小为贵。

【原文】 有以高为贵者：天子之堂九尺，诸侯七尺，大夫五尺，士三尺；天子诸侯台门^①。此以高为贵也。

有以下为贵者：至敬不坛^②，扫地而祭；天子诸侯之尊废禁，大夫、士棜禁^③。此以下为贵也。

【注释】 ①台门：天子、诸侯宫门外所建的楼观。②坛：这里用作动词，筑坛。③棜禁：棜、禁都是木头做成的放置酒器的桌子。棜，与"玉"同音，无足；禁，有足。

【译文】 又有以高为贵的，例如：天子堂高九尺，诸侯七尺，大夫五尺，士人只有三尺。又，天子宫门外有两观，又称阙；而诸侯门前只有个较低的门楼。这就显得越高越贵。

但又有以低为贵的，如祭天燔柴，却于坛下扫地而祭。又如，天子、诸侯的酒樽不用托盘，而大夫却用无足的托盘。上级比下级为低，这就显得以低为贵了。

【原文】 礼有以文^①为贵者：天子龙衮，诸侯黼^②，大夫黻^③，士玄衣纁^④裳。天子之冕朱绿藻，十有二旒^⑤，诸侯九，上大夫七，下大夫五，士三。此以文为贵也。

【注释】 ①文：华美。②黼：与"府"同音，古代礼服上所绣的黑白相间的花纹。③黻：古代礼服上所绣的青黑相间的花纹。④纁：浅红色。⑤旒：与"刘"同音，古代礼帽上前后悬垂的玉串。

【译文】 礼有以花纹为贵的，例如：天子礼服是彩绣的龙袍，诸侯则是黼衣，大夫则是黻衣，士人只有上玄下纁不加文绣的衣裳。又如，天子之冠，有朱绿五彩的组带，垂旒十二，诸侯只有九旒，上大夫七旒，下大夫五旒，士阶级只有三旒。这是文饰愈多者越贵。

【原文】 有以素为贵者：至敬无文^①，父党无容^②，大圭不琢，大羹不和^③，大路^④素而越席^⑤，牺尊^⑥疏布幂，椫^⑦杓^⑧。此以素为贵也。

【注释】 ①文：文采、文饰。②无容：指装模作样。③不和：指不加调料。④大路：即大辂。⑤越席：越地产的用蒲草编成的席子。⑥尊：与"樽"相通，酒杯。⑦椫：与"单"同音，白色纹理的树木。⑧杓：与"勺"同音，盥洗的用具。

【译文】但也有以素为贵的，例如：祭天的礼服用大裘而无文饰。又如，在父亲的身边，不须装模作样。又如，最大的圭不加雕琢，大祭的羹汤不须调味，祭车没雕刻而铺以草席，牺尊只有粗布覆盖，而勺子则用本色之木，这又显得愈素愈贵了。

【原文】孔子曰："礼不可不省也。礼，不同①、不丰②、不杀③。"此之谓也，盖言称④也。

【注释】①不同：不同场合有不同的礼仪，不能混同。②丰：过分。③杀：减少。④称：得体，相称。

【译文】孔子说："礼，不可不加以深长思考啊！礼文有不可混同的，不可以加的，不可以减的。"上述种种原则，为的则是求其相称。

【原文】礼之以多为贵者，以其外心者也。德发扬，诩①万物，大理物博。如此则得不以多为贵乎？故君子乐其发②也。礼之以少为贵者，以其内心者也。德产之致也精微，观天下之物，无可以称其德者。如此则得不以少为贵乎？是故君子慎其独也。古之圣人，内之为尊，外之为乐；少之为贵，多之为美。是故先王之制礼也，不可多也，不可寡也，唯其称也。

【注释】①诩：统治。②发：发扬。

【译文】礼之以多为贵者，都属于内心以外的形式。因为王者的德性发扬光大而普及于万物，则其所统治的事物亦极为广博。如同这样贵为天子富有四海的人，其行礼排场怎么能不以多为贵？所以君子喜欢发扬于外。相反，而以少为贵者，则是属于内心的敬意。由于天生万物，父祖生己身，故天下万物及己身所完成的功业，没有一件配得上他们的大德。像这样，对崇高伟大者致敬，又安能不以少为贵呢？外物既少，则只有一点虔敬之心，因此君子特别注意自己内心的敬意。古代圣人在内心为虔诚，在外面为欣悦，所以，少有少的可贵，多有多的好处。因此，先世王者之制礼，才有那不可以多、不可以少、但求其相称的原则。

【原文】是故君子大牢①而祭，谓之礼；匹士大牢而祭，谓之攘②。管仲镂簋③、朱纮④、山节、藻棁⑤，君子以为滥矣。晏平仲祀其先人，豚肩不掩豆，浣衣濯冠以朝，君子以为隘⑥矣。是故君子之行礼也，不可不慎也，众之纪也，纪散而众乱。孔子曰："'我战则

忠信济水

孔子重视忠信。他在济水边，看见一个人能够在汹涌的水中出没，叹问其缘故。那人说：只要心存忠信，就可以做到。孔子听后就对身边的弟子说：只要忠信，这样的水都可以通过，况人事乎？

克⑦，祭则受福。'盖得其道矣。"

【注释】①大牢：即"太牢"，牛、羊、猪全都有的祭品。②攘：偷窃。③簋：与"鬼"同音，古代盛放食物的圆形器皿。④纮：与"红"同音，系帽的带子。⑤梲：与"桌"同音，梁上的短柱。⑥隘：小气。⑦克：战胜。

【译文】因为凡礼皆须配合身份，因此君子用太牢，不嫌其丰，而称之为礼；反之，士如果亦用太牢来祭，那就是盗窃的行为了。先前，齐国的宰相管仲，使用雕镂精美的祭器，朱红色的冕组；房屋的梁柱上皆镂绘着山和水藻，几乎同天子、诸侯一样。尽管他有功于齐国，但有知识的人仍说他是太过分了。与此相反的，另一宰相晏平仲，他祭祀祖先，用的一块猪蹄膀，小到盖不满碗。每参加朝会，只穿一套洗濯过多少次的旧衣旧帽。尽管他有功于齐国，然而君子仍说他太小气了。所以，君子自己的行礼，不可以不多加考虑。因为礼是百姓生活的纪律，如果纪律散漫，则百姓的生活行为亦跟着紊乱了。孔子说："'我战则胜，祭则受福。'即因明白忠信的道理。"

【原文】 君子曰："祭祀不祈，不麾①蚤②，不乐葆大^{bǎo}③，不善嘉事，牲不及肥大，荐不美④多品。"

【注释】①麾：快。②蚤：与"早"相通。③葆大：提高祭品的规格，扩大祭祀的范围。葆，与"褒"相通。④美：赞成。

【译文】君子曰："祭祀的本意不在于祈祷福报，也不可随便提早举行，也不贪图高的大的，也不只顾喜事办得完善。祭牲不必等到肥大，进献的品味亦不一定多样就是好的。总而言之，一切皆须诚心求是，做得恰当。"

【原文】 孔子曰："臧文仲安知礼？夏父弗綦^{qí}①逆祀，而弗止也。燔柴于奥②。夫奥者，老妇之祭也，盛于盆，尊③于瓶。"

【注释】①夏父弗綦：人名。鲁文公时任宗伯，执掌宗庙祭祀之礼。②奥：灶神。③尊：与"樽"相通。

【译文】孔子说："臧文仲并非一个懂礼的人！当时夏父弗綦把闵公、僖公的神主位置颠倒了来祭，而他还不晓得去制止。而且在灶上举行了燔柴之祭，还不知道灶上所供的是老妇之神，祭时只须用盆来盛食品，用瓶作酒樽便够了。"

【原文】 礼也者，犹体①也。体不备，君子谓之不成人。设②之不当，犹不备也。礼有大，有小，有显，有微。大者不可损，小者不可益，显者不可掩，微者不可大也。故经礼三百，曲礼三千，其致一也，未有入室而不由户③者。

【注释】①体：人体。②设：安排。③户：门。

【译文】老实说来，所谓"礼"者，就像人体一样。如果人体不完具，君子称之为不成人形的人；而礼安排得不妥当，就和身体不完具的人一样。礼有全国共行的大礼，也有个人实行的小礼，有的仪式意义可以一目了然，有的不容易看出它的用意。然而大礼不可减，小礼也不可增，显著的不可掩盖，隐微的也不必揭出，必求相称，各合其分际。所以经礼三百，曲礼三千，二者虽大小多寡不同，但必以"忠信"为本，都是一样的。由忠信以行礼，正像入室必由门户。

【原文】君子之于礼也，有所竭情尽慎，致其敬而诚若①；有美而文而诚若。君子之于礼也，有直②而行也，有曲而杀也，有经③而等也，有顺而讨也，有摌④而播也，有推而进也，有放⑤而文⑥也。有放而不致也，有顺而摭⑦也。三代之礼，一也，民共由之。或素或青，夏造殷因。周坐尸，诏侑武方，其礼亦然，其道一也。夏立尸而卒祭，殷坐尸。周旅酬六尸。曾子曰："周礼其犹醵⑧与？"

【注释】①若：顺。②直：直率。③经：深思熟虑。④摌：删除。⑤放：仿效。⑥文：增加、增益。⑦摭：拾取。⑧醵：与"具"同音，凑钱喝酒。

【译文】君子之行礼必有忠信，因此竭情尽慎。致其敬爱，要有这种诚意；维持仪式，也要有这种诚意。以仪式来讲，君子之于礼，有直接出于感情的流露，有经过理智裁抑的表示，有以平等为常道的，亦有循序而递降过的，有取于上而广布于下的，有推理而始增进的，有由模仿而增益其文的，也有模仿不到的，有循序而摭取的等种种原则。夏殷周三个时代本质上是一样的，为人民所共同履行。或则以素为上或者以黑为上，各有所尚，夏代如此，殷代也如此。夏代祭礼，为尸者始终站至祭祀完毕。殷代的尸，则坐着。周代的尸坐着，听任主人随便告语和劝请饮食。但都为着竭情尽慎的道理。不过周代有旅酬六尸的仪式。曾子说："他们在太祖面前互相劝饮，就像大伙儿凑份钱在一块儿喝酒一样。"

【原文】君子曰：礼之近人情者，非其至者也。郊血，大飨腥，三献燗①，一献孰②。是故君子之于礼也，非作而致其情也，此有由始也。是故七介③以相见也，不然则已悫④；三辞三让而至，不然则已蹙⑤。故鲁人将有事于上帝，必先有事于颒宫；晋人将有事于河，必先有事于恶池⑥；齐人将有事于泰山，必先有事于配林⑦。三月系，七日戒，三日宿，慎之至也。故礼有摈⑧诏，乐有相步⑨，温之至也。

【注释】①燗：与"寻"同音，与"燖"同，本指用沸水去毛，这里用作名词，指用沸水去过毛的肉。②孰：与"熟"同。③介：副官。④悫：与"雀"同音，诚实、谨慎。⑤蹙：紧迫、窘迫。⑥恶池：与"乎驼"同音，即今滹沱河。⑦配林：泰山附近的小山。⑧摈：傧的假借字。⑨相步：扶助乐工的人。

【译文】君子认为：礼仪中与现在人情相近的内容，倒反而不是至上的礼。祭用生肉，祭社稷用半生不熟的肉，到了小祭祀才用熟肉。熟食是近人情的，但不足以致其最崇高的敬意。所以，君子之对于礼，不是单凭冲动便表示其敬意，他多少要依循传统的习惯行事。因此两国的国君相见面，必须有七个副官，一而再地传话，然后相见。要不然，就显得太鲁莽了。相见之时，彼此还要三请两邀，然后到府。要不然便觉得太匆促了。因此传统的习惯，鲁国人将要祭祀上帝，必先在郊外学校祭告后稷；晋国人将祭祀黄河，必先祭祀潭沱河；齐国之人将祭于泰山，必先在配林地方举行祭礼。凡是大的祭祀，必先养牲三个月，到了祭前七日便要开始半斋戒状态；进至祭前三日，还要摒除百念，使心理上有着祭祀的充分准备，然后举祭，这才是谨慎之至。行礼时必用司仪，举乐时必有扶导者，这才温厚从容到了极点。

【原文】礼也者，反本修古，不忘其初者也。故凶事不诏，朝事以乐；醴酒之用，玄酒①之尚；割刀之用，鸾刀之贵；莞簟②之安，而稿鞂③之设。是故先王之制礼也，必有主也，故可述④而多学也。

【注释】①玄酒：清水。②莞簟：与"观淀"同音，用莞草编的席子。③稿鞂：与"高皆"同音，稻草，麦秸。这里指用稻草编的席子。④述：陈述。

【译文】所谓礼，是要使人返回人的本心，追念远古，不忘自己的祖先。例如丧事之哭踊，不必用司仪；而朝廷聚会必举乐以凑合其欢情，这是反本而作的。又如，甜酒非常可口，而大祭却用水；利刀很适用，而主人杀牲却要用古刀；细软的席子很舒服，但祭时却用草垫，这些则都是为着循古而作的。由此看来，先世王者传下的礼文，里面都含有用意。因为凡事有其用意，故可加以复述而学习的。

【原文】君子曰："无节于内者，观物弗之察①矣；欲察物而不由礼，弗之得矣。"故作事不以礼，弗之敬矣；出言不以礼，弗之信矣。故曰："礼也者，物之致②也。"

【注释】①察：识。②致：准则。

【译文】古代哲人说："若心里先没有这种经验，则看到了东西亦不认识。要认识东西而不依循于礼，则其认识也不会是正确的。"因此不用礼而做事，便不会恭敬；不依礼来说话，则所说的亦未必是真话。因此说："礼是事物的准则。"

【原文】是故昔先王之制礼也，因其财物而致其义焉尔。故作大事必顺天时，为朝夕①必放②于日月。为高必因③丘陵，为下必因川泽。是故天时雨泽，君子达亹亹④焉。是故昔先王尚有德，尊有道，任有能，举贤而置之，聚众而誓之。是故因天事天，因地是地，因名山升中于天，因吉土以飨帝于郊。升中于天，而凤凰降，龟龙假⑤；飨帝于郊，而风雨节，寒暑时。是故圣人南面而立，而天下大治。

【注释】①朝夕：这里指天子春分时候的早晨祭日，秋分时候的傍晚祭月。②放：仿效。③因：按照。④亹亹：与"尾尾"同音，勤勉不倦的样子。⑤假：至。

【译文】为着礼是万事万物的准则，因此古代王者制礼，只不过根据现有的生活行为现象而赋以意义而已。因而举行礼拜，一定依照现有的天时季节；划分早晚必须根据太阳和月亮的运行；

筑高必凭借丘陵；掘地必凭河水湖泊的汇流情形。所以，关于天时雨泽，有知识的人莫不娓娓讲述。也因这缘故，古代王者，推崇有德之士，尊敬有知识的人，任用有才能的人，选举杰出的人才而安置以职位，又集合大众而明告以决心。这之外，所以又借天生之物以祭天，借名山，呈上金牒玉册而举行封禅，藉向阳的吉土以特牲郊祀天帝。升其玉册于天，来报告成功，于是凤凰下降，龟龙皆至。繶帝于郊，是祈请丰年，于是风调雨顺，寒暑得宜。唯圣人能顺天应人，所以只须南面而立，而天下也就太平了。

【原文】 天道至教，圣人至德。庙堂之上，罍①尊②在阼，牺③尊在西。庙堂之下，县鼓④在西，应鼓⑤在东。君在阼，夫人在房。大明生于东，月生于西。此阴阳之分，夫妇之位也。君西酌牺象，夫人东酌罍尊。礼交动乎上，乐交应乎下，和⑥之至也。

【注释】 ①罍：与"雷"同音，盛酒或水的器具。②尊：与"樽"相通，酒杯。③牺：牛角。④县鼓：大鼓。⑤应鼓：小鼓。⑥和：和谐。

【译文】 自然界显示着最高的法则来教人，圣人体会自然的法则而表现为最合理的行为。其表现于宗庙之中。庙堂之上，罍尊于东阶，牺尊陈设于西阶。庙堂之下大鼓在西，应鼓在东。国君站在东阶上，夫人站在东房中。有如太阳从东方升起，月亮见于西方。在天是阴阳之分，在人则是夫妇之位。到举祭时，国君由东边走向西边，在牺樽象樽中斟酒，夫人则在东边罍樽中斟酒；国君先献，夫人后献；堂上交互着行礼，而堂下亦应和着奏乐，这可说是和谐之极。

【原文】 礼也者，反其所自生①；乐也者，乐其所自成。是故先王之制礼也以节②事，修乐以道③志。故观其礼乐，而治乱可知也。蘧伯玉④曰："君子之人达。"故观其器而知其工之巧，观其发⑤而知其人之知⑥。故曰：君子慎其所以与人者。

【注释】 ①所自生：本源。②节：节制。③道：与"导"相通，引导。④蘧伯玉：人名，卫国的大夫。蘧，与"渠"同音。⑤发：表现。⑥知：与"智"相通。

【译文】 制礼要回溯到原来创礼的本意。作乐则是表达对礼教完成的喜悦。所以，先王之制礼，是用以复验前事，修乐，则用以疏导人情。因为二者皆有其来历，所以观察其礼乐，便可以知其为治或乱了。贤人蘧伯玉曾经说过："君子都很明达。"他们只要观察那物，便能判定制作工夫的

委任贤相

古代的贤王，能够任用有才能的人。后世有所作为的帝王也有相同的观点。唐玄宗初即位时，委任姚元之为相，并能够让他发挥才干。

丑次同车

蘧伯玉很贤能，与孔子的关系很好，孔子在卫国时，曾寄居在他家里。一次，卫灵公和夫人同车出游，让孔子坐在后面的车上。孔子很不高兴地说："吾未见好德如好色者也。"于是离开卫国。

精巧；观察其表现，便能洞晓其人的智慧。所以，有修养的人莫不谨慎其所做给人看的礼乐。

【原文】大庙之内敬矣！君亲牵牲，大夫赞币①而从。君亲制祭，夫人荐盎。君亲割牲，夫人荐酒。卿大夫从君，命妇②从夫人，洞洞③乎其敬也，属属④乎其忠也，勿勿⑤乎其欲其飨之也。纳牲诏于庭，血毛诏于室，羹定诏于堂。

三诏皆不同位，盖道求而未之得也。设祭于堂，为祊⑥乎外。故曰："于彼乎？于此乎？"

【注释】①赞币：帮助君主执币帛。②命妇：卿大夫的夫人。③洞洞：虔诚的样子。④属属：专心的样子。⑤勿勿：勤勉的样子。⑥祊：与"崩"同音，古代宗庙门内设祭的地方。

【译文】大庙里真是竭情尽慎了！例如主人亲自牵着祭牛，进至庭中，而大夫帮着捧制币告神；到了杀牲之后，主人又亲手捧着毛血供祭于室中，而夫人献酒；到了荐腥过后，主人亲自宰割牲体，以汤煮得半熟，供在堂上，夫人又献酒。在这行礼过程之中，卿大夫随伴着主人，而国之命妇则伴随着主妇，大家虔诚并且殷勤地一献再献，就像看到祖先们在享用祭品似的。开初，牵牲进来时，在庭中告神；接着供奉毛血时，又在室中告神；后来又进煮熟的牲，再在堂上告神。三次在三个地方告神，仿佛还没有找到神之所在。因此把祭品供在堂中，又在大门外行了祊祭，所以说："神在这边还是在那边呢？"

【原文】一献质①，三献文②，五献察③，七献神④。

【注释】①质：质朴。②文：有文饰。③察：细致完备。④神：尊敬。

【译文】一献之礼还比较质朴粗略；增为三献，就显得更加文饰了；至于五献，即更清楚了；到了七献，那等于敬之如神了。

【原文】大飨其王事与？三牲鱼腊①，四海九州之美味也；笾豆之荐，四时之和气也。内②金，示和也；束帛加璧，尊德也。龟为前列，先知也；金次之，见③情也。丹漆丝纩④竹箭，与众共财也。其余无常货，各以其国之所有，则致远物也。其出也，《肆夏》而送之，盖重礼也。

【注释】①腊：与"西"同音，干肉。②内：与"纳"相通，诸侯献钟于祖庙叫做"纳金"。③见：与"现"相通。④纩：与"矿"同音，丝绵絮。

【译文】在太祖庙中举行大飨，大概只有天子才能做到吧？因而祭用的三牲鱼腊，四海九州的美味，没有不具备的。笾、豆中所献者，则为四时和气所生的食物。各国诸侯来到，则鸣动钟鼓迎之入庙，表示大家合作的意思。诸侯入庙，捧着制币，外加玉璧，献于祭堂之上，表示其崇敬恩德。在堂下则陈列着各地进贡的物品，宝龟列在前，因它能预知吉凶。其次是荆扬二州的矿产，以示其诚和。其次是丹砂、油漆、蚕丝、棉絮、竹箭等等日常用的东西，表示天子与众共有这些财物。至于遥远的属国，贡品没有一定，要看他们出产的情形，这是显示招致远物的意思。到了祭祀完毕，又奏起《肆夏》的乐章以送别各地的诸侯，则是增加其礼节。

【原文】祀帝于郊，敬之至也；宗庙之祭，仁之至也；丧礼，忠之至也；备服器，仁之至也；宾客之用币①，义之至也。故君子欲观仁义之道，礼其本也。

【注释】①宾客之用币：宾主之间互相赠送礼物。

【译文】天子亲自祭祀上帝于南郊，这是极度虔敬的事。宗庙之祭，包括全族，是推恩最广的事。丧礼哀痛迫切，是尽情尽意的事。送死人用"明器"，却不以生人实物殉葬，则是仁慈至极的事。朝聘所以用币帛，多寡有度，是为合理的事。所以，君子要观察什么叫做仁义，礼就可以作为根据。

【原文】君子曰："甘①爱和，白受采；忠信之人，可以学礼。苟无忠信之人，则礼不虚道②。是以得其人之为贵也。"孔子曰："诵诗三百，不足以一献。一献之礼，不足以大飨。大飨之礼，不足以大旅③。大旅具矣，不足以飨帝。毋轻议礼。"

【注释】①甘：无味。②虚道：凭空而行。③大旅：因事临时祭天。

【译文】君子说："甘味可调和五味，白色可用来绘上五色；忠信之人可以学习礼制。如果是没有忠信的人，则礼制没有不虚作假道的。所以忠信之人难能可贵。"孔子说："纵使能诵读《诗三百》，但却未必能承担一献之礼。懂得了一献之礼，却还不足以承担大飨之礼。懂得了大飨之礼，却还不足以承担大旅之礼。懂得了大旅之礼，却还不足以祭祀上帝。所以切不可轻率地议论礼。"

【原文】子路为季氏宰。季氏祭，逮暗①而祭，日不足，继之以烛。虽有强力之容②，肃敬之心，皆倦怠矣。有司跛以临祭，其为不敬大矣！他日祭，子路与。室事③交乎户，堂事交乎阶。质明而始行事，晏朝而退。孔

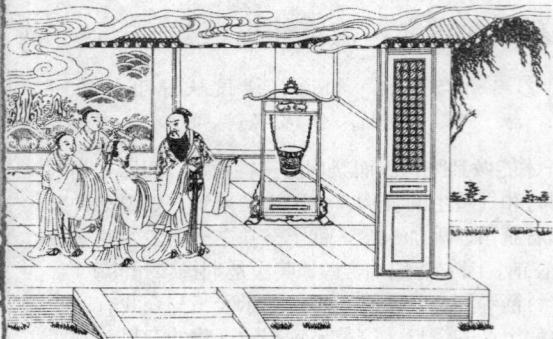

观器论道

子路是孔子的弟子，他在季孙氏家担任总管，参与祭事时很遵守礼仪，受到了孔子的表扬。此图所述是孔子在鲁桓公庙内见到欹器说："欹器空时是斜的，装一半水就正，水满就翻。"于是叹息道："没有什么东西能满而不覆的。"子路问保持满而不覆的办法，孔子说："把水舀出来一些。"

么礼都行过了。后来，孔子听见这回事，便称赞说："谁说子路不懂得礼呀？"

子闻之曰："谁谓由④也而不知礼乎？"

【注释】①逮暗：天没有大亮。②强力之容：强壮的体力。③室事：指在室内举行祭祀。④由：子路的名字。

【译文】子路是鲁国大夫季孙氏家里的总管。季孙氏举行庙祭，都是天没亮就开始，进行了一整日没有祭完，夜里还要点烛继续。尽管有强壮的体力，虔诚的精神，但到那时亦要疲惫不堪了。所以，许多执事的人们都拖着腿，东倒西歪地来应付那些仪式，实在是太不像样了！还有一次，子路参与祭事。在室内举行正祭时，他们叫人把室外应办的祭品都准备好了，至户，交与室内的人端着去献尸；到了举行"傧尸"时也照样由堂下的人在台阶上交与堂上的人，送去招待那尸的。从天亮开始，到了傍晚就什

学 记

【原文】发虑①宪②，求善良，足以谀闻③，不足以动众④。就贤体远⑤，足以动众，未足以化民。君子如欲化民成⑥俗，其必由学乎！

【注释】①虑：思考之意。②宪：原则。③谀闻：谀，与"小"同音。小有名气。④动众：使听者为之感动。⑤就贤体远：就、体都是亲近、靠近之意。⑥成：养成、习得之意。

【译文】多思考问题，广求善良，只能达到稍有声誉，还不足以感动群众。亲自就教于贤者，体察疏远之士的内心，虽能感动群众，但还不足以教化人民。君子如果志在教化人民，造成良好的风俗，一定要从教育入手。

【原文】玉不琢，不成器；人不学，不知道。是故古之王者建国君①民，教学为先。《兑命》②曰："念终③始典于学。"其此之谓乎！

【注释】①君：动词，统治之意。②《兑命》：《尚书》中的一篇。兑，与"悦"同。③念终：心里一直惦记的意思。

【译文】宝玉的质地虽美好，但不加琢磨，则不会成为器皿。人虽为万物之灵，若不学习，不会通晓道理。所以古代王者建设国家，治理人民，以兴办教育作为首要任务。《尚书·兑命》说："由始至终，要经常想着学习。"讲的就是这个意思。

【原文】虽有嘉肴①，弗食不知其旨②也；虽有至道③，弗学不知其善也。故学然后知不足，教然后知困④。知不足，然后能自反⑤也；知困，然后能自强⑥也。故曰：教学相长也。《兑命》曰："学学半⑦"。其此之谓乎！

【注释】①肴：指有骨头的肉。②旨：指食物的味道。③至道：最有说服力的理论。④困：迷惑不解的意思。⑤自反：自省。⑥强：自己鼓励自己。⑦学学半：教育别人，能学习一半。

【译文】虽然有美味好菜摆在那里，不亲口尝一尝，就不能知道它的味美；虽然有最好的道理，不去学习，就不能知道其中奥妙。所以深入学习之后才知道自己的贫乏，教书育人之后才知道自己多有困惑。知道自己知识不足，随后才能自我反省；知道自己多有困惑，然后才能自我奋勉。所以说："教和学相互发生作用，教育别人，也能增长自己的学问。"《尚书·兑命》说："教育别人，能收到学习一半的效果。"就是这个意思。

【原文】古之教者，家有塾①，党有庠②，术有序③，国有学④。比年⑤入学，中年⑥考校。一年视离经⑦辨志，三年视敬业乐群，五年视博习亲师，七年视论学取友，谓之小成⑧；九年知类通达，强立而不反，谓之大成⑨。

夫然后足以化民易俗，近者说⑩服，而远者怀之，此大学之道也，《记》⑪曰："蛾子⑫时术⑬之。"其此之谓乎。

【注释】 ①家有塾：家、二十五户人家的合称，即"闾"。家有塾，就指的是这二十五户人家共有的学校。②党有庠：党，古代五百户称为党。庠，在党中开办的学校。③术有序：术，与"遂"同，一万二千五百家称为遂。序，在遂中开办的学校。④国有学：国，都城。学，真正的大学堂。⑤比年：每年。⑥中年：隔一年。⑦离经：将经书中的句子逐一断开。⑧小成：取得很小的成绩。⑨大成：取得辉煌的成绩。⑩说：与"悦"同。⑪《记》：古人编写的记录言行世事的书。⑫蛾子：蚂蚁。⑬术：学习本领。

习学书数

自古以来，我国就形成了一整套的教育机构，包括塾、庠、序、学等，这些机构的成立，对于教育的发展和社会的进步起了非常重大的作用。

【译文】 古代教学之处，二十五家之中有"塾"，一党(古时五百家为党)中有"庠"，一遂(一万二千五百家为遂)中有"序"，一国中有"学"(国子学)。年年都有新生入学，隔一年举行一次考试。入学一年后考经文的句读，辨别经文主旨何在；第三年考查学生是否专心致力于学业，是否爱好与同学朋友探讨学问，切磋琢磨；第五年考查学生是否广学博览、亲敬师长；第七年考查学生在学术上的见解以及择友的眼光，这时候叫做"小成"；第九年考查学生是否知识渊博通达，触类旁通，临事心明不惑，不违背师训，这叫做"大成"。这时才能够教化人民，移风易俗，附近的人都心悦诚服，远方的人都前来归附。这是大学教育的途径。古书《礼记》说："蚂蚁时时学习衔泥，然后能成大垤(大的蚁封)。"就是这个意思。

【原文】 大学始教，皮弁①祭菜②，示敬道也；《宵雅》肄三③，官④其始也。入学鼓箧⑤，孙⑥其业也。夏、楚⑦二物，收其威也⑧。未卜禘⑨，不视学，游其志也。时观而弗语，存其心⑩也。幼者听而弗问，学不躐⑪等也。此七者，教之大伦⑫也。《记》曰："凡学，官先事，士先志⑬。"其此之谓乎。

【注释】 ①皮弁：穿上正式场合穿着的礼服。②菜：祭祀所用的菜。③《宵雅》肄三：《宵雅》，指的是《诗经》中的《小雅》。肄，完成学习任务的意思。三，《鹿鸣》、《四牡》、《皇皇者华》三首《小雅》中的诗。④官：做官的礼数。⑤鼓箧：鼓，以击鼓的方式来把学生召集起来。箧，与"窃"同音，指书箱。⑥孙：与"逊"同，恭恭敬敬。⑦夏、楚：夏，与"甲"同音。夏、楚，都指的是体罚学生用的木条。⑧收其威也：收，适当地克制。威，行为举止。⑨禘：祭祀活动。⑩存其心：在心里翻来覆去的思考。⑪躐：超过之意。⑫大伦：天下之礼，大道理。⑬官先事，士先志：官，指当官。事：处理事务。士：做士人。志：胸中有远大的抱负。

【译文】大学开学时，士子穿着礼服，以祭菜祭祀先圣先师，表示尊敬道术。学习诗歌《诗经·小雅》中《鹿鸣》、《四牡》、《皇皇者华》三篇，是要以莅官事上的道理去引导学生；先击鼓召集，随后打开书箱，是要他们对学业恭顺；苦茶和荆条用以警戒学生，整顿威仪。先前，天子不去学校视察，是要使学生得有悠闲以发展志向；教师常常观察学生，但到必要时才加以指导，是要使学生主动、自觉地思考。年幼的学生，只听讲而不乱发问，则因学习须循序渐进，不能逾越。这七项，是教学的大道理。古书《记》说："大凡学习，如果学做官，就先教他与职务有关的事情；要做学者，先教他坚定志向。"就是这个意思。

【原文】大学之教也，时。教必有正业，退息必有居学①。不学操缦②，不能安弦③；不学博依④，不能安诗；不学杂服⑤，不能安礼；不兴⑥其艺⑦，不能乐学。故君子之于学也，藏焉、修焉、息焉、游⑧焉。夫然，故安其学而亲其师，乐其友而信其道。是以虽离师辅⑨而不反。《兑命》曰："敬孙务时敏⑩，厥修乃来。"其此之谓乎。

【注释】①居学：休息时在家中学习。②操缦：练习弹奏乐器。③安弦：精通音律。④博依：各类的比喻。⑤杂服：各种风格的服饰。⑥兴：重视。⑦艺：各种各样的本领和技能。⑧游：休闲之意。⑨辅：朋友之意。⑩敬孙务时敏：孙：与"逊"同，谦逊。务：一定的意思。

【译文】大学顺着时序而施教。施教都一定有正常科目，学生课余及休假时，都有课外研究。学习的方法，如果不学《操》（琴瑟曲名）《缦》（《引》）这些小调子，指法不熟，弹琴就弹不好；学不通博，不能运用比喻，诗就作不好；不学洒扫应对，行礼就行不好；不兴革技艺，就不能激发学习兴趣。因此君子对于学习，要藏之于心，表现于外，甚至休息或游乐时，都念念不忘。这样，才能潜心学习，亲敬师长，和同学相处欢洽而信奉真理。所以即使离开师长和朋友，也不会违背道义。《尚书·兑命》说："恭肃谦逊，奋勉不息，进修之益，如水之源源而来。"讲的就是这个意思。

杏坛礼乐

早在春秋时期，大教育家孔子就提出了"因材施教"、"有教无类"的学说。教学如果不考虑学生自身的状况，只是一味的灌输，没有收到任何效果，又有何用？所谓教与学相长也，为人师者所不可不注意！此图所画是孔子与弟子们在杏坛叙《书》、传《礼》、删《诗》、正《乐》、赞《易》，所以，杏坛成为孔子万世立教的第一圣地。

【原文】今之教者，呻①其占毕②，多其讯言③，及于数进而不顾其安④，使人不由其诚，教人不尽其材。其施之也悖⑤，其求之也佛。夫然，故隐其学而疾其师⑥，苦其难而不知其益也。虽终其业，其去⑦之必速。教之不刑⑧，其此之由乎！

【注释】①呻：朗读之意。②占毕：占，与"苦"同。占毕，都是竹简之意，这里代指课本。③多其讯言：讯言，教诲、教导之意。多其讯言，指的是不停地传授知识。④及于数进而不顾其安：及，着急之意。数，与"速"同，迅速之意。安，接受，理解。⑤悖：违背。⑥隐其学而疾其师：隐，厌倦之意。疾，埋怨之意。⑦去：忘记所学的东西。⑧刑：学业有成之意。

【译文】现在的教育者，手持书本，且吟且视，重在口授，心无所得，故意找些难题考问学生，又多讲些名物制度，让人不懂。但求多教，不考虑学生是否学会，教学既无诚意，又不考虑学生的才性高低及其学习能力如何。施教违反情理，要求也乖戾不通人情。这样，使得学生厌恶学习，厌恶师长，只觉学习很苦很困难，而不知究竟得到什么好处。虽然勉强读完了书本，但很快便忘得一干二净。教育之所以不能成功，其原因正在这里啊！

【原文】大学之法，禁于未发之谓豫①，当其可之谓时②，不陵节③而施之谓孙④，相观而善⑤之谓摩⑥。此四者，教之所由兴也。

【注释】①豫：与"预"同，防止之意。②当其可之谓时：可，适当的时候。时，及时之意。③陵节：超出极限之意。④孙：与"逊"同，符合规律之意。⑤善：取其长处。⑥摩：观摩之意。

【译文】大学进行教育的方法，问题还没有发生就给以防范，叫做预防；在适当的时候学习，叫做适时；不超过学生的接受能力而进行教育，叫做合乎顺序；相互观摩学习，吸取对方的长处，叫做观摩。这四点，就是教育成功的原因。

【原文】发然后禁，则扞格而不胜①；时过然后学，则勤苦而难成；杂施而不孙，则坏乱而不修；独学而无友，则孤陋而寡闻；燕朋②逆其师，燕辟③废其学。此六者，教之所由废也。

【注释】①扞格而不胜：扞，与"汗"同音。扞格，相互抵触。胜，取得良好的教育效果。②燕朋：和品行不好的朋友在一起。③燕辟：和不正经的朋友谈论做坏事。

【译文】坏习惯已经养成，就产生抵触情绪，而不容易接受教育；适当的学习时期过了才去学，即使勤奋刻苦，也难有成就；杂乱地进行教育而不合乎顺序，只能陷入混乱的境地而不可收拾；不跟同学在一起切磋研讨，便会落得学识浅薄，见闻不广；结交品德不好的朋友，就会违反师长的教诲；与坏朋友谈不正经的事，就会荒废学业。这六项是导致教育失败的原因。

【原文】君子既知教之所由兴，又知教之所由废，然后可以为人师也。故君子之教喻①也，道而弗牵②，强而弗抑③，开而弗达④。道而弗牵则和，强而弗抑则易，开而弗达则思。和易以思，可谓善喻矣。

【注释】①喻：通过诱导的方式来启发。②道而弗牵：道，与"导"同，指导、引导之意。牵，生硬地拖拽。③强而弗抑：强：与"抢"同音，鼓励之意。抑，约束、强压之意。④开而弗达：开，开导，启迪。达，开朗、明晰。

【译文】君子知道了教育振兴的根由，又知道了教育衰落的原因，方可为人师表。所以君子的教育重在启发晓谕；善于引导而不强迫；对待学生刚正严肃，而不抑制其个性的发展；适当启发，而不将结论和盘托出。善于引导而不强迫，让学生感到师长和悦可亲；教师刚正严肃而不抑制，则学生能够自由发展；适当启发而不说尽，能使学生思而得之，从而养成思考的习惯。使学生感到态度温和可亲又能主动思考，这才称得上善于晓谕了。

【原文】学者有四失，教者必知之。人之学也，或失则多，或失则寡，或失则易，或失则止。此四者，心之莫同也。知其心，然后能救其失也。教也者，长①善而救其失者也。善歌者使人继其声，善教者使人继其志。其言也约而达，微而臧②，罕譬而喻，可谓继志矣。

【注释】①长：促进、激励之意。②微而臧：微，含蓄、简约之意。臧，到位、明确之意。

【译文】学习的人经常有四种过失，教育者一定要清楚地知道。这四种过失是：或者贪多务得，不求甚解；或者偏爱某一科目而所知太少；或把学习看得太容易而不肯深入思考；或者遇到困难就停止不进。这四种缺点，是因为学习的人的心理素质各有不同。教育者必先了解其心理，然后才能加以补救，而使之自觉改正。教育的目的，从根本上来说，就是发展学生的优点而补救其过失。擅长唱歌的人，能使人沉醉在歌声中而神游于美妙的境界；善于教学的人，能使人继承他的志向而求得成功。教师的语言简洁而通达，含蓄而精当，少用比喻也容易明了，可说是善于使人继承其志向了。

【原文】君了知至学①之难易，而知其美恶②，然后能博喻③；能博喻然后能为师；能为师然后能为长；能为长然后能为君。故师也者，所以学为君也。是故择师不可不慎也。《记》曰："三王四代④唯其师。"此之谓乎？

【注释】①至学：向别人请教之意。②美恶：先天禀赋的高低优劣。③博喻：采用多种教学方法。④三王四代：三王，夏禹、商汤、周文王和周武王，是历史上的三王。四代：是说虞、夏、商、周四个朝代。

【译文】君子了解求学的深浅次第，各人品性材质的不同，然后因材施教，采取多种教学方法。能做到这一点，才能做老师；能做老师，才能做官长；能做官长，才能做国君(国君即一国之师)。因此学做老师，就是学做国君。所以选择老师不可不审慎。古书《礼记》说："禹夏商周四代，对老师的选择都很慎重，认为师道立则天下治。"说的就是这个道理吧！

【原文】凡学之道，严师为难，师严①然后道尊，道尊然后民知敬学②。是故君之所不臣于其臣③者二：当其为尸④则弗臣也，当其为师则弗臣也。大学之礼，虽诏⑤于天子，无北面。所以尊师也。

【注释】①严：尊重之意。②敬学：尊重知识之意。③不臣于其臣：第一个臣是动词，是指用对待下属的礼节行事。④尸：祭祀时的祭主。⑤诏：前来学习的意思。

【译文】为学最能做到的就是尊敬老师。老师受到尊敬，然后真理才受到尊重；真理受到尊重，然后人民才懂得尊重知识，严肃地对待学习。因此君主不以对待属下的态度对待臣子的情形有两种：其一是在祭祀中，臣子做尸的时候；其二是做君主老师的时候。大学规定的礼法，天子入大学听课，讲授的臣下无需北面居臣位，这就是为了表示尊敬老师。

【原文】善学者，师逸而功倍①，又从而庸②之；不善学者，师勤而功半，又从而怨之。善问者，如攻③坚木，先其易者，后其节目④，及其久也，相说⑤以解；不善问者反此。善待问者如撞钟，叩之以小者则小鸣，叩之以大者则大鸣，待其从容，然后尽其声；不善答问者反此。此皆进学之道也。

【注释】①师逸而功倍：逸，轻松教学，不费工夫。功，学习效果。②庸：成效、功劳。③攻：修整、砍伐木材。④节目：指的是难处理的地方。节，本指树的枝干相连的地方。目，纹理混乱之处。⑤说：与"悦"同，轻松的意思。

【译文】善于学习的人，使老师轻松而学习效果反而加倍，学生得力于老师的启发，都归功于老师。不擅长学习的人，老师虽严加督促，效果却只得一半，学生都埋怨老师教导无方。善于发问的人，像砍伐坚硬的木头，先从纹理较顺的部位开始，而后及于硬节，功夫到了，木头自然脱落分解。不善于发问的人，方法刚好相反。擅长发问的有如撞钟，轻轻敲钟声较小，用力敲打，钟声则大；撞钟又须从容而有节奏，钟声才会余韵悠扬。不善于发问的人则与此相反。这都是学有进益的方法。

教子务学

教子务学

一个良好的家庭和环境，对于孩子的成长极其重要，他们在无形中受到了良好的教育，所谓"蓬生麻中，不扶而直；白沙在涅，与之俱黑"。

【原文】记问①之学，不足以为人师，必也其听语②乎。力不能问，然后语之；语之而不知，虽舍之可也。

【注释】①记问：凭借良好的记忆力来学习。②听语：认真听学生提出的问题并给予回答。

【译文】学问没根底，缺乏独到见解的人，就没有资格做老师。一定要因势利导。当老师的一定要根据学生的问题加以解答。学生心里有疑难，向老师提问，老师才加以指点。老师指点后，学生仍然不明白，只好暂时放弃指导，以待将来。

【原文】良冶之子必学为裘①；良弓之子必学为箕②；始驾马者③反之，车在马前④。

君了察于此三者，可以有志于学矣。

【注释】①良冶之子必学为裘：冶，锻造金属器具的匠人。为裘，缝制皮衣。②良弓之子必学为箕：弓，制造弓箭的匠人。为箕，制作簸箕。③始驾马者：刚刚开始驾小马车的人。④车在马前：刚开始不习惯，车在前，马在后。习惯了就调换位置，开始真正的驾车。

【译文】好的铁匠的儿子，必定能补缀皮衣。好的弓匠的儿子，能制作簸箕。刚学驾车的小马都先拴在车后，使车在它前面。君子观察这三件事，就可立定学习的志向了。

【原文】古之学者，比物丑类①。鼓无当于五声②，五声弗得不和；水无当于五色③，五色弗得不章；学无当于五官④，五官弗得不治；师无当于五服⑤，五服弗得不亲。

【注释】①比物丑类：同类事物相互的比较，做到举一反三。丑，比较之意。②鼓无当于五声：当，"相当于"的意思。五声，指古代的宫、商、角、徵、羽五大音阶。③五色：指的是青、黄、赤、白、黑五种基本的颜色。④五官：指人的耳、目、口、鼻、心五种器官。⑤五服：依照血缘关系的远近分成的斩衰、齐衰、大功、小功、缌麻五种丧服。

【译文】古之学者，能够比较事物的异同而汇为一类。例如，鼓的声音并不相当于五音之任何一种音，但是五音迭奏，没有鼓声调节就不够和谐悦耳。又如，水的颜色并不相当于五色之任何一种，然而五色的配合没有水为之调匀就难以鲜明。对于学者，并不相当于官署的任何一种官职，然而任何一种官职，没有经过学习的人就不能胜任。再如，老师不是人伦关系中的任何一种亲属，但任何亲属倘没有教师的教诲也就不懂得人伦关系了。

【原文】君了曰："大德不官，大道不器，大信①不约，大时②不齐。"察此四者，可以有志于学矣。三王之祭川也，皆先河而后海，或源也，或委③也。此之谓务本④。

【注释】①大信：最大的诚信。②大时：永恒的天地。③委：海是众河的汇集之处。④本：根本之意。

【译文】君子说："具有最伟大的德行的人，不专门担任某一种官职；最伟大的道理，不局限于一种事物；最大的诚信，不必见之于盟誓；恒久的天地，也不是全属暑天或全是冬季。"仔细观察体会这四种道理，就能有信心专注于务本了。夏商周三代王者之祭祀河川，都是先祭河而后祭海。河是水源所由来，海是河水汇聚处，先本而后末。这就叫务本。

冠　义

【原文】凡人之所以为人者，礼义也。礼义之始，在于正容体、齐颜色、顺辞令。容体正①、颜色齐②、辞令顺③，而后礼义备，以正君臣、亲父子、和长幼。君臣正、父子亲、长幼和，而后礼义立。故冠而后服备，服备而后容体正、颜色齐、辞令顺。故曰：冠者，礼之始也。是故古者圣王重冠④。

【注释】①容体正：指容貌体态端正。②颜色齐：表情、神态得当。③辞令顺：言辞和顺。④重冠：重视冠礼。

【译文】人之所以成为人，归根到底，是因为有礼义作规范。实行礼义的基本要求，在于一言一行都要遵依礼法，态度端庄，言辞谦恭。举动合乎礼法，态度端庄，言辞谦恭，之后礼义才算齐备。用这些要求来约束，以期使君臣各安其位，父子相亲，长幼和睦。君臣各安其位，父子都能相亲，长幼都能和睦，然后礼义的基础才算建立好。所以男子到二十岁，戴上标志成人的帽子，然后服装才算齐备；服装完备了，然后能够行动合乎礼法，态度端庄，言辞谦恭。所以说：冠礼，是男子成人之礼的开端。因此古代圣王都非常重视冠礼。

【原文】古者冠礼筮日^{shì}①筮宾②，所以敬冠事，敬冠事所以重礼。重礼，所以为国本也。故冠于阼③，以著代④也。醮于客位，三加弥尊，加有成也。已冠而字之⑤，成人之道也。见于母，母拜之；见于兄弟，兄弟拜之；成人而与为礼也。玄冠玄端⑥奠挚于君，遂以挚见于乡大夫、乡先生，以成人见也。成人之者，将责成人礼焉也。责成人礼焉者，将责为人子、为人弟、为人臣、为人少者之礼行焉。将责四者之行于人，其礼可不重与！

【注释】①筮日：通过占卜确定日期。②筮宾：通过占卜确定为子弟加冠的人员。③阼：指阼阶。④著代：指父子世世代代相传。⑤字之：指为冠者取字。⑥玄冠玄端：指头戴玄色的冠，身穿玄色的衣服。

做帽子

古代男子到了二十岁时，便已经是成人了，举行冠礼，戴上帽子，故谓"二十弱冠"。而每到这一时候，家中便给他准备相关的帽子和服饰，以迎接这一重要的仪式。

【译文】古时行冠礼，选择日子和主持人，都要占卜一下，看看是否吉利，这是用来显示重视加冠的事；重视加冠的事，是用来显示重视礼法；重视礼法，则是立国的大本。在主人之阶(东阶)之上加冠，是表明被加冠者是传宗接代的人；又要请他在客位上，向他敬酒，是说他已到成人的时候了。加冠三次，所加的冠一次比一次贵重，是鼓励他成人之后当努力奋进，显亲扬名；加冠之后，称呼他的别号而不叫名，是以成人的道理来对待。加冠之后，见了母亲，拜母亲，母亲要答拜；见了兄弟，兄弟要再拜，因为他已成人，大家应当向他行礼。穿戴起黑色的冠及朝服去见国君，将礼物放在地上，表示不敢直接交给国君，又带了礼物去拜访乡中有官位的人及已退休的官员，都表示自己已有成人的身份。所谓造就他成为一个大人，则是要求他在加冠之后时时都能行成人之礼。所谓要求他能行成人之礼，就是要求他具有做人子、做人弟、做人臣、做人后辈的合乎礼的德行。这样严格要求一个成年男子具有这四种合乎礼的品行，对冠礼能不隆重吗？

【原文】故孝弟忠顺之行立①，而后可以为人；可以为人，而后可以治人也，故圣王重礼。故曰：冠者，礼之始也，嘉事②之重者也。是故古者重冠。重冠，故行之于庙③。行之于庙者，所以尊重事。尊重事而不敢擅重事。不敢擅重事，所以自卑而尊先祖也。

【注释】①行立：德行确立。②嘉事：指嘉礼。古代冠礼、婚礼、燕飨之礼、射礼等都属于嘉礼。③行之于庙：冠礼的重要仪式都在父庙举行。

【译文】为人子能孝，为人弟能悌，为人臣能忠，为人后辈能顺，之后才可以自立做人；能做人，才能管制别人。所以圣明的先王都特别重视冠礼。所以说：冠礼，是成人之礼的开端，是嘉礼中最重要的一项。因此古代很重视冠礼，因为重视它，所以要在祖宗庙里举行；在祖宗庙里举行，是表示尊崇嘉事；尊崇嘉事，便不敢专擅；不敢专擅嘉事，是用以表示辈份低下，要尊敬祖先。

昏　义

【原文】昏礼者，将合二姓之好，上以事宗庙①，而下以继后世也，故君子重之。是以昏礼纳采、问名、纳吉、纳征、请期②，皆主人筵几于庙③，而拜迎于门外，入，揖让而升，听命于庙，所以敬慎重正昏礼也。

【注释】①事宗庙：指传宗接代以事奉宗庙。②纳采、问名、纳吉、纳征、请期：这是婚礼亲迎之前所当进行的五道手续；再加上亲迎，合称为"六礼"。③筵几于庙：女方的父母在庙中摆设宴席。

【译文】婚礼，是准备结合两姓间的欢好。对上来说，要传宗接代以事奉宗庙，对下来说，要生儿育女以接续后世，所以君子都十分重视它。因此，婚嫁之礼都非常隆重，纳采、问名、纳吉、纳征、请期五礼之日，男方的使者来时，女方的父母要先在庙中摆设宴席，然后行迎亲礼——亲自出门拜迎，入了庙门，彼此揖让而登堂，在庙堂两楹，倾听使者所传达的男方的言辞。这一切，都是力求使婚礼敬谨隆重而光明正大。

【原文】父亲醮子①^{jiào}而命之迎，男先于女也。子承命以迎，主人筵几于庙，而拜迎于门外。婿执雁②入，揖让升堂，再拜奠雁，盖亲受之于父母③也。降，出御妇车，而婿受绥^{suí}，御轮三周。先俟于门外，妇至，婿揖妇以入，共牢而食④，合卺^{jǐn}而酳^{yìn}⑤，所以合体、同尊卑，以亲之也。敬慎重正而后亲之，礼之大体，而所以成男女之别，而立夫妇之义也。男女有别，而后夫妇有义；夫妇有义，而后父子有亲；父子有亲，而后君臣有正。故曰：昏礼者，礼之本也。夫礼始于冠，本于昏，重于丧祭，尊于朝聘，和于乡射，此礼之大体也。

婚礼仪式

汉郑玄说："《昏义》者，以其记娶妻之义，内教之所由成也。"可见，《昏义》一篇，乃借家庭婚礼的仪式来达到一种社会教化的目的，它与天子所主持的外教相辅相成，共同承担了国家治理和稳定社会的职责。

【注释】①醮子：指在儿子前往迎亲前，父亲亲自为儿子敬酒。②执雁：指男子见女子所拿的东西。即男子初次见女子的见面礼。③父母：指女方的父母。④共牢而食：指他们共同食用一种食物。⑤合卺而醋：男子和女子共用一个酒杯饮酒。

【译文】父亲亲自向儿子敬酒，嘱咐他迎娶新娘，这表示男方居先，而女方在后。儿子接受父命去迎亲，女方的父母在庙里摆了酒席，在门外拜迎女婿。女婿捧着雁进入庙里，彼此揖让登堂，再拜，行奠雁之礼，这是亲受于父母之命。然后走下堂，出来把新娘坐的车驾好，然后把车上的引手绳交给新娘，帮助她上车。驾着车走，车轮转动三圈，就交给车夫驾驭。自己坐上新郎的车走在前头，先在门外等候，新娘到达，新郎向新娘作揖，请她入内。吃饭时，新郎新娘共用一种食物，同用一个酒杯饮酒，这样做，是用来表示二位一体，彼此相爱而无贵贱之分。经过庄重而又光明盛大的婚礼才去亲爱她，是礼的重要原则，同时形成了男女间的分限，建立起夫妻间正当的道义。男女间有了分别，夫妻间才有正义；夫妻间有了正义，然后父子才能亲爱；父子间有了亲爱，然后君臣能各就其位。所以说：婚礼，是礼的基本环节。冠礼是礼的开始，婚礼是礼的基本环节，丧祭很重要，朝聘很尊贵，又和于乡射，这是礼的大概。

梳妆图

古代女子成婚之后，一般在第三天，必须拜见公婆及亲戚长辈，俗称"出厅"。这天一大早，她们起身，进行一番梳妆打扮，然后带着礼物前去拜见。以后是否能够获得公婆的喜欢和认可，第一次见面至关重要。所以，在这一天，无论是在容貌还是举止上，都会尽量表现得合乎礼节，给人留下一个好的印象。

【原文】夙兴，妇沐浴以俟见①。质明，赞见妇于舅姑②，妇执笲枣、栗、段脩③以见。赞醴妇，妇祭脯醢，祭醴，成妇礼也。舅姑入室，妇以特豚馈④，明妇顺也。厥明，舅姑共飨妇以一献之礼，奠酬⑤。舅姑先降自西阶，妇降自阼阶，以著代也。成妇礼，明妇顺，又申之以著代，所以重责妇顺焉也。妇顺者，顺于舅姑，和于室人；而后当于夫，以成丝麻布帛之事，以审守委积盖藏。是故妇顺备而后内和理，内和理而后家可长久也。故圣王重之。

【注释】①俟见：等待进见男子的父母亲。②舅姑：与今天的意思不同。古代指自己的公公婆婆。③段脩：用香料腌的干肉。④豚馈：敬奉、馈赠一只小猪。⑤奠酬：指新娘给婆婆进献的酬酒。

【译文】清晨起床，新娘梳洗装束，等待进见；天明时，引导行礼的妇人带着新娘去见公公婆婆，新娘拿着装满枣和栗子的竹篮，拜见公公，拿着用香料腌的干肉拜见婆婆，引导行礼的妇人代公公婆婆以甜酒赐给新娘，新娘在席上祭肉酱及祭酒之后，便完成了做媳妇的礼。公公婆婆回到寝室，新娘敬奉一只小猪，表明做媳妇的孝敬。第二天，公公婆婆共同以"一献之礼"(公公献而婆婆酢)赐媳妇以酒，公公婆婆受媳妇的回敬，但不必与她共饮。饮罢，公公婆婆先由西阶下去，新娘由主阶下去，这是表明新娘已有接替婆婆作一家主妇的资格了。完成媳妇的礼，表明做媳妇的孝顺，又重复表示她可掌掌主妇之职，这样隆重地待之以礼，是要她实行做媳妇的孝顺。所谓媳妇的孝顺，就是要顺从公公婆婆的意旨，并与妯娌及大姑小姑和睦相处，这样才适合于丈夫。

又以经理丝麻布帛的事，保管家中储蓄的财产。因此媳妇孝敬，然后家庭才能和谐安定，内部和谐安定，然后这个家才会长久兴旺。所以圣王十分重视媳妇的孝顺。

【原文】 是以古者妇人先嫁三月，祖庙未毁，教于公宫①；祖庙既毁，教于宗室；教以妇德、妇言、妇容、妇功②。教成祭之，牲用鱼，芼之以蘋藻③，所以成妇顺也。

【注释】 ①教于公宫：在宗子的祠堂接受婚前教育。②妇功：指教给新娘怎样打理家政。③芼之以蘋藻：用蘋藻菜做的羹汤。

【译文】 古代女子在出嫁前三个月，若她的高祖庙未迁，就在宗子的祠堂接受婚前教育；如果高祖庙已迁，就在支祠中接受婚前教育，教她有关妇人贞顺之道，言词的应对，化妆及家政等等。学成之后，祭告于祖先。祭时用鱼作祭牲，用蘋藻菜作羹汤。用这些阴柔的东西的目的，是用来促使妇人柔顺的德行。

【原文】 古者天子后立六宫、三夫人、九嫔、二十七世妇、八十一御妻①，以听天下之内治，以明章妇顺，故天下内和而家理。天子立六官、三公、九卿、二十七大夫、八十一元士，以听天下之外治，以明章天下之男教，故外和而国治。故曰：天子听男教，后听女顺；天子理阳道，后治阴德；天子听外治，后听内职。教顺成俗，外内和顺，国家理治，此之谓盛德。

【注释】 ①御妻：宫中职位较低的女官人。

【译文】 古代天子，在皇宫以下设六宫、三夫人、九嫔、二十七世妇(宫中女官)、八十一御妻，以执掌治理天下内部，以表彰推广妇女贞顺的美德，所以能使内部和睦而各个家庭安定。天子在冢宰以下设六官、三公、九卿、二十七大夫、八十一元士，以掌握治理天下外部，以表彰推广天下臣民政教的功绩，所以外部和谐而国家安定。因此说，天子掌管臣民的政教，皇后掌管妇女的敬顺；天子整理刚阳的大道，皇后治理阴柔的德行；天子掌管外部的治理，皇后掌管内部的职责。推行柔顺成了风俗，外部内部都和顺，国与家都循礼而入正轨，这就叫做盛德。

鲁之母师

王后，在古代，是一个特殊的职位。她既要相夫教子，又要以身作则，统率六宫，还要辅佐皇帝，母仪天下，为天下妇女起到一个表率作用。而鲁之母师就是这样的一个典范，《列女传》赞之曰："九子之母，诚知礼经，谒归还反，不揆人情，德行既备，卒蒙其荣，鲁君贤之，号以尊名。"

【原文】 是故男教不修，阳事不得，适①见于天，日为之食；妇顺不修，阴事不得，适见于天，月为之食。是故日食则天子素服，而修六宫之

职，荡^②天下之阳事；月食则后素服，而修六宫之职，荡天下之阴事。故天子之与后，犹日之与月，阴之与阳，相须而后成者也。天子修男教，父道也；后修女顺，母道也。故曰：天子之与后，犹父之与母也。故为天王服斩衰，服父之义也；为后服资^③衰，服母之义也。

【注释】①适：谴责，责罚。②荡：清除，涤荡。③资：与"齐"字相通。

【译文】因此，不重视修治政教，违背了阳道，上天将出现谴责的征兆，而有日蚀；不重视修治妇女的柔顺品德，违背了阴柔之道，上天也会出现谴责的征兆，而有月蚀。因此遇到日蚀，天子就穿起纯白的素服，考核整顿六官(天地四时之官)的职务，以清除整理天下的阳事；遇到月蚀，皇后就穿起纯白的素服，考核整顿六宫的职务，以清除整理天下的阴事。所以天子与后，就像日与月，阴与阳，互相影响才能存在。天子修治臣民的政教，犹如父亲管教儿子，是父道；皇后修治妇女的贞顺，犹如母亲教育女儿，是母道。所以说，天子与后，就好像父亲与母亲。所以如果天子死了，他的臣子为他穿"斩衰"的丧服三年，这与为父亲穿丧服的意义相同；后死了，臣下为她穿"齐衰"的丧服，此则和为母亲穿丧服的意义相同。

聘　义

　　【原文】聘礼，上公七介①，侯伯五介，子男三介，所以明贵贱也。介绍而传命，君子于其所尊弗敢质②，敬之至也。三让而后传命，三让而后入庙门，三揖而后至阶，三让而后升，所以致尊让也。

　　【注释】①介：数量词。②质：怠慢。

　　【译文】举行聘问之礼时，上公用七个为宾主传话的介，侯伯用五个介，子男只用三个介，用介数量的多少是用来分别贵贱的。使介一个接一个地传达聘君的话，而宾主不明讲，因为君子不敢对所尊重的人有所怠慢，这是最尊敬的表示。宾推让三次然后传命，推让三次然后入庙门，揖拜三次然后走至阶前，又推让三次后上阶，是极尊敬谦让的表示。

　　【原文】君使士迎于竟①，大夫郊劳②。君亲拜迎于大门之内而庙受③，北面拜贶^{kuàng}，拜君命之辱，所以致敬也。敬让也者，君子之所以相接也。故诸侯相接以敬让，则不相侵陵④。

　　【注释】①竟：边境地方。②劳：慰问。③庙受：在庙中接受使者所传的来意。④侵陵：侵略欺凌。

　　【译文】主君使士在边境迎接宾，又使大夫在郊外慰劳他们。宾到达后，主君亲自在大门迎接，然后在庙中接受使者所传的来意，面朝北而拜受使者带来的礼物，又拜谢使者的主君特遣他们前来的盛意。这些都是用来表示谦让的。敬与让，是君子交往的方法。所以诸侯之间彼此以敬让交往，就不会互相侵略欺凌了。

　　【原文】卿为上摈，大夫为承摈，士为绍摈。君亲礼宾①、宾私面②、私觌^{dí}③、致饔饩^{yōng xì}④、还圭璋、贿赠、飧食燕，所以明宾客君臣之义也。

　　【注释】①君亲礼宾：主君亲自执甜酒以敬宾。②宾私面：宾客以个人身份私自会见主国的卿大夫。③私觌：以个人身份私自进见主国之君。④致饔饩：向人致送熟肉和生牲。

　　【译文】接待宾时，用卿为上摈，用大夫为承摈（承上摈），士为绍摈。行聘结束，主君亲自执甜酒以敬宾。宾则以个人身份会见主国的卿大夫，以个人身份进见主国之君。主君又使卿往宾馆致送熟肉和生牲，不但退还宾所执以为信物的玉器，同时用一束纺绸赠给宾。主君又以飧礼、食礼及燕礼接待宾。这些都是用以表明宾与主、君与臣之间的道义的。

　　【原文】故天子制诸侯，比年小聘，三年大聘，相厉①以礼。使者聘而误，主君弗亲飧食也，所以愧厉之也。诸侯相厉以礼，则外不相侵，内不相陵。此天子之所以养诸侯，兵不用而诸侯自为正之具②也。

【注释】 ①相厉：相互勉励。②正之具：自相匡正的工具。

【译文】所以天子对诸侯订有制度：诸侯每年要使大夫互行小聘，三年使卿互行大聘，目的是要使他们之间以礼互相勉励。如果使者来聘问时，礼节有差误，主君就不亲自对使者行飨食之礼，这样做，是要使来聘问的人感到惭愧，而自知勉励改正。诸侯间若能以礼互相劝勉，就不会侵略欺凌别国了。这聘礼，就是天子用来教养诸侯，不须动武，而诸侯都自相匡正的工具。

【原文】 **以圭璋聘，重礼也；已聘而还圭璋，此轻财而重礼之义也。诸侯相厉以轻财重礼，则民作让①矣。主国待客，出入三积，饩客于舍，五牢之具陈于内，米三十车，禾三十车，刍薪倍禾，皆陈于外，乘禽日五双，群介皆有饩牢②，壹食再飨，燕与时赐无数，所以厚重礼也。古之用财者，不能均如此，然而用财如此其厚者，言尽之于礼也。尽之于礼，则内君臣不相陵，而外不相侵。故天子制之，而诸侯务焉尔。**

【注释】 ①作让：作，兴起；让，谦让。作让，指兴起谦让之风。②饩牢：生牲，指生食。

【译文】用圭璋这样珍贵的物品作聘，是重礼的表示；已聘之后，主君将圭璋归还给宾，是表示轻视财物而重视礼的意思。诸侯间能以轻财重礼的道理互相鼓励，他们的人民就会兴起谦让的风尚了。做主人的国家，对待客人，无论入境出境，都将刍米之类的物品致送三次，致送熟肉和生牲至客人所住的馆舍，将五牢摆在宾馆大门之内，另供三十车米，以供给其徒卒，三十车禾，刍薪粮草则又加倍，以供给马，这些都陈列在宾馆的门外。又每日送鹅鸭禽类五对。一般作陪客的都有生牲。在朝廷上举行食礼一次，飨礼两次。而在寝宫举行燕礼，以及赏赐时新食物，就没有一定的次数了，这都是由于尊重聘礼的缘故。古时使用财物，并非事事都这样丰厚，但聘礼的用财，则绝不吝惜，这是为了极尽于礼义。能够极尽于礼义，然后在国内不会有君臣相欺凌，在国外不会有诸侯相侵伐的事发生。所以天子创立这种礼制，而诸侯都乐于致力于此。

【原文】 **聘射之礼，至①大礼也。质②明而始行事，日几中而后礼成，非强有力者弗能行也。故强有力者，将以行礼也。酒清③，人渴而不敢饮也；肉干，人饥而不敢食也；日莫人倦、齐庄正齐④，而不敢解惰，以成礼节，以正君臣，以亲父子，以和长幼。此众人之所难，而君子行之，故谓之有行。有行之谓有义，有义之谓勇敢。故所贵于勇敢者，贵其能以立义也；所贵于立义者，贵其有行也；所贵于有行者，贵其行礼也。故所贵于勇敢者，贵其敢行礼义也。故勇敢强有力者，天下无事则用之于礼义，天下有事则用之于战胜。用之于战胜则无敌，用之于礼义则顺治。外无敌，内顺治，此之谓盛德。故圣王之贵勇敢强有力如此也。勇敢强有力而不用之于礼义、战胜，而用之于争斗，则谓之乱人。刑罚行于国，所诛者乱人也。**

如此，则民顺治而国安也。

【注释】①至：最，特别。②质：到了。③酒清：酒已清冷。④齐庄正齐：容貌肃庄，班列整齐。

【译文】聘礼和射礼，是最隆重的礼节。天一亮就开始行礼，差不多到中午才完成，若不是坚强有力的人便做不到。因此凡是坚强有力的人，都应该行此二礼。酒已清冷了，人们虽都口渴却不敢饮；佐酒的肉干已切好，人们虽都饥饿却不敢吃；时至黄昏，人们困倦，但仍容貌肃庄，班列整齐，不敢有所懈惰。大家齐心共同完成这礼节，用以使臣君正位，父子相亲，长幼和睦。这是普通人所难行的，而君子独能行之，所以称君子为有行，有行就是有义，有义就是果敢。故果敢之所以可贵，就贵在能树立正义；树立正义之可贵，就贵在其有行；有行之可贵，则贵在其能行礼。故果敢之所以可贵，乃贵在其能够果敢地实行礼义。所以勇敢坚强有力者，当天下太平之时，则用于礼义方面；当天下有事之时，则用于战争而克敌制胜。能用于战争而克敌制胜，则将无敌于天下，用之于礼义，则天下亦必和平顺治，到了外无敌人敢来侵犯，国内和平顺治，这就叫做大德。所以圣明的先王高度重视勇敢坚强有力。倘若勇敢坚强有力，不用在礼义战胜方面，而用在争斗逞强方面，那就叫做作乱的人。国家制定刑罚而行于全国，所要依法诛杀的正是这种作乱的人。这样，人民就顺从治理，而国家也得以安定了。

【原文】子贡问于孔子曰："敢问君子贵玉而贱珉^{mín}者何也？为玉之寡而珉之多与？"孔子曰："非为珉之多，故贱之也；玉之寡，故贵之也；夫昔者，君子比德于玉①焉。温润而泽，仁也；缜密以栗②，知也；廉而不刿③，义也；垂④之如队，礼也；叩之其声清越以长，其终诎然⑤，乐也；瑕不掩瑜，瑜不掩瑕，忠也；孚尹旁达⑥，信也；气如白虹，天也；精神见于山川，地也；圭璋特达⑦，德也。天下莫不贵者，道也。《诗》云：'言念君子，温其如玉。'故君子贵之也。"

【注释】①比德于玉：有德行的人的美德可与玉相比。②栗：结实。③廉而不刿：方正有棱角而于物无伤。④垂：比喻意，用来指君子的谦抑善下。⑤诎然：没有任何声响。⑥孚尹旁达：色彩外露，而不遮隐。⑦圭璋特达：圭璋十分贵重，进献时不需要借助他物的包装，而是直接奉献上去。

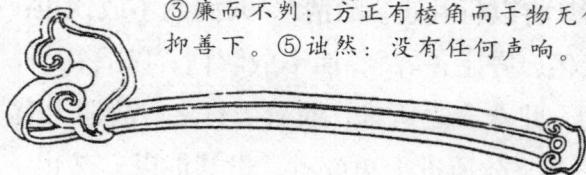

玉如意

玉乃石之美者也。在古代，君子经常以玉自比，所谓"古之君子必佩玉，右徵角，左宫羽……在车则闻鸾和之声，行则鸣佩玉。"（《礼记·玉藻》)）逐渐地，玉便成了一种道德修养和文化品位的象征。以玉作为原料的器物名目繁多，玉如意就是其中之一。

【译文】子贡向孔子问道："为什么有德行的人都看重玉而轻视似玉非玉的珉石呢？是由于玉少而珉石多的缘故吗？"孔子说：并不是由于珉石多所以鄙贱它，玉石少所以宝贵它。而是因为以前有德行的人，每将玉与美德相比。君子认为玉有很多美质，如说玉温和柔润而又莹泽，像德行中的仁；细致精密而又坚实，像德行中的智；方正有棱角而于物无伤，像德行中的义；玉的体重垂而下坠，谦抑善下，像君子谦卑守礼；敲击而发出清脆悠扬而情韵悠长的声音，当终止的时候，绝无余音。玉的疵点掩盖不了固有的光泽，玉的光泽也掩盖不了它的瑕疵，如德行中的忠，绝无隐情，善恶尽露毫无掩饰。玉色似竹上的青色，光彩外发，而通达四旁，如德行中的信，发自内心。玉的光彩，如天上太阳的白光一样，因而又有如天无所不覆之美；玉蕴藏于地下，它的精英神气表现于山川之间，英气之中有蕴蓄而形之于外，因此它又有地无所不载之美。朝聘时，聘礼都是以玉制的圭璋为信物，而不以币帛为重，是由于玉有似人之德的特出于众之美。天下都以玉为贵重，有如天下都尊重真理一样，所以玉又如真理般光辉可贵。《诗经·秦风·小戎》云：'真想念那可爱的人，他温柔可亲，就像玉一般。'因为玉有许多美质，所以有德行的人都十分宝爱它。"

丧服四制

【原文】 凡礼之大体①，体天地，法四时②，则阴阳，顺人情，故谓之礼。訾③之者，是不知礼之所由生也。夫礼，吉凶异道④，不得相干⑤，取之阴阳也。丧有四制⑥，变而从宜，取之四时也。有恩、有理、有节、有权，取之人情也。恩者，仁也；理者，义也；节者，礼也；权者，知也。仁义礼知，人道具矣。

【注释】 ①大体：大的原则。②四时：指春、夏、秋、冬四季。③訾：诋毁。④异道：指衣服、容貌、器物等都不相同。⑤相干：相互干扰。⑥四制：四个原则。

【译文】 总括礼的重要原则，即是本于天地自然，取法春夏秋冬四季，仿效贯穿物质和人事的对立统一的阴阳变化，而顺应人类的情感，所以叫做礼。一些人诋毁礼，这是因为他们不知道礼是怎样产生的。说到礼，吉礼和凶礼各有不同的理制，二者不相干涉，这是取适于天地间一阴一阳的道理。丧服有四种原则，它的运用则从宜而变，其实是取适于季节的更替。其中蕴有感情，而兼有理性、节限及运用之便，则是取适于人们的心理。感情出于仁，理性出于义，节限出于礼，而方便出于智。仁义礼智，是人类特有的良知良能。有此智能，君子的德行就完备了。

【原文】 其恩厚者，其服重，故为父斩衰三年，以①恩制②者也。门内之治，恩掩义；门外之治，义断恩。资③于事父以事君，而敬同。贵贵尊尊④，义之大者也，故为君亦斩衰三年，以义制者也。

【注释】 ①以：依据。②制：原则。③资：办理、操办。④尊尊：第一个尊为动词，尊敬、敬重的意思。第二个尊为名词，即尊长、年长的人。

【译文】 对于情义深厚的人，为他服丧自然也特别重。因此为父母之死必服斩衰，丧期三年，这是依感情而制定的。只要是亲属丧事的安排，都是感情重于理性的。至于社会关系，则要以理性支配感情。如同用对待父亲之礼来对待有功于群体的尊贵者，敬爱也完全一样。遵循礼节而敬爱长上，这是出于纯理性的行为。所以，古代国君之丧，而臣下也为他服斩衰三年，这礼节就是依理性而制定的。

【原文】 三日而食，三月而沐①，期②而练③，毁不灭性，不以死伤生也。丧不过三年，苴衰④不补，坟墓不培⑤。祥之日，鼓素琴，告民有终也，以节制者也。资于事父以事母，而爱同。天无二日，土无二王，国无二君，家无二尊，以一治之也。故父在，为母齐衰期者，见⑥无二尊也。

【注释】 ①沐：不同于现在的沐浴，古代指洗头。②期：一年之后。③练：练冠，即改穿小祥之祭以后的孝服。④苴衰：粗劣的麻衣。⑤培：培土，指加土。古代不修坟墓，一旦落成，便不再加土。⑥见：体现。

【译文】服丧三天才能喝粥，三个月才能洗一次头，周年之后，改穿小祥之祭以后的孝服。虽极哀痛瘦弱，但不自残生命，不能为亲人之死而毁伤自己的身体。丧期最长也只跨到三年为止，粗劣的麻衣坏了不必修补，亲人的坟墓，葬后不可培土加高；到了大祥的日子，可以弹素琴。这都是告知人们哀伤也有限度，用礼所规定的限度来节制人的感情。……如同以侍奉父亲的态度侍奉母亲，而敬爱之情也同样。但天上无二日，地上无二王，一国不能有两个国君，一家之中也不能有两个主人，这是以主脑独一来齐家治国的。因此父亲未死，而母亲先死，则降服齐衰，丧期一年，就体现了"家无二尊"的礼制。

【原文】杖者何也？爵^①也。三日授子杖，五日授大夫杖，七日授士杖。或曰儋主^②（dān），或曰辅病^③。妇人、童子不杖，不能病也。百官备，百物具，不言而事行者，扶^④而起；言而后事行者，杖^⑤而起；身自执事而后行者，面垢而已。秃者不髽^⑥（zhuā），伛者不袒（tǎn），跛者不踊^⑦，老病不止酒肉。凡此八者，以权制者也。

【注释】①爵：有爵的人必须是有德之人，有德才能为父母哀痛以致病得很重，所以允许给他手杖让他撑扶病重的身体。②儋主：指去世之人的嫡子。嫡子无爵、无德，但因为他是嫡子，是主丧的人，所以尊他而给他手杖，以供他拜送宾客之用。③辅病：指嫡子以外的其他的儿子。虽然他们并不是丧主，但是他们也会为父母哀痛以致生病，所以也给他们手杖以扶病。④扶：需要别人搀扶而起。⑤杖：用手杖撑扶。⑥髽：指女子裹头发的头巾。⑦踊：顿足，拜下跪。

【译文】丧杖有什么作用呢？它是用来表示丧主的爵位的。王侯的嫡子，第三日授杖，大夫，第五日授杖，士，第七日授杖。又有一说：孝棒是用以承担丧主的病体，也可以说是扶持病体的。由于妇女和儿童不能哀伤致病，因此也就不用孝棒。各种执事人等都齐全，需要的物品都齐备，可以不吩咐而事事都有人代办，这样身份的人居丧，必须由人扶持而起。次之，事事都得自己发话，才有人去做，这样身份的人，就得用丧杖扶持着起来。再次之，凡百丧事都得自己筹办，这样的人，就用不着丧杖，只是不洗脸、不刮胡子以表现其衰容罢了。还有，秃头的妇人不必去掉裹头发的巾，驼背的人不去掉衣露出上身，跛足的人哭而不顿足，老人病人不须停止酒肉等食物。像这八种特殊的规定，都是权宜的礼制。

【原文】始^①死，三日不怠^②；三月，期悲哀，三年忧，恩之杀^③也。圣人因杀以制节，此丧之所以三年。贤者不得过，不肖者不得不及，此丧之中庸也，王者之所常行^④也。《书》曰"高宗谅暗^⑤，三年不言^⑥。"善之也。王者莫不行此礼，何以独善之也？曰：高宗者，武丁；武丁者，殷之贤王也，继世即位，而慈良于丧。当此之时，殷衰而复兴，礼废而复起，故善^⑦之。善之，故载之《书》中而高^⑧之，故谓之"高宗"。三年之丧，君不言，《书》云："高宗谅暗，三年不言"，此之谓也。然而曰"言不文^⑨"

者，谓臣下也。

【注释】①始：指刚刚。②三日不怠：三日痛哭不绝声。③杀：慢慢减退。④常行：这里指通常实行的制度。⑤谅暗：是高宗守丧期间居住的破旧的房子。⑥不言：不发布任何政令。⑦善：赞扬。⑧高：尊崇。⑨言不文：指说话不加修饰。

【译文】亲人刚死，三日内哭泣不停，三月内仍时时哭奠，周年之后则祭奠时举哀，到了三年，只抱忧在心。这是人心随着时间的推移而平复，感情也随之递减。圣人即根据这种人情的变化规律而制定相应的礼节，服丧以三年为极限，纵是贤者也不得超过此限，而不肖的人也不能不做到这程度为止，这是丧礼的中庸道理，只要是王者都坚持这样做。《尚书·兑命》篇记有"殷高宗守丧住倚庐，居丧三年都不和朝臣谈话"的事，那是称赞他的，可见只要是王者都行此礼。如果有人问："为什么唯独称赞他呢？"则可以说，高宗就是武丁，武丁是殷代最好的王，他即位时，特为追慕先人的感情而守丧。那个时候，殷国已经衰微，因他而恢复强盛；礼教已经废弛，因他而重振起来，所以称赞他。因为称赞他，所以记载在《尚书》里以示对他的尊崇，所以称他为高宗。前面说过不言而事行者为王侯，就是《尚书》所载"高宗守丧住倚庐，三年都不和朝臣谈话"的意思。可是《孝经》又说："孝子之丧亲，言不文。"是指臣下之人而说的。

【原文】礼：斩衰之丧，唯①而不对；齐衰之丧，对②而不言；大功之丧，言而不议；缌、小功之丧，议而不及乐。父母之丧，衰、冠绳缨③，菅屦，三日而食粥，三月而沐，期十三月而练冠，三年而祥。比终兹④三节⑤者，仁者可以观其爱焉，知者可以观其理焉，强者可以观其志焉。礼以治之，义以正之。孝子、弟弟、贞妇，皆可得而察焉。

【注释】①唯：唯唯，指小声地回应声。②对：应答。这里指回答别人的提问。③衰、冠绳缨：穿丧服，戴丧冠，用绳做系丧冠的缨。④兹：这。⑤三节：三个过程。即，从初丧到洗头，从洗头到练冠，从练冠到三年期满这三个过程。

【译文】礼书说：服斩衰之丧的人，只做"唯唯"的声音而不说话；服齐衰之丧者，虽可答应别人的提问，但自己不主动和人说话。大功之丧，虽可说话，但不与人议论。至于小功之丧，虽可议论，但不说有关享乐的事。父母的丧事，要披麻戴孝，三日之后才开始喝稀饭，三个月之后才洗头，十三个月满周年，才换上小祥丧服，满了二年才开始恢复日常生活。做完了这三个节次，仁者可从中见其爱心，智者可从中见其理性，强者可从中见其意志力。用礼数来约束行为，又以礼数所含有的意义来指导其行为是否合礼。一个人是不是真孝子，好后辈、正经妇女，都可以从这上面看出来。

春秋左传

隐公（元年～十一年）

元年经

春，王正月。

三月，公及邾仪父盟于蔑。

夏，五月，郑伯克段于鄢。

秋，七月，天王使宰咺来归惠公、仲子之赗。

九月，及宋人盟于宿。

冬，十有二月，祭伯来。

公子益师卒。

元年传

【原文】 惠公元妃①孟子。孟子卒，继室②以声子，生隐公③。宋④武公生仲子，仲子生而有文在其手，曰"为鲁夫人"，故仲子归于我⑤。生桓公而惠公薨⑥，是以隐公立而奉⑦之。

【注释】 ①惠公：鲁惠公，春秋鲁国国君，名弗皇，在位四十六年。鲁：周国名，姬姓，侯爵，文王第四子周公旦所封，今自山东滋阳东南，及江苏沛县、安徽泗州等皆其地。元妃：诸侯第一次所娶的正室夫人。②继室：续娶。③隐公：鲁惠公之子，鲁桓公之兄。④宋：周国名，子姓，公爵，出自商王帝乙长庶子启，今河南商丘以东、江苏铜山以西皆其地。⑤归于：嫁给。我：这里指鲁国。⑥薨：诸侯死称为"薨"。⑦奉：辅佐。

【译文】 鲁惠公的元配夫人叫孟子。孟子死后，续娶了声子，生下隐公。宋武公生有仲子，仲子一生下来就有文字在她手上，说"当鲁国夫人"，所以仲子也嫁给我们鲁君做正室，生下桓公，鲁惠公就去世了，所以隐公立桓公为太子而自己辅佐朝政。

【原文】 元年，春，王周正月。不书即位，摄①也。三月，公及邾仪父盟于蔑②，邾子克也。未王命，故不书爵。曰"仪父"，贵③之也。公摄位而欲求好于邾，故为蔑之盟。夏，四月，费伯帅师城郎④。不书⑤，非公命也。

【注释】 ①摄：代理，这里指代理国政。②邾：周国名，曹姓，子爵，颛顼之后，

武王时始受封、初本附庸，春秋时进爵为子，亦称邾娄，后又改曰邹，灭于楚，今山东邹县东南二十六里有邾城。邾仪父：即邾子克，邾国国君。盟：会盟。蔑：即姑蔑，春秋鲁地，在今山东泗水县东、鲁国卞县南有姑蔑城。③贵：尊重，重视。④城：用作动词，意为筑城、修筑城墙。郎：春秋鲁邑，古名郁郎亭，今曰郁郎村，在今山东鱼台县东北八十里，接滕县界，在滕县西。⑤书：记载，记录。

【译文】元年春，周历正月，《春秋》没有记载隐公即位，这是因为他只是代理国政。三月，隐公和邾仪父在蔑会见，邾仪父就是邾子克。由于邾仪父还没有受周朝正式册封，所以《春秋》没有记载他的爵位，称他为"仪父"，是因为尊重他。隐公摄政而想要和邾国友好，所以在蔑地举行了会盟。夏四月，费伯率领军队在郎地筑城。《春秋》没有记载，因为不是奉隐公的命令。

周公旦像

周武王灭商后，封周公旦长子伯禽于鲁，所以周公旦也被视为鲁国的开国之君。在周代的众多邦国中，鲁国是姬姓"宗邦"，诸侯"望国"，清人高士奇曾说："周之最亲莫如鲁，而鲁所宜翼戴最莫如周。"鲁国成为典型周礼的保存者和实施者，时人称"周礼尽在鲁矣"。在先秦诸侯国中，鲁国文化事业一直十分兴旺，经过秦始皇焚书之难，仍然能够保留下许多先秦经典，包括《春秋》这部仅存的先秦诸侯国史。

【原文】初①，郑武公娶于申②，曰武姜③，生庄公及共叔段④。庄公寤生⑤，惊姜氏，故名曰"寤生"，遂恶⑥之。爱共叔段，欲立之。亟⑦请于武公，公弗许。及庄公即位，为之请制⑧。公曰："制，岩邑⑨也，虢叔⑩死焉，佗邑唯命⑪。"请京⑫，使居之，谓之京城太叔。祭仲曰："都城过百雉⑬，国之害也。先王之制，大都不过参国⑭之一，中五之一，小九之一。今京不度，非制也。君将不堪⑮。"公曰："姜氏欲之，焉辟⑯害？"对曰："姜氏何厌⑰之有？不如早为之所⑱，无使滋蔓！蔓，难图⑲也。蔓草犹不可除，况君之宠弟乎？"公曰："多行不义，必自毙⑳，子姑待之。"

【注释】①初：当初，起初。用于故事开头。②郑武公：春秋时郑国国君，姬姓，名掘突。郑：周代诸侯国名，姬姓，伯爵，周厉王少子友之后，封地在今河南中部。申：诸侯国名，在今河南南阳。③武姜：郑武公谥号为武，申国为姜姓，因此郑武公夫人称为武姜。④庄公：即郑庄公。共叔段：郑庄公之弟，共为其封邑，叔为兄弟排行，段为其名。⑤寤生：逆生，倒着出生，也可作难产解释。⑥恶：讨厌，不喜欢。⑦亟：多次，屡次。⑧制：地名，在今河南荥阳虎牢关。⑨岩邑：地势险要的边城。⑩虢叔：东虢国的国君。⑪佗：同"他"，其他。唯命：唯命是从。⑫京：地名，在今河南荥阳县东南。⑬祭仲：郑国大夫，字足。雉：古时建筑的计量单位，一雄为三丈长一丈高。⑭参：同"三"。国：国都。⑮堪：经受得住。⑯焉：怎么，哪里。辟：同"避"，逃避。⑰厌：满足。⑱所：安排，处理。⑲图：克制，对付。⑳毙：仆倒，灭亡。

【译文】 起初，郑武公在申国娶妻，名叫武姜，生了庄公和共叔段。庄公是脚先头后出生的，这是难产，使姜氏受了惊吓，因此给他取名叫寤生，并且很讨厌他。姜氏很喜爱共叔段，想立他为太子。屡次向武公请求，武公不答应。等到庄公继位为郑国国君，姜氏请求将制地作为共叔段的封邑，庄公说："制地形势险峻，虢叔曾经死在那里。其他地方都可以听您的命令。"姜氏又改请求封京城，让共叔段住在那里，称为京城太叔。祭仲说："凡属国都，城墙周围的长度超过三百丈，就给国家带来祸害。先王制定的制度：大的地方的城墙，不超过国都的三分之一；中等的，不超过五分之一；小的，不超过九分之一。现在京城的城墙不合先前制度，这不是该有的，您会忍受不了。"庄公说："姜氏要这样，哪里能避免祸害呢？"祭仲回答说："姜氏怎会得到满足？不如早作打算，不要让她滋生事端，一旦蔓延就难得对付了。蔓延的野草尚且不能铲除掉，何况是您宠爱的弟弟呢？"庄公说："多行不义，必然会自取灭亡。您姑且等着吧！"

【原文】 既而大叔命西鄙（bǐ）、北鄙贰于己①。公子吕②曰："国不堪贰，君将若之何③？欲与大叔，臣请事之；若弗与，则请除之。无生民心。"公曰："无庸④，将自及。"大叔又收贰以为己邑，至于廪延⑤。子封曰："可矣，厚将得众。"公曰："不义不昵⑥，厚将崩。"

太叔完聚⑦，缮⑧甲兵，具卒乘（shèng）⑨，将袭郑。夫人将启之⑩。公闻其期，曰："可矣！"命子封帅车二百乘⑪以伐京。京叛大叔段，段入于鄢（yān）⑫，公伐诸鄢。五月，辛丑⑬，大叔出奔共。

【注释】 ①鄙：边境上的城邑。贰于己：同属于庄公和自己。②公子吕：郑国大夫，字子封。③若之何：如何对待他。④庸：用。⑤廪延：地名，在今河南延津北。⑥昵：亲近。⑦完：完善。聚：积聚。⑧缮：修缮，修整。⑨具：完备。卒：步兵，士兵。乘：兵车。⑩夫人：指武姜。启之：开启城门，指做内应。⑪帅：率领。乘：一车四马为一乘。每乘配甲士三人，步兵七十二人。⑫鄢：地名，在今天河南鄢陵境内。⑬辛丑：古人以天干地支计时，这年五月辛丑为五月二十三日。

【译文】 不久，太叔命令西部和北部边境既听庄公的命令，又听自己的命令。公子吕说："国家不能忍受这种两面听命的情况，您打算怎么办？您要把君位让给太叔，下臣就去侍奉他；如果不给，那就请除掉他，不要让老百姓产生其他想法。"庄公说："用不着，他会自取其祸。"太叔又收取原来两属的地方作为自己的封邑，并扩大到廪延地方。子封说："可以动手了。他势力一大，将会争得民心。"庄公说："没有正义就不能号召人，势力虽大，却会崩溃。"

太叔整治城郭，储备粮草，补充武器装备，充实步兵车兵，准备袭击郑国都城。姜氏则打算作为内应打开城门。庄公听说太叔起兵的日期，说："可以了。"就命令子封率领二百辆战车进攻京城。京城的人反叛太叔，太叔逃到鄢地。庄公又赶到鄢地进攻他。五月二十三日太叔又逃到共地。

【原文】 书曰："郑伯克段于鄢。"段不弟，故不言弟；如二君，故曰"克"；称"郑伯"，讥失教也；谓之郑志，不言出奔，难之也。

遂寘姜氏于城颍^①，而誓之曰："不及黄泉^②，无相见也！"既而悔之。

颍考叔为颍谷封人^③，闻之，有献于公。公赐之食。食舍肉^④。公问之。对曰："小人有母，皆尝小人之食矣，未尝君之羹^⑤，请以遗^⑥之。"公曰："尔有母遗，繄^⑦我独无！"颍考叔曰："敢问何谓也？"公语之故，且告之悔。对曰："君何患焉？

颍考叔劝孝

这幅画表现的就是颍考叔借郑庄公赐食的机会，劝解庄公，使庄公母子和好如初的场景。

若阙^⑧地及泉，隧^⑨而相见，其谁曰不然？"公从之。公入而赋^⑩："大隧之中，其乐也融融^⑪！"姜出而赋："大隧之外，其乐也泄泄^⑫！"遂为母子如初。

【注释】 ①城颍：就是颍城。②黄泉：地下的泉水，这里指坟墓。③颍考叔：郑国大夫。颍谷：地名，在今河南登封西南。封人：管理地方的官员。④舍肉：把肉放在一边不吃。⑤羹：带汁的肉羹。⑥遗：送。⑦繄：语气助词，无实义。⑧阙：同"掘"，挖掘。⑨隧：用作动词，挖隧道。⑩赋：指作诗。⑪融融：快乐高兴的样子。⑫泄泄：快乐欢畅的样子。

【译文】 《春秋》说："郑伯克段于鄢。"太叔所作所为不像兄弟，所以不说"弟"字；兄弟相争，好像两个国君打仗一样，所以用"克"字；把庄公称为"郑伯"是讥刺他没有尽教诲之责；《春秋》这样记载就表明了庄公的本意。不说"出奔"，是因为史官下笔有困难。

于是庄公就把姜氏安置在颍城，发誓说："不到黄泉不再相见。"不久以后又后悔起来。

颍考叔当时在颍谷做边疆护卫长官，听到这件事，就献给庄公一些东西。庄公赏赐给他食物。在吃的时候，他把肉留下不吃。庄公问他原因，他说："我有母亲，我孝敬她的食物她都已尝过了，就是没有尝过您的肉汤，请求让我带给她吃。"庄公说："你有母亲可送，咳！我却没有！"颍考叔说："请问这是什么意思？"庄公就对他说明了原因，并且告诉他自己很后悔。颍考叔回答说："您有什么可忧虑的呢？如果挖地见到泉水，在隧道里面相见，那还有谁说不对？"庄公听从了颍考叔的意见。庄公进了隧道，赋诗说："在大隧中相见，多么快乐啊！"姜氏走出隧道，也赋诗说："走出大隧外，多么舒畅啊。"于是母子和好如初。

【原文】君子曰："颍考叔，纯孝也。爱其母，施^①及庄公。《诗》曰'孝子不匮，永锡尔类。'^②其是之谓乎！"

秋，七月，天王使宰咺^{xuǎn}来归惠公、仲子之赗^{fèng③}。缓，且子氏未薨^{hōng}，故名。天子七月而葬，同轨^④毕至；诸侯五月，同盟^⑤至；大夫三月，同位^⑥至；士逾^{yú}月，外姻^⑦至。赠死不及尸^⑧，吊生不及哀^⑨。豫凶事^⑩，非礼也。

【注释】①施：延及，推及。②这两句诗出自《诗·大雅·既醉》。匮：匮乏，穷尽。锡：同"赐"，给予。③天王：周天子，此处指周平王。宰咺：宰为官名，咺为人名。赗：吊丧所用的礼品。④同轨：指诸侯。⑤同盟：同盟国的诸侯。⑥同位：官位相等的同僚。⑦外姻：外戚姻亲，泛指亲戚。⑧尸：这里指下葬。⑨哀：举哀，哭丧。⑩豫：提前，预先。凶事：即丧事。

【译文】君子说："颍考叔可算是真正的孝子，爱他的母亲，扩大并且影响到庄公。《诗》说：'孝子的孝心没有穷尽，永远可以影响给他的同类。'说的就是这样的事情吧！"

秋季，七月，周平王派遣宰咺来赠送鲁惠公和仲子的吊丧礼品。惠公已经下葬，这是晚了，而仲子还没有死，所以《春秋》直书宰咺的名字。天子死了七个月后才安葬，诸侯都来参加葬礼；诸侯五个月后下葬，同盟的诸侯参加葬礼；大夫三个月后下葬，官位相同的来参加葬礼；士一个月以后下葬，亲戚前来参加葬礼。向死者赠送东西没有赶上下葬，向生者吊丧没有赶上举哀的时间，预先赠送有关丧事的东西，这都不合于礼。

【原文】八月，纪人伐夷^{yí①}。夷不告，故不书。有蜚^②，不为灾，亦不书。惠公之季年^③，败宋师于黄^④。公立^⑤，而求成^⑥焉。九月，及宋人盟于宿^⑦，始通^⑧也。

【注释】①纪人：纪国人。夷：夷国。纪国和夷国都为诸侯小国。②蜚：蜚盘虫，指虫害。③季年：晚年，末年。④宋师：宋国军队。黄：春秋宋邑，在河南杞县北。⑤立：即位。⑥求成：讲和。⑦宿：古国名，风姓，太暤之后，男爵，在今山东东平东二十里。⑧通：互通，通好。

【译文】八月，纪国人讨伐夷国。夷国没有前来报告，所以《春秋》不记载。发现蜚盘虫，没有造成灾害，《春秋》也不加记载。惠公的晚年，在黄地打败了宋国。隐公即位，要求和宋人讲和。九月，和宋人在宿国结盟，两国开始通好。

【原文】冬，十月，庚申，改葬惠公。公弗临^①，故不书。惠公之薨也，有宋师，太子少，葬故有阙^{què②}，是以改葬。卫侯来会葬，不见公，亦不书。郑共叔之乱，公孙滑出奔卫^③。卫人为之伐郑，取廪^{lǐn}延。郑人以王师、虢^{guó}师伐卫南鄙。请师于邾，邾子使私于公子豫。豫请往，公弗许，遂行。及邾人、郑人盟于翼^④。不书，非公命也。新作南门。不书，亦非公命也。

十二月，祭伯来，非王命也。众父卒，公不与小敛^⑤，故不书日。

【注释】①弗临：没有到场。②阙：缺失，不完备。③公孙滑：共叔段之子。王：卫国。④翼：邾国之地，在今山东费县西南。⑤小敛：将衣衾加于死者身上。

【译文】冬，十月十四日，改葬惠公。隐公不敢以丧主的身份到场哭泣，所以《春秋》不记载。惠公死的时候，正好遇上和宋国打仗，太子又年幼，葬礼不完备，所以改葬。卫桓公来鲁国参加葬礼，没有见到隐公，《春秋》也不加记载。郑国共叔段叛乱，公孙滑逃到卫国。卫国人替他攻打郑国，占取廪延。郑国人率领周天子的军队、虢国的军队进攻卫国南部边境，同时又请求邾国出兵帮助。邾子派人暗地里和公子豫商量，公子豫请求出兵援救，隐公不肯，公子豫就自己走了，和邾国、郑国在翼地会盟。《春秋》不记载，因为不是出于隐公的命令。新建南门，《春秋》不记载，也由于不是出于隐公的命令。

十二月，祭伯来，并不是奉了周王的命令。众父去世，隐公没有参加以衣衾加于死者之身的小敛，所以《春秋》不记载死亡的日子。

桓公（元年～十八年）

十六年经

十有六年：春，正月，公会宋公、蔡侯、卫侯于曹。

夏，四月，公会宋公、卫侯、陈侯、蔡侯伐郑。

秋，七月，公至自伐郑。

冬，城向。

十有一月，卫侯朔^{shuò}出奔齐。

十六年传

【原文】十六年，春，正月，会于曹，谋伐郑也。

夏，伐郑。

秋，七月，公至自伐郑，以饮至①之礼也。

"冬，城②向"，书，时也。

【注释】①饮至：上古诸侯朝会盟伐完毕祭告宗庙并饮酒庆祝的典礼。后代指出征奏凯至宗庙祭祀宴饮庆功之礼。②城：修筑城墙。

【译文】十六年春天，正月，鲁桓公和宋庄公、蔡桓侯、卫惠公在曹国会见，又谋划攻打郑国的事。

夏天，攻打郑国。

秋季七月，桓公进攻郑国以后回到国内，举行了祭告宗庙、大宴臣下的"饮至"礼仪。

冬天，在向地筑城。《春秋》记载这件事，是因为工程不阻碍农时。

【原文】初，卫宣公烝^{zhēng}于夷姜，生急子，属诸右公子。为之娶于齐，而美，公取之。生寿及朔，属寿于左公子。夷姜缢①^{yì}。宣姜与公子朔构②急子。公使诸齐，使盗待诸莘^{shēn}，将杀之。寿子告之，使行。不可，曰："弃父之命，恶用子矣！有无父之国则可也。"及③行，

孝德升闻

舜是上古闻名的大孝子，但舜的孝并不是无原则的，当父亲和继母要杀害他时，他明智地逃离，躲避灾祸。这和后来儒家提倡的"小杖受，大杖走"的原则是一致的，不陷父亲于不义的境地。与之相比，急子就显得有些愚孝，白白送了性命。

饮以酒。寿子载其旌以先④，盗杀之。急子至，曰："我之求也，此何罪？请杀我乎！"又杀之。二公子故怨⑤惠公。

十一月，左公子泄、右公子职立公子黔牟(qián móu)。惠公奔齐。

【注释】①缢：引绳缢颈而自尽。②构：诬陷，陷害。③及：到了。④旌：旗帜。先：先行，走在前面。⑤怨：怨恨。

【译文】起初，卫宣公跟庶母夷姜私通，生下急子，把他托付给右公子。后来卫宣公给急子在齐国娶妻，齐女很漂亮，卫宣公就自己娶了她。生下寿和朔，把寿托付给左公子抚养。夷姜因失宠悬梁自尽。宣姜和公子朔诬陷急子。宣公让急子出使齐国，同时派坏人在莘地等候着，准备杀害他。寿子把这件事暗地里告诉了急子，让他逃离卫国。急子不同意，他说："违背父亲的命令，这算是什么儿子？如果世界上有无父的国家，我就可以遵照你的意见去做。"等到急子动身去齐国前，寿子用酒把急子灌醉，寿子在车上插着急子的旗帜走在前面，坏人就杀了寿子。急子赶到说："要杀的是我，他有什么罪？请杀我吧！"坏人又杀掉急子。左右二公子因此都怨恨卫惠公。

十一月，左公子泄、右公子职共立公子黔牟为国君。卫惠公就逃到齐国。

庄公（元年～三十二年）

九年经

九年：春，齐人杀无知。

公及齐大夫盟于蔇。

夏，公伐齐，纳子纠。齐小白入于齐。

秋，七月丁酉，葬齐襄公。

八月庚申，及齐师战于乾时，我师败绩。

九月，齐人取子纠杀之。

冬，浚洙。

九年传

【原文】九年，春，雍廪杀无知。

"公及齐大夫盟于蔇"，齐无君①也。

夏，公伐齐，纳子纠。桓公自莒先入②。

秋，师及齐师战于乾时，我师败绩③，公丧戎路④，传乘⑤而归。秦子、梁子以公旗辟于下道，是以皆止。

【注释】①无君：没有国君。②莒：国名，嬴姓，子爵，出自少昊之后，在今山东莒县。先入：抢先进入。③败绩：军队被打垮。④戎路：古代帝王军中所乘的车，泛指兵车。⑤传乘：传同"转"，传乘就是转乘其他轻便的车。

【译文】九年春季，雍廪杀死公孙无知。

鲁庄公和齐国的大夫在蔇地结盟，这是因为当时齐国没有国君。

夏季，庄公进攻齐国护送公子纠回国即位。齐桓公从莒国抢先回到齐国。

秋季，我军和齐军在乾时作战，我军大败。庄公舍弃战车，乘坐轻车逃回。秦子、梁子打着庄公的旗号躲在小道上诱骗齐军，都为齐军所俘。

管仲

管仲，名夷吾，字仲，春秋时齐国著名的政治家。齐桓公尊管仲为"仲父"，任命其为上卿，主持国政，齐国大治，成为春秋时期一流强国。管仲辅佐桓公"尊王攘夷"，抵御戎狄侵扰，孔子评价其功劳说："微管仲，吾其披发左衽矣。"

【原文】鲍叔帅①师来言曰："子纠，亲②也，请君讨之。管、召，雠③也，请受而甘心焉。"乃杀子纠于生窦④，召忽死之。管仲请囚，鲍叔受之，乃堂阜而税⑤之。归而以告曰："管夷吾治⑥于高傒，使相可也。"公从之。

【注释】①帅：率领，统帅。②亲：亲人。③雠：仇人。④生窦：春秋鲁地，在今山东菏泽北。⑤税：释放。⑥治：管理，治理。

【译文】鲍叔率领军队代表齐桓公来鲁国说："子纠是我齐君的亲人，请君王把他杀了。管仲、召忽，是我齐君的仇人，请把他们交给我齐国才能甘心。"于是就在生窦把公子纠杀死，召忽也自杀了。管仲请求把他押送回齐国，鲍叔答应请求，到了齐境堂阜就把他释放了。回国后，鲍叔报告齐桓公说："管仲治国的才能比高傒都强，可以让他辅助君主。"齐桓公同意了。

三十二年经

三十有二年：春，城小穀。

夏，宋公、齐侯遇于梁丘。

秋，七月癸巳，公子牙卒。

八月癸亥，公薨于路寝。

冬，十月己未，子般卒。

公子庆父如齐。

狄伐邢。

三十二年传

【原文】三十二年，春，城小穀，为管仲①也。

齐侯为楚伐郑之故，请会于诸侯。宋公请先见于齐侯。夏，遇于梁丘②。

【注释】①为管仲：为管仲而筑城。②梁丘：在山东城武东北，与金乡接界处。今城武东北三十里有梁丘山，山南有梁丘城。

【译文】三十二年春季，齐国在小穀筑城，这是为管仲而筑的。

齐桓公由于楚国进攻郑国的缘故，请求和诸侯会见。宋桓公请求和齐桓公先行会见。夏季，在梁丘非正式会见。

【原文】秋，七月，有神降于莘①。

惠王问诸内史②过曰："是何故也？"对曰："国之将兴，明神降之，监③其德也；将亡，神又降之，观其恶也。故有得神以兴，亦有以亡。虞、夏、商、周皆有之。"王曰："若之何？"对曰："以其物享④焉。其至之日，亦其物也。"王从之。内史过往，闻虢请命，反曰："虢必亡矣，虐而听⑤于神。"

【注释】①降：降临。莘：春秋虢地，今河南陕县硖石镇西十五里有莘原。②内史：官名。西周始置，协助天子管理爵、禄、废、置等政务。③监：观察。④享：用物品进献，供奉鬼神使其享受，即祭祀，上供。⑤听：听命，服从。

【译文】秋季，七月，有神明在莘地降临。

周惠王向内史过询问问说："这是什么缘故？"内史过回答说："国家将要兴起，神明降临，观察它的德行；将要灭亡，神明也会降临，观察它的邪恶。所以有的得到神明而兴起，也有的因为得到神明而灭亡。虞、夏、商、周都有过这种情况。"周惠王说："怎么办呢？"内史过回答说："用相应的物品来祭祀。他来到的日子，按规定，这个日子的祭祀该是什么，也就是他的祭品。"周惠王便听从了。内史过前去祭祀。听到虢国请求神明赐予，回来说："虢国必定要灭亡了，暴虐而服从于神明。"

齐管妾婧

婧是齐相管仲之妾，宁戚想见桓公但找不到进见之道，于是在东门外当车夫，某天桓公听到敲击牛角的悲歌，派管仲问之，只得到"浩浩乎，白水"的答案，管仲不解。妾问其故而不得，她举历史上例子来说明"毋老老，毋贱贱，毋少少，毋弱弱"的道理，管仲遂把事告知，她解释"白水"一诗是暗示宁戚想做官，管仲于是告诉桓公，后桓公重用宁戚，齐国大治。

【原文】神居莘六月，虢公使祝应、宗区、史嚚享焉。神赐之土田。史嚚曰："虢其亡乎！吾闻之：国将兴，听于民；将亡，听于神。神，聪明正直而壹①者也，依②人而行。虢多凉德③，其何土之能得？"初，公筑台，临党氏，见孟任，从之。闳，而以夫人言许④之，割臂盟⑤公。生子般焉。雩，讲于梁氏，女公子观之。圉人荦自墙外与之戏⑥。子般怒，使鞭之。公曰："不如杀之，是不可鞭。荦有力焉，能投盖于稷门⑦。"

【注释】①壹：专一。②依：根据。③凉德：薄德，缺少仁义。④许：许诺，答应。⑤割臂盟：称男女相爱，私下订立婚约为"割臂盟"。⑥圉人：《周礼》里官名，掌管养马放牧等事，亦以泛称养马的人。戏：调戏。⑦稷门：古代齐城门名，在今

山东临淄北古齐城西边南首，以在稷山之下得名。

【译文】神明在莘地住了六个月。虢公派遣祝应、宗区、史嚚去祭祀。神明答应赐给他疆土田地。史嚚说："虢国恐怕要灭亡了吧！我听说：'国家将要兴起，听百姓的；将要灭亡，听神明的。'神明，是聪明正直而无二心的，按照不同的人而办事。虢国多的是缺德事，又有什么土地能够寻到？"当初，庄公建造高台，可以看到党家。在台上见到孟任，就跟着她走。孟任闭门拒绝。庄公答应立她为夫人。她答应了，割破手臂和庄公盟誓，后来就生了子般。一次正当雩祭，事先在梁家演习，庄公的女儿观看演习，圉人荦从墙外调戏她。子般发怒，叫人鞭打荦。庄公说："不如杀掉他，这个人不能鞭打。他很有力气，可以举起稷门的城门扔出去。"

【原文】公疾①，问后②于叔牙，对曰："庆父材。"问于季友，对曰："臣以死奉③般。"公曰："乡者牙曰'庆父材'。"成季使以君命命僖叔，待于鍼巫氏，使鍼季酖④之。曰："饮此，则有后于鲁国；不然，死且无后。"饮之，归，及逵泉而卒⑤。立叔孙氏。

八月，癸亥，公薨于路寝⑥。子般即位，次于党氏。冬，十月，己未，共仲使圉人荦贼⑦子般于党氏。成季奔陈。立闵公。

【注释】①疾：生病。②后：继承人。③奉：侍奉。④酖：毒死。⑤逵泉：春秋时鲁国泉名，在今山东曲阜东南。卒：死。⑥路寝：古代天子、诸侯的正厅。⑦贼：杀害，刺杀。

【译文】庄公得病，向叔牙询问继承人。叔牙回答说："庆父有才能。"向季友询问，季友回答说："臣用死来侍奉子般。"庄公说："刚才叔牙说'庆父有才能'。"成季就派人以国君的名义让叔牙等待在鍼巫家里，让鍼巫用毒酒毒死叔牙，说："喝了这个，你的后代在鲁国还可以享有禄位；不这样，如果你死了，后代还没有禄位。"叔牙喝了毒酒，回去，到达逵泉就死去了。鲁国立他的儿子为叔孙氏。

八月初五日，鲁庄公死在正寝里。子般即位，住在党氏家里。冬十月初二，共仲派圉人荦在党家刺死子般。成季逃跑到陈国。立闵公为国君。

闵公（元年～二年）

元年经

元年：春，王正月。

齐人救邢^{xíng}。

夏，六月辛酉，葬我君庄公。

秋，八月，公及齐侯盟于落姑。季子来归。

冬，齐仲孙来。

元年传

【原文】"元年，春"，不书即位，乱故也。

狄人伐邢^①。管敬仲^②言于齐侯曰："戎狄豺狼^{róng dí chái}，不可厌也；诸夏^③亲昵，不可弃也；宴安鸩^{zhèn}^④毒，不可怀也。《诗》云^⑤：'岂不怀归，畏此简书。'简书，同恶相恤^⑥之谓也。请救邢以从简书^⑦。"齐人救邢。

【注释】①邢：邢国、姬姓、侯爵、周公之子所封，春秋时灭于卫，今河北邢台西南襄国故城即其地。②管敬仲：即管仲。③诸夏：夏族的诸国家，指中原诸国。④鸩：毒鸟名，用其羽毛沥酒，能使人饮后立死。⑤出自《诗·小雅·出车》。⑥同恶相恤：因为有共同的利害，应该相互关心。⑦简书：用于告诫、策命、盟誓、征召等事的文书，亦指一般文牍。

【译文】元年春季，《春秋》未记载即位，是由于动乱不能举行即位仪式。

狄人进攻邢国。管仲对齐桓公说："戎狄犹如豺狼，是不能满足的；中原各国互相亲近，是不能抛弃的。安逸等于毒药，是不能怀恋的。《诗》说：'难道不想着回去，怕的是这个竹简上的军令文字。'竹简上的军令文字，就是同仇敌忾忧患与共的意思，因此请求您听从简书而救邢国。"于是齐国人出兵救援邢国。

【原文】夏，六月，葬庄公。乱故，是以缓^①。

秋，八月，公及齐侯盟于落姑，请复^②季友也。齐侯许之，使召^③诸陈，公次于郎以待之。"季子来归"，嘉^④之也。

冬，齐仲孙湫来省难^⑤。书曰"仲孙"，亦嘉之也。

【注释】①缓：延缓，推迟。②复：返回。③召：召回。④嘉：嘉奖、赞美。⑤省难：对祸难表示慰问。

【译文】夏六月，安葬庄公。因为发生动乱.所以推迟了。

秋八月，闵公和齐桓公在落姑结盟，请求齐桓公帮助季友回国。齐桓公同意，派人从陈国召回季友，闵公住在郎地等候他。《春秋》记载说"季子来归"，这是赞美季友。

冬季，齐国的仲孙湫前来对祸难表示慰问，《春秋》称之为"仲孙"，也是赞美他。

【原文】仲孙归，曰："不去①庆父，鲁难未已②。"公曰："若之何而去之？"对曰："难不已，将自毙③，君其待④之。"公曰："鲁可取⑤乎？"对曰："不可。犹秉周礼。周礼，所以本⑥也。臣闻之：'国将亡，本必先颠⑦，而后枝叶从之。'鲁不弃周礼，未可动也。君其务宁鲁难而亲之。亲有礼，因重固⑧，间携贰，覆⑨昏乱。霸王之器⑩也。"

泰伯

泰伯就是太伯，他是周太王古公亶父的长子，因见父亲喜欢第三子季历的儿子昌，于是出走至吴地，避让王位。太伯历来被视为让国之贤人。

【注释】①去：除去，除掉。②已：停止，尽头。③自毙：自行倒仆，喻自遭失败或自受其害。④待：等待，等着。⑤取：取得。⑥本：根本。⑦颠：跌落，颠覆。⑧重固：稳固。⑨覆：翻转，倾覆。⑩器：方法。

【译文】仲孙回国说："不除掉庆父，鲁国的祸难还未尽。"齐桓公说："如何才能除掉他？"仲孙回答说："祸难不尽将会自取灭亡，您就等着吧！"齐桓公说："鲁国可以取得吗？"仲孙说："不行。他们还遵行周礼。周礼，是立国的根本。下臣听说：'国家将要灭亡，就像大树，躯干必然先行倒下，然后枝叶随着落下。'鲁国不抛弃周礼，是不能动它的。您应当从事于安定鲁国的祸难并且亲近它。亲近有礼仪的国家，依靠稳定强大的国家，离间内部涣散的国家，灭亡昏暗动乱的国家。这是称霸称王的方法。"

【原文】晋侯作①二军。公将②上军，太子申生将下军，赵夙御戎③，毕万为右。以灭耿④，灭霍⑤，灭魏⑥。还，为太子城曲沃，赐赵夙耿，赐毕万魏，以为大夫。

士蒍曰："太子不得立矣。分之都城，而位以卿，先为之极⑦，又焉得立？不如逃之，无使罪至。为吴太伯，不亦可乎？犹有令名⑧，与其及也。且谚曰：'心苟无瑕，何恤⑨乎无家！'天若祚⑩太子，其无晋乎！"

【注释】①作：建立。②将：率领。③御戎：驾御军车。④耿：周国名、姬姓，春秋时灭于晋，故城在今山西河津县东南，一名耿乡城。⑤霍：霍国，春秋诸侯国之一。⑥魏：春秋诸侯国名，后灭于晋。春秋晋献公始封毕万于此，为战国时魏国前身，在今河南临漳西南四十里。⑦极：顶峰，顶点。⑧令名：美好的声誉。⑨恤：忧虑，害怕。⑩祚：赐福，保佑。

【译文】晋献公建立两个军。自己率领上军，太子申生率领下军。赵凤为晋献公驾驭战车，毕万作为车右。出兵灭掉耿国、灭掉霍国、灭掉魏国。回国，为太子建筑曲沃城，把耿地赐给赵凤，把魏地赐给毕万，让他们做大夫。

士劝说："太子不能做继承者了，把都城分给他，而让他做卿，先让他达到顶点，又哪里能够再立为国君？与其得到罪过，不如逃走，不要让罪过到来。做一个吴太伯，不也是可以的吗？这样还可以保有好名声。而且俗话说：'心里如果没有瑕疵，又哪怕没有家？'上天若保佑您，您就不要在晋国了吧！"

【原文】卜偃曰："毕万之后必大。万，盈数①也。魏，大名②也。以是始赏，天启③之矣。天子曰兆民④，诸侯曰万民。今名之大，以从盈数，其必有众。"

初，毕万筮仕于晋，遇"屯☶☷"之"比☷☵"。辛廖占之，曰："吉。屯固比入⑤，吉孰大焉？其必蕃昌⑥。震为土，车从马，足居之，兄长之，母覆之，众归之，六体不易，合而能固，安而能杀，公侯之卦也。公侯之子孙，必复其始。"

【注释】①盈：满。盈数：指十、百、万等整数。②大名：巍峨高大的名称。③天启：上天的启示。④兆民：古称天子之民。⑤固：坚固。入：进入。⑥蕃昌：蕃衍昌盛。

【译文】卜偃说："毕万的后代必定昌盛。万，是满数，魏，是巍巍高大的名称。开始赏赐就这样，上天已经表示预兆了。天子统治兆民，所以称为'兆民'，诸侯统治万民，所以称为'万民'。现在一个高大的名称，又加上一个满盈的数字，他就必然会得到大众。"

当初，毕万占卜在晋国做官的吉凶，得到屯卦☶☷变成比卦☷☵。辛廖预测说："吉利。屯卦代表坚固，比卦代表进入，还有比这更大的吉利吗？所以他必定繁衍昌盛。震卦变成了土，车跟随着马，两脚踏在这里，哥哥抚育他，母亲保护他，大众归附她，这六条不变，集合而能坚固，安定而能杀戮，这是公侯的卦象。公侯的子孙，肯定能回复到他开始的地位上。"

僖公（元年～三十三年）

十二年经

十有二年：春，王三月庚午，日有食之。

夏，楚人灭黄。

秋，七月。

冬，十有二月丁丑，陈侯杵臼卒。

十二年传

【原文】十二年，春，诸侯城卫楚丘之郭^{fú}①，惧狄难也。

黄人恃诸侯之睦②于齐也，不共③楚职，曰："自郢及我九百里，焉能害我？"夏，楚灭黄。

王以戎难故，讨王子带。秋，王子带奔齐。

冬，齐侯使管夷吾平④戎^{xí}于王，使隰朋平戎于晋。

【注释】①郭：古代指城圈外围的大城。②睦：和睦、亲善。③共：进贡。④平：讲和。

【译文】十二年春季，诸侯修筑卫国楚丘城的外城，这是因为防备狄人的侵犯。

黄国依靠诸侯和齐国的亲善关系，不向楚国进贡，说："从楚国郢都到我国有九百里之远，楚国又怎么能危害我国？"夏天，楚国灭掉黄国。

周襄王由于戎人侵犯王城的原因，发兵讨伐招引戎人的王子带。秋天，王子带逃到齐国。

冬天，齐侯派管仲让戎人同周天子讲和，派隰朋让戎人同晋国讲和。

【原文】王以上卿之礼飨^{xiǎng}①管仲，管仲辞②曰："臣，贱有司③也。有天子之二守国、高在，若节春秋，来承④王命，何以礼焉？陪臣⑤敢辞。"王曰："舅氏，余嘉乃勋⑥。应乃懿^{yì}德，谓督不忘。往践⑦乃职，无逆朕命。"管仲受下卿之礼而还。

君子曰："管氏之世祀也宜哉！让不忘其上。《诗》曰：'恺悌⑧君子，神所劳矣。'"

【注释】①飨：设盛宴款待，宴请。②辞：推辞。③贱：低贱、低下。有司：官吏，古代设官分职，各有专司，故称。④承：接受，秉承。⑤陪臣：古代诸侯的卿大夫，对天子的自称。⑥勋：功勋。⑦践：履行，执行。⑧出自《诗·大雅·旱麓》。恺悌：和乐平易。

【译文】周襄王按上卿的礼节宴请管仲。管仲推辞说："臣是低贱的官员。齐国还有天子所任命的国氏、高氏在那里，如果他们在春秋两季来接受天子的命令，又用什么礼来款待他们呢？臣子谨请辞谢。"天子说："舅父，我赞佩你的功勋，嘉美你的美德，可以说是深厚真诚不能忘怀的。去执行你的职务吧，请勿违背我的命令！"管仲最终还是只接受了下卿的礼节而返回齐国。

君子说："管氏历代受到祭祀是多么合适啊！他谦让而没有忘记爵位比他高的上卿。《诗经》说：'和悦平易的君子，是天神所要福佑的。'"

二十七年经

二十有七年：春，杞子来朝。

夏六月庚寅，齐侯昭卒。

秋，八月乙未，葬齐孝公。

乙巳，公子遂帅师入杞。

冬，楚人、陈侯、蔡侯、郑伯、许男围宋。

十有二月甲戌，公会诸侯，盟于宋。

二十七年传

【原文】二十七年春，杞桓公来朝。用夷礼①，故曰"子"。公卑②杞，杞不共③也。

夏，齐孝公卒。有齐怨，不废丧纪，礼也。

秋，入杞，责无礼也。

【注释】①夷礼：夷人的礼节。②卑：看不起。③共：同"恭"，恭敬之意。

【译文】二十七春季，杞桓公来鲁国朝见。由于他用的是夷人的礼节，所以《春秋》称他为"子"。僖公看不起杞子，由于他认为杞子不敬。

夏季，齐孝公死了。鲁国虽然对齐国有怨恨，但是仍没有废弃对邻国君主的丧礼，这是合于礼制的。

秋季，公子遂领兵攻入杞国，这是为了责备杞桓公无礼。

【原文】楚子将围宋，使子文治兵于睽①；终朝而毕②，不戮一人。子玉复治兵于蒍，终日而毕，鞭七人，贯三人耳③。国老④皆贺子文，子文饮之酒。芳贾尚幼，后至，不贺；子文问之。对曰："不知所贺。子之传政于子玉，曰：'以靖国也。'靖诸内而败诸外，所获几何？子玉之败，子之举也，举以败国，将何贺焉？子玉刚而无礼，不可以治民；过三百乘，其不能以入矣。苟入而贺，何后之有⑤？"

【注释】①治兵：演练军队。睽：楚国地名。②终朝而毕：一上午便完成。③贯耳：用箭穿耳。贯三人耳：用箭穿了三个人的耳朵。④国老：国家中值得尊敬的元老。⑤何后之有：有何后的倒句，有什么晚的吗？

【译文】楚成王准备包围宋国，派遣子文在睽地演习作战，一早上就完事，未能杀一个人。子玉又在芳地演习作战，一天才完事，鞭打七个人，用箭穿三个人的耳朵。元老们都祝贺子文。子文招待他们喝酒，芳贾年纪小，迟到了，不祝贺。子文问他，回答说："不知道祝贺什么。您把政权传给子玉，说：'为了安定国家'，安定于内而失败于外，所得到的有多少？子玉的对外作战失败，是由于您的推举。推举而使国家失败，有什么可贺的呢？子玉刚愎无礼，不能让他治理百姓，率领的兵车超过三百辆，恐怕就不能回来了。若回来，再祝贺，难道会晚吗？"

雨不失期

治国要以信义为本，后世君主也十分重视信用。魏文侯与群臣饮酒，奏乐间，下起了大雨，魏文侯却下令备车前往山野之中。左右侍臣问："今天饮酒正酣，外面又下着大雨，国君打算到哪里去呢？"魏文侯说："我与虞人约好了去打猎，虽然这里很快乐，也不能不信守诺言！"于是亲自前去，亲自告诉虞人停猎。这件事说明魏文侯言而有信。

【原文】冬，楚子及诸侯围宋。宋公孙固如晋告急，先轸曰："报施救患，取威定霸，于是乎在矣。"狐偃曰："楚始得曹，而新昏于卫，若伐曹、卫，楚必救之，则齐、宋免矣。"于是乎蒐于被庐①，作三军，谋元帅。赵衰曰："郤縠可。臣亟②闻其言矣，说③礼、乐而敦《诗》、《书》。《诗》、《书》，义之府也；礼、乐，德之则也。德、义，利之本也。《夏书》曰：'赋④纳以

言，明试以功，车服以庸⑤。'君其试之！"及使郤縠将中军，郤溱佐之；使狐偃将上军，让于狐毛而佐之。命赵衰为卿，让于栾枝、先轸。使栾枝将下军，先轸佐之。荀林父御戎，魏犫为右。

【注释】①蒐：猎，打猎，此处为阅兵之意。被庐：晋国地名。②亚：屡次。③说：同"悦"，喜爱。④赋：取，听取，采纳。⑤庸：功，酬劳。

【译文】冬季，楚成王和诸侯围困宋国。宋国的公孙固到晋国报告紧急情况。先轸说："报答施舍，救援患难，取得威望，成就霸业，都在这里了。"狐偃说："楚国刚刚得到曹国，又新近在卫国娶妻，如果攻打曹、卫两国，楚国必定救援，那么齐国和宋国就可以免于被攻了。"晋国因此而在被庐阅兵，建立三个军，商量元帅的人选。赵衰说："郤縠行。我屡次听到他的话，喜爱礼乐而重视《诗》、《书》。《诗》、《书》，是道义的府库；礼乐，是德行的法则；道德礼义，是利益的根本。《夏书》说：'有益的话全部采纳，考察效果加以试验，如果成功，用车马衣服作为酬劳。'您不妨试一下！"于是晋国派郤縠率领中军，郤溱辅助他。派狐偃率领上军，狐偃让给狐毛而自己辅助他。任命赵衰为卿，赵衰让给栾枝、先轸。命栾枝率领下军，先轸辅助他。荀林父驾驭战车，魏犫作为车右。

【原文】晋侯始入而教其民，二年，欲用之。子犯曰："民未知义，未安其居。"于是乎出定襄王，入务利民，民怀生①矣。将用之。子犯曰："民未知信，未宣其用。"于是乎伐原以示之信。民易资者不求丰②焉，明征其辞③。公曰："可矣乎？"子犯曰："民未知礼，未生其共。"于是乎大蒐以示之礼，作执秩④以正其官。民听不惑，而后用之。出穀戍，释宋围，一战而霸，文之教也。

【注释】①怀生：安于生存，各安天命。②易资：交换货物，指做买卖。丰：多，满，指暴利。③明征其辞：言辞明白可以信赖，指交易分明。④执秩：执掌秩序。

【译文】晋文公一回国，就训练百姓，过了两年，就想使用他们。子犯说："百姓还不知道道义，还没能各安其位。"晋文公就离开晋国去安定周襄王的君位，回国后致力于便利百姓，百姓就各自安于他们的生活了。又打算使用他们，子犯说："百姓还不知道信用，还不能十分明白信用的作用。"就攻打原国来让百姓看到信用，百姓做买卖不求暴利，交易分明，各无贪鄙。晋文公说："行了吗？"子犯说："百姓还不知道礼仪，没能产生他们的恭敬。"由此举行盛大阅兵来让百姓看到礼仪，建立执秩来规定官员的职责。等到百姓看到事情就能明辨是非，然后才使用他们。赶走穀地的驻军，解除宋国的包围，一次战争而称霸诸侯，这都是因为文公的教化。

文公（元年～十八年）

七年经

七年：春，公伐邾^{zhū}。

三月甲戌，取须句^{wú}。遂城郚。

夏，四月，宋公王臣卒。宋人杀其大夫。

戊子，晋人及秦人战于令狐。

晋先蔑^{miè}奔秦。

狄侵我西鄙。

秋，八月，公会诸侯、晋大夫，盟于扈^{hù}。

冬，徐伐莒^{jǔ}。

公孙敖如莒莅^{lì}盟。

七年传

【原文】七年，春，公伐邾，间①晋难也。

三月，甲戌，取须句，置文公子焉，非礼也。

夏，四月，宋成公卒。于是公子成为右师，公孙友为左师，乐豫为司马②，鳞瓘^{guàn}为司徒③，公子荡为司城④，华御事为司寇⑤。

【注释】①间：钻空子。②司马：官名。《周礼》夏官大司马之属官，有军司马、舆司马、行司马。春秋晋作三军，每军别置司马。③司徒：官名。周官有大司徒，掌国家之土地与人民。④司城：官名。即司空。⑤司寇：官名。管理刑事。

【译文】七年春季，文公发兵攻伐邾国，这是乘晋国有内难而钻空子的原因。

三月十七日，占取了须句，把邾文公的儿子安置在那里，这是不合于礼的。

夏季四月，宋成公卒。这时候公子成担任右师，公孙友担任左师，乐豫担任司马，鳞瓘担任司徒，公子荡担任司城，华御事担任司寇。

【原文】昭公将去群公子，乐豫曰："不可。公族，公室之枝叶也。若去之，则本根无所庇荫①矣。葛藟犹能庇其本根②，故君子以为比，况国君乎？此谚所谓'庇焉，而纵寻斧③焉'者也。必不可！君其图之。亲之以德，皆股肱也，谁敢携贰？若之何去之？"不听。

穆、襄之族率国人以攻公，杀公孙固、公孙郑于公宫。六卿和公室，乐豫舍司马以让公子卬。昭公即位而葬。书曰："宋人杀其大夫"，不称名，众也，且言非其罪也。

【注释】①庇荫：树木遮住阳光。比喻尊长的照顾或祖宗的保佑。②本根：草木的根干。指事物的最重要部分。③斧：刀斧。

【译文】宋昭公准备铲除掉诸公子，乐豫说："不行！公族是公室的枝叶；若去掉枝叶，那么树根树干就没有遮荫的东西了。葛藟还能遮蔽它的藤干和根子，所以君子用它作为比喻，何况是国君呢？这就是俗话所说的'树阴遮蔽，却使用刀斧'，这样做一定不可以！君王仔细思考一下。如果用德行去亲近诸公子，那他们都是左右辅佐之臣，谁敢存离心？为什么要杀掉他们呢？"昭公不听。

穆公、襄公的族人带领国内的人攻打昭公，在宫中杀死了公孙固和公孙郑。六卿和公室讲和，乐豫放弃司马的官职，把它让给公子卬。昭公即位后为死者举行葬礼。《春秋》记载说"宋人杀了它的大夫"，不记载名字，这是因为被杀的人多，而且他们没有罪。

【原文】秦康公送公子雍于晋，曰："文公之入也无卫①，故有吕、郤之难。"乃多与之徒卫②。

穆嬴日抱大子以啼③于朝，曰："先君何罪？其嗣亦何罪？舍适嗣④不立，而外求君，将焉置此？"出朝，则抱以适赵氏，顿首⑤于宣子，曰："先君奉此子也，而属诸子，曰：'此子也才，吾受子之赐；不才，吾唯子之怨。'今君虽终，言犹在耳⑥，而弃之，若何？"宣子与诸大夫皆患穆嬴，且畏逼，乃背先蔑而立灵公，以御秦师。

【注释】①无卫：没有护卫的人。②徒卫：卫兵。③啼：啼哭，哭泣。④适嗣：即嫡嗣。指正妻所生的长子。⑤顿首：磕头。⑥言犹在耳：说的话还在耳边响。谓记忆犹新或说过不久。

【译文】秦康公送公子雍回晋国，说："先前文公回国的时候没有保卫的人，所以发生了吕、郤两家的祸难。"于是就给了他许多步兵卫士。

穆嬴每天抱着太子在朝廷上哭泣，说："先君有什么罪？他的后人又有何罪？抛弃嫡子不立而到别国去求国君，你们准备怎样安置这个孩子？"走出朝廷，就抱着孩子到赵家去，向赵宣子叩头，说："先君在世时，捧着这个孩子托付给您，说：'这个孩子如果成材，我就是受了您的赐予；如果不成材，我就要怨您。'如今先君虽然死了，他的话还在耳边，可是您却对他丢开不管，这可怎么办？"宣子和大夫们都害怕穆嬴，同时又畏惧穆嬴的同党进行迫害，于是背弃了先蔑而立了灵公，并采取行动抵抗秦军。

【原文】箕郑居守。赵盾将中军，先克佐①之；荀林父佐上军；先蔑将下军，先都佐之。步招御戎，戎津为右。及董阴，宣子曰："我若受秦，秦则宾②也；不受，寇也。既不受矣，而复缓师③，秦将生心。先人有夺人之心，军之善谋也；逐寇如追逃④，军之善政也。"训卒利兵⑤，秣马蓐食⑥，潜师夜起⑦。戊子，败秦师于令狐，至于刳首。

【注释】①佐：辅助，帮助。②宾：宾客，客人。③缓师：延迟出兵。④寇：敌寇。逃：逃犯。⑤训卒：训练士卒。利兵：磨快兵器。⑥秣马：喂饱战马。蓐食：早晨未起身，在床席上进餐。谓早餐时间很早。一说"蓐食"为饱食。⑦潜师：秘密出兵。夜起：晚上行动。

【译文】箕郑在国都留守。赵盾率领中军，先克辅助他。荀林父辅佐上军，先蔑率领下军，先都辅佐他。步招驾驭戎车，戎津担任车右。到达董阴时，赵宣子说："我们若接受秦国送公子雍回来，他们就是客人；不接受，他们就是敌人。我们已经决定不接受了，却又迟迟不出兵，秦国将会产生新的念头。先采取行动而有夺取敌人的决心，这是作战的好谋略。追击敌人好像追赶逃犯一样，这是作战的好方案。"便动员士卒，磨利武器，喂饱战马，让战士吃饱，隐蔽出兵，晚上行动。戊子日，在令狐击败秦军，一直追到刳首。

【原文】己丑，先蔑奔秦，士会从之。

先蔑之使也，荀林父止之①，曰："夫人、大子犹在，而外求君，此必不行。子以疾辞，若何②？不然③，将及。摄卿④以往，可也，何必子？同官为寮⑤，吾尝同寮，敢不尽心乎？"弗听。为赋《板》之三章，又弗听。及亡，荀伯尽送其帑及其器用财贿于秦，曰："为同寮故也。"

【注释】①止之：劝阻他。②若何：怎么样。③不然：不这样。④摄卿：代理的官员。⑤寮：同"僚"，官。

【译文】初二日，先蔑逃奔到秦国，士会也跟着他去了。

先蔑出使秦国的时候，荀林父劝阻他，说："夫人和太子还在，反而跑到外边去求国君，这种做法一定行不通。您推托有病辞谢不去，怎么样？不这样，您将会招来祸患。派一位代理卿前往就行了，为何一定要您去？在一起做官就是同僚，我们曾在一起做过官，岂敢不尽自己的一番心意？"先蔑没有听从。荀林父给他吟诵《板》这首诗的第三章，先蔑又不听。等到后来先蔑逃奔出国，荀林父将他的妻子儿女和器用财货全部送到秦国，说："这是为了同僚的原因。"

【原文】士会在秦三年，不见士伯。其人曰："能亡人于国，不能见于此，焉用之？"士季曰："吾与之同罪，非义之也，将何见焉？"及归，遂不见。

狄侵我西鄙①，公使告于晋。赵宣子因使贾季问酆舒，且让之。酆舒问于贾季曰："赵衰、赵盾孰②贤？"对曰："赵衰，冬日之日也；赵盾，夏日之日也。"

春秋左传

【注释】①西鄙：西面边境。②孰：哪一个。

【译文】士会在秦国三年，没有和先蔑见过面。士会的随从说："能和别人一起亡命到这里来，却不能够在这里相见，为何要这样呢？"士会说："我和他罪过相同，并不是认为他有道义才跟他逃走的，又何必要见他呢？"一直到后来士会回晋国，始终未见面。

狄人进攻我国西部边境，文公派使者向晋国报告。赵宣子派贾季去问鄷舒，并且责备他侵袭鲁国的事。鄷舒向贾季询问，说："赵衰、赵盾哪一个贤明？"贾季回答说："赵衰，是冬天的太阳；赵盾，是夏天的太阳。"

【原文】秋，八月，齐侯、宋公、卫侯、陈侯、郑伯、许男、曹伯会晋赵盾，盟于扈，晋侯立故也。公后至①，故不书所会。凡会诸侯，不书所会，后也。后至不书其国，辟不敏也。

穆伯娶于莒，曰戴己，生文伯；其娣声己，生惠叔。戴己卒，又聘于莒。莒人以声己辞，则为襄仲聘焉。

【注释】①后至：迟到，来晚了。

【译文】秋天八月，齐侯、宋公、卫侯、陈侯、郑伯、许男、曹伯和晋国的赵盾在郑地扈结盟，这是因为晋侯新立为君的缘故。文公到晚了，所以《春秋》未记载他参加会议。凡是诸侯会盟，不记载与会的国家，就是因为晚到的缘故。晚到，不记载这些国家，是为了避免因弄不清班位的序列而误记的原因。

穆伯在莒国娶妻，叫做戴己，生下文伯；又娶了她的妹妹声己，生下惠叔。戴己死了以后，穆伯又到莒国行聘续娶，莒国以有声己为由而谢绝，于是就替襄仲订了婚。

【原文】冬，徐伐莒。莒人来请盟。穆伯如莒莅盟①，且为仲逆。及鄢陵，登城见之，美，自为娶之。仲请攻之，公将许之。叔仲惠伯谏曰："臣闻之，兵作于内为乱，于外为寇。寇犹及人，乱自及也。今臣作乱，而君不禁，以启寇仇，若之何？"公止之。惠伯成之，使仲舍之，公孙敖反之，复为兄弟如初。从之。

【注释】①莅盟：参加盟会。

【译文】冬季，徐国攻打莒国。莒国人来请求结盟，穆伯到莒国参加盟会，同时为襄仲迎接新夫人。到达鄢陵，登城见到莒女，非常美丽，就自己娶了她。襄仲请求攻打穆伯，文公准备同意。叔仲惠伯劝谏说："下臣听说：'战争发生在内部叫做乱，发生在外部叫寇。寇尚且伤害人，乱则是自己伤害自己了。'现在臣下在内部作乱，而君王不加禁止，由此而引起外患，该怎么办？"文公制止了襄仲的进攻。由惠伯出面调解，让襄仲放弃了这门亲事，公孙敖送回莒女，他们重新作为兄弟和起初一样。襄仲和公孙敖都听从了。

【原文】 晋郤缺^{xì}言于赵宣子曰："日卫不睦，故取其地。今已睦矣，可以归之。叛而不讨，何以示威^①？服而不柔，何以示怀^②？非威非怀，何以示德^③？无德，何以主盟^④？子为正卿^⑤，以主诸侯，而不务德^⑥，将若之何？《夏书》曰：'戒之用休^⑦，董^⑧之用威。劝之以九歌，勿使坏。'九功之德皆可歌也，谓之《九歌》。六府三事，谓之九功。水、火、金、木、土、谷^{gǔ}，谓之六府。正德、利用、厚生，谓之三事。义而行之，谓之德、礼。无礼不乐，所由叛也。若吾子之德，莫可歌也，其谁来之？盍^{hé}使睦者歌吾子乎？"宣子说之。

【注释】 ①示威：显示威严。②示怀：表示恩德。③示德：显示德行。④主盟：主持会盟。盟主，首领。⑤正卿：上卿。春秋时诸侯国的最高执政大臣，权力仅次于国君。⑥务德：重视德行。⑦休：喜，美善，吉庆，福禄。⑧董：监督，督察。⑨盍：何，为什么。

【译文】 晋国的郤缺对赵宣子说："往日卫国不顺从我国，因此夺取它的土地。如今已经顺服了，可以还给它了。背叛了不进行讨伐，怎么能显示大国的威严？服从了不加以安抚，怎么能显示大国的恩惠？不显示威严和恩惠，用什么来显示德行？没有德行，用什么来做诸侯首领？您身为执政的正卿，负责处理诸侯事务，却不重视德行，将怎么办？《夏书》说：'把喜庆的事告诉他，拿严刑去督促他，用《九歌》去勉励他，不要让他学坏。'有关九功的德行都可以歌唱，叫做《九歌》。六府、三事，叫做九功。水、火、金、木、土、谷叫做六府；端正德行，便于利用，大有益于民生，叫做三事。合乎道义而推行这些，叫做德、礼。如果没有德、礼，就不快乐，这就是背叛的根由。假若您的德行没有地方可以歌颂的，又会有谁肯来归顺？何不让顺服的人来歌颂您呢？"赵宣子听了这番话非常高兴。

宣公（元年～十八年）

十年传

【原文】十年，春，公如齐。齐侯以我服①故，归济西之田。

夏，齐惠公卒。崔杼有宠于惠公，高、国畏其逼也，公卒而逐之，奔卫。书曰"崔氏"，非其罪也；且告以族，不以名②。凡诸侯之大夫违③，告于诸侯曰："某氏之守臣某，失守宗庙，敢告。"所有玉帛之使者，则告；不然，则否。

公如齐奔丧。

【注释】①服：臣服，服从。②以名：用名字称呼。③违：离开，背离。

【译文】十年春季，宣公前往齐国。齐侯由于鲁国服从的原因，将济水以西的田地归还了。

夏天，齐惠公死了。崔杼受到齐惠公的宠信；高、国两族害怕他的逼迫，等惠公一死，就把他赶出了国境。崔杼逃到卫国。《春秋》记载说"崔氏"，这是因为不是他的罪过；而且在通告诸侯时也只称族，而不称他个人的名字。凡是诸侯的大夫离开本国，就通告诸侯说："某氏的守臣某，不能奉守宗庙，谨此通告。"凡是有友好往来的诸侯国，就发通告；不是这种情况，就不发通告。

宣公到齐国奔齐惠公的丧事。

【原文】陈灵公与孔宁、仪行父饮酒于夏氏。公谓行父曰："征舒似①女。"对曰："亦似君。"征舒病之②。公出，自其厩③射而杀之。二子奔楚。

滕人恃晋而不事宋。六月，宋师伐滕。

得贤弭盗

士会是春秋时代晋国著名政治家，鲁宣公十六年，晋侯"以黼冕命士会将中军，且为太傅。于是晋国之盗逃奔于秦"。由此可见士会的贤能。

郑及楚平，诸侯之师伐郑，取成④而还。

秋，刘康公来报聘⑤。

师伐邾^{zhū}，取绎⑥。

【注释】①似：长得象。②病之：对这件事很生气。③厩：马厩，马房。④取成：讲和、媾和。⑤报聘：旧时指代表本国政府到友邦回访。⑥绎：邾国地名。在今山东邹县境内。

【译文】陈灵公和孔宁、仪行父在夏征舒家喝酒。陈灵公对仪行父说："征舒长得像你。"仪行父回答说："也像你。"征舒对此很生气。灵公出来后，征舒从马房里用箭把他射死了。孔宁、仪行父二人逃奔到楚国。

滕国依靠晋国的保护，不侍奉宋国。六月，宋军侵袭滕国。

郑国和楚国讲和。诸侯军攻打郑国，讲和以后回国。

秋天，刘康公前来鲁国答谢孟献子去年的聘问。

鲁军攻打邾国，攻取绎地。

【原文】季文了初聘于齐。

冬，了家如齐，伐邾故也。

国武了来报聘。

楚了伐郑。晋上会救郑，逐楚师于颍北①。诸侯之师戍郑。郑了家卒。郑人讨幽公之乱，斫了家之棺，而逐其族。改葬幽公，谥之②曰"灵"。

【注释】①颍北：颍水之北。颍水，出于河南登封县西境颍谷。②谥之：给他谥号。

【译文】季文子第一次到齐国聘问。

冬天，鲁国的子家到齐国，这是因为鲁国攻打了邾国的缘故。

国武子前来鲁国回聘。

楚庄王攻伐郑国。晋国的士会领兵救援郑国，在颍水北面赶走了楚军。诸侯军留驻郑国进行防守。郑国的子家死。郑国人为了讨伐杀害幽公的那次叛乱，打开子家的棺材，并驱逐了他的家族。同时改葬幽公，把他的谥号改为"灵"。

成公（元年～十八年）

十六年经

十有六年：春，王正月，雨，木冰。

夏，四月辛未，滕子卒。

郑公子喜帅师侵宋。

六月丙寅朔，日有食之。

晋侯使栾黡来乞师。

甲午晦，晋侯及楚子、郑伯战于鄢陵。楚子、郑师败绩。

楚杀其大夫公子侧。

秋，公会晋侯、齐侯、卫侯、宋华元、邾人于沙随，不见公。

公至自会。

公会尹子、晋侯、齐国佐、邾人伐郑。

曹伯归自京师。

九月，晋人执季孙行父，舍之于苕丘。

冬，十月乙亥，叔孙侨如出奔齐。

十有二月乙丑，季孙行父及晋郤犨盟于扈。

公至自会。

乙酉，刺公子偃。

十六年传

【原文】十六年，春，楚子自武城使公子成以汝阴①之田求成于郑。郑叛晋，子驷从楚子盟于武城②。

夏，四月，滕文公卒。

郑子罕伐宋，宋将鉏、乐惧败诸汋陂③。退，舍④于夫渠，不儆⑤。郑人覆之，败诸汋陵⑥，获将鉏、乐惧。宋恃胜也。

卫侯伐郑，至于鸣雁⑦，为晋故也。

晋侯将伐郑。范文子曰："若逞吾愿，诸侯皆叛，晋可以逞。若惟郑叛，晋国之忧，可立俟⑧也。"栾武子曰："不可以当吾世而失诸侯，必伐郑。"乃兴师。栾书将中军，士燮佐之；郤锜将上军，荀偃佐之；韩厥将下军；郤至佐新军。荀罃居守。郤犨如卫，遂如齐，皆乞师焉。栾黡来乞师，孟献子曰："有胜矣。"戊寅，晋师起。

【注释】①汝阴：汝水以南。阴：山之北、水之南也。②武城：春秋鲁邑，在今山东费县西南。③汋陂：春秋宋地，今阙，当在河南商丘与宁陵县境。④舍：驻扎。⑤徼：警戒、戒备。⑥汋陵：宋国地名，今河南宁陵县有汋陵城。⑦鸣雁：郑国地名。在河南杞县北。⑧俟：等待。

【译文】十六年春季，楚共王从武城派公子成用汝水以南的土地向郑国议和。郑国背叛晋国，子驷跟随楚子在武城结盟。

夏四月，滕文公死了。

郑国的子罕进攻宋国，宋国将钮、乐惧在汋陂打败了他。宋军退兵，驻扎在夫渠，没有警备。郑军加以袭击，在汋陵打败了他们，俘虏了将钮、乐惧。这是由于宋国仗着打了胜仗而不加警备。

卫献公发兵攻打郑国，到达鸣雁，这是因为晋国的缘故。

晋厉公打算讨伐郑国，范文子说："如果按照我的愿望，诸侯都背叛，晋国的危机可以得到缓解。如果只是一个郑国背叛，晋国的忧患，可能马上就来了。"栾武子说："不能在我们这一辈执政的时候失去诸侯，一定要进攻郑国。"于是就发兵。栾书率领中军，士燮作为辅佐；郤锜率领上军，荀偃作为辅佐，韩厥率领下军，郤至作为新军辅佐。荀罃留守。郤犨去到卫国，乘机到齐国，请求两国出兵。栾黡前来请求出兵，孟献子说："晋国或许得胜了。"四月十二日，晋军出兵。

【原文】郑人闻有晋师，使告于楚，姚句耳与往。楚子救郑，司马将中军，令尹将左，右尹子辛将右。过申，子反入见申叔时，曰："师其何如？"对曰："德、刑、详、义、礼、信，战之器也。德以施惠，刑以正①邪，详②以事神，义以建利③，礼以顺时④，信以守物⑤。民生厚而德正⑥，用利而事节，时顺⑦而物成，上下和睦，周旋不逆，求无不具，各知其极。故《诗》曰⑧：'立我烝民，莫匪尔极。'是以神降之福，时无灾害，民生敦厖⑨，和同以听，莫不尽力以从上命，致死以补其阙，此战之所由克也。今楚内弃其民，而外绝其好；渎⑩齐盟，而食话言；奸时以动，而疲民以逞。民不知信，进退罪也。人恤所底，其谁致死？子其勉之！吾不复见子矣。"姚句耳先归，子驷问焉。对曰："其行速，过险而不整。速则失志，不整，丧列。志失列丧，将何以战？楚惧不可用也。"

【注释】①刑：刑罚。正：纠正。②详：祥和、和顺。③建利：建立利益。④顺时：顺应时宜，适时。⑤守物：守护万物。⑥德正：德行端正。⑦时顺：顺时。⑧出自《诗·周颂·思文》。⑨敦厖：丰厚，富足。⑩渎：亵渎。

【译文】郑国人听到晋国出兵，就派使者报告楚国，姚句耳同行。

楚共王援救郑国。司马子反率领中军，令尹子重率领左军，右尹子辛率领右军。路过申地，子反进见申叔时，说："这次作战会怎么样？"申叔时回答说："德行、刑罚、和顺、道义、礼法、信用，是战争的手段。德行用来施予恩惠，刑罚用来纠正邪恶，和顺用来侍奉神灵，道义用来建立利益，礼法用来适合时宜，信用用来守护事物。人民生活丰厚，德行就端正；举动有利，事情就合乎法度；时宜合适，万物就有所成就；这样就能上下和睦，相处没有矛盾，有所需求无不具备，各人都知道行动的准则。因此《诗》说：'安置百姓，无不合乎准则。'这样，神灵就降福于他，四时没有灾害，百姓性情宽厚，齐心一致地听从，没有不尽力以服从上面命令的，不顾性命来弥补死去的战士的空缺，这就是战争所以能够胜利的原因。现在楚国内部丢弃他的百姓，外部断绝他的友好，亵渎神圣的盟约而说话不算话，违反时令发动战争，使百姓疲劳以求快意。人们不知道什么是信用，进退都是罪过。人们为他们的结局感到担忧，还有谁肯牺牲性命？您还是尽力做吧！我不会再看到您了。"姚句耳先回来，子驷询问情况，他回答说："楚军行军迅速，经过险要的地方队伍不整齐。动作太快就会考虑不周，不整齐就丧失了秩序。考虑不周，秩序丧失，怎么能打仗？楚国恐怕不能依靠了。"

【原文】五月，晋师济河。闻楚师将至，范文子欲反，曰："我伪①逃楚，可以纾忧。夫合诸侯，非吾所能也，以遗能者。我若群臣辑睦②以事君，多矣。"武子曰："不可！"

六月，晋、楚遇于鄢陵③。范文子不欲战。郤至曰："韩之战，惠公不振旅④；箕之役，先轸不反命⑤；邲⑥之师，荀伯不复从⑦，皆晋之耻也。子亦见先君之事矣。今我辟楚，又益耻也。"文子曰："吾先君之亟⑧战也，有故。秦、狄、齐、楚皆强，不尽力，子孙将弱。今三强服矣，敌楚而已。惟圣人能外内无患。自⑨非圣人，外宁必有内忧，盍释楚以为外惧乎？"

【注释】①伪：假装。②辑睦：团结和睦。③鄢陵：郑国地名，在今河南鄢陵。④不振旅：军旅不振，意思为战败。⑤先轸：箕之战中晋军主帅。不反命：不能回国复君命。⑥邲：郑国地名，在今河南郑州西北。⑦不复从：不能从原路退兵，即战败逃跑。⑧亟：多次。⑨自：如果。

【译文】五月，晋军渡过黄河。听说楚军将要到达，范文子准备要回去，说："我们假装逃避楚国，这样就能够缓和忧患。会合诸侯，不是我所能做到的，还是把它留给能做到的国家吧。我们如果群臣和睦以侍奉国君，这就够了。"栾武子说："不行。"

六月，晋、楚两军在鄢陵相遇。范文子不想作战。郤至说："韩地这一战，惠公失败归来；箕地这一役，先轸不能回国复命；邲地这一仗，荀伯不能再跟楚军周旋，这都是晋国的耻辱，您也了解先君时代的情况了。如今我们逃避楚国，这又是增加耻辱。"范文子说："我们先君的屡次作战，是有原因的。秦国、狄人、齐国、楚国都很强大，如果我们不尽自己的力量，子孙将会被削弱。现在三强已经顺服，敌人仅楚国而已。只有圣人才能够外部内部都没有祸患。若不是圣人，外部安定，内部必然还有忧患，何不放掉楚国把它作为外部的戒惧呢？"

【原文】甲午晦①，楚晨压晋军而陈。军吏患之。范匃趋进②，曰："塞井夷③灶，陈于军中，而疏行首④。晋、楚唯天所授，何患焉？"文子执戈逐之，曰："国之存亡，天也，童子何知焉？"栾书曰："楚师轻窕⑤，固垒而待之，三日必退。退而击之，必获胜焉。"郤至曰："楚有六间⑥，不可失也。其二卿相恶⑦，王卒以旧⑧，郑陈而不整，蛮军⑨而不陈，陈不违晦⑩，在陈而嚣⑪，合而加嚣。各顾其后，莫有斗心；旧不必良，以犯天忌⑫，我必克之。"

【注释】①晦：夏历每月的最后一天。②范匃：范文子士燮的儿子，又称范宣子。趋进：快步向前。③塞：填。夷：平。④疏行首：把行列间的通道疏通。行首：行道。⑤轻窕：即轻佻，指军心轻浮急躁。⑥间：缺陷。⑦二卿：指子重和子反。相恶：不和。⑧王卒以旧：楚王的亲兵都用贵族子弟。⑨蛮军：指楚国带来的南方少数民族军队。⑩违晦：避开晦日。古人认为月末那天不适宜用兵。⑪嚣：喧哗。⑫犯天忌：触犯上天所禁忌之事。指晦日用兵。

【译文】二十九日，楚军在清早逼近晋军而拉开阵势。晋国的军吏担心这种情况。范匃快步向前，说："填井平灶，就在军营中摆开阵势，把行列间的道路隔宽。晋、楚两国都是上天的赐予，有什么可担心的？"范文子拿起戈来驱逐他，说："国家的存亡，这是天意，小孩子知道什么？"栾书说："楚军轻佻，加固营垒而等待他们，三天一定退军。乘他们退走而加以追击，一定可以得胜。"郤至说："楚国有六个空子，不可失掉：楚国的两个卿互相排斥；楚共王的亲兵们从旧家中选拔，都已衰老；郑国虽然摆开阵势却不整齐；蛮人虽有军队却摆不成阵势；楚军摆阵不避晦日；士兵在阵中喧闹，和敌军相遇就更加喧闹，各军彼此观望，没有战斗意志，旧家出身的士兵不一定精良，所以这些都触犯了天意和兵家大忌。我们一定能战胜他们。"

【原文】楚子登巢车①，以望晋军。子重使大宰伯州犁侍于王后②。王曰："驰而左右，何也？"曰："召军吏也。""皆聚于军中矣。"曰："合谋也。""张幕矣。"曰："虔卜③于先君也。""彻幕矣。"曰："将发命也。""甚嚣，且尘上矣。"曰："将塞井夷灶而为行也。""皆乘矣，左右执兵而下矣。"曰："听誓④也。""战乎？"曰："未可知也。""乘而左右皆下矣。"曰："战祷也。"伯州犁以公卒告王。苗贲皇⑤在晋侯之侧，亦以王卒告。皆曰："国士⑥在，且厚⑦，不可当也。"苗贲皇言于晋侯曰："楚之良，在其中军王族而已。请分良以击其左右，而三军萃⑧于王卒，必大败之。"公筮之。史曰："吉。其卦遇'复䷗'，曰：'南国蹙⑨，射其元王⑩，中厥目。'国蹙、王伤，不败何待？"公从之。

【注释】①楚子：指楚共王。巢车：古代的一种兵车，用以瞭望敌军。车上有用辘轳升降的瞭望台，人在台中，如鸟在巢，故名。②伯州犁：晋国大夫伯宗的儿子，伯宗死后他逃到楚国当了太宰。③虔：虔诚。卜：占卜。④听誓：听主帅发布誓师令。⑤苗贲皇：楚国令尹斗椒的儿子。⑥国士：一国中最勇敢、有力量的人。⑦厚：指人数众多。⑧良：精兵。萃：集中。⑨南国：指楚国。蹙：窘迫。⑩元王：元首，指楚共王。

【译文】楚共王登上楼车瞭望晋军。子重让大宰伯州犁站在楚王身后。楚王说："车子向左右驰骋干什么？"伯州犁说："这是召集军史。""都聚集在中军了。"伯州犁说："这是一起谋划。""帐幕张开了。"伯州犁说："这是在先君的神主前占卜。""帐幕撤除了。"伯州犁说："这是将要发布命令了。""喧闹得厉害，而且尘土飞扬起来了。"伯州犁说："这是准备填井平灶摆开阵势。""都登上战车了，将帅和车右都拿着武器下车了。"伯州犁说："这是宣布号令。""他们要作战吗？"伯州犁说："还不知道。""晋军上了战车，将帅和车右又下来了。"伯州犁说："这是战前的祈祷。"伯州犁把晋厉公亲兵的情况向楚共王报告。苗贲皇在晋厉公的旁边，也把楚共王亲兵的情况向晋厉公报告。晋厉公左右的将士们都说："有国家中杰出的人物在那里，而且军阵厚实，不能抵挡。"苗贲皇对晋厉公说："楚国的精兵在于他们中军的王族而已。请求把我们的精兵分开去攻击他们的左右军，再集中三军攻打楚王亲兵，一定可以把他们打得大败。"晋厉公让太史占筮。太史说："吉利。得到'复卦▤'。卦辞说：'南方的国家局促，射它的国王，箭头中目。'国家局促，国王受伤，不失败，还等什么？"晋厉公听从了。

【原文】有淖于前^①，乃皆左右相违于淖。步毅御晋厉公，栾鍼（zhēn）为右。彭名御楚共王，潘党为右。石首御郑成公，唐苟为右。栾、范以其族夹公行，陷于淖。栾书将载晋侯，鍼曰："书退！国有大任，焉得专之？且侵官，冒也；失官，慢也；离局，奸也。有三罪焉，不可犯也。"乃掀公以出于淖。

癸巳，潘尫（wǎng）之党与养由基蹲甲而射之，彻七札焉。以示王，曰："君有二臣如此，何忧于战？"王怒曰："大辱国！诘朝尔射（jié）^②，死艺^③！"吕锜（qí）梦射月，中之，退入于泥。占之，曰："姬姓，日也；异姓^④，月也，必楚王也。射而中之，退入于泥，亦必死矣！"及战，射共王，中目^⑤。王召养由基，与之两矢^⑥，使射吕锜。中项，伏韬（tāo）^⑦。以一矢复命。

【注释】①淖：泥沼，深泥，烂泥。②诘朝：诘旦。③死艺：死在技艺上。④异姓：不同姓。亦指不同姓的人。⑤中目：射中眼睛。⑥矢：箭。⑦韬：装弓的袋子。

【译文】晋军营前有泥沼，于是晋国军队都或左或右地避开泥沼而行。步毅驾驭晋厉公的战车，栾鍼作为车右。彭名驾驭楚共王的战车，潘党作为车右。石首驾驭郑成公的战车，唐苟作为车右。栾、范领着他们私族部队左右护卫着晋厉公前进。战车陷在泥沼里。栾书打算将晋厉公装载在自己车上。栾鍼说："你退下去！国家有如此大事，你哪能一人包办了？而且侵犯别人的职权，这是冒犯；丢弃自己的职责，这是怠慢；离开自己的部下，这是扰乱。有三件罪名，这是不能碰的。"因而就掀起晋厉公的战车离开泥沼。

六月二十八日，潘尫的儿子潘党和养由基把皮甲重叠而射它，穿透了七层。拿去给楚共王看，说："君王有这样两个臣下在这里，还有什么可担心的？"楚共王发怒说："真丢人！明早作战，你们射箭，将会死在这武艺上。"吕锜梦见自己射月亮，射中了，自己却退进了泥里。占卜，说："姬姓，是太阳；异姓，是月亮，这一定是楚共王了。射中了他，自己又退进泥里，就必定会战死。"等到作战时，吕锜射中了楚王的眼睛。楚王召唤养由基，给他两支箭，让他射吕锜。结果射中吕锜的脖子，伏在弓袋上死了。养由基拿了剩下的一支箭向楚共王复命。

由基射猿

养由基是著名的神箭手。由基射猿是描写他箭法出神的一篇故事。楚国的宫廷曾经有有只很灵巧的白猿。楚国擅长射箭的人，没有能射中它的。楚王请养由基来射它。养由基校正好弓拿了箭前往，还没射就很有把握能射中它，发出箭那猿就跟着倒下了。

【原文】郤至三遇楚子之卒，见楚子，必下，免胄而趋风①。楚子使工尹襄问之以弓，曰："方事之殷②也，有韎韦之跗注③，君子也。识见不穀而趋，无乃伤乎？"郤至见客④，免胄承命⑤，曰："君之外臣至，从寡君之戎事⑥，以君之灵，间蒙甲胄，不敢拜命⑦。敢告不宁，君命之辱。为事之故，敢肃使者⑧。"三肃使者而退。

晋韩厥从郑伯，其御杜溷(hùn)罗曰："速从之！其御屡顾⑨，不在马，可及也。"韩厥曰："不可以再辱国君。"乃止。郤至从郑伯，其右茀翰胡(fú)曰："谍辂之，余从之乘，而俘以下。"郤至曰："伤国君有刑⑩。"亦止。石首曰："卫懿公唯不去其旗，是以败于荧⑪。"乃内旌于弢中。唐苟谓石首曰："子在君侧，败者壹大⑫。我不如子，子以君免，我请止。"乃死。

【注释】①趋风：疾行至下风，以示恭敬。②殷：指激烈。③跗注：古代的一种军服。④见客：接待来宾。⑤承命：受命。⑥戎事：军事，战事。⑦拜命：受命。多指拜官任职。⑧使者：奉使命办事的人。⑨屡顾：屡屡回头看。⑩有刑：受到刑罚。⑪荧：地名，故址在今河南省郑州西北。⑫壹：一心。

【译文】郤至三次碰到楚共王的士兵，见到楚共王时，一定下车，脱下头盔，快步向前走。楚共王派工尹襄送上一张弓去问候，说："正当战事激烈的时候，有一身穿浅红色牛皮军服的人，是君子啊！刚才见到我而快走，恐怕是受伤了吧！”郤至见到客人，取下头盔接受命令，说：“贵国君王的外臣郤至跟随寡君作战，托君王的福，参与了披甲的行列，不敢拜谢命令。谨向君王报告没有受伤，感谢君王惠赐给我的命令。因为战事的缘故，谨向使者肃拜。”三次向使者肃拜以后才退走。

晋国的韩厥追赶郑成公，他的车夫杜溷罗说：“快追上去！他们的御者屡屡回头看，注意力不在马上，可以赶上。”韩厥说：“不能再次羞辱国君。”于是就停止追赶。郤至追赶郑成公，他的车右茀翰胡说：“另外派轻车从小道迎击，我追上他的战车而把他俘虏下来。”郤至说：“伤害国君要受到刑罚。”也停止了追赶。石首说：“卫懿公由于不去掉他的旗子，因此才在荥地战败。”于是就把旗子放进弓袋里。唐苟对石首说：“您在国君旁边，战败者应该一心保护国君。我不如您，您带着国君逃走，我请求留下。”于是唐苟就战死了。

【原文】楚师薄①于险，叔山冉谓养由基曰：“虽君有命，为国故，子必射。”乃射，再发，尽殪②。叔山冉搏人③以投，中车④，折轼⑤。晋师乃止。囚楚公子茷。

栾针见子重之旌，请曰：“楚人谓夫旌，子重之麾⑥也，彼其子重也。日臣之使于楚也，子重问晋国之勇，臣对曰：‘好以众整。’曰：‘又何如？’臣对曰：‘好以暇⑦。’今两国治戎，行人不使，不可谓整；临事而食言，不可谓暇。请摄饮焉。”公许之。使行人执榼⑧承饮，造于子重，曰：“寡君乏使，使针御持矛，是以不得犒⑨从者，使某摄饮。”子重曰：“夫子尝与吾言于楚，必是故也。不亦识乎？”受而饮之，免使者而复鼓⑩。旦而战，见星未已。

【注释】①薄：逼。②殪：杀死。③搏人：将人举起来。④中车：投中车子。⑤折轼：折断了车前的横木。⑥麾：古代供指挥用的旌旗。⑦暇：悠闲，指从容不迫。⑧榼：盛酒的器具。⑨犒：犒赏。⑩复鼓：重新击鼓。

【译文】楚军被逼在险阻的地方，叔山冉对养由基说：“虽然国君有命令禁止你射箭，但为了国家，您一定要射箭。”养由基就射向晋军，再射，被射的人都被射死。叔山冉举起晋国士卒掷过去，掷中战车，折断了车前的横木。晋军于是停下来。晋军囚禁了楚国的公子茷。

栾针见到子重的旌旗，请求说：“楚国人说那面旌旗是子重的旗号，他恐怕就是子重吧。当初下臣出使到楚国，子重问起晋国的勇武表现在哪里，下臣回答说：‘喜好整齐，按部就班。’子重说：‘还有什么？’下臣回答说：‘喜好从容不迫。’现在两国兴兵，不派遣使者，不能说是按部就班；临到事情而说话不算，不能说是从容不迫。请君王派人替我给子重进酒。”晋厉公答应了，派遣使者拿着酒器奉酒。到了子重那里，说：“寡君缺乏使者，让栾针执矛侍立在他左右，因此不能犒赏您的从者，派我前来代他送酒。”子重说：“那个人曾经跟我在楚国说过一番话，送酒来一定是这个缘故。他的记忆力不也是很强吗？”受酒而饮，不留难使者而重新击鼓。早晨开始作战，直至见到星星还没有结束。

【原文】子反命军吏察夷伤，补卒乘，缮甲兵，展车马，鸡鸣而食，唯命是听。晋人患之。苗贲皇徇曰："搜乘，补卒，秣马、利兵，修陈、固列，蓐食、申祷，明日复战！"乃逸^①楚囚。王闻之，召子反谋。穀阳竖献饮于子反，子反醉而不能见。王曰："天败楚也夫！余不可以待。"乃宵遁^②。晋人楚军，三日穀^③。范文子立于戎马之前，曰："君幼，诸臣不佞，何以及此？君其戒之！《周书》曰：'惟命不于常。'有德之谓。"

【注释】①逸：放，放走。②宵遁：亦作"宵遯"，乘夜逃跑。③穀：同"谷"，指粮食。

【译文】子反叫军官视察伤情，补充步兵骑兵。修理盔甲武器，摆列战车马匹，鸡叫的时候吃饭，只等听候主帅的命令。晋国因此担心。苗贲皇通告全军说："检阅战车，补充士卒，喂好马匹，磨快武器，整顿军阵，巩固行列，饱餐一顿，再次祷告，明天再战！"就故意放走楚国的俘虏。楚共王听到这些情况，召子反一起商量。穀阳竖献酒给子反，子反喝醉了不能进见。楚共王说："这是上天要让楚国失败啊！我不能等着。"因而在夜里逃走了。晋军进入楚国军营，吃了三天楚军留下的粮食。范文子站在兵马前面，说："君王年纪幼小，下臣们不才，怎么能得到这个结果？君王还是要警惕啊！《周书》说：'天命不能常在不变'，说的是有德的人就可以享有天命。"

【原文】楚师还，及瑕，王使谓子反曰："先大夫之覆师^①徒者，君不在。子无以为过，不穀之罪也。"子反再拜稽首曰："君赐臣死，死且不朽^②。臣之卒实奔，臣之罪也。"子重使谓子反曰："初陨师徒者，而亦闻之矣。盍图^③之！"对曰："虽微先大夫有之，大夫命侧，侧敢不义？侧亡君师，敢忘其死？"王使止之，弗及而卒。

战之日，齐国佐、高无咎至于师，卫侯出于卫，公出于坏隤。宣伯通于穆姜，欲去季、孟而取其室。将行，穆姜送公，而使逐二子。公以晋难告，曰："请反而听命。"姜怒，公子偃、公子鉏趋过^④，指之曰："女不可^⑤，是皆君也。"公待于坏隤，申宫儆备，设守而后行，是以后。使孟献子守于公宫。

【注释】①师徒：指军队。②死且不朽：指身虽死而言论、事业等长存。③图：谋划，打算。④趋过：快步走过。表示恭敬。⑤不可：不同意。

【译文】楚军回去，到达瑕地，楚共王遣人对子反说："先大夫让军队覆没，当时国君不在军中。您没有过错，这是我的罪过。"子反再拜叩头说："君王赐下臣一死，死而不朽。下臣的士兵的确败逃了，这是下臣的罪过。"子重也派人对子反说："先前让军队覆没的人，他的结果你也听到过了。何不自己打算一下！"子反回答说："即使没有先大夫自杀谢罪的事，大夫命令侧死去，侧岂敢贪生而陷于不义？侧使国君的军队败亡，哪敢忘记一死？"楚共王派人阻止他，没来得及，子反就自杀了。

交战那天，齐国国佐、高无咎到达军中，卫献公从卫国出来，鲁成公从坏隤出来。宣伯和穆姜私通，想要去掉季、孟两人而占取他们的家财。成公将准备出行，穆姜送他，让他驱逐这两个人。成公把晋国的危难告诉她，说："请等我回来再听取您的命令。"穆姜发怒，公子偃、公子钽快步走过，穆姜指着他们说："你要不同意，他们都可以是国君！"鲁成公在坏隤等待、防护宫室、加强戒备、设置守卫，然后出行，因此去晚了。让孟献子在国君的宫殿中留守。

【原文】 秋，会于沙随①，谋伐郑也。宣伯使告郤犫曰："鲁侯待于坏隤，以待胜者。"郤犫将新军，且为公族大夫，以主东诸侯。取货于②宣伯，而诉公于晋侯。晋侯不见公。

曹人请于晋曰："自我先君宣公即世③，国人曰：'若之何？忧犹未弭。'而又讨我寡君，以亡曹国社稷之镇公子，是大泯曹也，先君无乃有罪乎？若有罪，则君列诸会矣。君唯不遗德、刑，以伯诸侯，岂独遗诸敝邑？取私布④之。"

【注释】 ①沙随：春秋宋地，在今河南宁陵县西北，古沙随国。②取货：获取财物。③即世：去世。④私布：私自陈述。

【译文】 秋季，鲁成公和晋厉公、齐灵公、卫献公、宋国华元、邾国人在沙随会见，商量进攻郑国。宣伯派人告诉郤犫说："鲁侯在坏隤等待胜利者。"郤犫率领新军，同时做公族大夫，主持东方诸侯的事务。他从宣伯那里拿了财物，而在晋厉公那里毁谤鲁成公。晋厉公就不和鲁成公见面。

曹国向晋国请求说："自从我先君宣公去世，国内的人们说：'怎么办？忧患还没有解除。'而贵国又讨伐我国寡君，因而使镇抚曹国的公子臧逃亡，这是在大举灭曹。大概是由于先君有罪吧！可是如果有罪，君王又使他参加会盟。君王不丢失德行和刑罚，所以才能称霸诸侯，难道唯独要丢弃敝邑？谨在私下向贵国表达真情。"

【原文】 七月，公会尹武公及诸侯伐郑。将行，姜又命公如初，公又申守①而行。诸侯之师次于郑西，我师次于督扬②，不敢过郑。子叔声伯使叔孙豹请逆于晋师，为食于郑郊。师逆以至。声伯四日不食③以待之，食使者而后食。

诸侯迁于制田④。知武子佐下军，以诸侯之师侵陈，至于鸣鹿⑤，遂侵蔡。未反，诸侯迁于颍上⑥。戊午，郑子罕宵军之，宋、齐、卫皆失军。

曹人复请于晋。晋侯谓子臧："反！吾归而君。"子臧反，曹伯归。子臧尽致⑦其邑与卿而不出。

【注释】 ①申守：谓加强戒备、设置守卫。②督扬：春秋郑邑。③不食：不吃东西。④制田：在河南新郑县东北。⑤鸣鹿：春秋陈地，在河南鹿邑县西。⑥颍上：郑国地名，治古郑城，在今安徽颍上县南。⑦尽致：详尽细致、达到极点。

【译文】七月，鲁成公会合尹武公和诸侯一同进攻郑国。成公将要出行，穆姜又像以前一样命令成公。成公又在宫中设了防备以后才出行。诸侯的军队驻扎在郑国西部，我国的军队驻扎在督扬，不敢经过郑国。子叔声伯派叔孙豹请求晋军前来迎接我军，又在郑国郊外为晋军准备饭食。晋军为迎接我军而来，子叔声伯四天没有吃饭等着他们，直到让晋国的使者吃了饭以后自己才吃。

诸侯各国的军队迁移到制地，知武子作为下军副帅，率领诸侯的军队进攻陈国，到达鸣鹿，就趁势进攻蔡国。还没有回来，诸侯各国的军队又迁移到颍上。七月二十四日，郑国的子罕突然夜袭他们，宋国、齐国、卫国都溃不成军。

曹国人再次向晋国请求。晋厉公对子臧说："你回国，我送回你们国君。"子臧回国，曹成公也回来了。子臧把他的采邑全部交给卿而不再出仕。

【原文】宣伯使告郤犨曰："鲁之有季、孟，犹晋之有栾、范也，政令于是乎成①。今其谋曰：'晋政多门②，不可从也。宁事齐、楚，有亡而已，蔑从晋矣！'若欲得志于鲁，请止行父而杀之，我毙蔑也，而事晋，蔑有贰矣。鲁不贰，小国必睦。不然，归必叛矣。"

【注释】①成：达成。②政多门：政令由许多部门发出。指领导无力，权力分散。

【译文】宣伯派人告诉郤犨说："鲁国有季氏、孟氏，就好像晋国有栾氏、范氏，政令因他们而达成。如今他们商量说：'晋国的政令出于不同的家族，这是不能服从的。宁可侍奉齐国和楚国，哪怕亡国，也不跟从晋国了。'晋国如果要在鲁国行使自己的意志，请留下季孙行父而杀了他，我把仲孙蔑杀死，侍奉晋国，仲孙蔑有二心了。鲁国没有二心，其他小国必定服从晋国。不这样，季孙行父回国就必然背叛晋国。"

【原文】九月，晋人执季文子于苕（tiáo）丘。公还，待于郓①，使子叔声伯请季孙于晋。郤犨（chōu）曰："苟去仲孙蔑而止季孙行父，吾与子国，亲于公室。"对曰："侨如之情，子必闻之矣。若去蔑与行父，是大弃②鲁国，而罪寡君也。若犹不弃，而惠徼周公之福，使寡君得事晋君，则夫二人者，鲁国社稷之臣也。若朝亡之，鲁必夕亡。以鲁之密迩仇雠（ěr chóu）③，亡而为雠，治之何及？"郤犨曰："吾为子请邑。"对曰："婴齐，鲁之常隶也，敢介大国以求厚焉！承寡君之命以请，若得所请，吾子之赐多矣，又何求？"范文子谓栾武子曰："季孙于鲁，相二君矣。妾不衣帛，马不食粟，可不谓忠乎？信谗慝而弃忠良④，若诸侯何？子叔婴齐奉君命无私，谋国家不贰，图其身不忘其君。若虚其请，是弃善人也。子其图之！"乃许鲁平，赦季孙。

【注释】①郓：春秋鲁地，在山东沂水县北。②大弃：大大丢弃。③仇雠：仇敌；

仇家。④谗慝：指邪恶奸佞之人。忠良：忠诚善良的人。

【译文】九月，晋国人在晋国的苕丘逮捕了季文子。成公回来，在郓地等待，派子叔声伯向晋国请求放回季文子。郤犨说："若去掉仲孙蔑而留下季孙行父，我给您鲁国的政权，对待您比对公室还亲。"声伯回答说："侨如的情况，您一定听到了。如果去掉蔑和行父，这是大大丢弃鲁国而惩罚寡君。如果还能不丢弃鲁国，而承您向周公祈求福禄，让寡君能够侍奉晋国国君，那么这两个人，就是鲁国的社稷之臣。如果早晨去掉他们，晚上鲁国必然灭亡。鲁国本来以附近的齐国、楚国为仇敌，如果晋国灭亡了鲁国，齐国和楚国就转而以晋国为仇敌，晋国想要补救又怎么来得及？"郤犨说："我为您请求封邑。"声伯回答说："婴齐，不过是鲁国小臣，岂敢仗恃大国以求取丰厚的官禄？我奉了寡君的命令前来请求，如果得到所请求的，您的恩赐就很多了，还有什么请求？"范文子对栾武子说："季孙行父在鲁国，辅助过两个国君。他家中的妾不穿丝绸，他家中的马不喂粟米，能不认为他是忠诚吗？相信奸邪而丢弃忠良，怎么对付诸侯？子叔声伯接受国君的命令没有私心，为国家谋划也没有二心，为自己打算而不忘国君。如果拒绝他的请求，这是舍弃善良的人啊！您还是考虑一下吧！"于是允许鲁国讲和，赦免了季孙行父。

【原文】冬，十月，出叔孙侨如而盟之，侨如奔齐。

十二月，季孙及郤犨盟于扈①。归，刺公子偃，召叔孙豹于齐而立之。

齐声孟子通侨如，使立于高、国之间。侨如曰："不可以再罪。"奔卫，亦间于卿。

晋侯使郤至献楚捷于周，与单襄公语，骤称其伐。单子语诸大夫曰："温季其亡乎！位于七人之下，而求掩②其上。怨之所聚，乱之本也。多怨而阶乱，何以在位？《夏书》曰：'怨岂在明？不见是图。'将慎其细③也。今而明之，其可乎？"

【注释】①扈：春秋郑邑，今河南原武县西北有扈亭。②掩：掩盖，覆盖。③慎：谨慎。细：细微之处。

【译文】冬十月，放逐叔孙侨如并和鲁国结盟。侨如逃亡到齐国。

十二月，季孙和郤犨在扈地结盟。回国，暗地里杀了公子偃，把叔孙豹从齐国召回，立他继承叔孙氏的禄位。

齐国齐灵公的母亲声孟子和侨如私通，让他的名位位于高氏、国氏之间。侨如说："我不能再犯罪了。"便逃亡到卫国，名位还是位于各卿之间。

晋厉公派遣郤至进献楚国的俘虏给周朝，郤至和单襄公说话屡屡夸耀自己的功劳，单襄公对大夫们说："郤至恐怕要被杀吧！他的地位在七个人之下，而想要盖过他的上级。聚集怨恨，这是祸乱的根本。多招怨恨，是自己制造祸乱的阶梯，怎么还能据有官位？《夏书》说：'怨恨难道只是在明处？看不到的怨恨倒是应该考虑。'这是说在细微之处也要谨慎。现在郤至把看不到的怨恨都变得明显了，这难道行吗？"

襄公（元年～三十一年）

三年经

三年：春，楚公子婴齐帅师伐吴。

公如晋。

夏，四月壬戌，公及晋侯盟于长樗(chū)。

公至自晋。

六月，公会单子、晋侯、宋公、卫侯、郑伯、莒子、邾子、齐世子光。已未，同盟于鸡泽。

陈侯使袁侨如会。

戊寅，叔孙豹及诸侯之大夫及陈袁侨盟。

秋，公至自会。

冬，晋荀罃帅师伐许。

三年传

【原文】三年，春，楚子重伐吴，为简之师。克鸠兹①，至于衡山。使邓廖(liào)帅组甲三百，被练三千，以侵吴。吴人要②而击之，获邓廖。其能免者，组甲③八十，被练三百而已。子重归，既饮至，三日，吴人伐楚，取驾。驾，良邑也。邓廖，亦楚之良④也。君子谓"子重于是役也，所获不如所亡"。楚人以是咎子重，子重病之，遂遇心病⑤而卒。

公如晋，始朝也。夏，盟于长樗。孟献子相。公稽首。知武子曰："天子在，而君辱稽首，寡君惧矣。"孟献子曰："以敝邑介在东表⑥，密迩⑦仇雠，寡君将君是望，敢不稽首？"

【注释】①鸠兹：春秋吴邑，在今安徽芜湖县东四十里。②要：同"腰"，指拦腰截断。③组甲：身着丝绳带联缀皮革或金属的甲片的士兵。④良：良将，良材。⑤心病：心中忧虑而引起疾病。亦指心中忧虑引起的疾病。⑥东表：东方边界之外。指临近东海。⑦密迩：靠近；贴近。

【译文】三年春季，楚国的子重入侵吴国，组织了一支经过挑选的军队。攻下鸠兹，到达衡山。派遣邓廖率领三百名穿着用丝带连缀甲片制成的铠甲的车兵和三千名穿着用熟丝连缀甲片制成的铠甲的步兵以侵袭吴国。吴军拦腰攻击楚军，俘虏了邓廖。逃脱的只有车兵八十人、步兵三百人而已。子重回国，在太庙中举行了庆祝胜利的饮至礼仪，三天后，吴国人攻打楚国，占取了驾地。驾地，是上等的城邑。邓廖，也是楚国的良将。君子认为："子重在这次战役中，所得到的不如所失去的。"楚国人因此责备子重。子重感到忧虑，就得了病而死去。

鲁襄公到晋国，这是第一次去朝见。夏季，襄公和晋悼公在长樗会盟。孟献子作为襄公的相礼。襄公向晋悼公行叩头礼。知武子说："有周天子在那里，而屈辱地让君王叩头，寡君感到害怕。"孟献子说："由于敝邑地近东海，紧挨着仇敌，寡君将要仰望贵君协助，岂敢不行叩头大礼？"

【原文】 晋为郑服故，且欲修吴好，将合诸侯。使士匄告于齐曰："寡君使匄，以岁之不易，不虞之不戒，寡君愿与一二兄弟相见，以谋不协。请君临之，使匄乞盟。"齐侯欲勿许，而难为不协，乃盟于耏[①]外。

祁奚请老[②]，晋侯问嗣[③]焉。称解狐[④]，其仇也，将立之而卒。又问焉，对曰："午[⑤]也可。"于是羊舌职[⑥]死矣。晋侯曰："孰[⑦]可以代之？"对曰："赤[⑧]也可。"于是使祁午为中军尉[⑨]，羊舌赤佐之。君子谓："祁奚于是能举善[⑩]矣。称其仇，不为谄[⑪]；立其子，不为比[⑫]；举其偏，不为党[⑬]。《商书》曰：'无偏无党，王道荡荡。'[⑭]其祁奚之谓矣！解狐得举，祁午得位，伯华得官，建一官而三物成，能举善也夫！唯善，故能举其类。《诗》云[⑮]：'惟其有之，是以似之。'祁奚有焉。"

【注释】 ①耏：耏水，即今山东临淄之时水。②祁奚：字黄羊，晋国大臣，曾任晋国中军尉。请老：告老，请求退休。③晋侯：指晋悼公。嗣：指接替职位的人。④称：推举。解狐：晋国的大臣。⑤午：祁午，祁奚的儿子。⑥于是：在这个时候。羊舌职：姓羊舌，名职，晋国的大臣，当时任中军佐。⑦孰：谁。⑧赤：羊舌赤，字伯华，羊舌职的儿子。⑨中军尉：中军的军尉。⑩于是：在这件事情上。举：推举。善：指贤能的人。⑪谄：谄媚，讨好。⑫比：偏爱，袒护。⑬偏：指副手，下属。党：勾结。⑭出自《尚书·洪范》。王道：君主以仁义治天下，以德政安抚臣民的统治方法。荡荡：宽广无边的样子，指公正无私。⑮出自《诗·小雅·裳裳者华》。

【译文】 晋国由于郑国顺服的原因，又想要和吴国修好，打算会合诸侯。派遣士匄向齐国报告说："寡君派我前来，是由于近年来各国还不平定，对意外的事情又没有戒备，寡君愿意和几位兄弟国家的国君相见，来商讨解决彼此的不和。请求君王参加，派我来请求结盟。"齐灵公想不答应，而又不好表示不和，就在耏水外面结盟。

祁奚请求告老退休，晋悼公问他谁来接替他。祁奚称道解狐。解狐，是祁奚的仇人，晋悼公打算任命解狐，他却死了。晋悼公又问祁奚，祁奚回答说："祁午也可以胜任。"这时羊舌职死了，晋悼公说："谁可以接替他？"祁奚回答说："羊舌赤可以胜任。"因此，晋悼公就派遣祁午做中军尉，羊舌赤为副职。君子认为："祁奚在这种情况下能够推举有德行的人。举荐他的仇人而不是谄媚，安排他的儿子而不是勾结，推举他的副手而不是结党。《商书》说：'不偏私不结党，君王之

道浩浩荡荡。'这说的就是祁奚啊。解狐能被荐举，祁午得到了禄位，羊舌赤能有官位，建立一个官位而成全三件事，这是因为能够推举好人的缘故啊。唯其有德行，才能推举类似他的好人。《诗》说：'正因为具有美德，推举的人才能和他相似。'祁奚就是这样的人。"

【原文】六月，公会单顷公及诸侯。己未，同盟于鸡泽①。晋侯使荀会逆吴子于淮上②。吴子不至。

楚子辛为令尹，欲侵于小国。陈成公使袁侨如会求成。晋侯使和组父告于诸侯。秋，叔孙豹及诸侯之大夫及陈袁侨盟，陈请服也。

【注释】①鸡泽：地名，在河北永年县西南。②淮上：淮水边上。

【译文】六月，鲁襄公会见单顷公和诸侯。二十三日，在鸡泽会盟。晋悼公派遣荀会在淮水边上迎接吴国国君，吴国国君没有来。

楚国的子辛做令尹，侵害小国以满足自己欲望。陈成公派遣袁侨到会请求求好。晋悼公派遣和组父告诉诸侯。秋季，叔孙豹和诸侯的大夫同陈国的袁侨结盟，这是因为陈国请求服从晋国的缘故。

【原文】晋侯之弟扬干乱行于曲梁①，魏绛戮其仆。晋侯怒，谓羊舌赤曰："合诸侯，以为荣也。扬干为戮，何辱如之？必杀魏绛，无失也！"对曰："绛无贰志②，事君不辟难，有罪不逃刑，其将来辞③，何辱命焉？"言终，魏绛至，授仆人书，将伏剑④。士鲂、张老止之。公读其书曰："日君乏使，使臣斯司马⑤。臣闻师众以顺为武，军事有死无犯为敬。君合诸侯，臣敢不敬？君师不武，执事不敬，罪莫大焉。臣惧其死，以及扬干，无所逃罪，不能致训，至于用钺⑥。臣之罪重，敢有不从，以怒君心⑦？请归死于司寇。"公跣而出⑧，曰："寡人之言，亲爱也。吾子之讨⑨，军礼也。寡人有弟，弗能教训，使干大命⑩，寡人之过也。子无重寡人之过，敢以为请。"

廷理执法

楚庄王时所拟的"官门法"规定：大臣及诸公子入朝，如果马车开到官门前，马蹄踏到了官殿的屋檐下，就要受到砍断车辕，杀掉驾车人的惩罚。楚庄王太子曾违反规定，受到惩罚，请庄王杀掉执法的廷理。庄王向太子解释了法令的重要性，不能因私徇法。魏绛的做法也是不畏权势，维护法律的尊严。

【注释】①乱行：扰乱行列。②贰志：二心。③辞：陈述，辩解。④伏剑：即自刎，自杀。⑤斯：此，这里是担任此职的意思。⑥钺：斧钺，指大斧子。⑦怒：惹怒，激怒。⑧跣：没有穿鞋，光着脚。⑨讨：讨罪，指杀戮，诛杀。⑩干：触犯。

【译文】晋悼公的弟弟扬干在曲梁扰乱军队的行列，魏绛杀了他的驾车人。晋悼公发怒，对羊舌赤说："会合诸侯，是以此为光荣。扬干受到侮辱，还有什么侮辱比这更大？一定要杀掉魏绛，千万不要耽误了。"羊舌赤回答说："魏绛一心为国，侍奉国君不避危难，有了罪过不避惩罚，恐怕会来辩解的，何必劳动君王发布命令呢？"话刚说完，魏绛来了，把一封信交给仆人官，准备抽剑自杀。士鲂、张老劝阻了他。晋悼公读他的书信，信上说："以前君王缺乏役使的人，让下臣担任司马的职务。下臣听说军队里的人服从军令叫做勇武，在军队里做事宁死也不犯军纪叫做恭敬。君王会合诸侯，下臣哪里敢不恭敬？君王的军队不勇武，办事的人不恭敬，没有比这再大的罪过了。下臣害怕死，所以连累到扬干，罪责无可逃避。下臣不能够事先教导全军，以至于动用了斧钺，下臣的罪过很重，岂敢不服从惩罚来激怒君王呢？请求回去死在司寇那里。"晋悼公光着脚赶紧走出来，说："寡人的话，是出于对兄弟的亲爱；大夫的诛戮，是出于按军法从事。寡人有弟弟，没有能够好好教导他，而让他触犯了军令，这是寡人的过错。您不要加重寡人的过错，谨以此作为请求。"

【原文】晋侯以魏绛为能，以刑佐①民矣。反役②，与之礼食，使佐新军。张老为中军司马，士富为候奄。

楚司马公子何忌侵陈，陈叛故也。许灵公事楚，不会于鸡泽。冬，晋知武子帅师伐许。

【注释】①刑佐：法治，即用刑罚治理。②反役：从行役返回，此指回国。

【译文】晋悼公认为魏绛能够采用刑罚来治理百姓了，从盟会回国，在太庙设宴招待魏绛，派他为新军副帅。张老做中军司马，士富做候奄官。

楚国的司马公子何忌率军进攻陈国，这是由于陈国背叛了楚国的缘故。许灵公侍奉楚国，不参加鸡泽的会见。冬季，晋国的知武子领兵讨伐许国。

二十九年经

二十有九年：春，王正月，公在楚。

夏，五月，公至自楚。

庚午，卫侯衎（kàn）卒。

阍弑（hūn shì）吴子余祭。

仲孙羯（jié）会晋荀盈、齐高止、宋华定、卫世叔仪、郑公孙段、曹人、莒（jǔ）人、滕人、薛人、小邾（zhū）人，城杞（qǐ）。

晋侯使士鞅来聘。

杞子来盟。

吴子使札来聘。

秋，九月，葬卫献公。

齐高止出奔北燕。

冬，仲孙羯如晋。

二十九年传

【原文】 二十九年，春，王正月，公在楚，释①不朝正于庙也。楚人使公亲襚②，公患之。穆叔曰："被殡③而襚，则布币也。"乃使巫以桃、茢④先被殡。楚人弗禁，既而悔之。

二月，癸卯，齐人葬庄公于北郭⑤。

夏，四月，葬楚康王。公及陈侯、郑伯、许男送葬，至于西门之外。诸侯之大夫皆至于墓。楚郏敖⑥即位。王子围⑦为令尹。郑行人子羽曰："是谓不宜，必代之昌。松柏之下，其草不殖⑧。"

【注释】 ①释：解释。②襚：为死人穿衣。③被殡：扫除棺殡凶邪。④桃：桃木、桃棒，用于趋鬼。茢：苕帚，可扫除不祥。⑤郭：城外。周代礼法，死于兵者不能葬于兆域之内。齐庄公死于兵，因此被葬于北郭。⑥郏敖：楚康王之子。⑦王子围：楚康王之弟。⑧殖：繁殖、繁衍。

【译文】 二十九年春季，周历正月，"公在楚"，并以此来解释他为何不在祖庙听政。楚国人让鲁襄公亲自为楚康王的尸体赠送寿衣，襄公对此感到忧虑。穆叔说："先扫除棺材的凶邪然后给死者赠送衣服，这就等于朝见时陈列皮币。"于是就让巫人用桃棒、苕帚先在棺材上扫除凶邪。楚国人没有禁止，不久以后又感到后悔。

二月初六日，齐国人在外城北部安葬齐庄公。

夏四月，安葬楚康王，鲁襄公和陈哀公、郑简公、许悼公都参加送葬，到达西门外边，各诸侯的大夫都到了墓地。楚国的郏敖即位，王子围做令尹。郑国的使者子羽说："这叫做不合适，令尹必然要代替楚君王而昌盛。松柏的下面，草是不能繁殖的。"

【原文】 公还，及方城。季武子取卞，使公冶问，玺书①追而与之，曰："闻守卞者将叛，臣帅徒以讨②之。既得之矣，敢告。"公冶致使而退，及舍，而后闻取卞。公曰："欲之而言叛，只见疏也。"公谓公冶曰："吾可以入乎？"对曰："君实有国，谁敢违君？"公与公冶冕服，固辞，强之而后受③。公欲无入，荣成伯赋《式微》④，乃归。五月，公至自楚。公冶致⑤其邑于季氏，而终不入焉。曰："欺其君，何必使余？"季孙见之，则言季氏如他日⑥。不见，则终不言季氏。及疾，聚其臣，曰："我死，必无以冕服敛，非德赏⑦也。且无使季氏葬我！"

【注释】①玺书：用封泥加印把信封好。②徒：部下，这里指军队。讨：讨伐。③受：接受。④《式微》：出自《诗·邶风》。⑤致：送还，交还。⑥他日：往日，往常。⑦德赏：因功德而获得的赏赐。

【译文】鲁襄公回来，到达方城山。季武子占取卞地，派公冶来请示襄公，用封泥加印把信封好了追上去给了公冶，信上说："听到戍守卞地的人打算叛变，下臣率领部下讨伐他，已经得到卞地了，谨此报告。"公冶说完这些就退出去，到达帐篷以后才听到占取了卞地。鲁襄公说："想要这块地方而又说叛变，只能是对我表示疏远。"鲁襄公对公冶说："我可以进入国境吗？"公冶回答说："君王据有国家，谁敢违背君王？"鲁襄公赐给公冶冕服，公冶坚决辞谢，勉强他，然后才接受了。鲁襄公不想进入国境，荣成伯赋《式微》这首诗，鲁襄公这才回国。五月，鲁襄公从楚国回来。公冶把他的封邑送还给季氏，始终不再进入季孙的家门，说："季孙欺骗他的国君，何必派我？"季孙和他见面，就和季孙像以前一样说话。不相见，公冶始终不谈季氏。等到公冶病危，聚集他的家臣，说："我死了以后，一定不要用冕服入殓，因为这不是由于德行而所得的赏赐。并且还不要让季氏来安葬我。"

【原文】葬灵王。郑上卿有事，子展使印段往。伯有曰："弱①，不可。"子展曰："与其莫往，弱不犹愈②乎？《诗》云③：'王事靡盬(gǔ)，不遑(huáng)启处。'东西南北，谁敢宁处④？坚事晋、楚，以蕃⑤王室也。王事无旷⑥，何常之有？"遂使印段如周。

吴人伐越，获俘焉，以为阍(hūn)⑦，使守舟。吴子余祭观舟，阍以刀弑(shì)之。

【注释】①弱：年少官微。②犹：也。愈：超过。③《诗》：此处指《诗·小雅·四牡》。④宁处：安宁居住，指安居乐业。⑤蕃：守卫，捍卫。⑥旷：缺失。⑦阍：守门，守门人。

【译文】安葬周灵王。郑国的上卿子展有事不能去，他派印段前去。伯有说："他太年轻，不能让他去。"子展说："与其没有人去，尽管年轻，也比没有人去总要好一点吧？《诗》说：'王事应当细致，没有工夫安居。'东西南北，谁敢安安稳稳地居住？坚定地侍奉晋国、楚国，用以捍卫王室。王事没有缺失，有什么常例不常例？"于是就派印段前去成周。

吴国人进攻越国，抓到了俘虏，让他做看门人，派他看守船只。吴王余祭观看船只，看门人用刀杀死了吴王。

【原文】郑子展卒，子皮即位。于是郑饥而未及麦①，民病②。子皮以子展之命，饩(xì)国人粟③，户一钟，是以得郑国之民。故罕氏常掌国政，以为上卿。宋司城子罕闻之，曰："邻于善，民之望也。"宋亦饥，请于平公，出公粟以贷④，使大夫皆贷。司城氏贷而不书⑤，为大夫之无者贷。宋无饥

人。叔向闻之，曰："郑之罕，宋之乐，其后亡者也，二者其皆得国乎！民之归也，施而不德⑥，乐氏加焉⑦，其以宋升降乎！"

【注释】 ①饥：饥荒。麦：麦收。②病：困乏，疲弊。③饩：赠送食物。④贷：借贷，借给。⑤书：书简，这里指契约。⑥不德：不以之为德，即不以此为恩德。⑦加：更加，越加。

【译文】 郑国的子展死了，子皮即位为上卿。当时郑国因闹饥荒而还没有到麦收的时候，百姓困乏。子皮用子展的遗命把粮食赠给国内的人们，每户一钟，因此得到郑国百姓的拥护。所以罕氏经常掌握国政，作为上卿。宋国的司城子罕听到了，说："接近于善，这是百姓的期望。"宋国也发生了饥荒，司城子罕向宋平公请求，拿出公家的粮食借给百姓，让大夫都出借粮食。司城氏出借粮食不写契约，又为缺少粮食的大夫借给百姓。宋国没有挨饿的人。叔向听到了，说："郑国的罕氏，宋国的乐氏，大约是最后才会灭亡啊，两家恐怕都要掌握国政吧！这是因为百姓归向他们的缘故。施舍而不自以为给人恩惠，乐氏就更高出一筹了，这一家大概是会随着宋国的盛衰而盛衰吧！"

【原文】 晋平公，杞出也，故治杞①。六月，知悼子合诸侯之大夫以城杞②，孟孝伯会之。郑子大叔与伯石往。子大叔见大叔文子，与之语。文子曰："甚乎其城杞也③！"子大叔曰："若之何哉？晋国不恤周宗之阙，而夏肄是屏④。其弃诸姬，亦可知也已。诸姬是弃，其谁归之？吉也闻之，弃同即异，是谓离德。《诗》曰⑤：'协比其邻，昏姻孔云。'晋不邻矣⑥，其谁云之！"

【注释】 ①治：修整，修治。②城：修筑城墙。③甚：过分。④夏肄：夏朝的残余，指杞国。⑤《诗》：指《诗·小雅·正月》。⑥邻：亲近。

【译文】 晋平公，是杞国国君女儿所生的，所以修整杞国的城墙。六月，知悼子会合诸侯的大夫为杞国筑城，孟孝伯参加了。郑国的子太叔和伯石也来了。子太叔见到太叔文子，就同他说话。

德行忠信

晋平公问于师旷曰："人君之道何如？"师旷曰："人君清静无为，务在博爱，趣在任贤，广开耳目以察万方，不固溺于流俗，不拘系于左右，廓然远见，踔然独立，屡省考绩以临臣下。此人君之操也。"平公曰："善！"

文子说："为杞国筑城这件事太过分了！"子太叔说："拿他怎么办好啊！晋国不担心周室的衰微，反而保护夏朝的残余，它会丢弃姬姓诸国，也就可以想到了。姬姓诸国还要丢弃，还有谁去归向他？我听说：'丢弃同姓而亲近异姓，这叫做离德。'《诗》说：'和谐他的近亲，姻亲就会和他友好来往。'晋国把近亲不看做近亲，还有谁来和他友好往来？"

【原文】 齐高子容与宋司徒见知伯，女齐①相礼。宾出，司马侯言于知伯曰："二子皆将不免。子容专②，司徒侈③，皆亡家之主也。"知伯曰："何如？"对曰："专则速及，侈将以其力毙，专则人实毙之，将及矣。"

范献子来聘，拜城杞也。公享④之，展庄叔执币⑤。射者三耦⑥，公臣不足，取于家臣。家臣，展瑕、展玉父为一耦；公臣，公巫召伯、仲颜庄叔为一耦；鄫鼓父、党叔为一耦。

【注释】 ①女齐：即司马侯。②专：自专，专横。③侈：奢侈。④享：以享礼款待。⑤币：束帛。⑥耦：对，两人为一耦。

【译文】 齐国的高子容和宋国的司徒进见知伯，女齐作为相礼，客人出去了，女齐对知伯说："这两位将要有灾难。子容专权，司徒奢侈，都是使家族灭亡的大夫。"知伯说："怎么呢？"女齐回答说："专横就会很快招致祸患，奢侈将会由于力量强大而致死，专横，别人就会要他的命，他将要及于祸患了。"

范献子来鲁国聘问，拜谢在杞国筑城。鲁襄公设享礼招待他，展庄叔拿着束帛。参加射礼的要有三对人。公臣的人选不够，在家臣中选取。家臣，展瑕、展玉父作为一对，公臣，公巫召伯、仲颜庄叔作为一对，鄫鼓父、党叔作为一对。

【原文】 晋侯使司马女叔侯来治杞田，弗尽归也。晋悼夫人愠①曰："齐也取货，先君若有知也，不尚取之。"公告叔侯。叔侯曰："虞、虢、焦、滑、霍、扬、韩、魏，皆姬姓也，晋是以大。若非侵小，将何所取？武、献以下，兼②国多矣，谁得治之？杞，夏余也，而即③东夷。鲁，周公之后也，而睦于晋。以杞封鲁犹可，而何有焉？鲁之于晋也，职贡不乏，玩好时至，公卿大夫相继于朝，史不绝书，府无虚④月。如是可矣，何必瘠⑤鲁以肥杞？且先君而有知也，毋宁夫人，而焉用老臣？"

杞文公来盟，书曰"子"，贱⑥之也。

【注释】 ①愠：生气。②兼：兼并。③即：接近，亲近。④府：国库。虚：空虚，间断。⑤瘠：使贫瘠，指削弱。⑥贱：贬低，不尊重。

【译文】 晋平公派司马女叔侯去鲁国，使鲁国归还杞国土地，但鲁国没有全部归还给杞国。晋悼公夫人气愤地说："女齐办事不得力，先君如果能知道这点，不会选取他这样办事的。"晋平公把这件事告诉了叔侯。叔侯说："虞国、虢国、焦国、滑国、霍国、扬国、韩国、魏国，都是姬姓，晋国因此而扩大。如果不是入侵小国，将要从哪里取得？武公、献公以来，兼并的国家就多了，谁能够治理它？杞国，是夏朝的后代，而接近东夷。鲁国，是周公的后代，而和晋国和睦。把杞国封给鲁国还是可以的，有什么杞国不杞国？鲁国对于晋国，贡品不缺乏，玩物按时送到，公卿大夫一个接一个前来朝见，史官没有中断过记载，国库没有一个月不接受鲁国的贡品。像这样就可以了，何必再要削弱鲁国而增强杞国？如果先君有知，就宁可让夫人自己去办，又哪里用得着我老臣？"

杞文公来鲁国结盟，《春秋》称他为"子"，这是表示对他不尊重。

【原文】吴公子札①来聘，见叔孙穆子，说之。谓穆子曰："子其不得死乎！好善而不能择人。吾闻君子务在择人。吾子为鲁宗卿，而任其大政，不慎举，何以堪之？祸必及子！"

请观于周乐②。使工为之歌《周南》、《召南》③。曰："美哉！始基④之矣，犹未也，然勤而不怨⑤矣。"为之歌《邶》、《鄘》、《卫》。曰："美哉渊乎！忧而不困者也。吾闻卫康叔、武公⑥之德如是，是其《卫风》乎！"为之歌《王》⑦。曰："美哉！思而不惧，其周之东乎！"为之歌《郑》。曰："美哉！其细⑧已甚，民弗堪也，是其先亡乎！"为之歌《齐》。曰："美哉！泱泱乎，大风也哉！表东海者，其大公乎！国未可量也。"为之歌《豳》。曰："美哉！荡乎！乐而不淫，其周公之东⑨乎！"为之歌《秦》。曰："此之谓夏声。夫能夏则大，大之至也，其周之旧乎！"为之歌《魏》。曰："美哉！沨沨乎！大而婉，险⑩而易行，以德辅此，则明主也。"为之歌《唐》⑪。曰："思深哉！其有陶唐氏之遗民乎⑫！不然，何忧之远也？非令德之后，谁能若是？"为之歌《陈》。曰："国无主，其能久乎！"自《郐》以下，无讥⑬焉。为之歌《小雅》。曰："美哉！思而不贰，怨而不言，其周德之衰乎！犹有先王之遗民焉。"为之歌《大雅》。曰："广哉，熙熙乎！曲而有直体，其文王之德乎！"为之歌《颂》。曰："至矣哉！直而不倨，曲而不屈，迩而不偪，远而不携⑭，迁而不淫，复而不厌，哀而不愁，乐而不荒，用而不匮，广而不宣，施而不费，取而不贪，处而不底⑮，行而不流。五声⑯和，八风⑰平，节有度⑱，守有序⑲，盛德之所同也。"

【注释】①吴公子札：即季札，吴王寿梦的小儿子。②周乐：周王室的音乐舞蹈。③工：乐工。《周南》、《召南》：《诗经》十五国风开头的两种。下面所提到的都是国风中各国的诗歌。④基：奠定基础。⑤勤：勤劳。怨：怨恨。⑥康叔：周公的弟弟，卫国开国君主。武公：康叔的九世孙。⑦《王》：即《王风》，周平王东迁洛邑后的乐歌。⑧细：琐碎。这里以音乐象征政令。⑨周公之之东：指周公东征。⑩险：不平，指音乐的变化。⑪唐：在今山西太原。晋国开国国君叔虞初封于唐⑫陶唐氏：指帝尧。⑬讥：讥讽，批评。⑭倨：傲慢。携：游离。⑮荒：过度。底：停顿，停滞。⑯五声：指宫、商、角、徵、羽。⑰八风：指金、石、丝、竹、匏、土、革、木做成的八类乐器。⑱节：节拍。度：尺度。⑲守有序：乐器演奏遵守一定的次序。

【译文】吴国的公子札来鲁国结盟，见到叔孙穆子，很喜欢他。对穆子说："您恐怕不得善终吧！喜欢善良而不能够选择贤人，我听说君子应当选贤择能。您作为鲁国的宗卿而主持国政，不慎重举荐善人，怎么能受得了呢？祸患必然到您身上。"

公子札请求聆听观看周朝的音乐和舞蹈。于是让乐工为他歌唱《周南》、《召南》。季札说："美啊！王业开始奠定基础了，还没有完成，然而百姓勤劳而不怨恨了。"为他歌唱《邶风》、《鄘风》、《卫风》之歌，他说："美好又深厚啊！忧愁而不窘迫。我听说卫康叔、武公的德行就像这样，这大概就是《卫风》吧！"为他歌唱《王》之歌，他说："美好啊！思虑而不恐惧，大概是周室东迁以后的音乐吧！"为他歌唱《郑风》之歌，他说："美好啊！但是它琐碎得太过分了，百姓不能忍受的。这大概是郑国要先灭亡的原因吧！"为他歌唱《齐风》之歌，他说："美好啊，宏大呵！这是大国的音乐啊！作为东海的表率，大概是太公的国家吧！国家前途不可限量。"为他歌唱《豳风》之歌，他说："美好啊，平正啊！欢乐而不过度，大概是周公东征的音乐吧！"为他歌唱《秦风》之歌，他说："这就叫做西方的夏声。夏就是大，大到极点了，恐怕是周朝的旧乐吧！"为他歌唱《魏风》，他说："美好啊！抑扬顿挫呵！粗犷而又婉转，艰难而易于推行，再用德行加以辅助，就是贤明的君主了。"为他歌唱《唐风》，他说："思虑很深啊！大概有陶唐氏的遗民吧？否则，为什么那么忧思深远呢？不是美德者的后代，谁能像这样？"为他歌唱《陈风》，他说："国家没有主人，难道能够长久吗？"从《郐风》以下的诗歌，季札听了就没有评论了。乐师为他歌唱《小雅》，他说："美好啊！忧愁而没有三心二意，怨恨却不溢于言表，恐怕是周朝德行衰微的乐章吧！还是有先王的遗民啊！"为他歌唱《大雅》，他说："广博啊，和谐呵！抑扬曲折而本质刚健，大概是文王的德行吧！"为他歌唱《颂》，他说："到达顶点了！正直而不倨傲，曲折而不卑下，亲近而不相逼，疏远而不离心，活泼而不淫乱，反复而不厌倦，哀伤而不忧愁，欢乐而不荒淫，使用而不匮乏，宽广而不显露，施舍而不浪费，收取而不贪婪，静止而不停滞，行进而不流荡。五声和谐，八风协调。节拍有一定的尺度，乐器都按次序，这都是盛德之人所共同具有的美德。"

季札

【原文】见舞《象箾》、《南籥》^shuò①者，曰："美哉！犹有憾。"见舞《大武》②者，曰："美哉！周之盛也，其若此乎！"见舞《韶濩》③者，曰："圣人之弘也，而犹有惭德④，圣人之难也。"见舞《大夏》⑤者，曰："美哉！

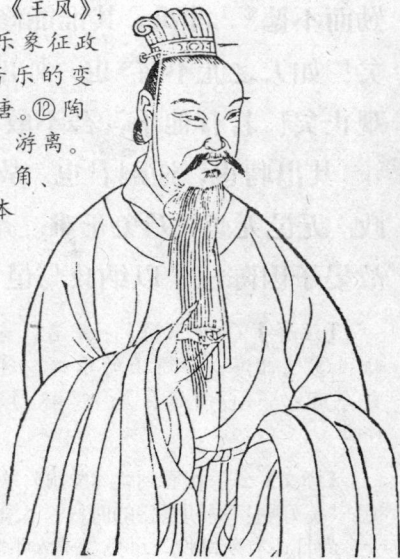

勤而不德⑥，非禹，其谁能修之？"见舞《韶箾》⑦者，曰："德至矣哉，大矣！如天之无不帱⑧也，如地之无不载也。虽甚盛德，其蔑⑨以加于此矣。观止矣！若有他乐，吾不敢请已。"

其出聘也，通嗣君也。故遂聘于齐，说晏平仲，谓之曰："子速纳邑与政。无邑无政，乃免于难。齐国之政，将有所归，未获所归，难未歇⑩也。"故晏子因陈桓子以纳政与邑，是以免于栾、高之难。

【注释】①《象箾》：舞名，武舞。《南籥》：舞名，文舞。②《大武》：周武王的乐舞。③《韶濩》：商汤的乐舞。④慚德：缺憾。⑤《大夏》：夏禹的乐舞。⑥不德：不自夸有功。⑦《韶箾》：虞舜的乐舞。⑧帱：覆盖。⑨蔑：无，没有。⑩歇：停歇，停止。

【译文】公子札看到跳《象箾》、《南籥》舞，说："美好啊！但还有遗憾。"看到跳《大武》舞，说："美好啊！周朝兴盛的时候，大概就像这样吧！"看到跳《韶濩》舞，说："像圣人那样的宏大，尚且还有所惭愧，可见当圣人不容易啊！"看到跳《大夏》舞，说："美好啊！功劳而不自以为有德，不是禹，还有谁能做到呢？"看到跳《韶箾》舞，说："功德到达顶点了，伟大啊！像上天没有东西不覆盖，像大地没有东西不承载。盛德到达顶点，就不能再比这更有所增加了，聆听观看就到这里了。如果还有别的音乐，我不敢再请求欣赏了。"

公子札的出国聘问，是想讨好新立的国君，因此就到齐国聘问，喜欢晏平仲，对他说："您赶快交还封邑和政权。没有封邑没有政权，这才能免于祸难。齐国的政权将会有所归属，没有得到归属，祸难不会停止。"所以晏子通过陈桓子交还了政权和封邑，因为这样，而免于栾氏、高氏发动的祸难。

【原文】聘于郑，见子产，如旧相识，与之缟带①，子产献纻衣②焉。谓子产曰："郑之执政侈，难将至矣！政必及子。子为政，慎③之以礼。不然，郑国将败。"

适卫，说蘧瑗、史狗、史鰌、公子荆、公叔发、公子朝，曰："卫多君子，未有患也。"

自卫如晋，将宿于戚，闻钟声焉，曰："异哉！吾闻之也：'辩而不德④，必加于戮。'夫子获罪于君以在此，惧犹不足，而又何乐？夫子之在此也，犹燕之巢于幕上。君又在殡，而可以乐乎？"遂去之。文子闻之，终身不听琴瑟⑤。

【注释】①缟带：白绢做成的大带。②纻衣：麻布做的衣服。③慎：谨慎、慎重。④辩：通变，发动变乱的意思。⑤琴瑟：这里代指音乐。

【译文】季札到郑国聘问，见到子产，好像老相识。给子产赠送白绢大带，子产给季札献上麻布衣服。公子札对子产说："郑国的执政者奢侈，祸难将要来临了！政权必然落到您手中。您执政，要用礼来谨慎地处事。否则，郑国将会败亡。"

季札到达卫国，与蘧瑗、史狗、史鰌、公子荆、公叔发、公子朝谈得很投机，他说："卫国有很多贤能的君子，不会有什么祸患。"

公子札从卫国去晋国，准备在戚地住宿。听到钟声，说："奇怪啊！我听说了，发动变乱而没有德行，必然遭到诛戮。那个人得罪了国君因而住在这里，害怕还来不及，又有什么可以寻欢作乐的？那个人在这地方，就像燕子在帐幕上做窝。国君停棺还没有安葬，难道可以寻欢作乐吗？"于是就离开戚地。孙文子听到了这番话，到死都不再听音乐。

【原文】适晋，说赵文子、韩宣子、魏献子，曰："晋国其萃于三族乎！"说叔向，将行，谓叔向曰："吾子勉之！君侈而多良，大夫皆富，政将在家①。吾子好直②，必思自免于难。"

秋，九月，齐公孙虿、公孙灶放其大夫高止于北燕。乙未，出。书曰"出奔"，罪高止也。高止好以事自为功，且专，故难及之。

冬，孟孝伯如晋，报③范叔也。

为高氏之难故，高竖以卢叛。十月，庚寅④，闾丘婴帅师围卢。高竖曰："苟使高氏有后，请致邑。"齐人立敬仲之曾孙酀，良敬仲也。十一月，乙卯⑤，高竖致卢而出奔晋。晋人城绵而寘旃。

【注释】①家：私家。②直：耿直，直率。③报：回报。④庚寅：二十七日。⑤乙卯：二十三日。

【译文】公子札到了晋国，喜爱赵文子、韩宣子、魏献子，说："晋国的政权大约要聚集在这三家了！"他喜爱叔向，离别时，对叔向说："您努力吧！国君奢侈而优秀的臣下很多，大夫都富有，政权将要归于私家。您喜欢直话直说，一定要考虑使自己免于祸难。"

秋九月，齐国的公孙虿、公孙灶放逐他们的大夫高止到北燕。初二日，出国。《春秋》记载说"出奔"，这是出于归罪于高止。高止喜欢生事，而且自己居功，同时又喜欢专权，所以他就会有祸难。

冬季，孟孝伯去到晋国，这是回报范叔的聘问。

由于高氏受到放逐的缘故，高竖在卢地发动叛乱。十月二十七日，闾丘婴带兵包围卢地。高竖说："如果让高氏有后代继承禄位，我请求把封邑交还给国君。"齐国人立了敬仲的曾孙酀，这是认为敬仲贤良。十一月二十三日，高竖归还卢地而逃亡到晋国，晋国人在绵地筑城，把他安置在那里。

【原文】郑伯有使公孙黑如楚，辞曰："楚、郑方恶①，而使余往，是杀余也。"伯有曰："世行②也。"子晳曰："可则往，难则已，何世之有？"伯有将强使之。子晳怒，将伐伯有氏。大夫和③之。十二月，己巳，郑大夫盟于伯有氏。裨谌曰："是盟也，其与几何？《诗》④曰：'君子屡盟，乱是用长⑤。'今是长乱之道也。祸未歇也，必三年而后能纾⑥。"然明曰："政将焉往？"裨谌曰："善之代不善，天命也，其焉辟子产？举不逾等，则位班⑦也。择善而举，则世隆⑧也。天又除之，夺伯有魄。子西即世，将焉辟之？天祸郑久矣，其必使子产息之，乃犹可以戾⑨。不然，将亡矣。"

【注释】①恶：交恶，互相憎恨。②世行：世代为行人官的意思。③和：说和，和解。④《诗》：这里指《诗·小雅·巧言》。⑤长：滋长。⑥纾：解除。⑦位班：按照次序。⑧世隆：世人尊重。⑨戾：定，安定。

【译文】郑国的伯有派公孙黑去楚国，公孙黑不肯去，说："楚国和郑国正在互相憎恨，而派我去，这是等于杀死我。"伯有说："你这个家族世代都做行人官。"公孙黑说："能够去就去，有危难就不去，有什么世代不世代的。"伯有打算强迫他去。公孙黑非常生气，准备攻打伯有氏，大夫们为他们和解。十二月初七日，郑国的大夫们在伯有家里结盟。裨谌说："这次结盟，它能管多久呢？《诗》说：'君子多次结盟，动乱因此滋长。'现在这样是滋长动乱的做法，祸乱不能停歇，一定要三年然后才能解除。"然明说："哪家有望得到政权？"裨谌说："善人代替坏人，这是天命，政权哪能避开子产？如果不是越级举荐别人，那么按班次也应该子产执政了。选择贤人而举荐，这是为大家所尊重的。上天又为子产清除障碍，使伯有失去了魂魄，子西又去世了，执政的人只有子产。上天降祸于郑国很久了，一定要让子产平息它，国家才可以安定。不这样，就将会灭亡了。"

昭公（元年～三十二年）

六年经

六年：春，王正月，杞伯益姑卒。

葬秦景公。

夏，季孙宿如晋。

葬杞文公。

宋华合比出奔卫。

秋，九月，大雩。

楚蒍罢帅师伐吴。

冬，叔弓如楚。

齐侯伐北燕。

六年传

【原文】六年，春，王正月，杞文公卒，吊如同盟①，礼也。大夫如秦，葬景公，礼也。

【注释】①吊如同盟：指鲁国像吊唁同盟国那样去吊唁杞文公。

【译文】六年春，周历正月，杞文公死了。鲁国前去吊唁好像对同盟的国家一样，这是合于礼的。鲁国大夫到秦国，参加秦景公的葬礼，这是合于礼的。

【原文】三月，郑人铸刑书①。叔向使诒②子产书，曰："始吾有虞于子，今则已③矣。昔先王议事以制，不为刑辟，惧民之有争心也。犹不可禁御④，是故闲之以义，纠之以政，行之以礼，守之以信，奉之以仁，制为禄位，以劝其从，严断刑罚，以威⑤其淫。惧其未也，故诲之以忠，耸⑥之以行，教之以务，使之以和，临之以敬，莅之以强，断之以刚。犹求圣哲之上，明察之官，忠信之长，慈惠之师，民于是乎可任使也，而不生祸乱。民知有辟，则不忌于上，并有争心，以征于书，而徼幸以成之，弗可为矣。夏有乱政，而作《禹刑》。商有乱政，而作《汤刑》。周有乱政，

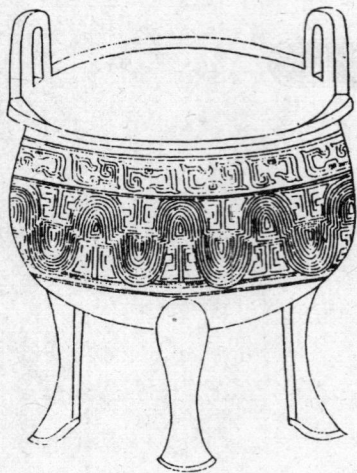

而作《九刑》。三辟之兴，皆叔世⑦也。今吾子相郑国，作封洫，立谤政，制参辟⑧，铸刑书，将以靖民，不亦难乎？《诗》曰⑨：'仪式刑文王之德，日靖四方。'又曰：'仪刑文王，万邦作孚。'如是，何辟之有？民知争端矣，将弃礼而征于书。锥刀之末⑩，将尽争之。乱狱滋丰，贿赂并行。终子之世，郑其败乎！肸闻之：'国将亡，必多制。'其此之谓乎！"

周太公鼎

鼎是中国古代重要的礼器，是政权的重要象征。子产把刑书铸在鼎上，反映了他对法律的重视。

【注释】①铸刑书：刑书铸在鼎上，即制定刑法。②诒：送给，赠送。③已：停止。④御：防止，使停止。⑤威：威胁。⑥耸：耸动。⑦叔世：中落之世，指末世。⑧谤政：引起诽谤的政令，指丘赋制度。参辟：即三辟，夏、商、周三代的三种法典。⑨《诗》：《诗·大雅·文王》。⑩锥刀之末：刑书的一字一句，即细枝末节的小事。

【译文】三月，郑国把刑书铸在鼎上。叔向派人送给子产一封信，说："开始我对您寄予希望，现在停止了。从前先王衡量事情的轻重来判罪，不制定刑法，这是担心百姓有争执的想法。这样还是不能防止犯罪，因此用道义来防范，用政令来约束，用礼仪来引导，用信用来守护，用仁爱来奉养，制定禄位，以勉励服从的人，严厉地判罪，以威胁放纵的人。还恐怕不能收效，所以用忠诚来训诫他们，根据行为来奖励他们，教导他们专心于本来的事业，用和悦的态度使用他们，用严肃面对他们，用威严对待他们，用坚决的态度判断他们的罪行。还要访求聪明贤能的卿、明白事理的官吏、忠诚守信的乡长、慈祥和蔼的老师，百姓在这种情况下才可能使用，而不至于发生祸乱。百姓知道了刑律，就对上面的人不恭敬。大家都有争执的想法，用刑律作为根据，而且侥幸得到成功，国家就更不能治理了。夏朝有违犯政令的人，就制定禹刑。商朝有触犯政令的人，就制定汤刑。周朝有触犯政令的人，就制定九刑。三种法律的产生，都处于末世了。现在您辅佐郑国，划定田界水沟，设置推行受到百姓批评的丘赋制度，制定三种法律，把刑律铸在鼎上，准备用这样的办法安定百姓，不也是很难吗？《诗》说：'效法文王的德行，日益抚定四方的国家。'又说：'效法文王，万邦信赖。'像这样，为什么要有刑律？百姓知道了争夺的依据，将会丢弃礼仪而征用刑书。刑书的一字一句，都要争个明白。触犯刑律的案件更加繁多，贿赂到处使用。在您活着的时候，郑国恐怕要衰败吧！肸听说：'国家将要灭亡，必然多订法律'，恐怕说的就是这个吧！"

【原文】复书曰："若吾子①之言，侨不才，不能及子孙，吾以救世②也。既不承命，敢忘大惠？"

士文伯曰："火见③，郑其火乎！火未出而作火④，以铸刑器⑤，藏争辟⑥焉。火如象之，不火何为？"

【注释】①吾子：对对方的敬爱之称。一般用于男子之间。②救世：拯救天下。③火见：火宿出现。④作火：用火，燃火。⑤铸：将熔化后的金属或液化的非金属材料倒在模型里制成器物，铸造。刑器：即刑鼎，古时铸刑书于鼎，因称刑鼎为刑器，也指刑具。⑥争辟：指刑律。

【译文】子产复信说："像您所说的这样。侨没有才能，不能考虑到子孙，我用来挽救当前的世界。既然不能得到您的赞同，又怎么敢忘了您的大恩？"

士文伯说："火宿出现，郑国恐怕会发生火灾吧！火宿还没有出现，而使用火来铸造刑器，包藏着引起争论的刑书。火宿如果象征这个，不引起火灾能预示什么呢？"

【原文】夏，季孙宿如晋，拜莒田也。晋侯享之，有加笾①。武子退，使行人告曰："小国之事大国也，苟免于讨②，不敢求贶③。得贶不过三献④。今豆有加，下臣弗堪⑤，无乃戾也！"韩宣子曰："寡君以为欢也。"对曰："寡君犹未敢⑥，况下臣，君之隶⑦也，敢闻加贶？"固请彻⑧加，而后卒事。晋人以为知礼，重其好货⑨。

【注释】①加笾：谓礼遇厚于常时。②讨：讨伐。③贶：赐，赏赐。④三献：古代祭祀时献酒三次，即初献爵、亚献爵、终献爵，合称"三献"。⑤下臣：臣对君的谦称。弗堪：不堪，受不起。⑥犹未敢：尚且不敢当。⑦隶：奴隶，奴仆。⑧彻：撤掉，撤去。⑨重：加重，增加。好货：古代在饮宴时，为表示友好而赠送给客人的礼品。

【译文】夏季，季孙宿到晋国去，这是为了拜谢晋国没有讨伐鲁国占取莒国土地。晋平公设享礼招待他，较常礼增加了盛着食物的竹筐。季孙宿退出，派行人报告说："小国侍奉大国，如果免于被讨伐，不敢再求赏赐。得到赏赐也不超过三次献酒。现在菜肴有所增加，下臣不敢当，这样也许是罪过吧？"韩宣子说："我们寡君想一起欢乐。"季孙宿回答说："寡君尚且不敢当，何况下臣是国君的仆役，怎么敢听到有外加的赏赐？"坚决请求撤去加菜，然后结束享宴。晋国人认为他懂得礼仪，在宴礼中送给他很贵重的财物。

【原文】宋寺人柳有宠①，大子佐恶之。华合比曰："我杀之。"柳闻之，乃坎②，用牲③，埋书④，而告公曰："合比将纳亡人⑤之族，既盟于北郭⑥矣。"公使视之，有焉，遂逐华合比。合比奔卫。于是华亥欲代右师，乃与寺人柳比，从为之征⑦曰"闻之久矣。"公使代之。见于左师，左师曰："女夫也，必亡！女丧⑧而宗室，于人何有⑨？人亦于女何有？《诗》曰：'宗子维城，毋俾⑩城坏，毋独斯畏。'女其畏哉！"

六月，丙戌，郑灾。

【注释】①有宠：得到宠信。②坎：坑，穴。③牲：古代供祭祀用的全牛。④书：盟书。⑤亡人：逃亡者，流亡者。⑥北郭：古代城邑外城的北部。亦指城外的北郊。⑦为之征：为他作证。⑧丧：毁坏，丧失。⑨于人何有：对别人怎么样。⑩出自《诗·大雅·板》。维城：连城以卫国。借指皇子或皇室宗族。俾：把，使。

【译文】宋国的寺人柳受到宋平公宠信，太子佐讨厌他。华合比说："我去杀了他。"寺人柳听到了，就挖土坑、使用祭牲，把盟书放在牲口上埋起来。然后报告宋平公说："华合比准备将逃亡在外的人召回来，已经在北边外城结盟了。"宋平公派人去看，果然有这回事，就驱逐了华合比。华合比逃亡到卫国。当时华亥想要谋取华合比的右师这一官职，就和寺人柳勾结，为他作证明说："这件事我也早已听到。"宋平公让他代替了华合比。华亥进见左师，左师说："你这个人一定要逃亡。你毁坏你的宗族，对别人会怎么样？别人也会对你怎么样？《诗》说：'嫡长子就是城墙，不要使城墙毁坏，不要使自己孤单而有所害怕。'你大约会害怕的吧！"

六月初七日，郑国发生火灾。

【原文】楚公子弃疾如晋，报韩子也。过郑，郑罕虎、公孙侨、游吉从郑伯以劳诸柤①，辞不敢见。固请见之，见如见王，以其乘马八匹私面②。见子皮如上卿，以马六匹。见子产，以马四匹。见大叔，以马二匹。禁刍牧采樵③，不入田，不樵树，不采菽，不抽屋，不强匄④。誓曰："有犯命者，君子废，小人降。"舍不为暴，主不恩⑤宾。往来如是。郑三卿皆知其将为王也。

【注释】①柤：春秋时楚地名，故址在今安徽省邳县西北。②私面：古谓使者非因公事而以私人身份见国君。③刍牧：割草放牧。采樵：砍柴。④樵树：砍树为柴。采菽：采摘果蔬。强匄：强行乞讨或索取。⑤恩：担心，忧虑。

【译文】楚国的公子弃疾到晋国去，这是为了回报韩宣子的致送晋女。经过郑国，郑国的子皮、子产、子太叔跟从郑简公在柤地慰劳他。公子弃疾辞谢不敢见面。郑简公坚决请求，这才肯跟郑简公见面。进见郑简公好像进见楚王，用驾车的马八匹作为私人进见的礼物。进见子皮好像进见楚国的上卿，用马六匹。进见子产，用马四匹。进见子太叔，用马两匹。禁止割草放牧采摘砍柴，不进入私田，不砍树木，不摘菜果，不拆房屋，不强行讨取。发誓说："有触犯命令的，官员撤职，仆役降等。"在郑国住宿不做暴虐的事情，郑国的主人不用担心客人。来往都像这样，郑国的三个卿都知道他将要做楚王了。

【原文】韩宣子之适楚也，楚人弗逆。公子弃疾及晋竟，晋侯将亦弗逆。叔向曰："楚辟我衷①，若何效辟？《诗》曰：'尔之教矣，民胥效矣②。'从我而已，焉用效人之辟？《书》曰：'圣作则。'无宁以善人为则，而则人之辟乎？匹夫为善，民犹则之，况国君乎？"晋侯说，乃逆之。

秋，九月，大雩，旱也。

【注释】①辟：邪僻。衷：中正。②出自《诗·小雅·角弓》。胥：古代官府中的小吏。效：效仿。

【译文】韩宣子到楚国去的时候，楚国人不出来迎接他。公子弃疾到达晋国国境，晋平公也不想派人去迎接公子弃疾。叔向说："楚国邪僻，我们中正。为什么去效仿邪僻？《诗》说：'你的言行就是在教导百姓，百姓都在模仿他。'听从我们自己就是了，哪里用得着以别人的邪僻为准则？"《书》说：'圣人做出准则。'宁可以善人做准则，还是去学别人的邪僻呢？一个普通人做好事，百姓还以他为准则，何况国君？"晋平公高兴了，就派人迎接了公子弃疾。

秋季九月，举行大的雩祭，这是由于发生旱灾。

【原文】徐仪楚聘于楚。楚子执之，逃归。惧其叛也，使薳泄伐徐。吴人救之。令尹子荡帅师伐吴，师①于豫章，而次于乾溪②。吴人败其师于房钟，获宫厩尹弃疾。子荡归罪于③薳泄而杀之。

冬，叔弓如楚聘，且吊败也。

十一月，齐侯如晋，请伐北燕也。士匄相士鞅逆诸河，礼也。晋侯许之。十二月，齐侯遂伐北燕，将纳简公。晏子曰："不入，燕有君矣，民不贰。吾君贿，左右谄谀④，作大事不以信，未尝可也。"

【注释】①师：出师，出兵。②乾溪：地名，在安徽亳县东南。③归罪于：将罪过归于。④谄谀：阿谀奉承。

【译文】徐国的仪楚到楚国聘问，楚灵王囚禁了他，他逃回徐国。楚灵王害怕他背叛，派薳泄进攻徐国。令尹子荡率领军队进攻吴国，在豫章出兵而住在乾溪。吴国人在房钟击败了令尹子荡的军队，宫厩尹弃疾被俘虏了。子荡把罪过推在薳泄身上而杀了他。

冬季，叔弓到楚国聘问，并且慰问战败。

十一月，齐景公到晋国，请求同意进攻北燕国。士匄辅佐士鞅在黄河边上迎接他，这是合于礼的。晋平公同意了。十二月，齐景公就发兵进攻北燕，想把燕简公送回去。晏子说："简公送不回去了，燕国已经有国君了，百姓对他没有二心。我们的国君贪财，左右的人阿谀奉承，办大事不讲信用，还是不可以呢！"

二十九年经

二十有九年：春，公至自乾侯，居于郓。齐侯使高张来唁公。

公如晋，次于乾侯。

夏，四月庚子，叔诣卒。

秋，七月。

冬，十月，郓溃。

二十九年传

【原文】二十九年，春，公至自乾侯，处于郓。齐侯使高张来唁公，称主君。子家子曰："齐卑君矣，君祇辱焉。"公如乾侯。

三月己卯，京师杀召伯盈、尹氏固及原伯鲁之子。尹固之复也，有妇人遇之周郊，尤之①，曰："处则劝人为祸，行则数日而反，是夫也，其过三岁乎？"

夏五月庚寅，王子赵车入于鄐以叛，阴不佞败之。

平子每岁贾马②，具从者之衣屦，而归之于乾侯。公执归马者，卖之，乃不归马。

卫侯来献其乘马，曰启服，堑③而死。公将为之椟④。子家子曰："从者病矣，请以食之。"乃以帏⑤裹之。

【注释】①尤之：责备他。②贾马：买马。③堑：护城河，壕沟。这里是掉进沟里的意思。④椟：柜子，匣子。这里指棺材。⑤帏：帷幕。

【译文】二十九年春天，昭公从乾侯回国，住在郓地。齐侯派高张来慰问，称昭公为"主君"。子家子说："齐国轻视君主了，君主得到的只是屈辱！"昭公又去乾侯。

三月十三日，京城里杀死了召伯盈、尹氏固和原伯鲁的儿子。尹固从逃亡楚国的路上返回来的时候，有个女人在成周郊外碰上了他，责备他说："住在国内就鼓励别人作恶取祸，出逃时没有几天就返回了，这个人哪，三年也活不到，这是一定的。"

夏天五月二十五日，王子赵车进入鄐地据以叛变，阴不佞打败了他。

季平子每年买马，备办好昭公随从人员的衣服鞋子，送到乾侯那里。昭公拘留了送马的人，把马卖掉，于是季平子就不再送马了。

卫侯前来把自己驾车的马献给昭公，这匹马名叫"启服"，掉进壕沟里死了。昭公准备给马做个棺材，子家子说："随从人员很疲惫了，请给他们吃了吧！"于是就用帷幕裹着把它埋了。

【原文】公赐公衍羔裘①，使献龙辅②于齐侯，遂入羔裘。齐侯喜，与之阳穀③。

公衍、公为之生也，其母偕出。公衍先生。公为之母曰："相与偕出，请相与偕告。"三日，公为生。其母先以告，公为为兄。公私喜于阳穀，而思于鲁，曰："务人为此祸也。且后生而为兄，其诬④也久矣。"乃黜⑤之，而以公衍为大子。

【注释】①羔裘：用紫羔制的皮衣。古时为诸侯、卿、大夫的朝服。②龙辅：龙纹美玉。③阳穀：春秋齐邑，今山东阳谷东北。④诬：欺罔。⑤黜：罢黜、废黜。

【译文】昭公赐给公衍羔羊皮衣，派他进献有龙纹的美玉给齐景公，他乘机把羔羊皮衣也一起进献了。齐侯很高兴，把阳穀赐给了他。

公衍、公为出生之前，他们的母亲一同出去住在产房里。公衍先出生，公为的母亲说："我们一道出来，请一道去报喜吧。"三天后，公为出生；他的母亲先去报告，公为就成了哥哥。昭公对得到阳穀心里高兴，却又想起鲁国的事，说："是公为惹出的这场祸事，况且他出生在后反而成为哥哥，欺罔已经很久了！"于是废了公为，立公衍为太子。

【原文】秋，龙见于绛①郊。魏献子问于蔡墨曰："吾闻之，虫莫知②于龙，以其不生得③也，谓之知，信乎？"对曰："人实不知，非龙实知。古者畜龙，故国有豢龙氏，有御龙氏④。"献子曰："是二氏者，吾亦闻之，而知其故，是何谓也？"对曰："昔有飂叔安，有裔子曰董父，实甚好龙，能求其耆欲以饮食之，龙多归之，乃扰畜⑤龙，以服事⑥帝舜。帝赐之姓曰董，氏曰豢龙，封诸鬷川，鬷夷氏其后也。故帝舜氏世有畜龙。及有夏孔甲，扰于有帝，帝赐之乘龙⑦，河、汉各二，各有雌雄。孔甲不能食⑧，而未获豢龙氏。有陶唐氏既衰，其后有刘累，学扰龙于豢龙氏，以事孔甲，能饮食之。夏后嘉之，赐氏曰御龙，以更豕韦之后。龙一雌死，潜醢⑨以食夏后。夏后飨之，既而使求之。惧而迁于鲁县，范氏其后也。"

【注释】①龙：古代传说中一种有鳞有须能兴云作雨的神异动物。见：出现。绛：春秋晋都，在今山西翼城县东南。②知：聪明。③生得：生获、活捉。④豢龙氏、御龙氏：都为古代氏族名。⑤扰畜：驯服，驯养。⑥服事：五服之内所封诸侯定期朝贡，各依服数以事天子。犹服侍。⑦乘龙：四条龙。⑧食：饲养，喂养。⑨潜：私下，偷偷的。醢：肉酱，指将死了的龙做成肉酱。

【译文】秋天，绛地郊外出现了龙。魏献子向蔡墨请教说："我听说过：虫类没有比龙更聪明的了；因为它不能被活捉。说它聪明，一定是这样的吗？"蔡墨回答说："这是因为人实在是不聪明，不是因为龙很聪明。古时候人可以养龙。所以有豢龙氏、御龙氏之国。"魏献子说："这两个氏族，我也听说过，但不明白它们的来历。这说的是什么呢？"蔡墨回答说："过去飂国国君叔安，有个后代子孙叫董父，很爱好龙，能够了解龙的嗜好欲望而饲养它们；很多龙都到了他那里，于是就驯服喂养龙，用来侍奉帝舜。帝舜赐给他姓董，氏叫做豢龙，把他封在鬷川；鬷夷氏就是他的后代。所以帝舜之世历代有人养龙。到了夏代的孔甲，顺服于天帝；天帝赐给他四条龙，黄河、汉水各两条，各有一雌一雄。孔甲不能饲养龙，却又没有找到豢龙氏。陶唐氏已经衰败，后来有个刘累，向豢龙氏学习驯养龙，以此侍奉孔甲，能够给龙提供饮食；孔甲嘉奖他，赐给他氏叫御龙，以代替豕韦氏的后代。一条雌龙死了，刘累悄悄地剁成肉酱奉给孔甲吃。孔甲吃了，不久又让刘累再来吃。刘累心里害怕而迁移到鲁县，范氏就是刘累的后代。"

【原文】献子曰："今何故无之？"对曰："夫物，物有其官，官修其方，朝夕思之。一日失职，则死及之，失官不食①。官宿其业，其物乃至。若泯弃②之，物乃坻伏，郁湮③不育。故有五行之官，是为五官，实列受氏姓，封为上公④，祀为贵神。社稷五祀，是尊是奉。木正曰句芒⑤，火正曰祝融⑥，金正曰蓐收⑦，水正曰玄冥⑧，土正曰后土⑨。龙，水物也，水官弃矣，故龙不生得。不然，《周易》有之，在'乾☰'之'姤☴'曰'潜龙勿用'；其'同人☲'曰'见龙在田'；其'大有☲'曰'飞龙在天'；其'夬☱'曰'亢龙有悔'；其'坤☷'曰'见群龙无首，吉'；'坤'之'剥☶'曰'龙战于野'。若不朝夕见，谁能物之？"

【注释】①不食：指不能享有俸禄。②泯弃：灭绝废弃，泯灭抛弃。③郁湮：滞塞不通，郁抑不畅。④上公：周制，三公（太师、太傅、太保）八命，出封时，加一命，称为上公。⑤正：正职者，指官。句芒：古代传说中的主木之官。又为木神名。⑥祝融：神名，帝喾时的火官，后尊为火神，命曰祝融。⑦蓐收：古代传说中的西方神名，司秋。⑧玄冥：古代传说中的西方神名，司冬。⑨后土：管理土地的君主。⑩《周易》六十四卦，每卦六爻，从下往上数分别称作初爻、二爻、三爻、四爻、五爻和上爻，爻分阴爻和阳爻两种，阴爻称作六，阳爻称作九。乾卦☰六爻都是阳爻，卜卦时乾卦的初九爻变成阴爻后，乾卦☰就变成了姤卦☴。发生变化的爻是变爻，卜卦时要以这一爻的爻辞为准。乾卦初九爻的爻辞是"潜龙勿用"。同理，乾卦九二爻变成阴爻后，乾卦☰就变成了同人卦☲，乾卦九二爻爻辞是"见龙在田"。乾卦九五爻变成阴爻后，乾卦☰就变成了大有卦☲，乾卦九五爻爻辞是"飞龙在天"。乾卦上九爻变成阴爻后，乾卦☰就变成了夬卦☱，乾卦上九爻爻辞是"亢龙有悔"。乾卦六爻都变成阴爻后，乾卦☰就变成了坤卦☷，这时卜卦要用乾卦用九爻的爻辞，爻辞是"见群龙无首，吉"。坤卦六爻都是阴爻，坤卦上六爻变成阳爻后，坤卦☷就变成了剥卦☶，坤卦上六爻爻辞是"龙战于野"。

【译文】魏献子说："现在龙为什么不出现了？"蔡墨回答说："凡是事物，都有管理它的官员，官员建立他的管理方法，早晚都考虑本职之事。一旦失职，那么死亡跟着就到来了。丢掉了官就不能享有俸禄。官员长久地从事一方面的工作，事物才会到来。如果丢弃它们不管，事物就泯灭潜伏不出，滞塞而不能生长。所以有掌握五行的官员，这就是五官。历代承袭氏姓享有上公的封爵，作为尊贵的神享有祭祀。土地神、五谷神以及五行之神皆受祭祀，被人们尊奉。木官之长叫句芒，火官之长叫祝融，金官之长叫蓐收，水官之长叫玄冥，土官之长叫后土。龙，是水中的生物；水官被废弃了，所以龙不能被人活捉。如果不是这样，《周易》有这样的说法，乾卦初九爻的爻辞是'深潜的龙不被使用'，乾卦九二爻的爻辞是'活现的龙在田地里'，乾卦九五爻的爻辞是'飞舞的龙在天上'，乾卦上九爻的爻辞是'伸直身子的龙有所悔恨'，乾卦用九爻的爻辞是'看见群龙没有首领，吉祥'。坤卦上六爻爻辞是'龙在野外交战'。如果不是早晚都见到，谁能描绘它的状态呢？"

【原文】献子曰："社稷五祀①，谁氏之五官②也？"对曰："少皞氏有四叔，曰重、曰该、曰修、曰熙，实能金、木及水。使重为句芒，该为蓐收，修及熙为玄冥，世不失职，遂济穷桑③，此其三祀也。颛顼氏有子曰犁，为祝融；共工氏有子曰句龙，为后土，此其二祀也。后土为社；稷，田正④也。有烈山氏之子曰柱，为稷，自夏以上祀之。周弃亦为稷，自商以来祀之。"

【注释】 ①五祀：古代祭祀的五种神祇，即五行之神。②氏之：给与称号。五官：五行之官。古代传说中的五神。③穷桑：传说中古帝少皞氏所居处。④社：土地神。田正：古代田官之长。

【译文】 魏献子说："土地神五谷神及五行神的祭祀，是哪一代帝王的五官呢？"蔡墨回答说："少皞氏有四个叔父，一个叫重，一个叫该，一个叫修，一个叫熙，能够管理金、木和水。派重做句芒，该做蓐收，修和熙做玄冥，世世代代不失去职守，帮助成就了少皞氏在穷桑的帝业，这是其中的三种祭祀。颛顼氏有个儿子叫做犁，做祝融；共工氏有个儿子叫做句龙，做后土：这是其中的两种祭祀。后土做了土地神。五谷神，是管理田土的官员之长。有烈山氏的儿子叫做柱，做了谷神，夏代以前的人祭祀他。周朝的弃也做过五谷神，商代以来祭祀的是他。"

后稷

后稷是周族的始祖，善于种植农作物，为我国农业发展做出了重大贡献，被后世尊为农神。

【原文】 冬，晋赵鞅、荀寅帅师城汝滨①，遂赋晋国一鼓②铁，以铸刑鼎，著范宣子所为刑书焉。仲尼曰："晋其亡乎！失其度矣。夫晋国将守唐叔之所受法度，以经纬③其民，卿大夫以序守之，民是以能尊其贵④，贵是以能守其业。贵贱不愆，所谓度也。文公是以作执秩⑤之官，为被庐之法，以为盟主。今弃是度⑥也，而为刑鼎，民在鼎矣，何以尊贵？贵何业之守？贵贱无序，何以为国？且夫宣子之刑，夷之搜⑦也，晋国之乱制也，若之何以为法？"蔡史墨曰："范氏、中行氏其亡乎！中行寅为下卿，而干上令，擅⑧作刑器，以为国法，是法奸⑨也。又加范氏焉，易之，亡也。其及赵氏，赵孟与焉。然不得已，若德，可以免。"

【注释】 ①汝：汝水。滨：水边，岸边。②一鼓：古以三十斤为一钧，四钧为一石，四石为一鼓，合四百八十斤。③经纬：治理管理国家。④贵：尊贵的人。⑤执

秩：主管爵秩的官名。⑥是度：这个法度。⑦夷之搜：在夷地行阅兵礼。⑧擅：擅自。⑨法奸：效法邪恶、奸邪。

【译文】冬天，晋国的赵鞅、荀寅率领军队在汝水岸边筑城，于是就向晋国老百姓征收了一鼓铁，用来铸造刑鼎，鼎上铸着范宣子所制定的刑书。孔子说："晋国恐怕要亡国了吧！失掉他们国家的法度了！晋国遵守唐叔传下来的法度，来治理百姓；卿大夫根据自己的位次来遵守它，百姓因此能尊敬尊贵者，尊贵者因此能守住自己的家业。贵贱的等级不能错乱，这就是所说的法度。文公因此设置执掌官职位次的官员，在被庐制定法律，因此成为盟主。现在废弃这个法度而铸造刑鼎，百姓留意鼎上的条文就行了，还凭什么来尊重尊贵者？尊贵者还有什么家业可以守呢？贵贱没有次序，用什么治理国家呢？况且范宣子的刑书，是在夷地行阅兵礼时产生的，是晋国的昏乱的制度，为什么把它作为法律呢？"蔡史墨说："范氏、中行氏很可能要灭亡了吗？中行寅身为下卿却违反上面的命令，擅自铸造刑鼎，以此作为国家的法律，这是效法邪恶呀。又加上庐之法被范氏改变，就要灭亡了！或许还会涉及赵氏，因为赵孟参与铸刑鼎之事；然而赵孟是出于不得已，如果修德，可以免去灾。"

定公（元年～十五年）

十二年经

十有二年：春，薛伯定卒。

夏，葬薛襄公。

叔孙州仇帅师堕郈。

卫公孟^{kōu}驱帅师伐曹。

季孙斯、仲孙何忌帅师堕费。

秋，大雩。

冬，十月癸亥，公会齐侯，盟于黄。

十有一月丙寅朔，日有食之。

公至自黄。

十有二月，公围成。公至自围成。

十二年传

【原文】十二年，夏，卫公孟驱伐曹。克郊。还，滑罗殿。未出，不退于列①。其御曰："殿而在列，其为无勇乎？"罗曰："与其素厉②，宁为无勇。"

仲由为季氏宰，将堕三都。于是叔孙氏堕郈。季氏将堕费，公山不狃、叔孙辄^{zhé}帅费人以袭鲁。公与三子入于季氏之宫，登武子之台。费人攻之，弗克。入及公侧③。仲尼命申句须、乐颀^{qí}下伐之，费人北④，国人追之，败诸姑蔑^{miè}⑤。二子奔齐。遂堕费。

【注释】①列：队列、队伍。②素厉：指空有勇猛之名。③侧：旁边。④北：败北。⑤姑蔑：春秋鲁地，在今山东泗水县东。

【译文】十二年夏季，卫国的公孟驱领兵攻打曹国，攻下郊地。军队回国，滑罗殿后。没有离开曹国，滑罗并不从队伍里退到最后。他的御者说："殿后而持在队列里，恐怕是缺乏勇气吧！"滑罗说："与其空有勇猛之名，不如让人说我缺乏勇气。"

仲由做季氏的家臣头子，打算毁掉三都，因此叔孙氏毁掉了郈邑。季氏打算毁掉费邑，公子

礼堕三都

孔子对鲁定公说："臣无藏甲，大夫无百雉之城。今三家过制，请损之。"定公很赞成，下令拆除费、郈、成三座城池的违制城墙。

【注释】①堕：毁掉。②伪不知：假装不知道。

【译文】将要毁掉成邑，公敛处父对孟孙说："毁掉成邑，齐人一定可以直抵国境北门。而且成邑是孟氏的保障。没有成邑，这就是等于没有孟氏。您假装不知道，我打算不毁掉。"

冬十二月，鲁定公领兵包围成邑，没有攻下。

不狃、叔孙辄率领费邑人袭击鲁国国都。鲁定公和季孙等三个人躲进季氏的宫室，登上武子之台。费邑人进攻，没有取胜。费邑人已经攻到了台下。孔子命令申句须、乐颀下台反击，费邑人战败。国内的人们追上去，在姑蔑打败了他们。公山不狃、叔孙辄逃亡齐国，于是就毁掉了费邑。

【原文】将堕①成，公敛处父谓孟孙："堕成，齐人必至于北门。且成，孟氏之保障也。无成，是无孟氏也。子伪不知②，我将不堕。"

冬，十二月，公围成，弗克。

哀公（元年～二十七年）

十三年经

十有三年：春，郑罕达帅师取宋师于嵒。

夏，许男成卒。

公会晋侯及吴子于黄池。

楚公子申帅师伐陈。

于越入吴。

秋，公至自会。

晋魏曼多帅师侵卫。

葬许元公。

九月，螽^{zhōng}。

冬，十有一月，有星孛于东方。

盗杀陈夏区夫。

十有二月，螽。

十三年传

【原文】十三年，春，宋向魋救其师。郑子剩使徇曰："得桓魋者有赏。"魋也逃归，遂取宋师于嵒，获成讙、郜延。以六邑为虚。

夏，公会单平公、晋定公、吴夫差于黄池。

六月，丙子，越子伐吴，为二隧^①。畴无余、讴阳自南方，先及郊。吴太子友、王子地、王孙弥庸、寿余姚自泓^{hóng}上观之。弥庸见姑蔑之旗，曰："吾父之旗也。不可以见仇而弗杀也。"太子曰："战而不克，将亡国。请待之。"弥庸不可，属徒五千，王子地助之。乙酉，战，弥庸获畴无余，地获讴阳。越子至，王子地守。丙戌，复战，大败吴师。获太子友、王孙弥庸、寿余姚。丁亥，入吴。吴人告败于王，王恶其闻也，自刭^②七人于幕下。

勾践夫人

当年吴国打败越国后，越王勾践和夫人被迫去吴国作俘虏，此图描绘的就是勾践夫人在途中的场景。

【注释】①隧：通"队"。②自刭：亲自杀死。

【译文】十三年春季，宋国的向魋救援他们的军队。郑国的武子剩派人通告全军说："抓到向魋的有赏。"向魋就逃走回国。郑国就在岩地全部歼灭宋军，俘虏了成讙、郜延，把六个城邑掳掠一空，然后两国都不加管辖。

夏季，哀公在黄池会见单平公、晋定公、吴王夫差。

六月十一日，越王攻打吴国，兵分两路，越国的畴无余，讴阳从南边走，先到达吴国国都的郊区。吴国的太子友、王子地、王孙弥庸、寿余姚在泓水上观察越军。弥庸见到姑蔑的旗帜，说："那是我父亲的旗帜。我不能见到仇人而不杀死他们。"太子友说："如果作战不能取胜，国家将会灭亡，请等一等。"王孙弥庸不同意，集合部下五千人出战，王子地帮助他。二十日，两军交战，弥庸俘虏了畴无余，王子地俘虏了讴阳。越王勾践率军到达，王子地防守。

二十一日，再次交战，越军大败吴军，俘虏了太子友、王孙弥庸、寿余姚。二十二日，进入吴国。吴国人向吴王报告战败的消息。吴王非常害怕诸侯听到这个消息，亲自把七个报信的吴人杀死在帐幕里边。

【原文】秋，七月，辛丑，盟，吴晋争先。吴人曰："于周室，我为长。"晋人曰："于姬姓，我为伯。"赵鞅呼司马寅曰："日旰矣，大事未成，二臣之罪也。建鼓整列①，二臣死之，长幼必可知也。"对曰："请姑视之。"反曰："肉食者无墨。今吴王有墨②，国胜乎？太子死乎？且夷德轻③，不忍久，请少待之。"乃先晋人。

【注释】①建鼓整列：竖起旗帜整顿队列。②墨：气色暗沉。③德轻：性情不沉着。

【译文】秋七月初六日，吴国和晋国争执歃血的先后。吴国人说："在周王室中，我们的辈分大。"晋国人说："在姬姓之中，我们是霸主。"赵鞅对司马寅说："天已晚了，大事没有成功，是我们两个臣下的罪过。竖起旗帜整顿队列，我们两人战斗到死，次序先后一定可以见到分晓。"司马寅说："请姑且到吴王那里观察一下。"回来，说："高贵的人的气色没有灰暗无神的。现在吴王气色灰暗，是他的国家被敌人战胜了吗？或许是太子死了吧？而且夷人轻佻不沉着，不能长久忍耐，请稍等一等。"吴国人就让晋国人先歃血。

【原文】吴人将以公见晋侯，子服景伯对使者曰："王合诸侯，则伯帅侯牧①以见于王。伯合诸侯，则侯帅子男以见于伯。自王以下，朝聘玉帛不同。故敝邑之职贡于吴，有丰于晋，无不及焉，以为伯也。今诸侯会，而君将以寡君见晋君，则晋成为伯矣，敝邑将改职贡②。鲁赋于吴八百乘。若为子男③，则将半邾以属于吴，而如邾以事晋。且执事以伯召诸侯，而以侯终之，何利之有焉？"吴人乃止。既而悔之，将囚景伯。景伯曰："何也立后于鲁矣。将以二乘与六人从，迟速唯命。"遂囚以还。及户牖④，谓太宰曰："鲁将以十月上辛，有事于上帝先王，季辛而毕。何世有职焉，自襄以来，未之改也。若不会，祝宗⑤将曰：'吴实然。'且谓鲁不共，而执其贱者七人，何损焉？"太宰嚭言于王曰："无损于鲁，而只⑥为名，不如归之。"乃归景伯。

【注释】①牧：君长。②职贡：进贡之物。③子男：指爵位低的小国。④户牖：在今河南兰封县。⑤祝宗：掌管祝享的官吏。⑥只：只是，只能。

【译文】吴国人要带着哀公进见晋定公，子服景伯对使者说："天子会合诸侯，那么就由霸主率领诸侯进见天子；霸主会合诸侯，那么诸侯就率领子、男进见霸主。从天子以下，朝聘时所用的玉帛也不相同。所以敝邑进贡给吴国的，要比晋国丰厚，而没有比不上的，因为把吴国作为诸侯的霸主。现在诸侯会见，而君王准备带领寡君进见晋君，那么晋国就成为诸侯的霸主了，敝邑将会改变进贡的数量；鲁国进贡按八百辆战车给贵国，如果变成子、男，那么将会按邾国战车的一半作为贡品，而按邾国战车的数来侍奉晋国。而且执事以霸主的身份召集诸侯，而以一般诸侯的身份结束，这有什么好处呢？"吴国人就没有那么做。不久又后悔了，打算囚禁景伯。景伯说："我已经在鲁国立了继承人，打算带两辆车子和六个人跟随去，早走晚走唯命是听。"吴国人就因禁了景伯，并将景伯带回去。到达户牖，景伯对太宰嚭说："鲁国将要在十月的第一个辛日祭祀天帝和先王，最后一个辛日完毕。我世世代代都在祭祀中担任一定的职事，从鲁襄公以来没有改变过。如果我不参加，祝宗将会说'是吴国让他这样的'，而且贵国认为鲁国不恭敬，而只逮捕了他们七个卑微的人，对鲁国有什么损害呢？"太宰嚭对吴王说："对鲁国没有损害，而只能造成坏名声，不如把他放回去。"所以就放回了景伯。

【原文】吴申叔仪乞粮于公孙有山氏。曰："佩玉繠^{ruǐ}①兮，余无所系之。旨②酒一盛兮，余与褐之父睨③之。"对曰："粱④则无矣，粗⑤则有之。若登首山以呼曰，庚癸⑥乎！则诺。"

王欲伐宋，杀其丈夫，而囚其妇人。太宰嚭曰："可胜也，而弗能居也。"乃归。

冬，吴及越平。

【注释】①綦：下垂。②旨：甜美。③褐：粗毛布。睨：斜视。④粱：细粮。⑤粗：粗粮。⑥庚癸：军粮的隐语。

【译文】吴国的申叔仪到公孙有山氏那里讨粮食，说："佩玉往下垂啊，我没有地方系住它；甜酒一杯啊，我和贫苦的老头只能斜视着它。"公孙有山氏回答说："细粮已经没了，粗粮还有一些。如果你登上首山喊'庚癸吗'，就答应你。"

吴王夫差想要攻打宋国，杀死那里的男人而囚禁妇女，太宰嚭说："我们虽然可以战胜，但不能在那里久留。"吴王这才同意回国。

冬季，吴国和越国讲和。

二十年传

【原文】二十年，春，齐人来征会①。夏，会于廪丘②。为郑故，谋伐晋。郑人辞诸侯。秋，师还。

吴公子庆忌骤谏③吴子曰："不改，必亡④。"弗听。出居于艾⑤，遂适楚。闻越将伐吴，冬，请归平越，遂归。欲除不忠者⑥以说于越，吴人杀之。

【注释】①征会：征召会见。②廪丘：春秋齐邑，在今山东范县东南。③骤谏：屡次劝谏。④改：修改政令。亡：亡国。⑤艾：春秋吴邑，在今江西修水县西。⑥不忠者：指不忠于吴国的大臣。

【译文】二十年春季，齐国人来到鲁国征召会见。夏季，在廪丘会见，为了郑国的缘故，计划攻打晋国。郑国人向诸侯辞谢。秋季，军队回国。

吴国的公子庆忌屡次劝谏吴王说："如果不改变政令，一定会亡国。"吴王不听，庆忌就离开国都而住在艾地，又乘机前往楚国。庆忌听说越国打算进攻吴国，冬季，请求回国和越国讲和，想要除掉不忠于吴国的大臣来取悦越国。吴国人杀死了庆忌。

【原文】十一月，越围吴，赵孟降于丧食。楚隆曰："三年之丧，亲昵之极也。主又降之，无乃有故乎！"赵孟曰："黄池之役，先主与吴王有质①，曰：'好恶同之。'今越围吴，嗣子不废旧业而敌之②，非晋之所能及也，吾是以为降。"楚隆曰："若使吴王知之，若何？"赵孟曰："可乎？"隆曰："请尝③之。"乃往。先造④于越军，曰："吴犯间⑤上国多矣，闻君亲讨焉，诸夏之人莫不欣喜，唯恐君志之不从，请入视之。"许之。告于吴王曰："寡君之老无恤，使陪臣隆敢展谢其不共。黄池之役，君之先臣志父得承齐盟⑥，曰：'好恶同之。'今君在难，无恤不敢惮劳，非晋国之所能及也，使陪臣敢展布之。"王拜稽首曰："寡人不佞，不能事越，以为大夫忧，拜命之辱。"与之一箪⑦珠，使问赵孟，曰："勾践将生忧寡人，寡人死之不得矣。"王曰："溺人⑧必笑。吾将有问也：史黯何以得为君子？"对曰："黯也，进不见恶，退无谤言。"王曰："宜哉！"

【注释】①有质：有过约定。②敌之：与越为敌。③尝：尝试。④造：到。⑤间：干预。⑥齐盟：同盟。⑦箪：竹子做的圆形容器。⑧溺人：溺水的人。

【译文】十一月，吴国被越国军队包围，赵孟的饮食比居丧的饮食还要降等。楚隆说："三年的丧礼，是表示亲人关系的顶点，现在您又降等，恐怕另有缘故吧！"赵孟说："黄池那一次盟会，先主和吴王有过盟誓，说：'同好共恶。'现在越国包围吴国，我想不废弃过去的誓言而帮助吴国，但这又不是晋国的力量所能达到的，我因此只能用饮食降等来表示心意。"楚隆说："如果让吴王知道，怎么样？"赵孟说："行吗？"楚隆说："请试一试。"于是就前去，先到越军那里，说："吴国冒犯中原国家的事情已经有很多了，听说君王亲自讨伐它，中原各国的人们莫不欢欣鼓舞，唯恐君王的意愿不能实现，请让我进入吴国去察看他们。"越王答应了。楚隆告诉吴王说："寡君的老臣无恤派我前来，谨为他不能供奉而告罪：黄池那一次结盟，君王的先臣志父得以参加盟会，盟誓说：'喜好和厌恶都相同。'现在君王处在危难之中，无恤不敢害怕辛劳，但又不是晋国的力量所能达到的，谨派我向君王报告。"吴王下拜叩头说："寡人没有才能，不能侍奉越国，因而让大夫忧虑，谨拜谢大夫蒙受屈辱的命令。"给了楚隆一小竹箱珍珠，让他送给赵孟，说："勾践打算让我活着不好过，我是不得好死了。"又说："快淹死的人必然是由于不懂水性，笑着被淹死的。我还要问你：史黯为什么能成为君子？"楚隆回答说："史黯这个人做官没有人不欢迎他，不做官也没有人毁谤他。"吴王说："真是说得恰当啊！"

二十二年传

【原文】二十二年，夏，四月，郳隐公自齐奔越，曰："吴为无道，执①父立子。"越人归之，太子革奔越。

冬，十一月，丁卯，越灭吴，请使吴王居甬东。辞曰："孤老矣，焉能事君？"乃缢②。越人以归。

【注释】①执：抓住。②缢：上吊。

【译文】二十二年夏季四月，郳隐公从齐国逃亡到越国，说："吴国无道，抓了父亲立了儿子。"越国人把他送回去，太子革逃亡到越国。

冬季十一月二十七日，越国灭亡吴国，请求让吴王住在甬东。吴王辞谢说："我老了，怎么还能侍奉君王？"于是就上吊死了。他的尸体被越国人送了回去。